Tous droits de reproduction, de traduction et d'adaptation réservés pour tous pays.

La Maréchale MORTIER
Duchesse de Trévise
(d'après un pastel appartenant au Colonel Frignet Despréaux)

LE
MARÉCHAL MORTIER
DUC DE TRÉVISE

PAR SON PETIT-NEVEU

LE COLONEL **FRIGNET DESPRÉAUX**

DE L'ANCIEN CORPS D'ÉTAT-MAJOR

TOME TROISIÈME

1804-1807

AVEC 1 PLANCHE PHOTOTYPIQUE EN COULEURS, 2 PLANCHES EN NOIR
ET 2 CARTES HORS TEXTE

BERGER-LEVRAULT, ÉDITEURS

PARIS | NANCY
5, RUE DES BEAUX-ARTS | RUE DES GLACIS, 18

1920

LE

MARÉCHAL MORTIER

DUC DE TRÉVISE

LE
MARÉCHAL MORTIER
DUC DE TRÉVISE

PAR SON PETIT-NEVEU

Le Colonel **FRIGNET DESPRÉAUX**

DE L'ANCIEN CORPS D'ÉTAT-MAJOR

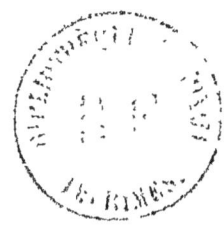

TOME TROISIEME

1804-1807

AVEC 1 PLANCHE PHOTOTYPIQUE EN COULEURS, 2 PLANCHES EN NOIR
ET 2 CARTES HORS TEXTE

BERGER-LEVRAULT, ÉDITEURS

| NANCY | PARIS | STRASBOURG |
| RUE DES GLACIS, 18 | RUE DES BEAUX-ARTS, 5-7 | PLACE BROGLIE, 23 |

1920

ABRÉVIATIONS

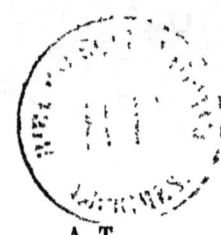

A. T. . . . . . .   Archives du duc de Trévise.
A. N. . . . . . .   Archives nationales.
A. G. . . . . . .   Archives historiques du ministère de la Guerre.
A. A. G. . . . .   Archives administratives du ministère de la Guerre.

TITRE IX

MORTIER, COLONEL GÉNÉRAL DE LA GARDE ET MARÉCHAL DE L'EMPIRE

3 février 1804 au 6 novembre 1805

(Voir les cartes n°ˢ 1 3 et 6) (1)

---

(1) La carte n° 6 est dans le tome deuxième.

TITRE IX

MORTIER, COLONEL GÉNÉRAL DE LA GARDE ET MARÉCHAL DE L'EMPIRE

3 février 1804 au 6 novembre 1805

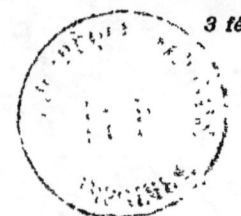

CHAPITRE I

Mortier prend le commandement de l'artillerie de la Garde des Consuls ; composition et recrutement de cette Garde depuis le 1ᵉʳ octobre 1802. — Il préside le Collège électoral du département du Nord (16 au 19 mars); adresse de ce collège au Premier Consul. — Sénatus-Consulte proclamant l'Empire (18 mai). — Mortier, maréchal de l'Empire (19 mai), grand officier de la Légion d'honneur (16 juin) et chef de la seconde cohorte de cette Légion (13 juillet). — Cérémonie d'inauguration de la Légion d'honneur aux Invalides (15 juillet). — Mortier accompagne l'Empereur au camp de Boulogne (18 juillet). — Réorganisation de la Garde impériale (29 juillet). — Mortier, colonel général de l'artillerie et des marins ; ses allocations et son costume. — Flottille de Boulogne et armée des côtes de l'Océan. — Distribution de la Légion d'honneur à Boulogne (16 août). — L'Empereur, accompagné par Mortier, quitte Boulogne (27 août) et visite Aix-la-Chapelle, les bords du Rhin de Cologne à Mayence, etc. Naissance du fils aîné du maréchal (7 août). — Sacre (2 décembre) et distribution des aigles (5 décembre).

Au moment où, à la fin de février 1804, Mortier prenait son service comme commandant en chef l'artillerie de la Garde des Consuls, cette Garde, d'après l'arrêté (1) du 1ᵉʳ octobre 1802 (9 vendémiaire an XI), qui l'avait réorganisée, était composée :

1° *D'un État-major général* qui comprenait :

4 généraux : Davout, commandant les grenadiers à pied (et à ce moment le camp de Bruges); Soult, les chasseurs à pied (et à ce moment le camp de Saint-Omer à Boulogne); Bessières, la cavalerie; Mortier, l'artillerie;

1 inspecteur aux revues, 1 commissaire des guerres, 12 aides de camp (ceux de Mortier étaient les chefs de bataillon Gouré et Billard, le capitaine Delapointe), 1 bibliothécaire;

2° *D'un corps de grenadiers à pied*, sous les ordres du général Hulin, comprenant un état-major et 2 bataillons à huit compagnies chacun;

---

(1) A. T.

3° *D'un corps de chasseurs à pied*, sous les ordres du colonel Soulès, ayant la même composition que les grenadiers;

4° *D'un régiment de grenadiers à cheval*, colonel Ordener, comprenant un état-major et 4 escadrons de deux compagnies chacun;

5° *D'un régiment de chasseurs à cheval*, colonel Eugène Beauharnais, ayant la même composition que les grenadiers;

6° *D'un corps d'artillerie*, colonel Couin, composé d'un état-major, d'un escadron d'artillerie légère formé de deux compagnies, d'une section d'ouvriers et d'une compagnie du train;

7° *D'un état-major du génie*, placé sous les ordres du général d'artillerie à qui il soumet les projets relatifs au casernement et comprenant un chef de brigade, un chef de bataillon et deux capitaines;

8° *D'un escadron de mameloucks*;

9° *D'une compagnie de vétérans* « pour recevoir les officiers, sous-officiers et grades inférieurs qui, après avoir servi au moins cinq ans dans la Garde des Consuls, seront jugés hors d'état de continuer leur service d'activité ».

L'hôpital, établi au Gros-Caillou, était affecté au corps de la Garde.

Les articles relatifs au recrutement étaient ainsi conçus :

« Art. 45. — Les militaires de toutes armes sont appelés à faire partie de la Garde des Consuls; leur admission dans le corps est la récompense de la bravoure et de la bonne conduite.

« Art. 46. — Le Premier Consul, voulant faire partager à tous les corps de l'armée la faveur de servir dans la Garde des Consuls, accorde une place par an à un homme par bataillon et à deux par régiment d'artillerie ou de troupes à cheval; si ce nombre ne remplissait point les cadres de la Garde, le Premier Consul accorderait un supplément par corps.

« Art. 47. — On choisira ces hommes parmi ceux en activité de service qui auront fait au moins quatre campagnes et d'une conduite irréprochable; ceux destinés pour les grenadiers à cheval et à pied et pour l'artillerie devront avoir la taille de 1 mètre et 8 décimètres (5 pieds 6 pouces) au moins et ceux destinés pour les chasseurs à cheval et à pied devront avoir 1 mètre 7 décimètres (5 pieds 4 pouces) au moins.

« Tout individu ayant reçu une arme d'honneur ou ayant été cité honorablement dans un rapport sera dispensé de la taille. »

Pour l'exécution de l'article qui précède, les chefs de corps désignaient trois militaires par bataillon ou six par régiment; ils en dressaient une liste nominative sur laquelle les généraux de la Garde des Consuls choisissaient. Chacun de ces généraux envoyait au ministre de la Guerre la liste nominative des hommes qu'il prenait pour la Garde, afin que celui-ci donne les ordres nécessaires pour les faire rejoindre.

Quelques modifications venaient d'être apportées à cette organisation.

Un arrêté (1) du 3 novembre 1803 (11 brumaire an XII) avait modifié l' « organisation de l'artillerie de la Garde du Gouvernement ». Aux termes de cet arrêté, le matériel de cette artillerie devait être composé de trois divisions et d'une réserve. Chaque division devait comprendre : 2 pièces de 6, 2 pièces de 12, 2 obusiers de 6 pouces, 1 affût de rechange pour chacune de ces sortes de pièces, 3 caissons de 6, 6 de 12, et 6 d'obusiers, 3 chariots et 2 forges. La réserve devait être composée de 15 caissons de cartouches d'infanterie, de 1 caisson d'outils d'ouvriers, de 1 caisson d'ustensiles d'artifices, de 1 caisson d'outils tranchants, de 4 chariots et de 2 forges.

L'escadron restait organisé ainsi qu'il était fixé; par contre, le train était porté à quatre compagnies, ayant chacune un effectif de 1 officier, 114 sous-officiers et soldats et 196 chevaux.

Un autre arrêté (1) du 21 janvier 1804 (30 nivôse an XII), avait créé deux corps de vélites, chacun de 800 hommes, pour faire partie de la Garde du Gouvernement; l'un de ces corps devait être à la suite de celui des grenadiers à pied et l'autre de celui des chasseurs à pied.

« Les corps de vélites seront composés d'une partie des conscrits de chaque année. Pour la première formation, chaque département fournira quatre conscrits de la réserve de chacune des années 9, 10, 11 et 12 pris parmi ceux qui s'offriront volontairement ou, à défaut, désignés par le préfet...

« La moitié des conscrits fournis par chaque département devra avoir la taille de 5 pieds 4 pouces (ou 1 mètre 733 millimètres) au moins et l'autre 5 pieds 2 pouces (1 mètre 670 millimètres) au moins.

« Les vélites devront être bien constitués et avoir par eux-mêmes, ou par leurs parents, un revenu assuré de 200 francs par an. »

Chaque corps de vélites commandé par un chef de bataillon devait être divisé en cinq compagnies à l'effectif de 3 officiers et 188 hommes. Les officiers, adjudants sous-officiers, sergents-majors, caporaux fourriers, étaient fournis par les grenadiers ou chasseurs de la Garde.

« La solde de ces corps sera la même que celle des grenadiers et chasseurs à pied de la Garde du Gouvernement, avec cette différence toutefois que la pension de 200 francs fournie par les parents de chaque vélite entrera dans la caisse du corps et viendra, pour autant, à la décharge du Trésor public.

Des maîtres de lecture, d'écriture, d'arithmétique, de gymnastique militaire devaient être attachés à chacun de ces corps, qui seraient stationnés l'un à Saint-Germain-en-Laye et l'autre à Fontainebleau. Le château d'Écouen remplaça Saint-Germain, qui ne donnait qu'un

---

(1) A. T.

casernement défectueux, pour le corps de vélites à la suite des chasseurs à pied.

Les vélites qui s'étaient distingués par leur conduite, leur instruction, leur aptitude et leur zèle pouvaient être admis dans la Garde du Gouvernement avant d'avoir atteint l'âge et le nombre d'années de service exigés pour faire partie de ladite Garde ; ils pouvaient aussi être choisis, tant par le ministre de la Guerre que par les chefs de corps, pour remplir les emplois de fourrier, de caporal ou brigadier dans la ligne ; ils pouvaient aussi être admis comme pensionnaires à l'École spéciale militaire.

La plus sévère discipline régnait dans la Garde. Le 29 février, peu après son entrée en fonctions, Mortier reçoit (1) du colonel Soulès, commandant les chasseurs à pied de la Garde, les états de service de cinq hommes de ce régiment. « Les militaires dont il s'agit, par la mauvaise conduite qu'ils n'ont cessé de tenir, se sont rendus indignes de servir dans un corps aussi respectable que celui de la Garde du Gouvernement, et, d'après les ordres que j'ai précédemment reçus du général Bessières, commandant alors en chef ladite Garde, ces hommes doivent être expulsés du régiment et mis à la disposition du ministre de la Guerre. »

Le 8 mars, le colonel Couin, commandant l'artillerie de la Garde, lui demande (1) : « Veuillez, je vous prie, écrire au ministre de la Guerre pour le prier d'ordonner au colonel commandant le 3e régiment d'artillerie à cheval, de recevoir le nommé L..., 2e canonnier, ainsi qu'au commandant le 5e, pour les nommés D... et L..., 2es canonniers.

« Je vous prie également d'inviter le ministre à recommander à ces deux chefs d'envoyer de bons sujets pour le remplacement de ces hommes. »

Le 29 février, le ministre de l'Intérieur, Chaptal, prévient (1) Mortier que le Premier Consul l'a choisi pour présider le Collège électoral du département du Nord, qui doit se réunir le 16 mars dans la ville de Lille, et lui fait connaître que le préfet est chargé de lui remettre toutes les pièces qui lui seront nécessaires.

En lui transmettant (1), le 5 mars, de Douai, alors chef-lieu du département du Nord, sa nomination (2) datée du 20 pluviôse an XII (10 février 1804), le préfet du Nord, Dieudonné, lui dit (1) : « Permettez-moi, citoyen Général, de me réunir à tous mes administrés pour vous témoigner leur vive satisfaction et la mienne de la faveur que le Premier Consul a accordée à ce département en nommant, pour présider le Collège électoral, un général auquel ce même dépar-

---

(1) A. T. (2) Voir pièces annexes n° 18.

tement s'honore d'avoir donné le jour et auquel ses talents et ses exploits éclatants donnent une place si distinguée dans le temple de la gloire. »

Par une deuxième lettre (1), il lui fait connaître que la convocation du Collège a pour objet la nomination de deux candidats pour le Sénat conservateur et que la réunion aura lieu dans la salle dite du « Concert » à Lille ; il lui indique les règles adoptées par le ministre de l'Intérieur pour la validité des scrutins et la fixation de la majorité absolue.

Le secrétaire d'État Hugues Maret délivre, le 11 mars, un passeport (1) qui « ordonne à tous les corps administratifs et autorités civiles et militaires de laisser passer librement le général Mortier, l'un des commandants de la Garde consulaire, se rendant à Lille avec sa suite ».

En prévenant, le 10 mars, les membres du Collège électoral, de la date et du lieu de convocation, Mortier leur écrit (2) : « La nouvelle marque de confiance que vient de me donner le Premier Consul en me nommant à la présidence du Collège électoral du département du Nord m'est d'autant plus flatteuse qu'elle me reporte, pour quelques jours, au sein de mes compatriotes dont le souvenir sera toujours cher à mon cœur. »

Le 16 mars, à l'ouverture de la séance du Collège électoral, il prononce le discours suivant (1) : « Appelé par le Premier Consul à présider le collège dont vous êtes membres, je m'estime doublement heureux puisque cette mission honorable me rapproche de cette portion de Français qui sont plus particulièrement mes compatriotes. Combien de fois, en me rappelant les actions grandes et héroïques qui illustreront à jamais notre République, ne me suis-je pas arrêté avec orgueil sur les exemples de constance et de courage donnés par les habitants du département du Nord, sur le bon esprit qui les anime, sur les nombreux soldats qu'ils ont fournis pour la défense de la patrie ? Les intérêts de l'État, citoyens électeurs, n'attendent pas moins aujourd'hui de votre sagesse qu'ils n'ont obtenu jusqu'à présent de votre zèle et de votre énergie. Vous allez désigner deux candidats pour le Sénat ; ceux de vos concitoyens qui obtiendront vos suffrages devront concourir aux emplois importants dont l'institution tutélaire est due au grand homme qui nous gouverne ; son génie et ses vertus ont placé la République au plus haut degré de gloire et de splendeur, et c'est parce qu'il consacre tous les instants de sa vie au bonheur de la patrie que les poignards des assassins se sont dirigés contre lui !... Ces assassins, vous le savez, étaient soudoyés par les éternels ennemis du nom Français, par les Anglais ! Que les choix que vous allez faire soient en harmonie avec les vues bienfaisantes du Premier Consul

---

(1) A. T. (2) A. T. (R. 15).

pour le bonheur de l'État et que nos ennemis, témoins du dévouement sans bornes que nous lui portons, désespèrent à jamais de l'atteindre par leurs criminels attentats. »

Rappelons qu'un nouveau complot contre la personne du Premier Consul et dans lequel étaient impliqués deux des généraux en chef sous les ordres desquels Mortier avait servi, Pichegru et Moreau, avait été découvert ; l'arrestation de ces généraux et d'autres conjurés venait d'être suivie, le 9 mars, de celle de Georges Cadoudal, et il était avéré que tous ces projets avaient été conçus et préparés à Londres.

Le sénatus-consulte organique (1) de la Constitution du 16 thermidor an X (4 août 1802) avait créé, en même temps que le consulat à vie, les collèges électoraux d'arrondissement et de département ; un arrêté (1) du 19 fructidor an X (6 septembre 1802) contenait règlement pour l'exécution de ce sénatus-consulte, relativement aux assemblées de canton, aux collèges électoraux, etc.

Le Premier Consul devait nommer, à chaque session, les présidents des collèges électoraux. Les collèges d'arrondissement présentaient deux candidats pour les places vacantes au Tribunat ; les collèges de département deux candidats pour les places vacantes au Sénat ; chacun de ces deux collèges présentait deux candidats pour les places vacantes au Corps législatif, ce qui en faisait quatre. C'était toujours le Sénat qui était chargé de choisir, entre les candidats présentés, les membres du Tribunat, du Corps législatif et du Sénat lui-même.

D'après un « tableau qui fixe le nombre des membres des collèges d'arrondissement et de département » (1), publié dans un supplément du *Moniteur* du 9 septembre 1802, le collège du département du Nord devait comprendre trois cents membres.

La session se termine le 19 mars et Mortier en avise (2), à cette date. le ministre de l'Intérieur : « J'ai l'honneur de vous prévenir que le collège électoral du département du Nord a terminé aujourd'hui ses opérations et qu'il a nommé candidats au Sénat conservateur le citoyen Dieudonné, préfet du Nord, et le citoyen Emmery, maire de Dunkerque. »

Avant de se séparer, le collège électoral avait adopté l'adresse (1) suivante au Premier Consul : « Citoyen Premier Consul, en terminant nos élections, c'est pour nous un devoir sacré et une satisfaction bien douce de vous transmettre l'expression des sentiments dont sont animés tous nos compatriotes.

« Peu de départements ont essuyé autant que celui du Nord les calamités de la guerre. Vous lui avez donné la paix continentale.

« Le département du Nord, par le caractère de ses habitants, avait plus qu'un autre besoin de la paix intérieure. Vous la lui avez assurée ; il ne forme qu'une famille.

---

(1) A. T. (2) A. T. (R. 15).

« Le département du Nord n'existe que par l'agriculture, l'industrie et le commerce Vous avez raffermi sur leur base ces trois grands pivots de sa prospérité ; ses charrues, ses ateliers, ses comptoirs sont également l'objet de vos soins régénérateurs.

« Le département du Nord vous doit tout et sa reconnaissance égale vos bienfaits, nous vous en sommes garants ; chaque jour, nous en recueillons les témoignages multipliés et ils ne sont pas équivoques ; les habitants du département du Nord ne savent point flatter.

« Aussi combien a été profonde et universelle l'indignation qu'excita, dans ce département, la découverte de l'infâme conspiration que vient encore d'ourdir contre vous le génie infernal qui dirige le Cabinet britannique ! De toutes les communes, de tous les hameaux, de toutes les habitations, un cri général de vengeance s'est fait entendre et, sans doute, il a retenti jusque chez nos perfides voisins ; sans doute, il leur a annoncé que bientôt vos hautes destinées s'accompliraient dans toute leur étendue ; sans doute, ils ont tremblé à ce terrible prélude de la dernière heure de leur existence politique.

« Citoyen Premier Consul, la gloire et le bonheur du peuple français sont désormais inséparables de la gloire et du bonheur de son premier Magistrat. Vivez heureux, vivez longtemps et puisse le ciel retrancher des jours de chacun de nous pour ajouter aux vôtres. Ce sont les vœux des électeurs du département du Nord et de la nombreuse population qu'ils représentent. »

Mortier clôture la session par le discours suivant (1) : « Citoyens Électeurs, les opérations du collège électoral du département du Nord sont terminées. Avant de le dissoudre, je dois satisfaire un besoin de mon cœur et vous exprimer, Citoyens Électeurs, toute ma gratitude de l'accueil que j'ai reçu parmi vous.

« Il ne me sera pas moins flatteur d'être, auprès du chef du Gouvernement, l'organe de l'amour que lui portent les habitants de ce département, et je m'estimerai infiniment heureux de pouvoir lui présenter la députation que vous avez choisie parmi vous pour lui exprimer votre dévouement pour sa personne. »

« Le dimanche 4 germinal (25 mars) », dit Thiers (2), « plusieurs adresses des collèges électoraux furent présentées au Premier Consul. » Parmi ces adresses était celle du collège électoral du Nord que Mortier, qui avait été choisi comme président de la députation, lut au Premier Consul ; elle fut insérée au *Moniteur Universel* du 14 avril 1804. A cette même audience, M. de Fontanes, président du Corps législatif, le félicitait de l'achèvement du Code civil.

Quelques jours après, Mortier reprenait auprès de lui, à La Malmaison, son service qu'il continua à Saint-Cloud.

---

(1) A. T. (2) *Histoire du Consulat et de l'Empire*, livre XIX.

Le service des généraux de la Garde avait été réglé ainsi qu'il suit par l'article 5 de l'arrêté (1) du 23 brumaire an X (14 novembre 1801) :
« L'un des quatre officiers généraux, commandant la Garde consulaire, sera constamment de service auprès des consuls pendant une décade. Il assistera à la parade, fera l'inspection des troupes et ordonnera le défilé. »

L'Empire allait succéder au Consulat. A la suite d'une motion déposée le 28 avril par l'un de ses membres, le Tribunat adoptait, le 3 mai, à une immense majorité, le vœu que Napoléon Bonaparte fût nommé Empereur et que le titre d'empereur et le pouvoir impérial fussent héréditaires dans sa famille. Ce vœu fut porté le 4 mai au Sénat et, le 18 mai 1804 (28 floréal an XII), l'Empire était proclamé par un sénatus-consulte organique (2) dont les articles 1 et 2 sont ainsi conçus :

« 1. Le Gouvernement de la République est confié à un empereur qui prend le titre d'Empereur des Français.

« La justice se rend au nom de l'Empereur par les officiers qu'il institue.

« 2. Napoléon Bonaparte, Premier Consul actuel de la République, est empereur des Français. »

Le titre V indique les grandes dignités de l'Empire : grand électeur, archi-chancelier de l'Empire, archi-chancelier d'État, archi-trésorier, connétable, grand amiral.

Le titre VI, ayant pour titre : « Des grands officiers de l'Empire », comprend les articles suivants :

« 48. Les grands officiers de l'Empire sont :

« *Premièrement*, des maréchaux de l'Empire choisis parmi les généraux les plus distingués.

« Leur nombre n'excède pas celui de seize.

« Ne font point partie de ce nombre les maréchaux de l'Empire qui sont sénateurs ;

« *Secondement*, huit inspecteurs et colonels généraux de l'artillerie et du génie, des troupes à cheval et de la marine ;

« *Troisièmement*, des grands officiers civils de la couronne, tels qu'ils seront institués par les statuts de l'Empereur.

« 49. Les places des grands officiers sont inamovibles.

« 50. Chacun des grands officiers de l'Empire préside un collège électoral qui lui est spécialement affecté au moment de sa nomination. »

A cette même date du 18 mai paraît l'ordre du jour (1) suivant, portant comme en-tête : « Garde impériale » :

« La Garde est prévenue que le Sénat a proclamé aujourd'hui

---

(1) Fieffé, *Napoléon I*ᵉʳ *et la Garde impériale*. (2) A. T.

Napoléon Bonaparte empereur des Français et a fixé l'hérédité du pouvoir dans sa famille.

« Vive l'Empereur ! Dévouement sans bornes et fidélité à toute épreuve à Napoléon, premier empereur des Français. »

« Aujourd'hui, la Garde prend le titre de Garde impériale.

« Les officiers seront rendus à Saint-Cloud demain, dans l'ordre suivant, pour être présentés à l'Empereur, savoir... (officiers d'artillerie, de chasseurs à pied, de grenadiers à pied, de chasseurs à cheval, de grenadiers à cheval, de gendarmerie d'élite, des grenadiers italiens).

« La Garde prendra demain les armes et sera rendue à 4 heures après midi au Champ de Mars pour prêter le serment de fidélité à l'Empereur exigé par le sénatus-consulte.

« Le général de la Garde, de service auprès de l'Empereur.

« Bessières. »

On lit dans le *Moniteur* du 20 mai 1804, dans lequel est publié le sénatus-consulte organique du 18 mai :

« Paris, le 29 floréal (19 mai). Les différents corps qui composent la Garde impériale ont été présentés aujourd'hui à S. M. l'Empereur par le prince Louis, connétable de l'Empire. Le général Bessières, colonel général de la Garde, a porté la parole... Le connétable a ensuite présenté au serment qu'ils ont prêté entre les mains de S. M. I. dans leurs qualités respectives : le général Mortier, colonel général de la Garde impérale ; le général Moncey, premier inspecteur général de la gendarmerie... »

Mortier est nommé maréchal de l'Empire à cette date du 19 mai 1804 (29 floréal an XII) et reçoit les communications (1) qui suivent :

« Le secrétaire d'État a l'honneur de transmettre, au général Mortier, l'extrait d'un décret impérial portant nomination de maréchaux de l'Empire.

« Il prie Monsieur le maréchal Mortier d'agréer l'expression des inviolables sentiments dont il lui présente l'hommage.

« Hugues Maret. »

Saint-Cloud, ce 29 floréal an XII.

---

(1) A. T.

Extrait des Minutes de la secrétairerie d'État.

DÉCRET IMPÉRIAL (EXTRAIT)

Napoléon, Empereur des Français, nomme le général Mortier maréchal de l'Empire.

Signé : NAPOLÉON.

Donné au palais de Saint-Cloud,
le 29 floréal an XII.

Par l'Empereur :
Le Secrétaire d'État,
Hugues MARET.

Le décret, qui se trouve au *Moniteur Universel* du 21 mai 1804 (1er prairial an XII), est ainsi conçu :

« Napoléon, Empereur des Français, décrète ce qui suit :
« Sont nommés maréchaux de l'Empire, les généraux Berthier, Murat, Moncey, Jourdan, Masséna, Augereau, Bernadotte, Soult, Brune, Lannes, Mortier, Ney, Davout, Bessières.
« Le titre de maréchal de l'Empire est donné aux sénateurs Kellermann, Lefebvre, Pérignon et Serrurier qui ont commandé en chef. »

L'Empereur, en dehors des quatre sénateurs, n'avait promu que quatorze maréchaux, réservant deux places sur les seize, nombre maximum fixé par le sénatus-consulte organique.

Né le 13 février 1768, Mortier n'avait, au moment de cette promotion, que trente-six ans et trois mois.

Parmi les dix-huit maréchaux, cinq étaient seuls un peu plus jeunes que lui : Bessières, né la même année, le 6 août, Lannes, Soult et Ney nés en 1769, Davout en 1770.

Le ministre de la Guerre lui écrit (1) le 31 mai :

« J'ai l'honneur de vous prévenir, Monsieur le Maréchal, qu'en conséquence du décret de S. M. I. qui vous nomme maréchal de l'Empire, je m'empresserai de vous remettre vos pouvoirs aussitôt que S. A. I. le connétable les aura fait signer à S. M.

« Recevez, Monsieur le Maréchal, l'assurance de l'attachement que je vous ai voué depuis longtemps.

« Je vous salue.

« Maréchal BERTHIER. »

---

(1) A. T.

Le 22 mai, le ministre avait mandé (1) « à Monsieur le maréchal Mortier, colonel général de l'artillerie de la Garde impériale » : « D'après un avis que je reçois de S. A. I. le connétable, je vous préviens, Monsieur le Maréchal, que vous serez admis demain, 3 du courant, à prêter votre serment entre les mains de S. M. l'Empereur. Vous voudrez bien vous rendre au château de Saint-Cloud à 11 heures précises. »

On lit, au sujet de cette prestation de serment des maréchaux dans le *Moniteur* du 24 mai : « Paris, le 3 prairial (23 mai). Le prince Louis, connétable de l'Empire, a présenté aujourd'hui au serment qu'ils ont prêté entre les mains de l'Empereur : les sénateurs maréchaux de l'Empire Kellermann, Lefebvre, Pérignon, Serrurier.

« Les généraux maréchaux de l'Empire Berthier, Murat, Moncey, Masséna, Augereau, Bernadotte, Mortier, Ney, Davout, Bessières. »

Parmi les nombreuses félicitations que Mortier reçut de ses anciens compagnons d'armes, nous ne citerons que la lettre (1) suivante que lui adressa, le 23 mai, le maréchal Soult de son quartier général de Boulogne : « L'amitié que, depuis bien longtemps, je vous ai vouée, me ramène toujours, mon cher Maréchal, pour vous féliciter de tout ce qui vous arrive d'heureux. J'ai appris avec la plus vive joie que S. M. I. vous avait nommé maréchal d'Empire. Je vous prie d'être assuré que personne, même ceux qui vous intéressent le plus, ne peut y prendre plus part que l'ami qui vous écrit. Vous croirez à ce sentiment si vous voulez vous rappeler de la sincérité de ceux que je vous porte et dont j'aime à faire profession.

« Je vous embrasse de tout mon cœur. « Soult. »

Nous reproduirons aussi ce témoignage (1) de la cour d'appel de Douai, signé par le président d'Haubersart et tous les membres de cette cour : « Les honneurs qui vous sont déférés rejaillissent sur le département où vous avez pris naissance; la cour d'appel partage la satisfaction générale que cause ici votre promotion à la dignité de maréchal d'Empire; c'est la juste récompense de vos services et de votre attachement particulier à la personne de S. M. I.

« Agréez, Monsieur le Maréchal, que la cour s'empresse de vous en féliciter en vous offrant les assurances de son entier dévouement. »

Mortier répondit (2) : « Les témoignages d'affection de mes compatriotes ont pour moi le plus grand prix et ils en acquièrent encore davantage lorsqu'ils me sont donnés par des hommes aussi recommandables par leurs qualités personnelles que par les importantes fonctions qu'ils ont à remplir... »

Le 21 mai (1er prairial), l'Empereur avait donné l'ordre (1) suivant : « Il sera formé dans la Garde vingt-sept détachements, chacun

---

(1) A. T. (2) A. T. (R. 15).

commandé par un officier. Chaque détachement sera composé de 2 canonniers, 10 chasseurs à pied, 10 grenadiers à pied, 10 grenadiers à cheval, 5 chasseurs à cheval, 5 soldats du bataillon italien : total 42.

« Les officiers seront un tiers capitaines, un tiers lieutenants et l'autre tiers sous-lieutenants pris dans toutes les armes. Tous les détachements seront sous les ordres du colonel Soulès et d'un chef d'escadron de grenadiers.

« Ce bataillon sera passé en revue demain à 8 heures du matin et partira après-demain pour Le Havre, pour tenir garnison sur les vingt-sept chaloupes canonnières et sur les vingt-sept péniches de la Garde ; les hommes de cavalerie s'y rendront à pied.

« Le colonel général de service donnera un ordre de détail pour la composition de tous les détachements.

« Le colonel général Bessières passera la revue des vingt-sept détachements devant fournir garnison à chaque chaloupe canonnière et à sa péniche.

« Donné au palais de Saint-Cloud le 1er prairial an XII, de notre règne le 1er. »

Mortier, qui est colonel général de service, à Saint-Cloud, envoie des ordres (1) en conséquence aux colonels des grenadiers et des chasseurs à pied, de l'artillerie et du bataillon italien ; il prie le colonel général Bessières de donner ceux concernant les grenadiers et les chasseurs à cheval et lui témoigne le désir de le voir, après sa revue, pour pouvoir rendre compte à l'Empereur de l'exécution de ses ordres.

Ces détachements se trouvaient encore au Havre, avec les bâtiments dont ils formaient la garnison, lorsque les Anglais vinrent bombarder la ville les 22 juillet, 1er et 2 août suivants.

La canonnière n° 151 se signale particulièrement dans cette dernière journée ; commandée par le capitaine de frégate de la Garde Baste, elle sort du port et s'approche de l'ennemi pour tâcher de lui faire quelque avarie et surtout pour ralentir le feu des mortiers de trois bombardes. « Nous fûmes canonnés vivement par toute l'escadre », dit le rapport de Baste (2), « et, sur la fin, nous trouvant aux prises avec un cutter et le brick à portée de fusil, nous nous servîmes de toutes nos armes à feu, les pistolets exceptés, en leur tirant quelques coups de canon à boulet et à mitraille, ce qui les obligea de nous laisser le champ de bataille et de prendre le large. »

Il cite, en même temps que des marins, parmi ceux qui ont surtout mérité des éloges, un chef d'escadron des grenadiers de la Garde à cheval, un sous-lieutenant des chasseurs à pied, des grenadiers et chasseurs à pied et à cheval et un canonnier d'artillerie légère de la Garde.

---

(1) A. T. (R. 15).
(2) Carnet de la *Sabretache* (Vol. 8, p. 407), d'après les Archives municipales du Havre.

On verra plus loin ces chaloupes et péniches rejoindre, à Boulogne, le 16 août, la flotte destinée à transporter l'armée en Angleterre.

Le 16 juin, le grand chancelier de la Légion d'honneur écrit (1) à Mortier :

« L'Empereur, en grand conseil, vient de vous nommer grand officier de la Légion d'honneur.

« Je m'empresse d'avoir l'honneur de vous annoncer que la plus noble des palmes est le prix des grands services que vous avez rendus à la patrie. « LACÉPÈDE. »

Le 13 juillet, le secrétaire d'État, Hugues Maret, lui mande (1) de Saint-Cloud :

« J'ai l'honneur, Monsieur le Maréchal, de vous annoncer que S. M. vient de vous nommer chef de la seconde cohorte de la Légion d'honneur dont le chef-lieu est à l'Abbaye de Saint-Wast, à Arras.

« Veuillez agréer, Monsieur le Maréchal, l'hommage de mes inviolables sentiments. »

D'après la loi du 29 floréal an X (19 mai 1802), la Légion d'honneur devait être composée d'un grand conseil d'administration et de quinze cohortes (ce nombre fut porté à seize), dont chacune aurait son chef-lieu particulier. Chaque cohorte devait comprendre : 7 grands officiers, 20 commandants, 30 officiers et 350 légionnaires.

Il devait être affecté à chaque cohorte des biens nationaux portant 200.000 francs de rente. L'article 9 était ainsi conçu : « Il sera établi, dans chaque chef-lieu de cohorte, un hospice et des logements pour recueillir soit les membres de la Légion que leur vieillesse, leurs infirmités ou leurs blessures auraient mis dans l'impossibilité de servir l'État, soit les militaires qui, après avoir été blessés dans la guerre de la liberté, se trouveraient dans le besoin. »

La deuxième cohorte comprenait les départements suivants : Aisne, Ardennes, Jemmapes, Nord, Pas-de-Calais, Somme.

Le 17 juillet, le président du Conseil général du Pas-de-Calais, Vaillant, qui vient d'être nommé trésorier de la deuxième cohorte, lui écrit (1) qu'il se félicite de la nomination qui le met sous son commandement. « Elle va me mettre en rapport avec le fils d'un de mes anciens collègues à l'Assemblée Constituante (2) avec lequel j'ai constamment été lié d'une estime et d'un attachement réciproques ; quoique je l'aie perdu de vue depuis 1791, je n'ai pas cessé d'en conserver un précieux souvenir. Si, comme j'aime à le croire, il est encore vivant, je suis très persuadé qu'il m'a conservé une part dans son souvenir et dans son amitié.

---

(1) A. T.
(2) Garde des sceaux et conseiller honoraire au Conseil d'Artois, Vaillant était député de l'Artois à la Constituante.

« Si, à raison de votre commandement de la deuxième cohorte, je peux vous être ici de quelque utilité pour les arrangements à faire à votre logement, ou pour tout autre objet, je vous prie de disposer de moi. »

Les bâtiments de l'ancienne abbaye de Saint-Wast, à Arras, devaient être partagés entre le chef-lieu de la deuxième cohorte et la sénatorerie de Douai (1).

Le dimanche 15 juillet eut lieu, dans l'église de l'hôtel des Invalides, la cérémonie pour l'inauguration de la Légion d'honneur ; elle fut une des plus imposantes de l'Empire. Le grand maître des cérémonies, Ségur, prévient (1) Mortier, le 13 juillet, que l'Empereur se rendra à cheval aux Invalides, « accompagné des princes, grands dignitaires, grands officiers et officiers de l'Empire », et que le cortège partira du palais des Tuileries à midi. Le *Moniteur Universel* du 17 juillet rend compte de la cérémonie aux Invalides. L'Empereur était placé sur le trône, ayant derrière lui les colonels généraux de la Garde, parmi lesquels Mortier, le gouverneur des Invalides et les grands officiers de la Couronne ; au-dessous les grands dignitaires, les maréchaux d'Empire, les ministres ; en amphithéâtre, derrière l'autel, sept cents invalides et deux cents élèves de l'École polytechnique ; les membres des divers grades de la Légion d'honneur remplissaient la nef.

Le cardinal légat célébra la messe, après l'évangile de laquelle les grands officiers de la Légion, appelés successivement par le grand chancelier, s'approchèrent du trône et prêtèrent individuellement le serment prescrit. Puis tous les commandants, officiers et légionnaires, debout, la main élevée, répétèrent à la fois : « Je le jure », au serment que leur demanda l'Empereur qui, la messe finie, remit individuellement la décoration, de ses mains, à chacun d'eux.

Au sujet des réjouissances qui doivent avoir lieu à cette occasion, le ministre transmet (1) à Mortier, le 12 juillet, une demande du conseiller d'État Frochot, préfet de la Seine, à l'effet d'obtenir, pour les salves, six pièces de 4 avec les munitions nécessaires ; comme il n'y a pas à Paris d'autre artillerie que celle de la Garde, il l'invite à prendre les ordres de l'Empereur. La lettre (1) envoyée le 12 juillet par le préfet au ministre est ainsi conçue : « J'ai appris hier seulement que l'intention de S. M. était que la Ville de Paris donnât, dimanche prochain, une fête pour la prestation du serment de la Légion d'honneur, et qu'entre autres signes de réjouissance il fût tiré un feu d'artifice. S. M., habituée à gagner des batailles en moins de temps qu'il ne nous en faut à nous pour dresser le plan d'une fête, ne sait pas que la confection d'un feu d'artifice exige à Paris plus de jours qu'il ne

---

(1) A. T.

lui en a fallu pour passer le mont Saint-Bernard. Il m'est donc impossible de faire tout ce que je voudrais pour donner à cette dernière partie de la fête un intérêt particulier. Il ne me reste qu'à faire beaucoup de bruit. Je prie à cet effet Votre Excellence de faire mettre à ma disposition pour dimanche prochain six pièces de 4 avec les munitions et les hommes nécessaires au service. »

L'Empereur, qu'accompagne Mortier, part, de Saint-Cloud, le 18 juillet pour Boulogne. Un ordre du jour (1) de la flottille impériale, commandée par l'amiral Bruix, donne, à la date du 20 juillet, les détails suivants sur son arrivée : « Hier à 3 heures, S. M. l'Empereur est arrivée dans le port de Boulogne. Aussitôt qu'elle a paru sur la plage, elle a été saluée de neuf cents coups de canon par les bâtiments de la ligne d'embossage et par toutes les batteries de droite et de gauche du port de Boulogne... S. M. a été visiter les forts de l'Heurt, le fort Napoléon, celui de la Crèche et le fort Rouge... Ensuite S. M. I. est allée en rade; elle a monté à bord du commandant de la ligne d'embossage... S. M. est ensuite rentrée dans le port... Il était 8^h 30 du soir lorsqu'elle a monté en voiture pour aller à son quartier général à Pont-de-Briques... »

Le 21 juillet, le maréchal Soult prescrit (1) les dispositions nécessaires pour les revues que l'Empereur doit passer le lundi suivant, 23 juillet, dans la matinée, à la 1re division et le lendemain 24 juillet, à la 2e division. Les détachements embarqués seront relevés et il sera distribué vingt cartouches à poudre par homme.

Un ordre (1) de la flottille du 27 juillet donne les renseignements suivants : « Le 6 thermidor (25 juillet), S. M. l'Empereur a fait l'inspection des divisions de péniches, des paquebots et des bâtiments de transport; le 7 (26 juillet), il a fait l'inspection des bateaux de première et de deuxième espèce; S. M. a trouvé tous ces bâtiments installés conformément au règlement et prêts à prendre la mer au premier signal. »

Pour cette deuxième inspection, l'Empereur avait envoyé, le 25, à Mortier l'ordre (2) ci-après : « Le colonel général Mortier donnera l'ordre que demain, à l'heure où flotteront les bâtiments dans le port, ma Garde tienne prêts mon canot et ma péniche. Il y aura dans la péniche trois canonniers et quinze grenadiers de service. « NAPOLÉON. »

Mortier avait complété cet ordre, en ajoutant de sa main : « Le canot à la cale où s'est embarqué ce matin l'Empereur. La péniche au musoir de l'Est à 1 heure. »

Le 27 juillet, de son quartier général de Pont-de-Briques, l'Empereur écrit (1) au capitaine de vaisseau Daugier qui commande, au Havre, les chaloupes canonnières et les péniches de la Garde, dont

---

(1) A. G. (2) A. T.

il a été parlé précédemment : « Monsieur Daugier, les soixante chaloupes canonnières et autres bâtiments sous vos ordres sont nécessaires à Boulogne ou à Étaples. Profitez donc sans délai des circonstances de temps en totalité ou par division, selon ce qu'il vous paraîtra le plus convenable. »

A cette date, l'Empereur se faisait construire une baraque près de la tour d'Odre, et on écrit de Boulogne au *Moniteur* qu'en creusant les fondations, on a découvert les traces d'un camp romain ; on y voit un heureux présage pour la conquête de l'Angleterre.

Le 29 juillet (10 thermidor an XII), un décret (1), daté de Pont-de-Briques, réorganise la Garde impériale :

« *Article 1*. — La Garde impériale sera composée pour l'an XII et XIII de : 1 état-major général, 1 régiment de grenadiers à pied, 1 régiment de chasseurs à pied, 1 régiment de grenadiers à cheval, 1 régiment de chasseurs à cheval, 1 corps d'artillerie, 1 légion d'élite de gendarmerie, 1 bataillon de matelots.

« Il sera attaché à chaque régiment d'infanterie un bataillon de vélites et à celui des chasseurs à cheval une compagnie de mameloucks.

« Il y aura une compagnie de vétérans de la Garde.

« *Article 2*. — L'État-major général sera composé de 4 colonels généraux dont :

1 commandera les grenadiers à pied ;
1 les chasseurs à pied ;
1 l'artillerie et le bataillon de marins ;
1 la cavalerie.

. . . .

« Les colonels généraux recevront immédiatement les ordres de S. M. »

Ce décret laissait à l'infanterie, à la cavalerie et à l'artillerie, le nombre d'unités indiquées précédemment.

Il plaçait sous les ordres de Mortier, en même temps que l'artillerie, le bataillon de matelots dont la création remontait au 17 septembre 1803 (30 fructidor an XI) et renfermait, au sujet de ce bataillon, les dispositions suivantes :

« *Article 24*. — Le bataillon des matelots sera composé d'un état-major et de cinq équipages, ainsi qu'il est prescrit par l'arrêté du 30 fructidor an XI et autres arrêtés successifs.

« *Article 25*. — L'état-major du bataillon des matelots sera composé de : 1 capitaine de vaisseau, commandant le bataillon, 1 adjudant-major, 1 quartier-maître trésorier, 1 officier de santé. Total : 4.

---

(1) A. T.

« *Article 26.* — Chaque équipage de matelots s ra composé de :
« 1 capitaine de frégate lieutenant de vaisseau, 5 lieutenants ou enseignes : total 6;
« 5 maîtres, 5 contremaîtres, 5 quartiers-maîtres, 1 fourrier, 125 matelots de 1re, 2e, 3e, 4e classe et 1 tambour ou trompette : total 142.
« *Article 27.* — Il sera formé à Paris un dépôt des marins destiné à tenir constamment au complet les cinq équipages du bataillon des matelots.
« Ce dépôt sera composé comme suit, savoir : 1 maître, 2 contre-maîtres, 3 quartiers-maîtres, 60 matelots : total 66.
« *Article 28.* — Ces matelots seront livrés dans les différents quartiers des classes, mais en majeure partie pour la première formation dans ceux du Midi et de l'île de Corse. »
Le titre III de ce décret fixait la solde, les masses et les indemnités.

Dès que l'inspecteur aux revues de la Garde des Consuls, Chadelan, avait appris d'une manière officielle la nomination de Mortier comme général de cette Garde, il lui avait écrit (1), le 2 février 1804; il se félicitait de se retrouver sous ses ordres et lui envoyait copie (1) du « dernier arrêté concernant les généraux et officiers du palais » en date du 21 décembre 1803 ainsi que du tableau n° 11, joint à cet arrêté :
« Général de la Garde appelé aux fonctions de général en chef. Solde 24.000 francs. Fourrages pour vingt-quatre chevaux, 12.009^f 60. Remonte pour vingt-quatre chevaux 2.397^f 60. Ferrage pour vingt-quatre chevaux 712^f 80. Logement à défaut d'emplacement dans les bâtiments nationaux 6.000 francs. Chauffage et éclairage 7.200 francs. Frais de bureau 6.000 francs. Appointements de général en chef 40.000 francs : total 98.320 francs. »
Le ministre de la Guerre mande (1) à Mortier le 14 septembre 1804 : « J'ai l'honneur de vous prévenir, Monsieur le Maréchal, que, par décret du 8 de ce mois (fructidor, 26 août), l'Empereur a fixé le traitement annuel des maréchaux d'Empire à 40.000 francs et a ordonné que ce traitement pourrait être cumulé avec les appointements attachés aux fonctions militaires ou civiles dont chaque maréchal pourrait être pourvu.
« Le même décret leur accorde vingt-quatre rations de fourrages par jour, mais sans cumulation de celles attribuées aux autres fonctions.
« Enfin ce décret porte que les seize maréchaux d'Empire ne compteront plus sur le tableau des généraux de division et n'auront droit ni aux appointements ni aux indemnités affectées à ce grade. »

---

(1) A. T.

L'inspecteur aux revues Chadelan l'avise (1) que, par suite des décrets des 29 juillet et 26 août qui précèdent, ses revues porteront *chaque mois :*

« Appointements de la Garde 2.000 francs. Appointements de maréchal de l'Empire 3.333ᶠ 33 1/3. Masse de fourrages à vingt-quatre rations par jour 1.000ᶠ 80. Masse de remonte à vingt-quatre rations par jour 199ᶠ 80. Masse de ferrage à vingt-quatre rations par jour 59ᶠ 40. Masse de chauffage et éclairage 600 francs. Masse d'entretien, d'habillement, etc., 500 francs. Frais de bureau 500 francs : total 8.193ᶠ 33 1/3. »

Soit, pour une année, 98.319ᶠ 97, total égal à celui du tableau n° 11, donné plus haut.

Ces allocations considérables avaient pour objet de permettre aux maréchaux de tenir avec dignité leur rang et de faire les dépenses que, ainsi qu'on le verra plus loin, par exemple à l'occasion du couronnement, l'Empereur n'hésitait pas à leur imposer.

Le 18 juillet, jour où l'Empereur partait pour Boulogne, un décret impérial, dont le secrétaire d'État, Hugues Maret envoyait un extrait (1) à Mortier, fixait ainsi qu'il suit le costume des maréchaux de l'Empire :

« L'habillement des maréchaux de l'Empire sera gros bleu en soie, velours ou drap brodé sur toutes les tailles, du dessin affecté aux officiers généraux, mais un tiers plus large; vestes et culottes blanches brodées de même; bas blancs; manteau de même couleur que l'habit et de la même longueur avec collet et revers blancs brodés d'or comme l'habit; écharpe en étoffe d'or à laquelle l'épée sera attachée; chapeau relevé par devant, orné de plumes blanches flottantes, cravates de dentelles.

« Cheveux ronds ou longs et, en ce dernier cas, frisés au bout et rattachés au milieu par un simple ruban noir.

« Ils porteront un bâton de 5 décimètres de longueur, de couleur bleue, semé d'aigles d'or et de 4 centimètres de diamètre. »

Le ministre de la Guerre lui écrit (1) le 13 septembre :

« J'ai déjà eu l'honneur de vous transmettre, Monsieur le Maréchal, le décret impérial du 29 messidor (18 juillet) dernier qui détermine le costume des maréchaux de l'Empire pour les cérémonies; je m'empresse de vous annoncer que le petit uniforme vient d'être arrêté ainsi qu'il suit :

« L'habit bleu comme il est prescrit par le Règlement du 1ᵉʳ vendémiaire an XII (24 septembre 1803) pour le petit uniforme des généraux de division, à l'exception que la broderie sera d'un tiers plus

---

(1) A. T.

large; il y aura sur les épaulettes deux bâtons de maréchal croisés en place d'étoiles.

« Le chapeau uni ou bordé sera garni d'un plumet blanc.

« L'écharpe sera en réseaux d'or.

« Les boutons porteront pour empreinte une couronne moitié chêne, moitié olivier, avec les deux bâtons de maréchal croisés et liés par le ruban de la Légion d'honneur.

« Quand les maréchaux commanderont les armées, ils porteront de plus le baudrier blanc en sautoir affecté aux généraux en chef. On ajoutera dans les trophées les bâtons de maréchal; l'épée de commandement sera pareille à celle du général en chef.

« Les bottes seront à la française.

« Le harnachement du cheval sera le même que celui déterminé pour les généraux de division. Il y sera ajouté un rang de torsades en or.

« Le cachet des maréchaux de l'Empire et l'écusson qu'ils pourront faire mettre sur leurs voitures seront conformes au modèle dont je joins ici la copie. Vous remarquerez que le milieu de l'écusson est uni. Il est destiné à recevoir votre chiffre. »

D'après les situations (1) établies par l'inspecteur aux revues Chadelan le 1er de chaque mois républicain, l'artillerie de la Garde, à la date du 1er thermidor (21 juillet), occupait l'École militaire présentant un effectif de 14 officiers, 124 hommes, 241 chevaux. Le train d'artillerie, à Grenelle et Versailles, avait un effectif de 6 officiers, 442 hommes et 826 chevaux. Étaient, en outre, détachés de ces deux corps : 6 officiers et 125 hommes. Les matelots, qui avaient à Paris 2 officiers et 24 hommes, comptaient dans les ports 35 officiers, 678 hommes et 47 chevaux.

Ajoutons, d'après la même situation, que les emplacements des autres corps de la Garde étaient alors les suivants : *grenadiers à pied*, 1er bataillon à Paris, caserne des Feuillants; 2e bataillon à Courbevoie, bataillon de vélites à Fontainebleau. — *Chasseurs à pied :* 1er bataillon à l'École militaire, 2e bataillon à Rueil, bataillon de vélites à Écouen. — *Grenadiers à cheval*, à l'École militaire et à Sèvres. — *Chasseurs et mameloucks* à l'École militaire et à Sèvres. — *Gendarmerie d'élite* à Paris, caserne de l'Arsenal. — *Garde du président de la République italienne* à Courbevoie.

Le 30 juillet, le ministre de la Marine Decrès écrit (2) au ministre de la Guerre la lettre suivante qui indique l'organisation et le rôle des diverses parties de la flottille sous les ordres de Bruix :

« Le Premier Consul, Citoyen Ministre, ayant conféré au général (3)

---

(1) A. T. (2) A. G.
(3) Bien que Bruix n'eût jamais commandé de troupes de l'armée de terre, on lui donnait parfois la qualité de général.

Bruix, avec le titre d'amiral, le commandement de la flottille nationale qui doit porter sur le territoire de l'Angleterre la guerre que cette puissance a voulu faire à la République, je crois devoir vous communiquer une partie des instructions qu'il a fait expédier à cet amiral...

« Le commandement de l'amiral s'étendra depuis Ostende jusqu'à la baie de Somme.

« La droite de la flottille nationale, qui s'appuiera sur Ostende et Nieuport, devra transporter 30.000 combattants indépendamment des chevaux qui seront embarqués sur la droite de la flottille; il sera pourvu, par des bâtiments de transport, à l'embarquement de 1.200 chevaux.

« Le centre de la flottille nationale s'appuiera sur Dunkerque, Gravelines et Calais; il sera composé d'un nombre de bâtiments suffisants pour l'embarquement de 6.000 chevaux.

« La gauche de la flottille se réunira à Wissant, Ambleteuse, Boulogne et Étaples; elle portera 80.000 combattants, 3.000 chevaux et 120 pièces de campagne. Ces pièces seront fournies par le département de la Guerre; leurs trains, caissons et munitions devront être embarqués avec elles. »

L' « Armée des côtes de l'Océan » avait, très sommairement, d'après une situation (1) en date du 15 thermidor (13 août) l'organisation et les emplacements ci-après :

Avant-garde. — Maréchal Lannes : 1re division (Oudinot) et 2e division (Gazan), au camp de Wimereux; 3e division, pour mémoire. Division de dragons, chasseurs et hussards à pied (Baraguay d'Hilliers) à Calais.

Corps de droite. — Maréchal Davout : 1re division (Bisson) et 2e division (Friant) au camp d'Ambleteuse; 3e division (Gudin) au camp de Rosendaël. Brigade de cavalerie (général de division Walther) à Poperinghe, Hondschoote, Ambleteuse.

Corps du centre. — Maréchal Soult : 1re division (Saint-Hilaire) au camp de Boulogne; 2e division (Vandamme) à Outréau et Boulogne; 3e division (Legrand) à Boulogne, Outréau et Pont-de-Briques; Brigade de cavalerie, général de division d'Hautpoul.

Corps de gauche. — Maréchal Ney : 1re division (Dupont) à Camiers, 2e division (Loison) au camp des Moulins; 3e division (Malher), à Fromessent et Saint-Josse. Brigade de cavalerie, général de division Tilly.

1er corps d'armée détaché. — Général Marmont : camp d'Utrecht. Divisions Boudet, Grouchy et Dumonceau.

2e corps d'armée détaché. — Maréchal Augereau à Brest (corps d'Irlande).

Réserve. — Prince Louis, connétable : divisions Baraguay d'Hil-

---

(1) A. G.

liers (portée à l'avant-garde pour mémoire), Bourcier (cavalerie légère), Teulié (troupes italiennes), 1re division de dragons (Klein), 2e division de dragons (»), division de grosse cavalerie (Nansouty).

Division d'élite de la Garde impériale.

Infanterie. — Grenadiers à pied, 797 hommes et chasseurs à pied, 803 hommes au camp de Wimereux.

Cavalerie. — Grenadiers à cheval 501 hommes, 534 chevaux; chasseurs à cheval 302 hommes, 322 chevaux à Pont-de-Briques et Boulogne.

Artillerie à cheval (1re et 2e compagnies) : 123 hommes, 123 chevaux. Ouvriers d'artillerie 11 hommes. Train d'artillerie (1re et 2e compagnies) 183 hommes, 260 chevaux au camp de Wimereux.

Ce qui, avec la 1re compagnie du 2e bataillon de sapeurs, 97 hommes, donne pour l'effectif total de la division 2.817 hommes et 1.239 chevaux.

Les 28 et 29 juillet, l'Empereur fait manœuvrer la division du camp de Wimereux (2), il passe la journée du 1er août au camp d'Ambleteuse. Accompagné par Mortier, il arrive le 5 août à minuit à Calais, visite, le 6, le port, les bâtiments et les fortifications, passe le 7 la revue des troupes de la garnison et arrive à 6 heures du soir à Dunkerque; le 8, il passe la revue d'une des divisions, visite, le 9, les différents points de la rade et fait manœuvrer, le 10, une partie des troupes du camp de Dunkerque. Le 11, il part pour Ostende où il arrive dans l'après-midi. Le dimanche 12, après avoir assisté à la messe, célébrée par l'évêque de Gand, il se rend à la division Oudinot. Le 14, il passe la revue de la division Friant à Ostende, d'où il part le 15 pour rentrer, le soir, à son quartier général de Pont-de-Briques.

Le 9 août, Soult avait fait publier (1) le « programme de la fête de saint Napoléon qui doit être célébrée au camp de Boulogne le 28 thermidor (16 août), jour où l'Empereur distribuera à toute l'armée les décorations de la Légion d'honneur ».

D'après les dispositions qui y sont prescrites, les troupes du camp de Montreuil (maréchal Ney), la division de cavalerie légère qui est à Saint-Omer sous les ordres du général Bourcier, des détachements composés des grenadiers de la réserve aux ordres du général Junot, des officiers et dragons de la division du général Baraguay d'Hilliers et de celle du général Klein qui font partie de la Légion d'honneur, doivent arriver le 14 août à Boulogne.

L'Empereur qui, pour la journée du 16 août, établira son quartier général à la tour d'Odre, se rendra, avant midi, à la Baraque où se réuniront les ministres, les grands officiers de la Couronne, les maréchaux de l'Empire. A midi, S. M. montera à cheval pour se rendre

---

(1) A. G. — (2) Ce renseignement et ceux qui suivent ont été relevés dans le *Moniteur*.

au lieu de la cérémonie qui est « le bassin situé entre la batterie impériale et le camp de la 1ʳᵉ division ». Les colonnes, par brigades, doivent s'établir autour d'un demi-cercle que fera tracer le général commandant le génie; le trône sera au centre. Après l'arrivée de l'Empereur, pendant laquelle tous les tambours battront aux champs, une salve de la tour d'Odre donnera le signal du plus profond silence. Le grand chancelier fera un discours; les légionnaires, suivis des drapeaux, se porteront à demi-distance des têtes de colonne au trône. L'Empereur prononcera lui-même la formule du serment à laquelle les légionnaires répondront : « Nous le jurons. » Il y aura alors une salve générale de l'artillerie de la flottille, de la côte et des forts. Tous les légionnaires recevront les décorations des mains de l'Empereur pendant qu'un *Te Deum* sera chanté. Il y aura ensuite un défilé devant le trône et l'Empereur parcourra les camps. Le soir, il sera tiré un feu d'artifices et des cartouches à étoiles par les troupes du camp de Saint-Omer.

Soult, par un ordre du jour (1) du 14 août, invite les états-majors et les chefs de corps de l'armée à assister le lendemain 15 à la messe et au *Te Deum*, chantés dans l'église de Boulogne, pour célébrer l'anniversaire de la naissance de l'Empereur, celui du Concordat et la Fête nationale.

Le 16 août, a lieu, conformément au programme, la remise des décorations de la Légion d'honneur. Le trône du roi Dagobert qu'occupait l'Empereur était surmonté d'un trophée des drapeaux conquis en Italie et en Égypte, au milieu desquels était l'armure en pied des électeurs de Hanovre dont Mortier s'était emparé dans leur capitale. Les décorations avaient été placées dans le casque de du Guesclin et le bouclier de Bayard portés par des adjudants généraux.

Au cours de la cérémonie, au moment où les troupes se massaient pour le défilé, apparut l'avant-garde de la flottille de la Garde que l'Empereur, ainsi qu'on l'a vu, avait prescrit au capitaine de vaisseau Daurier de faire partir du Havre.

Soult écrit (1) le 17 août : « Les divers détachements d'infanterie et de cavalerie de la Garde de S. M. qui sont embarqués sur les bâtiments destinés pour la Garde impériale qui sont arrivés hier du Havre reçoivent ordre de débarquer aujourd'hui pour aller s'établir au camp de Pont-de-Briques. M. le colonel Soulès, qui les commande, reçoit, en même temps, ordre de laisser sur chacune des chaloupes canonnières de la Garde impériale, un caporal ou brigadier et cinq hommes pour en assurer la Garde. »

D'après une situation (1) de la flottille en date du 19 août, elle compte 619 bâtiments de guerre et 526 de transport, soit un total de 1.145 bâtiments.

---

(1) A. G.

Le 27 août, l'Empereur, que Mortier accompagne, quitte le camp de Boulogne pour visiter les nouveaux départements de la rive gauche du Rhin. Il arrive dans la soirée au quartier général de Salperwick, près Saint-Omer (1), passe les troupes en revue dans l'après-midi du 28 et les fait manœuvrer. Il est à Arras le 29 à 4 heures de l'après-midi et passe, le 30, la revue des grenadiers de la réserve commandés par le général Junot : « Les manœuvres ont duré six heures et ont été commandées par S. M. l'Empereur en personne. »

Le 31 août, il traverse Valenciennes et entre à Mons à 6 heures du soir. Le 1er septembre, il est à Bruxelles et le 2 septembre, il arrive à Aix-la-Chapelle où se trouvait déjà, depuis quelque temps, l'Impératrice Joséphine.

Avant son départ pour Boulogne, l'Empereur avait reçu, le 8 juillet, les ambassadeurs chargés de lui remettre les nouvelles lettres de créance dans lesquelles il était qualifié du titre d'Empereur; l'ambassadeur de la Cour de Vienne, avec laquelle on négociait alors pour le titre impérial à donner à la Maison d'Autriche, manquait à cette audience. L'empereur François-Joseph ayant pris, depuis le 10 août, dans une cérémonie solennelle, le titre d'Empereur *élu* d'Allemagne, Empereur *héréditaire* d'Autriche, etc., son ambassadeur, le comte de Cobentzel, se rendit à Aix-la-Chapelle pour remettre à Napoléon ses lettres de créance; le lieu où elle était faite rendait encore plus significative cette démarche; Aix-la-Chapelle évoquait le souvenir de Charlemagne et la plupart des empereurs d'Allemagne s'y étaient fait couronner. C'est le 5 septembre que Talleyrand présente à l'Empereur le comte de Cobentzel, en même temps que le comte de Lima, ambassadeur extraordinaire, et M. de Souza, ministre plénipotentiaire du Prince régent de Portugal, le bailli de Ferrette, ministre plénipotentiaire de l'ordre de Malte, le marquis de Gallo, ambassadeur extraordinaire du roi de Naples. Le 7, un *Te Deum* est chanté en présence de l'Empereur dans la cathédrale et le clergé lui présente les « reliques de Charlemagne ».

Le 11, il part d'Aix-la-Chapelle à 5 heures du matin, s'arrête à Juliers, de 7 heures à midi, pour voir les fortifications et, passant par Neuss, va coucher à Crefeld; le 12, il visite Venloo et Gueldres; le 13, il arrive à 7 heures du matin à Rheinberg, parcourt à cheval les environs, reçoit une députation comprenant 1 général-major, 2 colonels et 25 officiers supérieurs de la garnison prussienne de Wesel et arrive le 13 à Cologne dont il passe, le 14, la garnison en revue.

Le 17 septembre, après s'être arrêté à Bonn, il entre à Coblentz, à 6 heures du soir; il en repart le 20 pour Mayence en parcourant « la superbe route qui est un des bienfaits de son Gouvernement », lit-on

---

(1) Ces renseignements sur le voyage de l'Empereur ont été relevés dans le *Moniteur Universel*.

dans le *Moniteur*, et qui longe le Rhin, sur la rive gauche de Coblentz à Bingen, tandis qu'on devait, trois ans avant, passer à travers les montagnes par Simmern.

La Garde avait fourni des détachements sur tout ce parcours ; le 6 septembre, le colonel Beauharnais avait transmis (1) à Mortier les ordres de l'Empereur à ce sujet.

Que de souvenirs devaient évoquer dans l'esprit du maréchal les différentes étapes de ce voyage : Valenciennes qu'il avait traversé le 30 avril 1792 après l'affaire de Quiévrain où il avait reçu, d'une manière brillante, le baptême du feu ; Bruxelles où il était entré avec les vainqueurs de Jemmapes le 15 novembre 1792 et par lequel s'était retirée, le 24 mars 1793, l'armée de Dumouriez après la bataille malheureuse de Neerwinden ; Aix-la-Chapelle, Juliers, Neuss, Bonn où il s'était trouvé comme adjudant général ; Crefeld, Gueldres, Cologne où il avait commandé le 23ᵉ de cavalerie ; Coblentz où il s'était marié ; Mayence qu'il avait assiégé à deux reprises et dont il avait été chargé d'annoncer la reddition au Directoire !

Arrivé à Mayence, l'Empereur est instruit par le ministre des Relations extérieures que S. A. S. l'électeur archichancelier de l'Empire germanique et S. A. S. l'électeur de Bade s'y trouvent. Il prescrit de leur envoyer le lendemain une garde d'honneur tirée de la Garde impériale, fait complimenter les électeurs et les reçoit successivement le lendemain avec de grands honneurs militaires.

Les 25 et 26, il visite dans les plus grands détails toutes les parties des fortifications et reste, chaque jour, à cheval pendant huit heures de suite. Le 29 septembre, il passe la revue du 23ᵉ régiment de chasseurs (2) ; le 2 octobre, celle du 34ᵉ d'infanterie dans la citadelle (2).

Pendant que l'Impératrice, qui avait remonté le Rhin par bateau jusqu'à Mayence, quitte cette ville pour rentrer directement, par Saverne et Nancy, à Saint-Cloud où elle arrive le 7 octobre, l'Empereur parcourt, le 3 octobre, le Rhin jusqu'à Mannheim ; il en repart le 4 à la pointe du jour et est à 3 heures à Kaiserslautern dont il visite les fortifications. Il est à Kreuznach le 5, couche le 6 à Simmern et arrive le 7, à 4 heures de l'après-midi, à Trèves ; le 8, il monte à cheval pour visiter les environs de la ville et du confluent de la Moselle et de la Sarre. Il arrive le 9, à 11 heures du matin, à Luxembourg, visite les fortifications et ne rentre qu'à la nuit. Le 10, dans la matinée, ont lieu des réceptions et, à 11 heures, il monte en voiture pour retourner à Saint-Cloud où il arrive le 12 à midi.

Mortier rentre à sa propriété d'Issy où sa femme venait de lui

---

(1) A. T. (2) A. T. (R. 15).

donner un fils le 7 août (1); en annonçant, le 15 août, cette naissance à l'Impératrice Joséphine, il lui avait écrit (2) : « Cet événement nous cause une satisfaction d'autant plus vive que nous avons l'espoir de voir nommer notre enfant par l'Impératrice Joséphine et son auguste époux. »

Ce fils aîné du maréchal, qui avait déjà deux filles, reçut le prénom de Napoléon.

La date du couronnement de l'Empereur avait d'abord été fixée au 18 brumaire (9 novembre) par un décret impérial (3) en date du 21 messidor (10 juillet) et devait avoir lieu dans la chapelle des Invalides.

Cette cérémonie à laquelle le pape Pie VII avait accepté de se rendre fut reportée au 11 frimaire (2 décembre) et Mortier reçut, le 26 octobre (4 brumaire), la lettre de convocation (4) qui suit :

« Monsieur Mortier, grand officier de la Légion d'honneur et président du collège électoral du département du Nord : La divine Providence et les constitutions de l'Empire ayant placé la dignité impériale héréditaire dans notre famille, Nous avons désigné le onzième jour du mois de frimaire prochain, pour la cérémonie de notre sacre et de notre couronnement. Nous aurions voulu pouvoir, dans cette auguste circonstance, rassembler, sur un seul point, l'universalité des citoyens qui composent la nation française ; toutefois, et dans l'impossibilité de réaliser une chose qui aurait eu tant de prix pour notre cœur, désirant que ces solennités reçoivent leur principal éclat de la réunion des citoyens les plus distingués, et devant prêter, en leur présence, serment au peuple français, conformément à l'article 52 de l'acte des constitutions, en date du 28 floréal an XII, Nous vous faisons cette lettre, pour que vous ayez à vous trouver au lieu de notre couronnement et que, préalablement, vous donniez connaissance de votre présence à Paris, à notre grand maître des cérémonies. Sur ce, Nous prions Dieu, mon Cousin, qu'il vous ait en sa sainte et digne garde.

« Écrit à Saint-Cloud, le 4 brumaire an XIII.

« Signé : NAPOLÉON.
« *Le Secrétaire d'État*,
« Hugues MARET. »

Une deuxième lettre de convocation (4) lui est envoyée à la même date en sa qualité de maréchal.

Le Pape, parti de Rome le 2 novembre, trouvait le 25, à la Croix-

---

(1) Le **11** juillet était né dans cette même propriété, Édouard Frignet Despréaux, père de l'auteur de cette étude ; il avait eu, à la mairie d'Issy, pour témoins de son acte de naissance, ses oncles, le maréchal Mortier et Hector Mortier, receveur général du département de la Lys.
(2) A. T. (R. 15). (3) *Moniteur Universel*. (4) A. T.

de-Saint-Hérem, dans la forêt de Fontainebleau, l'Empereur, qui s'était porté à sa rencontre au cours d'une chasse (1). Il revenait avec lui le 28 à Paris et logeait aux Tuileries, dans le pavillon de Flore.

On avait prévu longtemps à l'avance les dispositions nécessaires pour loger les députations de l'armée et des gardes nationales qui devaient assister aux fêtes du couronnement. D'après un rapport (2) envoyé le 19 septembre au ministre par le maréchal Murat, gouverneur de Paris, leur total devait s'élever à 5.493 dont 1.712 de gardes nationales. Ces derniers, ainsi que les officiers, formant le quart des députations de l'armée, devaient être logés chez l'habitant par les soins du préfet de la Seine et il restait 2.766 hommes pour lesquels Murat désignait diverses casernes.

D'après les instructions (2) envoyées par le ministre, le 4 septembre, la députation de chaque régiment d'infanterie devait comprendre : le colonel, 1 chef de bataillon, 1 capitaine, 1 lieutenant ou sous-lieutenant, 1 sergent-major, 1 sergent, 1 fourrier, 1 caporal, 4 grenadiers et 4 fusiliers : total 16. Il était recommandé de choisir de préférence les officiers, sous-officiers et soldats parmi les membres de la Légion d'honneur.

Tous les colonels de l'armée française (à l'exception de ceux commandant les corps détachés dans le royaume de Naples) s'étaient donc rendus à Paris et, le 23 novembre, « les colonels commissaires réunis pour les invitations » envoyaient à Mortier la lettre (3) suivante : « Les colonels des armées françaises impériales se réunissent dimanche 4 courant (frimaire, 25 novembre), à 5 heures du soir, au Théâtre Olympique, rue de la Victoire.

« Voudriez-vous, Monseigneur, leur faire l'honneur de venir dîner avec eux. Le bonheur de vous posséder ajoutera infiniment au motif qui occasionne cette heureuse réunion. »

Le 1er décembre, le Sénat présente à l'Empereur le résultat de la proposition soumise à l'acceptation du peuple, dans les cent huit départements, conformément au dernier titre du sénatus-consulte du 18 mai 1804 (28 floréal an XII) ainsi conçu : « Le peuple veut l'hérédité de la dignité impériale dans la descendance directe, naturelle, légitime et adoptive de Napoléon Bonaparte et dans la descendance directe, naturelle et légitime de Joseph Bonaparte et de Louis Bonaparte, ainsi qu'il est réglé par le sénatus-consulte organique du 28 floréal an XII. » Sur 3.574.898 votants, 2.569 votes seulement étaient négatifs !

D'après le « procès-verbal de la cérémonie du sacre et du couron-

---

(1) Mortier accompagnait l'Empereur et, le 12 juillet 1805, une demande (A. T.) lui est adressée pour obtenir qu'il prête son portrait à M. Demarne, « membre de la ci-devant Académie de peinture » qui fait de la rencontre du Pape et de l'Empereur le sujet d'un tableau (maintenant au musée de Versailles, salle 85).

(2) A. G. (3) A. T.

nement de L. M. I. » (1), rédigé par le grand maître des cérémonies de Ségur, le Pape quitta les Tuileries à 9 heures pour se rendre à Notre-Dame. A 10 heures, l'Empereur et l'Impératrice partirent des Tuileries. «La marche du cortège était ouverte par huit escadrons de cuirassiers, huit de carabiniers, et par les escadrons de chasseurs de la Garde entremêlés de pelotons de Mameluks. M. le maréchal Murat, gouverneur de Paris, était à la tête de ces troupes. » La voiture de l'Empereur, dans laquelle étaient L. M. I. et L. A. I. les princes Joseph et Louis, était attelée de huit chevaux; les dix-sept autres voitures du cortège étaient à six chevaux. Les maréchaux colonels généraux de la Garde étaient à cheval près des deux portières de la voiture de l'Empereur. Le cortège était fermé par les grenadiers à cheval de la Garde entremêlés de pelotons de canonniers à cheval et par un escadron de la gendarmerie d'élite. L. M. se rendirent d'abord au palais de l'archevêché pour revêtir le manteau impérial, puis de là, à pied, à la grande porte de Notre-Dame. L'Empereur, qui portait dans ses mains le sceptre et la main de justice et la couronne sur la tête, était précédé par tout le reste du cortège et suivi par L. A. I. les princes Joseph et Louis et L. A. S. l'archichancelier et l'architrésorier, le général Caulaincourt, grand écuyer, les maréchaux colonels généraux de la Garde et le général Duroc, grand maréchal du palais. Derrière eux venaient les ministres : Régnier, grand juge, ministre de la Justice, Champagny, ministre de l'Intérieur (2), le vice-amiral Decrès, ministre de la Marine, Gaudin, ministre des Finances, Barbé-Marbois, ministre du Trésor public, le général Dejean, directeur de l'Administration de la Guerre, Portalis, ministre des Cultes, Fouché, ministre de la Police générale (3), Maret, secrétaire d'État, Marescalchi, ministre des Relations extérieures de la République italienne; puis enfin les grands officiers militaires : les généraux Junot, colonel général des hussards; Baraguay d'Hilliers, colonel général des dragons; Songis, premier inspecteur général de l'artillerie; Marescot, premier inspecteur général du génie, et le vice-amiral Bruix, inspecteur général des côtes de l'Océan.

A l'église, les colonels généraux de la Garde se placèrent derrière l'Empereur en arrière des deux princes et des deux grands dignitaires.

Le lendemain 3 décembre, Mortier reçoit l'avis (1) suivant : « Le grand maître des cérémonies a l'honneur de vous prévenir que S. M. doit recevoir demain à midi le prince héréditaire de Bade, le vice-président et la consulte de la République italienne, les cardinaux, archevêques et évêques qui se trouvent à Paris.

---

(1) A. T.
(2) Il avait remplacé, au ministère de l'Intérieur, Chaptal, en août 1804.
(3) Un décret impérial du 10 juillet 1804 (21 messidor an XII) avait rétabli le ministère de la Police générale.

« L'intention de S. M. est que, pendant quinze jours, on ne paraisse à la Cour qu'en grand costume, comme on était hier au sacre. »

Le 5 décembre a lieu la « cérémonie de la distribution des Aigles au Champ de Mars » dont le programme (1) est arrêté par le grand maître des cérémonies.

L'Empereur part à 10 heures des Tuileries avec le même cortège que le jour du couronnement. Ce cortège, après avoir traversé le jardin des Tuileries et la place de la Concorde et être passé par le pont de la Concorde et la rue de Bourgogne, entre à l'École militaire par la grille méridionale. Le trône avait été établi en avant de la façade de l'École militaire regardant le Champ de Mars, où toutes les troupes étaient rangées en ligne faisant face au trône. Les députations de toutes les armes de l'armée sont placées sur la droite et sur la gauche en colonnes serrées par pelotons; celles de la garde nationale, en colonnes serrées, dans l'intervalle du centre de la ligne. Les aigles sont toutes rangées sur les degrés du trône portées, pour l'armée, par chaque colonel tandis que les cent huit drapeaux de département sont portés par les présidents des collèges électoraux de département.

Les trois colonnes des députations militaires et départementales, sur l'ordre donné par le maréchal Murat, s'avancent le plus près possible du trône. Alors l'Empereur, adressant la parole à l'armée, dit :

« Soldats, voilà vos drapeaux; ces aigles vous serviront toujours de point de ralliement; ils seront partout où votre Empereur les jugera nécessaires pour la défense de son trône et de son peuple.

« Vous jurez de sacrifier votre vie pour les défendre et de les maintenir constamment, par votre courage, sur le chemin de la victoire. »

Dans ce moment, les colonels, qui tiennent les aigles, les élèvent en l'air et disent : « Nous le jurons. » Ce serment est répété par toutes les députations militaires et départementales, au bruit des salves d'artillerie.

Les soldats présentent les armes et mettent leurs chapeaux au bout de leurs baïonnettes; ils restent dans cette situation jusqu'à ce que les drapeaux aient rejoint leurs corps; la musique exécute et les tambours battent la marche des drapeaux.

Les drapeaux arrivés à leurs corps, on fait faire demi-tour à droite aux colonnes, les députations défilent par pelotons et toute l'armée par divisions.

Le 7 décembre, le grand maître des cérémonies adresse à Mortier la lettre (1) ci-après : « Monsieur le Maréchal, les présidents de canton doivent signer lundi prochain (10 décembre) le procès-verbal du Serment. S. M. ne pouvant les réunir ce jour-là à dîner, comme elle le souhaiterait, désire qu'ils soient répartis entre les princes et les

---

(1) A. T.

grands fonctionnaires. S. M., ayant en conséquence fait cette répartition, me charge de vous prier de donner lundi prochain à dîner à quarante présidents de canton. Elle m'a chargé pareillement d'en faire la liste très promptement et de vous l'envoyer. »

Une « liste nominative de quarante présidents de canton » (1) des départements de la Somme, du Var, de la Vendée, de la Haute-Vienne, des Vosges, de l'Yonne, de la Loire, de la Haute-Loire, de la Loire-Inférieure et de la Lys lui fut adressée le lendemain.

Le 10 décembre, jour de ce dîner, le secrétaire d'État, Hugues Maret lui mande (1) : « S. M. ayant ordonné que les présidents de canton fussent admis, dès demain, à donner leur signature pour le procès-verbal du sacre et du couronnement, j'ai espéré que vous auriez la bonté de permettre qu'un de vos secrétaires fît connaître cette disposition à ceux des présidents de canton qui ont l'honneur de dîner chez Votre Excellence... Ce moyen d'information est en même temps le plus sûr et le plus prompt qu'il soit possible d'adopter, et j'ai pensé que je l'obtiendrais de votre obligeance. »

Ajoutons ici que, le 23 octobre, Mortier avait écrit (2) à Soult : « Il n'y a rien de fixé pour notre livrée. Je suis décidé à choisir pour la mienne l'habit écarlate, boutonnières en argent, parements, collets et doublures jaunes, galons en argent. Si le cœur vous en dit, ce sera, je crois, un objet de 220 francs par livrée complète. »

Il y eut dans le courant de ce mois de décembre diverses cérémonies pour lesquelles Mortier reçut, du grand maître des cérémonies, des lettres de convocation (1) : le dimanche 9 décembre, à midi, l'Empereur, après avoir assisté à la messe, reçoit les membres de la Cour de cassation et de la Comptabilité nationale ; le dimanche 16 décembre, Mortier fait partie du cortège avec lequel l'Empereur se rend à l'Hôtel de Ville et il prend part au banquet impérial, à la table des grands officiers ; le jeudi 27 décembre, l'Empereur quitte à midi les Tuileries pour se rendre, en cortège, au Corps législatif, afin d'y faire l'ouverture de la session ; les colonels généraux de la Garde sont à cheval autour de la voiture de l'Empereur, marchent derrière lui pour se rendre dans la salle des séances et se placent derrière le trône.

« Il y avait quinze ans », dit Thiers (3) en parlant du sacre, « que la Révolution avait commencé. Monarchie pendant trois ans, république pendant douze, elle devenait maintenant monarchie militaire, fondée toutefois sur l'égalité civile, sur le concours de la nation à la loi, et sur la libre admission de tous les citoyens à ces grandeurs sociales rétablies. »

---

(1) A. T. (2) A. T. (R. 15). (3) *Histoire du Consulat et de l'Empire*.

CHAPITRE II

Réceptions, fêtes et chasses au commencement de 1805. — Envoi de détachements de la Garde en Italie. — Mortier reçoit le grand cordon de la Légion d'honneur à la création de cette dignité (1ᵉʳ février). — Napoléon, roi d'Italie (17 mars), part pour Milan (31 mars). — Mortier préside (21 au 25 avril) le collège électoral du département du Nord, qui nomme son père candidat au Sénat conservateur et vote une adresse à l'Empereur. — Il reprend son service auprès de S. M. à Milan (19 mai), assiste à son couronnement (26 mai) et l'accompagne dans son voyage en Italie (10 juin au 8 juillet). — Il reçoit la grande croix de l'ordre du Christ de Portugal. — Il continue ses fonctions à Fontainebleau et Saint-Cloud et part (2 août) avec l'Empereur pour le camp de Boulogne où il commande les détachements de toutes armes de la Garde impériale; revues passées par l'Empereur et dispositions prises pour l'embarquement. — Cantonnements de la Garde.

Le 1ᵉʳ janvier 1805 (11 nivôse an XIII), bien que le calendrier grégorien ne dût être rétabli que le 1ᵉʳ janvier suivant, l'Empereur reçoit « les membres des grands corps de l'État et les principaux fonctionnaires publics. Ce même jour, il y aura audience diplomatique. On sera en grande tenue sans manteau », suivant l'avis (1) que le grand maître des cérémonies en donne la veille à Mortier.

Le maréchal, qui se trouvera en Allemagne ou en Espagne pendant les six années suivantes, ne devait plus assister aux réceptions du 1ᵉʳ janvier aux Tuileries avant 1812.

Le 2 janvier 1805, à 1 heure, le Corps législatif et le Tribunat présentent successivement à l'Empereur l'adresse qu'ils ont votée; Mortier est convoqué (1) pour cette cérémonie « en grand costume complet ».

Le 6 janvier, les maréchaux de l'Empire offrent, dans la salle de l'Opéra, une fête à S. M. l'Impératrice. Il y eut un concert suivi d'un bal; l'Empereur et l'Impératrice arrivèrent à 9 heures et se retirèrent vers minuit (2). La veille, Berthier avait écrit (1) à Mortier : « Je pense, mon cher Maréchal, qu'il est convenable que nous soyons d'assez bonne heure à l'Opéra pour faire les honneurs de notre bal. En conséquence, je vous propose de nous réunir, après dîner, à 6ʰ 30 chez M. le Maréchal Murat, pour aller tous ensemble à 7 heures à l'Opéra et y faire notre cour aux dames que nous avons invitées..... Mille amitiés. »

D'après une lettre (1) adressée par Berthier à Mortier le 27 janvier, cette fête fut « dirigée » par les généraux Sanson, directeur du dépôt général de la Guerre, et César Berthier, frère du maréchal, auxquels chacun des maréchaux qui l'offraient eut à remettre 6.500 francs. « La somme totale se montant à 160 et quelque mille francs, a été

---

(1) A. T. (2) *Moniteur Universel* du 8 janvier.

réduite à celle de 117.000 francs, y compris les gratifications données aux architectes et aux principaux décorateurs de l'Opéra. »

Dès la première quinzaine de janvier, des détachements de la Garde sont mis en route pour assister, à Milan, au couronnement de l'Empereur comme roi d'Italie.

Le 7 janvier, le ministre de la Guerre fait connaître (1) à Mortier que l'intention de l'Empereur est qu'environ cinq cents chevaux du train de la Garde impériale soient envoyés à Milan. Il l'invite, en conséquence, à donner les ordres nécessaires pour que deux compagnies et demie de ce corps soient complétées sur-le-champ en hommes et en chevaux avec la compagnie et demie restant, ce qui formera quatre cent quatre-vingt-dix chevaux de trait harnachés, non compris les chevaux des officiers et des sous-officiers. Ces deux compagnies et demie doivent, pour faciliter le logement, être divisées en deux détachements qui partiront les 10 et 12 janvier.

Le 14 janvier, l'Empereur signe l'ordre (1) qui suit : « Le ministre de la Guerre donnera l'ordre que six escadrons à cheval de la cavalerie de ma Garde partent mercredi 26 (nivôse, 16 janvier) pour se rendre à Lyon, savoir : 2 escadrons de chasseurs à 150 hommes chaque; 2 escadrons de grenadiers à 150 hommes, 1 de mamelucks de 100 hommes, 1 de gendarmes d'élite de 150 hommes et 50 canonniers : total 900 hommes.

« On aura soin de composer de préférence ces escadrons des hommes qui n'auront point marché dans le voyage de cet été.

« On fera suivre le grand uniforme afin qu'arrivée à sa destination, la troupe puisse se mettre dans sa plus grande tenue.

« 4 compagnies du 1er bataillon de grenadiers à pied et 4 compagnies du 2e bataillon complétées par des vélites à 100 hommes par compagnie, 4 compagnies de chacun des deux bataillons de chasseurs à pied également complétées par les vélites à 100 hommes par compagnie seront sous les ordres du général Soulès.

« Ces quatre bataillons, formant 1.600 hommes, ainsi que le bataillon des grenadiers de la Garde du président de la République italienne, composant, en tout, une force de 2.000 hommes, partiront sous les ordres du général Soulès jeudi 27 (nivôse, 17 janvier) pour se rendre à Lyon où ils recevront de nouveaux ordres.

« Chacun de ces bataillons sera commandé par un des chefs de bataillon qui sera désigné par les colonels généraux de ma Garde.

« Les quatre maréchaux colonels généraux de ma Garde passeront la revue de ces détachements, chacun pour l'arme qui le concerne, et s'assureront qu'ils sont dans le meilleur état et au complet.

« Pour que le service du palais ne souffre point, les compagnies

---

(1) A. T.

restant à Paris de chasseurs et grenadiers seront complétées à cent hommes chacune par les vélites. Le reste des vélites continuera à rester à Fontainebleau et à Écouen. « NAPOLÉON. »

Avant que les escadrons et le détachement de cinquante canonniers de l'artillerie légère se mettent en route sous les ordres du colonel général de Beauharnais, l'Empereur passe, le 16 janvier, à 8 heures du matin, la revue de toute la Garde. Mortier en prévient (1) la veille les colonels généraux Soult, Davout et Bessières ainsi que le général Savary sous le commandement duquel se trouve la gendarmerie d'élite. Il avise (1) le grand chancelier Lacépède que l'Empereur distribuera, à cette revue, des décorations de la Légion d'honneur à ceux des militaires qui n'ont encore pu les recevoir par suite d'absence. « Je n'en aurai l'état que demain matin, mais je crois que Votre Excellence peut en envoyer 120 d'officier et 400 de légionnaire. »

En raison du départ pour l'Italie des détachements d'artillerie et du train d'artillerie de la Garde, l'effectif disponible de ces corps se trouvait très réduit. Mortier avait demandé (1) au ministre que ces corps fussent complétés ; celui-ci lui adresse (2) « les listes de candidats pour le recrutement de l'an XIII de la Garde impériale » en l'invitant à lui désigner, dans la proportion fixée par le règlement, ceux des militaires portés sur ces listes qui lui paraîtront les plus susceptibles d'être appelés à faire partie de la Garde.

Le détail suivant montrera le soin avec lequel l'Empereur s'occupait personnellement du recrutement de sa Garde. Mortier ayant envoyé (1) au ministre, le 15 février, l'état des candidats qu'il a choisis sur les listes, ce dernier lui mande (2) le 15 mars : « Je vous prie de me faire le renvoi de ces listes, l'intention de S. M. étant qu'elles lui soient présentées lorsque je propose à son choix des militaires pour être appelés à faire partie de la Garde. »

Du 15 janvier au 18 mars, Berthier, en sa qualité de grand veneur, envoya à Mortier plusieurs invitations (2) pour chasser avec l'Empereur au bois de Boulogne, au Raincy et dans la forêt de Saint-Germain. Ces invitations étaient rédigées sous la forme suivante : « Le grand veneur prévient M. le maréchal Mortier que S. M. l'a porté sur la liste des personnes qui doivent avoir l'honneur de chasser aujourd'hui avec Elle au bois de Boulogne.

« Le rendez-vous à midi, au rond des acacias, où M. le maréchal enverra ses chevaux.

« M. le maréchal se rendra à 11ʰ 30 au palais des Tuileries, pour monter dans les voitures de l'Empereur. »

Ajoutons de suite que, le 26 mars, le grand veneur lui écrit (2), alors qu'il était colonel général de service près l'Empereur : « Je vous

---

(1) A. T. (R. 15). (2) A. T.

préviens, Monsieur le Colonel général, que les habits de chasse du tiré doivent être faits ainsi qu'il suit : habit droit à la française, vert dragon, collet droit rabattu, parements et poches, garni de boutons de métal blanc, gravés et portant l'empreinte de différentes espèces de gibier. Veste blanche. Culotte verte. Botte à retroussis ou guêtres de peau à boucle. Un ceinturon d'équipage par-dessus l'habit avec un petit couteau de chasse très léger. Chapeau uni.

« Je vous prie de vouloir bien en donner connaissance à MM. les colonels généraux près l'Empereur qui ont l'honneur d'accompagner S. M. à la chasse. »

Par décret (1) du 1er février 1805 (12 pluviôse an XIII), le grand cordon de la Légion d'honneur est décerné à l'archi-chancelier de l'Empire, à l'archi-trésorier, à l'archi-chancelier d'État, au grand amiral et à quarante-trois grands officiers parmi lesquels Mortier.

Le 2 février, le grand chancelier de la Légion d'honneur, compris dans le même décret, lui écrit (2) : « Monsieur le Maréchal et cher Confrère, S. M. l'Empereur vient de vous conférer, par son décret du 12 de ce mois, le grand cordon de la Légion d'honneur.

« J'éprouve une satisfaction bien vive, Monsieur le Maréchal et cher Confrère, en vous annonçant cette nouvelle marque de la bienveillance de S. M. I. et de l'estime qu'elle accorde aux services éminents rendus à la Patrie. « LACÉPÈDE. »

Le 9 février, il lui mande (2) : « J'ai l'honneur de vous inviter, en vertu des ordres de S. M. I., à vous trouver en grand costume, manteau, etc., demain dimanche 21 pluviôse, avant midi, à l'issue de la messe, dans la salle du palais des Tuileries qui précède celle du trône, pour y recevoir des mains de l'Empereur la grande décoration de la Légion d'honneur. »

Le 10 février, à midi, les grands officiers de la Légion d'honneur auxquels l'Empereur a accordé le grand cordon se présentent aux Tuileries pour le recevoir de ses mains. L'Empereur, assis et couvert, parle ensuite en ces termes (3) : « Messieurs, la grande décoration vous rapproche de ce trône sans exiger de vous des serments nouveaux ; elle ne vous impose point de nouvelles obligations. C'est un complément aux institutions de la Légion d'honneur. Cette grande décoration a aussi un but particulier, celui de lier à nos institutions les institutions des différents États de l'Europe et de montrer le cas et l'estime que je fais, que nous faisons de ce qui existe chez les peuples voisins et nos amis. »

Le 25 février, le ministre de la Marine Decrès prie (2) Mortier de se charger de remettre le « Petit Aigle » de la Légion d'honneur, comme on disait alors, à cinq officiers du bataillon des marins de la Garde qui se trouvent à Paris. « Ces officiers éprouveront une double satisfaction

---

(1) *Moniteur Universel* du 2 février. (2) A. T. (3) *Moniteur Universel* du 11 février.

en recevant de vos mains ce témoignage honorable de la bienveillance de S. M. I. » Il ajoute, de sa main : « Cette disposition est conforme aux intentions que S. M. a bien voulu m'exprimer. »

Le 16 mars, le grand maître des cérémonies l'informe (1) que le lendemain dimanche 17 mars, il y aura messe aux Tuileries à 11ʰ 30, audience après la messe et qu'à 1 heure l'Empereur recevra, sur son trône, le vice-président et la députation de la République italienne.

Le 17, le vice-président de la République italienne, les membres de la Consulte d'État et de la députation des différents collèges sont reçus par l'Empereur et lui présentent le vœu « que l'Empereur Napoléon, fondateur de la République italienne, soit déclaré Roi d'Italie (2). »

Le 18 mars, l'Empereur se rend au Sénat en grand cortège (1), les colonels généraux de la Garde étant à cheval aux portières de sa voiture; le ministre des Relations extérieures du royaume d'Italie y donne lecture des actes constitutionnels en date du 17 mars qui ont fondé le royaume d'Italie (2).

Le 23 mars, un décret fixe au 23 mai suivant le couronnement du roi d'Italie à Milan.

A cette date, le grand maître des cérémonies informe (1) Mortier que, le lendemain dimanche 24 mars, l'Empereur recevra successivement, au palais des Tuileries, le Conseil d'État, le Sénat, l'ambassadeur d'Espagne présentant ses lettres de créance et le Corps diplomatique; il l'invite à se rendre au palais à 10ʰ 30, en grand costume complet, pour assister à ces audiences.

Ce même dimanche 24, a lieu, à midi, aux Tuileries, une parade à laquelle, d'après un ordre (1) communiqué par Bessières le 22, assistent les quatre bataillons de la Garde à pied, à l'effectif de 120 hommes par compagnie, les trois bataillons du 18ᵉ de ligne et du 4ᵉ d'infanterie légère, les quatre escadrons du 3ᵉ et du 11ᵉ cuirassiers.

Le même jour, a lieu, dans l'après-midi, à Saint-Cloud, le baptême, par le pape Pie VII, du prince Napoléon-Louis, fils du prince Louis Bonaparte et d'Hortense de Beauharnais; l'Empereur est le parrain, Madame Mère la marraine; les maréchales Bernadotte, Bessières, Davout et Mortier portent les coins du manteau de l'enfant (3). Cette dernière avait reçu du comte de Ségur l'avis (1) suivant : « Le grand maître des cérémonies a l'honneur de prévenir Madame la Maréchale Mortier que S. M. l'a désignée pour porter l'un des coins du manteau de l'enfant dans la cérémonie du baptême du prince Napoléon-Louis.

« Elle est en conséquence invitée à se trouver dans le salon bleu de l'Impératrice à Saint-Cloud, dimanche à 4 heures précises.

« On sera en habit de cour. »

---

(1) A. T. (2) *Moniteur Universel* du 18 mars. (3) *Moniteur Universel* du 27 mars.

Le Pape était resté à Paris depuis le sacre de l'Empereur, attendant une saison moins froide pour son voyage de retour à Rome ; il avait visité Paris et ses environs et officié dans diverses paroisses.

Le 30 mars, avant de partir pour Milan, l'Empereur et l'Impératrice vont prendre congé de lui à Paris, et le Pape leur rend cette visite le même jour à Saint-Cloud. Le lendemain, dimanche 31 mars, LL. MM., que le maréchal Bessières accompagne comme colonel général de service, quittent (1) Saint-Cloud, à 3 heures, pour Fontainebleau d'où elles repartent le 2 avril, arrivant le même jour à Troyes ; de cette ville, l'Empereur se rend à Brienne, pour revoir ces lieux qui lui rappellent ses débuts militaires. L. M. sont, le 5 avril, à Semur, le 6 à Chalon-sur-Saône, le 7 à Mâcon, le 9 à Bourg, le 10 à Lyon où elles se trouvent pendant les fêtes de Pâques. Elles arrivent le 16 à Chambéry, le 19 à Turin, où les rejoint le Pape parti de Paris le 4 avril ; le 29 avril, elles sont à Asti et le 1er mai, à Alexandrie où l'Empereur, accompagné par le maréchal Lannes qui commande le camp de Marengo, visite les fortifications. Le 5 mai 1805 (2), l'Empereur passe, sur le champ de bataille de Marengo, la revue des troupes qui composent la 27e division militaire : 34 bataillons d'infanterie, 4 bataillons d'infanterie légère et 7 escadrons ; il les fait manœuvrer pendant quatre heures. Le 6 mai, il entre dans le royaume d'Italie ; il arrive à cette date à Pavie et le 8 mai à Milan où Mortier devait le rejoindre le 17 mai.

Le 17 mars, celui-ci, en exécution des dispositions d'un décret impérial (3) du 16 février portant que les maréchaux d'Empire pourront avoir quatre aides de camp dont un sera pris parmi les adjudants commandants en activité, avait, de La Malmaison, demandé (4) au ministre à prendre, comme quatrième aide de camp, l'adjudant commandant Simon, employé à l'armée de Hanovre. On a vu précédemment que cet officier supérieur avait déjà rempli les mêmes fonctions auprès de lui à la 1re division militaire et à l'armée de Hanovre. Le 31 mars, le ministre lui adresse (3) le brevet de Simon qui a été invité à le rejoindre sur-le-champ.

Le 6 avril, Soult, auquel Mortier avait adressé l'itinéraire de l'Empereur, le remercie (3), de Boulogne, de son bon souvenir : « Vous me ferez l'amitié, j'aime à le croire, si vous avez l'avantage d'accompagner S. M., de me donner quelquefois de ses nouvelles. Je ne ferai pas la même demande au maréchal Bessières, car vainement j'attendrais qu'il se décidât à écrire.

« Mes vœux, mon cher Maréchal, accompagnent LL. MM. dans le

---

(1) Les renseignements relatifs au voyage de l'Empereur jusqu'à Milan ont été relevés dans le *Moniteur Universel*.

(2) Seize ans plus tard, à cette date du 5 mai, l'Empereur devait mourir à Sainte-Hélène.

(3) A. T. (4) A. T. (R. 15).

long voyage qu'elles viennent d'entreprendre, j'en adresse aussi à l'amitié et vous savez que, dans ces derniers, vous prenez une très grande part. »

Le 7 avril, l'Empereur reçoit la notification que lui fait le Roi de Prusse de la mort de sa mère, veuve de Frédéric-Guillaume II (1). Bessières mande (2) à Mortier : « L'intention de S. M., mon cher Maréchal, est que sa Garde prenne le deuil pour la reine douairière de Prusse pendant trois semaines à compter du 15 germinal (5 avril). Je vous prie de donner des ordres en conséquence à la partie de la Garde qui est à Paris. Les officiers le portent par un crêpe au bras gauche. » Mortier met cette lettre à l'ordre de la Garde du 10 avril (3).

A la même date, le grand maître des cérémonies l'informait (2) que la Cour avait pris le deuil pour la même durée : « Les hommes porteront l'habit noir, les manchettes d'effilé. Épée et boucles d'argent, ruban noir à l'épée. Les dames porteront la robe de soie noire. Elles pourront mettre des diamants. Les huit derniers jours, on portera le petit deuil et le blanc. Les personnes en uniforme porteront seulement le crêpe au bras. »

Un décret impérial (4) du 19 mars avait convoqué les collèges électoraux de dix-neuf départements parmi lesquels se trouvait celui du Nord, et Mortier avait reçu un brevet (5) le nommant président du collège électoral du département du Nord pour la session du 10 au 20 floréal de l'an XIII (30 avril au 10 mai 1805).

Il avait été informé, le 4 avril, par une lettre (2) du préfet du Nord, Dieudonné, que la session avait été avancée de dix jours et aurait lieu du 1er au 10 floréal (21 au 30 avril).

Le 7 avril, il adresse aux membres du collège électoral la lettre de convocation (2) ci-après :

« J'ai l'honneur de vous prévenir, Monsieur, que S. M. l'Empereur a jugé convenable de convoquer le collège électoral du département du Nord pour le 1er floréal prochain.

« Vous voudrez bien vous rendre à Lille pour cette époque.

« Le collège se réunira dans la salle du concert, le 1er floréal, à 10 heures du matin. Il s'occupera uniquement de la nomination de deux candidats pour le Sénat;

« De celle de quatre candidats et quatre suppléants de candidats pour la liste de présentation au Corps législatif;

« De la nomination de seize candidats pour le Conseil général du département.

« La nouvelle marque de confiance que vient de me donner S. M.,

---

(1) *Moniteur Universel*. (2) A. T. (3) A. T. (R. 15).
(4) *Moniteur Universel* du 8 avril. (5) Voir Pièce annexe n° 19.

en m'appelant à présider le collège électoral du département qui m'a vu naître, m'est d'autant plus flatteuse qu'elle me rapprochera, pour quelques instants, de mes compatriotes, dont l'estime me sera toujours précieuse. »

Mortier ne cessait de s'intéresser, en effet, au département du Nord. Un arrêté (1) du maire de Cambrai en date du 28 juin 1804 avait fait connaître que les cendres de Fénelon, qu'on avait cru profanées et dispersées, étaient restées intactes dans le caveau des archevêques existant encore sous les décombres de l'ancienne métropole; le 4 juillet, le tombeau de Fénelon avait été ouvert en présence de toutes les autorités de la ville et on avait trouvé le crâne et plusieurs ossements parfaitement conservés; une souscription était ouverte pour l'érection d'un monument « digne de recevoir l'urne funéraire de l'immortel Fénelon ».

Le 17 juillet 1804, Mortier avait écrit (2), de Saint-Cloud, au sous-préfet de Cambrai : « J'ai lu avec beaucoup d'intérêt la lettre que vous m'avez écrite relative à la précieuse découverte des restes de M. de Fénelon. Je m'empresserai d'honorer la mémoire de ce grand homme en vous priant de me placer parmi les souscripteurs qui veulent concourir à lui élever un mausolée.

« J'ai appris avec plaisir votre projet de rétablir la flèche de la cathédrale. Je me ferai un plaisir de participer à la souscription que vous voulez établir pour ce motif. Soyez persuadé de tout mon empressement à contribuer, avec mes concitoyens, à tout ce qui peut être utile et agréable à la ville de Cambrai. »

Ce sous-préfet, en lui envoyant, le 20 avril 1805, un rapport qu'il a fait à l'ouverture de la session du Conseil d'arrondissement, lui dit (3) : « Tout ce qui touche la prospérité du pays qui vous a vu naître émeut vivement votre cœur. Vous êtes la gloire de l'arrondissement de Cambrai; vous êtes mieux, vous en êtes le père. Personne plus que moi ne peut rendre témoignage du zèle qui vous embrase pour le bonheur de vos concitoyens. Personne aussi ne peut vous garantir avec plus de certitude que votre nom est dans toutes les bouches, votre image dans tous les cœurs. »

A l'ouverture de la session du collège électoral, le 21 avril, Mortier prononce le discours (2) suivant :

« Messieurs, à peine une année s'est-elle écoulée depuis le moment où j'eus l'honneur de vous présider, qu'une nouvelle monarchie, désirée si ardemment par toute la France, a pour jamais fixé ses destinées, en plaçant sur le trône et le rendant héréditaire dans sa famille, l'homme illustre qui sut tirer la patrie du chaos épouvantable où l'avait plongée tant d'années d'erreurs, de désordres et d'anarchie. Aujourd'hui, nous ne nous rappelons ces temps désastreux que pour bénir le héros dont le génie tutélaire veille sans cesse à nos droits, à notre

---

(1) *Moniteur Universel* du 12 juillet 1804.   (2) A. T. (R. 15).   (3) A. T.

bien-être ; un héros qui sut donner à la France toute la force, l'éclat et la prospérité du premier empire du monde. Les Français reconnaissants ont voué à Napoléon un attachement sans bornes ; mais les habitants du département du Nord, en partageant un sentiment si doux, se sont particulièrement distingués par le dévouement qu'ils lui portent.

« Dans mes lettres de convocation, j'ai eu l'honneur de vous faire part, Messieurs, du nombre de candidats que vous deviez nommer. Ceux de vos concitoyens qui réuniront vos suffrages justifieront, je n'en doute pas, le choix du collège, et je m'estime heureux d'avoir, pour la seconde fois, l'honneur de le présider. »

Dans la deuxième séance, le 22 avril, eut lieu la constitution définitive du bureau. « Après cette organisation », lit-on dans le procès-verbal (1), « M. le président annonça que l'Assemblée devait s'occuper du scrutin de deux candidats pour le Sénat conservateur dont l'un, aux termes de la loi, pouvait être pris en dedans du collège, l'autre nécessairement en dehors, mais que cependant tous deux pouvaient être choisis en dehors.

« M. le président fit à cet effet déposer, sur le bureau, la boîte destinée à recevoir les votes et prévenir que le scrutin était ouvert.

« Le secrétaire fit l'appel des membres présents dont le nombre s'élevant à 106 votants donna celui de 54 pour l'obtention de la majorité absolue.

« Vérification faite des votes et leur nombre s'étant trouvé égal à celui des votants, il en est résulté que M. Mortier père, ex Constituant et membre du Conseil général du département, domicilié au Cateau, département du Nord, a réuni la majorité absolue des suffrages en obtenant 73 votes, et en conséquence M. le président l'a proclamé candidat au Sénat conservateur.

« Aucun autre candidat n'ayant obtenu la majorité absolue, M. le président invita l'Assemblée à procéder à un nouveau scrutin pour le deuxième candidat au Sénat. »

Ce second scrutin ne donna pas de majorité absolue et ce n'est qu'après un troisième scrutin que M. Dubois, préfet de police à Paris, ayant réuni 67 voix, fut proclamé deuxième candidat au Sénat conservateur.

Dans les trois séances suivantes, le collège procède aux élections indiquées dans la lettre de convocation. A la dernière de ces séances, le 25 avril, les électeurs votent qu'il sera envoyé à l'Empereur une adresse qui est rédigée et lue séance tenante :

« Sire, le collège électoral du département du Nord termine en ce jour sa deuxième session ; vos fidèles sujets qui le composent ne peuvent se séparer sans céder au sentiment qui les presse de porter au pied du trône l'expression de leur amour et de leur respect.

---

(1) A. T.

« Sire, vos hautes destinées vous ont appelé à gouverner l'Empire français et le royaume d'Italie ; le bonheur de ces peuples sera votre ouvrage et votre plus douce récompense.

« Le collège électoral, dans sa dernière session, demandait la stabilité des institutions que nous devons aux progrès des lumières et à votre sagesse ; l'inquiétude se mêlait alors au mouvement de l'admiration et de la reconnaissance.

« Aujourd'hui que Votre Majesté Impériale et Royale a réalisé toutes les espérances, aujourd'hui qu'une monarchie conservatrice des droits des peuples vient de fixer à jamais le sort de la France, il ne manque plus à sa félicité qu'une paix honorable et solide ; votre génie et votre valeur sauront y forcer nos ennemis.

« Daignez, Sire, agréer l'hommage de fidélité que le collège électoral du département du Nord présente à Votre Majesté Impériale et Royale, au nom d'une population nombreuse dont la franchise a toujours été le caractère. »

« L'adresse est applaudie et la rédaction approuvée », lit-on dans le procès-verbal de la séance, et le collège invite le président à se joindre à douze membres (deux par arrondissement) désignés pour la présentation de l'adresse à l'Empereur. « Le président annonce à l'Assemblée que ses travaux sont terminés et qu'il se félicite des sentiments qui l'animent. Honoré de l'avoir présidée, il sera, dit-il, près du chef du Gouvernement, l'interprète du dévouement de tous ses membres. Il fera connaître, dès qu'il aura pris les ordres de S. M., le moment qui sera fixé pour la réunion à Paris des membres qui composent la députation. »

Mortier revient de Lille à Paris, en passant par Le Cateau, et un ordre général (1) du 30 avril annonce à la Garde qu'il reprend son commandement.

Le 9 mai, un nouvel ordre général fait connaître aux chefs de corps de la Garde qu'il part le lendemain « pour se rendre auprès de S. M. l'Empereur et Roi » et les invite à adresser directement leurs rapports au général Hulin.

« Parti de Paris, le 20 floréal an XIII » (10 mai 1805), met-il dans un *Journal* (2), écrit de sa main, qui commence à cette date pour ne se terminer que le 17 août 1820, « passant par Nevers, Moulins, Lyon ; arrivé le 27 (17 mai) à Milan (3) ; le 29 (19 mai), reprise de mon service. »

---

(1) A. T. (R. 15).
(2) Ce *Journal*, ainsi qu'on le verra par les extraits qui suivront, est un memento personnel et des plus sommaires.
(3) Au sujet de ce voyage, une anecdote que l'auteur de cette étude a plusieurs fois entendu raconter à son père qui la tenait de son oncle. le maréchal alla d'une traite de Paris à Milan en ne s'arrêtant qu'une heure a Lyon afin d'y prendre un bain ; il était précédé d'un

A cette date, l'Empereur reçoit, dans son palais de Milan, le doge de Gênes et une députation de la République ligurienne qui attendaient de leur incorporation à l'Empire français une protection efficace pour leur commerce vis-à-vis de l'Angleterre et des États barbaresques. On lit dans le *Moniteur* (1) : « A l'arrivée au palais de S. A. S. le Doge et de la députation de la République ligurienne, la Garde intérieure a pris les armes et leur a rendu les honneurs militaires.....

« S. Exc. M. le maréchal Mortier, colonel général de la Garde, est venu à la rencontre de S. A. S. le Doge et de la députation. »

« Le couronnement, qui devait être fait par le cardinal Caprara, archevêque de Milan, lequel avait précédé l'Empereur dans cette ville, avait été définitivement fixé au 26 mai. Le 22 mai, un maître des cérémonies se rend à Monza avec une escorte de cinquante cavaliers et en rapporte à Milan la couronne de fer des rois lombards.

« Le 26 mai, l'Empereur quitte son palais à midi (2) ; le grand écuyer de l'Empire est à la portière de droite de sa voiture, celui du royaume d'Italie à la portière de gauche ; les maréchaux Mortier, Bessières, Lannes et Jourdan aux quatre coins de la voiture, le maréchal Mortier à droite en avant... »

Napoléon pose lui-même la couronne de fer sur sa tête, comme il avait posé celle d'Empereur des Français, en prononçant avec énergie en italien les mots inscrits autour du cercle de la couronne : « Dieu me la donne, gare à qui la touche. »

Le 4 juin, l'Empereur reçoit le doge Durazzo et la députation du Sénat et du peuple de Gênes, leur déclare qu'il accepte le vœu adopté par le Sénat et confirmé par une espèce de plébiscite de la réunion de la Ligurie à la France et leur promet de visiter Gênes en quittant l'Italie. Un décret du 6 juin divise ce nouveau territoire français en trois départements : Gênes, Montenotte et les Apennins. Un décret du lendemain 7 juin, dont Jourdan, commandant l'armée d'Italie, reçoit copie (3), porte « que le Pô jusqu'à l'embouchure du Tessin de même que la Sésia jusqu'à son embouchure serviront de limite entre l'Empire français et le royaume d'Italie. »

A cette date du 7 juin, l'Empereur se rend en grand cortège au Corps législatif italien pour faire l'ouverture de la session annuelle ; les maréchaux Bessières et Mortier sont à cheval de chaque côté de la voiture (4). L'Empereur y reçoit le serment du prince Eugène nommé vice-roi.

Parmi les ambassades qui se présentent pour saluer Napoléon à Milan se trouve celle envoyée par le prince régent de Portugal qui lui

---

courrier pour faire préparer les relais. Ce courrier était un garçon de ferme, employé chez son père au Cateau, qui lui avait demandé, lors de son retour de Lille, à remplir cet emploi et qui alla ainsi, à franc étrier, de Paris à Milan.

(1) *Moniteur Universel* du 26 mai. (2) *Moniteur Universel* du 1er juin.
(3) A. G. (4) *Moniteur Universel* du 13 juin.

apporte la grande croix de l'ordre du Christ. La même distinction est accordée au maréchal Mortier auquel elle est remise, le 2 juin, par M. de Lima, ambassadeur de Portugal, en même temps que la lettre (1) suivante de M. d'Aranjo, ministre de S. A. R. le prince régent, datée de Quéluz, le 8 mai : « Le prince régent mon maître, ayant offert à S. M. I. six grandes croix de ses ordres pour être distribuées parmi ceux qui ont contribué, par leurs bons services, à la gloire de l'Empire français, m'ordonne de vous exprimer sa satisfaction de ce qu'une de ces décorations ait été destinée à Votre Excellence, puisque S. A. R. reconnaît qu'elle a été conférée au vrai mérite. »

Le maréchal Mortier répond (2), le 4 juin : « J'ai reçu avec reconnaissance la grande croix de l'ordre de Portugal que Votre Excellence m'a fait passer avec sa lettre du 8 mai. Il m'est bien flatteur de tenir cette décoration d'un souverain aussi généralement estimé que S. A. R. le prince régent de Portugal, et je prie Votre Excellence d'être, auprès de lui, l'interprète de mes sentiments respectueux. »

On lit dans le *Moniteur* du 10 juin 1805 : « S. A. R. le prince régent de Portugal a envoyé la décoration du Christ à S. M. l'Empereur, à M. Gaudin, ministre des Finances, à MM. les maréchaux Bessières, Lannes, Mortier, Ney, Davout et à M. de Ségur, grand maître des cérémonies. »

Ce n'est que le 28 février 1806 que le grand chancelier de la Légion d'honneur, Lacépède, fit parvenir à Mortier la lettre (1) qui suit :

« Monsieur le Maréchal et cher Confrère, S. A. R. le prince régent de Portugal ayant mis à la disposition de l'Empereur et Roi de grands cordons de l'ordre du Christ pour des sujets de S. M. I. et R., des plus distingués par leur mérite et leur attachement à la personne de notre auguste souverain, S. M. I. a donné à Votre Excellence un de ces grands cordons.

« S. M. I. et R. vient de m'ordonner, Monsieur le Maréchal et cher Confrère, de vous autoriser, en son nom, et par la lettre que j'ai l'honneur de vous écrire, à porter cette nouvelle marque de sa bienveillance. »

L'Empereur, à l'occasion du couronnement, avait créé à Milan l'ordre de la Couronne de fer, dont Mortier devait être nommé chevalier par décret du 23 décembre 1807 (3).

« Le 21 floréal » (10 juin), met Mortier dans son *Journal*, « parti de Milan, passant par Lodi, Pizzighetone, couché le même soir à Crémone ; le 22 (11 juin) couché à Brescia en passant par Pontevico ; le 23, séjour ; le 24 (13 juin), parti pour le camp de Castiglione, grandes manœuvres de cavalerie ; le soir, manœuvres d'infanterie ; le 25 (14 juin), séjour au quartier général de Montirone. »

Le maréchal Jourdan, commandant en chef l'armée d'Italie, avait

---

(1) A. T.   (2) A. T. (Pièces annexes du R. 15).   (3) Voir titre XII.

rendu compte (1) au ministre, le 11 avril, des mesures qu'il avait prévues pour cantonner l'armée de manière à pouvoir la réunir en trois heures dans la plaine de Lonato—Castiglione—Montechiaro lorsque l'Empereur voudrait la passer en revue. Ce camp de Castiglione comprenait :

4 divisions d'infanterie : 1re division (Gardanne) : 22e d'infanterie légère, 52e et 101e de ligne; 2e division (Robin) : 1er, 53e et 106e de ligne; 3e division (Zayonscheck) : 23e d'infanterie légère, 10e et 62e de ligne; division italienne (Fiorella) : 2e, 3e et 4e de ligne italiens.

3 divisions de cavalerie : division de cavalerie légère (Espagne) : 3e, 4e et 15e chasseurs, 24e et 29e dragons; division de cavalerie (Pully) : 4e, 6e, 7e et 8e cuirassiers; cavalerie italienne (Dombrowski) : 1er hussards, Napoléon-Dragons, 1er chasseurs.

Le *Moniteur* (2) annonce que, le 13 juin, 48 bataillons d'infanterie, 45 escadrons de cavalerie et 60 pièces de canon attelées ont manœuvré dans l'immense plaine de Montechiaro. « Sur un tertre qui s'élève au milieu de la plaine est placée la tente de l'Empereur qui, de là, voit les positions de Lonato, de Castiglione, de Montebaldo, de Rivoli..... Le maréchal Bessières a fait exécuter les manœuvres que l'Empereur a commandées..... Le maréchal Jourdan a commandé lui-même l'infanterie. »

« Le 14 juin, S. M. a passé la journée au château de Montirone où elle avait fixé son quartier général. »

Mortier met dans son *Journal :* « Le 26 (15 juin) à Vérone; le 27 (16 juin) séjour, arrivée d'une députation autrichienne pour féliciter l'Empereur. »

Le *Moniteur* (2) indique que l'Empereur partit le 15 juin, à 4 heures du matin, de son quartier général de Montirone, fit manœuvrer une division qui se trouvait à Peschiera, consacra une partie de la journée à l'examen des fortifications de cette place et arriva à 6 heures du soir à Vérone. Dans la matinée du 16, « avant la messe, M. le baron de Vincent, général-major au service de l'empereur d'Allemagne, a présenté à S. M. le commandant de la place de Véronette, les officiers de l'état-major et des régiments autrichiens ».

Afin d'éviter toute mauvaise interprétation au sujet des rassemblements de troupes qu'il opérait, Jourdan, en annonçant (1) le 22 avril, au lieutenant général comte de Bellegarde, commandant les troupes de l'empereur d'Allemagne en Italie, l'arrivée de Napoléon à Turin, lui avait fait connaître que, pour voir ses troupes sans parcourir les diverses garnisons, l'Empereur les avait fait réunir en plusieurs camps et que tout rentrerait dans l'ordre accoutumé le lendemain du jour où l'Empereur aurait passé la revue de chaque camp.

Le lieutenant général de Bellegarde avait fait le meilleur accueil

---

(1) A. G. (2) *Moniteur* des 19, 20 et 23 juin.

à l'aide de camp de Jourdan, ainsi que ce dernier en rendait compte (1) au ministre le 26 avril ; il avait dit que si l'Empereur venait à Vérone, il enverrait des grenadiers et du canon pour lui rendre les honneurs et qu'il se proposait de solliciter la permission de venir lui présenter l'hommage de son respect.

Le général de Bellegarde n'était pas venu lui-même mais avait envoyé une députation.

« Le 28 prairial » (17 juin), note Mortier dans son *Journal*, « déjeuné à Legnago, visite des fortifications ; le même soir, arrivé à Mantoue ; 29, 30 et 1ᵉʳ messidor (18, 19 et 20 juin), séjour et visite des fortifications. »

Le *Moniteur* (2) relate que, le 17 juin, l'Empereur quitte son palais de Vérone à 4 heures du matin et, dans la plaine qui est à gauche de la porte de Mantoue, « passe en revue, compagnie par compagnie, la division du général Gardanne ». La revue dure jusqu'à 9ʰ 30. L'Empereur monte alors dans ses voiture- de voyage et prend la route de Legnago, où il arrive entre 1 heure et 2 ; il visite en détail les travaux de fortification et entre à 9 heures du soir à Mantoue, où l'Impératrice se trouvait depuis 4 heures de l'après-midi. Le 18 juin, il sort à cheval, à 4 heures du matin, pour voir les travaux de fortification en cours et reçoit, dans l'après-midi, les autorités ; le 19 juin, il monte à cheval, à 3 heures du matin, pour continuer la visite des fortifications ; le 20, il inspecte encore les fortifications, distribue des décorations et donne des audiences.

« Le 2 messidor » (21 juin), note Mortier, « déjeuné à Carpi, couché à Bologne ; le 3 (22 juin) visite des environs de la ville ; les 4 et 5 (23 et 24 juin), séjour. »

D'après le *Moniteur* (3), l'Empereur arrive le 21 juin à 3 heures à Bologne, où l'Impératrice était depuis la veille, et loge au palais Caprara. Le 22 juin, il monte à cheval, à 5 heures du matin, pour visiter les dehors de la ville ; le 23 juin, le gonfalonnier et une députation de la République de Lucques, imitant les magistrats de Gênes, viennent lui demander une Constitution et, le 24, il désigne pour gouverner cet État, qu'il trouve trop éloigné pour le réunir à l'Empire, « nos très chers et très aimés beau-frère et sœur, le prince et la princesse de Piombino ». Trois mois auparavant, l'Empereur avait conféré, par un sénatus-consulte, le duché de Piombino à sa sœur aînée Élisa, épouse du prince Baciocchi.

« Le 6 messidor » (25 juin), consigne Mortier dans son *Journal*, « couché à Modène ; le 7 (26 juin) à Parme, passant par Reggio ; le 8

---

(1) A. G.   (2) *Moniteur* du 26 juin.   (3) *Moniteur* des 26 juin et 1ᵉʳ juillet.

(27 juin) parti de Parme à 7 heures du soir; arrivé le 9 (28 juin) à 1 heure du matin à Plaisance, séjourné le même jour. »

Le *Moniteur* (1) fait connaître que, le 25 juin, LL. MM. partent à 4 heures pour Modène, qu'elles n'avaient fait que traverser en se rendant à Bologne. Le 26, l'Empereur monte à cheval à 4 heures du matin et passe en revue les troupes de la garnison; à 10 heures, réceptions et à 3 heures départ de Modène; il s'arrête une heure à Reggio et n'arrive à Parme qu'à la nuit. Le 27, réceptions dans la matinée, visite de la ville et arrivée à Plaisance à minuit passé. Le 28, il y donne des audiences dans la matinée et travaille avec le vice-roi; après-midi, visite de l'arsenal et des fortifications. Le 29 juin, à 3^h 30 du matin, il se rend au polygone et part dans l'après-midi pour Gênes, « distante de plus de 40 lieues ».

« Le 10 messidor » (29 juin), met Mortier dans son *Journal*, « parti de Plaisance à 3^h 30 de l'après-midi; passé par Voghera, où S. M. soupa, Tortone. Arrivé le 11 (30 juin) à 9^h 30 du matin à Gênes, beauté de cette ville et de son port. Le 12 (1er juillet) séjour; le 13 (2 juillet), visite des chantiers et des forts extérieurs de la place; le 14 (3 juillet), repos; le 15 (4 juillet), visite des frégates la *Pomone*, l'*Uranie* et l'*Incorruptible*, visite des arsenaux; le 16 (5 juillet), revue des troupes françaises et liguriennes sur la plage Saint-Pierre-d'Arena. »

D'après le *Moniteur* (1), le 30 juin, l'Empereur accorde des audiences à 2 heures; le 1er juillet, il travaille avec l'archi-trésorier et les ministres qui l'avaient précédé à Gênes; le 2 juillet, il monte à cheval, à 3 heures du matin, pour visiter les dehors de la ville et les forts et ne rentre qu'à 11 heures; à 3 heures, il donne des audiences et, le soir, une fête magnifique lui est offerte dans la rade.

« Le 16 messidor » (5 juillet), note Mortier, « parti à 9 heures du soir pour Turin; déjeuné le 17 (6 juillet) à Gavi, visite de la forteresse, dîné à Casale, soupé à Crescentino; arrivé le 18 (7 juillet) à 6 heures du matin à Turin. »

On lit dans le *Moniteur* que, le 8 juillet, l'Empereur fait manœuvrer, à 3 heures du matin, à Turin le 5e de ligne et le 19e chasseurs jusqu'à 9 heures du matin; puis il monte en voiture avec l'Impératrice et déjeune au couvent du Mont-Cenis. Il en repart à 3 heures de l'après-midi et, voyageant sous le nom du ministre de l'Intérieur, il arrive à Fontainebleau le jeudi soir 11 juillet après quatre-vingts heures de marche.

D'après un document imprimé (2) portant comme titre : *Voyages de leurs Majestés Impériales*, les voitures employées pendant ce voyage étaient au nombre de vingt-neuf réparties en quatre « services » et

---

(1) *Moniteur* du 3 juillet. (2) A. T.

comprenaient des berlines pour les « maîtres », des chaises, gondoles, calèches, guinguettes, vélocifères, guimbardes et fourgons pour le personnel de service et les bagages. L'Empereur avait dans sa berline, qui faisait partie du deuxième service ainsi que celle de l'Impératrice, le colonel général de service seulement.

Mortier met dans son *Journal* : « Le 19 messidor (8 juillet), LL. MM. partirent de Turin pour Fontainebleau; je partis le 22 (11 juillet) avec le troisième service; couché le même soir à Lans-le-Bourg, le 23 à Chambéry, le 24 à Bourgoin, le 25 à Roanne, le 26 à Moulins, le 27 à Montargis, le 28 (17 juillet) à Fontainebleau. Le 29 (18 juillet) retourné à Saint-Cloud avec la Cour, continué mon service jusqu'au 2 thermidor (21 juillet); le 2, retourné à Issy jusqu'au dimanche; le 9 (28 juillet), repris mon service à Saint-Cloud. »

M. de Bausset, préfet du palais, après avoir énuméré dans ses *Mémoires* (1) les personnes qui faisaient partie avec lui de ce troisième service, savoir : le maréchal Mortier, le comte de Ségur, grand maître des cérémonies, la comtesse de La Rochefoucault, Mmes d'Arberg, de Walsh-Serrant, MM. d'Audenarde, Philippe de Ségur et de Barole, ajoute : « Nous n'étions pressés par aucun devoir; nous avions ordre d'arriver à notre aise et nous profitâmes largement de la permission. »

A la date à laquelle il reprend son service, le maréchal écrit (2) au préfet du Nord que S. A. S. le prince Joseph, grand électeur, vient de le prévenir que l'Empereur recevrait à Saint-Cloud, le dimanche suivant 4 août, la députation du collège électoral du département du Nord, qui doit lui présenter l'adresse votée par cette Assemblée, et il le prie d'en aviser chacun des membres.

L'Empereur part pour le camp de Boulogne avant la date fixée pour cette audience, et le *Moniteur*, à la date du 2 août, annonce, dans les termes suivants, qu'il a quitté Saint-Cloud : « S. M. l'Empereur est parti aujourd'hui à 3 heures du matin pour aller passer la revue des camps de la côte. Son absence ne durera pas plus de douze ou quinze jours. »

Mortier met dans son *Journal:* « Le 14 thermidor (2 août), départ de S. M. pour Boulogne où nous arrivâmes le lendemain à 4 heures du matin; le même soir 15 (3 août), visite nocturne du port; le 16 (4 août), revue générale des troupes des camps de Boulogne et d'Ambleteuse sur le Strand. depuis le fort de l'Heurt jusqu'au delà d'Ambleteuse...: le 19 (7 août), revue de la flottille. »

Le Major général Berthier porte à l'ordre (3) du 3 août : « L'Em-

---

(1) *Mémoires anecdotiques*, par L.-J. DE BAUSSET, ancien préfet du palais impérial.
(2) A. T. (R. 15). (3) A. T.

pereur est arrivé à son quartier général du Pont-de-Briques. S. M. prend en personne, pour tout le temps qu'elle y résidera, le commandement de ses armées des côtes de l'Océan. »

De Boulogne, on écrit au *Moniteur* (1) le 4 août : « Aujourd'hui, depuis 10 heures jusqu'à 7, S. M. l'Empereur a passé en revue l'infanterie qui s'était formée sur la laisse de basse mer. L'artillerie et la cavalerie ne faisaient point partie de cette revue. La ligne, que S. M. a parcourue dans son entier, était composée de 112.000 hommes d'infanterie. »

Berthier, le 5 août, met à l'ordre du jour (2) : « L'Empereur et Roi a été satisfait des troupes des corps d'armée de la droite et du centre ainsi que des grenadiers de l'avant-garde et des bataillons de la Garde impériale que S. M. a passés hier en revue .»

« Ce que S. M. a vu par elle-même de l'esprit qui anime les chefs et les soldats a répondu à ce qu'elle a droit d'attendre de Français dévoués à sa personne et à la gloire de l'Empire. »

Les bataillons de la Garde impériale du camp de Boulogne étaient alors au nombre de deux. De Milan, le 4 juin, le maréchal Bessières avait prévenu (3) le général Hulin que l'intention de l'Empereur était qu'il partît de Paris pour se rendre à Wimereux avec deux bataillons de la Garde à six compagnies, fournis l'un par les grenadiers et l'autre par les chasseurs; ces deux bataillons devaient être complétés par des vélites, de manière que les compagnies présentent un effectif de 3 officiers et 128 hommes.

Soult donne, le 6 août, des ordres (4) pour la revue que l'Empereur doit passer le lendemain à 7ʰ 30 du matin de la flottille dans le port de Boulogne; les généraux et colonels du corps du centre et de l'avant-garde doivent s'y trouver, chacun aux divisions et escadrilles auxquelles ils fournissent.

Le *Moniteur* (5) fait connaître que, le 7 août, l'Empereur a passé la revue de toute la flottille; il l'a trouvée en très bon état et a témoigné toute sa satisfaction au ministre de la Marine.

« Le 20 thermidor » (8 août), note Mortier, « grand conseil ».

Le lendemain, 9 août, le Major général écrit (2) à Mortier : « Je m'empresse, Monsieur le Maréchal, de vous communiquer les décisions qui ont été prises hier par le conseil réuni par S. M. » Ces décisions déterminaient l'organisation de cinq ailes de débarquement, placées chacune sous le commandement d'un général de brigade, ainsi que les troupes à y embarquer dont elles fixaient l'effectif; elles indiquaient les dispositions à prendre pour le débarquement, le trans-

---

(1) *Moniteur* du 6 août. (2) A. T.
(3) ALEMBERT et COLIN, *La Campagne de 1805 en Allemagne*.
(4) A. G. (5) *Moniteur* du 9 août.

port de l'artillerie, des chevaux, les cartouches et vivres dont les hommes devaient être pourvus, etc. « Telles sont, Monsieur le Maréchal, les décisions de S. M. à l'exécution desquelles vous devez concourir pour la Garde impériale que vous commandez. »

Mortier, de Pont-de-Briques, mande (1), le 13 août, au général Hulin, qui commande l'infanterie de la Garde à Wimereux : « S. M. l'Empereur vient de me donner l'ordre, Monsieur le Général, de lui rendre compte de ce qu'il y avait de nouveau dans les chasseurs et grenadiers à pied de la Garde. Je vous prie, en conséquence, de m'envoyer, chaque matin, le rapport de ces deux corps. »

Les troupes de la Garde que Mortier avait sous son commandement à Boulogne comprenaient :

1º De l'infanterie, sous les ordres du général Hulin, dont l'effectif, officiers compris, s'élevait à 791 pour les chasseurs et 799 pour les grenadiers [*Situation* (2) *du 19 août*];

2º De la cavalerie, sous les ordres du général Ordener : chasseurs, 18 officiers et 279 hommes; grenadiers, 27 officiers et 431 hommes; gendarmerie d'élite, 4 officiers et 60 hommes [*Situation* (2) *du 17 août*];

3º Le corps des marins, capitaine de vaisseau Daugier, 33 officiers et 654 officiers mariniers et matelots [*Situation* (2) *du 4 août*];

4º De l'artillerie de la Garde, colonel Couin, comprenant les deux compagnies d'artillerie à cheval, les deux premières compagnies du train, des ouvriers, et formant un total de 17 officiers, 345 hommes et 422 chevaux [*Situation* (2) *du 14 août*].

« Le 21 thermidor » (9 août), met Mortier dans son *Journal*, « revue de la division du général Saint-Hilaire; le 22 (10 août), revue de la division du général Vandamme; le 23 (11 août), couché à la Baraque; le 24 (12 août), combat sur mer, les prames de la flottille font prendre le large à quatre frégates anglaises; le même soir, couché à la Baraque. »

Des ordres du jour (2) datés du lendemain de ces revues font connaître aux troupes la satisfaction de l'Empereur. On écrit de Boulogne, le 13 août, au *Moniteur* (3) : « S. M. a passé hier en revue la division du général Legrand. Il y a eu hier un combat très brillant entre une escadrille de la flottille et la croisière anglaise qui s'était considérablement renforcée... Toute l'armée et toute la ville ont eu la satisfaction de voir l'ennemi battre en retraite et notre escadrille le pousser à plusieurs lieues en mer. »

L'ordre du jour (2) prévient l'armée que, le 12 août, le maréchal Lannes, qui vient d'arriver à l'armée, prend le commandement de l'avant-garde et, le 15 août, que le général de division Dessoles, que l'on a vu succéder à Mortier dans le commandement intérimaire de

---

(1) A. T. (R. 15). (2) A. T. (3) *Moniteur* du 15 août.

l'armée de Hanovre, prend les fonctions de chef d'état-major du corps d'avant-garde. On lit dans ce dernier ordre du jour : « C'est demain l'anniversaire du jour où naquit, pour le bonheur de la France et la gloire de ses armes, l'empereur et roi Napoléon. Tous les Français s'apprêtent à célébrer cette époque devenue si mémorable dans les fastes de leur patrie comme dans ceux du monde. L'armée, qui a l'honneur d'être commandée par S. M. en personne, est surtout impatiente de faire éclater les sentiments d'amour et de respect qui nous animent tous. »

Le 15, l'Empereur passe en revue la division Suchet; le 18, la division de grenadiers Oudinot; pour cette dernière, l'ordre (1) fait connaître la satisfaction témoignée par l'Empereur « sur la précision remarquable des feux que ces corps d'élite ont exécutés ».

Le 18 août, Mortier mande (2) à Bessières, qui commande les troupes de la Garde restées à Paris : « S. M. l'Empereur vient de m'ordonner de vous écrire, Monsieur le Maréchal, pour que vous fassiez partir de suite pour Boulogne les chirurgiens de la Garde susceptibles de former promptement une ambulance. S. M. désire également que le commissaire des guerres de la Garde se rende ici sans délai. »

Bessières lui répond (1) le 22 août : « Les ordres de S. M. l'Empereur et Roi sont exécutés. M. Larrey part demain pour Boulogne avec quatre officiers de santé... M. Larrey doit prendre vos ordres lorsqu'il sera arrivé au Pont-de-Briques. »

Mortier consigne dans son *Journal :* « Du 29 thermidor au 3 fructidor (17 à 21 août), revue de quelques corps de l'armée; le 3 fructidor (21 août), embarquement de l'armée, le même soir elle retourne coucher dans ses baraques; du 3 au 12 (21 au 30 août), revue des corps du maréchal Lannes et du maréchal Davout; le 12 (30 août), revue du corps italien. »

Le 20 août, Berthier lui écrit (1) : « J'ai l'honneur de vous prévenir, Monsieur le Maréchal, que demain 3 fructidor, on battra la générale à 4 heures du matin dans les quatre divisions du corps du centre. Cela ne regardera pas le corps de la Garde de S. M.

« Si le temps le permet, l'amiral Lacrosse (3) a l'ordre de faire sortir les chaloupes de la Garde impériale. Vous voudrez bien faire fournir les hommes qui pourraient vous être demandés indépendamment des garnisons. »

Un grand nombre d'hommes étaient employés pour ces garnisons. Le 7 août, Berthier avait mandé (1) à Mortier : « Vous voudrez bien donner les ordres au général Ordener de mettre dans la journée de

---

(1) A. T. (2) A. T. (R. 15).
(3) L'amiral Lacrosse avait remplacé l'amiral Bruix, décédé à Paris le jour même où l'Empereur y était proclamé roi d'Italie.

demain trois chasseurs et trois grenadiers à cheval à bord de chacun des bâtiments-écuries qui sont destinés à porter leurs chevaux et ils y tiendront garnison. » D'après une situation (1) du général Ordener, datée du 9 août, 84 chasseurs à cheval et autant de grenadiers à cheval étaient embarqués. Une situation (1), établie par le général Hulin, à la date du 21 août, indique que 276 grenadiers à pied et autant de chasseurs à pied étaient embarqués, l'effectif de ces deux corps étant respectivement de 791 et 799.

Sans entrer dans le détail des bâtiments nécessaires au transport de la Garde, nous nous bornerons à reproduire la note (1) suivante, de la main de Mortier :

« 45 bâtiments pour l'artillerie de la Garde et le train, dont 18 de deuxième espèce, le reste transports;

« 36 bâtiments pour l'infanterie dont 4 corvettes et 32 canonnières (2 corvettes en réparation à Boulogne);

Cavalerie de la Garde :

15e division 8e escadrille 18 bâtiments. . . . . . . ⎫
7e —   4e —   18   —   . . . . . . ⎬ transport
12^a —   6e —   18   —   . . . . . . ⎭ Boulogne.
(dont 2 en réparation)
13e division 7e escadrille 19 bâtiments . . . . . . Wimereux.

« Les trente-six bâtiments pour l'infanterie peuvent contenir 80 hommes chacun. Ceux de la cavalerie contiendront 760 chevaux plus 60 chevaux de la gendarmerie d'élite.

« Les bâtiments de l'artillerie contiendront facilement les chevaux du train et ceux de l'escadron.

« Il y a sur chacun des bâtiments de l'eau et des vivres pour dix jours à l'avance pour les hommes et pour les chevaux. »

Le 23 août, de Boulogne, Berthier écrit (1) à Mortier : « J'ai l'honneur de vous prévenir, Monsieur le Maréchal, que je donne des ordres pour que le 3e régiment d'infanterie de ligne évacue le camp de Pont-de-Briques, qu'il occupe en ce moment, afin de le rendre disponible pour la Garde impériale, qui est maintenant campée à Wimereux.

« J'ai chargé M. le maréchal Soult de vous faire connaître le moment où ce camp sera prêt à recevoir la Garde impériale. Vous voudrez bien, Monsieur le Maréchal, donner vos ordres pour qu'elle vienne l'occuper immédiatement après le départ du 3e régiment... »

Le même jour, Soult l'ayant prévenu (1) que le 3e de ligne quitterait le surlendemain, à 7 heures du matin, son camp de Pont-de-Briques pour venir camper sur le plateau d'Ostrohove, Mortier répond (2) à Berthier : « D'après l'ordre que vous m'avez adressé au-

---

(1) A. T.   (2) A. T. (R. 15).

jourd'hui, j'ai l'honneur de vous prévenir que les chasseurs et grenadiers de la Garde impériale, campés à Wimereux, occuperont après-demain le camp de Pont-de-Briques, M. le maréchal Soult m'ayant assuré que le 3ᵉ régiment évacuerait ce camp le 7 fructidor (25 août), à 7 heures du matin.

« Vous ne m'avez point désigné de cantonnement pour l'artillerie de la Garde; je vous prie de me faire connaître vos intentions à cet égard, m'ayant fait l'honneur de me dire verbalement ce matin que vous vous proposiez de la loger aux environs de Samer.

« Je mets à la disposition de M. le maréchal Lannes le camp qu'occupe la Garde à Wimereux; je le préviens qu'il pourra en disposer aussitôt qu'elle l'aura évacué. »

La cavalerie de la Garde, à part un détachement de chasseurs et de grenadiers qui se trouvait à Boulogne, était déjà, d'après une situation (1) du 6 août, sur les deux rives de la Liane en amont de Pont-de-Briques. Le général Ordener occupait Isques avec une partie des grenadiers, le colonel Morland Saint-Léonard avec une partie des chasseurs; les autres cantonnements étaient Condette, La Converserie, Saint-Étienne-au-Mont, Echinghen, Audisque, Hesdin-l'Abbé.

Le 26 août, Mortier envoie au colonel Coüin l'ordre (2) suivant : « Le maréchal de l'Empire Mortier ordonne au colonel Coüin, commandant l'artillerie de la Garde impériale, de faire occuper par les canonniers et les chevaux d'escadron et du train sous ses ordres les communes de Samer, Lacres, Wierre-au-Bois, Wirwignes, Questrecques et Tingry.

« Le colonel Coüin évacuera demain 9 fructidor (27 août) l'emplacement qu'il occupe au camp de Wimereux pour venir occuper les emplacements ci-dessus désignés. »

Après ce mouvement dont il est rendu compte (1) à Mortier le 27 août, le colonel Coüin s'établit à Samer.

La formation de la troisième coalition allait arrêter les préparatifs déjà si avancés en vue d'une descente en Angleterre.

---

(1) A. T. (2) A. T. (R. 15).

CHAPITRE III

L'Empereur se décide à entrer en campagne contre les Autrichiens avant qu'ils aient été rejoints par les Russes (23 août). — Ordre de compléter le train de la Garde. — L'armée des côtes prend le nom de Grande Armée (30 août). — Ordres de mouvement du 26 modifiés le 30 août. — Composition de l'artillerie de la Garde. — Départ de la Garde de Boulogne (1er septembre); ses étapes jusqu'à Strasbourg (28 septembre); envoi d'un détachement de marins de la Garde dans cette ville. — L'Empereur quitte Boulogne (2 septembre), avec Mortier, pour rentrer à Saint-Cloud. — Voyage du maréchal au Cateau. — Il prend pour chef d'état-major le général Godinot. — Effectifs de la Garde. — Départ de l'Empereur pour Strasbourg (24 septembre). — Mortier l'accompagne pendant toute cette première partie de la campagne, il passe le Rhin à Kehl (1er octobre) le Danube à Donauwerth (7 octobre). — Capitulation d'Ulm (20 octobre). — Entrée à Munich (24 octobre) — Arrivée à Lintz (4 novembre) — Mortier y reçoit le commandement d'un corps qui doit suivre la rive gauche du Danube (6 novembre).

Le 23 août, l'Empereur avait écrit (1) à Talleyrand pour lui annoncer, dans le cas où la flotte de l'amiral Villeneuve (2) n'arriverait pas dans la Manche à bref délai, son projet d'entrer en campagne contre les Autrichiens qui venaient de se joindre à l'Angleterre et à la Russie (3) pour former la troisième coalition :

« Mon escadre est sortie le 26 thermidor (14 août) du Ferrol avec trente-quatre vaisseaux; elle n'avait pas d'ennemis en vue. Si elle suit ses instructions, se joint à l'escadre de Brest et entre dans la Manche, il est encore temps : je suis le maître de l'Angleterre. Si, au contraire, mes amiraux hésitent, manœuvrent mal et ne remplissent par leur but, je n'ai d'autre ressource que d'attendre l'hiver pour passer avec la flottille...

« Dans cet état de choses, je cours au plus pressé; je lève mes camps et je fais remplacer mes bataillons de guerre par mes 3es bataillons, ce qui m'offre toujours une armée assez redoutable à Boulogne; et, au 1er vendémiaire (23 septembre), je me trouve avec 200.000 hommes en Allemagne et 25.000 dans le royaume de Naples. Je marche sur Vienne et ne pose les armes que je n'aie Naples ou Venise et augmenté tellement les États de l'électeur de Bavière que je n'aie plus rien à craindre de l'Autriche. L'Autriche sera pacifiée certainement de cette manière pendant l'hiver... »

L'Empereur veut, avant tout, ne pas laisser aux Russes, dont les

---

(1) *Correspondance de Napoléon Ier*.
(2) L'amiral Villeneuve avait remplacé Latouche-Tréville, décédé le 29 août 1804, à bord du *Bucentaure*, dans la rade de Toulon.
(3) Le traité d'alliance signé par l'Angleterre et la Russie est du 11 avril 1805. La réunion de Gênes à la France fut, suivant Thiers, la cause qui détermina l'Autriche hésitante à se joindre à ces puissances.

mouvements lui sont déjà signalés, le temps de rejoindre les Autrichiens.

Dès le 23 août, le ministre de la Guerre fait connaître (1) à Bernadotte, qui commande l'armée de Hanovre, les forces que l'Empereur lui ordonne de réunir à Gœttingen en présence des mouvements de l'Autriche, et à Marmont, qui commande en Hollande, qu'il doit se tenir prêt, vingt-quatre heures après qu'il aura reçu un nouvel ordre, à débarquer et à gagner Mayence.

Le 25 août, le ministre expédie les ordres (1) arrêtés le 24 par l'Empereur :

1º A Nansouty, partir de Lille le 28 août avec sa division de cuirassiers pour Schlestadt et Neufbrisach ;

2º Ordres nécessaires pour diriger sur Landau afin d'y former une division, sous les ordres de d'Hautpoul, quatre régiments de cuirassiers de l'intérieur ;

3º A Baraguay d'Hilliers, de se rendre, sur-le-champ, à Saint-Omer et d'y former quatre divisions de dragons qui partiront pour Strasbourg, de même qu'une division de dragons à pied qui recevra dix pièces de canon comme les autres divisions ;

4º A Lannes, de faire partir pour Strasbourg, le lendemain 26 août à la pointe du jour, la division de grenadiers d'avant-garde commandée par Oudinot.

Il écrit (2), à la même date, à Mortier : « L'Empereur me charge de vous donner l'ordre, Monsieur le Maréchal, d'acheter sur-le-champ autant de chevaux qu'il peut en manquer afin de compléter l'équipage actuel du train de la Garde.

« Vous êtes autorisé à acheter ces chevaux en Normandie.

« Envoyez-moi l'état de situation des hommes et des chevaux du train. Faites-moi connaître le nombre qu'il faut acheter.

« *P.-S.* — Faites-moi connaître les fonds qui vous seront nécessaires d'après les prix que j'ai autorisés. »

Mortier reçoit (2) le 27 août, du colonel Coüin, les renseignements demandés par le ministre auquel il répond (3) le même jour : « Au reçu de votre lettre du 7 fructidor (25 août), j'ai donné au conseil d'administration de l'artillerie de la Garde impériale l'ordre d'acheter, sur-le-champ, les chevaux qui lui sont nécessaires pour compléter l'équipage actuel du train.

« Je vous joins ici, d'après la demande que vous m'en faites, l'état de situation des hommes et des chevaux du train. Vous y verrez que l'effectif de ce corps devant être de 456 hommes et de 784 chevaux, il manque au complet 47 hommes et 476 chevaux.

« Par ma lettre du 30 thermidor (18 août) dernier, j'eus l'honneur de vous observer que l'article 42 du décret de S. M. relatif à l'organi-

---

(1) A. G. (2) A. T. (3) A. T. (Supplément du R. 15).

sation de la Garde, accordait 600 francs par cheval lorsqu'il y avait une remonte extraordinaire et je vous priais d'allouer, conformément à cette disposition, les fonds nécessaires pour l'achat des chevaux.

« J'appuyais cette demande sur ce que le conseil d'administration de l'artillerie de la Garde avait livré à Turin 490 chevaux avec leurs harnais et que, le prix de ces harnais ne lui ayant pas été remboursé, il serait hors d'état, par l'arriéré qu'il en éprouvait, d'enharnacher les chevaux dont il devrait faire l'acquisition s'ils ne lui étaient payés que 460 francs l'un, inconvénient qui cesserait d'exister si vous lui accordiez 600 francs par cheval.

« Je vous prie d'allouer 285.600 francs pour 476 chevaux à acheter, pour que le train soit au complet, et de me faire connaître à quelle époque le conseil d'administration pourra toucher ces fonds. »

Disons, de suite, que, d'après une note (1) de la main de Mortier portant la mention « Artillerie de la Garde », « le 19 fructidor (6 septembre) il a été fait un fonds de 400.000 francs » payable par moitié en deux échéances. D'autre part, le secrétaire général du ministère de la Guerre, Denniée, lui fait connaître (1), le 3 septembre, qu'en vertu d'un décret, il doit être fourni au bataillon du train de la Garde impériale 400 recrues que les préfets ont l'ordre de diriger sur l'état-major de la place de Paris.

Le 26 août, une note (2) dictée par Napoléon baptise l'armée des côtes du nom de Grande Armée : « Le bureau de l'organisation est prévenu que l'armée des côtes a pris le nom de Grande Armée »; mais cette dénomination n'est rendue officielle que par l'ordre du jour du 29 août.

C'est le 26 également que l'Empereur donne ses ordres pour le mouvement général de la Grande Armée de Boulogne à Strasbourg. Les ordres de mouvement adressés aux maréchaux et à leurs divisionnaires sont expédiés le 27 et les itinéraires ne leur sont remis que le 28 (3).

Les maréchaux et l'État-major général ne marcheront pas avec les troupes. Ils rentreront à Paris dès que le départ sera accompli. Ce sont les généraux divisionnaires qui conduiront les colonnes (3).

L'Empereur écrit (4) à Berthier le 26 août : « Vous me présenterez le 9 fructidor (27 août), à 10 heures du soir, l'ordre de mettre en mouvement la 1re division du corps du maréchal Davout par une des routes de gauche, la 1re division du corps du maréchal Soult par une des routes du milieu et la 1re division du corps du maréchal Ney par une des routes de droite. Ce premier mouvement se fera le 10 (28 août); le 12 (30 août) partiront les 2es divisions et le 13 (31 août) les 3es; et,

---

(1) A. T. (2) A. G. (3) ALOMBERT et COLIN, ouvrage précité.
(4) *Correspondance militaire de Napoléon Ier.*

comme il faut vingt-quatre jours de marche pour se rendre sur le Rhin, elles y arriveront le 1er vendémiaire (23 septembre). »

Les ordres (1) rédigés par Berthier d'après ces indications, dirigent : le corps de droite sur Haguenau par Cassel, Lille, etc.; le corps du centre sur Strasbourg par Saint-Omer, Aire, Béthune, etc.; le corps de gauche sur Schlestadt par Montreuil, Hesdin, Péronne, etc. Mais le 30 août, un second ordre du mouvement modifia, ainsi qu'on le verra, les destinations primitivement indiquées.

L'intention de l'Empereur était de revenir à Boulogne après avoir vaincu l'Autriche et, le 27 août, le ministre, en donnant à Soult des ordres pour la garde des camps, lui mande (1) : « Nous ne faisons qu'un mouvement d'armée, l'intention de l'Empereur étant dans quelques mois de faire une contre-marche pour revenir ici. »

A cette date du 27, Mortier écrit (2) au colonel Coüin : « D'après l'ordre de S. M., le colonel Coüin fera débarquer demain, de bon matin, le matériel de l'artillerie de la Garde. Il fera parquer les pièces à Samer. » Le 28, l'Empereur lui mande (3) : « Mon Cousin, devant vous préparer à entrer en campagne, je désire que vous me fassiez connaître si vous avez le nombre d'aides de camp que l'ordonnance vous accorde. Il est nécessaire que vous ayez un chef d'état-major. Cela étant, ordonnez à tous vos officiers de diriger leurs chevaux sur Strasbourg. »

Le même jour, l'Empereur, par une autre lettre (3) adressée à Mortier, fixe ainsi qu'il suit la composition de l'artillerie de sa Garde :

« Mon Cousin, mon intention est que ma Garde ait vingt-quatre pièces bien attelées, avec l'approvisionnement et les cartouches nécessaires pour une division de 6.000 hommes. Ces vingt-quatre pièces seront servies, savoir : 16 par ma Garde impériale et 8 par ma Garde royale. Elles seront partagées en trois divisions, chacune de huit pièces.

« Voyez le général Songis (4), pour que le matériel soit complété. Achetez les chevaux qui vous seront nécessaires, et faites confectionner sans retard vos harnais.

« Remettez-moi un état de la dépense des chevaux, harnais, de ce que le ministre vous accorde ainsi que de ce qui vous est nécessaire.

« Je désire avoir le détail de l'équipage et le nombre de voitures qu'il comporte. « NAPOLÉON. »

Coüin soumit, conformément à cet ordre, les propositions suivantes (3) pour la formation des divisions d'artillerie : « 1re division : Bouches à feu : 4 canons de 8, 24 chevaux; 2 canons de 4, 8 chevaux; 2 obusiers de 6 pièces, 12 chevaux.

---

(1) A. G. (2) A. T. (R. 15). (3) A. T.
(4) Le général Songis est Premier inspecteur général de l'artillerie.

Caissons à munitions : 10 de 8, 60 chevaux; 3 de 4, 18 chevaux; 8 d'obusiers, 48 chevaux; 5 d'infanterie, 30 chevaux.
4 chariots à munitions, 24 chevaux.
2 forges de campagne, 12 chevaux.
Affûts de rechange : 1 de 8, 1 de 4, 1 d'obusier, chacun à 4 chevaux. 28 chevaux haut le pied et montures de brigadiers.

Total : pour une division 276, pour trois divisions . . . 828 chevaux
Pour un parc de réserve, 6 chariots à munitions . . . . 36 —
864 chevaux

L'Empereur, par une lettre (1) adressée le 29 août à Mortier, ne diminue que de trois (deux chariots à munitions et une forge) le nombre des voitures de chaque division; par contre, il réduit de 276 à 200 le nombre des chevaux de chacune d'elles et ne parle pas du parc de réserve. « En attendant, faites partir les pièces de canon que vous avez avec le plus de caissons possible. On trouvera partout des approvisionnements et des caissons qu'on enverra joindre la division à mesure qu'on aura des chevaux. »

Mortier communique (2) le même jour, 29 août, la décision de l'Empereur à Couin : « D'après les ordres de S. M., l'artillerie de sa Garde sera organisée et attelée de la manière suivante : elle sera divisée en trois divisions; chaque division sera composée de 4 pièces de 8, 2 pièces de 4 et 2 obusiers, attelés par 44 chevaux, de 10 caissons de 8 attelés par 48 chevaux, savoir un caisson par pièce attelé à 6 chevaux et les autres caissons attelés à 4 chevaux, de 3 caissons de 4 attelés par 14 chevaux, de 8 caissons d'obusiers attelés par 36 chevaux, de 5 caissons d'infanterie attelés par 20 chevaux, de 2 chariots de munitions attelés par 8 chevaux, d'une forge de campagne attelée de 6 chevaux et de 3 affûts de rechange attelés par 12 chevaux. Total : 188 chevaux et 12 chevaux haut le pied, ce qui fait un total général de 200 chevaux par division et, pour les trois divisions, 600 chevaux.

« S. M. veut bien accorder cependant les 476 chevaux déjà demandés; elle autorise le ministre de la Guerre à faire les fonds pour les acheter à raison de 460 francs l'un; elle observe que les 184 chevaux d'excédent (le nombre serait alors porté à 784 avec ceux existants) pourront servir à remplacer les chevaux malades ou blessés ou à atteler une autre division : ordonne pourtant S. M. que sur les 476 chevaux dont elle autorise l'achat, il y ait au moins 100 bons mulets.

« Vous pourrez vous rendre de suite à Paris pour accélérer la confection des harnais et l'achat des chevaux. Prenez toutes les me-

---

(1) A. T.   (2) A. T. (Supplément du R 15).

sures convenables pour que les intentions de S. M. soient promptement remplies.

« Vous rejoindrez l'artillerie de la Garde à Strasbourg vers le 8 du mois prochain (vendémiaire, 30 septembre), époque à laquelle elle doit y être rendue. »

Il avait été décidé (1) que la division Gazan, de l'avant-garde, prendrait, le 31 août, la route indiquée pour le corps de gauche (Ney) et que la Garde suivrait le même itinéraire le 1er septembre.

Le 29 août, Berthier écrit (2) à Mortier : « L'intention de S. M., Monsieur le Maréchal, est que la division de la Garde qui se trouve actuellement à l'armée et qui, dans les derniers états de situation qui me sont parvenus, est composée d'un corps de grenadiers et chasseurs à pied, d'un corps de grenadiers et chasseurs à cheval, de deux compagnies d'artillerie, de deux compagnies du train et d'un détachement d'ouvriers, le tout formant ensemble environ 2.700 hommes et 1.200 chevaux, se mette en mouvement pour se rendre à Strasbourg.

« Je vous prie, en conséquence, de faire partir cette division de Pont-de-Briques, avec tout ce qui la compose et son artillerie le 14 fructidor (1er septembre) pour se rendre le même jour à Montreuil et continuer ensuite sa route conformément à l'itinéraire que je joins ici.

« Il est essentiel qu'elle ne s'écarte point de son itinéraire et des époques déterminées pour les séjours afin qu'elle ne se rencontre point dans un même gîte avec les autres divisions qui suivent la même route.

« Le général qui la commande doit envoyer à l'avance des officiers d'état-major et d'administration pour préparer son établissement et préparer des subsistances sur toute la route.

« Je vous prie, Monsieur le Maréchal, de m'instruire des dispositions que vous aurez faites pour l'exécution de ce mouvement. »

D'après l'itinéraire (1), joint à la lettre, les gîtes d'étape de la Garde devaient être les suivants :

1er sept., Montreuil.
2 — Hesdin.
3 — Saint-Pol.
4 — Arras.
5 et 6 — Bapaume.
7 — Péronne.
8 — Saint-Quentin.
9 — La Fère.

10 et 11 sept., Laon.
12 — Craonne et Corbeny.
13 — Reims.
14 — Petites-Loges.
15 et 16 — Châlons.
17 — Vitry.
18 — Saint-Dizier.
19 — Ligny.

---

(1) A. G. (2) A. T.

20 sept.	Void.		26 sept.	Saint-Dié.
21 —	Toul.		27 —	Ste-Marie-aux-Mines.
22 et 23 —	Nancy.		28 —	Schlestadt.
24 —	Lunéville.		29 —	Erstein.
25 —	Baccarat.		30 —	Strasbourg.

Le même jour, 29 août, Mortier donne des ordres (1) en conséquence à Hulin : « La cavalerie et l'artillerie de la Garde partant avec vous, il est bon que vous vous entendiez avec le général Ordener pour les heures de départ. » Il donne les mêmes instructions (1) au général Ordener, rend compte (1) au ministre et avise (1) le maréchal Bessières du mouvement de la Garde.

La veille, l'Empereur avait écrit (2) à ce dernier :

« Mon Cousin, le ministre de la Guerre vous envoie l'ordre de faire partir ma Garde pour Strasbourg.

« Comme je vais me rendre incessamment à Paris, vous laisserez assez de monde pour faire le service de Saint-Cloud. J'espère que les deux bataillons qui sont à Boulogne et les quatre bataillons français et italiens qui sont à Paris, formeront 4.000 hommes et ma Garde à cheval, en y comprenant les Mamelouks, 1.500 hommes. Vous serez spécialement chargé du commandement de ces 5.500 hommes de ma Garde.

« Faites-moi connaître le chef d'état-major que vous voulez prendre. Les généraux Hulin et Soulès commanderont l'infanterie, le général Ordener la cavalerie et le colonel Coüin l'artillerie. Il vous faut un chef d'état-major et vos quatre aides de camp.

« Faites partir sur-le-champ vos chevaux, vos fourgons et vos bagages pour Strasbourg. Les hommes de l'artillerie de la Garde sont en nombre suffisant pour servir quinze pièces de canon.

« Faites-moi connaître combien de pièces pourrait servir l'artillerie italienne. Ce ne sera pas trop, pour un corps de réserve comme la Garde, d'avoir vingt-quatre ou vingt-cinq pièces de canon. Je vois, par votre dernier état, que ma Garde royale a soixante-dix hommes d'artillerie; ils peuvent très bien servir huit pièces. Cela portera donc l'artillerie de ma Garde à vingt-quatre pièces de canon. »

Le 29 août, Mortier mande (1) aussi à Larrey, chirurgien en chef de la Garde : « Je vous invite, Monsieur, à vouloir bien vous tenir prêt, avec l'ambulance que vous avez dû organiser, à suivre le corps de la Garde impériale dans la marche qu'il aura à faire.

« Vous vous rendrez de suite auprès du commissaire général de l'armée et vous entendrez avec lui sur les moyens d'assurer ce service et de transporter les effets de l'ambulance. »

Larrey lui répond (3) : « Conformément à vos intentions, je me

---

(1) A. T. (R. 15). (2) *Correspondance militaire de Napoléon Ier*. (3) A. T.

suis transporté de suite chez le commissaire ordonnateur en chef et le commissaire des guerres chargé de la police de l'ambulance de la Garde impériale pour faire débarquer les effets de cette ambulance, les placer dans des caissons convenables et mettre ces voitures avec leurs accessoires en état de suivre le corps de la Garde lorsqu'elle se mettra en marche. J'ai prié M. le commissaire des guerres Charamond de suivre les détails de cette opération et de donner à ces voitures la direction que la marche des troupes nécessitera. Lors du départ de ces dernières, les hospices régimentaires établis aux châteaux d'Odre et de Quéhen seront évacués sur l'hôpital civil et militaire de Boulogne...

« Je suivrai l'état-major de la Garde pour être à portée d'en surveiller le service de santé. »

Le 30 août, l'Empereur décide que les itinéraires seront modifiés; craignant d'être prévenu par les Autrichiens et voulant assurer la liaison des corps venant de Boulogne avec ceux tirés de la Hollande et du Hanovre, il porte plus au nord la zone de réunion de son armée ainsi que les points où elle passera le Rhin. C'est de Haguenau à Spire que s'étendront les cantonnements de Davout, Soult et Ney. L'avant-garde seule restera près de Strasbourg où la Garde impériale venant de Boulogne devra arriver deux jours plus tôt. L'Empereur dicte un ordre (1) en conséquence à Berthier, dont celui-ci communique (2), le 31 août, à Mortier les dispositions concernant la Garde, dans les termes suivants : « Donnez l'ordre, Monsieur le Maréchal, à la division de la Garde impériale qui doit partir demain de Pont-de-Briques pour se rendre à Strasbourg, de se diriger, à son arrivée à Lunéville par Blâmont, Sarrebourg et Saverne, afin de gagner deux jours de marche et d'arriver à Strasbourg le 6 vendémiaire (28 septembre) au lieu du 8 (30 septembre) qui était l'époque indiquée par son itinéraire.

« Faites rectifier son itinéraire d'après cette nouvelle disposition. »

Les gîtes d'étape, à partir de Lunéville, où la Garde arrive le 24 septembre, sont donc :

25 sept., Blâmont.
26 — Sarrebourg.
27 sept., Saverne.
28 — Strasbourg.

L'ordre du ministre ne parvient que le 1er septembre à 2 heures de l'après-midi à Mortier qui lui écrit (3) de suite : « Je reçois à l'instant votre lettre, datée d'hier, par laquelle vous me mandez de donner à la division de la Garde impériale, partie ce matin de Pont-de-Briques pour se rendre à Strasbourg, l'ordre de..., etc...

« J'écris aux généraux Hulin et Ordener qui sont en route pour qu'ils se conforment à vos intentions. »

---

(1) ALOMBERT et COLLIN. (2) A. T. (3) A. T. (Supplément du R. 15).

C'est d'Arras, le 4 septembre, que le général Hulin répond (1) au maréchal Mortier « colonel général de la Garde impériale et royale de S. M. l'Empereur à Paris » : « J'ai l'honneur de vous accuser la réception de votre lettre du 14 de ce mois (fructidor, 1er septembre)...

« Nos jeunes gens marchent très bien et les corps de la Garde se conduisent à merveille; c'est ce dont vous pouvez assurer S. M. »

Complétons les renseignements donnés sur le départ de la Garde de Boulogne en disant que, le 22 septembre, le capitaine de vaisseau Daugier « commandant des marins de la Garde impériale » écrit (1) à Mortier : « J'ai l'honneur de vous rendre compte qu'en conséquence des ordres de S. M. qui m'ont été transmis par le ministre de la Marine, un détachement de 120 hommes du corps des marins de la Garde impériale s'est mis en route ce matin pour Strasbourg. J'en ai confié le commandement à M. Roquebert, capitaine de frégate, officier plein d'intelligence et de zèle; il a sous ses ordres MM. Boniface et Grivel, lieutenants de vaisseau; Rougeuil, Jaquelot et Le Roy, enseignes... Je leur ai recommandé de faire la plus grande diligence pour être rendus aussi promptement que possible à leur destination.

« Depuis quelques jours, Monsieur le Maréchal, tous les bâtiments armés par la Garde ont quitté Wimereux et sont entrés à Boulogne. L'on s'occupe en ce moment du débarquement des munitions qu'ils avaient reçues des magasins de la guerre. Dès que cette opération sera terminée, dix-huit canonnières passeront le pont de barrage pour stationner dans la Liane avec la majeure partie des bâtiments de la flottille; les autres resteront armés dans le port. »

De Metz, le 9 octobre, le capitaine de frégate Roquebert, adresse à Mortier, avec la situation de son détachement, la lettre (1) suivante : « J'ai l'honneur de vous rendre compte que j'arriverai à Strasbourg le 23 du courant (vendémiaire, 15 octobre) avec 123 marins de la Garde, y compris 5 officiers.

« Je suis parti de Boulogne le 5e jour complémentaire (22 septembre).

« Le détachement que j'ai l'honneur de commander se félicite du sort qui l'appelle à servir dans une armée active. Il espère, n'importe dans quel poste on le place, acquérir par son dévouement à S. M. l'Empereur des droits à sa confiance et à votre estime particulière.

« Je m'estimerai très heureux si vous daignez, Monseigneur, nous en fournir l'occasion. »

La date du passage de ce détachement à Metz montre qu'il était encore en France lorsque déjà la Grande Armée avait franchi le Danube. Il continue, pendant tout le reste de la campagne, à suivre très en arrière de l'armée, part de Passau le 8 novembre, sur des bateaux

---

(1) A. T.

qui descendent le Danube, à destination de Lintz, avec des traînards. Les marins de la Garde rejoignent la Garde impériale seulement à Vienne, après Austerlitz et figurent pour la première fois sur la situation de la Garde du 1er nivose an XIV (10 novembre 1805) (1).

A l'ordre du jour (2) du 1er septembre était jointe « la composition avec l'emplacement de la Grande Armée » : « L'Empereur et Roi commande en personne.

« Le ministre de la Guerre Major général expédie les ordres de S. M.

« S. A. S. le prince Murat, lieutenant de l'Empereur, commandant en l'absence de S. M., commande en chef la réserve des carabiniers, cuirassiers et dragons quand S. M. est à l'armée. »

L'État-major général comprend le Major général, maréchal Berthier, et trois aides-majors généraux dont un est chef d'État-major général, chargé des détails de l'État-major (général Andréossy); un est maréchal des logis chargé des camps, marches et cantonnements (général Mathieu-Dumas), et le troisième est directeur du service topographique (général Sanson).

Il y a sept corps d'armée : 1er Bernadotte (dont le quartier général fut fixé plus tard à Würtzbourg); 2e Marmont, quartier général à Mayence; 3e Davout, à Spire; 4e Soult, à Landau; 5e Lannes, à Brumpt; 6e Ney, à Haguenau; 7e Augereau (se forme à Alençon. Le maréchal reçoit du ministre, le 17 septembre, l'ordre de le porter à Langres où il arrive du 13 au 16 octobre) (3).

La réserve de dragons et de cavalerie, prince Murat, comprend : 1re division de grosse cavalerie, Nansouty; 2e division de grosse cavalerie, d'Hautpoul; 1re division de dragons, Klein; 2e Walther; 3e Beaumont; 4e Bourcier; division de dragons à pied, Baraguay d'Hilliers.

Mortier met dans son *Journal* : « Le 14 fructidor (1er septembre), départ de la Garde de Pont-de-Briques pour Strasbourg; le 15 (2 septembre), départ de S. M. pour La Malmaison; arrivé le 16 (3 septembre) à 2 heures après midi; retourné le même soir à Issy. »

Le *Moniteur* du 5 septembre annonce que l'Empereur est arrivé le 3 septembre à 2 heures de l'après-midi à La Malmaison (où l'Impératrice, de retour d'une saison à Plombières, se trouvait depuis le 30 août) et qu'il y a eu, le 4, un Conseil des ministres au palais de Saint-Cloud. On lit dans le même numéro : « Les escadres combinées, parties le 16 thermidor (4 août), sont entrées à Cadix le 4 fructidor (22 août). »

---

(1) *Le Corps d'armée aux ordres du maréchal Mortier*, par le capitaine ALOMBERT, de la Section historique de l'État-major de l'armée.
(2) A. T.   (3) A. G.

Avant d'entrer en campagne, Mortier se rend au Cateau. Le 15 décembre de l'année précédente, il avait demandé (1) au ministre des Finances de « faire l'acquisition dans les formes ordinaires » du petit bois d'Évillers, près Le Cateau, entièrement rasé lors de l'invasion de l'ennemi. « Cette propriété, qui n'est d'aucun produit, est entourée de biens qui m'appartiennent et me convient pour l'établissement d'un haras. »

« Le 21 fructidor » (8 septembre), met-il dans son *Journal*, « parti à 10 heures du soir pour Le Cateau; arrivé le 22 à minuit; le 23, visité les terres et le bois d'Évillers; le 24, visité la terre de Bousies; le 25, à midi, parti du Cateau, couché le même soir à Cambrai; reparti de cette ville le 26 (13 septembre) à 2^h 30 du matin, arrivé à 8 heures du soir à Issy; reparti d'Issy le 28 (15 septembre) et repris mon service à Saint-Cloud. »

Le jour même, il écrit (2), de Saint-Cloud, au ministre de la Guerre : « S. M. l'Empereur m'ayant autorisé à prendre le général Godinot (ci-devant colonel du 25e régiment d'infanterie légère) pour chef d'état-major, je vous prie de vouloir bien lui donner l'ordre de se renrde de suite à Strasbourg. »

Il mande (2), à la même date, à Godinot en Hollande : « D'après l'autorisation de l'Empereur, je vous préviens, Général, que je vous ai choisi pour le chef de mon état-major. Vous recevrez, en même temps que ma lettre, l'ordre que doit vous donner le ministre pour vous rendre à Strasbourg.

« Je suis bien aise que cette circonstance m'ait procuré le plaisir de rapprocher de moi un officier qui a toujours joui de mon estime et de ma confiance. »

Le ministre lui répond (3), le 17 septembre : « Je vous adresse, Monsieur le Maréchal, la lettre de service expédiée au général de brigade Godinot pour être employé sous vos ordres comme chef d'état-major. Je prescris à cet officier d'être rendu à Strasbourg le 10 vendémiaire (2 octobre) prochain. »

Le ministre envoie, le même jour, à Godinot l'ordre (4) suivant : « L'intention de S. M., Général, est que vous vous rendiez à Strasbourg pour remplir les fonctions de chef d'état-major sous les ordres de M. le maréchal Mortier. Vous voudrez bien partir en poste six heures après la réception de la présente et être rendu à votre destination le 10 vendémiaire prochain (2 octobre).

« M. le maréchal Mortier vous remettra vos lettres de service. »

Nous avons insisté à dessein sur les termes dans lesquels fut faite la désignation de Godinot pour servir comme chef d'état-major sous

---

(1) A. T. (R. 15). (2) A. T. (Supplément du R. 15). (3) A. T.
(4) Capitaine ALOMBERT, *Le Corps d'armée aux ordres du maréchal Mortier.*

les ordres de Mortier. Celui-ci, ainsi qu'il a été indiqué précédemment, avait déjà quatre aides de camp : l'adjudant commandant Simon, les chefs de bataillon Billard et Gouré, et le capitaine Delapointe.

Le maréchal est porté sur les états de situation de la Grande Armée comme commandant l'artillerie de la Garde, commandement qu'il avait d'ailleurs en tout temps comme « colonel général de la Garde, commandant l'artillerie et les matelots ». Si l'Empereur l'autorise, comme Bessières auquel il confie le commandement de la Garde pendant cette campagne, à prendre un chef d'état-major, c'est que, sans aucun doute, il a l'idée, dès ce moment, de lui donner le commandement d'un corps d'armée.

Godinot, lorsqu'il commandait la 25e demi-brigade d'infanterie légère, avait servi à l'avant-garde de l'armée de Sambre et Meuse (1) avec Mortier, qui avait été à même de l'apprécier.

Pendant que Mortier est de service à Saint-Cloud, un décret (2) du 19 septembre crée trois corps d'armée de réserve : 1er Brune, quartier général à Boulogne; 2e Lefebvre, à Mayence; 3e Kellermann, à Strasbourg. Il sera établi trois camps volants de grenadiers, avec de la cavalerie légère et de l'artillerie légère à Rennes, Napoléon-Vendée (*La Roche-sur-Yon*) et Alexandrie.

Le *Moniteur* (3) annonce dans les termes suivants, l'ouverture des hostilités de la part de l'Autriche : « Paris, 3e jour complémentaire (20 septembre). L'Empereur d'Allemagne, sans négociations ni explications préalables, et sans déclaration de guerre, a envahi la Bavière. L'Électeur s'est retiré à Würtzbourg où toute l'armée bavaroise se réunit. »

Mortier met dans son *Journal :* « 1er vendémiaire an XIV (23 septembre 1805), accompagné S. M. au Sénat. »

L'Empereur, venant de Saint-Cloud, part en cortège à midi et demie de l'École militaire pour se rendre au Sénat ; les colonels généraux de la Garde sont à cheval aux portières de sa voiture. Dans cette séance, le ministre des Relations extérieures fait l'exposé de la conduite réciproque de la France et de l'Autriche depuis la paix de Lunéville. Le Sénat vote la levée de 80.000 conscrits en l'an 1806 et la réorganisation, par décrets impériaux, des gardes nationales. L'Empereur prononce un discours qui commence par : « Les vœux des éternels ennemis du continent sont accomplis; la guerre a commencé au milieu de l'Allemagne. L'Autriche et la Russie se sont réunies à l'Angleterre... » Il termine par cette phrase : « Français, votre Empereur fera son devoir, mes soldats feront le leur, vous ferez le vôtre (3). »

En ce premier jour de l'an XIV, l'inspecteur aux revues de la

---

(1) Voir titre IV. (2) *Moniteur* du 26 septembre. (3) *Moniteur* des 22 et 25 septembre.

Garde Chadelan établit une situation (1) qu'il prie (1), le lendemain, Mortier de mettre sous les yeux de l'Empereur. D'après ce document, 340 officiers et 6.037 hommes de la Garde sont à l'armée ; il reste encore à Milan (grenadiers et chasseurs à pied, gendarmes d'élite) 12 officiers et 250 hommes. L'effectif total de la Garde est de 10.225, ce qui présente, par rapport au total complet, un déficit de 1.270.

« Le 2 vendémiaire » (24 septembre), note Mortier, « départ à 5 heures du matin de S. M. pour Strasbourg passant par Châlons, Toul, Nancy ; arrivée à Strasbourg le 4 (26 septembre) ; le 5 (27 septembre), visite de Kehl, de l'arsenal et du polygone. »

L'Impératrice avait accompagné l'Empereur à Strasbourg et on lit dans le *Moniteur* (2) : « Strasbourg, 5 vendémiaire (27 septembre), LL. MM. II. ont fait leur entrée dans nos murs hier à 5 heures du soir..., 6 vendémiaire (28 septembre). Hier matin, à 11 heures, S. M. est montée à cheval et s'est rendue à Kehl. Elle a visité les troupes qui, depuis deux jours, ont passé le fleuve et se sont portées en avant de Kehl sur la rive droite du Rhin. »

Le 26 septembre, de Strasbourg, l'Empereur mande (3) au prince Joseph Bonaparte : « Toute l'armée a passé le Rhin. L'ennemi est aux débouchés de la Forêt Noire ; nos manœuvres vont bientôt commencer... » et, le 29, au prince Eugène (3) : « Les corps d'armée du maréchal Bernadotte et du général Marmont sont à Würtzbourg, réunis à l'armée bavaroise forte de 25.000 hommes. Le corps d'armée du maréchal Davout a passé le Rhin à Mannheim ; il est aujourd'hui sur le Neckar. Le corps d'armée du maréchal Soult a passé le Rhin à Spire et est aujourd'hui à Heilbronn. Le corps d'armée du maréchal Ney a passé le Rhin vis-à-vis Durlach et est aujourd'hui à Stuttgart. Le corps d'armée du maréchal Lannes a passé le Rhin à Kehl et est aujourd'hui à Ludwigsbourg. Ma Garde est toute arrivée ; elle est forte de 8.000 hommes et passe demain. Le parc a filé. Le prince Murat a rencontré, avec ses dragons, des patrouilles ennemies ; elles n'ont fait que des compliments ; je n'avais pas encore donné l'ordre de tomber dessus ; on ne leur répondra désormais qu'à coups de sabre. Voici mes alliés : les électeurs de Bavière, de Bade et de Wurtemberg ont fait chacun un traité d'alliance avec moi et m'ont déjà joint avec des corps assez considérables. »

D'après un ordre (4) envoyé par l'Empereur, à cette date du 29 septembre, à Bessières, ce maréchal doit partir le lendemain 30 septembre, à 8 heures du matin, avec la Garde impériale à pied et à cheval et son artillerie pour passer le pont de Kehl et cantonner à une lieue

---

(1) A. T. (2) *Moniteur* du 1er octobre. (3) *Correspondances de Napoléon*.
(4) ALOMBERT et COLIN.

en arrière de Rastadt; le 1ᵉʳ octobre, la Garde ira coucher à Neuenbourg; le 2, elle cantonnera entre Neuenbourg et Ludwigsbourg; le 3, elle arrivera à Ludwigsbourg.

Telle était la situation lorsque l'Empereur, que Mortier accompagne pendant toute cette première partie de la campagne (1), franchit le Rhin.

« Le 8 vendémiaire » (30 septembre), met le maréchal dans son *Journal*, « départ de la Garde pour Rastadt, visite de Kehl; le 9 (1ᵉʳ octobre), visite de la fonderie, départ de Strasbourg à midi, passé le Rhin à Kehl, couché le même soir à Ettlingen; le 10 (2 octobre) à Ludwigsbourg chez l'Électeur de Wurtemberg; le 12 (4 octobre), visité Stuttgart, rentré le même soir à Ludwigsbourg. »

L'Empereur laisse à Strasbourg l'impératrice Joséphine avec sa cour. Le château d'Ettlingen appartenait au vieil électeur de Bade qui s'y était rendu, accompagné de ses fils et petits-fils, pour recevoir l'Empereur et sceller avec lui son alliance (2). Le lendemain, l'Électeur de Wurtemberg, qui attendait Napoléon à Ludwigsbourg, lui fait une réception brillante ayant à ses côtés son second fils et l'électrice, fille aînée du roi Georges III (2).

On lit dans une note (3) de Méneval : « Le 12 vendémiaire (4 octobre), dans l'après-midi, l'Empereur est allé à Stuttgart avec le prince Paul, second fils de l'électeur de Wurtemberg. Il a assisté, au retour, à l'opéra allemand de *Don Juan*; après le spectacle, il a soupé, en présence de toute la Cour, avec l'électeur et sa famille... Le 13 (5 octobre) au matin, l'Empereur est allé voir la forteresse d'Asperg, à une lieue de Ludwigsbourg, accompagné du prince Paul. Au retour, il a conféré pendant deux heures avec l'électeur. Il est ensuite monté en voiture pour se rendre à Gmünd où il a couché... Le 14 (6 octobre), il est parti de Gmünd à 6 heures du matin et s'est rendu à Aalen où il a déjeuné. Il a donné quelques ordres et est parti pour Nordlingen à cheval. Il y a couché et est parti le 15 (7 octobre) pour Donauwerth à 8 heures du matin accompagné seulement du ministre de la Guerre et de deux ou trois de ses officiers. Il doit revenir à Nordlingen.

« L'armée est en pleine marche sur le Danube et, depuis Aalen, nous soupons et couchons dans des maisons où l'ennemi était la veille. Il n'y a pas encore eu un coup de canon tiré.

« L'Empereur se porte très bien et paraît fort content de son armée et de l'ennemi. »

Mortier met dans son *Journal* : « Le 13 vendémiaire (5 octobre)

---

(1) Pour régler le service de l'officier commandant le piquet de l'Empereur, le maréchal Mortier établit de sa main une consigne (*A. T.*) qu'on trouvera aux Pièces annexes n° 20.
(2) Mémoires du baron de Méneval, secrétaire du portefeuille de Napoléon.
(3) A. G.

visité la forteresse d'Asperg, couché le même soir à Gmünd; le 14 (6 octobre), couché à Nordlingen en passant par Aalen; le 15 (7 octobre), passage du Danube à Donauwerth, couché le même soir dans cette ville; le 16 (8 octobre), séjour à Donauwerth, visite de Rain et de la rive droite du Danube; combat de Wertingen, prise de 1.500 hommes par les corps du prince Murat et du maréchal Lannes. »

Le 6 octobre, de Nordlingen, il écrit (1) à Bessières : « L'intention de l'Empereur, Monsieur le Maréchal, est que vous établissiez demain votre quartier général au château de Klein-Nordlingen, près de Nordlingen, et que vous cantonniez la cavalerie de la Garde autant que possible dans ce premier village; l'infanterie logera à Wallerstein et les villages voisins qui dépendent de cette principauté. » Bessières prescrit, le même jour, à Hulin de faire en sorte d'arriver le lendemain à Nordlingen.

L'armée, qui avait commencé son changement de direction au passage du Rhin, l'avait continué par un mouvement de conversion dont la droite était le pivot, tandis que la cavalerie de Murat retenait l'ennemi aux débouchés de la Forêt Noire, en lui donnant à penser que l'attaque se produirait de ce côté; elle venait maintenant faire face au Danube.

« Ce grand et vaste mouvement », lit-on dans le premier bulletin de la Grande Armée, daté de Nordlingen le 7 octobre, « nous a portés en peu de jours en Bavière..., et enfin nous a placés à plusieurs marches derrière l'ennemi, qui n'a pas de temps à perdre pour éviter sa perte entière. »

Le 7 octobre, Soult écrit (2) à l'Empereur : « Ce matin, l'ennemi gardait encore le pont du Danube à Donauwerth; à l'arrivée de la compagnie d'artillerie légère, quelques coups de canon l'ont forcé à s'éloigner. En ce moment, on travaille au rétablissement du pont et j'espère que dans quatre heures il sera en état. J'ai fait passer le Danube à un bataillon du 24e d'infanterie légère... Le général Vandamme s'était aussi emparé pendant la nuit du pont de Munster (une lieue au-dessus de Donauwerth) que l'ennemi a laissé intact... S. A. S. le prince Murat y a déjà fait porter une de ses divisions... »

Le jour même, ainsi qu'on l'a vu, l'Empereur, accompagné par Mortier, se portait à Donauwerth où il couchait et où, le lendemain, le quartier général recevait l'ordre (2) de se rendre avant midi.

Le 8 octobre, Murat, qui s'était mis en route à la pointe du jour avec les divisions Bourcier, Klein et Nansouty pour couper la route d'Ulm à Augsbourg, rencontre une division ennemie à Wertingen et, soutenu par la division de grenadiers Oudinot et la cavalerie du 5e corps, la bat complètement. « La cavalerie aux ordres de S. A. S. le prince Murat, celle de mon corps d'armée et les grenadiers », écrit (2) Lannes

---

(1) A. T. (R. 15). (2) A. G.

à l'Empereur », ont rivalisé d'ardeur et de courage. Le cri de « Vive l'Empereur » s'est fait entendre dans tous les rangs avant, pendant et après le combat. Jamais acclamation ne fut plus unanime et plus vive. »

« Le 17 vendémiaire » (9 octobre), note Mortier « couché à Zusmarshausen, bataille de Gunzbourg livrée par le maréchal Ney, prise de 1.500 prisonniers; le 18 (10 octobre), reconnaissance sur la route de Burgau, couché le même soir à Augsbourg chez l'ancien électeur de Trèves; le 19 (11 octobre), visite de Friedberg, des environs de cette place et d'Augsbourg; le 20 (12 octobre) revue d'une des divisions bataves au pont du Lech, parti d'Augsbourg à minuit. »

Le troisième bulletin de la Grande Armée, daté de Zusmarshausen le 10 octobre, fait connaître que l'Empereur a passé en revue, à ce village, les dragons et la division Oudinot qui s'y étaient « portés en toute diligence pour intercepter la route d'Ulm à Augsbourg » et leur témoigne sa satisfaction de leur conduite au combat de Wertingen. « L'Empereur », y est-il dit, « a fait hier quatorze lieues à cheval, il a couché dans un petit village sans domestique et sans aucune espèce de bagages. »

Le quatrième bulletin annonce l'enlèvement du pont de Gunzbourg par la division Malher du corps Ney et l'arrivée dans la nuit à Burgau de la réserve de cavalerie de Murat qui aurait coupé l'ennemi. « L'Empereur a passé toute la nuit du 17 au 18 (9 au 10 octobre) et une partie de la journée du 18 entre les corps des maréchaux Ney et Lannes... L'Empereur est arrivé à Augsbourg le 18 à 9 heures du soir. La ville est occupée depuis deux jours... L'Empereur est logé à Augsbourg chez l'ancien électeur de Trèves (1), qui a traité avec magnificence la suite de S. M. pendant le temps que ses bagages ont mis à arriver. »

On lit dans le cinquième bulletin, daté d'Augsbourg le 12 octobre : « La Garde impériale est partie d'Augsbourg pour se rendre à Burgau où l'Empereur sera probablement cette nuit.

« Une affaire décisive va avoir lieu. L'armée autrichienne a presque toutes ses communications coupées. Elle se trouve à peu près dans la même position que l'armée de Mélas à Marengo.

« L'Empereur était sur le pont du Lech, lorsque le corps d'armée du général Marmont a défilé. Il a fait former en cercle chaque régiment, leur a parlé de la situation de l'ennemi, de l'imminence d'une grande bataille et de la confiance qu'il avait en eux. Cette harangue

---

(1) C'était un prince de la maison de Saxe qui, après la perte de son électorat supprimé par le traité de Lunéville, s'était retiré dans l'évêché d'Augsbourg, siège dont il cumulait le titre avec celui d'Électeur de Trèves. Il devait à l'influence que Napoléon avait jadis exercée sur les sécularisations le bien-être dont il jouissait et voulait lui témoigner sa gratitude par l'hospitalité cordiale avec laquelle il l'accueillit (*Mémoires du baron de Méneval*).

avait lieu pendant un temps affreux. Il tombait une neige abondante et la troupe avait de la boue jusqu'aux genoux et éprouvait un froid assez vif; mais les paroles de l'Empereur étaient de flamme; en l'écoutant, le soldat oubliait ses fatigues et ses privations et était impatient de voir arriver l'heure du combat.

« Le maréchal Bernadotte est arrivé à Munich le 20 vendémiaire (12 octobre), à 6 heures du matin... »

Mortier met dans son *Journal :* « Arrivé à 9 heures du matin le 21 vendémiaire (13 octobre) à Gunzbourg; parti à 10 heures pour le quartier général du prince Murat à Pfaffenhofen où nous arrivâmes à midi, couché à Pfaffenhofen; le 22 (14 octobre), attaque et prise d'Elchingen par le corps du maréchal Ney, couché à Ober-Falheim; le 23 (15 octobre), prise des hauteurs d'Ulm par le même corps et celui du maréchal Lannes, couché le même soir à Elchingen. »

Le 13 octobre, de Pfaffenhofen, l'Empereur adresse une proclamation (1) à l'armée, la félicitant et lui annonçant les immenses succès de cette campagne de quinze jours. On trouve dans le cinquième bulletin *bis,* daté d'Elchingen le 15 octobre : « Le 21 vendémiaire (13 octobre), l'Empereur se porta de sa personne au camp devant Ulm et ordonna l'investissement de l'armée ennemie. La première opération a été de s'emparer du pont et de la position d'Elchingen. Le 22 (14 octobre), à la pointe du jour, le maréchal Ney passa ce pont à la tête de la division Loison. L'ennemi lui disputait la possession d'Elchingen avec 16.000 hommes; il fut culbuté partout...

« Le 23 (15 octobre), l'Empereur se porta lui-même devant Ulm. Le corps du prince Murat et ceux des maréchaux Lannes et Ney se placèrent en bataille pour donner l'assaut et forcer les retranchements de l'ennemi...

« La journée est affreuse. Le soldat est dans la boue jusqu'aux genoux. Il y a huit jours que l'Empereur ne s'est débotté...

« L'Empereur a aujourd'hui son quartier général dans l'abbaye d'Elchingen. »

« Nous passâmes cinq jours à l'abbaye d'Elchingen », dit Méneval (2), « dans un dénuement presque absolu. L'Empereur en partait chaque matin pour se rendre au camp devant Ulm où il passait la journée et quelquefois la nuit. »

« Le 24 vendémiaire » (16 octobre), consigne Mortier dans son *Journal,* « canonnade sur Ulm, pourparlers avec le prince Lichtenstein et le général Mack, visite des positions par S. M.; le 25 (17 octobre), reddition d'Ulm sous condition (3), la garnison prisonnière de guerre

---

(1) *Correspondance militaire de Napoléon I*er. (2) *Mémoires du baron de Méneval.*
(3) L'armée autrichienne devait déposer les armes si, le 25 octobre avant minuit, une autre armée assez en force pour faire lever le blocus ne s'était pas présentée.

et envoyée en France, les officiers chez eux sur parole ; le même soir, occupation des portes d'Ulm par les troupes françaises ; le 26 (18 octobre), avis que le corps entier du général Werneck avait mis bas les armes du côté de Nordlingen ; le 27 (19 octobre), entrevue du général Mack et de S. M. à Elchingen ; couché les 24, 25, 26 et 27 à Elchingen. Le 28 (20 octobre), l'armée autrichienne, au nombre de 32.000 hommes, met bas les armes, sur les glacis d'Ulm, devant l'empereur Napoléon, journée à jamais mémorable ! Le général Mack et sept autres généraux prisonniers de guerre sur parole ; couché le 28 à Elchingen. »

Le septième bulletin de la Grande Armée annonce, le 19 octobre, la capitulation à laquelle le prince Murat a obligé, la veille, la division Werneck et l'audience, accordée le 19, à 2 heures de l'après-midi, au général Mack, à l'issue de laquelle le maréchal Berthier a signé avec ce général, une addition à la capitulation qui porte que la garnison d'Ulm évacuera la place le lendemain. On lit dans le huitième bulletin, daté du 20 octobre : « L'Empereur a passé aujourd'hui, depuis 2 heures après midi jusqu'à 7 heures du soir, sur la hauteur d'Ulm, où l'armée autrichienne a défilé devant lui... L'armée française occupait les hauteurs. L'Empereur, entouré de sa Garde, a fait appeler les généraux autrichiens ; il les a traités avec les plus grands égards...

« On peut donc évaluer le nombre des prisonniers faits depuis le commencement de la guerre à 60.000, le nombre des drapeaux à 80, indépendamment de l'artillerie, des bagages, etc... Jamais victoires ne furent plus complètes et ne coûtèrent moins. »

Le 21 octobre, avant de quitter Elchingen, l'Empereur adresse une proclamation à son armée : « Soldats de la Grande Armée, en quinze jours nous avons fait une campagne. »

« Le 29 vendémiaire » (21 octobre), met Mortier dans son *Journal*, « départ d'Elchingen avec S. M., couché le même soir à Augsbourg ; le 30 (22 octobre), rien de nouveau. Le 1er brumaire (23 octobre), visité les environs de la place d'Augsbourg ; le 2 (24 octobre), départ d'Augsbourg à midi pour Munich, arrivé dans cette dernière ville à 9 heures du soir, magnifique réception faite à S. M. par les habitants de la ville et par la Cour de l'électeur ; le 3 (25 octobre), visite des environs de Munich ; le 4 (26 octobre), revue d'une partie du corps du maréchal Soult, S. M. chasse à Nymphenbourg, couché à Munich. »

A la date du 21 octobre, où Napoléon quittait Elchingen, avait lieu le désastre de Trafalgar qui ajournait à un temps indéfini les plans de l'Empereur contre l'Angleterre.

« L'Empereur part à midi pour Augsbourg (1) ; le 22, un bataillon de la Garde entre dans cette ville : « Quatre-vingts grenadiers portaient chacun un drapeau », lit-on dans le dixième bulletin ; « ce spectacle

---

(1) 9e bulletin.

a produit sur les habitants d'Augsbourg un étonnement que partagent les paysans de toutes ces contrées. »

Le onzième bulletin, daté de Munich le 26 octobre, annonce l'arrivée de l'Empereur à Munich le 24. « La ville était illuminée avec beaucoup de goût. Un grand nombre de personnes avaient décoré le devant de leurs maisons d'emblèmes qui étaient l'expression de leurs sentiments. » Dans la matinée du 25, l'Empereur reçoit les grands officiers de l'Électeur, les ministres, les généraux, etc... Le 26, « l'Empereur, après avoir vu défiler les troupes du corps d'armée du maréchal Soult, est allé à la chasse à Nymphenbourg, maison de plaisance de l'Électeur. » Il donne un concert le 26 à toutes les dames de la Cour et, le dimanche 27, il entend la messe dans la chapelle du palais (1).

Mortier consigne dans son *Journal* : « Le 6 brumaire (28 octobre), départ de Munich à 1ʰ 30 de l'après-midi, arrivé le même soir à Haag; le 7 (29 octobre), départ de Haag à 3 heures du matin, arrivé à Mühldorf à 8 heures, visite des environs de la place et des bords de l'Inn; le 8 (30 octobre), départ de Mühldorf, déjeuné à Burghausen, arrivé à 4 heures à Braunau, visite de cette forteresse que les Autrichiens abandonnèrent avec 42 bouches à feu et 32 milliers de poudre, couché le même soir à Braunau; le 9 (31 octobre), visite de la place, de ses ouvrages intérieurs et extérieurs, couché à Braunau. »

Le treizième bulletin, daté de Haag le 28 octobre, annonce que, d'après tous les renseignements qu'on a sur l'ennemi, l'armée russe marche en retraite. Il a beaucoup plu toute la journée.

De Braunau, qui avait été occupé dans la matinée du 29 par quelques chasseurs du 5ᵉ corps et où la division d'Hautpoul était entrée le même jour (2), l'Empereur écrit (3) au prince Joseph : « Mon Frère, je suis arrivé à Braunau aujourd'hui. Il tombe de la neige à gros flocons. L'armée russe paraît fort épouvantée du sort de l'armée autrichienne. Elle m'a laissé Braunau qui est une des clefs de l'Autriche; cette place a une belle enceinte et est munie de magasins de toute espèce. »

« Le 10 brumaire » (1ᵉʳ novembre), note Mortier, « départ de S. M. pour Ried où elle couche le même soir; le 11 (2 novembre), départ de Ried à midi, couché le même soir à Haag en Autriche; le 12 (3 novembre), parti de Haag à 8 heures du matin, arrivé à midi à Lambach; le 13 (4 novembre), départ de Lambach à 8 heures du matin, déjeuné à Wels, arrivé à 3 heures à Lintz, visite des environs de cette place et des bords du Danube, couché à Lintz. »

On lit dans le seizième bulletin, daté de Ried le 2 novembre : « La terre est couverte de neige. Les pluies ont cessé. Le froid a pris

---

(1) 12ᵉ bulletin. (2) A. G. (3) *Correspondance militaire de Napoléon Iᵉʳ*.

le dessus; il est assez vif. Ce n'est point un commencement de novembre, mais un mois de janvier. Ce temps plus sec a l'avantage d'être plus sain et plus favorable à la marche. »

A cette date du 2 novembre, le général Milhaud, du corps de Murat, annonce (1) que son avant-garde est entrée à Lintz à 9 heures du matin et que le pont est coupé; Lannes, de son quartier général d'Efferding, rend compte (1) à l'Empereur que son corps d'armée sera le lendemain à Lintz et que le général Milhaud pense, d'après les renseignements qu'il a recueillis, qu'une colonne russe remonte le Danube sur la rive gauche. « Je prierai Votre Majesté », lui écrit-il, « de me faire connaître si son intention ne serait pas de faire descendre les divisions Dupont et Dumonceau sur Lintz par la rive gauche du Danube. J'attendrai à cet égard, ainsi que pour les mouvements de mon corps d'armée, les ordres de Votre Majesté Impériale. »

Le 3 novembre, de Lintz, Murat fait connaître (1) à l'Empereur que le lendemain, dans la journée, le pont sera rétabli.

L'Empereur arrive le 4 novembre à Lintz, ainsi que l'indique le *Journal* de Mortier; le même jour, le Major général prescrit (2) au prince Murat de continuer la poursuite; il lui donne avis des ordres qu'il envoie à Lannes pour soutenir ce mouvement.

A 10 heures du soir, Berthier écrit (1) au général Dupont : « Il est ordonné au général Dupont de partir de Passau avec sa division et la division Batave pour se rendre vis-à-vis Lintz par le chemin de la rive gauche du Danube; il tâchera d'y arriver le 16 brumaire (7 novembre) dans la journée; il enverra des partis sur sa gauche pour être instruit de tous les mouvements de l'ennemi en Bohême.

« Le général Dupont fera embarquer sur cinquante bateaux les hommes les plus fatigués et il désignera un chef de bataillon pour commander cette petite flottille, qui descendra jusque vis-à-vis Lintz...

« Le général Dupont laissera un officier du génie et 500 hommes à Passau qui garderont la citadelle, qu'on doit mettre sur-le-champ en bon état. Ces hommes resteront à Passau jusqu'à ce qu'ils y soient relevés par les dragons à pied. »

Berthier mande (2) en même temps au général Dumonceau qu'il doit suivre le mouvement du général Dupont et obtempérer à ses ordres.

Dès le 21 octobre, de son quartier général de Nurenberg, Murat avait appelé l'attention de l'Empereur sur le rôle important que pourrait jouer un corps d'armée sur la rive gauche du Danube. En lui rendant compte (1) que la poursuite des troupes échappées d'Ulm était terminée et que les divisions Oudinot, Dumonceau et Rivaud, qui y avaient coopéré, allaient se diriger sur Ingolstadt, il ajoutait : « Je compte me porter moi-même après-demain sur le même point

---

(1) A. G. (2) A. G. (Registre de Berthier, vol. 9).

en passant par Neumarck, à moins que Votre Majesté ne jugeât plus utile d'envoyer un corps d'armée sur la rive gauche du Danube, appuyant sa droite à (*en blanc*) et sa gauche aux montagnes de la Bohême. Il est à présumer qu'il produirait une diversion très puissante et très heureuse... »

A Lintz, le 6 novembre, l'Empereur se décide à faire marcher un corps d'armée sur la rive gauche et il en confie le commandement à Mortier.

Dans la proclamation précitée que l'Empereur, avant de quitter l'abbaye d'Elchingen, avait adressée le 21 octobre aux soldats de la Grande Armée, il leur avait dit en parlant de la campagne qui allait s'ouvrir contre les Russes : « A ce combat est attaché plus spécialement l'honneur de l'infanterie; c'est là que va se décider pour la seconde fois cette question qui l'a déjà été en Suisse et en Hollande : si l'infanterie française est la seconde ou la première de l'Europe. »

Mortier allait avoir à renouveler, le 11 novembre 1805, à Diernstein, la résistance héroïque qu'il avait opposée en Suisse au courage et à la ténacité de l'infanterie russe lorsque, les 30 septembre et 1er octobre 1799, il avait arrêté, dans les gorges de Muttenthal, la marche de Souvarow et l'avait contraint à une retraite désastreuse.

TITRE X

MORTIER COMMANDANT UN CORPS D'ARMÉE QUI SUIT LA RIVE GAUCHE DU DANUBE PUIS LE 5ᵉ CORPS DE LA GRANDE ARMÉE

6 novembre 1805 au 11 septembre 1806

(Voir la carte n° 6)

TITRE X

MORTIER COMMANDANT UN CORPS D'ARMÉE QUI SUIT LA RIVE GAUCHE DU DANUBE PUIS LE 5ᵉ CORPS DE LA GRANDE ARMÉE

6 novembre 1805 au 11 septembre 1806

CHAPITRE I

Mortier reçoit, à Lintz, l'ordre de prendre le commandement d'un corps d'armée, sans numéro, composé des divisions Gazan, Dupont et Dumonceau, qui doit descendre le Danube en suivant la rive gauche (6 novembre). — Mission confiée à l'adjudant commandant Lecamus. — La division de dragons Klein, qui passe sur la même rive, n'est explicitement mise sous les ordres de Mortier que par lettre du 10 novembre. — Marche du corps d'armée. — Prise du contact avec les avant-postes russes en avant de Stein (10 novembre). — Combat mémorable de Diernstein (11 novembre). — Félicitations de l'Empereur.

« Le 15 brumaire » (6 novembre), note Mortier dans son *Journal*, « je reçus de S. M. l'ordre de prendre le commandement d'un corps d'armée composé des divisions Gazan, Dupont et Dumonceau. »

Cet ordre (1), daté de Lintz le 6 novembre à 9ʰ 30 du soir, est ainsi conçu :

« L'Empereur, Monsieur le Maréchal, ordonne que vous preniez demain matin le commandement des divisions Gazan, Dupont et Dumonceau. La division Gazan est sur la rive gauche du Danube, au delà du pont; la division Dupont et celle du général Dumonceau sont parties hier de Passau et doivent arriver demain soir ou après-demain matin, par la rive gauche, vis-à-vis de Lintz.

« Vous êtes destiné à agir avec ce corps d'armée sur la rive gauche le long du Danube. L'intention de l'Empereur est que vous vous mettiez, demain dans la matinée, en marche pour vous porter à la hauteur du corps du maréchal Lannes qui est au delà d'*Ens*, ayant soin de vous tenir toujours un peu en arrière de la position où il sera sur la rive droite.

---

(1) A. T.

« Vous enverrez des ordres au général Dupont et au général Dumonceau afin qu'ils forcent de marche pour vous rejoindre.

« Vous aurez soin de faire suivre avec vous un certain nombre de petits bateaux pour pouvoir correspondre avec la rive droite et y faire passer les renseignements que vous pourrez avoir sur l'ennemi.

« Donnez l'ordre au général Godinot de vous suivre : il remettra le commandement de la place de Lintz et de la province au général Reille.

« L'adjudant commandant Lecamus, avec le 20ᵉ de dragons, sera en observation sur Haslach et Freystádt : il doit correspondre avec vous pour tout ce qui se passera sur votre flanc gauche. Indépendamment de la cavalerie du général Dupont et du général Dumonceau, S. M. vous fera connaître celle que, suivant les circonstances, elle mettra à votre disposition.

« Faites-vous éclairer par des partis de cavalerie à 5 et 6 lieues sur votre gauche. Éclairez-vous également par de la cavalerie à une grande distance en avant de vous afin de ne pas vous laisser surprendre.

« Votre corps d'armée vivra par tout le pays qui est, sur la rive gauche, le long du Danube et non par Lintz. Tâchez même d'avoir assez de subsistances pour en envoyer aux corps d'armée qui sont sur la rive droite et qui s'y trouvent entassés sans subsistances.

« L'adjudant commandant Lecamus, avec le 20ᵉ dragons, se trouvera sous vos ordres et vous lui prescrirez constamment de vous éclairer en gardant les débouchés du pont de Lintz.

« Vous devrez demander les petits bateaux qui vous suivront au capitaine de frégate Lostange. Le Major général, Maréchal BERTHIER. »

En même temps, le Major général remet à l'adjudant commandant Lecamus, qui est employé auprès de lui, l'ordre (1) suivant :

« D'après les dispositions de l'Empereur, il est ordonné à M. l'adjudant commandant Lecamus de passer le Danube demain matin, de prendre avec lui le 20ᵉ régiment de dragons.

« Il laissera soixante hommes au pont ; il partagera le reste en deux gros détachements : avec l'un, il se portera à Freystadt, pour faire transporter à Lintz les magasins qui s'y trouveront. Il ferait la même chose pour tous les magasins de l'Empereur qui se trouveraient dans la province d'Unter-Mühl Viertel ainsi qu'à Haslach où il enverra le 2ᵉ détachement de dragons et fera venir à Lintz tous les magasins qui s'y trouveraient ainsi que dans la province d'Ober-Mühl Viertel ; il prendra possession de l'une et de l'autre province et s'emparera de toutes les caisses dont il enverra l'argent à Lintz, où il correspondra avec le général Reille.

---

(1) A. G. (R. de Berthier, vol. 9).

« L'adjudant commandant Lecamus jettera des reconnaissances sur la direction de Budweis et il instruira, tous les jours, l'État-major général et M. le maréchal Mortier, qui commande sur la rive gauche du Danube les divisions Gazan, Dupont et Dumonceau, et aux ordres duquel il se trouve lui-même, de tout ce qu'il y aurait de nouveau; il tâchera surtout d'avoir des nouvelles des mouvements qui auront lieu du côté de la Bohême.

« Si, par des forces supérieures, il était forcé de se replier de la rive gauche du Danube, il en préviendrait le maréchal Mortier et il se reploierait sur le pont de Lintz avec le 20e régiment de dragons.

« Pendant son expédition, il mettra en réquisition tous les bons chevaux qu'il rencontrera pour remonter le 20e régiment le mieux qu'il sera possible. »

On voit, par ce dernier document, que l'adjudant commandant Lecamus, tout en étant placé sous les ordres de Mortier, recevait une mission parfaitement définie, et que le 20e dragons devait, par ce fait même, cesser de couvrir le flanc gauche du maréchal dès que celui-ci se porterait en avant.

Les trois divisions d'infanterie indiquées précédemment forment, sous les ordres de Mortier, un corps d'armée qui ne reçut point de numéro.

On ne lui constitue aucun service de corps d'armée. C'est simplement une juxtaposition de divisions. En dehors du maréchal et du chef d'état-major, que suivent leurs aides de camp, il n'y a ni officiers d'état-major, ni commandant de l'artillerie, ni commandant du génie, ni commissaire des guerres (1), etc.

Le général Godinot, que le maréchal avait été autorisé à prendre pour chef d'état-major le 15 septembre (2), n'ayant pas de fonctions spéciales à exercer tant que Mortier n'avait que la situation honorifique de colonel général de la Garde commandant l'artillerie et les marins, venait pour la seconde fois d'être désigné pour le commandement d'une place. Il avait eu à exercer celui de Donauwerth où, le 12 octobre, le Major général l'avisait (3) des dispositions prises pour la défense des ponts du Lech par les divisions Rivaud et Du-

---

(1) *Le Corps d'armée aux ordres du maréchal Mortier. Combat de Durrenstein*, par le capitaine ALOMBERT. Paris, Berger-Levrault, 1897.

Le capitaine Alombert, aujourd'hui contrôleur général de l'Administration de l'armée, a consulté pour cet ouvrage très documenté et auquel il sera fait dans ce chapitre, ainsi qu'on le verra, de nombreux emprunts, les archives du duc de Trévise; mais celui-ci, qui lui avait communiqué toutes les lettres adressées à son grand-père, n'avait pu, alors, mettre à sa disposition le registre catalogué, depuis, sous le n° 16 par l'auteur de la présente étude. Ce registre, qui contient la copie des lettres envoyées par le maréchal Mortier et du rapport sur le combat du 11 novembre, permet de compléter ici, en ce qui concerne le rôle personnel du maréchal, le livre du capitaine Alombert; cet ouvrage n'en reste pas moins à consulter, tant au point de vue de l'ensemble des opérations dont il n'est donné ci-après qu'un très succinct aperçu, qu'à celui des troupes qui ont pris part au combat.

(2) Voir titre IX. (3) A. G.

monceau; le 18 du même mois, de cette place, il avait rendu compte (1) de l'attaque prononcée sur Nordlingen par les troupes autrichiennes qui s'étaient échappées d'Ulm avec le prince Ferdinand; le 23, Berthier lui avait prescrit (1) de rallier Munich avec ses troupes et de remettre son commandement à un chef de bataillon. Le 5 novembre, il lui donnait l'ordre (1) de prendre le commandement de la ville de Lintz dans lequel le général Reille le remplace le 7.

Pour constituer son état-major, il écrit (2), dès ce jour, au Major général que le maréchal Mortier le charge de lui demander pour adjoints au corps d'armée sous son commandement MM. Raimont, officier du génie, Beaumetz, officier du 15ᵉ dragons, alors employé aux dragons à pied et qui avait été attaché à l'état-major du maréchal en Hanovre, le capitaine Soultain, ex-aide de camp du général Victor, alors volontairement près le général Godinot.

Ce dernier fut seul accordé et encore sa lettre de service ne fut-elle envoyée que le 5 décembre par une lettre (2) du Major général datée d'Austerlitz; il figure seul comme officier à la suite de l'État-major général sur la situation du corps d'armée en date du 6 décembre (3).

Voici, sommairement, quelle était la composition des trois divisions d'infanterie (3) :

Division Gazan (2ᵉ du 5ᵉ corps) :

Composée des deux brigades Graindorge et Campana. Chef d'état-major : adjudant commandant Fornier d'Albe.

4ᵉ d'infanterie légère, 100ᵉ et 103ᵉ de ligne, détachements du 1ᵉʳ d'artillerie à pied, du 6ᵉ d'artillerie à cheval et du 3ᵉ bataillon *bis* du train d'artillerie.

Effectif des présents, à la date du 1ᵉʳ novembre : 245 officiers, 5.588 hommes; 315 chevaux; 12 pièces.

Les 100ᵉ et 103ᵉ, avant d'être appelés au camp de Boulogne pour y être compris dans l'avant-garde devenue 5ᵉ corps, avaient fait partie, dès sa formation (mai 1803), de l'armée de Hanovre, commandée par Mortier alors lieutenant général (4). Le 100ᵉ s'était déjà trouvé, précédemment, sous ses ordres en Suisse lorsque, comme général de brigade, il commandait la 4ᵉ division de l'armée du Danube; c'est la 100ᵉ demi-brigade qui, dans la nuit du 7 au 8 septembre 1799, avait enlevé aux Russes leur camp de Wollishofen près Zurich (5).

Division Dupont (1ʳᵉ du 6ᵉ corps) :

Composée des deux brigades Rouyer et Marchand. Chef d'état-major : adjudant commandant Duhamel.

9ᵉ d'infanterie légère, 32ᵉ et 96ᵉ de ligne, 1ᵉʳ de hussards, détachements du 1ᵉʳ d'artillerie à pied, du 2ᵉ d'artillerie à cheval, d'ouvriers d'artillerie, des 3ᵉ bataillon *bis* et 5ᵉ bataillon principal du train.

---

(1) A. G. (2) A. T. (3) Capitaine Alombert, d'après les A. G.
(4) Voir titre VIII, t. II. (5) Voir titre VI, t. II.

Effectif des présents, à la date du 5 novembre : 190 officiers, 3.966 hommes; 259 chevaux (pour le 1er hussards); 8 pièces.

Le 9e d'infanterie légère, qui avait mérité le surnom d'*Incomparable* à Marengo, et le 32e de ligne, auquel le surnom de *Brave* avait été donné à l'armée d'Italie, avant qu'il ne prît part à l'expédition d'Égypte, s'étaient trouvés tous deux dans la 1re division militaire sous les ordres de Mortier, qui les avait inspectés (1).

Division batave Dumonceau (3e du 2e corps) :

Composée des deux brigades d'infanterie van Heldring et van Hadel et de la brigade de cavalerie Quaita, dont les régiments étaient détachés presque en entier aux deux autres divisions du 2e corps.

1er et 2e d'infanterie légère, 1er, 2e et 6e de ligne, régiment de Waldeck, 1 compagnie d'artillerie à pied, détachements du 1er dragons et du régiment de hussards, 1 escadron du 2e dragons.

Effectif des présents à la date du 28 octobre : 257 officiers et 4.784 hommes; 354 chevaux; 3 pièces.

Le Major général avait envoyé le 5 novembre à 8 heures du matin, au maréchal Lannes, l'ordre (2) suivant, au sujet de la division Gazan : « Ordre à M. le maréchal Lannes de faire passer, sur-le-champ, dans des bateaux, toute la division Gazan sur la rive gauche du Danube où elle prendra position et poussera des reconnaissances très loin.

« J'ordonne au général Klein de faire passer un régiment de dragons, mais faites passer sur-le-champ un régiment d'infanterie.

« La division Gazan manœuvrera sur la rive gauche jusqu'à ce que la division Dupont et celle du général Dumonceau arrivent pour la remplacer. »

Le général Klein désignait le 20e régiment de dragons qui, dans la journée, passait en entier sur la rive gauche (3).

On a vu, à la fin du titre précédent, les ordres que le Major général avait adressés, le 4 novembre, aux généraux Dupont et Dumonceau pour se rendre de Passau jusqu'à hauteur de Lintz par la rive gauche du Danube.

Dupont reçut cet ordre dans la soirée du 5 novembre; il quitta Passau le lendemain 6 novembre à 5 heures du matin et arriva à Hofkirchen (4) à la nuit (5).

« Le 16 brumaire » (7 novembre), met Mortier dans son *Journal*, « parti d'Urfahr, vis-à-vis Lintz, avec la division Gazan, composée du 4e régiment d'infanterie légère, 100e et 103e de ligne, occupé le même jour Mauthausen, Perg et Anhof, couché à Mauthausen. »

A cette date, à 7 heures du matin, le Major général adresse au

---

(1) Voir titre VII, t. II. (2) A. G. (R. Berthier, vol. 9). (3) Capitaine ALOMBERT.
(4) Hofkirchen, au sud-ouest de Lembach, au point ou la route s'éloigne du Danube.
(5) *Le Général Dupont*, par le lieutenant-colonel TITEUX. Puteaux-sur-Seine, 1903.

général Klein l'ordre (1) ci-après : « Il est ordonné au général Klein de faire monter, sur-le-champ, à cheval la division de dragons sous ses ordres pour passer le Danube et couler sur la route de Mauthausen et de poursuivre un corps de 3.000 à 4.000 mauvaises milices qu'il doit tâcher de prendre. »

La division reçut cet ordre à 8 heures, passa le Danube à 10 heures sur le pont de Lintz qui venait d'être rétabli par les soins du colonel Kirgener, commandant le génie du 5e corps, et son quartier général fut établi à Mauthausen. Le soir, on apprit que le corps que la division était chargé de poursuivre s'était retiré de Mauthausen depuis deux jours et s'était dirigé vers Grein (2).

La 1re division de dragons, placée sous les ordres du général Klein, était composée des deux brigades Fénérols et Lasalle et comprenait les 1er, 2e, 20e, 4e, 14e et 26e dragons, des détachements du 2e d'artillerie et du 2e bataillon du train.

L'effectif des présents, à la date du 1er novembre, était : 122 officiers et 1.755 hommes; total en chevaux (y compris les détachés) 2.464; 3 pièces (3).

Dans la pensée de l'Empereur, cette division doit coopérer aux opérations du corps de Mortier et par suite être subordonnée à ce maréchal, puisque à cette date du 7 novembre où elle franchit le Danube, le Major général écrit (4) à Soult : « Le maréchal Mortier, qui commande la division du général Gazan et la division du général Klein, marche par la rive gauche. » Cependant l'ordre adressé le 7 novembre au général Klein, en lui confiant une mission particulière, est muet sur cette subordination et celui qui, la veille au soir, donnait à Mortier le commandement d'un corps d'armée sur la rive gauche, ne précise pas la cavalerie qui lui sera donnée; ainsi qu'on l'a vu précédemment, le Major général dit dans ce dernier : « Indépendamment de la cavalerie du général Dupont et de celle du général Dumonceau, S. M. vous fera connaître celle que, suivant les circonstances, elle mettra à votre disposition. »

Aussi, jusqu'aux lettres envoyées le 10 novembre à Mortier et à Klein par le Major général, lettres qu'on trouvera plus loin, Klein se considère-t-il comme indépendant. Ainsi le 9 novembre, de Sarblingstein, Mortier écrit (5) à Klein : « J'avais ordonné hier soir au 4e régiment de dragons, Monsieur le Général, de partir ce matin pour Molenpurg et, de là, pousser une reconnaissance sur Stein. J'apprends à l'instant que vous donnez ordre à ce régiment de rétrograder. Je présume que vous allez repasser le Danube. Dans le cas contraire,

---

(1) A. G. (R. Berthier, vol. 9).
(2) *Le Général Dupont*, par le lieutenant-colonel Titeux. Puteaux-sur-Seine, 1903.
(3) Capitaine Alombert.
(4) A. G. (Journal des marches de la 1re division de dragons).
(5) A. T. (R. 16).

je désirerais que vous me laissiez ce régiment pendant quelques jours, n'ayant point de cavalerie. Je vous prie de me répondre de suite par mon aide de camp qui vous remettra la présente. »

De Grein, le général Klein répond (1) le même jour : « Me portant sur la route de Schwerdberg à Abesbach, Zwetel et de Zwetel à Stein, Krems, j'éclairerai votre gauche et je remplirai la mission de S. Exc. le ministre de la Guerre.

« Vous avez déjà le 20ᵉ régiment de dragons ; je serais trop affaibli en vous donnant un régiment entier. Je donne ordre à un escadron du 4ᵉ de partir avec M. votre aide de camp.

« Vous avez trente hommes du 20ᵉ que j'ai fait diriger sur votre corps d'armée. La division du général Dupont a le 1ᵉʳ de hussards qui est très nombreux.

« Je vous prierai, Monsieur le Maréchal, d'avoir la bonté de m'envoyer quatre ou cinq hommes, commandés par un brigadier, sur la route de Stein—Zwetel lorsque vous aurez des troupes à cette hauteur. »

Mortier, à la même date, mande (2) à Murat : « M. le général Klein est parti ce matin, avec sa division de dragons, pour se porter sur Zwetel et, de là, à Stein. Il m'a dit avoir reçu directement du ministre des ordres sur les mouvements qu'il doit faire. »

Le général Klein consentit, néanmoins, à laisser au maréchal le 4ᵉ régiment de dragons ; ce fut probablement à la suite d'un accord verbal car le copie de lettres de ce dernier ne porte pas trace d'une nouvelle demande.

En prenant possession de son commandement et avant de quitter Lintz, Mortier écrit (2) le 7 novembre à Dupont, « sur la route de Passau à Lintz, rive gauche du Danube » :

« Je joins ici, Monsieur le Général, la lettre que vient de me remettre pour vous le ministre de la Guerre. Son Excellence, d'après l'ordre de l'Empereur, me charge de vous écrire pour que vous forciez de marche afin de me rejoindre le plus tôt possible. Je compte prendre aujourd'hui position au delà de Grein avec la division du général Gazan.

« Le corps d'armée dont le commandement vient de m'être confié est destiné à agir sur la rive gauche du Danube.

« Je me félicite, Monsieur le Général, de compter votre division au nombre de celles qui en font partie et vous prie d'agréer l'assurance de tous mes sentiments. »

L'ordre (3), joint à cette lettre, daté de Lintz le 6 novembre, est le suivant : « Ordre au général Dupont. — Je vous préviens, Général, que votre division est aux ordres de M. le maréchal Mortier qui vous fera passer des instructions. Le Major général, maréchal BERTHIER. »

Le maréchal envoie au général Dumonceau une lettre (2) qui

---

(1) A. T.   (2) A. T. (R. 16).   (3) Ouvrage précité du lieutenant-colonel TITEUX.

reproduit le premier paragraphe de celle qui précède et la termine par cette phrase : « Je suis fort aise, Monsieur le Général, que cette circonstance me procure le plaisir de faire votre connaissance. »

Le même jour, 7 novembre, après avoir établi son quartier général à Mauthausen, Mortier fait connaître (1) à Murat la situation de son corps d'armée : « J'ai l'honneur de vous prévenir de l'occupation de Mauthausen par les troupes de la division Gazan. Le 100e régiment couchera, ce soir, en avant de Anhof, le 4e régiment d'infanterie légère arrivera ici ce soir, et demain la division entière occupera Grein et au delà.

« Je n'ai point de nouvelles des divisions Dumonceau et Dupont. Le ministre de la Guerre pense qu'elles arriveront à Lintz ce soir ou demain. J'ai écrit à chacun de ces généraux pour presser leur marche.

« Les magasins que les Autrichiens ont laissés ici et à Freystadt sont immenses; on en fait le recensement. »

Le *Journal des Opérations militaires de la division Dupont* (2) donne, au sujet de la marche effectuée par cette division dans la journée du 7 novembre, les renseignements qui suivent :

« Le 16 brumaire, nous poursuivons notre route par un chemin semblable à celui de la veille en passant par Lembach et Neufeldern, jolie ville située dans une vallée agréable. Nous arrivons à Ottersheim sur le Danube à 8 heures du soir. Les chemins par où la division a passé étaient impraticables pour l'artillerie et les équipages qui se sont rendus par la rive droite à Lintz où ils se sont embarqués.

« A Ottersheim, le général Dupont reçoit du Major général l'avis qu'il fait partie du corps commandé par le maréchal Mortier; il reçoit en même temps de M. le maréchal l'ordre de joindre à Grein la division Gazan. »

Ce n'est cependant, ainsi qu'on le verra plus loin, que le surlendemain 9 novembre que Dupont envoie de ses nouvelles à Mortier qui les attendait avec impatience.

La division Dupont s'arrête le 7 à Ottersheim tandis que son chef pousse jusqu'à Urfahr d'où il écrit (3) à sa femme : « J'ai marché, pendant deux jours, à travers des chemins et des montagnes terribles. J'ai été presque toujours à pied à cause de la glace dont ces montagnes sont couvertes de haut en bas. Ma troupe a marché quatorze heures par jour; j'avais ordre d'aller vite; elle marche aussi bien qu'elle se bat. »

La division Dumonceau, dans cette journée du 7 novembre, suit le mouvement de la division Dupont.

A cette date, Murat, qui avait repoussé les Russes à Neumarkt, avait établi son quartier général à Mölk et ses régiments occupaient les villages en avant sur la route de Vienne; Lannes était à Mölk avec

---

(1) A. T. (R. 16). (2) A. G. (3) Lieutenant-colonel TITEUX.

la division Oudinot et avait la division Suchet dans les villages en arrière le long de la route de Vienne; Soult était en arrière sur cette route ayant sa tête à Amstetten et son quartier général à Oed (1).

Le Major général, à 5 heures du soir, écrit (2) à Soult : « ... M. le maréchal Mortier qui commande la division du général Gazan et la division de dragons du général Klein, et marche par la rive gauche du Danube, peut non seulement se procurer des vivres pour son corps mais encore en procurer au corps d'armée à vos ordres; envoyez donc sur la rive gauche un de vos agents qui, après avoir vu le maréchal Mortier, pourra tirer vos ressources en subsistances des plus gros villages de la rive gauche...

« Les généraux Dupont et Dumonceau suivent le maréchal Mortier sur la rive gauche du Danube, une journée en arrière.

« Une trentaine de bateaux, aux ordres de M. de Lostange, vont partir ce soir avec une compagnie de pontonniers, pour se tenir toujours à 2 lieues en arrière de la position où sera le maréchal Lannes.

« Il est nécessaire, Monsieur le Maréchal, que vous ayez un grand nombre de bateaux pour communiquer de la rive droite à la rive gauche car si, comme le donneraient à croire des lettres interceptées, les Russes se retiraient à Krems sur la rive gauche, M. le maréchal Mortier se mettrait à leur poursuite et on pourrait avoir besoin de faire passer rapidement des renforts pour le soutenir; il faut donc qu'une centaine d'hommes, choisis parmi les plus fatigués de votre armée, ramassent ce qu'ils pourront de bateaux pour se joindre à la flottille du capitaine Lostange, qui part aujourd'hui de Lintz.

« Vous sentirez assez, Monsieur le Maréchal, l'importance de cette mesure pour y apporter vos soins. »

Il mande (2) à Murat : « L'Empereur, mon Prince, me charge de vous faire connaître que le maréchal Soult vous suit avec tout son corps d'armée, que le maréchal Mortier avec la division de dragons du général Klein et la division Gazan couche ce soir à Mauthausen sur la rive gauche du Danube et qu'il est suivi, à une journée de marche en arrière par les divisions Dupont et Dumonceau et que le maréchal Mortier a l'ordre de marcher à votre hauteur sur la rive gauche... » Il le prévient, de même, du départ, dans la soirée, de la flottille du Danube sous le commandement de M. de Lostange.

L'Empereur, le jour même de son arrivée à Lintz, avait prescrit (3) au Major général de former cette flottille, sous les ordres du capitaine de frégate de Lostange, qui était à son état-major, et de lui faire fournir, par diverses unités, des détachements de dragons à pied ou d'hommes fatigués.

A 11 heures du soir, le 7 novembre, l'Empereur écrit (3) à Murat : « Le

---

(1) Capitaine ALOMBERT. (2) A. G. (R. Berthier, vol. 9.)
(3) *Correspondance militaire de Napoléon I*er*.

maréchal Mortier, qui est sur la rive gauche du Danube, va s'élever à votre hauteur avec les divisions Klein et Gazan, et sera joint demain par la division Dupont et la division batave ; il a emmené quatorze bateaux (1) avec lui ; mais il m'en faut trois cents ou quatre cents pour qu'il n'y ait point de Danube et que je puisse le passer promptement. Les Russes, qui ne s'attendent pas à cette manœuvre, pourront en être les victimes, puisqu'ils croiront n'avoir affaire qu'au maréchal Mortier et que je pourrai leur en mettre un plus considérable sur le corps. »

Toutes ces dispositions montrent clairement que l'Empereur espérait être à même de soutenir, en cas de besoin, Mortier sur la rive gauche et tenait à ce qu'il continuât sa marche en avant pour arriver à la hauteur de Murat.

« Le 17 brumaire » (8 novembre), note Mortier dans son *Journal*, « couché à Sarblingstein, les avant-postes à Bessenpock. »

De Sarblingstein, il adresse au Major général la dépêche (2) suivante :

« J'ai l'honneur de vous rendre compte que la division du général Gazan se trouve réunie entre Bessenpock et Grein. Le 4e régiment d'infanterie légère prendra position ce soir en avant de ce premier endroit (vis-à-vis d'Ips).

« Une colonne ennemie, que l'on évalue à 4.000 ou 5.000 Croates et autres corps francs d'Autriche, s'est embarquée avant-hier à Grein, a descendu le Danube et s'est jointe aux troupes qu'a devant lui M. le prince Murat. Je n'ai trouvé devant moi que quelques uhlans que je n'ai pu encore joindre.

« Le chemin de Grein à Stein, le long du Danube, est fort étroit et taillé dans le roc ; notre artillerie peut pourtant y passer jusqu'à Marbach ; mais, à partir de cet endroit, il devient impraticable pour les voitures qui n'ont pas la voie du pays.

« Il n'y a qu'un seul grand chemin de Lintz à Krems, passant par Freystadt, Sandle, Bertholds et Zwetel ; une autre grande route conduit également de Mauthausen à Freystadt.

« J'ai avec moi onze bateaux, trouvés à Mauthausen et environs, et pouvant porter 2.500 hommes. Je les fais garder soigneusement, mais je n'ai vu jusqu'à présent ni M. de Lostange ni aucun de ses officiers.

« La division de dragons suit mon mouvement. Je ne connais point encore la position de M. le maréchal Lannes. J'ai, hier, fait part de la mienne à M. le prince Murat.

« Je crois, Monsieur le Maréchal, qu'il serait bon de faire enlever

---

(1) Il n'y en avait que onze, ainsi que l'indique la lettre de Mortier ci-après.
(2) A. T. (R. 16).

les magasins immenses que les Autrichiens ont abandonnés à Mauthausen ; j'y ai laissé une garde. Il y a également à Ann beaucoup de denrées que leur départ précipité ne leur a pas permis de faire suivre.

« Je n'ai point encore de nouvelles des divisions du général Dupont et du général Dumonceau.

« Les rapports sur les Russes sont très variés ; il paraîtrait qu'ils se retranchent à Stein et Krems ; nous avons rencontré plusieurs paysans qui m'ont assuré revenir de Vienne pour travailler à des retranchements qu'on établit en avant de cette place.

« Demain, à la pointe du jour, la division du général Gazan se portera en avant. »

Le *Journal des marches de la 1re division de dragons* fait connaître qu'à cette date, cette division, réunie à 9 heures du matin en avant de Perg, s'achemine vers Grein où elle arrive à 2ʰ 30. « On apprit à Grein que l'ennemi s'était retiré sur Stein où il se retranchait. » Le *Journal* indique que le chemin qui longe la rive gauche vers Stein se rétrécit et que les villages n'offrent plus les ressources suffisantes pour une division de cavalerie. « Ces considérations, autant que la présence du général Gazan, à qui ce pays convenait mieux qu'à la cavalerie, ont décidé le général Klein à changer de direction. »

Cette détermination, ainsi qu'on l'a vu par la lettre précédemment citée que Mortier adresse le lendemain matin à Klein, avant de quitter Sarblingstein, par la réponse que lui fait ce dernier et par l'avis que Mortier en donne à Murat est prise, en toute indépendance, par le général commandant la 1re division de dragons.

D'autre part, l'adjudant commandant Lecamus, de Freystadt où il se trouve avec le 20ᵉ dragons, écrit (1) au maréchal : « J'ai l'honneur de vous rendre compte qu'aussitôt arrivé à Freystadt, j'ai envoyé des reconnaissances sur tous les points qui aboutissent ici, elles ne m'ont donné aucune nouvelle de l'ennemi ; celle que j'ai envoyée sur la route de Budweis n'est point encore rentrée, elle a ordre de pousser aussi loin qu'elle pourra.

« Je commencerai aujourd'hui à faire évacuer sur Lintz les magasins qui se trouvent dans la ville de Freystadt. S'il était possible d'avoir un détachement d'infanterie, il me serait bien plus utile que la cavalerie pour l'escorte des voitures. Les glaces sont un très grand obstacle à la marche de la cavalerie et vous savez que je n'en suis pas très bien pourvu.

« Le colonel du 20ᵉ de dragons voudrait bien avoir les différents détachements de son régiment pour pouvoir faire le service ici qui va devenir pénible.

« Vous m'avez promis, Monsieur le Maréchal, un petit morceau du nerf de la guerre, c'est-à-dire de l'argent ; je l'emploierai à me pro-

---

(1) A T.

curer, par des gens du pays, des notions sur la position et les mouvements de l'ennemi du côté de la Bohême et en avant de moi.

« Je vous enverrai un ordonnance ce soir en plaçant un poste de correspondance entre Mauthausen et Freystadt. »

On a vu que Mortier n'avait toujours pas de nouvelles des divisions Dupont et Dumonceau. La première, d'après son *Journal*, part d'Ottersheim au point du jour, passe devant Lintz à 9 heures du matin et arrive de nuit à Mauthausen. La seconde couche devant Lintz à Urfahr et environs, où elle est arrêtée par l'ordre (1) ci-après envoyé par le général Andréossy : « L'intention de S. Exc. le ministre de la Guerre, Monsieur le Général, est que vous attendiez de nouveaux ordres sur la rive gauche à hauteur du pont de Lintz. »

Le Major général prescrit, dans la nuit, au général Dumonceau de poursuivre sa marche sur la rive gauche en laissant un régiment à Lintz et le charge, pour Mortier, de la lettre suivante (2), datée du 8 novembre à minuit : « Je vous préviens, Monsieur le Maréchal, que je donne l'ordre au général Dumonceau, commandant la division batave, de laisser à Lintz un régiment pour former provisoirement la garnison de cette place : il désignera le plus faible de la division. Avec le reste de ses troupes le général Dumonceau suivra la marche de la division Dupont et prendra vos ordres. »

Ajoutons que le 8 novembre, sur la rive droite, les quartiers généraux de Murat et de Lannes sont à Mitterau et celui de Soult à Mölk où cantonne sa division de tête.

« Le 18 brumaire » (9 novembre), consigne Mortier dans son *Journal*, « jeté un parti à Molenpurg et des reconnaissances sur Stein (4e de dragons); couché à Marbach, les avant-postes à Emersdorf. »

De Marbach, à 3 heures de l'après-midi, il écrit (3) à Murat :

« J'ai l'honneur de vous prévenir que la division aux ordres du général Gazan bivouaquera ce soir en arrière de Weiteneck. Le 4e régiment d'infanterie légère couchera en avant d'Emersdorf. Le 4e régiment de dragons a l'ordre de pousser des partis sur Molenpurg et au delà des montagnes, pour couvrir mon mouvement sur Stein et Krems où mes avant-postes seront, s'il est possible, demain soir.

« J'ai lieu de croire que la division du général Dupont couchera ce soir à Grein et celle du général Dumonceau à 3 lieues en arrière de cette ville, d'après ce qui vient de m'être dit. Je ferai embarquer mon artillerie, le chemin de Marbach à Stein étant impraticable pour les voitures. J'ai fort à cœur d'arriver promptement à Stein mais l'infanterie ne peut pas aller plus vite, les sinuosités du Danube qu'elle est forcée de suivre l'obligeant à faire beaucoup plus de chemin.

« *P.-S.* — Au moment où je ferme ma lettre, je reçois celle que

---

(1) Capitaine ALOMBERT. (2) A. T. (3) A. T. (R. 16).

Votre Altesse m'a fait l'honneur de m'écrire hier. Nous sommes ici dans un pays de montagnes qui offre peu de ressources. Je ne m'occuperai pas moins avec beaucoup d'empressement du second paragraphe de votre lettre.

« M. le général Klein est parti, ce matin, avec sa division de dragons, pour se porter sur Zwetel et, de là, à Stein. Il m'a dit avoir reçu directement du ministre des ordres sur les mouvements qu'il doit faire.

« J'ai cru devoir conserver avec moi le 4e régiment de dragons, n'ayant pas un seul homme de cavalerie à la division Gazan. »

Dans une lettre (1), adressée le 8 novembre, à 9 heures du matin, par Murat à l'Empereur, il parle de celle qu'il envoie à Mortier : « Je reçois, à l'instant, un nouveau rapport qui annonce d'une manière positive que l'ennemi ne paraît pas se disposer à défendre le Frasen et qu'il dirige tous ses bagages et toute son artillerie sur Krems. J'écris au maréchal Mortier pour l'engager à se presser de marcher sur ce point. »

On lit, d'autre part, dans le *Journal des marches du corps de réserve de cavalerie* (1) : « Le prince écrivit à M. le maréchal Mortier, qui commandait un corps sur la rive gauche, pour le prévenir des mouvements des Russes et du sien et l'engager à gagner Krems avant l'armée russe, pour lui prendre ses bagages et lui barrer le passage. »

Mortier, à cette date du 9 novembre, n'ignore donc pas le mouvement des Russes; mais ce renseignement ne peut que le porter à continuer sa marche avec la division Gazan, sans attendre les deux autres.

Avant d'avoir reçu de Murat la lettre dont il lui accuse réception dans le post-scriptum de celle qu'il lui adresse de Marbach, il lui écrivait : « J'ai fort à cœur d'arriver promptement à Stein »; la nouvelle donnée par Murat qu'il peut barrer, aux Russes, le passage du Danube, ou tout au moins les gêner dans cette opération, prendre leurs bagages, qui, comme dans toute colonne en retraite, précèdent les combattants, doit encore augmenter son désir de se porter en avant avec la division de troupes éprouvées qu'il a sous la main, désir qui ne saurait être taxé d'imprudence.

Ce n'est que le 9 novembre que, de Mauthausen, Dupont, pour la première fois, donne de ses nouvelles (2) à Mortier :

« La division que je commande faisant partie du corps d'armée qui est sous vos ordres, j'ai l'honneur de vous rendre compte qu'elle est en marche pour se porter aujourd'hui en avant de Grein. Les marches forcées qu'elle a faites depuis son départ de Passau n'ont pas permis à l'artillerie de la suivre. J'espère toutefois que cette artillerie arrivera ce soir à Grein.

« Je vous prie de m'indiquer votre quartier général et la direction que je dois suivre.

---

(1) Capitaine ALOMBERT. (2) A. T.

« La division est très flattée, Monsieur le Maréchal, de ce que vous voulez bien me dire d'obligeant pour elle. »

Arrivé à Grein, il lui écrit (1) de nouveau : « La division se mettra demain matin en marche pour se rendre à Marbach.

« D'après l'ordre de M. le Major général, j'avais envoyé des reconnaissances pour prendre connaissance des mouvements de l'ennemi en Bohême. Je vous fais le rapport que j'ai reçu à cet égard et qui me paraît important quoiqu'il n'annonce point la force de l'ennemi qui se trouve dans cette partie de la Bohême. »

Le *Journal des Opérations de la division Dupont* donne, au sujet de la marche effectuée, les renseignements ci-après : « Cette division se remet en marche le 18 brumaire (9 novembre) pour se porter sur Grein. Les chemins sont affreux et dangereux pour la cavalerie... D'après les rapports des habitants, on croyait n'avoir que pour cinq heures de marche; on a été dix heures en route. »

Cette division n'atteignit Grein qu'à 5 heures du soir et le général Dupont établit son quartier général au château du comte de Stalberg, situé sur le bord du Danube (2).

La division batave, après une marche forcée, vient coucher à 2 lieues en arrière de Grein et le général Dumonceau en prévient le maréchal par une lettre (1) datée de Grein le 10 décembre et qui est sans doute des premières heures de la nuit (3) :

« J'ai l'honneur de rendre compte à Votre Excellence qu'un contre-ordre du Major général de l'armée m'avait arrêté hier avec ma division à la hauteur de Lintz; mais, recevant de nouveaux ordres pour continuer mon mouvement et de laisser seulement un régiment à Lintz, dans le désir que j'avais de me rapprocher de vous, j'ai fait une marche forcée de 10 lieues par les plus affreux chemins, et je suis arrivé à 2 lieues en arrière de Grein d'où je continuerais ma marche aujourd'hui jusqu'à Marbach si je n'étais obligé de m'arrêter en arrière de Bessenpock, où la division Dupont laisse un régiment et, autant que la marche de cette division me permettra d'avancer, je ferai tous mes efforts pour vous rejoindre le plus tôt possible.

« Dans une marche aussi rapide, il a été impossible à mon chef d'état-major de recevoir des différents corps des rapports pour rédiger un état bien exact de la situation de ma division; mais ayant été obligé de laisser avec le général Marmont une compagnie d'artillerie légère, deux corps de cavalerie et un régiment d'infanterie, et avec tous les autres détachements que j'ai été forcé de laisser en arrière, ma division n'a plus maintenant que quatre régiments d'infanterie, qui font à peu près 3.500 hommes, un train d'artillerie qui m'a été envoyé par le

---

(1) A. T. (2) Lieutenant-colonel Titeux.
(3) Le rédacteur de cette dépêche se considère même comme écrivant à la date du 9, puisque, pour lui, hier c'est le 8 novembre (capitaine Alombert).

général Marmont et qui ne m'a rejoint qu'au moment de mon départ de Lintz et que je suppose devoir s'élever à 200 hommes.

« Je regrette, Monsieur le Maréchal, de ne pouvoir vous rejoindre avec des forces plus nombreuses; mais, quelque médiocres qu'elles soient, j'espère que vous en pourrez tirer tous les services qu'on peut attendre d'une troupe bien disciplinée et remplie de zèle; j'espère aussi que les événements de cette campagne me mettront à même d'acquérir personnellement votre estime et votre amitié.

« J'ai l'honneur de vous envoyer ci-joint une lettre (1) que le Major général de l'armée m'a fait remettre pour vous. »

A cette date du 9 novembre, Murat rend compte (2) à l'Empereur, à 4^h 30 du soir, que « tous les Russes se sont retirés sur Krems ». L'Empereur lui mande (3), à 8 heures du soir : « Poussez vos postes jusqu'au bas de la forêt de Vienne, en supposant que l'ennemi ne vous oppose pas une trop forte résistance... Serrez Soult contre vous. Bernadotte sera demain à Amstetten... Il est probable que si les Russes ont repassé le Danube, c'est qu'ils ont appris le passage du maréchal Mortier, ce qui les porte à couvrir Vienne sur la rive gauche. Tâchez de ramasser le plus de Russes que vous pourrez... »

L'Empereur avait deviné juste; on lit dans la *Relation de la campagne de 1805* par le général russe Danilevski (4) : « La nouvelle de l'apparition de Mortier sur la rive gauche ne tarda pas à faire apprécier à Koutousow la pensée que son grand adversaire avait conçue de l'acculer au fleuve. Il se décida sans hésiter à partir de Sankt Pölten immédiatement pour Krems avec son armée; il passa le Danube puis il ordonna à Miloradovitch de détruire le pont, ce qui fut exécuté sous le feu de la mitraille des Français. »

Soult, de Mölk, écrit (5) à Mortier : « J'apprends à l'instant, mon cher Maréchal, que vous êtes établi à Marbach; j'envoie près de vous un commissaire des guerres pour obtenir, si faire se peut, quelques milliers de rations de pain; nous sommes affamés sur cette route que les Russes, en se retirant, ont entièrement dévastée; faites, je vous prie, que nous puissions tirer quelques secours de la rive gauche.

« L'ennemi a évacué Sankt Pölten, le prince Murat y est aujourd'hui. Demain, j'y serai avec le 4e corps d'armée. On m'a dit que quelques Russes auraient défilé par Krems et que leurs canons auraient aussi pris cette direction.

« Je vous donne cet avis dont vous pourrez peut-être profiter. »

---

(1) Cette lettre est celle par laquelle le Major général avisait Mortier que la division Dumonceau continuait sa marche après avoir laissé un régiment à Lintz (Voir p. 88).
(2) A. G.   (3) *Correspondance militaire de Napoléon Ier.*
(4) Cet extrait de la *Relation* du général Danilevski, ainsi que les suivants, sont tirés du livre du capitaine ALOMBERT.
(5) A. T.

« Le 19 brumaire » (10 novembre), note seulement Mortier dans son *Journal*, « couché à Spitz. »

A 8 heures du matin, avant de quitter Marbach, il répond (1) à Soult : « Vous avez jugé du pays où nous sommes avec beaucoup trop d'indulgence, mon cher Maréchal, et votre commissaire pourra vous en donner une idée. De Grein à Stein, ce ne sont que des rochers entassés les uns sur les autres et la masse des montagnes offre une profondeur de 4 à 5 lieues, sur la rive gauche du Danube, pour gagner le bon pays. Trois divisions doivent se suivre dans cette nouvelle Maurienne : cependant, j'ai fait appeler le bourgmestre de mon hameau pour m'assurer s'il pouvait vous faire passer quelques denrées, mais j'en doute.

« Mes avant-postes ont couché, la nuit dernière, en avant de Emersdorf. Spitz était encore occupé hier par l'ennemi. J'espère me rapprocher de Stein beaucoup ce soir. Les sinuosités du Danube nous font faire beaucoup de chemin.

« Je vous remercie de l'avis que vous me donnez sur les Russes. Je ferai mon possible pour en profiter. »

Pendant sa marche, à 2 heures de l'après-midi, il écrit (1), d'Emersdorf, au Major général :

« La division du général Gazan a bivouaqué, la nuit dernière, près de Weiteneck, les avant-postes en avant d'Emersdorf; nous nous rapprocherons aujourd'hui de Stein autant que possible. L'ennemi était encore à Spitz ce matin; je doute qu'il nous y attende.

« Le général Gazan m'assure que, d'après les ordres du général Andréossy, on a fait enlever tous les vivres destinés à sa division (2). Je dois vous faire observer, Monsieur le Maréchal, que le pays où nous sommes est très pauvre et ne peut, à beaucoup près, suffire à nos besoins. La chaîne des montagnes qui longent le Danube de Grein à Stein présente une profondeur de 4 à 5 lieues; aucun chemin n'est praticable pour les voitures. Nous serions sans doute mieux au delà de Krems si, d'après tous les rapports, les Russes n'avaient pillé de fond en comble le pays.

« Le général Dupont a couché hier à Grein. Je lui ai écrit de presser son mouvement et pousser aujourd'hui jusqu'à Aggsbach s'il est possible. La division du général Dumonceau a dû coucher, la nuit dernière, à 3 lieues en arrière de Grein.

« Je vous prie, Monsieur le Maréchal, de m'envoyer un commissaire ordonnateur; j'en ai le plus grand besoin.

---

(1) A. T. (R. 16).
(2) Le général Andréossy avait écrit, de Lintz, le 8 novembre, au général Gazan : « Je vous préviens, Monsieur le Général, que, d'après l'ordre de S. Exc. le ministre de la Guerre. j'ai fait arrêter les voitures de pain destinées pour votre division et escortées par quatre hommes et un caporal du 100ᵉ régiment, auxquels j'ai donné l'ordre de rejoindre leur corps..... S. Exc. pense que vous pouvez facilement trouver des ressources sur la rive gauche du Danube, et c'est ce qui l'a déterminée à faire prendre le pain, que vous aviez commandé, pour l'envoyer au maréchal Soult, qui en manque absolument. » (Capitaine ALOMBERT.)

« Les sinuosités du Danube nous font faire beaucoup de chemin. La troupe marche bien. L'artillerie vient par eau depuis Grein. D'après le rapport qui vient de m'être fait, le chemin de Spitz à Stein, bien que mauvais, serait praticable pour les pièces de 4. Si cela est, je m'en servirai.

« Le général Klein m'a quitté depuis hier matin pour suivre, m'a-t-il dit, les ordres que vous lui avez donnés. J'ai cru indispensable de garder avec moi le 4e régiment de dragons, n'ayant pas de cavalerie, le 20e de dragons étant resté à Freystadt, avec le commandant Lecamus, d'après vos ordres.

« Je m'établirai ce soir à Spitz ou à Diernstein (1). »

A cette date du 10 novembre, le général Klein arrive à Zwetel; on lit dans le *Journal des marches de la 1re division de dragons* : « La division s'est remise en marche à 7 heures du matin pour se porter sur Zwetel, distant de 9 grandes lieues, à travers un pays horrible, couvert et montueux, par un chemin de traverse très rude, où sont arrivés à 4 heures après midi le 14e et le 26e régiment et le quartier général.

« Le 2e régiment a été cantonné à Arlesbach et Kamp et le 1er régiment avec l'artillerie à Kœnigswiesen. »

Dans cette position, le général Klein était hors d'état de pouvoir remplir vis-à-vis de Mortier le rôle qu'il lui avait indiqué dans sa lettre précitée du 9 novembre : « J'éclairerai votre gauche. »

Le maréchal, ainsi qu'il le fait remarquer au Major général, n'a d'autre cavalerie que le 4e dragons, le 1er hussards étant resté en arrière avec la division Dupont et les détachements de cavalerie batave avec la division Dumonceau.

Il s'efforce, ainsi qu'il lui est prescrit par l'ordre du 6 novembre, de se porter à hauteur du corps du maréchal Lannes, mais il n'a pas la possibilité de se faire couvrir par des partis de cavalerie à 5 ou 6 lieues sur sa gauche et de s'éclairer, en même temps, par de la cavalerie à une grande distance par-devant lui, ainsi qu'il est indiqué dans le même ordre.

Il a, la veille, « jeté un parti à Molenpurg » pour couvrir son flanc gauche et envoyé des reconnaissances du 4e dragons sur Stein; ces dernières sont arrivées au contact de l'ennemi, mais les descriptions du pays que Mortier donne au Major général et à Soult montrent qu'il ne peut, de la route étroite qu'il suit, reconnaître quelles sont les forces qu'il a devant lui.

---

(1) Ainsi qu'il a été dit à la page 12 du tome I, cette orthographe de *Diernstein* sera conservée bien que le nom actuel de la localité soit *Durnstein am Donau*, c'est celle de la carte n° 6 et sa consonance répond à la prononciation allemande de *Durnstein*.

Diernstein est d'ailleurs ainsi dénommé dans la liste des *Victoires de l'armée française* publiée officiellement en 1886 (*Carnet de la Sabretache*, 1896, p. 403).

Aussi, dès la réception de la dépêche qu'il a envoyée d'Emersdorf, le Major général lui écrit-il (1), de Mölk, le même jour :

« J'ai communiqué votre lettre à l'Empereur, Monsieur le Maréchal; S. M. pense que vous avez reçu des ordres de M. le prince Murat pour les mouvements que vous faites sur la rive gauche.

« L'Empereur est fâché que vous n'ayez pas conservé la division Klein à vos ordres : elle est sous votre commandement et vous devez la rallier le plus tôt possible, à l'exception du 20e de dragons qui, sous les ordres de l'adjudant commandant Lecamus, a l'ordre d'enlever les magasins de Freystadt et d'Haslach. Dans ce moment, les dragons se trouvent dispersés de manière à ne pouvoir rendre aucun service.

« Car si vous poursuivez les Russes à Krems, vous ne ferez rien sans cavalerie. »

Le Major général mande (1), en même temps, au général Klein : « Je réitère à Monsieur le général Klein qu'il est aux ordres de M. le maréchal Mortier, à l'exception du 20e régiment de dragons à qui on a donné une destination particulière. Vous vous réunirez le plus tôt possible à M. le maréchal Mortier. »

Arrivé à Spitz, Mortier fait écrire (2) par son chef d'état-major, le général Godinot, au général Dupont, « en route » : « J'ai l'honneur de vous prévenir, mon Général, que M. le maréchal a établi son quartier général ici, qu'il en part demain, de grand matin, pour se rendre à Stein et peut-être plus loin.

« Il désire que votre division le rejoigne demain à Stein; je vous prie de m'envoyer la situation. »

On se rappellera que Mortier suppose que Dupont pourra arriver jusqu'à Aggsbach, qui n'est éloigné de Spitz que de 8 kilomètres et demi et de Diernstein que de 19 kilomètres.

Cet ordre n'a donc rien d'inexécutable, car la division Dupont pouvait faire, dans la journée du 11 novembre, une marche moins longue que celle que la division Gazan accomplissait dans la journée du 10 (3).

Une *Relation de la bataille de Diernstein* par le colonel de cavalerie Talandier (4) donne, au sujet du mouvement de cette division, les renseignements qui suivent :

« A Weiteneck, le maréchal Mortier, ayant trouvé des barques

---

(1) A. T. (2) A. G.
(3) Si le lieutenant-colonel Titeux avait eu connaissance de la lettre envoyée d'Émersdorf par Mortier au Major général, il n'aurait pu écrire dans : *Le Général Dupont*, à la suite de l'ordre signé par Godinot . « Le maréchal Mortier demandait donc au général Dupont de franchir en un jour la distance de Marbach à Stein, soit environ 12 lieues, par de très mauvais chemins, à une époque de l'année où les jours sont très courts et quand les troupes marchant depuis le matin jusqu'à la nuit parcouraient difficilement 6 lieues. C'était exposer la division Gazan à rester en l'air et lui faire affronter toute une armée. »
(4) Cette *Relation*, citée par le capitaine Alombert, est dédiée au maréchal Mortier, pré-

en assez grande quantité, y fit monter le 4ᵉ léger et le 100ᵉ de ligne avec les deux batteries (1) de huit. C'est après avoir descendu le fleuve pendant cinq heures que ces troupes débarquèrent près de Diernstein; elles traversèrent cette petite ville à 3 heures du soir; leur mouvement fut suivi à la nuit tombante par le 4ᵉ de dragons et le 103ᵉ de ligne.

« L'infanterie légère se dirigea sur le village de Loiben, situé sur le bord du Danube; elle y appuya sa droite.

« Le maréchal, en prenant position à Diernstein, n'avait encore rien appris de positif sur le corps russe qui se retirait devant lui; il ignorait sa force et le croyait même assez éloigné.

« Il y avait, dans la division Gazan, des soldats dont les pieds étaient blessés par suite de nos longues marches; sur leur demande, ils furent autorisés à se mettre dans des barques pour descendre le fleuve, avec ordre cependant de se tenir à la hauteur de la division.

« Cette condescendance, devenue nécessaire pour ne point laisser d'hommes en arrière, eut bientôt des suites fâcheuses. Ces soldats, embarqués sous la conduite de sous-officiers négligents, oublièrent leurs promesses, en se laissant aller au désir d'arriver les premiers dans les villages qui bordent le fleuve, sous le prétexte d'y faire des vivres, mais en réalité pour prendre ce qu'ils trouvaient à leur convenance.

« Cette soif du butin, qui trop souvent s'empare du soldat isolé, en fit tomber un grand nombre entre les mains de l'arrière-garde ennemie. On les fit parler et on apprit ainsi, au quartier général de Koutousow, le peu de forces que nous avions portées sur cette rive du Danube.

« Le général Schmidt, quartier maître général de l'armée, informé d'une nouvelle aussi importante, voulut interroger ces prisonniers et il lui fut facile d'obtenir de leur imprévoyance des détails importants sur notre marche; mais, pour mieux s'assurer de ces renseignements, il envoya des espions à Diernstein qui lui confirmèrent qu'une de nos divisions d'infanterie, forte de 6.000 à 7.000 hommes, s'avançait par le chemin de Spitz à Diernstein.

« La marche de l'armée russe fut aussitôt arrêtée; ces troupes vinrent prendre position entre Krems et Stein. Ordre fut donné à l'arrière-garde d'éviter tout engagement avec nous, de se replier sur Stein pour nous laisser déboucher dans le bassin de Diernstein.

« Pendant que les Russes prenaient leurs dispositions d'attaque, le maréchal Mortier restait dans une ignorance absolue. Il n'avait pu obtenir aucun renseignement certain des habitants. Les reconnaissances qu'il avait ordonnées ne signalaient que quelques corps isolés,

---

sident du Conseil des ministres, ministre de la Guerre, par le chevalier Talandier, colonel de cavalerie, commandant la place de Strasbourg (Strasbourg, 1835). Ce colonel était, pendant la campagne de 1805, sergent-major de la 16ᵉ compagnie du 4ᵉ régiment d'infanterie légère.

(1) Il faut lire deux pièces au lieu de deux batteries.

qui se repliaient à notre approche, sans qu'il fût même possible d'en apprécier approximativement la force et qui surent se dissimuler sur les hauteurs. »

La *Relation de la Campagne de 1805*, du général Danilevski, confirme en ces termes l'assertion du colonel Talandier, relative à la manière dont le général en chef russe obtint des renseignements sur la situation du maréchal Mortier (1) : « Le premier soin de Koutousow, après avoir passé sur la rive droite du Danube le 28 octobre au soir (style russe, 9 novembre), fut de bien s'enquérir du nombre des forces du maréchal Mortier. Miloradovitch lui envoya presque aussitôt quelques soldats français pris dans les vignobles et qui avaient quitté la flottille pour piller. Ils déclaraient que Mortier était à Diernstein avec la division Gazan en marche sur Krems et que les autres troupes étaient encore en arrière. En appréciant bien la position de l'ennemi, Koutousow conçut le projet de battre la division Gazan en la tournant par la droite et en la coupant des divisions Dupont et Dumonceau. Le quartier maître général autrichien Schmidt, jouissant de la confiance illimitée de l'empereur François et ayant une haute considération en Autriche, convainquit Koutousow de la possibilité de passer par les montagnes et offrit de conduire les troupes sur les derrières de la division Gazan. »

La division Dupont, dans cette journée du 10 novembre, ne parcourt pas autant de chemin que Mortier l'avait pensé en écrivant au Major général ; loin de pousser jusqu'à Aggspach, ainsi que le maréchal lui avait prescrit de le faire, s'il était possible, le général Dupont établit son quartier général à Marbach d'où il lui répond (2) : « La division marchera demain vers Spitz et s'approchera de Stein le plus près possible. J'ai éprouvé les plus grandes difficultés pour le transport de l'artillerie qui se trouve encore en arrière de Marbach.

« La division a son pain pour deux jours. »

La division Dumonceau s'établit en arrière de la division Dupont.

Sur la rive droite du Danube, le 10 novembre au soir, les quartiers généraux de Murat et de Lannes sont à Sighardskirchen ; celui de Soult à Sankt Pölten où se trouve sa division de queue ; sa cavalerie légère est sur la route de Mautern « avec un détachement à ce dernier endroit ». Toutes ces troupes ont des ordres pour la journée du lendemain, leur prescrivant de continuer leur mouvement sur Vienne. La tête du corps de Bernadotte est à Mitterndorf, sur l'Erlaf (1).

La veille, 9 novembre, l'Empereur avait quitté Lintz et, le 10, il installe son quartier général à l'abbaye de Mölk. C'est en arrivant dans cette ville, d'après les *Mémoires du comte de Ségur* (3), qu'il apprend que son espoir d'une action décisive à Sankt Pölten est déçu et que Koutousow est passé sur la rive gauche du Danube par le pont

---

(1) Capitaine ALOMBERT. (2) A. T. (3) Cités par le capitaine ALOMBERT.

qui réunit Mautern à Stein et à Krems, pont de vingt-huit arches qu'il a entièrement brûlé.

Sur l'ordre de l'Empereur, le Major général envoie un de ses aides de camp, le capitaine Édouard Colbert, pour prévenir Mortier du mouvement des Russes, dans le cas où il l'aurait ignoré (1); cet officier, devenu depuis général, fait connaître dans ses *Notes* (2) les difficultés qu'il eut, en partant de Mölk, à franchir le Danube, large de plus d'un quart de lieue, et sa rencontre, sur la rive gauche, avec le capitaine Delapointe, aide de camp du maréchal Mortier. « Non seulement », note-t-il, « il voulait se charger de lui transmettre les renseignements importants que l'Empereur lui envoyait, mais, à ma prière, il voulut bien me promettre de me faire parvenir, par un ordonnance que je devais attendre, un mot écrit du maréchal certifiant que l'avis de la marche du général Koutousow lui était parvenu.

« Deux heures à peine s'étaient écoulées quand ce mot me fut apporté; je remontai dans mon esquif, je repassai heureusement sur la rive droite et j'allai faire savoir à l'Empereur que son ordre avait été exécuté. »

C'est sans doute la lettre écrite, en cours de route, par Mortier à Emersdorf (3) que le capitaine Colbert rapporta aussi rapidement, ce qui permit à l'Empereur de faire envoyer, par le Major général, le jour même, et à Mortier de recevoir, dans la nuit, les ordres précités relatifs à la division Klein. On se rappellera qu'il lui dit : « Si vous poursuivez les Russes à Krems, vous ne le ferez pas sans cavalerie. »

« Le 20 brumaire » (*11 novembre*), consigne laconiquement Mortier dans son *Journal*, « affaire mémorable contre les Russes près Stein; les 4e léger, 100e et 103e de ligne font face à 25.000 Russes et s'ouvrent, le soir, un passage au travers de leurs rangs. »

Voici d'abord, d'après la *Relation* précitée du colonel Talandier (4), la description du terrain de l'action :

« Diernstein, situé au débouché du défilé qui conduit dans le bassin auquel cette ville donne son nom, est fermé du côté de Stein par une porte fortifiée qui est reliée par une muraille élevée à une énorme tour (5) couronnant l'escarpement au pied duquel est bâtie la ville; cette même porte donne issue sur le défilé.

---

(1) Cette communication était sans doute verbale; il n'a pas été retrouvé de lettre à ce sujet dans les A. T.
(2) Communiquées par le général Colbert, son petit-fils, au capitaine Alombert.
(3) Il n'y a pas, au copie de lettres, d'enregistrement entre cette dépêche et celle qui suit, datée du lendemain 8 heures du matin.
(4) Cette *Relation* est, à défaut des rapports de Mortier dont il n'avait pas eu connaissance, reproduite d'une manière complète par le capitaine Alombert.
(5) Le château de Diersntein rappelait le souvenir de la captivité du roi Richard Cœur de Lion. Le baron de Méneval rapporte dans ses *Mémoires*, d'après l'*Histoire de la campagne de 1809* par le général Pelet, les réflexions que la vue des vieilles tours de Diernstein inspira,

« Le bassin est fort étroit, bordé à sa gauche par une montagne couverte de bois d'un difficile accès ; il est fermé à sa droite par le Danube qui coule, dans cette partie, avec beaucoup de rapidité. En face de la ville sont des vignes environnées de murs de trois à quatre pieds d'élévation formant des enclos qui séparent chaque propriété. Le contour de l'escarpement est également planté de vignes ; il s'adoucit et devient praticable pour l'infanterie, mais lorsqu'il s'approche du Danube, il ne laisse qu'un chemin étroit qui semble avoir été taillé dans le roc et qui conduit de Stein à Krems. Au milieu du bassin s'élève un plateau qui communique à Diernstein par un chemin resserré entre deux murs construits en pierres sèches, d'environ 4 à 5 pieds d'élévation et pouvant donner passage à sept hommes de front.

« Nous prîmes position dans le bassin par un temps sombre ; la neige couvrait la terre, le froid était pénétrant. »

De Spitz, à 8 heures du matin, moment même où, ainsi qu'on le verra, commence le combat, Mortier écrit (1) au Major général :

« J'ai l'honneur de vous rendre compte que mes avant-postes sont arrivés, hier au soir, aux portes de Stein, où ils ont trouvé l'ennemi en forces. Je vais réunir la division en avant de Diernstein et prendre mes dispositions pour m'emparer de la place si je ne rencontre pas d'obstacles majeurs.

« J'ai eu l'honneur de rendre compte de tous mes mouvements au prince Murat. Ils sont calculés, Monsieur le Maréchal, sur l'ordre que vous m'avez donné de me tenir toujours un peu en arrière de la position où se trouvera M. le maréchal Lannes sur la rive droite du Danube.

« J'ai cherché, Monsieur le Maréchal, à remplir les intentions de S. M. autant qu'il m'a été possible, les chemins de la rive gauche offrant beaucoup de difficulté.

« J'ai intimé au général Klein l'ordre de me joindre de suite à la hauteur de Stein. »

On trouve dans la *Relation de la Campagne de 1805* par Danilevski, au sujet des dispositions adoptées par Koutousow pour cette affaire

---

alors, à Napoléon. Il disait à Berthier et à Lannes entre lesquels il chevauchait « Celui-là aussi avait été guerroyer dans la Palestine, il avait été plus heureux que nous à Saint-Jean-d'Acre, mais non plus vaillant que toi, mon brave Lannes !..... Il fut vendu par un duc d'Autriche à un empereur d'Allemagne qui l'enferma et qui n'est connu que par ce trait de felonie....., le dernier de sa cour, Blondel seul, lui resta fidèle..... » Il ajoutait encore · « Quels progrès a fait notre civilisation ! Vous avez vu des empereurs, des rois en ma puissance, ainsi que leurs capitales et leurs États, je n'ai exigé d'eux ni rançon ni aucun sacrifice d'honneur.... Et ce successeur de Léopold et de Henri, que nous tenons plus qu'à moitié, il ne lui sera pas fait plus de mal que la dernière fois, malgré son attaque un peu félone !..... » ..... Qui pouvait prévoir alors que ce nouveau *cœur de lion* aurait à envier le sort de celui du onzième siècle ?
(1) A. T. (R. 16).

à laquelle les Russes donnent le nom de combat de Krems, les renseignements qui suivent :

« Grâce à une énorme supériorité numérique, Koutousow s'était décidé à arrêter Mortier de front pendant qu'une autre colonne le tournerait pour lui couper la retraite.

« Le plan du combat de Krems se résume en quelques traits, les détails des dispositions prises étant les suivants :

« 1° Miloradovitch devait, avec 16 bataillons et 2 escadrons, se placer devant Stein et arrêter la tête de la division ennemie ;

« 2° Doctourow, avec 16 bataillons et 2 escadrons, se rendrait d'Egelsee à Scheibenhof et, laissant un détachement d'observation, descendrait des montagnes vers Diernstein, sur les derrières de Mortier ;

« 3° Stryck devait suivre Doctourow avec 5 bataillons pour, s'arrêtant à Egelsee, agir sur le flanc des Français ;

« 4° Le prince Bagration, avec plusieurs régiments de cavalerie et 2 bataillons, devait sortir de Krems par la route de Zwetel, couvrir nos derrières et garder les routes conduisant à Krems ;

« 5° Le lieutenant général Essen II devait se tenir en réserve avec le reste des troupes à Stein ;

« 6° On devait placer des batteries sur les bords du Danube pour agir contre la flottille.

« Telles étaient les mesures prises et les mouvements étaient en voie d'exécution, lorsque le jour froid et sombre se leva sur la terre couverte de neige. »

Nous reproduisons ci-après, dans l'ordre où Mortier les envoya, les divers rapports qu'il adresse sur le combat de Diernstein (1).

De Weissenkirchen, dans la nuit du 11 au 12, il écrit (2) au Major général :

« Je vous prie de vouloir bien communiquer de suite à l'Empereur le rapport que j'ai l'honneur de vous faire.

« Ce matin, vers 8 heures, les avant-postes du 4ᵉ régiment d'infanterie légère en avant de Diernstein, furent attaqués par des forces supérieures et furent forcés de se replier.

« Je donnai l'ordre au général Gazan de faire marcher les 100ᵉ et 103ᵉ régiments au moment où l'ennemi débouchait le long du Danube et sur le revers des montagnes. Il s'engagea plusieurs charges

---

(1) Dans son livre : *Le Général Dupont*, le lieutenant-colonel Titeux exprime, dans les termes suivants, ses regrets sur l'absence des rapports que l'auteur de cette étude se trouve à même de donner d'après le copie-lettres de Mortier . « Les rapports du maréchal Mortier et du général Dupont sur le combat de Durnstein ont malheureusement disparu et les Archives historiques de la Guerre ne possèdent aucun rapport d'ensemble sur cette glorieuse journée. »

(2) A. T. (R. 16).

d'infanterie sur le premier et le second plateau près Stein, et trois pièces d'artillerie furent enlevées à la baïonnette.

« Nous fîmes 800 prisonniers; les villages de Unter-Loiben et Ober-Loiben furent pris et repris trois fois et au delà de 1.200 Russes restèrent sur le carreau.

« Je croyais la journée terminée lorsque les détachements que j'avais formés pour la garde des différentes gorges qui aboutissent dans la vallée de la Krems furent forcés par plusieurs colonnes russes que nous présumons partout à 6.000 hommes.

« L'ennemi s'établit sur quatre lignes sur mes derrières, fit en même temps une sortie de Stein et m'attaqua sur tous les points.

« Il me serait impossible de vous rendre, Monsieur le Maréchal, la bravoure que déployèrent les trois régiments formant la totalité de la division Gazan; ils avaient à faire à 18.000 ou 20.000 Russes.

« Déjà trois fois les Russes étaient venus jusqu'au bas du plateau où nous avions formé un carré : nous allions succomber sous le nombre lorsque je proposai à la division de se faire jour. Les généraux, les officiers, les soldats, tous répondirent qu'ils préféraient mille fois mourir que de se rendre. Le général Gazan fit aussitôt former ses colonnes d'attaque et, la baïonnette en avant, le brave 100e régiment ouvrit la marche, culbuta tout ce qui se rencontra devant lui et, par une bravoure qui n'appartient qu'à des soldats français, on se fit jour au travers des colonnes russes.

« L'ennemi a perdu, dans cette journée, plus de 2.500 hommes tués, une grande quantité de blessés; il y a peu d'exemples d'un semblable carnage; il y a peu d'exemples d'une bravoure aussi froide que celle qu'ont déployée nos troupes.

« Au moment où j'étais attaqué sur mes derrières, le général Dupont avait sur les bras 5.000 à 6.000 Russes; le 9e régiment d'infanterie légère et le 32e de ligne firent des prodiges de valeur, tuèrent et dispersèrent l'ennemi et mes communications furent rétablies.

« Je joins ici le rapport du général Dupont. Sa division bivouaqua le soir en avant de Weissenkirchen. Celle du général Gazan est en arrière de ce village. La division du général Dumonceau est à Spitz. Ces trois divisions ne formaient point ensemble, avant l'affaire, 9.000 hommes. Les deux premières se trouvent encore beaucoup affaiblies.

« L'ennemi continue à faire filer du monde dans les gorges sur ma gauche et veut en venir à une seconde affaire, à ce que disent les prisonniers. On assure qu'il est fort de 30.000 à 35.000 hommes.

« Ma position sur la rive gauche vous paraîtra sans doute fort équivoque; je manque de cartouches et je crois que l'Empereur ne désapprouvera pas que je repasse sur la rive droite. S'il en était autrement, je serais désespéré d'avoir pu ne pas remplir ses intentions. Ici, l'artillerie est nulle par l'impossibilité de la charrier.

« Je vous prie, Monsieur le Maréchal, de vouloir bien me faire passer les ordres de S. M. Si l'ennemi continue son mouvement, il serait instant de penser au pont de Lintz.

« J'ai particulièrement à me louer du général Gazan : je vous ferai un rapport détaillé des braves qui se sont distingués dans cette journée. Le colonel Watier, du 4e de dragons, a chargé une colonne russe avec beaucoup d'intrépidité. Les colonels et les aides de camp ont montré beaucoup de zèle et d'intrépidité. »

De Spitz, le 12 novembre, à 8 heures du matin, en accusant réception au général Klein de sa lettre de la veille au soir, il lui dit (1) : « J'ai eu hier une affaire très chaude auprès de Stein. La division Gazan, forte de 4.000 hommes environ, a été cernée par 20.000 Russes; ceux-ci ont perdu énormément et je ne crois pas exagérer en portant le nombre de leurs tués à plus de 3.000 : finalement la division s'est fait jour au travers de l'ennemi. Nous avons été heureux de l'arrivée du général Dupont; ses troupes ont tué plus de 500 Russes et pris deux drapeaux. »

De Spitz encore, à 10 heures du matin, il écrit au Major général « partout où il sera » : « J'ai eu l'honneur de vous faire la nuit dernière, Monsieur le Maréchal, le rapport de l'affaire de Loiben. L'ennemi a beaucoup plus souffert que je ne l'avais d'abord cru. La division du général Dupont lui a enlevé deux drapeaux que je vous enverrai aujourd'hui ou demain. Il est de fait, Monsieur le Maréchal, que 3.000 Français (la division Gazan n'était pas beaucoup plus forte) ont été cernés, une partie de la journée, par 20.000 Russes, en ont tué, mis hors de combat ou fait prisonniers plus de 4.000 et ont fini par se faire glorieusement jour à travers l'ennemi... Plus de 400 Russes ont préféré se jeter dans le Danube que se rendre au général Dupont. Je vous adresserai les deux colonels faits prisonniers; ils parlent fort bien français mais ne veulent rien dire. »

L'envoi de ces colonels et des drapeaux fait l'objet de la lettre (1) ci-après, datée d'Arnsdorf (*sur la rive droite du Danube*) le 13 novembre :

« J'ai l'honneur de vous envoyer les deux drapeaux pris sur les Russes dans l'affaire du 20 (brumaire) et dont j'ai eu l'honneur de vous rendre compte par ma lettre d'hier.

« J'ai cru devoir vous les faire porter par les deux braves qui s'en sont emparés; ils vous seront remis par M. Leblanc, capitaine, et Drapier, tambour au 9e régiment d'infanterie légère.

« M. Leblanc a tué le porte-drapeau russe qui se défendit avec beaucoup de valeur. Je joins ici la lettre que m'écrit le colonel du 9e régiment et recommande aux bontés de l'Empereur cet officier, qui est cité dans son corps pour plusieurs traits de bravoure, ainsi que le tambour Drapier.

---

(1) A. T. (R. 16).

« *P.-S.* — J'ai aussi remis sous la surveillance du capitaine Leblanc, pour vous être conduits, les deux colonels russes dont je joins ici les noms : Deniechew, colonel du régiment des grenadiers de la Petite-Russie; Bibikow, du régiment de Versky. »

Le même jour, 13, après être repassé sur la rive gauche, il mande (1), de Spitz, à Bernadotte : « Je vous remercie, mon cher Maréchal, de l'intérêt que vous avez bien voulu prendre aux événements qui viennent de se passer dans le corps d'armée sous mes ordres. La journée du 20 a été glorieuse pour les corps qui y ont contribué. Les Russes ont perdu 4 pièces de canon, 2 drapeaux, 700 à 800 prisonniers, au delà de 3.000 hommes tués et, quoique cernée de toutes parts, la division Gazan, composée de trois régiments faibles, s'est fait jour au travers de l'ennemi qu'on supposait être très en force. Le corps avec lequel nous avons eu affaire devait passer 20.000 hommes, au dire des prisonniers et d'après ce que nous avons pu voir. »

Dans une lettre (1) adressée le 14 de Krems au Major général, il lui donne de nouveaux renseignements sur le combat :

« C'est le major général autrichien Schmidt qui avait conçu et exécuté le plan d'attaque du 20; des chasseurs de Krems conduisirent les Russes au travers des montagnes presque inaccessibles. Ils étaient en marche depuis quatre à cinq heures lorsque je fus attaqué en avant de Diernstein. Le major général Schmidt a été tué de trois coups de feu; le général russe Collinet a été blessé; il y a encore ici et à Stein beaucoup d'officiers russes blessés...

« Le colonel Watier, du 4ᵉ régiment de dragons, a été pris au moment où nous nous faisions jour; les généraux russes ont eu soin de lui ainsi que de nos blessés. Je vous prie de vouloir bien demander à S. M. que le colonel Watier soit de suite échangé contre l'un des colonels russes que nous avons pris.

« Il m'est pénible d'avoir à vous rendre compte que le général Graindorge abandonna sa troupe pour se sauver dans un bateau au moment où il crut sans doute que tout était perdu; le courant le porta du côté de l'ennemi (2).

« Il nous est encore rentré beaucoup d'hommes égarés en tirailleurs. Il y a beaucoup de Russes égarés dans les montagnes; nos patrouilles en ont déjà ramassé plusieurs. »

En *post-scriptum*, de Krems, le 15 novembre, il donne encore au Major général les détails qui suivent (1) : « Si je dois en croire les

---

(1) A. T. (R. 16).
(2) « On est en droit », dit le capitaine ALOMBERT, « de supposer que le général Graindorge se disculpa auprès du maréchal Mortier et de l'Empereur, bons juges en la matière, car, dès son retour de captivité, il reprit son même commandement dans la division Gazan. » Cet officier, d'une bravoure remarquable, qui avait été blessé à plusieurs reprises et auquel sa brillante conduite, au cours de la campagne d'Helvétie, avait fait obtenir un sabre d'honneur, devait mourir le 27 septembre 1810 des suites de blessures reçues au combat de Busaco (Portugal).

habitants du pays, j'ai eu affaire à 25.000 Russes ; ils auraient eu plus de 3.000 tués, 1.200 blessés que nous avons trouvés à Stein et Krems, autant laissés dans les montagnes ; joignez à cela les hommes égarés qui ne rejoindront plus, plus les prisonniers que je vous ai envoyés et vous croirez sans peine que la journée du 20 a coûté à Koutousow plus de 6.000 hommes. »

C'est le 26 novembre (5 frimaire), de Vienne, qu'il lui adresse le rapport (1) qu'il lui avait annoncé et que nous croyons devoir reproduire en entier bien que certaines parties ne soient que la reproduction des renseignements précédemment donnés :

« J'ai déjà eu l'honneur de vous rendre compte des principales particularités de l'affaire de Diernstein ; mais, depuis, plusieurs détails que je n'avais encore pu vous transmettre m'étant parvenus, je m'empresse de vous en donner connaissance.

« Je désirerais pouvoir vous faire connaître particulièrement tous les traits de bravoure qui ont illustré cette journée ; mais pour vous désigner tous les braves gens qui se sont distingués, il faudrait vous nommer individuellement tous les officiers et soldats qui y ont participé.

« Le 20 brumaire (11 novembre) dernier, vers 8 heures du matin, les avant-postes du 4e régiment d'infanterie légère en avant de Diernstein, attaqués par des forces supérieures, ayant été obligés de se replier, j'ordonnai au reste de la division Gazan, composée seulement des 100e et 103e régiments d'infanterie de ligne et de deux escadrons du 4e régiment de dragons, de se porter en avant de cette ville, en laissant pour réserve en arrière un bataillon du 103e régiment pour éclairer les vallées qui aboutissent à la Krems ; ce qui fut à l'instant exécuté.

« Je fis débarquer, près de Diernstein, deux pièces de 8 et un obusier, et, quoique les chemins fussent fort difficiles, ils furent mis en batterie en avant de cette ville.

« L'ennemi fut vigoureusement repoussé jusqu'au plateau de Loiben : trois fois les villages de Nieder- et Ober-Loiben (2) furent pris et repris. J'ordonnai au général Gazan d'attaquer le plateau qui fut emporté à la baïonnette avec l'artillerie qui le défendait. Alors l'ennemi resté dans les susdits villages fut débordé par sa droite et forcé de se replier ; il souffrit considérablement dans sa retraite par le feu de notre artillerie, et par une charge que firent 3 compagnies du 103e régiment. Dans ce moment, nous lui fîmes 400 prisonniers parmi lesquels se trouvaient plusieurs officiers et un colonel. Tout le terrain en avant du plateau fut balayé et le 4e régiment d'infanterie légère reçut l'ordre

---

(1) A. T. (R. 16).
(2) Ces villages se trouvent près du Danube entre Diernstein et Stein et au sud de la route qui réunit ces localités. Ce n'est pas l'emplacement de Loiben souligné sur la carte n° 6.

de s'emparer de la montagne de... (*sic*) (1) qui domine Stein; ce mouvement s'exécuta avec la plus grande intrépidité. Il s'y maintint toute la journée soutenu par des détachements du 103e d'infanterie de ligne.

« Vers 2 heures, le feu diminuant sensiblement de part et d'autre, l'affaire paraissait entièrement terminée; je me proposais de conserver les avantages de la journée et de rester dans mes nouvelles positions jusqu'à l'arrivée des divisions des généraux Dupont et Dumonceau (parties de Passau en même temps que je passais le Danube à Lintz pour me porter en avant avec la division Gazan) et à qui j'avais donné l'ordre de forcer de marche pour me rejoindre, le général Dupont devant le soir même opérer sa jonction avec la division Gazan.

« Tel était l'état des choses lorsque, vers 3 heures de l'après-midi, plusieurs colonnes russes, guidées par des chasseurs de Krems et de Stein qui connaissaient parfaitement les localités et les différents défilés des montagnes qui aboutissent à la Krems, débouchèrent sur les derrières de Diernstein et forcèrent les détachements que j'y avais laissés à se replier sur le gros de la division Gazan.

« Les Russes alors s'emparèrent de Diernstein par où ils débouchèrent et ils vinrent se former, sur quatre lignes, sur mes derrières. Au même instant, l'ennemi effectuant une sortie de Stein, je fus enveloppé de toutes parts et vivement attaqué sur tous les points par 25.000 Russes.

« Un bataillon du 100e commandé par le colonel Rittay et un escadron du 4e de dragons tentèrent alors une charge du côté de Diernstein, mais, ayant eu affaire à des forces trop supérieures, ils se replièrent en bon ordre sur le plateau où les trois régiments formant toute la division du général Gazan étaient déjà établis et ils formèrent le carré; les attaques de l'ennemi furent constamment repoussées avec la plus grande intrépidité et notre artillerie lui fit un mal sensible.

« Cependant, la nuit approchant, notre position devenait d'autant plus critique que les cartouches nous manquaient presque en totalité; mais, jugeant par la ferme contenance de la troupe que je pouvais tout oser et qu'avec des gens aussi déterminés, il était possible de traverser les bataillons ennemis, je n'hésitai pas à leur en faire la proposition au moment où, pour la troisième fois, les Russes tentaient d'enlever le plateau qui avait jusqu'alors été défendu avec tant d'intrépidité.

« Tous répondirent par acclamation qu'ils préféraient mille fois périr les armes à la main plutôt que de se rendre, en ajoutant gaiement qu'ils n'étaient pas des soldats d'Ulm.

« La colonne d'attaque fut à l'instant formée : les fusiliers disputèrent aux grenadiers l'honneur de marcher en avant et, la baïonnette

---

(1) Pfaffenberg, d'après le croquis du champ de bataille joint à l'ouvrage du capitaine ALOMBERT.

en avant, le 100e ouvrit la marche. Les quatre premières compagnies firent avec succès une décharge qui ébranla tout ce qui se trouvait devant elles et l'action se termina par une charge continuelle à la baïonnette. Le 103e de ligne et le 4e d'infanterie légère, qui formait alors l'arrière-garde, suivirent dans le plus grand ordre; rien ne put résister à ces braves qui traversèrent avec impétuosité les rangs ennemis et s'ouvrirent glorieusement un passage sur leurs cadavres.

« Les Russes, effrayés d'une résolution si courageuse, se portent en désordre sur notre colonne qui reste inébranlable; les uns, poussés par une férocité brutale, se précipitent au-devant de nos coups; les autres, pour les éviter, se jettent contre terre. Ils mettent impitoyablement le feu au village de Loiben pour distinguer nos mouvements; désespérés de voir nos succès, ils s'élancent avec des hurlements effroyables sur la queue de notre colonne dont ils parviennent à séparer quelques dragons et quelques hommes du 4e régiment d'infanterie légère qu'ils font prisonniers; mais cet incendie ne sert en définitive qu'à éclairer leur perte et à les rendre témoins de ce que peut la valeur française, et nos soldats, fatigués de carnage, ont enfin surmonté tous les obstacles qu'on opposait à leur courage.

« En même temps que la division du général Gazan sortait victorieuse d'une position aussi difficile, le général Dupont arrivait en avant de Weissenkirchen sans que je pusse en être informé, nos communications ayant été coupées une partie de la journée, et il se trouvait aux prises avec une autre colonne de 6.000 Russes que le 9e régiment d'infanterie légère et le 32e de ligne reçurent avec leur intrépidité ordinaire.

« Dans cette attaque, environ 400 Russes ne voulant pas se rendre furent culbutés dans le Danube; un plus grand nombre resta sur le champ de bataille et le reste fut obligé de chercher son salut dans les montagnes.

« Le capitaine Leblanc, du 9e régiment d'infanterie légère, déjà recommandable par plusieurs actions d'éclat, ajouta, dans cette circonstance, à sa gloire en enlevant un drapeau de vive force après avoir tué celui qui le défendait. Un autre drapeau fut aussi emporté avec la même intrépidité par le nommé Drapier, tambour des carabiniers du même régiment. Ce combat était à peine terminé lorsque la division Gazan opéra sa jonction avec celle du général Dupont.

« Les Russes, de leur propre aveu, eurent dans cette occasion 3.000 tués; le général autrichien Schmidt, qui avait conçu et dirigé l'attaque, fut atteint de trois coups de feu à la tête et laissé parmi les morts.

« L'ennemi perdit 5 pièces de canon, 2 drapeaux, 700 à 800 prisonniers dont deux colonels indépendamment de 1.200 blessés qu'il fut obligé de laisser à Krems et à Stein et qui restèrent en notre pouvoir lors de notre entrée dans ces villes, plus 1.500 à 2.000 hommes égarés dans les montagnes, dont une partie fut ensuite ramassée par nos troupes après l'affaire; en sorte qu'il est incontestable que sa perte seule en tués et blessés excède de beaucoup le nombre de nos combattants.

« De notre côté, la perte en tués et blessés est beaucoup moins grande que nous aurions naturellement dû nous y attendre et il est constant qu'elle est, au plus, dans la proportion de 1 à 20. Ces résultats sont dus à la précision des mouvements, à la bonne contenance et à la fermeté de nos troupes dont le calme et le sang-froid devaient triompher de l'aveugle acharnement et du courage féroce de nos ennemis. Mais vous sentirez, Monsieur le Maréchal, combien ma position devait être difficile, étant étroitement resserré entre des montages inaccessibles et le Danube et n'ayant de retraite que par la ville de Diernstein occupée par les Russes.

« J'ai beaucoup à me féliciter de la manière dont les officiers supérieurs se sont comportés dans cette journée. Je me plais à vous réitérer que le général Gazan s'est particulièrement distingué ainsi que le colonel Watier, du 4e de dragons, dont je vous ai déjà entretenu. Le général de brigade Campana et l'adjudant commandant Fornier d'Albe se sont très bien montrés.

« Je ne dois pas moins de justice au général Dupont, aux généraux de brigade Rouyer et Marchand et aux colonels des différents corps qui se sont signalés par leur bonne conduite. J'ajouterai que M. Taupin, colonel du 103e de ligne, a donné des preuves d'un dévouement tout particulier en ne quittant point le champ de bataille quoique blessé d'un coup de feu.

« Le général de brigade Godinot, chef de mon état-major, doit également occuper une place honorable parmi les braves qui se sont fait remarquer. Je ne puis trop me louer du zèle qu'il a mis à exécuter mes ordres pendant toute la journée.

« J'ai encore à vous citer le capitaine Delapointe, mon aide de camp, qui, dès le 8 prairial an X (28 mai 1802), avait été nommé chef d'escadron sur le champ de bataille pour action d'éclat à l'affaire de Matouba, île de la Guadeloupe, et breveté provisoirement par le capitaine général Lacrosse mais qui ne fut pas confirmé. La conduite qu'il a montrée dans l'affaire du 20 lui mérite des droits particuliers aux bontés de S. M.

« Je dois aussi vous faire l'éloge de MM. Maingrenaud et Tripoul, tous deux aides de camp du général Gazan, qui, pendant l'action, ont montré beaucoup d'activité et de résolution dans l'accomplissement des ordres qui leur ont été donnés.

« M. Fabvier (1), lieutenant de la 5e compagnie du 6e régiment d'artillerie à pied, sortant de l'École de Metz, a fait preuve de beaucoup

---

(1) C'est, d'après le capitaine ALOMBERT, le futur général Fabvier qui devait s'illustrer dans la guerre de l'indépendance de la Grèce.

d'intelligence et de bravoure. Il a, avec une justesse étonnante, pointé plusieurs coups qui ont fait de grands ravages dans les rangs ennemis.

« Le lieutenant Projet, du 4e régiment d'infanterie légère, s'est emparé d'une pièce de canon.

« Le sergent-major Mererat, du 100e de ligne, a puissamment contribué à la prise d'une pièce de canon sur laquelle il est arrivé premier.

« Le fusilier Antoine Beloche, du même corps, après avoir tué deux canonniers russes, a dispersé les autres et les a forcés d'abandonner leur pièce.

« Le sous-lieutenant Boichot, de la 2e compagnie des grenadiers du 103e de ligne, se précipita sur les Russes à la tête de sa compagnie, dont le capitaine et le lieutenant furent tués, et s'empara de deux pièces.

« Enfin, Monsieur le Maréchal, tous ont fait leur devoir et je vous remets les rapports détaillés qui m'ont été adressés par les chefs de chaque corps pour vous faire connaître tous ceux qui se sont particulièrement distingués.

« Veuillez, je vous prie, mettre sous les yeux de S. M. la conduite de ces braves et les recommander à sa bienveillance. »

Le général russe Danilevski fait le récit suivant de l'intervention de la colonne de Doctourow destinée, en occupant Diernstein, à couper les communications de Mortier :

« Koutouzow attendait, d'un moment à l'autre, l'arrivée de Doctourow à Dürrenstein, il ordonna à Miloradovitch de se retirer : Mortier le suivit.

« A peine ce dernier atteignit-il Stein qu'il fut assailli par une nuée de mitraille et attaqué dans son flanc gauche par le régiment de Boutyrsk qui, d'Egelsee, venait de descendre des montagnes.

« Mortier reconnut alors qu'il avait affaire à des forces supérieures ; il vit l'impossibilité de s'emparer de Stein avec la seule division qu'il avait avec lui ; il suspendit ses attaques, se contenta d'entretenir la fusillade et expédia ordres sur ordres à Dupont pour qu'il vînt le rejoindre, en toute hâte, avec sa division.

« Le jour tirait à sa fin et Doctourow n'arrivait pas. Ses guides l'enfoncèrent dans des montagnes impraticables et couvertes de bois, où deux hommes pouvaient à peine passer de front ; encore, à chaque pas, étaient-ils arrêtés par des obstacles. Nos troupes, qui entendaient le bruit du canon sur leur gauche, ne résistaient pas à l'impatience de prendre part au combat ; mais elles avançaient péniblement sur une ligne allongée, en occupant une grande étendue de terrain. Doctourow, impatient lui-même, laissa ses bagages et l'artillerie dans les gorges des montagnes et se décida à marcher en avant seulement avec l'infanterie.

« A 5 heures du soir, au lieu de 8 heures du matin, son avant-garde sous les ordres d'Oulanius, composée du 6ᵉ chasseurs et d'un bataillon de grenadiers d'Yaroslaw, descendit des montagnes. Oulanius occupa Dürrenstein, après avoir chassé le petit détachement ennemi qui, avec trois pièces de canon, défendait les portes de la ville. Les canons furent enlevés par nos soldats et le capitaine Glébow, du 6ᵉ de chasseurs, en prit un.

« Après s'être emparé de Dürrenstein, Oulanius forma son détachement, le front vers Krems. Le régiment de Viatka descendit des montagnes à son tour; Doctourow le plaça de l'autre côté de Dürrenstein, faisant face à Spitz, car il avait remarqué l'approche des Français dans cette direction. C'était la division Dupont qui se hâtait de rejoindre Mortier.

« A la première nouvelle de l'apparition des Russes sur les derrières de son armée, Mortier envoya précipitamment les dragons à Dürrenstein où ils attaquèrent Oulanius; mais ils furent repoussés.

« Leur retour lui apprit bientôt que le défilé était intercepté : il assembla un conseil de guerre composé de généraux et de colonels. Là, craignant comme chose inévitable l'obligation de se rendre prisonniers, on proposa au maréchal de passer seul sur le Danube dans un bateau pour éviter la honte de voir augmenter les trophées des Russes par la prise d'un maréchal de France. Mortier repoussa cette proposition; il regardait comme un devoir sacré de partager le sort de ses compagnons d'armes (1). Formant donc une arrière-garde, afin de tenir Miloradovitch en haleine, il marcha tête baissée avec ses troupes dans le but de se faire jour vers Dürrenstein.

« Miloradovitch ayant remarqué la retraite des Français se porta en avant; de son côté Doctourow avait déjà entamé un combat acharné.

« Le général Dupont qui, dès le matin, avait entendu le canonnade de la division Gazan, avait pressé sa marche et s'approchait de Dürrenstein au moment où Doctourow occupait cette ville. Dupont n'hésita pas à s'ouvrir un passage pour rejoindre son chef de corps.

« J'ignorais encore la position dans laquelle se trouvait le ma-« réchal Mortier », écrivait-il (2), « mais je prévoyais le besoin urgent de me joindre à lui. »

« Dupont attaqua le régiment de Viatka qui lui barrait le passage : Doctourow renforçait ce régiment avec les troupes qui successivement descendaient des montagnes; cette opération s'effectuait avec bien plus de difficulté que précédemment, parce qu'il faisait déjà sombre et que l'obscurité empêchait nos soldats de pouvoir prendre les sentiers qu'il fallait suivre. Doctourow se trouva bientôt entre deux feux.

---

(1) Suivant Thiers, Mortier répondit à ceux qui lui faisaient cette proposition : « Non, on ne se sépare point d'aussi braves gens. On se sauve ou on périt avec eux. » (*Histoire du Consulat et de l'Empire*).

(2) Opuscule, sous forme de lettre, publié par Dupont en 1826.

Tandis que Dupont l'attaquait sur la droite, Mortier se faisait jour vers Dürrenstein par sa gauche et, quoique poussé l'épée dans les reins par Miloradovitch, qui dans cette poursuite lui prit deux pièces de canon, il parvint à s'emparer de la position d'Oulanius.

« Le carnage était le même sur la pente des montagnes, dans les sentiers et dans les défilés où Dupont avait dirigé une partie de ses troupes, afin d'arrêter et d'empêcher les nôtres de continuer à descendre. L'exiguité du terrain semblait doubler l'acharnement et les difficultés du combat; les boulets et la mitraille tonnaient dans les montagnes, coupaient les hommes, brisaient les armes et pulvérisaient les rochers. Les soldats des deux partis étaient blessés, écrasés par la chute des arbres ou l'éclat des pierres. Lorsque Mortier pénétra dans Dürrenstein, on s'y entre-tuait à coups de crosse de fusil dans les rues, quand l'espace ne permettait pas d'agir à la baïonnette. Dupont renforçait l'attaque de son côté et Doctourow se trouvait dans la situation la plus critique, privé de son artillerie, dans l'obscurité la plus profonde, sans pouvoir prendre aucune disposition ni reconnaître les mouvements et la force de l'ennemi, n'ayant enfin pour retraite que des défilés impraticables. Il fut forcé de dégarnir la route, de se frayer un passage et de laisser passer Mortier...

« Le combat qui eut lieu dans les environs de Dürrenstein se prolongea jusqu'à 9 heures du soir; on se battit plus de trois heures dans les ténèbres; la lumière des canons et le feu des fusils éclairaient seuls cette boucherie. »

Dans sa *Relation de la Bataille de Diernstein* précitée, le colonel Talandier après avoir parlé de la première lutte de « huit heures » dans la direction de Stein sur laquelle nous ne reviendrons pas, lutte où « le maréchal Mortier était calme au milieu du feu : ses yeux comme sa pensée étaient fixés sur tous les points du champ de bataille », dit ensuite :

« Chaque colonel reçut du général Gazan l'ordre de placer des grand'gardes et d'installer des bivouacs pour la nuit.

« Le maréchal, toujours plus inquiet sur la marche de la division Dupont, dont rien ne lui annonçait l'approche, avait envoyé, pendant l'action, plusieurs officiers de son état-major pour prescrire à ce général de se hâter d'arriver sur le terrain du combat. Dans son impatience, le maréchal Mortier, escorté par deux pelotons de dragons, ne put résister à la tentation de se porter, de sa personne, dans la direction présumée de la division Dupont. Il était 4 heures quand le commandant du 8e corps (1) commit cette imprudence.

---

(1) Le colonel Talandier commet une erreur en donnant le n° 8 au « corps d'armée aux ordres du maréchal Mortier ». Ainsi qu'il a été dit, ce corps ne porta point de numéro et, avant qu'il fût dissous, Berthier prévint, le 10 décembre, le ministre directeur de l'Administration de la Guerre que le maréchal Masséna, commandant l'armée d'Italie, avait reçu

« Les Russes, à la suite de leur mouvement rétrograde sur Stein, étaient restés campés en avant de cette petite ville, lorsque, à l'approche de la nuit, nous aperçûmes les hauteurs qui la dominent se couvrir de troupes, ce qui semblait nous indiquer une reprise d'attaque. A peine notre attention se portait-elle sur ces points que nous fûmes frappés par des cris qui s'accroissaient à chaque instant et qui venaient de Diernstein où se trouvait notre ambulance. Une grande partie de nos blessés en étaient chassés et ces malheureux se traînaient vers nous, pour échapper à l'ennemi qui arrivait au pas de charge. Ils fuyaient devant les Russes qui, par leur mouvement de flanc, étaient parvenus à nous tourner. Cette marche se trouvait combinée avec l'attaque générale à laquelle l'ennemi se préparait. Les premiers coups de fusil partis de Diernstein en furent le signal et eurent de l'écho sur toute la ligne, en nous démontrant la nécessité de nouveaux combats.

« Le général russe, plein de confiance dans le mouvement enveloppant, pressait l'attaque. C'est dans ce danger critique que nous revîmes le maréchal Mortier, revenant au galop de sa reconnaissance infructueuse, pour se placer à la tête de ses braves troupes. Toujours calme et luttant contre la fortune si contraire à notre courage, il ordonna avec promptitude de nouvelles dispositions pour résister aux efforts de l'ennemi.

« Le maréchal voulut faire occuper le point dominant Loiben, dont nous avions été maîtres dans la journée, mais ce point n'était déjà plus en notre pouvoir; les Russes venaient de s'en emparer. Il se détermina alors à réunir les troupes de la division en avant du plateau occupé par un bataillon du 100ᵉ régiment, d'y attendre le choc de l'ennemi et, après l'avoir repoussé, de tenter la retraite...

« L'ennemi, divisé en deux colonnes de 5.000 à 6.000 hommes, suivit les deux chemins qui se réunissent au bas de la hauteur qui domine Stein; ces troupes devaient se joindre à l'autre corps russe, qui s'était avancé pour nous combattre et qui en attendait le signal. Il est à remarquer que le chemin de gauche, qui conduit au plateau, se prolonge entre les deux murs de pierres sèches dont il a été parlé. Ce même chemin ne pouvait donner passage qu'à sept hommes de front, ce qui le rendait cependant plus large de moitié que celui de droite, qui longe le Danube...

« Nous étions massés et découverts de toutes parts sur un point de peu d'élévation qui, rétréci par lui-même, ne nous offrait aucun moyen de développement; l'espace que nous occupions était déjà

---

l'ordre de l'Empereur de former un nouveau corps d'armée : « Ce corps d'armée, qui sera commandé en personne par M. le maréchal Masséna, n'aura plus la désignation d'armée d'Italie et prendra celle du 8ᵉ corps de la Grande Armée. » (A. G.). Le 1ᵉʳ octobre 1806 l'Empereur forma, en Allemagne, pour la campagne de 1806-1807, un 8ᵉ corps de la Grande Armée; il en confia le commandement au maréchal Mortier qui l'exerça jusqu'à la dissolution de ce corps, le 17 juillet 1807. Le titre XI, qui suit, est consacré à ce commandement.

Combat de Diernstein (11 novembre 1805)
d'après le tableau de Beaume (Musée de Versailles)

comme cerné par les colonnes ennemies. Le maréchal voulut, avant de prendre une détermination, consulter les généraux avec les chefs de corps qu'il réunit autour de lui; il n'était question, dans l'avis qu'il attendait, que d'une vigoureuse résolution.

« Le major Henriod (1), du 100ᵉ régiment, qui s'était fait remarquer dans le combat de Loiben par une valeur éclatante, fut appelé à ce conseil par ordre du maréchal. Cet officier supérieur, interrogé, proposa de se mettre à la tête des grenadiers de son régiment, de pénétrer par section de sept hommes de front dans le chemin muré par où l'ennemi s'avançait. Il devait ensuite culbuter à la baïonnette ses premiers rangs, qui, en se rejetant en arrière, presseraient le centre de la colonne, laquelle, ne pouvant plus avancer ni reculer par la porte de Diernstein, trop étroite pour donner passage à cette troupe ainsi refoulée, serait forcée, pour ne pas être étouffée, à escalader les murs du chemin pour s'ouvrir un passage, mais qu'il convenait, au moment de l'attaque, de faire feu sur la colonne russe, par le prolongement des murs, pour y porter du désordre, en ajoutant que chaque section, en se relevant tour à tour, devait coopérer au succès de cette attaque.

« Cet avis, donné et expliqué avec autant d'assurance que de clarté, plut au maréchal et il en ordonna l'exécution immédiate.

« La nuit, devenue tout à fait obscure, devait seconder nos projets.

« Les grenadiers du 100ᵉ régiment commencèrent l'attaque avec une rare intrépidité... Pendant que le maréchal, le général Gazan et les officiers d'état-major se plaçaient entre le 1ᵉʳ et le 2ᵉ bataillon de ce corps, la charge bat à la tête de chaque bataillon de la division; les cris: « En avant! » retentissent dans nos rangs avec un bruit assourdissant. Notre tête de colonne s'avance rapidement sous la fusillade de l'ennemi. Nous abordons les Russes en enfonçant nos baïonnettes dans leurs corps, nous culbutons leurs premiers rangs jusqu'au moment où notre première section, fatiguée de tuer, est remplacée par celle qui la soutient, en suivant l'ordre qui lui a été prescrit, d'escalader les murs de droite et de gauche, pour aller se reformer à la queue de la colonne. Tout s'exécute avec courage, ordre et précision. Chaque officier, chaque soldat arrive à son tour au milieu du danger.

« Le refoulement, qui avait été prévu, s'opère dans la colonne ennemie, qui se voit serrée avec une pression qui lui ôte les moyens de se défendre. La terre se couvre de cadavres russes et nous ne sommes occupés qu'à frapper pour nous frayer un passage aussi extraordinaire. Durant ce combat, le centre de la colonne ennemie se trouve comme écrasé par sa tête, qui se renverse sur elle avec impétuosité, lorsque sa gauche résiste sans faire aucun mouvement rétrograde, tant le défilé est resserré en sortant de la ville.

---

(1) Le major Henriod devint colonel du 14ᵉ d'infanterie le 30 décembre 1806, général de brigade le 3 juillet 1810 et mourut en 1825 (Capitaine ALOMBERT).

« Cette position devient insoutenable à l'ennemi; en résistant plus longtemps, il se voit menacé d'une mort certaine. Aussi, pour en sortir, emploie-t-il tous ses efforts. Enfin, il renverse les murs qui le retiennent dans cette prison de mort. Libre mais haletant de lassitude et de souffrance, il s'éloigne plein de terreur sans savoir où se diriger...

« C'est ainsi que cette colonne ennemie, naguère si formidable, nous abandonne un chemin que nous parcourons en vainqueurs. Cette retraite, si pleine d'audace et de vaillance, est couronnée par ce haut fait d'armes.

« Maîtres de ce point important, qui assure notre mouvement rétrograde, nous apprenons que la colonne russe qui se dirigeait sur Loiben, en longeant le Danube, partage la terreur de celle de gauche. En fuyant, elle entraîne les troupes postées en avant de Stein. Dans cette confusion, l'ennemi, ne pouvant se reconnaître et craignant de tomber sous les coups de nos baïonnettes, se détermine à mettre le feu au village de Loiben. Cet acte barbare le devient davantage par ses cruelles conséquences : un grand nombre de blessés, qu'on n'avait pu transporter à l'ambulance à cause de la gravité de leur état, s'y trouvaient déposés sous la sauvegarde des deux armées. Les Russes l'oublièrent... Français et Russes eurent le même tombeau.

« Nous retrouvâmes Diernstein dans le plus profond silence. Notre retraite se continua avec ordre. Peu de temps après, nous entendîmes une fusillade assez vive. Ces bruits semblaient venir d'un des points du bassin où nous venions de combattre, nous présumâmes que ce dernier engagement provenait des trois compagnies du 4e léger, chargées de tenir dans la position du plateau pour couvrir la gauche de notre colonne d'attaque mais qui alors s'en trouvaient séparées par une assez grande distance.

« A une lieue de Diernstein, notre avant-garde signala les troupes du général Dupont qui marchaient à notre secours. Cet officier général, prévenu de la jonction des deux divisions, s'empressa de se rendre auprès du maréchal Mortier assez mécontent de sa lenteur dans l'exécution de ses ordres... »

On lit dans le *Journal des Opérations de la division Dupont* : « La division Dupont, partie au point du jour de Marbach pour se rendre à Spitz, entend pendant sa marche le canon et la fusillade. Le général fait aussitôt hâter le pas.

« Arrivé à Spitz, le feu avait cessé.

« Le général reçoit l'ordre (1) de s'établir dans ce village, en poussant quelques postes en avant.

---

(1) C'est : « Le général *donne* l'ordre » qui aurait dû être mis dans le *Journal*. Il suffit pour l'établir de se reporter au Rapport, en date du 26 novembre, reproduit précédemment, du maréchal Mortier, où il dit qu'il avait donné l'ordre aux généraux Dupont et Dumonceau

« Il avait eu avis du succès qu'avait obtenu la division Gazan et tout portait à croire qu'elle était tranquillement établie à Stein, mais, ne voulant pas laisser un intervalle aussi grand entre lui et le maréchal Mortier, le général Dupont ordonne au 1er de hussards et au 9e d'infanterie légère de s'établir à 2 lieues en avant à Weissenkirchen ; il place le 32e entre Weissenkirchen et Spitz et le 96e dans ce dernier village : il ordonne en même temps au 1er de hussards de pousser des reconnaissances en avant, pour se lier avec la division Gazan...

« Il était 4 heures du soir, le 1er régiment de hussards établissait ses postes en avant de Weissenkirchen, l'officier commandant la grand'garde vint avertir le colonel Rouvillois que les Russes descendent des montagnes et se forment dans la gorge. Ce colonel se porte aussitôt sur le terrain, reconnaît que 600 Russes ont déjà débouché des gorges et que d'autres continuent à descendre ; les hussards se mettent à tirailler ; les Russes, dont toute l'attention se portait sur la division Gazan, ne répondent pas à leur feu. Le colonel Rouvillois envoie à toute bride des officiers au général Dupont, au colonel Darricau (1) et au colonel Meunier (2). Celui-ci marche à l'instant, joint l'ennemi et engage une fusillade très vive, les Russes ne sont point ébranlés.

« Le colonel Meunier détache sur les hauteurs le chef de bataillon Réjeaux avec quelques compagnies pour prendre l'ennemi en flanc et inquiéter ceux qui continuaient à descendre. Le général Dupont arrive avec le 32e régiment ; il le fait avancer pour relever le brave 9e qui avait épuisé ses cartouches et comptait déjà beaucoup de blessés. Le 96e était placé en réserve à Weissenkirchen ; le 32e bat la charge, marche en avant à toute course ; les Russes de leur côté s'avancent avec une pareille audace.

« Il était nuit, on se mêle, les soldats luttent corps à corps. On reste dans cette position aussi extraordinaire qu'effrayante pendant près d'une heure. Chaque parti croyait que l'autre voulait se rendre...

« Cependant le général Dupont, voulant en finir, ordonne au colonel

---

de forcer de marche pour le rejoindre, « le général Dupont devant le soir même opérer sa jonction avec le général Gazan ».

Dans *Le Général Dupont*, le lieutenant-colonel Titeux écrit d'ailleurs à ce sujet : « Nous avons trouvé, dans les papiers du général Dupont, le *Journal des Opérations militaires* de sa division écrit de la main même du chef d'escadron Morin et signé par lui ; il en existe, aux A. G. un double exact, qui a appartenu au général Marchand et une seconde copie qui entra au dépôt de la Guerre en 1840 et dont on s'explique difficilement les graves inexactitudes puisqu'elle fut trouvée dans les papiers du général Dupont après sa mort. C'est cette copie erronée que le capitaine Alombert a reproduite dans son ouvrage intitulé : *Combat de Durrenstein ;* elle diffère de l'original sur des points essentiels et de façon à dénaturer le rôle véritable du général Dupont. Ainsi l'on dit à propos de l'arrivée du général Dupont à Spitz : « Le général reçoit l'ordre de s'établir dans ce village en poussant quelques postes en avant. Il avait eu avis du succès qu'avait obtenu la division Gazan. » Ces lignes ne se trouvent pas dans le texte du chef d'escadron Morin qui dit au contraire : « Le général ne recevant aucune nouvelle de la division Gazan devait croire qu'elle était tranquillement établie à Stein. »

(1) Commandant le 32e de ligne. (2) Commandant le 9e d'infanterie légère.

du 32ᵉ d'arracher, homme par homme, les soldats du milieu des rangs ennemis et de les réunir.

« Dans ce moment, éclate l'incendie du village de Loiben ; les Russes y avaient mis le feu pour éclairer le combat. A la faveur de cet incendie, le colonel Darricau reforme son régiment ; dans ses rangs se placent les hommes du 9ᵉ qui étaient restés dans la mêlée. Il fait faire un roulement et commencer le feu. Ce feu, exécuté à deux pas, est si violent et si meurtrier que les Russes n'ont pas le temps d'y riposter. Tout ce qui n'est pas tué ou pris se jette dans le Danube ou se sauve dans les montagnes à la faveur de l'obscurité. Aussitôt règne le plus grand silence. Le maréchal Mortier est dégagé. Il arrive par Dürrenstein avec la division Gazan...

« Le 9ᵉ régiment a eu 25 hommes tués et 75 blessés ; le 32ᵉ, 2 hommes tués et 20 blessés et le 1ᵉʳ hussards, 2 blessés (1). »

Le récit que fait le général Dupont, dans ses *Mémoires* inédits (2), de la rencontre des deux divisions est le suivant :

« La plus heureuse rencontre s'opère en ce moment. Aux cris de « Qui vive ? » et de « France ! » qui se répondent, les grenadiers des deux divisions se reconnaissent et se précipitent dans les bras les uns des autres. « Vous nous sauvez ! », disent les uns avec une vive effusion de reconnaissance. — « Nous sommes tous vainqueurs », répondent les autres, et des transports de joie animent tous ces braves. Jamais la victoire ne fut plus douce.

« C'est dans ces nobles et affectueux embrassements de la bravoure que la jonction des deux divisions s'est faite, au sortir d'une crise inouïe. La journée la plus brillante d'abord, la plus critique ensuite et enfin la plus glorieuse, se termine par un trophée que l'antiquité mettait au premier rang. Sauver un soldat chez les Romains méritait la couronne de chêne et chacun de mes soldats l'avait gagnée en contribuant à délivrer une division entière. Elle-même l'a noblement proclamé. Elle poursuit sa marche à travers nos lignes resserrées sur cet étroit terrain et s'écoule rapidement. Bientôt le digne maréchal Mortier arrive avec son état-major ; il me reconnaît au son de ma voix, dans l'obscurité qui nous enveloppe, et m'adresse aussitôt les paroles les plus honorables sur le service signalé que venait de lui rendre ma division et les plus flatteuses pour moi, trop flatteuses même pour que je les rappelle ici. Je lui demande ses ordres et il me dit : « Vous avez conquis cette position, je vous prie de la garder et de nous garder, car nous avons besoin de repos. » Il se rend à Weissenkirchen. Tous les

---

(1) « Un état établi deux jours après le combat, sous la signature de l'adjudant commandant Duhamel, confirme le chiffre des pertes de la division Dupont, qui ne paraissent guère en rapport avec l'intensité de la lutte que se plaît à décrire le rédacteur du *Journal des Opérations.* » (Capitaine ALOMBERT).

(2) Cités par le lieutenant-colonel TITEUX.

corps, rendus à une sécurité entière, se rallient alors, les feux de bivouac s'allument de toutes parts et ces montagnes escarpées de la Bohême, ce défilé si long et si redoutable offrent l'aspect le plus extraordinaire.

« J'ignorais, en ce moment, les circonstances du combat livré par la division Gazan ; j'étais seulement pénétré de la gravité de la position où elle s'était trouvée et du bonheur que nous avions eu de la délivrer. Vers minuit, lorsque le camp fut bien établi, je me rendis auprès du maréchal. Il avait soutenu l'action avec sa mâle vigueur et son sang-froid habituel. Je le trouvai à table ; ce dîner tardif, dans la plus modeste maison, était peu somptueux et moins joyeux encore, malgré le succès qui avait couronné la journée... J'interroge secrètement le chef de l'état-major sur ce qui s'était passé. J'apprends alors que la brave division Gazan, après d'heureux succès, s'était heurtée à une supériorité de nombre accablante, que l'ennemi avait feint de se retirer pour l'attirer loin de Diernstein et donner à un corps détaché le temps d'envahir le défilé derrière elle, que cette manœuvre avait enfin triomphé de la valeur de la division, de l'habileté du général Gazan et des sages dispositions du maréchal. Tout s'explique à mes yeux. Sans cesser d'applaudir aux courageux efforts de la division Gazan, je félicite plus vivement ma division de sa fortune et la grandeur du péril ajoute à l'éclat de son succès. »

On voit combien, dans ce récit, Dupont amplifie le rôle qu'il attribue à sa division sans laquelle, suivant lui, la division Gazan eût été faite prisonnière.

Sans insister davantage, le lecteur verra combien il diffère de la note consignée par Mortier dans son *Journal*, des rapports envoyés par lui sur le combat, enfin des relations du colonel Talandier et du général russe Danilevski (1).

Ajoutons que l'Empereur fit connaître, dans les termes suivants, le combat de Diernstein par le 22e *Bulletin de la Grande Armée*, daté de Sankt-Pölten le 22 brumaire (13 novembre) : « Le 20, à la pointe du

---

(1) Dans son ouvrage : *Le Général Dupont*, le lieutenant-colonel TITEUX écrit : « Il est permis d'affirmer qu'à Dürnstein, le général Dupont sauva la division Gazan. Le maréchal Mortier ne se tira pas *uniquement* par son énergie et l'intrépidité de ses soldats — comme le déclare Napoléon dans les Bulletins de la Grande Armée et plus tard à la revue de Valladolid — du péril extrême où il s'était imprudemment engagé ; sans le général Dupont, il eût été broyé entre les 20.000 hommes de Miloradovitch et les 15.000 de Doctourow, tous combattants aguerris et redoutables. On s'explique mal que, pendant toute cette journée du 20 brumaire, alors que la route de Spitz fut libre jusqu'à 5 heures du soir, et que rien n'empêchait d'ailleurs de se servir d'une barque, le maréchal Mortier n'ait pas songé à envoyer un seul officier au général Dupont. »

Aucun militaire ne peut manquer de juger que ce reproche n'est nullement fondé : Mortier devait compter sur l'exécution de l'ordre de le rejoindre donné à Dupont ; c'était à ce dernier à prendre tous les moyens pour prévenir, sans tarder, son chef qu'il s'était arrêté à 4 heures à Spitz et pour lui rendre compte, en même temps que du motif de cette décision, des emplacements de son quartier général et de ses troupes.

jour, le maréchal Mortier, à la tête de six bataillons, s'est porté sur Stein. Il croyait y trouver une arrière-garde, mais toute l'armée russe y était encore, ses bagages n'étant pas filés. Alors s'est engagé le combat de Diernstein, à jamais mémorable dans les annales militaires. Depuis 6 heures du matin jusqu'à 4 heures de l'après-midi, ces 4.000 braves firent tête à l'armée russe et mirent en déroute tout ce qui leur fut opposé.

« Maîtres du village de Loiben, ils croyaient la journée finie; mais l'ennemi, irrité d'avoir perdu dix drapeaux, six pièces de canon, 900 hommes faits prisonniers et 2.000 hommes tués, avait dirigé deux colonnes par des gorges difficiles pour tourner les Français. Aussitôt que le maréchal Mortier s'aperçut de cette manœuvre, il marcha droit aux troupes qui l'avaient tourné et se fit jour au travers des lignes de l'ennemi, dans l'instant même où le 9ᵉ régiment d'infanterie légère et le 32ᵉ d'infanterie de ligne, ayant chargé un autre corps russe, avaient mis ce corps en déroute, après lui avoir pris deux drapeaux et 400 hommes.

« Cette journée a été une journée de massacre; des monceaux de cadavres couvraient un champ de bataille étroit. Plus de 4.000 Russes ont été tués ou blessés; 1.300 ont été faits prisonniers. Parmi ces derniers se trouvent deux colonels. »

Dans le 23ᵉ *Bulletin*, daté de Schönbrunn le 14 novembre, l'Empereur dit encore : « Au combat de Diernstein, où 4.000 Français attaqués, dans la journée du 20, par 25.000 à 30.000 Russes ont gardé leurs positions, tué à l'ennemi 3.000 à 4.000 hommes, enlevé des drapeaux et fait 1.300 prisonniers, les 4ᵉ et 9ᵉ régiments d'infanterie légère et les 100ᵉ et 32ᵉ régiments d'infanterie de ligne se sont couverts de gloire (1). Le général Gazan y a montré beaucoup de valeur et de conduite...

---

(1) Le 103ᵉ n'ayant pas été cité, Gazan, à Vienne, le 23 novembre, écrit à Mortier : « Je reçois à l'instant l'ordre du jour du 23 brumaire et je vois, avec bien de la peine, l'omission qu'on a faite du 103ᵉ régiment qui, avec les autres corps de la division dont il est fait mention, a combattu assez vaillamment pour qu'il ne dût pas éprouver un semblable désagrément; mais, comme je présume que ce peut être un oubli involontaire, je viens, Monsieur le Maréchal, avoir l'honneur de vous prier de vouloir bien en écrire à M. le Major général et l'engager à rendre justice à ce brave régiment en le citant avantageusement par une addition à l'ordre du jour. » (A. T.).

Dès le lendemain, 23 novembre, Mortier, en écrivant au Major général, lui dit : « J'ai remarqué dans l'ordre du jour du 23 brumaire que, dans les témoignages que S. M. a bien voulu donner de sa satisfaction aux différents corps qui ont pris part à l'affaire de Diernstein, il n'est point fait mention du 103ᵉ régiment d'infanterie de ligne et du 4ᵉ de dragons qui se sont comportés d'une manière aussi honorable que les autres. Comme ces braves régiments ne peuvent manquer d'être sensibles à cet oubli involontaire, je vous prie de vouloir bien leur rendre la justice qui leur est due en les citant avantageusement par addition, à la premiere occasion. »

Aucune suite n'ayant été donnée à cette demande, le colonel Taupin, du 103ᵉ, en adressa une nouvelle au Major général le 18 décembre. « Nous n'avons pas trouvé », dit le capitaine Alombert, qui la reproduit, « qu'il ait été donné satisfaction à cette demande. Les réclamations de ce genre sont assez fréquentes au cours des campagnes de l'Empire mais, en général, elles n'ont pas plus de succès. L'Empereur n'aime pas à revenir sur ce qui a été fait. »

« L'intention des Russes paraissait être d'attendre à Krems des renforts et de se maintenir sur le Danube; le combat de Diernstein a déconcerté leurs projets. Ils ont vu, par ce qu'avaient fait 4.000 Français, ce qui leur arriverait à forces égales. »

Mortier met à l'*Ordre général* du 21 au 22 brumaire (12 au 13 novembre) (1) :
« Le maréchal Mortier s'empresse d'annoncer au corps d'armée sous ses ordres que S. M. l'Empereur et Roi a été satisfaite de la bonne conduite des troupes dans la journée du 20.

« Le maréchal Mortier fera connaître dans tous ses détails à l'Empereur les noms des braves qui se sont distingués dans cette mémorable journée, aussitôt que l'état lui en aura été adressé par les généraux commandant les divisions. »

Ce témoignage de satisfaction de l'Empereur lui avait été apporté par une lettre (2), en date du 12 novembre, du Major général, lettre qu'on trouvera plus loin, dans laquelle celui-ci disait : « L'Empereur est extrêmement satisfait de la brave conduite des troupes, ainsi que de la bonne contenance que vous avez faite, Monsieur le Maréchal. »

Rappelons ici que les conseils municipaux du Cateau-Cambrésis et de Cambrai, voulant perpétuer la gloire acquise à Diernstein par leur compatriote, celui du Cateau décide de se transporter sur-le-champ, en corps, chez le père du maréchal, « pour lui payer le tribut d'admiration à l'illustre guerrier auquel il a donné le jour » et de placer un buste de Mortier, avec inscription commémorative, dans la grande salle de l'Hôtel de Ville; celui de Cambrai arrête que, par une adresse, l'Empereur sera « supplié de permettre que le buste de S. Exc. le maréchal Mortier soit placé, au-dessous de celui de S. M., dans le monument que cette ville brûle d'élever aux mânes de Fénelon ». On a vu (3) les termes dans lesquels Mortier déclina, avec autant de modestie que d'énergie, les honneurs du buste du Cateau et de l'étrange monument de Cambrai.

---

(1) A. T. (R. 16). (2) A. T. (3) Voir t. I, p. 19 et 20.

CHAPITRE II

Inquiétudes de l'Empereur au sujet de l'issue du combat de Diernstein. — Mortier fait passer sur la rive droite la majeure partie de ses troupes (12 novembre); elle retourne le lendemain sur la rive gauche, tandis que le 9e léger occupe Stein et Krems. — L'Empereur prescrit au corps de Bernadotte de passer sur la rive gauche et de poursuivre les Russes, celui de Mortier doit lui servir de réserve. — En attendant que Bernadotte soit en ligne, Mortier suit les Russes et prend position sur la Kamp (15 novembre). — Il se porte ensuite sur les hauteurs de Sonnberg, puis reçoit l'ordre de se rendre, avec les divisions Gazan et Dupont, à Vienne, où il arrive le 19. — Après le départ de Davout pour la Moravie (30 novembre), il est chargé de la défense de cette capitale; il y est rejoint par la division Dumonceau. — Mesures de précaution avant la bataille d'Austerlitz (2 décembre). — Passage des prisonniers russes par Vienne. — Armistice (6 décembre). — Mortier reçoit l'ordre de prendre le commandement du 5e corps, à Brünn (11 décembre).

La lettre que, de Weissenkirchen, Mortier avait écrite au Major général, dans la nuit du 11 au 12 novembre, et qu'il avait fait porter par un de ses aides de camp, ne parvint à destination que le 12, à 3 heures de l'après-midi.

Avant de l'avoir reçue, le Major général lui mande (1) le 12, de Sankt Pölten :

« L'Empereur, mon cher Maréchal, attend avec impatience des nouvelles de l'engagement que vous avez eu et qui, d'après les choses vagues qui nous sont parvenues, paraît avoir été très sérieux.

« Comme l'ordre que vous avez reçu vous prescrivait de vous éclairer à plusieurs lieues sur votre gauche et surtout bien en avant de vous afin que vous pussiez connaître la force de l'ennemi avant de vous engager, l'Empereur devait croire que vous ne vous seriez pas compromis avec des forces très supérieures et que vous l'auriez fréquemment prévenu de la position de l'ennemi. Enfin nous attendons de vos nouvelles.

« Dans tous les cas, vous devez réunir vos divisions et, si vous étiez forcé de vous replier, vous le feriez sur le territoire de Lintz, mais en nous donnant fréquemment de vos nouvelles. Ne sachant rien de ce qui s'est passé, je ne puis rien vous dire de positif.

« Le maréchal Bernadotte, avec son corps d'armée, est à Mölk où l'Empereur l'a fait rester depuis qu'il a su que vous aviez eu un engagement.

« Le maréchal Soult, de sa personne, et une division, est à Mautern.

« Je vous répète que l'Empereur attend avec impatience de vos nouvelles. »

Après la signature : « L'Empereur est à Sankt Pölten. »

---

(1) A. T.

Au cours du combat de Diernstein, l'Empereur avait transporté son quartier général de Mölk à Sankt-Pölten pour être plus à portée de ses troupes et pour se trouver directement sur la route qui conduit au pont de Mautern (1); ce déplacement ne fut certes pas étranger au retard qu'éprouva la remise de la dépêche de Mortier.

De Mölk, le 11 novembre, à 7 heures du matin, le Major général avait mandé (2) à Murat :

« L'ordre positif de l'Empereur, Monsieur le Maréchal, est que vous ne dépassiez pas aujourd'hui Burkesdorf...

« L'Empereur voit avec peine que vous n'ayez pas rempli ses intentions, puisque vous n'avez personne vis-à-vis des Russes et que la volonté de S. M. n'était pas qu'on se précipitât sur Vienne comme des enfants.

« Par cette négligence à exécuter les ordres de l'Empereur, il s'ensuit que le maréchal Mortier est exposé à porter tous les efforts des Russes et à être écrasé... »

De Sankt Pölten, à 3ʰ 30 du soir, l'Empereur avait écrit (2) à Murat :

« Mon Cousin, je ne puis pas approuver votre manière de marcher; vous allez comme un étourdi et vous ne pesez point les ordres que je vous fais donner. Les Russes, au lieu de couvrir Vienne, ont repassé le Danube à Krems. Cette circonstance extraordinaire aurait dû vous faire comprendre que vous ne pouviez agir sans de nouvelles instructions; cela en valait sans doute bien la peine. Sans savoir quels projets peut avoir l'ennemi, ni connaître quelles étaient mes volontés dans ce nouvel ordre de choses, vous allez enfourner mon armée sur Vienne. Vous avez cependant reçu l'ordre, que vous a transmis le maréchal Berthier, de suivre les Russes l'épée dans les reins. C'est une singulière manière de les suivre que de s'en éloigner à marches forcées...

« Restez à Burkesdorf et le maréchal Davout à Mödling jusqu'à nouveaux ordres. Il est probable que l'intention de l'ennemi est de couper les ponts du Danube à Vienne. Ainsi les Russes pourront faire ce qu'ils voudront du corps du maréchal Mortier : je crains qu'il ne soit fort exposé, ce qui ne serait pas arrivé si vous aviez exécuté mes ordres. Avec la mesure que j'avais prise, d'avoir une grande quantité de bateaux, non seulement j'étais à l'abri d'un pareil mouvement, mais j'avais l'espérance bien fondée d'enlever une partie du corps russe. Mais vous m'avez fait perdre deux jours et vous n'avez consulté que la gloriole d'entrer à Vienne.

« Il n'y a de gloire que là où il y a du danger; il n'y en a pas à entrer dans une capitale sans défense... »

En même temps, le Major général avait mandé (3) à Soult : « L'Empereur, Monsieur le Maréchal, n'approuve pas le mouvement que vous

---

(1) Capitaine ALOMBERT. (2) *Correspondance militaire de Napoléon I{ᵉʳ}*. (3) A. G.

faites ; son intention n'est pas de laisser les Russes sur ses flancs. Rendez-vous de votre personne à Mautern ; mettez-vous en correspondance avec le maréchal Mortier qui, ce matin, marchait sur Stein. »

Soult, de Sighardskirchen, répond (1), le même jour :

« Je reçois au même instant, 7 heures, les deux lettres de ce jour dont Votre Excellence m'a honoré et j'éprouve un regret bien vif d'y trouver que S. M. désapprouve le mouvement que j'ai fait faire aujourd'hui au corps d'armée.

« J'ai l'honneur de vous prier de vouloir bien vous rappeler que vous m'avez adressé l'ordre de suivre, d'aussi près que possible, le corps du prince Murat...

« Je vais me rendre à Mautern, conformément aux intentions de S. M., et j'attendrai de connaître ce qui se passe sur la rive gauche du fleuve pour faire mouvoir les divisions d'infanterie lesquelles peuvent, en une marche, se porter sur les bords du Danube et être disposées à le passer... »

Murat, à 11ʰ 30 du matin, avait annoncé (1) à l'Empereur : « Sire, par ma position je suis dans Vienne, puisque c'est la garde nationale qui fait le service aux portes et que je n'en suis qu'à une lieue. » Le même jour, après avoir reçu la lettre du ministre de la Guerre, il écrit à l'Empereur : « Je n'aurais jamais pensé avoir contrarié vos intentions sans les reproches que vous me faites adresser par le ministre de la Guerre... » Le lendemain 12, au reçu de la dépêche de l'Empereur, il lui répond (1) : « La lettre de M. le maréchal ministre m'avait affligé, celle de Votre Majesté m'anéantit et cependant je ne mérite pas ce cruel traitement.

« Sire, jusqu'ici, je n'ai fait que suivre les ordres du ministre et ceux de Votre Majesté, j'ai été entraîné par eux sur Vienne et non par la gloire d'y entrer le premier... »

Avant de recevoir la lettre du Major général datée du 12 novembre, Mortier, de Spitz à 10 heures du matin, en ajoutant certains détails, reproduits précédemment, sur le combat de la veille, lui avait écrit (2) :

« Je joins ici le rapport que vient de me faire le général Klein ; je lui marque de se retirer sur Lintz en couvrant Freystadt si sa position est tenable.

« Je fais passer le Danube, vis-à-vis Spitz, à la majeure partie de mes troupes. Je les placerai, en attendant vos ordres, à Arnsdorf et Sankt Johann et je conserverai autant que possible des communications avec la rive gauche.

« Je désire bien vivement que ma conduite soit approuvée par S. M. ; j'ai fait tout ce qui a dépendu de moi pour justifier sa confiance. »

---

(1) A. G.   (2) A. T. (R. 16).

A 8 heures du matin, en faisant connaître au général Klein l'affaire de Diernstein, il lui avait dit (1) : « Je reçois à l'instant, Monsieur le Général, votre lettre d'hier soir et les détails que vous me donnez sur les mouvements de l'ennemi s'accordent assez avec ceux qui me sont parvenus... Si l'ennemi vous mettait dans une position inquiétante, il faudrait faire votre retraite sur Lintz et couvrir autant que possible Freystadt.

« Je vais faire repasser le Danube à la majeure partie de mes troupes; je les établirai vis-à-vis de Spitz en conservant toutefois, autant que je le pourrai, mes communications sur la rive gauche. »

La 1re division de dragons, qui avait atteint le 10 Zwetel, s'était bornée, pendant la journée du 11, à pousser des reconnaissances en avant de cette ville et son *Journal* porte : « Le général Klein a dépêché un officier à M. le maréchal Mortier, à Spitz, pour l'informer de la marche de l'ennemi sur Krems. » C'est cet officier qui était arrivé le 12 à 8 heures du matin, ainsi que l'indique la lettre du maréchal qui précède. Le *Journal* apprend que cet officier rejoignit, le même jour à 7 heures du soir, le général Klein qui se décida à occuper la position de Schwerdberg, Poneggen, Zirking et Mauthausen derrière la rivière de Wald Aist et à commencer le mouvement de retraite à 10 heures du soir.

De Spitz encore, Mortier écrit (1), le 12, au général Songis, premier inspecteur général d'artillerie : « Je vous prie, mon cher Général, de m'indiquer où je pourrai envoyer chercher des cartouches; il n'en existe plus du tout dans les divisions à mes ordres depuis l'affaire qui a eu lieu hier. Si, au reçu de la présente, vous pouviez m'en faire expédier, vous me tireriez de l'embarras où je me trouve. »

Il mande (1), aussi de Spitz, au général Dupont auquel il adresse sa lettre sur la rive droite du Danube à Sankt Johann : « Veuillez, Monsieur le Général, donner l'ordre au 9e régiment d'infanterie légère de prendre position demain en avant de Spitz. Il poussera des reconnaissances aussi loin que possible et gardera avec soin sa gauche. Ce mouvement doit avoir lieu à la petite pointe du jour. »

« Le 21 brumaire » (12 novembre), met Mortier dans son *Journal*, « remis mes troupes sur la rive droite en face de Spitz, couché à Arnsdorf. »

On a vu qu'il ne s'agissait que de la « majeure partie » de ses troupes. L'historique sommaire, établi à la suite de la situation du 1er frimaire (22 novembre) de son corps d'armée, donne les indications suivantes pour la journée du 12 novembre : « Remis les troupes les plus fatiguées sur la rive droite du Danube. Couché le même soir à Arnsdorf, occupant toujours Spitz et Weissenkirchen (2). »

C'est en appelant l'attention sur ce fait, que nous reproduisons

---

(1) A. T. (R. 16). (2) Capitaine ALOMBERT.

ci-après ce passage du *Journal des Opérations de la division Dupont* :
« Dans la nuit, le maréchal Mortier ordonne à tout son corps de repasser sur la rive droite du Danube. Le passage s'effectue à Spitz, il commence à 4 heures du matin et ne finit qu'à minuit. On se sert, pour cette opération, des bateaux sur lesquels l'artillerie avait été embarquée. »

Dans la journée, Dupont adresse à Mortier le compte rendu (1) suivant :

« Mon quartier général est établi à Ober-Arnsdorf. Je vous prie de m'y adresser vos ordres.

« L'officier de hussards que j'ai envoyé ce matin en reconnaissance m'a rendu compte qu'il s'est porté jusqu'à Diernstein et qu'il n'y a point rencontré l'ennemi. Des rapports des gens du pays lui ont appris que les Russes occupaient toujours Stein et Krems. Une nouvelle reconnaissance sera envoyée demain sur la même direction.

« Un officier du 4ᵉ régiment de dragons, qui rentre à l'instant avec un détachement de trente hommes, a vu ce matin de la cavalerie et de l'infanterie ennemies se dirigeant sur les hauteurs qui dominent la rive gauche du Danube et remontant le fleuve. Un brigadier de hussards, qui arrive de Marbach, dit y avoir vu passer, à quelque distance de cet endroit, des troupes russes, infanterie et cavalerie, aujourd'hui. »

Le Major général, après avoir enfin reçu le premier rapport de Mortier, lui envoie, de Sankt Pölten à 5 heures du soir, la lettre (1) qui suit :

« Votre aide de camp, Monsieur le Maréchal, n'a pu arriver ici qu'à 3 heures après midi et l'Empereur attendait avec bien de l'impatience le rapport de votre engagement.

« Si les Russes restent dans la position où ils sont ou s'ils marchent sur l'Inn, c'est une armée perdue.

« Le prince Murat, qui est aujourd'hui à Vienne (2), a l'ordre d'y passer le Danube, pour se porter sur les derrières de l'armée russe. Quant à vous, Monsieur le Maréchal, vous formez le corps d'observation de la rive gauche. Vous pouvez faire passer vos blessés et tout ce qui peut vous gêner sur la rive droite.

« Avec le reste de votre corps d'armée bien réuni, vous devez toujours vous retirer, devant l'ennemi supérieur, jusqu'au pont de Lintz. Vous préviendrez le général Reille, qui commande à Lintz, de tous vos mouvements.

« Lorsque vous serez dans le cas de vous apercevoir que l'ennemi est attaqué par le maréchal Murat, alors vous marcheriez sur lui de votre côté.

---

(1) A. T.
(2) Dès 6 heures du matin, le Major général avait envoyé à Murat l'ordre d'entrer dans Vienne et de chercher à franchir le Danube, pour tourner les Russes et tomber sur leurs derrières. C'est le 13 que Murat s'empara des ponts de Vienne.

« Vous ne devez faire votre mouvement de retraite que devant des forces réelles, afin que l'ennemi ne vous mette pas à trois ou quatre marches de lui par un corps d'observation.

« L'Empereur est extrêmement satisfait de la brave conduite des troupes ainsi que de la bonne contenance que vous avez faite, Monsieur le Maréchal.

« Prévenez-moi fréquemment, par la rive droite, de tous vos mouvements et de tout ce qui se passera dans la journée de demain. J'ai établi une chaîne de postes de chasseurs, de l'abbaye de Mœlk à Vienne, avec ordre de porter vos dépêches. Mettez-vous aussi en communication avec les postes qui sont sur la rive droite, afin d'avoir des nouvelles si l'ennemi évacuait cette nuit. Dans ce cas, vous vous mettriez à sa poursuite, mais vous ne le feriez qu'avec toute la prudence nécessaire.

« Vous ne devez pas perdre de vue que vous n'êtes que corps d'observation.

« Il est arrivé à Mœlk huit mille rations pour la Garde de l'Empereur, qui sont à votre disposition. »

« Le 22 brumaire » (13 novembre), consigne Mortier dans son *Journal*, « repassé le Danube à Spitz, occupation de Stein et Krems par le 9e d'infanterie légère. »

Dès le matin, il mande (1) à Dupont : « Vous ferez passer de suite le Danube, Monsieur le Général, au 32e régiment d'infanterie de ligne et vous le placerez en avant de Spitz en portant le 9e régiment d'infanterie légère en arrière de Mickel, de manière à se lier entièrement avec le 32e.

« Je vous avais chargé, Monsieur le Général, de laisser des postes à Weissenkirchen ; j'apprends avec la plus grande surprise que cet endroit a été évacué dès avant hier soir : cet oubli a procuré à l'ennemi toutes les facilités pour s'assurer de ce que j'avais à Spitz.

« Vous ordonnerez au 9e et au 32e de pousser des reconnaissances très au loin dans les montagnes et sur le front de ce premier régiment. »

A 10 heures du matin, d'Arnsdorf, il répond (1) aux félicitations du Major général :

« Votre aide de camp vient de me remettre la lettre que vous m'avez fait l'honneur de m'écrire hier. Il est bien flatteur pour moi et pour le corps d'armée sous mes ordres que S. M. soit satisfaite de notre conduite à l'affaire du 20. Son approbation sera toujours pour nous la plus douce récompense.

« Je fais repasser entièrement la division (*sic*) de l'autre côté sur la rive gauche. Mes reconnaissances sur Stein ne sont pas encore rentrées, mais il paraîtrait que l'ennemi a fait retirer les postes qu'il avait

---

(1) A. T. (R 16).

établis hier entre Weissenkirchen et Diernstein; il a eu, toute la nuit, des postes à ma hauteur et sur mes derrières dans les montagnes. Des reconnaissances parties de Schwallenbach (1) assurent même qu'il y en avait au-dessus d'Emersdorf; il serait possible qu'ils voulussent couvrir un mouvement de retraite, ce dont je vais m'assurer. »

Après être repassé sur la rive gauche, il écrit (2) de Spitz, à Bernadotte, à Mœlk :

« Je vous remercie, mon cher Maréchal, de l'intérêt que vous avez bien voulu prendre aux événements qui viennent de se passer dans le corps d'armée sous mes ordres. La journée du 20 a été glorieuse pour les corps qui y ont contribué. Les Russes ont perdu 4 pièces de canon, 2 drapeaux, 700 à 800 prisonniers, au delà de 3.000 hommes tués et, quoique cernée de toutes parts, la division Gazan, composée de trois régiments faibles, s'est fait jour au travers de l'ennemi qu'on supposait être très en force. Le corps avec lequel nous avons eu affaire devait passer 20.000 hommes, au dire des prisonniers et d'après ce que nous avons pu voir.

« Les troupes que j'avais fait passer sur la rive droite viennent reprendre leur position. J'occuperai aujourd'hui Diernstein par des postes, à moins que je ne croie aller plus loin.

« Les 8ᵉ et 54ᵉ de ligne sont en face de Spitz; je vous remercie de ce mouvement. »

Mortier peut, dans cette journée, pousser de sa personne jusqu'à Stein, d'où il envoie (2) au Major général les nouvelles qui suivent :

« J'ai l'honneur de vous prévenir que Stein et Krems sont évacués. Les Russes prennent la route de la Moravie : leurs avant-postes sont aujourd'hui à peu de distance de Krems; ils étaient encore ce soir sur les hauteurs de cette place. Demain, à la pointe du jour, je les ferai suivre. Le 9ᵉ régiment d'infanterie légère bivouaque cette nuit en avant de Stein. Je ferai tous mes efforts pour réunir promptement mon petit corps d'armée. J'ai été beaucoup contrarié, ce matin, par le défaut de bateliers.

« Les Russes sont partis d'ici à midi; ils prennent la route de Zöbing où sera ce soir le quartier général; une colonne passe par Sitzendorf. J'aurai l'honneur de vous écrire demain tous les renseignements que je pourrai me procurer.

« Les Russes ont laissé 1.200 blessés à Stein. »

Il rentre, après sa reconnaissance, à Spitz où s'effectuait le passage du Danube.

Un rapport (3), adressé le 14 novembre à l'Empereur par son aide de camp le colonel Lebrun, envoyé par lui auprès de Mortier qu'il

---

(1) Schwallenbach est situé entre Spitz et Aggsbach, à hauteur de Sankt Johann.
(2) A. T. (R. 16). (3) A. G.

trouve à Arnsdorf, dans la matinée du 13, donne quelques détails sur le passage du Danube :

« Après avoir remis à M. le maréchal Soult la dépêche que j'avais pour lui, j'ai été, suivant les ordres de Votre Majesté, au corps d'armée de M. le maréchal Mortier.

« Son quartier général était à Arnsdorf, à 4 lieues de Mautern, sur la rive droite du Danube. Je lui ai fait part des choses qu'il était nécessaire qu'il connût, entre autres de la retraite présumée des Russes...

« M. le maréchal Mortier a, en conséquence, commencé de suite à faire passer sur la rive gauche la division Dupont qui doit former son avant-garde et prendre position entre Weissenkirchen et Schwallenbach.

« Les moyens de transport consistent en vingt bateaux du capitaine Lostange... »

Ce capitaine de frégate rend compte (1) au Major général, le 22 novembre, que la flottille placée sous ses ordres « a servi à passer et à repasser le corps de M. le maréchal Mortier à Spitz. »

De Spitz, à 10 heures du soir, Mortier mande (2) à Klein :

« Je m'empresse de vous prévenir, Monsieur le Général, que l'ennemi a évacué aujourd'hui ses positions de Stein et Krems; il paraît en pleine retraite sur la Moravie.

« Il serait important, je pense, que vous vous portiez aussi promptement que possible sur Gefœll et Zöbing où je me trouverai probablement demain. Vous m'enverrez, dans tous les cas, un de vos officiers pour me faire part de votre marche. Je compte poursuivre l'ennemi par Zöbing et Sitzendorf. »

Le Major général avait écrit (3) à Mortier, à cette date du 13 novembre :

« L'Empereur, Monsieur le Maréchal, me charge de donner l'ordre à M. le maréchal Bernadotte de passer le Danube et de poursuivre l'armée russe. L'intention de S. M. est que vous lui serviez de réserve et que, du moment où le maréchal Bernadotte se sera emparé de Stein et de Krems, vous repassiez le Danube, pour y prendre position quand le maréchal Bernadotte se portera en avant pour poursuivre les Russes; vous ferez aussitôt construire un pont de bateaux à Mautern et vous placeriez un poste sur l'intersection des routes de Krems et de Lintz; et si enfin quelque chose menaçait le pont de Lintz, vous y enverriez du secours à temps. Vous devez placer tous vos blessés et vos malades dans l'abbaye de Mœlk où vous mettrez une garde de police. Vous correspondrez fréquemment avec moi par les postes que le maréchal Bernadotte a l'ordre de placer depuis Mœlk jusqu'à Sighardskirchen; là, il y aura des postes de la Garde jusqu'à Vienne. Occupez-vous,

---

(1) A. G. (2) A. T. (R. 16). (3) A. T.

Monsieur le Maréchal, à bien rallier vos trois divisions. Envoyez-moi l'état des tués, blessés, corps par corps, ainsi que celui des prisonniers français, enfin l'état de situation des présents sous les armes de vos trois divisions.

« Vous trouverez, ci-joint, un itinéraire de la grande route qui pourra vous être utile.

« *P.-S.* — J'ordonne au général Saint-Hilaire de laisser le 8e de chasseurs et 2 pièces de canon vis-à-vis Mautern jusqu'à ce qu'il soit relevé par des troupes de vos divisions ou par celles du maréchal Bernadotte. »

En même temps, le Major général avait envoyé à Bernadotte l'ordre (1) ci-après : « M. le maréchal Bernadotte passera sur la rive gauche du Danube, s'emparera de Stein et de Krems et suivra l'armée russe pour lui faire tout le mal qui sera possible, entamer son arrière-garde... » Examinant les partis que pourrait prendre l'ennemi, il lui donnait des instructions et le prévenait qu'il donnait l'ordre à Mortier de lui servir de réserve.

Il avait aussi mandé (1) au capitaine de frégate de Lostange : « Jusqu'à nouvel ordre, vous êtes à la disposition des maréchaux Mortier et Bernadotte, tant pour le passage du Danube que pour la construction d'un pont de bateaux.

« Les bateaux chargés de pain se réuniront à votre flottille et le pain servira aux armées des maréchaux Mortier et Bernadotte. »

Lorsque Mortier reçut le même jour, un peu avant minuit, les ordres du Major général, il écrivit (2) à Bernadotte :

« Depuis ma dernière lettre, mon cher Maréchal, j'ai reçu avis que l'ennemi avait évacué Stein et Krems vers midi, en laissant des grand'-gardes sur les hauteurs de cette dernière ville. Je me suis aussitôt porté à Stein et le 9e régiment d'infanterie légère bivouaque, dans ce moment, en avant de cette place; le corps d'armée que je commande y sera rendu demain de bon matin.

« Je reçois, à l'instant, une lettre du ministre de la Guerre qui m'annonce que, d'après l'ordre de l'Empereur, vous devez passer le Danube pour vous mettre à la poursuite de l'ennemi et que je dois vous servir de réserve. Je suis flatté que cette circonstance me mette en rapports avec vous.

« Je mets à votre disposition les bateaux qui se trouvent à Spitz; vous pourrez vous en servir pour l'opération dont vous êtes chargé.

« Je vous serai obligé, mon cher Maréchal, de faire passer l'incluse au ministre de la Guerre. »

Cette réponse (2) est datée de Spitz à minuit :

« J'ai eu l'honneur de vous écrire ce soir de Stein pour vous an-

---

(1) A. G. (2) A. T. (R. 16)

noncer la retraite de l'ennemi; demain, à la pointe du jour, je me mets à sa poursuite.

« Dans le moment, je reçois l'ordre que vous venez de m'adresser pour me prévenir que M. le maréchal Bernadotte devait passer le Danube pour s'emparer de Stein et Krems (que j'occupe). Aussitôt que M. le maréchal Bernadotte aura passé le fleuve, je me conformerai aux ordres de S. M., que vous venez de me transmettre.

« Depuis hier, j'ai chargé les généraux de division de me donner un état exact des tués, blessés ou prisonniers. J'ai l'honneur de vous observer, Monsieur le Maréchal, que, n'ayant éprouvé aucune espèce de déroute, les différents corps sont arrivés dans la position que je leur avais indiquée dans le plus grand ordre. Je ne puis encore vous dire *très exactement* la perte que j'ai éprouvée, mais elle est bien moins sensible que j'aurais dû m'y attendre après une affaire terrible où nos troupes ont eu à lutter contre un ennemi entreprenant et si fort supérieur en nombre. »

Ajoutons qu'à cette date du 13 novembre, Songis avait répondu (1) à la demande de munitions que Mortier lui avait faite la veille : « Les corps d'armée ayant chacun leur parc, c'est de là d'où ils tirent ordinairement leurs munitions. Chaque corps d'armée, en fournissant une division, aurait dû mettre également à votre disposition non seulement l'artillerie de la division mais une section du parc correspondante. Pour réparer cette omission, j'envoie le capitaine Hulot, adjoint à mon état-major, chargé de vous procurer de suite les cartouches d'infanterie que vous demanderez en les prenant dans le premier parc qu'il rencontrera, s'il ne trouve pas auparavant des bateaux qui sont depuis longtemps en route de Donauwerth et qui contiennent 500.000 cartouches d'infanterie et le chargement de trente-neuf caissons de munitions à canon de tous calibres et pour obusiers.

« Dans le cas où cet officier trouvera ces bateaux arrivés, il les fera suivre à hauteur de votre corps d'armée et les mettra là à votre disposition, cet officier devant me rejoindre aussitôt après. »

Le capitaine Hulot, après s'être enquis auprès de Mortier, qu'il avait trouvé à Arnsdorf, de ses besoins, rencontra, le 14, sur le Danube, un convoi de bateaux chargés d'artillerie; il en détacha ceux qui portaient les munitions attendues, les dirigea sur les divisions Dupont et Gazan et rejoignit ensuite le quartier impérial (2).

L'Empereur, dans cette journée, s'était porté sur Vienne et, à Burkesdorf, avait appris que les ponts du Danube étaient au pouvoir de ses troupes. De cette localité, à 7 heures du soir, le Major général écrit (3) à Mortier : « Je m'empresse de vous prévenir que nous avons

---

(1) A. T.
(2) *Souvenirs militaires du baron Hulot, général d'artillerie,* cités par le capitaine ALOMBERT.
(3) A. G.

surpris le pont de Vienne, pris 60 pièces de canon et fait environ 1.000 prisonniers, tout le corps du maréchal Lannes est passé, la cavalerie du prince Murat occupe les grandes routes. Demain, à la pointe du jour, on marchera sur les Russes ; faites de votre côté ce que votre zèle et votre prudence vous suggéreront pour leur faire le plus de mal possible. »

« Le 23 brumaire » (14 novembre), note Mortier dans son *Journal*, « pris position avec le corps d'armée en avant de Krems. »

De cette ville, il écrit (1) au Major général :

« J'ai l'honneur de vous prévenir que la division du général Dupont et celle du général Gazan ont pris position en avant de Krems, la division batave en arrière de Stein. Un bataillon du 9e régiment vient d'être aux prises avec les Russes à Gerersdorf ; ils se retirent avec assez de sécurité. Leur gros bagage et leur artillerie doivent nécessairement les encombrer et si le prince Murat paraît, je ne doute pas qu'il en ait bon compte ; on assure qu'ils ont 35.000 à 40.000 hommes.

« Je ne pense pas que l'ennemi fasse filer une colonne par la Bohême, quoique plusieurs rapports semblent affirmer que la jonction de Michelson avec Koutousow est sur le point de s'opérer. »

Le corps d'armée aux ordres de Mortier se trouve donc, à cette date, concentré, sur la rive gauche, à Stein et Krems.

On lit dans le *Journal des Opérations de la division Dupont* : « La division Dupont marche par Stein sur Krems, elle repasse sur son champ de bataille du 20 ; il était jonché de cadavres. Sur vingt morts, à peine comptait-on un Français (2). Nous campons en avant de Krems. »

Le général Klein ne reçoit que dans la soirée la lettre que Mortier lui avait envoyée la veille de Spitz ; la 1re division de dragons avait terminé son mouvement de retraite et était établie le soir derrière la Wald-Aist, ayant son quartier général à Schwerdberg ; son *Journal des marches* porte : « A 10 heures du soir, le général Klein a reçu avis de M. le maréchal Mortier que les ennemis avaient évacué Stein et Krems, se retiraient sur la Moravie et qu'il allait se mettre à leur poursuite.

« Il invitait le général Klein à en faire autant ; des ordres furent donnés de suite pour marcher le lendemain sur Zwettel. »

A cette date du 14 novembre, l'Empereur, de Schönbrunn, mande (3) au Major général : « Donnez l'ordre au maréchal Mortier d'envoyer à Sankt Pölten tous les Bataves, et de vous faire connaître quand ils

---

(1) A. T. (R. 16).
(2) C'est exactement la proportion donnée par Mortier, dans son rapport du 26 novembre, reproduit précédemment.
(3) *Correspondance militaire de Napoléon Ier*.

y seront arrivés. Cependant il ne les y enverra que quand il croira, par l'éloignement des Russes, qu'ils ne lui sont plus éminemment utiles. Faites-lui connaître que le prince Murat et les maréchaux Lannes et Soult couchent aujourd'hui à Stockerau. Vous lui direz aussi que, comme les divisions Gazan et Dupont ont beaucoup souffert, mon intention est, du moment où elles ne seront plus nécessaires à la poursuite des Russes et à la présente opération, de leur donner du repos et des quartiers d'hiver où elles puissent se remettre... »

Il expédie à Murat « une lettre du maréchal Mortier fort importante. Il paraît que l'ennemi se dirige sur Znaym... » Le Major général lui écrit : « L'intention de l'Empereur, mon Prince, est qu'avec la cavalerie à vos ordres, le corps du maréchal Lannes avec sa cavalerie, avec deux divisions du maréchal Soult et sa cavalerie, vous vous mettiez à la poursuite de l'armée russe qui a évacué hier Krems.

« Le maréchal Mortier ainsi que le maréchal Bernadotte doivent avoir passé le Danube à Stein et suivi les Russes... (1). »

Bernadotte était encore avec tout son corps d'armée sur la rive droite et Mortier qui, la veille, ainsi qu'on l'a vu, mettait à sa disposition les bateaux qui se trouvaient à Spitz, lui écrit (2), à minuit : « Je reçois dans le moment, mon cher Maréchal, votre lettre de ce soir et je m'empresse de vous annoncer, ainsi que je vous en ai fait donner avis tantôt, que vous pouviez faire usage du pont volant pour le passage de vos troupes de Mautern à Stein. Les divisions des généraux Dupont et Gazan ont pris position en avant de Krems ; elles y resteront jusqu'à ce que les vôtres soient passées. Il paraît toujours constant que l'armée russe se retire en Moravie ; elle fait sa retraite avec ordre, mais je ne doute nullement que vous en ayez bon compte, ses gros bagages et son artillerie devant naturellement contrarier sa marche. Ses arrière-postes étaient encore ce soir à peu de distance d'ici. »

« Le 24 brumaire » (15 novembre), met Mortier dans son *Journal*, « poussé l'avant-garde au delà de la Kamp, le corps d'armée en arrière de cette rivière ; le maréchal Bernadotte passe le Danube avec une partie de ses troupes et les fait camper en arrière des miennes. Couché à Krems. »

Il mande (2) au général Dupont : « Vous ferez partir de suite, Monsieur le Général, une reconnaissance de quarante chevaux du 1er régiment de hussards, commandée par un officier intelligent. Cette reconnaissance se portera sur Zwetel et s'assurera des mouvements qu'aurait pu faire l'ennemi de ce côté. Il est présumable que l'armée de Koutousow ne fait rien passer par la Bohême ; dans tous les cas, la reconnaissance que j'envoie pour m'en assurer ne reviendra pas sans m'apporter à cet égard des détails certains : l'officier qui la

---

(1) Capitaine Alombert. (2) A. T. (R. 16).

commande tâchera de communiquer avec le général Klein, que j'attends de ce côté. Il prendra également sur l'armée du général russe Michelson tous les renseignements qu'il pourra recueillir. »

D'après le *Journal des marches de la 1re division de dragons*, les régiments du général Klein s'étaient mis en marche à 7 heures du matin pour se porter dans la direction de Zwetel, et le quartier général s'établit à Kœnigswiesen.

Mortier envoie ensuite à ses trois divisionnaires, pour le mouvement à effectuer, les ordres (1) qui suivent :

1º A Dupont : « Vous ferez prendre position à la division sous vos ordres, Monsieur le Général, en avant de la Kamp, sur la route de Znaym (2), et vous pousserez des reconnaissances pour vous assurer de la position de l'ennemi. Vous réunirez toute votre artillerie et vous lui ferez suivre votre mouvement. »

2º A Gazan : « Au reçu du présent ordre, Monsieur le Général, vous vous porterez, avec la division que vous commandez, en arrière de la Kamp, sur la route de Znaym, de manière à lier vos communications avec le général Dupont, qui prendra position en avant de cette rivière. Vous aurez soin de faire suivre votre artillerie. »

3º A Dumonceau : « Au reçu du présent ordre, Monsieur le Général, vous ferez prendre position aux troupes sous vos ordres en arrière de la division du général Gazan, qui doit camper ce soir en arrière de la Kamp, sur la route de Znaym. M. le maréchal Bernadotte, avec son corps d'armée, occupera, cette nuit, les positions que doivent quitter les divisions du général Dupont et du général Gazan en avant de Krems. Vous aurez soin de faire suivre votre artillerie. »

Il adresse au Major général ce compte rendu (1) : « J'ai l'honneur de vous faire part que l'ennemi continue toujours à faire sa retraite ; mes reconnaissances ont rencontré, ce matin, ses arrière-postes à une lieue en avant de Hadersdorf. On assure qu'arrivé à Znaym, il dirigera une colonne sur la Bohême et l'autre sur la Moravie. Je ne puis encore vous rien dire de positif à cet égard, les renseignements qui me sont parvenus jusqu'à présent étant très contradictoires.

« J'ai vu le maréchal Bernadotte avec qui je concerterai mes mouvements. En attendant que son corps d'armée soit réuni en avant de Krems et qu'il soit en mesure d'attaquer l'ennemi, je ne cesserai pas de l'inquiéter pour me renfermer ensuite dans l'ordre que vous m'avez donné de n'agir que comme corps d'observation.

« J'établis, en conséquence, ce soir, mon avant-garde en avant de la Kamp et je fais prendre position derrière cette rivière aux divisions des généraux Gazan et Dumonceau, qui seront à l'instant remplacées par la partie des troupes sous les ordres du maréchal Bernadotte, qui aura pu passer le Danube dans la journée.

---

(1) A. T. (R. 16).   (2) Znaim sur la carte nº 6.

« Le capitaine général du cercle chargé de l'administration du pays de Krems m'assure qu'il aura plus tôt rétabli le pont de Mautern à Stein que d'en construire un de bateaux et que ce ne sera tout au plus que l'affaire de trois jours, ayant pour cela tous les matériaux nécessaires; en attendant, le pont volant est en pleine activité.

« Je suis toujours sans commissaire ordonnateur, j'ai provisoirement nommé, pour en faire les fonctions, le commissaire des guerres Cayrol, d'après le rapport satisfaisant qui m'a été fait sur son activité.

« Je manque aussi de pontonniers et d'officier du génie; je désirerais beaucoup que vous puissiez m'envoyer le capitaine Rémont.

« Je vous réitère, pour le général Godinot, la demande des adjoints qu'il vous a déjà faite.

« On ramasse continuellement des Russes et tout semble promettre qu'on en recueillera encore un bon nombre. Les habitants du pays assurent que, depuis l'affaire du 20, il s'en est égaré plus de 2.000 dans les montagnes.

« L'ennemi a laissé ici des magasins de farine; j'ai donné l'ordre de les faire garder. J'ai également ordonné de faire évacuer mes blessés sur Mölk.

« *P.-S.* — Nous venons encore de ramasser une soixantaine de prisonniers; les Russes ravagent tout le pays. Koutousow assurait à son armée que notre Empereur était retourné à Paris avec 50.000 hommes. »

A cette date, Bernadotte, qui commande le 1er corps formé, ainsi qu'il a été dit, de l'armée de Hanovre, précédemment sous les ordres de Mortier, écrit (1), de Mautern, à l'Empereur :

« J'ai l'honneur de rendre compte à Votre Majesté qu'il m'a été impossible de commencer le passage du Danube aujourd'hui avant 10 heures du matin; les troupes de M. le maréchal Mortier passaient encore dans la matinée (2); on continuera toute la nuit; j'espère avoir demain de bonne heure une grande partie de mes troupes sur la rive gauche; je suis resté moi-même toute la journée sur le rivage et j'ai réuni tous les moyens qu'il m'a été possible de trouver.

« Je me mettrai de suite en marche pour joindre les Russes et remplir les intentions de Votre Majesté. L'ennemi avait encore aujourd'hui ses arrière-postes à 3 lieues d'ici; un détachement de vingt guides (3) chargés de faire une reconnaissance les a trouvés et leur a fait une vingtaine de prisonniers. Il vient de s'élever, depuis une heure, une tempête qui souffle avec violence et qui gêne beaucoup les travaux de passage. »

---

(1) A. G.
(2) Ce renseignement, ainsi qu'on l'a vu par tout ce qui précède, est inexact, à moins qu'il ne s'agisse de faibles fractions restées sur la rive droite et rejoignant le maréchal Mortier.
(3) Ce sont les Guides de l'armée de Hanovre créés en 1803 par Mortier (Voir t. II, p. 398) et que le maréchal Bernadotte avait amenés à la Grande Armée.

L'Empereur lui fait répondre (1), de suite, par le Major général :

« L'Empereur, Monsieur le Maréchal, est fâché que, dans ce moment où le prince Murat et les maréchaux Lannes et Soult se battent à deux journées de Vienne, vous n'ayez pas encore fait passer le Danube à un seul homme; vos soldats seront sans doute fâchés de n'avoir pas toute la part qu'ils devraient avoir à la gloire de cette campagne. Par le retour de mon officier d'état-major, l'Empereur espère que vous me manderez que toute votre armée est passée, que vous êtes à la poursuite des Russes et que vous leur tenez la baïonnette dans les reins...

« Il est vraisemblable que demain 25 brumaire (16 novembre), les maréchaux Soult et Lannes et le prince Murat combattront l'ennemi; l'Empereur y sera vraisemblablement de sa personne; il ne doute pas que vous y soyez aussi, quand même vous devriez marcher toute la nuit. »

Le même jour, l'Empereur mande (1) à Murat : « Le général Bernadotte a perdu un jour; je viens de lui en témoigner mon extrême mécontentement. Il partira de Krems demain, à 3 heures avant le jour, pour appuyer fortement sur l'armée ennemie. Hier 23, un bataillon de la 9e légère a joint l'arrière-garde de l'armée russe; il en est résulté quelques coups de fusil. Bernadotte et Mortier n'auront pas moins de 25.000 hommes... »

C'est aussi dans cette journée que Murat conclut avec le baron de Wintzingerode, aide de camp général de l'empereur de Russie, une capitulation aux termes de laquelle il consent à suspendre sa marche sur la Moravie et l'armée russe s'engage à quitter aussitôt l'Allemagne. L'Empereur refuse de la ratifier, M. de Wintzingerode n'ayant pas justifié des pouvoirs de l'empereur de Russie, et, le lendemain 16, le Major général écrit (2) à Mortier : « Les Russes, par ruse de guerre, Monsieur le Maréchal, avaient proposé une suspension d'armes. Mais l'Empereur a ordonné qu'on les poussât l'épée dans les reins, car nous n'aurons de repos en France que quand les Russes seront bien battus. »

« Le 25 brumaire » (16 novembre), note Mortier dans son *Journal*, « couché à Gobelspurg; le corps du maréchal Bernadotte se porte à Hohenwart. »

Avant de quitter Krems, il écrit (3) à Murat qui, de Stockerau lui avait envoyé, le 14, un officier d'état-major pour le prévenir de sa marche sur Hollabrunn et en avait rendu compte à l'Empereur (4) :

« Je vous prie d'agréer mes remerciements pour les différents avis que vous avez bien voulu me faire passer sur la position de l'ennemi vis-à-vis de vous. Je l'ai suivi depuis sa retraite et mes troupes

---

(1) *Correspondance militaire de Napoléon Ier*. (2) A. T. (3) A. T. (R. 16). (4) A. G.

se trouvent établies sur la Kamp en attendant que le corps de M. le maréchal Bernadotte se soit formé en avant de Krems; il a, en partie, passé le Danube hier et nous serons en mesure pour seconder votre attaque.

« Je continuerai à me porter en avant jusqu'à ce que le maréchal Bernadotte, à qui je dois servir de réserve, d'après l'ordre du ministre, ait entièrement réuni toutes ses troupes... (*détails déjà reproduits sur Diernstein*).

« Je ne mets nullement en doute qu'en attaquant les Russes à sa manière accoutumée, Votre Altesse en ait bon marché. Leur gros bagage et leurs équipages ralentissent singulièrement leur marche.

« Un parti que j'ai envoyé hier sur Zwetel, pour m'assurer s'ils avaient fait passer quelqu'un sur cette route, leur a pris un convoi de pain et d'avoine et fait quelques prisonniers. L'officier qui commande ce parti n'est point encore rentré, ayant des instructions pour me rapporter tous les détails qu'il pourra se procurer sur le corps de Michelson que plusieurs rapports assurent être réuni à Koutousow. J'établis aujourd'hui mon quartier général à Hadersdorf. »

A cette date, la 1re division de dragons arrive à Zwetel, où s'établit son quartier général, et environs. On lit dans son *Journal :* « La nuit, le général Klein a dépêché un officier au maréchal Mortier pour lui donner avis de la marche de la division et connaître la direction qu'il se proposait de donner à son corps d'armée. »

Cet officier qui, comme on le verra plus loin, ne rejoint Mortier que le 18 au soir, était porteur de la lettre (1) suivante :

« J'arrive à Zwetel avec les troupes que j'avais disponibles, le restant ne peut être réuni avant le 28 brumaire (19 novembre), car vous savez, Monsieur le Maréchal, que l'on ne fait pas aussi lestement soixante-dix lieues à travers les rochers, les glaçons, les neiges, les nuages, les trombes sans avoir ses chevaux harassés et déferrés. Mais j'ai fait l'impossible pour venir promptement occuper le point de Zwetel et ses hauteurs, en attendant le surplus de la division.

« Ne trouvant que des bœufs sur les chemins que nous avons pris jusqu'à Zwetel, l'officier que j'ai l'honneur de vous envoyer n'a pu se rendre plus tôt près de vous. »

D'Hadersdorf, où est son quartier général, Dupont adresse à Mortier ce compte rendu (1) :

« Le colonel du 1er régiment de hussards me rend compte que la reconnaissance qui s'est dirigée sur Sitzendorf n'a rencontré l'ennemi qu'à une lieue au-dessus de ce village; qu'il n'était qu'au nombre de 120 hommes d'infanterie, dont 22 ont été faits prisonniers; cinq voitures dont deux chargées de cartouches ont été prises; elles n'ont pu être amenées faute de chevaux: les cartouches ont été jetées à l'eau.

---

(1) A. T.

« L'officier commandant le détachement a dit avoir entendu une canonnade depuis 3ʰ 30 jusqu'à 4ʰ 30 en avant du village de Sitzendorf et que le feu avait cessé à la chute du jour.

« L'officier chargé de faire la reconnaissance sur Ober-Hollabrunn n'est point encore rentré.

« D'après les renseignements qui ont été pris, il n'est passé du côté de Sitzendorf qu'environ 1.200 hommes depuis mercredi dernier et à différentes fois, se dirigeant sur la Moravie. »

Dans cette journée, le 1ᵉʳ corps franchit la Kamp et s'établit en avant de celui de Mortier; de Hohenwart, Bernadotte, à 7 heures du soir, écrit (1) à l'Empereur :

« J'ai l'honneur de rendre compte à Votre Majesté que je viens d'arriver ici avec une partie de mes troupes; trois régiments d'infanterie vont se reposer en avant d'Ebersbrunn et trois autres, qui arriveront dans quelques instants, se reposeront ici; je me mettrai en marche cette nuit avec les six régiments d'infanterie, quelques pièces d'artillerie et quelques escadrons. J'espère être rendu à 8 heures du matin à Hollabrunn et je suivrai les Russes. Le reste de mes troupes ne pourra arriver à Hollabrunn que demain dans la journée.

« Malgré les soins et l'activité que j'ai mis à faire exécuter le passage du Danube, malgré que j'ai passé moi-même toute la nuit sur le rivage, il m'a été impossible de réunir plus de troupes pour partir aujourd'hui; on a passé toute la journée d'hier et toute cette nuit.

« Le très grand vent, le peu de bateaux et surtout le peu de pontonniers, que j'ai pu me procurer, ont rendu l'embarcation très difficile et très lente. Je n'ai pu avoir en tout que quatorze bateaux de diverses capacités, tant du pays que de la flottille du capitaine Lostange. Le pont volant était si mal établi qu'il a éprouvé plusieurs avaries considérables; tous ces obstacles, toutes ces difficultés locales m'ont rendu vraiment malheureux puisqu'ils m'ont empêché de remplir, aussi vite que je le désirais, les ordres de Votre Majesté. Au reste, ce qui me tranquillise, c'est que Votre Majesté connaît combien le passage d'un grand fleuve est difficile, lorsqu'on n'a point de pont.

« J'ose prier Votre Majesté de croire qu'on peut lui offrir plus de talents que moi, mais jamais un plus véritable dévouement pour sa personne et plus de zèle pour le succès de ses armées. »

De Gobelspurg où, ainsi qu'on l'a vu, Mortier a établi son quartier général, il envoie à ses trois divisionnaires les ordres (2) suivants pour se porter en avant le lendemain matin :

1° A Dupont, à Hadersdorf : « Demain à 7 heures du matin, Monsieur le Général, vous mettrez en marche la division sous vos ordres pour se diriger sur Hohenwart où doit camper ce soir le corps d'armée sous les ordres de M. le maréchal Bernadotte, et vous prendrez position

---

(1) A. G. (2) A. T. (R. 16).

une lieue en arrière de l'emplacement qu'occupent ses troupes; je fais appuyer votre mouvement par les divisions Gazan et Dumonceau.

« Envoyez des reconnaissances sur votre gauche et tâchez de connaître, autant que possible, les mouvements que l'ennemi pourrait faire vers la Bohême.

« J'aurais désiré connaître les renseignements qu'a pu vous donner l'officier que vous avez envoyé hier sur Zwetel; votre silence me porte à croire qu'il n'est pas encore de retour (1).

« Envoyez-moi, chaque jour et le plus tôt que vous pourrez, tout ce que pourront vous annoncer d'intéressant les reconnaissances que vous ferez faire chaque matin à la pointe du jour.

« *P.-S.* — Je désirerais que vous m'envoyassiez demain matin un officier du 1er régiment de hussards parlant allemand pour rester près de moi et sur l'intelligence duquel je puisse compter. »

2° A Gazan, à Gobelspurg : « Je donne l'ordre au général Dupont, Monsieur le Général, de se porter demain à 7 heures du matin à Hohenwart pour appuyer le mouvement de M. le maréchal Bernadotte; vous suivrez sa marche en conservant vos distances. Le général Dumonceau a reçu le même ordre et doit marcher immédiatement après vous. »

3° A Dumonceau, à Norndorff : « Je vous préviens, Monsieur le Général, que le corps d'armée sous mes ordres part demain à 7 heures du matin pour se porter sur Hohenwart pour appuyer le mouvement de M. le maréchal Bernadotte.

« Vous suivrez la marche du général Gazan, qui vous précède, en conservant vos distances avec lui. Il serait convenable que vous vous missiez en marche de très bonne heure pour pouvoir être en mesure avec le départ du général Gazan. »

Le même jour, de Hollabrunn, Murat écrit (2) à l'Empereur : « Le maréchal Bernadotte me marque, par une lettre d'hier, que ses troupes sont entièrement passées sur la rive gauche du Danube dans la matinée et qu'il se portera aussitôt à la poursuite des Russes. Le maréchal Mortier doit marcher de même, en sorte que demain les différents corps envoyés de ce côté par Votre Majesté seront à peu près réunis et en mesure d'agir de concert. Si je n'ai pas reçu ce soir la décision de Votre Majesté au sujet de la capitulation, je ferai faire un mouvement au maréchal Soult et je le porterai en avant du village d'Hollabrunn où il sera en mesure de tomber sur les derrières de l'ennemi si nous devons encore le combattre. »

---

(1) A cette date du 16 novembre, cet officier, nommé Lehmann, envoie de Krems des renseignements sur la marche des Russes et sur la retraite effectuee dans la direction de Marbach par la division Klein. Ces renseignements sont reproduits par le capitaine Alombert.

(2) A. G.

« Le 26 brumaire » (17 novembre), met Mortier dans son *Journal*, « pris position avec le corps d'armée sous mes ordres sur les hauteurs de Sonnberg, la gauche à Fellabrunn. »

Il établit son quartier général au château de Sonnberg, d'où il écrit (1) à Dupont : « M. le général Dupont enverra quatre compagnies du 96e régiment au château de Sonnberg; elles y coucheront cette nuit et maintiendront le bon ordre dans le village. »

On lit dans le *Journal des opérations de la division Dupont* : « La division Dupont avait d'abord reçu l'ordre de s'établir à Hohenwart; elle reçoit en route celui de se porter sur Ober-Fellabrunn, où elle bivouaque. »

Cet ordre (1) lui est envoyé de Ziersdorf par le général Godinot : « M. le maréchal ordonne, mon Général, que la division à vos ordres prenne aujourd'hui position en avant de Ober-Fellabrunn et que vous ayez soin de couvrir votre gauche.

« Le quartier général de M. le maréchal sera établi ce soir à Sonnberg. »

De Sonnberg, Mortier écrit (2) au Major général :

« J'ai l'honneur de vous prévenir que le corps d'armée sous mes ordres campe ce soir en avant de Fellabrunn, la droite à la hauteur de Sonnberg et la gauche à Ober-Fellabrunn où se trouvera la division batave.

« Demain, à la pointe du jour, je me mettrai en marche pour suivre le mouvement du maréchal Bernadotte.

« Nous avons encore ramassé hier soir et ce matin une cinquantaine de Russes.

« La reconnaissance que j'ai envoyée sur Zwetel a poussé jusqu'à cette ville; elle s'est emparée d'un convoi de pain et d'avoine; il paraît que les Russes ont fait passer peu de chose sur cette route. »

Il envoie les ordres suivants (2) :

1° A Gazan, à Ober-Fellabrunn : « Demain à 7 heures du matin, Monsieur le Général, vous joindrez la division du général Dupont et vous suivrez son mouvement. Je vous ferai connaître votre destination pendant la marche. »

2° A Dumonceau, à Fellabrunn : « Je vous préviens, Monsieur le Général, que le corps d'armée doit être réuni demain à 7 heures du matin sur les hauteurs de Sonnberg où se trouve campée la division du général Dupont. Vous suivrez le mouvement du général Gazan aussitôt qu'il se mettra en marche en conservant vos distances avec lui. »

L'ordre (1) concernant Dupont lui est envoyé par Godinot : « J'ai l'honneur de vous prévenir, mon Général, que les divisions Gazan et Dumonceau ont ordre de se rendre au camp occupé par celle à vos ordres et d'y être rendues à 7 heures du matin. »

---

(1) A. G. (2) A. T. (R. 16).

« Les ordres de M. le maréchal sont que votre division se trouve prête à marcher à 7 heures demain matin. »

Mais cette marche en avant ne devait pas s'effectuer car, le même jour, 17 novembre (26 brumaire), le Major général, de Znaym, expédiait à Mortier, qui la reçoit le lendemain à 5 heures du matin, la dépêche (1) suivante écrite de sa main :

« Ordre au maréchal Mortier. — Je vous préviens, Monsieur le Maréchal, que l'intention de l'Empereur est que la division du général Dupont et celle du général Gazan se rendent à Vienne à petites journées; l'une et l'autre de ces divisions seront casernées et uniquement destinées au service de la place, à la garde des ponts et à celle de tous les établissements publics.

« Vous voudrez bien, Général (sic), me prévenir du jour où ces divisions arriveront à Vienne.

« Quant à la division du général Dumonceau, vous lui donnerez l'ordre de prendre des cantonnements à Krems, Mautern, Stein et Mölk.

« Vous prescrirez au général Dumonceau de me rendre compte de ses cantonnements et du jour où il arrivera. »

Un autre ordre, daté de Znaym le lendemain 27 brumaire (18 novembre), simplement signé par le Major général et contenant, sous une forme un peu différente, les mêmes dispositions, lui fut aussi envoyé (2).

« Le 27 brumaire (18 novembre) au matin », consigne Mortier dans son *Journal*, « reçu l'ordre de porter à Vienne les divisions Dupont et Gazan et de faire cantonner à Krems, Stein, Mautern et Mölk, celle du général Dumonceau; couché le 27 à Stockerau, le 28 (19 novembre) à Vienne où les troupes furent casernées. »

Dès la réception de l'ordre du Major général, il mande (3) à Dupont :

« D'après l'ordre de l'Empereur que vient de me transmettre le Major général de l'armée, la division sous vos ordres et celle du général Gazan doivent se rendre à Vienne où elles seront casernées et uniquement destinées au service de la place, à la garde des ponts et à celle de tous les établissements publics.

« Vous vous mettrez en marche ce matin à 9 heures et vous vous établirez en arrière de Stockerau; vous ferez reconnaître à l'avance votre position.

---

(1) A. T.
(2) « Ordre à M. le maréchal Mortier. — M. le maréchal Mortier donnera l'ordre aux divisions Dupont et Gazan de se rendre à Vienne. L'une et l'autre de ces deux divisions seront casernées et uniquement destinées au service de la place, à la garde des ponts et de tous les établissements publics.

« Vous donnerez également l'ordre à la division batave de se rendre à Krems où elle cantonnera entre Krems, Mautern, Stein et Molk..... (sic). Elle y séjournera jusqu'à nouvel ordre. »

(3) A. T. (R. 16).

« Je vous recommande, Monsieur le Général, le plus grand ordre dans votre campement et dans votre marche; mon quartier général sera établi aujourd'hui à Stockerau.

« Vous ferez partir de suite un officier de votre état-major pour prendre connaissance des casernes qui doivent vous être affectées; je prescris au général Gazan de prendre la même mesure. »

Il envoie la même lettre à Gazan sauf ce qui suit (1) : « Vous vous établirez en arrière de la division Dupont qui prend position à Stockerau et enverrez quelqu'un à l'avance pour reconnaître votre terrain. »

Toujours de Sonnberg, il répond (1) au Major général :

« J'ai reçu ce matin, à 5 heures, votre lettre d'hier qui me fait part que l'intention de S. M. est que les divisions des généraux Dupont et Gazan se rendent à Vienne pour y être casernées, étant uniquement destinées au service de la place, à la garde des ponts et à celle de tous les établissements publics, et que celle du général Dumonceau prenne des cantonnements à Krems, Mautern, Stein et Mölk.

« Chacune de ces divisions a l'ordre de se mettre en marche aujourd'hui à 9 heures : les deux premières coucheront ce soir en arrière de Stockerau et arriveront demain à Vienne. La troisième sera également demain à sa destination.

« J'établirai aujourd'hui mon quartier général à Stockerau et demain à Vienne où j'attendrai vos ordres. »

Le même jour, de Stockerau, il écrit (1), de nouveau, au Major général : « Par une lettre du 22 brumaire (13 novembre), j'avais enjoint au général Klein de se porter sur Gefœll et Zöbing pour opérer sa jonction avec moi. D'après les mouvements de l'armée, j'ai cru devoir lui prescrire de se rendre le plus tôt possible à Hollabrunn afin d'être plus à portée d'y recevoir vos ordres. Je vous prie, Monsieur le Maréchal, de me dire si la division du général Klein fait toujours partie du corps d'armée sous mes ordres. »

Il remet en même temps à l'officier que Klein lui avait envoyé, ainsi qu'on l'a vu, de Zwetel et qui vient seulement de le rejoindre, la dépêche suivante :

« Par ma lettre du 22, Monsieur le Général, je vous faisais part de la retraite de l'armée russe et je vous recommandais de vous rendre aussi promptement que possible sur Gefœll et Zöbing afin d'opérer votre jonction avec le corps d'armée sous mes ordres qui se dirigeait sur Hollabrunn, passant par Zöbing et Sitzendorf.

« L'officier que vous m'avez expédié le 25 (16 novembre) n'est arrivé que ce soir; il m'a trouvé en marche pour Vienne avec les divisions des généraux Dupont et Gazan, S. M. ayant ordonné qu'elles y seraient casernées jusqu'à nouvel ordre.

« Vous continuerez votre mouvement sur Hollabrunn et vous

---

(1) A. T. (R. 16).

aurez soin de prévenir le maréchal Bernadotte de votre arrivée dans cette place. Vous m'en donnerez également avis afin que je vous fasse passer les ordres du ministre à qui je rends compte de ceux que je vous transmets. »

D'après le *Journal des Marches de la 1re division de dragons*, Klein avait concentré, le 17 novembre, sa division à Zwetel et en avant sur la route de Gefœll à Krems; le 18, « la marche de la division à travers un pays aussi rude et couvert de glace ayant occasionné la perte de la plupart des fers », il avait ordonné un séjour pour faire ferrer, réparer la sellerie et les effets d'habillement et d'équipement. Ce n'est que le 20 novembre, dans la journée, qu'il apprit, « par le retour de l'officier dépêché à M. le maréchal Mortier le 25 brumaire (16 novembre), que la destination de la division était pour Hollabrunn. » Il se mit immédiatement en marche et arriva le 22 à Hollabrunn d'où il envoya à Mortier le compte rendu (1) suivant :

« Je m'empresse d'avoir l'honneur de vous annoncer que je suis arrivé à Hollabrunn avec les quatre régiments qui me restent de ma division.

« Aussitôt mon arrivée à Zwetel et après le départ de l'officier que je vous ai envoyé, j'appris qu'un corps d'armée formé des débris de celui du prince Ferdinand et de tous les dépôts de la Bohême, voulait faire sa jonction par Horn et Gefœll avec les Russes; j'envoyai sur-le-champ des reconnaissances sur Weitra, Neupolla et Horn annonçant qu'un corps d'armée considérable arrivait sur ce point; l'ennemi ne passa pas et les reconnaissances obligèrent les baillis à faire filer sur Krems les réquisitions et les charpentiers malgré les défenses des officiers du régiment de la Tour.

« *P.-S.* — Nous avons fait quelques prisonniers et pris un convoi. »

A la même date, Klein adresse au Major général des renseignements (2) semblables.

Le 19 novembre, Mortier entre à Vienne avec les divisions Dupont et Gazan. Avant de quitter Stockerau, Godinot avait écrit (2) à Dupont : « M. le maréchal me charge, mon Général, de vous écrire afin que vous donniez les ordres les plus positifs pour qu'aucun soldat ne quitte son rang en entrant dans Vienne et qu'il aille directement à la caserne qui lui sera désignée.

« Le plus grand ordre doit régner dans la troupe. »

La place de Vienne était commandée par le général Hulin que, sous les ordres de Mortier, on a vu à la tête des grenadiers de la Garde à Paris et à Boulogne (3); dès le 11 novembre, Bessières lui avait prescrit (2) de remettre le commandement des grenadiers au major Dor-

---

(1) A. T. (2) A. G. (3) Voir titre IX.

senne et de se rendre aux avant-postes du prince Murat où il attendrait de nouvelles instructions.

Le Major général, le 14 novembre, avait fait connaître à Davout qu'il serait chargé de la défense de Vienne et des ponts et que Hulin commanderait la place. Il avait indiqué, en même temps, à ce dernier les troupes destinées alors à la garnison de Vienne. A la même date, il écrivait (1) au général Baraguay d'Hilliers de partir de suite pour Vienne avec quatre régiments de dragons à pied, en embarquant le plus de monde possible à Passau et à Braunau. Il donnait, le 16 novembre, à Davout l'ordre (1) de faire venir à Vienne, pour garder cette place, les divisions Friant et Gudin.

Dans cette capitale résidait en outre le général Clarke, nommé par l'Empereur « gouverneur de l'Autriche ».

Le 22 novembre, Hulin adresse à Mortier, logé, d'après ce document, place Joseph n° 1224, un état des postes de la garnison de Vienne occupés par ses troupes (2). Il faut pour les postes, 15 officiers et 747 sous-officiers, caporaux, tambours et soldats. « Indépendamment des postes, il y a tous les soirs un piquet de 100 hommes qui se rend sur la place d'armes, destiné pour les patrouilles de nuit.

« Une réserve composée de 200 hommes d'infanterie, placée au Manège impérial, destinée à se porter sur tous les points nécessaires.

« Un détachement de la gendarmerie d'élite destiné au service particulier de la place.

« Il y aura toujours 50 hommes de cavalerie pour les patrouilles des faubourgs, indépendamment de ceux de l'infanterie et de la garde nationale. »

A cette date, Dumonceau, de son quartier général de Krems, écrit (2) à Mortier : « J'ai l'honneur de vous faire rapport que le général commandant à Mœlk n'a pas voulu recevoir dans la place le régiment d'infanterie batave que j'y avais envoyé conformément à vos ordres. Ce refus est motivé sur ce qu'il s'y trouve déjà 3.500 hommes et qu'il est impossible qu'elle en contienne davantage. Au surplus, les environs qui consistent en hameaux de sept à huit maisons entièrement ruinées et sans aucune espèce de ressources, m'ont déterminé à rappeler ce régiment pour le placer à Mautern et environs.

« J'espère, Monsieur le Maréchal, que Votre Excellence ne désapprouvera pas cette disposition. »

Le même jour, le Major général donne, de Brünn, l'ordre à Dumonceau de se porter à Neustadt pour y rejoindre avec sa division le corps d'armée de Marmont, qui a son quartier général à Grätz (3), corps d'armée dont cette division était détachée; il l'adresse (2) à Mortier : « Vous trouverez, ci-joint, Monsieur le Maréchal, un ordre au général Dumonceau que je vous prie de lui envoyer à son quartier

---

(1) A. G. (2) A. T. (3) Grätz est à 142 kilomètres au sud ouest de Vienne.

général par un de vos aides de camp qui s'y rendra en poste et qui me rapportera l'itinéraire de sa marche et le nom de l'endroit où il couchera chaque soir. Envoyez un autre de vos aides de camp ou un officier d'état-major au général Marmont pour le prévenir de ce mouvement et lui remettre la dépêche ci-incluse.

« *P.-S.* — Un aide de camp du général Marmont venant d'arriver, je lui remets la dépêche adressée à ce général. »

Mortier transmet (1), le 23, l'ordre destiné à Dumonceau en ajoutant aux instructions qu'il avait reçues du Major général : « Je regrette, Monsieur le Général, que mes relations avec vous n'aient pas été de plus longue durée. »

Il écrit (1), le 24 novembre, au Major général :

« A la réception de votre lettre du 1er de ce mois (frimaire-22 novembre), j'ai envoyé par un de mes aides de camp au général de division Dumonceau, l'ordre que vous m'adressiez pour lui. Je lui ai recommandé de me donner l'itinéraire de sa marche et le nom de l'endroit où il couchera chaque jour. Je m'empresserai de vous faire passer ces renseignements dès l'instant qu'ils me seront parvenus.

« Ainsi que j'ai eu l'honneur de vous en prévenir par ma lettre du 27 brumaire (18 novembre), les divisions des généraux Dupont et Gazan sont arrivées le lendemain à Vienne et, depuis ce moment, elles ont occupé la garde des ponts, des établissements publics et font le service de la place qui exige journellement 1.350 à 1.400 hommes.

« Voici les noms des casernes qu'occupent les différents corps de ces divisions :

« Le 4e régiment de dragons occupe la caserne dite Joseph Stadt;
« Le 1er de hussards, celle de Neumarkt;
« Le 32e d'infanterie de ligne est logé à Alsters Kaserne;
« Le 96e d'infanterie de ligne est logé à Getreu Markt;
« Le 4e d'infanterie légère est logé à Leins Grube;
« Le 9e d'infanterie légère est logé à Kempendorf;
« Le 103e d'infanterie de ligne occupe la caserne de Renneweg;
« Le 100e d'infanterie de ligne doit également s'y établir, mais le défaut de fournitures ne lui a pas permis de le faire.

« J'ai voulu voir, par moi-même, ces divers établissements; j'y ai trouvé les fournitures dans un état pitoyable : la paille était hachée et remplie de vermine; il n'y a que très peu de draps et de couvertes.

« Je me suis empressé de faire, à ce sujet, des représentations à M. l'intendant général de l'armée qui s'occupe de faire fournir à la troupe tout ce dont elle a besoin; mais il ne lui a pas encore été possible de pourvoir à tout ce qui est nécessaire.

« J'ai eu l'honneur de vous rendre compte, de Stockerau, que j'avais donné l'ordre au général Klein de se rendre à Hollabrunn

---

(1) A. T. (R. 16).

afin d'être plus à portée d'y recevoir vos ordres; il m'a informé, par sa lettre du 1er de ce mois (frimaire-22 novembre), qu'il venait d'y arriver. Veuillez, s'il vous plaît, me dire si sa division fait toujours partie du corps d'armée sous mes ordres...

« Dans ce moment, arrive l'aide de camp que j'avais envoyé près du général Dumonceau; je joins l'itinéraire de sa marche de Krems à Neustadt.

« Il est resté à Krems des magasins considérables de sel appartenant aux Autrichiens et sur lesquels on a apposé les scellés à notre arrivée dans cette ville; il y a aussi un magasin de farine entre Krems et Stein : j'en ai prévenu M. l'intendant général. Je pense, Monsieur le Maréchal, qu'il serait à propos de les faire enlever ou garder soigneusement pour prévenir toute espèce de dilapidation.

« Itinéraire que suivra la division batave pour se rendre à Neustadt : elle partira de Krems le 25 novembre et ira le même jour à Herzogenburg, le 26 à Streihofen, le 27 à Schönbrünn, le 28 à Ginseldorf et le 29 à Neustadt. »

L'aide de camp lui rapportait en même temps la lettre (1) suivante de Dumonceau :

« J'ai reçu les ordres de M. le Major général de l'armée qui me prescrivent de me rendre, avec ma division, à Neustadt et de rentrer sous les ordres du général Marmont. J'ai l'honneur de vous envoyer l'itinéraire de la marche que suivra ma division qui partira d'ici demain 25 novembre.

« C'est à moi, Monsieur le Maréchal, à conserver des regrets de cesser sitôt de servir sous vos ordres et avant d'avoir eu l'occasion de vous donner une preuve du zèle et de la bonne volonté des troupes bataves; mais, quelque court qu'ait été le temps où nous avons été sous votre commandement, nous n'en conserverons pas moins une vive reconnaissance pour les bontés que vous avez bien voulu nous témoigner. »

On verra que, peu de jours après, la division Dumonceau revint sous les ordres de Mortier à Vienne.

La situation des troupes casernées à Vienne ne s'améliorant pas ainsi qu'on le lui avait promis, le maréchal écrit (2), le 26 novembre, au général Clarke et à l'intendant général de l'armée :

« Il m'est infiniment pénible d'avoir encore à vous entretenir des privations qu'éprouve toujours la troupe depuis qu'elle est casernée et je vois avec chagrin que les promesses qui m'avaient été faites d'améliorer son sort ne paraissent pas avoir été suivies d'aucun effet. Je reçois à l'instant une lettre du général Gazan qui me transmet le rapport que lui fait le major du 103e régiment de ligne dans lequel

---

(1) A. T. (2) A. T. (R. 16).

il lui expose que, depuis le 30 brumaire (21 novembre) que ce régiment est caserné, il n'a pu obtenir ni sel ni chauffage, qu'on ne s'est point encore occupé du renouvellement des fournitures, que le retard que l'on met à changer les draps et la paille, qui sont remplis de vermine, nuit singulièrement à la santé du soldat; qu'il n'a point encore été fait de distribution de légumes secs; qu'enfin on ne s'est point encore occupé des besoins les plus indispensables de la troupe malgré les promesses que j'avais faites sur l'assurance qui m'en avait été donnée qu'il y serait incessamment pourvu.

« Vous sentez comme moi, Monsieur..., que le prêt de la troupe étant arriéré, il est indispensable d'assurer sa subsistance et je vous réitère la prière de vouloir bien vous en occuper de nouveau. Il serait également nécessaire que l'on procurât des voitures pour aller aux distributions; l'éloignement des lieux où elles se font et le grand nombre d'hommes qui sont journellement de garde rendent ce service très pénible. »

Il adresse, à la même date (1), au Major général le rapport d'ensemble sur le combat de Diernstein reproduit précédemment et transmet au général Gazan l'ordre (2) suivant que le Major général lui avait expédié la veille :

« L'Empereur ordonne, Monsieur le Maréchal, que le 4ᵉ régiment d'infanterie légère soit, sur-le-champ, cantonné à l'abbaye de Closterneubourg près Vienne où ce corps se refera en attendant ses prisonniers qu'il va recevoir. Il faut, dès à présent, s'occuper de son équipement et de son armement. »

Mortier répond (3), le 27, au Major général :

« A la réception de l'ordre que vous m'avez adressé le 4 de ce mois (frimaire-25 novembre) de faire cantonner sur-le-champ le 4ᵉ régiment d'infanterie légère à l'abbaye de Closterneubourg, je me suis empressé d'envoyer reconnaître ce cantonnement; voici les renseignements qui me sont parvenus.

« Le village de Neubourg est occupé par 5 compagnies de pontonniers et 500 chevaux; il est composé de 310 feux qui peuvent bien encore recevoir quelques soldats mais peu d'officiers.

« Il y a à l'abbaye 1 colonel, 1 chef de bataillon et 4 capitaines,

---

(1) Le même jour, 26 novembre, l'inspecteur aux revues de la Garde, Chadelan, écrit (A. T.) a Mortier, de Paris : « Depuis hier, on a reçu beaucoup de lettres de la Grande Armée, toutes annonçant qu'elle est dans Vienne; aussitôt les spectacles en ont été informés par un officier public; au seul nom de Bulletin de la Grande Armée, les applaudissements ont éclaté et, dès qu'on a annoncé qu'elle était dans Vienne, il n'y a plus eu d'intervalle dans les battements de mains et les bravos mille fois répétés pendant vingt minutes; dès ce moment, les têtes ont raffolé des prodiges de l'empereur Napoléon; le canon a confirmé aujourd'hui au peuple cette importante nouvelle.

« J'ai eu l'honneur de saluer hier Mᵐᵉˢ les maréchales Mortier, Soult et Bessières chez Mᵍʳ le prince Louis; elles rayonnaient de joie; la première a dû frissonner en apprenant tous les dangers qu'avait courus son digne époux. »

(2) A. T. (3) A. T. (R. 16).

indépendamment de 38 religieux ; mais, les bâtiments n'étant point achevés, on ne pourrait y loger plus de monde : il y existe deux casernes destinées pour 1.500 malades.

« D'après ce rapport, Monsieur le Maréchal, j'ai cru devoir suspendre le départ du 4ᵉ régiment d'infanterie légère jusqu'à votre réponse.

« Si, depuis que la troupe est à Vienne, les effets de casernement avaient été renouvelés, comme je n'ai cessé de le demander; si les distributions autres que celles du pain et de la viande, qui se font régulièrement, avaient eu lieu comme cela devrait être, le soldat serait ici aussi bien que partout ailleurs; mais, malgré mes représentations multipliées et l'attention que j'ai eue de m'assurer moi-même de l'état des choses, je n'ai encore pu réussir à faire renouveler la paille et les draps, qui sont remplis de vermine, et la troupe n'a obtenu qu'en partie le bois et le sel mais point encore de légumes secs. J'ai vu M. Pétiet pour l'engager à faire cesser ce désordre; j'ai même été dans le cas de lui renouveler à ce sujet mes plaintes; il vient de me donner l'assurance qu'il allait y remédier. »

Le Major général décida que Closterneubourg serait uniquement réservé pour le corps des pontonniers (1).

Berthier avait donné des ordres pour renforcer les régiments d'infanterie des divisions Gazan et Dupont et en avait rendu compte (2), le 25 novembre, à l'Empereur : « J'ai l'honneur de rendre compte à l'Empereur que je donne l'ordre aux 3ᵉ bataillons des 4ᵉ régiment d'infanterie légère, 100ᵉ et 103ᵉ de ligne, qui sont à Schelestadt, d'en partir le 15 frimaire (6 décembre) pour se rendre à Augsbourg où ils arriveront le 3 nivôse (24 décembre).

« Ces trois régiments, ayant leurs trois bataillons à l'armée, n'avaient laissé en France que la 8ᵉ compagnie de fusiliers de chaque bataillon.

« Je donne aussi l'ordre aux dépôts du 9ᵉ régiment d'infanterie légère et des 32ᵉ et 96ᵉ régiments de ligne, qui se trouvent à Landau, de faire partir, le 15 frimaire, chacun 200 hommes pour se rendre à Braunau où ces 600 hommes arriveront le 4 nivôse (25 décembre). »

Davout, de Vienne, avait écrit (2) le 25 novembre au Major général :

« J'ai l'honneur d'adresser à Votre Excellence copie de la lettre qu'elle m'a adressée le 3 de ce mois (frimaire-24 novembre) pour l'occupation de Presbourg par la division du général Gazan et par une brigade de dragons de la division Klein. Ces troupes ne faisant pas partie du 3ᵉ corps d'armée, je ne puis leur donner des ordres ni des instructions.

---

(1) Capitaine Alombert. (2) A. G.

« Le maréchal Mortier n'a reçu encore aucun ordre relatif à la division Gazan, ce qui me ferait supposer qu'il y a malentendu. Je prie Votre Excellence, de me faire connaître les ordres de S. M. »

Il lui indique (1), le 27 novembre, les dispositions qu'il avait déjà prises : « J'ai l'honneur de rendre compte à Votre Excellence qu'après m'être assuré que M. le maréchal Mortier n'avait reçu aucun ordre pour le mouvement de la division Gazan, présumant bien qu'il avait dû être commis une erreur de nom et de division, j'avais déjà ordonné, dès hier, un mouvement préparatoire à la division Gudin... »

Le 28 novembre, à 7 heures du soir, de Brünn, le Major général mande (2) à Mortier : « Le maréchal Davout, Monsieur le Maréchal, part avec ses deux divisions pour se rendre à Brünn. Il est à présumer que, demain ou après, nous aurons une grande bataille. L'Empereur vous ordonne de garder le poste important de Vienne et les ponts en grande surveillance avec les divisions Dupont et Gazan. Vous sentez assez combien il faut, en ce moment, faire un service actif. Prévenez M. Pétiet pour ce qui regarde les ambulances. »

Quelques heures plus tard, le 29 novembre à 4 heures du matin, il lui envoie du « bivouac, à une lieue de Brünn, route d'Olmütz », ce nouvel ordre (2) tout entier de sa main et dicté sans doute par l'Empereur :

« L'Empereur, Monsieur le Maréchal, me charge de vous écrire par un second courrier afin que, dans le cas où M. le maréchal Davout serait à Presbourg et qu'il n'aurait pas reçu les ordres que je lui ai adressés, il y a quelques heures, vous ayez, Monsieur le Maréchal, à donner les ordres les plus urgents pour faire partir sur-le-champ pour Brünn la division de dragons du général Klein, celle du général Bourcier et la division d'infanterie du corps d'armée du maréchal Davout, soit celle du général Friant, soit celle du général Gudin. Ces corps doivent marcher à marche forcée car, demain ou après, il y aura une bataille sanglante.

« Quant à vous, Monsieur le Maréchal, vous devez être bien surveillant tant pour garder la ville de Vienne que les ponts du Danube ; vous devez conserver pour ces objets la division Dupont et la division Gazan. Prévenez le général Clarke et le général Hulin.

(*Après la signature*) :

« Je dis demain, c'est aussitôt la réception de la lettre qu'il faut faire partir les troupes (3).

« Faites passer les deux lettres ci-incluses au général Dumonceau et au général Marmont et dites verbalement à l'officier porteur le contenu des lettres. »

---

(1) A. G. (2) A. T.
(3) C'est sans doute à cause de l'heure matinale que Berthier craint de s'être trompé en mettant demain ; il n'avait pas fait d'erreur puisqu'il avait écrit · sur-le-champ.

Mortier reçoit à 4 heures du soir la première dépêche du Major général et lui répond (1) de suite :

« Je reçois dans le moment la lettre que vous m'avez fait l'honneur de m'écrire hier soir pour me prévenir que M. le maréchal Davout partait avec ses deux divisions pour se rendre à Brünn.

« Je prends de nouveau toutes les mesures pour que la garde des ponts et le service de la place se fassent avec la plus grande surveillance et que la tranquillité de Vienne ne souffre aucunement des événements que vous m'annoncez et dont l'issue ne peut être que glorieuse pour nos armes puisque notre Empereur se trouve en personne sur les lieux. »

Le même jour, de Vienne, Klein écrit (2) à Mortier : « Je reçois à l'instant de S. Exc. le ministre de la Guerre l'ordre de réunir ma division et de me porter à marche forcée sur Brünn. Je vous prie, Monsieur le Maréchal, de vouloir bien donner ordre au 4ᵉ régiment de se porter sur-le-champ à Göllersdorf à hauteur de Schönborn, 9 lieues d'ici, ou d'avoir la bonté de me donner votre refus par écrit pour ma responsabilité. S. Exc. le ministre me mande que mon mouvement est de la dernière importance. »

Mortier expose (1) la question au ministre dans les termes suivants : « Monsieur le Maréchal, j'ai eu l'honneur de vous faire part des différents mouvements de la division de dragons commandée par le général Klein et de vous prier, par mes lettres des 27 brumaire et 3 de ce mois, de me dire si cette division faisait toujours partie du corps d'armée sous mes ordres. Jusqu'à présent, vous ne m'avez point honoré de votre réponse à ce sujet. Aujourd'hui, le général Klein demande que je lui renvoie le 4ᵉ régiment de dragons. J'ai l'honneur de vous observer qu'il est à peine suffisant avec le 1ᵉʳ régiment de hussards pour le service de la place de Vienne. Veuillez me dire, Monsieur le Maréchal, quelles sont vos intentions relativement à cette demande.

« *P.-S.* — M. Pétiet a été prévenu, pour ce qui le concerne, de ce que vous m'avez fait l'honneur de m'écrire hier soir. »

Il répond (1) à Klein : « Je viens, Monsieur le Général, de demander au ministre de la Guerre si l'intention de S. M. est que le 4ᵉ régiment de dragons ne fasse plus partie de la garnison de Vienne.

« Je m'empresserai de vous envoyer ce régiment si le ministre me l'ordonne. »

Disons de suite que ce n'est que le 5 décembre, d'Austerlitz, que le ministre lui mande (2) : « Vous pouvez, Monsieur le Maréchal, conserver à Vienne le 4ᵉ régiment de dragons jusqu'à nouvel ordre et informer le général Klein que j'en ai donné l'autorisation. »

Le même jour, 29 novembre, à 11 heures du soir, il reçoit l'ordre que le ministre lui avait adressé à 4 heures du matin et lui écrit (1) de suite :

« Je reçois à l'instant la lettre que vous m'avez fait l'honneur de

---

(1) A. T. (R. 16). (2) A. T.

m'écrire ce matin. Le général Daultanne, chef de l'état-major du maréchal Davout, vient de m'assurer que ce soir à 5 heures, les ordres ont été expédiés aux généraux Klein et Bourcier ainsi qu'aux généraux Friant et Gudin pour qu'ils se mettent en marche, sans délai, avec leur division pour se rendre à Brünn. Le général Daultanne a eu l'honneur de vous donner des détails sur ces différents mouvements.

« Je fais partir, dans ce moment, un de mes aides de camp avec l'ordre de porter votre dépêche au général Dumonceau, mais je ne crois pas que sa division puisse être rendue ici avant après-demain soir.

« Je vais faire porter quelques piquets de cavalerie sur Fischament pour éclairer la route de Hongrie. Demain, on travaillera sans relâche à la construction d'un pont de bateaux à trois quarts de lieue au-dessus de Vienne, à la hauteur à peu près de Schönbrünn; le colonel du génie Tousard est chargé de la direction de ce travail. »

Davout s'était rendu à Presbourg; Clarke le dit (1), à cette date, à l'Empereur : « J'apprends à l'instant, par une lettre de S. Exc. M. le Major général, que le corps d'armée du maréchal Davout qui s'était, en partie, porté sur Presbourg (et qui y est de sa personne) a ordre de se diriger à grandes marches sur Brünn : ainsi Vienne se trouve à découvert du côté de la Hongrie et la marche rétrograde de la division Gudin fera une vive impression. Il reste les divisions Gazan et Dupont, sous les ordres du maréchal Mortier, pour défendre Vienne... Dans cette circonstance, je prie Votre Majesté... de me permettre de vous représenter qu'il a fallu de l'adresse et beaucoup de soin pour faire naître dans Vienne le calme qui y règne en ce moment; que la discipline que MM. les maréchaux Mortier et Davout ont maintenue a contribué puissamment à ce calme mais que la même discipline n'existe pas à beaucoup près, suivant ce que je puis apprendre, dans la division de dragons à pied. C'est pourquoi, si elle entre le 12 frimaire (3 décembre) en ville, suivant ce que l'on annonce, et qu'elle y commette des excès, elle peut renverser en un instant tout ce qui a été fait pour le bon ordre. J'ose en conséquence vous demander qu'elle ne passe point en ville et qu'elle soit cantonnée au delà des ponts sur la rive gauche du Danube. »

Le 30 novembre, à 1 heure du matin, Davout, de retour à Vienne, envoie au Major général la lettre (1) ci-après : « J'ai l'honneur de prévenir Votre Excellence qu'à mon retour de Presbourg, j'ai eu connaissance des ordres que vous m'avez adressés et que le général Daultanne, mon chef d'état-major, s'était empressé d'expédier aux généraux Gudin et Friant.

« Je partirai ce matin pour prendre les ordres de S. M. et je prendrai les 2ᵉ et 3ᵉ divisions du 3ᵉ corps d'armée. »

Mortier mande (2) à Hulin : « Je vous préviens, Monsieur le Général,

---

(1) A. G. (2) A. T. (R. 16).

qu'en conséquence de deux lettres que m'a adressées le ministre de la Guerre les 7 et 8 de ce mois (frimaire-28 et 29 novembre), je dois être chargé du commandement supérieur de la ville de Vienne pour ce qui concerne le service militaire. Vous voudrez bien, en conséquence, me tenir journellement informé de tout ce qui a généralement rapport à la police et au service de la place. Je vous préviens encore que la division batave, forte d'environ 3.500 hommes et 250 chevaux, a ordre de venir caserner à Vienne où elle arrivera demain dans la journée; veuillez prendre à cet égard toutes les dispositions convenables. »

A cette date, il met à l'ordre (1) :

« Division batave. Un bataillon de chasseurs à pied à Fischament avec 25 chevaux, un poste de 4 hommes et 1 brigadier à Schwechat pour la correspondance; 20 chevaux à Galbrunn; 6 hommes et 1 brigadier à Minckendorf.

« 20 chevaux du 4e dragons et un détachement de 100 hommes pris dans les 100e et 103e régiments s'établiront à Probstdorf.

« Ces détachements s'éclaireront et pousseront très en avant, sans toutefois se compromettre, des reconnaissances sur la route de Hongrie, celle de Bruck, et enfin celui de Probstdorf en poussera jusque sur la March pour s'assurer des dispositions et des mouvements de l'ennemi.

« Il est important que chacun de ces détachements soit commandé par un officier intelligent ayant l'habitude du service des avant-postes. Celui de Schwechat sera simplement commandé par un brigadier, mais il devra enregistrer toutes les dépêches qui lui seront remises, ainsi que les heures de départ.

« A dater d'aujourd'hui on fera cantonner à Jedlersdorf un bataillon de la division du général Dupont; ce bataillon soutiendra, au besoin, les gardes des ponts et sera, en outre, chargé de s'éclairer sur sa droite et de pousser, chaque jour, des reconnaissances sur le Russbach et au delà. Aussitôt l'arrivée de la division batave, ce bataillon sera relevé par un bataillon de chasseurs bataves.

« Le général Godinot écrira, de ma part, au général Hanicque pour faire placer deux pièces de canon à la tête du premier pont près Auspitz et deux autres en arrière du pont, de manière à les rendre disponibles en cas de besoin. Cette batterie sera commandée par un officier. »

Le 1er décembre, la division batave arrive à Vienne et Godinot prévient (2) Dupont que, conformément aux ordres de Mortier, il a fait relever par des troupes bataves le bataillon de sa division qui était à Jedlersdorf et que celui-ci rentre à sa caserne.

---

(1) A. T. (R. 16). (2) A. G.

« Le 11 frimaire » (2 décembre), note Mortier dans son *Journal*, « mémorable bataille d'Austerlitz. »

De Vienne, il adresse au Major général ce compte rendu (1) :

« J'ai l'honneur de vous prévenir que la division batave est arrivée à Vienne. Elle a détaché, d'après mes ordres, un bataillon et 25 chevaux à Fischament pour observer la route de Presbourg; un autre bataillon à Schwechat, à l'embranchement des routes de Bruck et de Presbourg.

« J'ai également laissé des postes à Minkendorf et à Draskirchen; chacun de ces différents postes se garde militairement et a l'ordre de pousser, chaque jour, des reconnaissances en avant.

« Indépendamment d'une garde de 500 hommes des divisions françaises aux ponts du Danube, où j'ai aussi 4 pièces d'artillerie, j'ai de plus établi deux bataillons bataves à Jedlersdorf; ces deux bataillons ont formé un détachement de 100 hommes à Probstdorf, où j'ai également mis 25 chevaux. Ces postes ont l'ordre de pousser des reconnaissances sur la March.

« On travaille sans relâche au pont de bateaux de Nusdorf; on me fait espérer qu'il sera fini cette nuit ou demain dans la journée.

« On s'occupe aussi à réparer l'habillement, l'équipement et l'armement des divisions Dupont et Gazan.

« J'ai désigné aux troupes sous mes ordres des points de réunion en cas de besoin; tout, au reste, est fort tranquille à Vienne, aux propos près de quelques oisifs; mais cette capitale a plus particulièrement cela de commun avec les grandes villes.

« *P.-S.* — Par le *post-scriptum* de ma dernière lettre que je viens de relire, je vous ai marqué par erreur que le pont de bateaux s'établissait à la hauteur de Schönbrünn. J'ai voulu dire vis-à-vis Nusdorf, à la hauteur du chemin de Schönbrünn qui conduit dans cet endroit. »

Il écrit (1), le même jour, à Hulin :

« J'ignore absolument, Monsieur le Général, quelle doit être la destination de la division de dragons à pied, n'ayant reçu à cet égard aucun avis. Si vous prévoyez qu'il soit impossible de la loger à Vienne, vous pouvez, il me semble, disposer de la caserne d'Ebersdorf et de Mauswerth, ainsi que des villages environnants. Je vous donne au reste cet avis sans rien préciser à cet égard, ignorant absolument à quoi on destine ce corps de troupe.

« Vous avez aussi à Leopoldau, Kayren, Kirschsteten des ressources pour faire des cantonnements; ces endroits se trouvent au delà du Danube et très à portée de Vienne.

« Dans tout état de choses, il serait convenable, je pense, de faire appeler chez vous les officiers commandant ces différents bataillons et de leur prescrire de recommander à leur troupe la plus sévère discipline. »

---

(1) A. T. (R. 16).

Le 3 décembre, ayant appris la victoire d'Austerlitz, il met à l'ordre général (1) :

« Le maréchal Mortier s'empresse d'annoncer aux troupes sous ses ordres que l'armée commandée par l'empereur Napoléon en personne vient de battre complètement les armées russe et autrichienne à Austerlitz.

« Les troupes françaises de la Garde impériale se sont rencontrées avec celles de la Garde de l'empereur Alexandre. Ces dernières ont été culbutées; leur artillerie, leur colonel et les deux tiers de leurs officiers ont été pris; le reste de cette Garde a été tué ou dispersé.

« Notre Empereur a dirigé lui-même tous les mouvements de son armée et ses troupes victorieuses ont de nouveau prouvé aux Russes ce que peuvent la valeur et le dévouement des soldats français à leur auguste chef.

« Le maréchal Mortier fera connaître au corps d'armée sous ses ordres les détails de cette mémorable journée aussitôt qu'ils lui seront parvenus. Les empereurs d'Autriche et de Russie n'ont assisté à cette bataille que pour être témoins de la défaite de leurs armées. »

Le même jour, il écrit (1) au prince Eugène à Milan : « M. de Talleyrand ayant paru désirer qu'un officier de mon état-major vous portât des dépêches importantes, je me suis empressé de désigner M. Gouré, mon aide de camp, qui aura l'honneur de vous remettre cette lettre. Je n'ajouterai rien aux détails que l'on vous donne de la mémorable journée d'Austerlitz. L'empereur Alexandre et l'armée russe savent aujourd'hui ce que peut la valeur française lorsqu'elle est guidée par le génie du plus grand des héros. »

Il mande (1) à Dupont :

« Vous donnerez l'ordre, Monsieur le Général, au 1er régiment de hussards de partir, demain à la pointe du jour, pour se rendre à Jedlersdorf, à une demi-lieue en avant du dernier pont du Danube sur la route de Brünn, où il restera jusqu'à nouvel ordre. Ce régiment continuera à prendre ses vivres à Vienne. Vous recommanderez au colonel Rouvillois d'envoyer de fréquentes patrouilles sur la route de Brünn et de faire battre la campagne afin de ramasser les fuyards ou les hommes qui auraient pu s'égarer du corps de l'armée russe que nos troupes tiennent bloqué.

« Le colonel vous fera exactement le rapport de ce qu'il apprendra de nouveau et je vous prie de me le faire connaître aussitôt qu'il vous parviendra.

« P.-S. — Le général Hulin a l'ordre de faire relever ce soir tous les postes du 1er régiment de hussards. Je désirerais que ce mouvement se fît avant 7 heures du matin. »

Le même jour, le capitaine de frégate Lostange prévient (2) le

---

(1) A. T (R. 16) (2) A. G.

Major général que « d'après les intentions de M. le maréchal Mortier, les sapeurs de garnison à la flottille sont partis ce matin pour aller travailler au pont de bateaux que l'artillerie fait établir dans les environs d'Ebersdorf. »

Le 4 décembre, Mortier écrit (1) au Major général :
« La victoire éclatante que notre Empereur vient de remporter sur les armées russe et autrichienne a causé la plus vive sensation parmi les troupes que je commande. J'ai fait mettre à l'ordre du jour les détails que M. de Talleyrand m'a communiqués sur cette mémorable journée.

« Le 1er régiment de hussards occupe Jedlersdorf et a ordre de battre la campagne pour ramasser les fuyards qui pourraient se glisser de ce côté; il est présumable qu'ils en rencontreront (2).

« Le pont de Nusdorf est terminé; on peut y passer directement de Jedlersdorf et Jedelsee. J'ai donné des ordres pour que le chemin soit tracé.

« La ville de Vienne est parfaitement tranquille; nos derniers succès ont fait taire quelques clabaudeurs. »

A la même date, il adresse à l'intendant général Pétiet la lettre (1) suivante qui donne un aperçu du service des fourrages à Vienne :

« Je viens d'être informé que la ration d'avoine a été réduite au demi-boisseau. Je dois vous faire observer, à ce sujet, que, depuis que la troupe est à Vienne, les chevaux n'ont point encore eu de paille et que le foin qu'on leur donne est tellement mauvais qu'ils refusent souvent d'en manger.

« Il est donc indispensable, puisqu'ils sont déjà privés d'une partie aussi essentielle de leur nourriture, qu'on ne retranche rien de ce qui peut seul encore les soutenir; car autrement il est impossible qu'ils résistent à tant de privations et, avant peu de temps, la cavalerie et les chevaux d'artillerie faisant partie de la garnison de Vienne seront hors d'état de rendre aucun service.

« Je vous prie en conséquence, Monsieur, de prendre les mesures que vous jugerez convenables pour empêcher que le mal qui existe déjà n'augmente encore et pour que les rations d'avoine soient délivrées comme ci-devant en y ajoutant celles de paille. »

Les ordres qu'il donne (1), le 5 décembre, à Godinot montrent encore sa sollicitude pour faire cesser les négligences qui se commettaient :

« Je viens d'être informé, Monsieur le Général, que, malgré les

---

(1) A. T. (R. 16).
(2) Le 6 décembre, Mortier envoya l'ordre (A. T.) au général Dupont de faire rentrer, le lendemain, le 1er hussards à Vienne. Avant de l'avoir reçu, le 7, le colonel du 1er hussards demandait (A. G.) son retour, « ses patrouilles n'ayant rien vu ni rencontré », et le régiment éprouvant beaucoup de difficultés pour le transport des denrées.

ordres que j'avais donnés, les blessés qui se trouvaient à Krems n'ont point été évacués sur Mœlk, que plusieurs sont morts de besoin faute de secours et que la plupart sont réduits à mendier pour pouvoir subsister.

« Vous voudrez bien, en conséquence, y envoyer sans différer un officier de votre état-major pour presser l'exécution de cette évacuation et faire administrer à ces malheureux les secours que leur situation réclame.

« Envoyez aussi, sur-le-champ, au pont de Nusdorf pour vous assurer si le service s'y fait avec toute l'exactitude que j'ai recommandée.

« Vous enverrez encore aux ponts du Danube pour y recommander aux troupes qui s'y trouvent, ainsi qu'au 1er régiment de hussards qui est à Jedlersdorf, la plus grande surveillance, avec ordre de se tenir sous les armes dans le cas où l'Empereur viendrait à passer. »

Il mande, le lendemain 6, à Hulin : « La garde de 50 dragons à pied, Monsieur le Général, que vous avez envoyée au pont de bateaux de Nusdorf, y fait tellement mal son service que vous voudrez bien la faire relever de suite par 30 hommes et 1 officier des troupes sous mes ordres. Ces dragons, au lieu de s'établir à la tête du pont et de la garder militairement, comme on le leur avait prescrit, se sont, au contraire, logés dans le village, en se contentant de placer des factionnaires au pont.

« Vous prescrirez à l'officier qui doit les relever de s'établir à la tête du pont ; il détachera une garde de 4 hommes et 1 caporal à la tête du petit pont de Schwarzelācken.

« Cet officier aura la consigne de ne laisser passer personne qui ne soit porteur de passeport en règle. Il arrêtera tout soldat de l'armée qui ne serait pas dans le même cas.

« Chacun des petits postes aura naturellement le nombre de factionnaires qu'exigeront les localités et le bien du service. »

Le passage des prisonniers russes nécessite diverses mesures intéressant les troupes placées sous les ordres de Mortier. Il écrit (1), le 5 décembre, à Hulin :

« Je vous fais part, Monsieur le Général, que M. le général Clarke me demande les moyens de faire escorter, jusqu'au premier endroit où nous avons des troupes, environ 300 prisonniers de guerre qui se trouvent à Burkersdorf. Les divisions qui sont ici sous mes ordres étant uniquement destinées au service de la place, je crois qu'il serait convenable de faire escorter ces prisonniers par un détachement de dragons à pied.

« Il serait également nécessaire de faire escorter par un détache-

---

(1) A. T. (R. 16).

ment de 20 hommes et 1 officier du même corps, un convoi de poudre destiné pour le général Marmont... Veuillez, en conséquence, prendre des mesures pour la prompte exécution de ces dispositions. »

Le Major général avait donné, le 4 décembre, des instructions (1) au général Andréossy, chargé des dispositions relatives au départ pour la France des prisonniers russes faits à Austerlitz : « Les jours où les colonnes de prisonniers traverseront Vienne, les troupes seront sous les armes et on en fera une espèce de fête, sans que, sous aucun prétexte, les colonnes de prisonniers russes puissent s'arrêter un instant dans les faubourgs et dans la ville de Vienne. »

Le 5 décembre, Mortier transmet (2) dans ces termes à Gazan les instructions qu'il vient de recevoir d'Andréossy :

« Un courrier, que vient de m'expédier le général Andréossy d'après les ordres du ministre de la Guerre, Monsieur le Général, m'annonce « qu'il doit être parti aujourd'hui 14 courant (frimaire), de Brünn, une colonne de 6.000 prisonniers russes sous l'escorte « du 1er bataillon du 30e régiment d'infanterie de ligne; que demain « une seconde colonne de prisonniers russes d'égale force partira du « même endroit sous l'escorte du 2e bataillon du même régiment; que, « le 16, il partira peut-être un reste de prisonniers, mais qu'il m'infor- « mera de ce qui devra se mettre en route ce jour-là.

« Le 30e régiment de ligne n'ira que jusqu'à Vienne; il s'y reposera « un jour et retournera joindre sa division.

« A une lieue en avant de Vienne, sur la route de Brünn par Sta- « mersdorf, le 1er bataillon du 1er régiment d'infanterie légère relèvera « le 1er bataillon du 30e régiment d'infanterie de ligne. Le 2e ba- « taillon du 1er régiment d'infanterie légère relèvera également le « lendemain, à une lieue de Vienne, le 2e bataillon du 30e d'infanterie « de ligne.

« Les deux bataillons du 4e d'infanterie légère, avec le colonel, « continueront d'escorter les prisonniers russes jusqu'à Strasbourg, « où ce régiment attendra de nouveaux ordres pour son retour à « l'armée. »

« Le chef de bataillon commandant chaque colonne doit me prévenir de l'heure à peu près à laquelle les colonnes doivent arriver, afin que les bataillons du 4e régiment d'infanterie légère aient le temps de se porter à une lieue en avant de Vienne.

« Je crois qu'à cet égard, il y a erreur et que le 1er régiment d'infanterie légère a été désigné pour le 4e. Dans tous les cas, donnez sur-le-champ des ordres au 4e régiment d'infanterie légère pour qu'il se dispose à remplir sa mission. Le général Andréossy enverra directement au colonel de ce corps des instructions à ce sujet.

« Sous aucun prétexte, les colonnes de prisonniers russes ne pour-

---

(1) A. G. (2) A. T. (R. 16).

ront s'arrêter un instant ni dans Vienne ni dans ses faubourgs. Le jour qu'elles traverseront cette ville, toutes les troupes seront sous les armes. »

Il fait connaître (1), en même temps, à Dumonceau les dates auxquelles les colonnes de prisonniers russes partiront de Brünn et ajoute : « L'intention de S. M. étant que j'envoie jusqu'à Nicolsbourg deux bataillons à la rencontre des colonnes de prisonniers qui arriveront à Vienne, vous ferez partir demain, pour cette destination, deux bataillons des troupes qui sont sous vos ordres, et vous leur recommanderez d'éclairer les flancs de ces colonnes tant pour qu'il ne s'échappe pas de prisonniers que pour empêcher que leur marche ne soit inquiétée par quelque parti. Ces deux bataillons rentreront à Vienne aussitôt que les prisonniers seront passés.

« Vous donnerez aux commandants de ces bataillons les ordres les plus précis pour que le but de leur mission soit rempli conformément aux intentions de S. M.

« Le 30ᵉ régiment d'infanterie de ligne sera relevé à Stamersdorf par le 4ᵉ régiment d'infanterie légère qui doit conduire ces prisonniers jusqu'à Strasbourg. »

Le 7 décembre, il répond (2) à Andréossy; après lui avoir rappelé les termes de sa lettre et dit qu'il pensait qu'il y avait eu erreur en ce qui concerne le 1ᵉʳ d'infanterie légère, qui n'est pas sous son commandement, et qu'il a donné des ordres en conséquence au 4ᵉ d'infanterie légère, il ajoute :

« Vous me dites encore que les instructions que le ministre vous a adressées portent que *le jour où les colonnes de prisonniers arriveront à Vienne*, je dois envoyer deux bataillons *en avant jusqu'à Nicolsbourg* à leur rencontre et que je fasse éclairer et observer les bords de la marche.

« Je dois vous observer qu'il n'y a pas de possibilité, *le jour où les prisonniers arriveront à Vienne*, d'envoyer à leur rencontre à Nicolsbourg, qui est à 22 lieues d'ici.

« J'ai donc cru remplir les intentions du ministre en donnant, au reçu de votre lettre, des ordres à deux bataillons de la division batave de se porter jusqu'à Nicolsbourg à la rencontre des prisonniers pour éclairer le flanc des colonnes et empêcher qu'il ne puisse s'en échapper; ces deux bataillons sont partis hier de Vienne à la pointe du jour...

« Ce sera véritablement pour la garnison de Vienne un jour de fête que celui où elle verra défiler dans ses murs les trophées d'une victoire aussi éclatante que celle d'Austerlitz.

« Je reçois dans le moment votre lettre du 14; je renverrai au général Marmont ses chasseurs du 8ᵉ régiment et je ferai accompagner les prisonniers russes par 50 dragons bataves. »

---

(1) A. T. (R. 16) (2) A. G.

A la même date Godinot mande (1) à Dupont :

« L'intention de M. le maréchal, mon Général, étant que les trois divisions prennent les armes lors du passage des prisonniers russes, je vous engage à vous aboucher, pour partager le terrain depuis les ponts du Danube jusque hors du faubourg sur la route de Sankt Pölten, avec les généraux Gazan et Dumonceau.

« Les troupes ne borderont point la haie mais seront en bataille sur les places et rues les plus propres à les y recevoir. »

« Les 18 et 19 frimaire » (9 et 10 décembre), note Mortier dans son *Journal*, « passage à Vienne des prisonniers russes. »

Il en rend compte (2), le 10 décembre, au Major général :

« J'ai l'honneur de vous faire part que la première colonne de prisonniers russes, forte d'environ 3.000 hommes, est passée hier à Vienne. Je l'ai fait escorter par le 1er bataillon du 4e régiment d'infanterie légère, conformément à vos ordres, et par 25 dragons bataves.

« Aujourd'hui est également passée la seconde colonne de prisonniers, forte d'environ 7.000 hommes, escortée par le 2e bataillon du 4e régiment d'infanterie légère, ainsi que vous me l'avez prescrit, et auquel j'ai joint 65 dragons bataves; mais, comme je n'ai pas jugé cette escorte suffisante pour le nombre de prisonniers qu'elle avait à conduire, je l'ai fait renforcer par 200 hommes du 100e régiment d'infanterie de ligne qui ont ordre de les accompagner jusqu'à ce que vous les ayez fait relever. Je vous prie de vouloir bien donner des ordres en conséquence.

« Ces deux colonnes ont traversé Vienne dans le meilleur ordre possible et seront escortées, jusqu'à Strasbourg, par le 4e régiment d'infanterie légère et par les dragons bataves.

« J'apprends indirectement qu'il doit passer, demain et jours suivants, de nouvelles colonnes de prisonniers. Je vous prie, en ce cas, de me faire connaître quels sont les corps que vous destinez à leur escorte. »

Ce bruit n'était pas fondé ; il en était de même d'une autre nouvelle au sujet de laquelle Mortier avait écrit (2), le 7 décembre, au Major général :

« Je viens d'apprendre indirectement qu'une colonne autrichienne, forte de 1.800 hommes, se dirigerait directement sur Vienne. Il paraîtrait que cette troupe formait la garnison de Kufstein (3) et s'en retourne sur parole. N'ayant reçu aucun avis sur sa marche, je m'opposerai à ce qu'elle passe dans Vienne jusqu'à ce que vous m'ayez fait passer vos ordres à ce sujet. On m'assure également que cette colonne autrichienne voyage avec armes et bagages.

---

(1) A. G. (2) A. T. (R. 16).
(3) La forteresse de Kufstein est située sur l'Inn au sud-ouest de Munich.

« D'après vos ordres, M nsieur le Maréchal, le général Dupont a laissé à Passau une garnison de 500 hommes. Les dragons à pied devaient la relever et n'en ont rien fait; je vous prie de vouloir bien donner des ordres pour que ces 500 hommes rentrent à leur corps.

« La division de dragons ne fait ici aucun service, d'après l'ordre du général Baraguay; il aurait cependant été convenable qu'elle soulageât la garnison, dont le service est trop actif.

« Je vous prie également, Monsieur le Maréchal, de vouloir bien donner des ordres pour que les hommes détachés du 1er régiment de hussards et dont je joins ici la note, rentrent à leur corps. Le général Dupont m'assure que ceux qu'il avait laissés en sauvegarde avant que sa division passe sous mes ordres, ont été retenus sur les derrières par des commandants de place. »

Le Major général lui fit connaître (1), le 9 décembre, que l'Empereur l'autorisait « à donner des ordres pour que les 500 hommes de la division Dupont restés à Passau rejoignent leur division »; à la même date, Andréossy le prévint (1) qu'il écrivait pour faire rentrer à leur corps les hommes détachés du 1er régiment de hussards.

Quant à la garnison autrichienne de Kufstein, autorisée à se retirer, Clarke en annonce (2) au Major général, le 10 décembre, l'arrivée à Neustadt; il ajoute : « J'en étais là de ma lettre quand le commandant de la place Hulin m'a envoyé un officier autrichien qui arrive à l'instant de Windpassing (3) avec une lettre du général autrichien pour le commandant de l'avant-garde française. Je viens de l'envoyer chez M. le maréchal Mortier, non sans m'être aperçu que cet officier avait trouvé étrange de n'avoir rencontré qu'un capitaine à Laxenbourg pour tout poste entre Vienne et la Hongrie. M. le maréchal Mortier vous rendra compte de la lettre. Comme vous lui avez confié le soin de défendre Vienne, cet objet le regarde...

« *P.-S.* — L'officier que je viens d'envoyer chez le maréchal Mortier me rapporta que la lettre autrichienne était du général Radasky, commandant l'avant-garde de l'archiduc Charles et qui demande des renseignements sur l'armistice. »

Le 7 décembre, du quartier général d'Austerlitz, le général Mathieu Dumas avait adressé à Mortier une copie (4) de l'armistice conclu, le 6, « entre LL. MM. II. de France et d'Autriche » et signé par le maréchal Berthier et le prince Jean de Lichtenstein, lieutenant général. Mortier lui en avait accusé réception (5) le 9 en lui faisant connaître qu'il le recevait « à l'instant ».

Il répond (5), le 10, au « comte Radasky, commandant l'avant-garde de l'armée autrichienne » : « Le maréchal Mortier vient de recevoir la note que lui a adressée M. le comte Radasky. Il s'empresse de

---

(1) A. T.   (2) A. G.   (3) Au nord-est de Neustadt.   (4) A. T. (Voir Pièce annexe n° 20).
(5) A. T. (R. 16).

l'informer qu'aussitôt que l'armistice conclu entre les armées française et autrichienne lui a été annoncé, il a donné des ordres précis à ses avant-postes de s'y conformer et que, de son côté, on l'a religieusement observé.

« Le maréchal Mortier saisit cette occasion pour assurer M. le comte Radasky de sa parfaite considération. »

Il écrit (1), le même jour, à Dumonceau : « Je vous prie, Monsieur le Général, de vouloir bien envoyer, de suite, à Minkendorf, l'une des deux compagnies qui se trouvent à Draskirchen. Cette compagnie fournira un petit poste de quatre hommes et un caporal sur la route de Windpassing, afin de s'assurer de tout ce qui pourrait venir de ce dernier endroit ; et, s'il se présentait encore des parlementaires ennemis, on ne les laisserait pas passer plus loin sans, au préalable, m'en avoir rendu compte. Vous voudrez bien donner la même consigne à tous les avant-postes des troupes sous vos ordres. »

A la même date, le Major général lui adresse, de Brünn, la lettre suivante (2) :

« S. M. désire, Monsieur le Maréchal, pourvoir au remplacement des emplois qui sont vacants dans les corps et procurer ainsi aux militaires qui se sont distingués dans cette campagne, l'avancement auquel ils ont acquis des droits.

« Pour remplir les vues de S. M., il est nécessaire que vous prescriviez aux colonels des régiments qui sont sous vos ordres de m'adresser sans aucun délai :

« 1º Des Mémoires de proposition pour tous les emplois qui vaquent en ce moment dans les corps, en leur observant de regarder comme non avenus les mémoires de proposition qu'ils auraient pu m'adresser jusqu'à ce jour et dont les mutations, produites par les événements de la guerre, ne me permettent plus de faire usage ;

« 2º Des États de tous les militaires qui se sont distingués depuis le commencement de la campagne.

« Il est de l'intérêt des corps que ces renseignements, qui ont été déjà demandés, d'après mes ordres, par le chef de la 2ᵉ division de mon ministère, me parviennent dans le plus court délai, et vous voudrez bien, Monsieur le Maréchal, donner les ordres nécessaires pour en accélérer l'envoi. »

C'est aussi le 10 décembre que le prince Eugène reçoit, à Bologne, l'aide de camp de Mortier porteur des lettres qui annonçaient la victoire d'Austerlitz, et répond (2) au maréchal :

« Je m'empresse de vous remercier, Monsieur le Maréchal, du soin que vous avez pris de me faire parvenir la nouvelle de la brillante victoire du 11 frimaire ; j'en attends les détails avec la plus vive impatience.

---

(1) A. T. (R. 16). (2) A. T.

« Je vous renvoie votre aide de camp, qui a mis dans son message toute la vitesse possible. Je sens tout le prix de cette attention de votre part ; elle m'est d'autant plus agréable qu'elle me fournit l'heureuse occasion de vous renouveler l'assurance de mes sentiments distingués. Sur ce, Monsieur le Maréchal, je prie Dieu qu'il vous ait en sa sainte et digne garde. »

« Le 20 frimaire (11 décembre) au matin », note Mortier dans son *Journal*, « reçu l'ordre de prendre le commandement du 5ᵉ corps d'armée à Brünn ; revue de la division Gazan sur l'Esplanade. Le 21 (12 décembre), arrivée de S. M. à Schönbrunn ; entrevue le même soir avec S. M. »

L'ordre (1) lui prescrivant de prendre le commandement du 5ᵉ corps lui avait été adressé de Brünn, le 9 décembre, par le Major général :

« L'Empereur, Monsieur le Maréchal, ayant permis à M. le maréchal Lannes d'aller en France, S. M. me charge de vous donner l'ordre de vous rendre à Brünn pour y prendre le commandement du 5ᵉ corps d'armée.

« Avant votre départ, vous passerez une revue exacte de la division Gazan et vous m'en rendrez compte, l'intention de l'Empereur étant de réunir tout le corps d'armée (2), aussitôt que S. M. connaîtra la situation des différentes divisions. »

Au reçu de cet ordre, Mortier mande (3) à Gazan : « Je reçois dans le moment l'ordre de S. M., Monsieur le Général, de passer la revue de votre division, S. M. se proposant de la voir elle-même incessamment. Vous voudrez donc bien réunir toutes vos troupes, aujourd'hui à 1 heure de l'après-midi, dans l'endroit qui vous paraîtra le plus convenable. Je donne l'ordre au général Hulin de faire relever de suite tous vos postes. Vous m'enverrez prévenir dans la matinée de l'emplacement que vous aurez choisi pour réunir votre division. »

Il répond (3) au Major général :

« Je viens de recevoir, Monsieur le Maréchal, l'ordre que vous m'avez adressé le 18 frimaire (9 novembre) pour aller prendre à Brünn le commandement du 5ᵉ corps d'armée conformément aux ordres de S. M.

« Je vais passer la revue de la division Gazan, ainsi que vous me le prescrivez, et je partirai demain pour me rendre à ma nouvelle destination.

« J'aurais désiré, Monsieur le Maréchal, que vous m'eussiez fait l'honneur de me dire sous les ordres de qui passent les divisions Dupont, Gazan et Dumonceau, afin de pouvoir le leur faire connaître par l'ordre du jour. »

---

(1) A. T. (2) On se rappelle que la division Gazan était la 2ᵉ du 5ᵉ corps.
(3) A. T. (R. 16).

Le 12 décembre, le maréchal Soult prend le commandement de toutes les troupes réunies à Vienne et écrit (1) aux généraux Oudinot, dont la division de grenadiers détachée du 5ᵉ corps rentre à Vienne, Gazan, Dupont et Dumonceau : « S. M. m'ayant ordonné de prendre à Vienne le commandement militaire que M. le maréchal Mortier y avait, j'ai l'honneur de vous prier de vouloir bien charger votre chef d'état-major de passer demain chez le général Salligny pour régler, de concert avec le général commandant la place, le service que votre division aura à fournir, d'après la force des régiments qui la composent. »

Le « corps d'armée aux ordres du maréchal Mortier » cesse d'exister par le fait même de son départ et les trois divisions qui l'avaient composé quittent Vienne peu de temps après, chacune de leur côté : le 19 décembre, la division Dumonceau se met en route pour rentrer, à Neustadt, dans le corps d'armée de Marmont (1); le 29 décembre, la division Dupont se dirige à petites journées sur Munich (1); le 7 janvier, la division Gazan part pour rejoindre, à Freystadt, le 5ᵉ corps (1) où elle se retrouve sous les ordres de Mortier.

Celui-ci, avant de quitter Vienne, adresse, le 12 décembre, à ses trois divisions l'ordre d'adieu suivant (2) :

« Le maréchal Mortier prévient le corps d'armée sous ses ordres que, conformément à l'intention de S. M., il est appelé à Brünn, par le ministre de la Guerre, au commandement du 5ᵉ corps d'armée.

« Il emporte, en se séparant d'aussi braves troupes, le souvenir bien cher de leur bonne conduite et de leur valeur. Il a déjà rendu compte au ministre de la manière distinguée dont elles se sont comportées à l'affaire de Diernstein; il se fera un devoir de les recommander de nouveau aux bontés de S. M. en lui rappelant la gloire dont elles se sont couvertes dans cette journée mémorable. »

---

(1) A. G.   (2) A. T. (R. 16).

CHAPITRE III

Mortier prend le commandement du 5ᵉ corps et du territoire de la Moravie occupé par l'armée française (15 décembre). — Instructions données précédemment à Lannes qu'il remplace. — Hôpitaux de Brünn. — Pénurie de subsistances. — Contribution de 12 millions imposée par l'Empereur à la Moravie et réclamations des États de cette province. — Mortier visite les avant-postes sur la Trezebovska (20 et 21 décembre). — Il reçoit indirectement (27 décembre 1805), puis officiellement (1ᵉʳ janvier 1806) avis de la signature de la paix. — Mesures prescrites pour l'évacuation. — Départ pour Freystadt, en passant par la Bohême, de la cavalerie (4 janvier) et de Mortier avec la division Suchet (12 janvier). — Le maréchal établit son quartier général à Freystadt (22 janvier), puis, après le départ du corps de Bernadotte, à Anhof, près Lintz (27 janvier). — Ordre de départ du 5ᵉ corps pour Ingolstadt et communication confidentielle du Major général au sujet d'une reprise possible des hostilités (5 février).

« Le 22 frimaire » (13 décembre), note Mortier dans son *Journal*, « départ de Vienne à midi, couché le même soir à Nicolsbourg; le 23 (14 décembre), couché à Brünn. »

A Brünn, il loge chez le gouverneur de la ville, ainsi que l'avait fait l'Empereur le 20 novembre 1805 (1).

Le 15 décembre, il met à l'ordre (2) du 5ᵉ corps :

« Le maréchal Mortier, en conséquence de l'ordre que lui a donné S. M. de prendre le commandement du 5ᵉ corps de la Grande Armée, s'empresse d'annoncer son arrivée aux troupes qui le composent.

« M. le maréchal Lannes ayant obtenu la permission de retourner en France, le maréchal Mortier se félicite de lui succéder dans son commandement et d'avoir sous ses ordres un corps qui s'est distingué dans toutes les circonstances et particulièrement à la mémorable journée d'Austerlitz. »

Le 5ᵉ corps avait, ainsi qu'on l'a vu (3), été constitué par l'avantgarde de l'armée des Côtes de l'Océan et, sous les ordres de Lannes, avait, au début de la campagne, couvert, avec la cavalerie de Murat, le mouvement de conversion exécuté par la Grande Armée pour se porter du Rhin sur le Danube; il s'était distingué dans les opérations autour d'Ulm, dans la marche sur Vienne et enfin à Austerlitz où il formait la gauche appuyée au Santon.

Il comprenait les trois divisions d'infanterie Oudinot (grenadiers), Suchet et Gazan; cette dernière, ainsi que les grenadiers d'Oudinot, étaient alors, comme il vient d'être dit, détachés à Vienne; par contre la division Caffarelli (ce général avait remplacé le général Bisson blessé), du 3ᵉ corps, était détachée au 5ᵉ corps.

---

(1) *Carnet de la Sabretache*, année 1893, p. 283.
(2) A. T. (R. 16. Supplément des Ordres généraux). (3) Voir titre IX.

La cavalerie, qui avait opéré sous les ordres du prince Murat, comptait les brigades Treilhard (9e et 10e hussards) et Fauconnet (13e et 21e chasseurs).

Le 7 décembre, d'Austerlitz, le Major général avait écrit (1) à Lannes :

« L'intention de l'Empereur, Monsieur le Maréchal, est que vous placiez un régiment de votre armée (sic) à Austerlitz. Vous occuperez Prosnitz. Le maréchal Murat a l'ordre de vous rendre toute la cavalerie légère de votre corps d'armée; il a également l'ordre de laisser à votre disposition une division de dragons qui s'arrangera à Brünn et que vous cantonnerez en Moravie, ainsi que vous le jugerez à propos.

« Aussitôt que vous aurez désigné les cantonnements de votre corps d'armée, prenez toutes les mesures nécessaires pour que votre cavalerie s'arrange, réunisse ses dépôts, ses traînards; arrangez également toute votre infanterie et votre artillerie afin que nous soyons prêts le plus tôt possible dans le cas où les hostilités devraient recommencer.

« Les troupes que vous aurez à Prosnitz ne peuvent pas passer la petite rivière de Trezebowska, ligne de démarcation tracée par l'armistice (2) pour le cercle de Moravie. »

Le lendemain 8 décembre, de Brünn, il lui avait mandé (1) : « D'après les dispositions ordonnées par S. M., M. le maréchal Lannes aura le commandement des cercles de Brünn, de Znaïm et de la partie du cercle d'Olmütz qui est dans la ligne de démarcation du traité d'armistice jusqu'à la rivière de Trezebowska, et du cercle de Hradisch jusqu'à la rive droite de la March, ainsi que de la partie du cercle de Prerau situé entre la rive droite de la March et la rivière de Trezebowska.

« M. le maréchal Lannes tiendra un régiment de cavalerie à Prosnitz, un autre à Kremsier, un troisième à Hradisch et un quatrième à Tscheitsch. Ces régiments tiendront des postes tout le long de la ligne de démarcation. Le régiment de Tscheitsch tiendra des postes tout le long du ruisseau qui de Tscheitsch passe à Kostel jusqu'à la Thaya et ensuite le long de la rive droite de la Thaya jusqu'à son embouchure dans la March.

« Le maréchal Lannes tiendra à Hradisch un régiment d'infanterie, un autre à Prosnitz; tout le reste de son corps d'armée sera cantonné à Brünn et à Znaïm : les six régiments de dragons de la division du général Walther seront distribués dans les cantonnements de ces arrondissements.

« Les dragons à pied de ces régiments, les grands et petits dépôts les rejoindront de suite afin que, dans le moindre délai, ces régiments puissent être rétablis et en état de faire la guerre. Il en sera de même

---

(1) A. T. (2) Voir l'armistice, pièce annexe n° 21.

pour les régiments de cavalerie légère du corps d'armée du maréchal Lannes.

« Les cercles de Znaïm et de Brünn fourniront les vivres, les fourrages et tout ce qui sera nécessaire à l'entretien des troupes du corps du maréchal Lannes; il sera levé autant de chevaux de remonte qu'on pourra s'en procurer dans le pays, tant pour remonter la cavalerie légère de M. le maréchal Lannes que pour les dragons de la division Walther.

« M. le maréchal Lannes portera le plus grand soin à ce que la citadelle de Brünn soit toujours en bon état de défense et bien approvisionnée.

« M. le maréchal Lannes est prévenu que l'empereur d'Allemagne réside dans sa terre à Hollitsch et qu'aucun poste français ni aucun Français ne doit approcher à plus de six lieues de cette résidence, à la rive droite de la Thaya (1).

« Je préviens M. le maréchal Lannes que, la division de grenadiers du général Oudinot ayant reçu l'ordre de se rendre à Vienne, l'Empereur ne veut pas les fatiguer par une marche rétrograde : qu'il les y laissera séjourner quelque temps et qu'en attendant leur retour au corps d'armée du maréchal Lannes, il gardera la division du général Caffarelli à laquelle il assignera ses cantonnements; mais je dois lui dire que l'intention bien formelle de l'Empereur est de faire rentrer à chaque corps d'armée les divisions qui lui ont appartenu. »

Lannes, de Brünn, avait répondu (2) le 9 au Major général :

« Je vais m'occuper de suite de l'établissement de mon corps d'armée d'une manière conforme aux intentions de S. M. l'Empereur exprimées dans votre lettre d'hier.

« Le 13e régiment de chasseurs se rend aujourd'hui à Wischau; le 21e, qui est à Nicolsbourg, a ordre de s'y rendre aussi sans délai, en laissant des postes de correspondance.

« Les hussards m'ont été annoncés par le général Belliard; ils n'ont pas encore paru. Je leur ai fait donner l'ordre de se rendre d'abord à Prosnitz.

« La division de dragons aux ordres du général Walther est à Austerlitz et villages voisins, où je l'avais envoyée avant que vous m'eussiez transmis les ordres de S. M. concernant l'établissement de mon corps d'armée dans la Moravie.

« La division Suchet est cantonnée aux environs de Brünn; celle du général Caffarelli à Eyben, Schitz et aux environs... »

Le même jour, toujours de Brünn, le Major général avait envoyé à Lannes les instructions (2) suivantes :

« L'Empereur désire, Monsieur le Maréchal, que vos régiments de

---

(1) La Thaya est mise, par erreur, au lieu de la March, indiquée dans l'armistice.
(2) A. G.   (3) A. T.

troupes à cheval soient, sur-le-champ, placés dans les positions prescrites dans l'ordre que je vous ai adressé hier.

« Quant à l'infanterie, l'Empereur ne trouve pas d'inconvénient à ce qu'elle reste encore rassemblée dans les cantonnements qu'elle occupe : ainsi vous pouvez attendre deux ou trois jours avant de faire partir les régiments qui doivent s'éloigner de Brünn. »

Telle était la situation du 5ᵉ corps d'armée au moment où Mortier en prend le commandement ainsi que du territoire de la Moravie précédemment indiqué.

Le premier point qui appelle son attention est la situation des hôpitaux de Brünn, encombrés de blessés et, dès le 16 décembre, il écrit (1) à l'ordonnateur en chef Vast :

« Je reçois dans le moment, Monsieur, du général commandant la place un rapport affligeant sur l'état de dénuement dans lequel gémissent les malheureux blessés qui paraissent manquer des choses les plus nécessaires à leur situation.

« On se plaint généralement que le pain est de la plus mauvaise qualité, que les distributions de vin et de viande ne se font pas exactement, que la propreté n'est pas entretenue dans les salles, que le linge manque pour les pansements ainsi que les chemises, et particulièrement dans l'abbaye de Dobrewitz.

« Je ne puis assez vous recommander, Monsieur, de prendre les mesures les plus promptes pour faire cesser ces plaintes et procurer du soulagement à ces infortunés en ne différant pas à leur faire donner du pain blanc, en assurant d'une manière plus certaine la distribution du vin et de la viande, enfin en faisant veiller plus particulièrement à la propreté des hôpitaux et à la distribution plus régulière du linge nécessaire aux blessés.

« Il serait convenable que des commissaires des guerres fussent spécialement chargés de faire journellement la visite des hôpitaux et qu'ils apportassent le plus grand zèle à l'exécution des parties du service qui sont de leur administration, car il paraît que ce soin a, jusqu'à présent, été abandonné à la sollicitude des officiers de la place.

« Veuillez, Monsieur, prendre toutes les mesures convenables pour faire administrer aux malades les soins qui leur sont nécessaires et me rendre compte des moyens que vous avez employés pour améliorer leur sort. »

Le même jour, il reçoit une lettre (2) du Major général, datée de Schönbrünn le 14, l'avisant que le général Compans, chef d'état-major du 5ᵉ corps d'armée, doit, d'après les intentions de l'Empereur, aller

---

(1) A. T. (R. 16). (2) A. T.

prendre le commandement d'une brigade du 4ᵉ corps, et transmettant l'ordre destiné à cet officier général ; il lui répond (1) :

« Je viens de recevoir la lettre que vous m'avez fait l'honneur de m'écrire le 23 frimaire (14 décembre) pour m'annoncer que le général Compans passait au 4ᵉ corps d'armée ; je vais lui remettre votre ordre.

« Je presse l'évacuation des blessés et de l'artillerie. Je donnerai tous mes soins pour qu'elle soit effectuée le plus promptement possible.

« Le besoin de subsistances se fait tous les jours sentir d'une manière plus sensible. Je vous écrirai plus particulièrement à ce sujet lorsque je me serai procuré tous les renseignements convenables sur la situation du corps d'armée que je commande.

« Je vais m'occuper sérieusement de l'exécution des dispositions de l'ordre du jour du 23, quoique le pays offre bien peu de ressources, comme vous avez pu vous en convaincre pendant le séjour que vous y avez fait.

« Le commandant de la place me rend compte à l'instant que le prince Galitzin, officier d'état-major de l'armée russe, à qui S. M. avait accordé la permission de se retirer dans ses foyers sur sa parole d'honneur, vient de se présenter chez lui pour lui remettre cette autorisation, en conséquence de l'ordre que lui a intimé l'empereur Alexandre qui défend à ses officiers d'user de cette faveur, *sous peine de n'être plus reconnus pour Russes.*

« Le prince Repnin, qui était déjà parti à la faveur de semblable autorisation, vient de rentrer à Brünn pour le même motif...

« Hradisch n'était point encore occupé à mon arrivée ici ; j'ai donné l'ordre d'y placer un régiment, aux termes de l'instruction que vous aviez donnée à M. le maréchal Lannes. Les Autrichiens ont fait des difficultés sur ce que Hradisch se trouve sur la rive gauche de la March. J'ai prescrit de nouveau de placer un régiment dans cet endroit, conformément aux intentions de S. M. »

« Le 26 frimaire » (17 décembre), met Mortier dans son *Journal*, « déjeuné à Austerlitz, visité le champ de bataille, couché le même soir à Brünn. »

Le 19 décembre, le général Compans part pour se rendre à sa nouvelle destination et le maréchal rend compte (1) au Major général, que le général Godinot le remplace dans ses fonctions de chef d'état-major ; il lui accuse aussi réception (1) de lettres (2) par lesquelles sont annoncées les nominations du général Reille au commandement de l'une des brigades de la division Suchet, en remplacement du général Valhubert, tué à Austerlitz, et du général Lasalle à celui de la division de cavalerie légère du 5ᵉ corps, en remplacement du général Fauconnet, qui passe à la 1ʳᵉ division de dragons.

---

(1) A. T. (R. 16). (2) A. T.

Il recommande (1) aussi au ministre deux de ses aides de camp sur la carrière desquels il donne des détails :

« Parmi les officiers désignés pour l'avancement, je vous prie de vouloir bien comprendre MM. Delapointe et Billard, mes aides de camp, et de les recommander aux bontés de S. M.

« Le premier, comme j'ai eu l'honneur de vous le dire dans un rapport du 3 frimaire (24 novembre), avait déjà été nommé chef d'escadron en l'an X sur le champ de bataille, pour action d'éclat, mais sa nomination n'a point été confirmée; c'est un excellent sujet qui a fait toute la première guerre dans le 1er régiment de chasseurs et le général Richepanse, dont il fut l'aide de camp dans les derniers temps, en faisait grand cas.

« Le second, M Billard, a été trois ans capitaine de grenadiers et trois ans adjudant major dans la 15e demi-brigade; il a sept ans et plus de grade de chef de bataillon. J'ai déjà eu l'honneur de vous recommander différentes fois cet officier pour son avancement. Je vous prie de le proposer à S. M. pour le commandement d'un régiment; je suis assuré d'avance qu'il justifierait son choix et ses bontés. »

Il expose (1), le même jour, au Major général, les besoins pressants du 5e corps :

« Vous avez été à même de vous convaincre combien la pénurie des subsistances se faisait ici violemment sentir. Les besoins deviennent journellement plus pressants et l'état d'épuisement dans lequel se trouve la Moravie est tel qu'il doit nécessairement donner de vives inquiétudes si on ne s'empresse d'y pourvoir.

« Il est indispensable qu'il soit fait, de Vienne, des envois de farine et d'avoine, le pays n'offrant à cet égard presque point de ressources; il en est de même de la viande, qu'il est très difficile de se procurer, et il est très instant que l'on envoie, de Vienne, des bœufs pour pourvoir au service.

« Les moyens de transport manquent; il serait à désirer qu'on envoyât au 5e corps le nombre de caissons couverts qui doivent avoir été affectés à son service.

« On manque encore ici de vin, d'eau-de-vie et de légumes secs, et il ne paraît guère possible de s'en procurer; il serait également bien à désirer que l'on pût en envoyer de Vienne.

« Il est surtout un objet qui doit exciter la plus vive sollicitude, c'est l'état de dénuement dans lequel se trouvent les hôpitaux des choses les plus nécessaires aux malades; il manque particulièrement de drogues et il est extraordinairement urgent d'y pourvoir.

« Les États du pays paraissent bien avoir assez de crédit pour faire venir des subsistances de la Pologne et de la Hongrie; ils avaient passé à cet effet des marchés, mais les Autrichiens se sont refusés à

---

(1) A. T. (R 16).

laisser sortir aucune denrée, d'après ce que vient de me certifier le président de la régence...

« On continue l'évacuation sur Vienne des pièces russes. »

La veille, 18 décembre, le général Pannetier, commandant la place de Brünn, rendant compte (1) au Major général de la situation de la place, lui avait dit : « L'opinion de S. Exc. M. le maréchal Mortier, commandant le 5e corps, coïncidant avec celle de MM. les chirurgiens en chef sur ce qu'une réunion aussi considérable de blessés pourrait amener une épidémie et que d'ailleurs les hôpitaux de Vienne et des autres places voisines leur offriraient des secours plus certains, j'ai pris les mesures les plus efficaces pour les évacuer. » Il y a, d'après cette lettre, dans les hôpitaux : 2.360 Français, dont 41 officiers; 921 Autrichiens, dont 1 officier; 3.186 Russes, dont 50 officiers : total 6.467. La garnison comprend : le 1er bataillon du 40e au fort du Spielberg (2); le 2e bataillon du même régiment et les 1er et 2e bataillons du 88e dans les faubourgs; les 4 compagnies de grenadiers sont en ville chez l'habitant, d'après l'ordre du général en chef. Il y a, en outre, 1 compagnie de mineurs et 3 de sapeurs sous les ordres du chef de bataillon du génie Dode et quelques canonniers.

Par une lettre (3) qui avait dû être écrite le 17 (4), le Major général avait mandé à Mortier :

« J'ai l'honneur de vous prévenir, Monsieur le Maréchal, que S. M. ayant imposé une contribution de 100 millions de francs, argent de France, sur les provinces autrichiennes conquises, le contingent de la Moravie a été fixé par S. M. à la somme de 12 millions.

« Les premiers fonds provenant de cette contribution doivent être destinés à acquitter entièrement la solde des troupes que vous commandez, cette solde ayant été calculée jusqu'à l'époque du 31 janvier prochain à la somme de 1.543.000 francs.

« Le receveur général des contributions adresse au payeur général une délégation de pareille somme sur les premiers fonds qui proviendront de cette réquisition.

« Au moyen de cette délégation, le payeur général recevra le montant du préposé du receveur et sera en état d'acquitter la dépense à laquelle ce fonds est destiné.

« Tous les produits de cette contribution doivent être versés entre les mains du receveur général ou de ses préposés et chaque versement doit être constaté par un procès-verbal du commissaire des guerres.

« Vous voudrez bien, Monsieur le Maréchal, prendre toutes les mesures pour assurer le prompt et entier paiement de cette contri-

---

(1) A. G.
(2) C'est dans ce fort que devait être détenu Silvio Pellico, l'auteur de *Mes Prisons*.
(3) A. T.   (4) Le jour est omis sur la lettre.

bution. L'intendant général de l'Autriche vient de la notifier aux autorités du pays. »

En accusant réception (1), le 19 décembre, au Major général, des instructions qui précèdent, Mortier ajoute : « Je n'ai point encore vu le commissaire chargé de lever cette contribution; aussitôt que je le connaîtrai, je le seconderai, en ce qui dépendra de moi, de tout mon pouvoir pour en assurer le paiement le plus promptement possible. »

Il invite (1), le même jour, les membres des États de la Moravie « à prendre, sur-le-champ, les mesures convenables pour que cette somme soit versée, dans le plus court délai possible..., vous prévenant que je tiendrai strictement la main à l'exécution des ordres donnés par mon Souverain ».

Dès le lendemain 20, la réponse (2) suivante, signée par l'évêque de Brünn, les comtes Blumegen et Taafe, lui est adressée :

« Les membres des États de la Moravie siégeant à Brünn et représentant la partie de cette province qui est occupée par l'armée française, ont délibéré hier sur la contribution de 12 millions de francs que S. M. l'empereur Napoléon a imposée à la Moravie.

« L'état d'épuisement où est réduite cette malheureuse province qui, après avoir lutté pendant deux années consécutives contre une disette presque absolue et après avoir été traversée à deux reprises par les armées autrichiennes et russes, a été depuis près de cinq semaines le théâtre d'une guerre ruineuse et a dû fournir à tous les besoins immenses de trois grandes armées françaises, les dégâts incalculables que les propriétaires des campagnes ont essuyés, l'interruption de toutes les relations commerciales et de tous les travaux dans les fabriques, les frais énormes qu'a causés aux villes, surtout à celle de Brünn, le nombre excessif des troupes françaises qu'elles ont été obligées de loger et de nourrir pendant un si long espace et la somme immense à laquelle s'élève la valeur des réquisitions sans nombre auxquelles il a fallu se prêter pour le service de l'armée française, leur ont démontré l'impossibilité absolue et physique de payer une contribution, laquelle, de plus, ne pourrait peser que sur une partie de cette province, puisque l'armée française n'en occupe qu'environ la moitié. » Ils ajoutent que leur souverain, auquel des députés ont été envoyés à Hollitsch, avec le consentement du Gouvernement français, les a autorisés à aller s'adresser à l'empereur Napoléon et ils demandent au maréchal des passeports pour les signataires de la lettre qu'ils ont résolu d'envoyer à Vienne afin d'y « porter aux pieds de S. M. l'empereur des Français les réclamations respectueuses qu'ils croient pouvoir faire au sujet de la contribution susdite. »

Au moment où Mortier allait faire partir le chef de bataillon

---

(1) A. T. (R. 16). (2) A. T.

Billard (1) pour porter au Major général toutes les lettres qu'il lui avait écrites le 19, un aide de camp de ce dernier lui remet celle (2) ci-après, datée du 18 :

« L'Empereur, Monsieur le Maréchal, me charge de vous dépêcher un de mes officiers d'état-major pour vous faire connaître que vous devez vous rendre à l'extrémité de votre ligne à Prosnitz pour vous informer vous-même de ce qu'il peut y avoir du côté d'Olmütz et m'en envoyer un rapport journalier ainsi que de tout ce qui se passe à Zwittau, comme aussi de me faire connaître tout ce que l'ennemi fait et où est sa cavalerie légère.

« L'Empereur se plaint de ce qu'il n'a pas encore reçu un rapport de vous depuis qu'il est revenu de Brünn. Enfin, Monsieur le Maréchal, vous devez voir par l'ordre du jour qu'une trop grande sécurité serait funeste et que l'armée, tout en se reposant, doit se préparer à reprendre les hostilités au premier ordre. Il est surtout très important de savoir ce que fait l'ennemi.

« P.-S. — Vous devez garder la ligne de démarcation du pays que vous occupez depuis Prosnitz, en faisant observer les débouchés de Zwittau et en vous liant par votre gauche aux postes du maréchal Bernadotte. »

Ces instructions étaient données en exécution d'une lettre (3) de l'Empereur au Major général datée de Schönbrünn le 18 décembre; Napoléon, parmi les mesures à prendre pendant l'armistice, avait mis à l'ordre (3), le 14 : « La confiance ne doit jamais être aveugle. On nous a prouvé tant de fois qu'on voulait endormir notre surveillance par des propositions de paix, qu'on ne doit jamais s'y livrer aveuglément. »

Mortier répond (1), sur-le-champ, le 19, au major général, par l'officier que celui-ci lui a envoyé :

« Au moment où je vous dépêchais un de mes aides de camp, l'officier de votre état-major arrivait avec votre lettre en date d'hier. Dès mon arrivée ici, Monsieur le Maréchal, je me suis occupé de l'objet de son contenu et si les rapports que j'attends sur la position de l'ennemi me fussent parvenus, je me serais empressé de vous les transmettre.

« Permettez-moi de vous observer, Monsieur le Maréchal, que je ne crois pas mériter le reproche que vous me faites de ne vous avoir point écrit depuis le départ de Brünn de S. M. Je crois devoir joindre ici copie du Rapport que je vous adressai le 25 frimaire (16 décembre).

« Je vais me rendre à l'extrémité de la ligne à Prosnitz et je prendrai moi-même tous les renseignements que désire l'Empereur. Veuillez me marquer si S. M. ordonne que j'établisse mon quartier général à Prosnitz et je m'empresserai de le faire.

---

(1) A. T. (R. 16). (2) A. T. (3) *Correspondance militaire de Napoléon I*ᵉʳ.

« Je voudrais, Monsieur le Maréchal (et vous devez assez me connaître pour le croire), prévenir jusqu'au moindre désir de S. M. et je ne croirai jamais assez faire pour lui prouver mon zèle et mon dévouement.

« Nos troupes occupent les faubourgs de Hradisch en deçà de la March; des sentinelles sont établies sur les ponts. Les Autrichiens refusent d'évacuer cette place en s'appuyant sur les conditions mêmes de l'armistice.

« Je joins ici le rapport que m'a fait à ce sujet le général Suchet et celui du major Chauvel. Veuillez me faire connaître, Monsieur le Maréchal, si l'Empereur ordonne que je fasse occuper Hradisch de vive force. »

Le Major général répondit (1) à cette question, le 23 décembre :
« J'ai communiqué, Monsieur le Maréchal, votre lettre du 28 frimaire (19 décembre) à l'Empereur.

« Du moment que Hradisch est à la rive gauche de la March, il est naturel, conformément à l'armistice, que nous ne l'occupions pas : vous pouvez donc donner des ordres en conséquence. »

« Le 29 frimaire » (20 décembre), note Mortier dans son *Journal*, « visité Wischau, couché à Prosnitz; le 30 (21 décembre), visité les avant-postes sur la Trezebowska, retourné le même soir à Brünn. »

Il envoie, le 22 décembre, au Major général, par son aide de camp Gouré, un rapport (2) à ce sujet :

« J'ai visité la ligne des avant-postes en avant de Prosnitz. La Trezebowska n'est qu'un petit ruisseau dont la source est indéterminée...

« Les régiments de hussards autrichiens de Sitzkler et de Hesse-Hombourg font le service des avant-postes sur la Trezebowska; ils avaient quelques postes en deçà du ruisseau du côté de Wachtel; ils les ont retirés sur les observations faites au prince Maurice de Lichtenstein qui commande ces régiments.

« Il serait convenable de faire occuper Zwittawka, Lettowitz par un régiment de dragons et Gewitsch par un détachement qui lierait ses postes de droite avec la gauche du 10e régiment de hussards à qui je donne l'ordre d'occuper la partie de Konitz qui se trouve de notre côté. Le 9e régiment, établi à Kremsier, se lie par sa gauche avec le 10e régiment; je fais également communiquer les postes de dragons avec ceux du maréchal Bernadotte.

« A mon retour ici, je trouve le général autrichien Strauch, arrivant de Hollitsch, que maladroitement on a laissé passer aux avant-postes. Il vient pour réclamer contre l'occupation de quelques villages situés à moins de 5 lieues de Hollitsch; j'avais déjà donné des ordres pour les

---

(1) A. T. (2) A. T. (R. 16).

faire évacuer, conformément au traité d'armistice. Le général Strauch est convenu que les Autrichiens n'occuperaient ni Zwittau ni Tribau.

« J'ai envoyé des émissaires à Olmütz et au delà; j'attends leur retour pour pouvoir vous faire des rapports sur les forces de l'ennemi, tant de ce côté qu'en Bohême.

« Il a été évacué, depuis mon arrivée, 123 pièces d'artillerie russe sur Vienne.

« Je n'ai pu encore procurer de pain blanc aux blessés et malades, malgré toutes mes instances; cependant leur situation s'améliore sensiblement.

« J'ai ordonné aux États de la Moravie de fournir, dans le plus bref délai, deux mille chevaux pour la remonte des dragons, des chasseurs et des hussards du corps d'armée; je doute qu'ils puissent le faire. Je leur ai également écrit pour qu'ils pressent la rentrée des 12 millions imposés sur la province, en les prévenant que je seconderai le commissaire français chargé du recouvrement de cette contribution de tous les moyens que m'offre la force armée.

« Il existe encore dans les magasins de Brünn quelque peu d'effets qui conviendraient à la cavalerie; je vous prie de m'autoriser à leur en faire la répartition; elle en a le plus grand besoin. Je vous prie également de m'autoriser à faire distribuer à l'infanterie ce que ces magasins pourraient lui procurer d'utile. »

Ainsi que le prévoyait Mortier, il était difficile à la Moravie de fournir les deux mille chevaux demandés et les États lui écrivent (1) le 27 décembre : « La Régence a recours à la bonté de Votre Excellence; elle vous prie, Monseigneur, de ne pas demander ces deux mille chevaux de ce pays déjà tout à fait épuisé, que le pays ne peut réellement pas fournir en ayant déjà perdu un si grand nombre, les deux dernières années, par les transports continuels et, cette année-ci, pour le service des trois armées française, autrichienne et russe, qu'il n'en reste plus le nombre nécessaire pour cultiver les champs; si on en tire encore ces deux mille, le labourage ne peut être administré et ce pays, déjà réduit à la mendicité, sera la proie de la cruelle famine... »

Le même jour, ils lui demandent (1) des passeports pour quatre délégués chargés l'un de se rendre à Prague pour contracter un emprunt au compte des États, un second de voir à Vienne les députés qui s'y trouvent depuis plusieurs jours et de les engager à accélérer la conclusion de l'emprunt qu'ils sont autorisés à négocier si l'Empereur des Français ne consent pas à remettre à la Moravie la contribution qui lui est imposée; les deux derniers d'aller exposer à leur souverain, à Hollitsch, la situation pénible dans laquelle ils se trouvent et d'implorer les secours qu'il pourrait leur accorder.

---

(1) A. T.

Le grand désir de faire payer la solde due aux troupes obligeait Mortier à presser le versement de la contribution. Le 25 décembre, le commissaire du Gouvernement français près la Régence de Moravie, Raymond, lui rend compte (1) que le premier et unique versement a été fait à cette date et qu'il ne consiste qu'en une somme de 100.000 florins en billets de la banque de Vienne. « Tous les efforts que j'ai pu faire n'ont pu accélérer davantage la rentrée de cette contribution. Si, à l'avenir, j'éprouve de semblables difficultés, j'aurai l'honneur de m'adresser à Votre Excellence pour me donner les moyens de les vaincre. »

Le 29 décembre, Mortier expose (2) au Major général :

« Par la lettre que j'ai eu l'honneur de vous écrire le 28 frimaire (19 décembre), je vous disais que j'aurais employé tous les moyens qui seraient en mon pouvoir pour accélérer le recouvrement de la contribution de 12 millions qui ont été imposés sur la Moravie. On n'a pu jusqu'à présent recouvrer qu'environ 250.000 francs ; cependant il est urgent de presser la rentrée de plus forte somme pour faire face aux délégations qui ont été envoyées au payeur général pour acquitter la solde des troupes, les masses, etc.

« Les États de Moravie protestent qu'ils sont dans l'impossibilité absolue d'acquitter une contribution aussi forte et, pour sortir de l'embarras où paraît les mettre l'absence des grands propriétaires, ils n'ont pas trouvé d'expédients plus convenables que d'envoyer à Prague et à Vienne des députés pour tenter de négocier des emprunts ; mais ce moyen ne me paraît propre qu'à occasionner des délais nuisibles.

« Cependant je presse le commissaire du Gouvernement pour qu'il prenne enfin un parti dans cet état de choses. Je pense qu'il est important de prendre promptement des mesures vigoureuses pour obtenir des rentrées plus conséquentes et se mettre en état d'acquitter la solde, et je vous prie de vouloir bien me prescrire les moyens de rigueur dont je dois faire usage pour y parvenir. »

« Le 9 nivôse » (30 décembre), note Mortier dans son *Journal*, « reçu indirectement avis que la paix avait été signée le 6 nivôse (27 décembre). »

A cette date l'un des membres des États de Moravie lui adresse, en effet, cette demande (1) : « Il y a plusieurs jours que j'ai prié Votre Excellence de permettre que le coche, nommé diligence, muni des passeports de M. le général de division gouverneur de l'Autriche Clarke, osât poursuivre sa route par Olmütz à Leopol (2), Cracovie et en Bohême, et de permettre que le cours des lettres seulement ouvert pour

---

(1) A. T.   (2) A. T. (R. 16).
(2) Ou Lemberg, capitale de la Galicie, à 302 kilomètres est de Cracovie.

Vienne, osât aussi être communicative (*sic*) aux endroits nommés; je crois oser réitérer aujourd'hui cette même prière avec d'autant plus de fondement que la paix conclue entre les deux illustres Cours est officiellement publiée. »

Le lendemain 31 décembre, les membres des États le prient (1) de ne pas autoriser la publication d'un arrêté du commissaire Raymond qui menace d'employer la force armée pour faire rentrer la contribution. Ils basent leur demande sur ce que la paix est signée à Presbourg et ils envoient la publication (1) qui en a été faite à Vienne sur l'ordre du maréchal Soult et du général Clarke. Ils lui adressent l' « extrait (1) d'article séparé » suivant : « Il sera payé par S. M. l'empereur d'Allemagne et d'Autriche, pour rachat de toutes les contributions imposées sur les divers États héréditaires occupés par l'armée française et non encore perçues, une somme de... »

Le 30 décembre, le Major général lui avait mandé (1) :

« J'ai retardé l'échange des ratifications, mon cher Maréchal, pour donner aux généraux le temps d'achever la levée des contributions dont ils sont chargés.

« L'Empereur pense que vous avez dû faire percevoir tous les fonds que vous avez dû lever : je n'ai encore rien à vous dire sur les mouvements que vous aurez à faire.

« Faites exactement payer la solde à vos troupes et faites distribuer à votre armée tout ce qui se trouve dans les magasins de Brünn appartenant à l'Empereur. »

Mortier avait, en ce qui concerne les distributions d'effets, prévenu les instructions du Major général auquel il avait demandé (2), le 26 décembre, d'approuver les mesures qu'il venait de prendre : « Par la lettre que j'ai eu l'honneur de vous écrire le 1er de ce mois (nivôse, 22 décembre), je vous ai prié de m'autoriser à faire délivrer aux dragons et autres corps de cavalerie sous mes ordres quelques effets qui se trouvaient dans les magasins de Brünn et dont ils avaient le plus grand besoin.

« D'après l'ordre du jour du 23 frimaire (14 décembre) qui prescrit de s'occuper de l'équipement des différents corps et sur la demande du général Walther, j'ai fait distribuer à sa division les différents objets d'habillement et d'équipement détaillés dans l'état ci-joint. Veuillez, je vous prie, Monsieur le Maréchal, approuver cette distribution. »

On a vu les efforts qu'avait faits Mortier et les difficultés auxquelles il s'était heurté pour faire rentrer la contribution de 12 millions imposée à la Moravie; le 31 décembre, le Major général, qui, la veille, lui avait fait connaître (1) qu'il avait « retardé l'échange des ratifi-

---

(1) A. T. (2) A. T. (R. 16).

cations pour donner aux généraux le temps d'achever la levée des contributions dont ils sont chargés », lui mande :

« Vous savez que la paix est signée, Monsieur le Maréchal; je pense que l'échange des ratifications aura lieu demain ou après-demain : cela n'empêche pas que le service ne doive se faire avec la plus grande exactitude.

« L'Empereur, Monsieur le Maréchal, apprendra avec peine que vous n'avez point levé toutes les contributions dont vous avez été chargé et dont l'exécution a été réitérée par plusieurs ordres du jour; notamment, les délégations devaient être acquittées puisqu'elles étaient destinées à payer la solde. Ne perdez donc pas un instant, Monsieur le Maréchal, pour faire rentrer les contributions frappées; S. M. verrait avec un extrême mécontentement que tout ce qui est dû aux soldats et aux officiers jusqu'au 1er janvier 1806 ne serait pas acquitté avant que vous quittiez la Moravie, ce qui doit être dix jours après l'échange des ratifications...

« Vous recevrez incessamment des ordres de moi pour votre mouvement d'évacuation. »

Cette date du 31 décembre 1805 (10 nivôse an XIV) marque le dernier jour du calendrier républicain; le Sénat conservateur, le 9 septembre précédent, avait pris la décision (1) suivante : « A compter du 11 nivôse prochain, 1er janvier 1806, le calendrier grégorien sera mis en usage dans tout l'Empire français. »

1806

« 1er janvier 1806 », met Mortier dans son *Journal*, « reçu l'avis officiel de la signature de la paix; le 3 janvier, reçu l'ordre de faire partir les divisions de dragons et de cavalerie légère pour Freystadt. »

C'est par la lettre qui précède du Major général, lettre qui lui parvint dans la nuit du 1er au 2 janvier, que Mortier fut informé de la signature de la paix; il lui répond (2), le 2 janvier :

« J'ai été vivement peiné, Monsieur le Maréchal, de ce que vous me dites dans votre lettre du 10 nivôse, relativement à la rentrée des contributions imposées à la Moravie. J'ai secondé de tous mes moyens et de tout mon pouvoir le commissaire français chargé de cette opération; j'ajouterai même que, de son côté, il a fait ce qu'il a pu pour la terminer. Je lui ai offert plusieurs fois la force armée pour prendre des otages; mais, indépendamment du peu d'effet qu'aurait produit ce moyen, il avait, d'un autre côté, des instructions pour ne pas agir avec trop de rigueur. On le chargeait, m'a-t-il dit, de faire

---

(1) *Moniteur Universel* du 23 fructidor an XIII (*10 septembre 1805*).   (2) A. T. (R. 16).

vendre les meubles; tous ceux de la province n'auraient pas rendu la centième partie de l'imposition, en supposant qu'on eût trouvé des acheteurs et le temps nécessaire pour la vente. Il me serait infiniment pénible de penser, Monsieur le Maréchal, que S. M. fût *extrêmement mécontente*, ainsi que vous me le dites, de ce que les contributions de la Moravie ne soient pas rentrées, et vous ne me rendriez aucune justice si vous pouviez croire que je n'ai pas mis pour cet objet tout le zèle et l'activité que je dois mettre à l'exécution des ordres de mon Souverain.

« Votre lettre du 10 nivôse, que j'ai reçue cette nuit, m'annonce que la paix est signée; je n'avais encore reçu aucun avis sur cet important événement quoique le public s'en entretînt depuis plusieurs jours.

« Je crois devoir vous observer que le dégel rend absolument impraticable le chemin d'Hollabrunn à Krems; celui de Pohrlitz à Znaïm n'est pas beaucoup meilleur. »

Le lendemain 3 janvier, il lui adresse (1) les longues explications (2) que le commissaire du Gouvernement français près la régence de Moravie lui avait fournies, le même jour, sur l'impossibilité où celui-ci s'était trouvé de faire rentrer les contributions : épuisement du pays, émigration des grands propriétaires, ordre d'employer avec les États des moyens de conciliation, court délai entre les préliminaires et la paix. « L'histoire des contributions », dit ce commissaire, « se résume à ceci : on a pris pour les lever le temps le moins opportun; on a commencé trop tard; on a fini trop tôt : on n'a laissé aux agents ni assez de temps ni assez de latitude. »

Bernadotte n'avait pu faire rentrer, non plus, les contributions incombant au territoire qu'il commandait près de celui confié à Mortier et, le 5 janvier, le Major général écrit (3) de Schönbrünn à l'Empereur, parti pour Munich : « Il paraît que le maréchal Bernadotte n'a point perçu le montant des délégations destinées à payer la solde de son corps d'armée. M. le maréchal Mortier a, de même, perçu peu de chose; il en résulte qu'il est dû près de deux mois de solde à ces corps et qu'il n'y a aucun fonds pour les payer avant leur arrivée en France. J'ai témoigné à ces maréchaux tout votre mécontentement sur le peu de rigueur qu'ils ont mis à exécuter vos ordres. »

Le Major général avait écrit (2), le 1ᵉʳ janvier, à Mortier :
« Je vous préviens, Monsieur le Maréchal, que l'échange des ratifications du traité de paix a eu lieu aujourd'hui à Vienne, qu'en conséquence, à dater de ce jour, il ne doit plus être perçu aucun fonds provenant de contribution, les deux puissances contractantes ayant fait, à l'égard de toutes les contributions imposées et non encore perçues, un arrangement par lequel, à dater du jour de l'échange des

---

(1) A. T. (R. 16)   (2) A. T.   (3) A. G.

ratifications, les sommes non perçues ne doivent plus être acquittées dans les provinces où les contributions ont été frappées.

« Vous recevrez incessamment les ordres de mouvement pour le corps d'armée que vous commandez. »

Il lui adresse, le 2 janvier, ces ordres (1) que, d'après son *Journal*, Mortier reçoit le 3 :

« J'ai donné des ordres, Monsieur le Maréchal, pour faire évacuer le plus promptement possible les blessés qui sont à Brünn sur Lintz. Vous devez concourir de tous vos moyens à la prompte exécution de cet ordre. Quant aux blessés qui, par la nature de leurs blessures, sont hors d'état d'être transportés, j'ai ordonné qu'il en soit dressé un état. Vous désignerez un officier supérieur qui restera chargé de ces blessés et qui s'entendra avec les autorités de l'Autriche pour leur faire fournir ce qui leur est nécessaire. M. l'intendant général laissera un commissaire des guerres et les officiers de santé nécessaires.

« J'ai envoyé M. Dalton à Brünn pour terminer l'échange de nos prisonniers; je l'ai autorisé à échanger tous les Russes qui sont à l'hôpital contre le pareil nombre de Français qui sont au pouvoir de la Russie.

« Conformément à l'article 23 du traité de paix, la Moravie et la Bohême doivent être évacuées dix jours après l'échange des ratifications et, cet échange ayant eu lieu hier, 1er janvier, vous devez être hors de la Moravie et de la Bohême le 11.

« En conséquence, la division aux ordres du général Suchet partira de Brünn le 4 janvier pour se rendre à Freystadt où elle arrivera le 11; elle y attendra de nouveaux ordres.

« La division de cavalerie légère commandée par le général Lasalle et celle de dragons aux ordres du général Walther marcheront avec la division du général Suchet pour se rendre également à Freystadt et cantonner dans les environs.

« M. le maréchal Mortier composera une arrière-garde suffisante pour qu'il ne reste personne derrière; il recommandera le plus grand ordre et fera lire tous les jours à l'ordre de l'armée, la proclamation de l'Empereur à l'armée en quittant Vienne.

« Le général Pannetier quittera Brünn le 11, après s'être assuré qu'on a pourvu à tout ce qui est nécessaire aux blessés qui sont à l'hôpital. De là, il se rendra isolément et sans commandement à Lintz où doit se réunir l'État-major général.

« L'artillerie du château de Brünn sera laissée au commissaire autrichien en échange d'un pareil nombre de canons appartenant à l'empereur d'Allemagne à Venise.

« Je vous préviens qu'un convoi d'argent de 8 millions en numéraire arrive, en poste, de la Pologne, passant par Olmütz. Vous le

---

(1) A. T.

ferez escorter aux avant-postes par 100 hommes de cavalerie qui le conduiront à Vienne, à la destination indiquée par les agents de l'Autriche qui marchent avec lui.

« Le convoi doit continuer à marcher avec des chevaux de poste. Ceci est pour vous et ne doit avoir de publicité que celle qui est indispensable.

« Je vous préviens encore que la division du général Gazan ainsi que les grenadiers du général Oudinot, à l'exception des bataillons de grenadiers des 9e, 13e et 81e régiments, qui sont partis pour l'Italie, rentrent sous vos ordres.

« En conséquence, la division du général Gazan partira de ses cantonnements aux environs de Vienne le 7 pour se rendre par Stockerau, Krems, Zwetel et Pregarten à Freystadt où elle se réunira à vous.

« Quant à la division de grenadiers du général Oudinot qui rentre sous vos ordres, elle partira de Vienne le 8 janvier pour suivre la même route que la division Gazan par Stockerau, Krems, etc., et se réunira à vous à Freystadt.

« La division de cavalerie du général d'Hautpoul et celle du général Klein ont ordre de suivre le mouvement du général Oudinot et partiront en conséquence de leurs cantonnements de manière à être arrivées le 9 à Stockerau et suivre la route du général Oudinot qui partira le 8.

« Vous trouverez, ci-joint, les ordres de route (1) pour la division du général Suchet, ceux pour les divisions Lasalle et Walther et copie de ceux que j'adresse aux généraux Gazan et Oudinot.

« Vous correspondrez avec l'État-major général à Lintz.

« *P.-S.* — La 3e division de dragons commandée par le général Beaumont a l'ordre de partir de Marcheck le 4 janvier et de suivre la rive gauche du Danube pour se rendre à Freystadt où elle arrivera le 11.

« En conséquence de nouvelles dispositions, le général Pannetier restera jusqu'à nouvel ordre à Brünn; vous laisserez le plus faible de vos bataillons dans la citadelle du Spielberg et 50 hommes de cavalerie dans la ville.

« J'adresserai des ordres particuliers au général Pannetier quand il devra évacuer et donner l'ordre à ses troupes de vous rejoindre. »

Le Major général donne en même temps avis de ce mouvement à l'intendant général Pétiet par la lettre (2) suivante que nous croyons devoir aussi reproduire parce qu'elle donne des renseignements sur l'effectif de ces diverses divisions dont l'intendant général est chargé d'assurer la subsistance :

« Je vous préviens, Monsieur l'Intendant général, que je donne l'ordre au 5e corps d'armée commandé par M. le maréchal Mortier

---

(1) A. T.   (2) A. G.

de se mettre en marche pour se rendre à Freystadt et prendre des cantonnements dans les environs de cette ville.

« En conséquence, la division d'infanterie commandée par le général Suchet, composée d'environ 7.500 hommes et 400 chevaux, partira de Brünn le 4 janvier pour arriver à Freystadt le 11 du même mois.

« La 2e division de dragons, commandée par le général Walther, composée d'environ 1.500 hommes et 1.300 chevaux, et la division de cavalerie légère, commandée par le général Lasalle, composée de 1.200 hommes et 1.100 chevaux, marcheront avec la division du général Suchet.

« La 2e division du 5e corps, commandée par le général Gazan, composée d'environ 4.000 hommes, partira de ses cantonnements près Vienne le 7 janvier : elle se rendra par Stockerau, Krems, Zwetel et Pregarten, à Freystadt, où elle se réunira au 5e corps d'armée.

« La division de grenadiers, commandée par le général Oudinot, réduite à sept bataillons formant ensemble environ 5.000 hommes au moyen du départ pour l'Italie des bataillons d'élite du 9e, du 13e et du 81e régiment, partira de Vienne le 8 janvier et suivra la même route que la division Gazan pour se rendre également à Freystadt et s'y réunir au 5e corps d'armée.

« La 2e division de cavalerie commandée par le général d'Hautpoul, composée de 1.300 hommes et 1.400 chevaux, et la 1re division de dragons, commandée par le général Klein, composée de 1.250 hommes et 1.200 chevaux, suivront le mouvement du général Oudinot : elles partiront de leurs cantonnements de manière à être arrivées le 9 janvier à Stockerau.

« Je joins ici copie de l'itinéraire que suivront ces troupes.

« Donnez vos ordres, Monsieur l'Intendant général, pour que leur subsistance se trouve assurée dans les lieux désignés pour leur logement en route.

« *Nota.* — La 3e division de dragons, commandée par le général Baraguay d'Hilliers (1), composée d'environ 1.600 hommes et 1.400 chevaux, partira de Marcheck le 4 janvier et arrivera le 11 à Freystadt. »

A la même date, par trois autres lettres (2), le Major général informe Mortier que la division Caffarelli quittera Znaïm le 4 janvier pour rejoindre le 3e corps derrière l'Ens, ainsi que, pour plus de célérité, il vient d'en adresser directement l'ordre au général Caffarelli; que le général Pannetier recevra le trésor annoncé s'il n'était pas arrivé avant le départ du maréchal; que, si son mouvement « se trouve un peu pressé », il n'y a pas d'inconvénient à ce qu'il arrive à Freystadt un jour plus tard.

---

(1) Sur l'ordre adressé à Mortier, le nom de Baraguay d'Hilliers est rayé et remplacé par celui de Beaumont.
(2) A. T.

Enfin le même jour 2 janvier, à minuit, il apporte (1) les changements suivants aux mouvements du 5ᵉ corps :

« L'empereur d'Allemagne n'ayant point encore exécuté toutes les conditions stipulées au traité, vous voudrez bien, Monsieur le Maréchal, rester à Brünn jusqu'à nouvel ordre avec toute la division Suchet, que vous cantonnerez tant dans la citadelle que dans la ville et dans les environs : mais toutes les troupes à cheval suivront le mouvement que j'ai ordonné, conformément aux feuilles de route qui leur sont adressées.

« Envoyez-moi un officier de votre état-major ou un aide de camp qui attendra chez moi le moment où je devrai vous donner l'ordre de vous mettre en marche avec la division Suchet.

« Vous êtes le maître de garder avec vous un régiment de cavalerie légère. »

On a vu que, dans les ordres qui précèdent, la division de cavalerie légère du 5ᵉ corps était désignée sous le nom de division Lasalle. A l'arrivée de ce général à Brünn, le 24 décembre, Mortier avait écrit (2) au Major général : « Le général de brigade Lasalle étant arrivé, je viens, d'après vos ordres du 23 frimaire (14 décembre), de lui conférer le commandement de la division de cavalerie légère du corps que je commande.

« Le général Treilhard reclame son droit d'ancienneté, ayant eu pendant deux ans le général Lasalle sous ses ordres. Toutefois, en attendant votre décision, j'ai, conformément à vos intentions, fait reconnaître ce dernier commandant de la cavalerie légère. »

Le Major général lui avait répondu (1) le 28 décembre : « Il est tout naturel que le général Treilhard, puisqu'il est plus ancien que le général Lasalle, commande la division de cavalerie : telle est la hiérarchie militaire à laquelle on ne peut point déroger. »

C'est à Treilhard que Mortier envoie (2), le 3 janvier, les ordres relatifs au mouvement de la division de cavalerie, en même temps qu'il adresse (2) à Walther ceux qui le concernent et prescrit (2) à Becker, commandant par intérim la division Suchet, de donner l'ordre, sur-le-champ, aux 34ᵉ et 64ᵉ régiments d'infanterie de se rendre sur-le-champ à Brünn pour rejoindre la division qui doit se mettre en marche très incessamment.

Le 6 janvier, à 4 heures du soir, il rend compte (2) au Major général qu'il a désigné le chef de bataillon Dupeyroux, du 40ᵉ d'infanterie, pour rester à Brünn, en lui donnant pour instructions de s'entendre avec le commissaire autrichien afin que les blessés et malades français qui restent soient pourvus de tout ce qui leur est nécessaire. Il garde le 9ᵉ régiment de hussards, conformément à ses instructions, et lui

---

(1) A. T.   (2) A. T. (R. 16).

envoie copie de l'ordre du jour (1) suivant qu'il a adressé la veille aux troupes du 5ᵉ corps :

« Les troupes sont prévenues que M. Reichenau, conseiller aulique de S. M. l'empereur d'Allemagne et d'Autriche, et M. le général René, adjoint à M. l'intendant général Pétiet, sont désignés par les deux Gouvernements pour pourvoir à la subsistance du 5ᵉ corps d'armée pendant sa marche.

« En conséquence des mesures qu'ils ont dû prendre pour assurer les subsistances sur la route, M. le maréchal commandant le 5ᵉ corps réi ère aux généraux et officiers l'ordre qui a déjà été donné de maintenir, parmi la troupe, la plus exacte discipline.

« Les soldats nourris chez l'habitant et qui en recevront toutes les rations voulues par les règlements, ne pourront prétendre à d'autres distributions.

« Pour la régularité du service et pour prévenir toute espèce d'abus et de gaspillage, il ne sera fait de distribution aux troupes que sur des bons visés par les commissaires des guerres de chacune des divisions auxquelles ces troupes appartiennent.

« M. le maréchal commandant le 5ᵉ corps d'armée rappelle aux troupes sous ses ordres que, la paix étant terminée, elles doivent considérer comme des amis les habitants du pays et ne pas faire peser sur eux le poids d'une guerre à laquelle ils étaient étrangers.

« Autant M. le maréchal apportera de soin à ce qu'il soit exactement fourni au soldat tout ce qui lui est dû par les règlements, autant il mettra de sévérité à réprimer les excès que la troupe pourrait se permettre envers les habitants des pays qu'elle traversera.

« Il est expressément ordonné à MM. les généraux de division de faire journellement lire à l'ordre, pendant la marche, la proclamation de S. M. l'Empereur à l'armée en date du 6 nivôse (27 décembre) dernier. »

Par cette proclamation, l'Empereur, en annonçant à ses soldats la signature de la paix et son départ pour Paris, les conviait à une grande fête qui serait donnée en leur honneur, dans la capitale, aux premiers jours de mai, et leur recommandait, pendant les trois mois qui leur seraient nécessaires pour rentrer en France, d'être le modèle de toutes les armées. « Que mes alliés n'aient pas à se plaindre de votre passage et, en arrivant sur ce territoire sacré, comportez-vous comme des enfants au milieu de leur famille. »

Afin d'assurer l'installation régulière des troupes à leur arrivée dans les cantonnements, Mortier prescrit (1) le même jour, 6 janvier, à 11ʰ 30 du soir, à son aide de camp, l'adjudant commandant S mon, de partir sur-le-champ pour Freystadt, de s'y assurer que l'État-major

---

(1) A. T. (R. 16).

de la Grande Armée a fait établir les cantonnements du 5ᵉ corps, y compris ceux des divisions Oudinot et Gazan, et de lui rendre compte.

A cette date, il reçoit à Brünn, du prince de Schwarzenberg [auquel il devait écrire le 30 mars 1814 au cours de la bataille sous Paris (1)] la demande (2) suivante : « Le lieutenant général prince de Schwarzenberg étant chargé d'une commission de la part de S. M. l'empereur d'Allemagne, son auguste maître, dont il doit s'acquitter vis-à-vis de S. Exc. M. le maréchal Mortier, il désire savoir l'heure qui pourrait convenir à Son Excellence. »

Le 7 janvier, le Major général lui mande (2) qu'il ne peut encore fixer la date à laquelle celui-ci devra se mettre en marche; le maréchal n'a plus à s'occuper du trésor qui arrivera par Presbourg.

Le 8 janvier, le général Belliard, chef d'état-major du corps de Murat, le prévient que, d'après les intentions de Berthier, il vient de donner l'ordre au général Walther de rentrer au corps d'armée de Murat.

Le 10 janvier, le Major général, avant de quitter Schönbrünn, lui adresse l'ordre (2) suivant : « Il est ordonné à M. le maréchal Mortier d'évacuer la ville de Brünn et le fort du Spielberg le 12 janvier et de retirer tous les postes qu'il peut avoir dans la Moravie, en suivant la route d'Iglau pour se rendre à Freystadt, conformément à l'ordre de route qui lui avait été précédemment donné. Arrivé à Freystadt, il cantonnera son corps d'armée.

« Le Quartier général de la Grande Armée sera à Lintz.

« *P.-S.* — Quant au général Pannetier et aux hôpitaux, on suivra les ordres précédemment donnés. »

En route pour Lintz, de Burkesdorf, il lui écrit (2) le même jour : « Je vous recommande bien, Monsieur le Maréchal, de faire faire de petites journées à vos troupes, de séjourner tous les trois jours, de quitter Brünn en bonne tenue, d'avoir la musique partout où vous pourrez : enfin d'avoir l'air de ce que nous sommes. »

Mortier reçoit l'ordre qui précède dans l'après-midi du 11 et prévient (3) aussitôt le président de la régence de Moravie :

« J'ai l'honneur de vous informer, Monsieur, que d'après les ordres que je reçois à l'instant du ministre de la Guerre, les troupes françaises qui sont à Brünn se mettront demain en marche pour évacuer la Moravie.

« En conséquence du même ordre, je laisse ici MM. Dupeyroux, chef de bataillon, et Quillan, commissaire des guerres, pour, conjointement avec les commissaires autrichiens, pourvoir aux besoins des malades et des blessés que leur état ne permet pas encore de transporter.

---

(1) Dans le tome I, p. 14, mention a été faite de cette lettre qu'on trouvera au titre XVI.
(2) A. T.   (3) A. T. (R. 16).

« Je recommande particulièrement ces infortunés à votre humanité et j'espère qu'ils trouveront dans vos soins à leur procurer tous les soulagements qui dépendront de vous, le même empressement que leur témoignaient leurs compatriotes. J'aime à me persuader, Monsieur, que vous aurez particulièrement égard à ma recommandation. »

Disons de suite que, d'après les comptes rendus (1), adressés ultérieurement, à plusieurs reprises, par le chef de bataillon Dupeyroux à Mortier, il y avait en traitement dans les hôpitaux de Brünn au moment du départ de l'armée française, 962 fiévreux et blessés parmi lesquels les généraux Kellermann, Thiébault et Demont; que cet officier supérieur eut beaucoup à se louer du général autrichien Weyrother qui se chargea des fournitures; qu'il évacua successivement les convalescents et qu'au moment où il quitta Brünn, le 14 mars, laissant auprès des militaires encore en traitement « un employé aux hôpitaux pour soigner leur correspondance, un médecin et deux chirurgiens pour leur donner toutes les consolations qu'exige leur état de souffrance », il ne restait aux soins de l'Administration autrichienne que quarante-deux malades « pour la plupart sans ressources ou ayant des blessures qui ne leur permettaient pas de voyager de trois mois ».

Mortier donne en même temps, le 11 janvier, à Suchet, les ordres (2) suivants :

« Vous réunirez la division sous vos ordres, Monsieur le Général, demain à 7 heures du matin et vous la mettrez en marche pour Freystadt où elle doit arriver le 19 de ce mois en suivant l'ordre de route ci-joint, conformément aux intentions du ministre de la Guerre.

« Vous formerez une arrière-garde pour faire suivre les traînards et vous ordonnerez qu'on observe la plus sévère discipline. Il serait convenable, Monsieur le Général, que les fourriers des régiments prissent l'avance pour assurer le logement dans chacun des gîtes par où doit passer la division.

« Vous donnerez des ordres de départ au 9ᵉ régiment de hussards; il formera la tête de la colonne; il n'y a pas d'inconvénient à ce qu'il arrive avant l'infanterie; désignez-lui ses cantonnements. Ce régiment rentrera dans la division de cavalerie légère aussitôt son arrivée à Freystadt.

« Assurez-vous que personne ne restera en arrière.

« J'établirai demain mon quartier général à Gross-Bitesch. »

Avant de quitter Brünn, le 12, il écrit (2) au Major général :

« J'ai reçu hier après-midi votre lettre, datée de Schönbrünn le 10 de ce mois, m'apportant l'ordre... etc.

« Des dispositions ont aussitôt été prises en conséquence et la division du général Suchet s'est mise ce matin en route pour arriver : aujourd'hui à Gross-Bitesch; le 13 à Gross-Meseritsch; le 14 à Iglau;

---

(1) A. T. (2) A. T. (R. 16).

le 15 à Potschaken ; le 16 à Wittingau ; le 17 à Budweis ; le 18 à Kaplitz et le 19 à Freystadt.

« A 2 heures de cette nuit m'est parvenue votre seconde lettre, datée de Burkesdorf également le 10 de ce mois, m'apportant l'ordre au contraire de faire faire de petites journées à la troupe, de séjourner tous les trois jours, etc. ; il sera ponctuellement exécuté.

« Je dois cependant vous observer, Monsieur le Maréchal, que ce n'est qu'avec une peine infinie que l'on est parvenu à assurer les subsistances dans un pays absolument ruiné et dépourvu de toute espèce de ressources et que les gîtes sont généralement partout mauvais.

« Ainsi que j'ai eu l'honneur de vous en prévenir, j'ai laissé à Brünn, pour pourvoir aux besoins des malades, etc...

« *P.-S.* — D'après vos nouvelles instructions, Monsieur le Maréchal, la division du général Suchet séjournera à Iglau et Budweis et arrivera à Freystadt le 21 janvier. »

« Le 12 janvier », note Mortier dans son *Journal*, « parti avec la division Suchet pour Freystadt, soupé le même soir à Gross-Bitesch, couché à Gross-Meseritsch ; le 13, séjour, arrivée de la division dans les environs de Gross-Meseritsch ; le 14, couché à Iglau, arrivée de la division à Iglau et environs ; le 15, séjour ; le 16, la division cantonne dans les environs de Potschaken, couché le même soir à Neuhaus ; la division cantonne dans les environs de cette place le 17, je couche le même soir à Wittingau ; le 18, séjour, la division cantonne à Wittingau et environs ; le 18 et le 19, couché à Budweis ainsi que la division ; le 20, séjour ; le 21, la division couche à Kaplitz, je couche à Freystadt ; le 22, le corps d'armée, composé des divisions Suchet, Gazan et de la division de cavalerie légère, se réunit aux environs de Freystadt ; la première cantonne dans l'Unter-Mühl et les deux autres dans l'Ober-Mühl. »

Le 12 janvier, le Major général lui prescrit (1) de continuer son mouvement sur Freystadt et de remettre au général Pannetier un ordre qui enjoint à ce dernier de se rendre en poste à Lintz pour y prendre le commandement de cette place, que lui remettra le général Hédouville. « L'Empereur », ajoute le Major général, « est toujours à Munich où S. M. restera jusqu'après le mariage du prince Eugène. »

Le mariage du prince Eugène avec la princesse Augusta de Bavière eut lieu le 14 janvier. L'Empereur quitta Munich le 17 janvier et, s'arrêtant à Stuttgart, Carlsruhe, Strasbourg, arriva à Paris le 26 du même mois (2).

Le 15 janvier, Mortier répond (3), d'Iglau, au major général :

« J'ai reçu cette nuit la lettre que vous m'avez fait l'honneur de

---

(1) A. T. (2) Itinéraires de l'Empereur, d'après le journal du baron de Méneval.
(3) A. T (R. 16).

m'écrire le 12. Je n'ai pu remettre au général Pannetier celle qu'elle renfermait, ce général s'étant rendu directement près de vous à Lintz.

« Votre lettre du 10 me prescrivant de marcher à petites journées et de faire séjour tous les trois jours, j'ai eu l'honneur de vous faire passer l'itinéraire de la route.

« La journée de Potschaken à Wittingau étant de 16 lieues, je serai forcé de la couper en deux. La division couchera demain à Potschaken et logera en conséquence après-demain à Neuhaus; le 19 à Budweis où elle fera séjour et arrivera le 22 à Freystadt au lieu du 21, comme je vous l'avais d'abord annoncé. Elle pourrait toutefois être rendue au jour indiqué si la chose pressait.

« La troupe marche bien, en très bon ordre, et je n'ai point encore reçu de plaintes; les vivres, jusqu'à présent, ont été assurés partout.

« Le conseiller aulique chargé de ce service a protesté contre le séjour de la division à Iglau, attendu que nous devions évacuer la Moravie et la Bohême dans le plus bref délai.

« L'adjoint de l'intendant général fait également preuve de zèle pour nous procurer des subsistances sur toute la route. »

Le 18 janvier, de Wittingau, il lui fait encore connaître (1) que « les troupes marchent dans le meilleur ordre; les subsistances ont été bien assurées jusqu'à présent ».

Le Major général avait écrit (2) à l'Empereur le 16 janvier : « Toutes les dispositions que Votre Majesté prescrit pour les cantonnements de son armée sont faciles à exécuter à l'exception des corps d'armée des maréchaux Mortier et Bernadotte. Tout le pays de la rive gauche du Danube que l'article du traité permet d'occuper, est un pays de montagnes affreux; excepté la grande route de Freystadt, les chemins y sont impraticables; il n'y a que de pauvres villages et de pauvres habitants; j'ai déjà des réclamations de la part de ces maréchaux. »

Il avait donné avis (2), le même jour, à l'intendant général Pétiet des dispositions arrêtées par l'Empereur pour les cantonnements : « Les corps de MM. les maréchaux Bernadotte et Mortier occuperont la rive gauche du Danube. Le maréchal Mortier aura son quartier général à Freystadt et ses trois divisions occuperont tout le pays qui nous est laissé à (sic) la rive gauche du Danube et qui ne doit être évacué que deux mois après l'échange des ratifications. Le maréchal Bernadotte aura également son quartier général à la rive gauche et ses deux divisions cantonneront, le long du fleuve tant en montant qu'en descendant. » D'après ce document, Soult aura son quartier général à Lintz, Davout à Wels, Ney ainsi que la division Walther seront dans le pays de Salzbourg; le grand quartier général reste à Lintz. Ajoutons que Marmont est alors à Trieste.

C'est à cette date du 16 janvier que l'empereur François-Joseph

---

(1) A. T. (R. 16). (2) A. G.

et l'Impératrice rentrent à Vienne, d'après une note (1) du Major général à l'empereur Napoléon.

Le 18 janvier, de Wittingau, Mortier, en indiquant à Suchet les limites des cantonnements que devra occuper sa division, lui mande (2) : « Veuillez faire partir dès aujourd'hui vos officiers d'état-major pour reconnaître ces différents cantonnements et en faire la répartition de manière à éviter toute confusion et tout retard à l'arrivée de la troupe. »

Le 19 janvier, le Major général envoie à Mortier la lettre (3) qui suit :

« Je vous préviens, Monsieur le Maréchal, que je donne l'ordre à la division de grenadiers du général Oudinot de partir le 21 de Freystadt pour se rendre à Heilbronn (4) où elle attendra de nouveaux ordres.

« Quant aux divisions du général Suchet et du général Gazan, vous les cantonnerez tant à Freystadt que dans les environs. Vous pourrez étendre vos corps dans le Mühl-Viertel de manière à les nourrir le mieux possible.

« Je vous prie de me donner de vos nouvelles aussitôt votre arrivée et de me faire connaître les cantonnements que vous occuperez jusqu'à nouvel ordre. »

Disons de suite que la division Oudinot fut dirigée d'Heilbronn sur Strasbourg, où elle arriva le 27 février, d'après le compte rendu (1) adressé le lendemain au Major général par le maréchal Kellermann, commandant dans cette place un corps de réserve; elle fut ensuite détachée pour occuper la principauté de Neuchâtel, en Suisse et le général Godinot ayant demandé (1) au ministre de la Guerre, le 24 avril, si cette division, dont les états ne lui parvenaient pas régulièrement, devait continuer à figurer sur la situation du 5e corps, reçut, le 8 mai, du secrétaire général du ministère, la réponse (1) suivante : « Le ministre me charge de vous observer que la division du général Oudinot, quoique détachée en ce moment à Neuchâtel, fait néanmoins partie du 5e corps de la Grande Armée et qu'il est nécessaire en conséquence que sa composition et sa force soient portées sur les situations du corps de M. le maréchal Mortier.

« C'est à vous, Monsieur le Général, qu'il appartient de prendre toutes les mesures nécessaires pour que la situation de cette division vous parvienne régulièrement. »

Ce n'est que le 1er octobre, après que Mortier avait quitté le commandement du 5e corps, que le ministre prescrit (1) de « prévenir les autorités qu'il ne faut plus compter dans la situation du 5e corps la division Oudinot; cette division est fondue et n'existe plus (5) ».

---

(1) A. G. (2) A. T. (R. 16). (3) A. T.
(4) Heilbronn à 40 kilomètres nord de Stuttgart est porté Heilbron sur la carte n° 6.
(5) Presque immédiatement, une nouvelle division de grenadiers fut formée sous les ordres d'Oudinot, par la réunion des compagnies de grenadiers et de voltigeurs des 3es bataillons; groupée avec l'infanterie de la Garde, elle constitua un corps de réserve placé, a partir du 8 octobre, sous le commandement du maréchal Lefebvre (A. G.).

Le 22 janvier, de Freystadt, Mortier fait porter (1) au Major général, par son aide de camp Billard, le compte rendu ci-après :

« J'ai l'honneur de vous prévenir que la division du général Suchet arrive ce matin dans ses cantonnements de l'Unter-Mühl; elle occupera Leopoldschlag, Rainbach, Grienbach, Freystadt, Sankt Oswald, Lassberg, etc. Je vous ferai passer très incessamment la répartition des différents villages et hameaux où logent les troupes ainsi que le nombre d'hommes et le numéro des régiments qui y seront répartis tant pour la division Suchet que pour celle de cavalerie et celle du général Gazan.

Celle-ci occupe Zwettel, Neukirch, Sankt Veit, Sankt Johannes, Sankt Stephan et Haslach et la division du général Treilhard Rohrbach, Sankt Oswald, Aigen, Mitschlag et Peillstein.

« L'adjoint à M. l'intendant général ainsi que le commissaire autrichien M. Reichmann sont convenus que les habitants chez qui est logée la troupe, la nourriraient. J'ai cru devoir approuver cette mesure, en exigeant toutefois que le soldat ait ses rations complètes et telles que les lui accordent les règlements. L'extrême difficulté des communications et la distance des lieux rendraient les distributions nulles pour la plupart des cantonnements.

« La division Suchet a usé beaucoup de chaussures pendant la marche pénible qu'elle vient de faire et le mauvais temps qu'elle a essuyé. Je vous prie, Monsieur le Maréchal, d'avoir égard à sa position et d'ordonner qu'il lui soit fait une distribution de souliers. »

Le même jour, il lui accuse réception (1) de sa lettre l'informant du départ pour Heilbronn de la division Oudinot; « à mon arrivée ici, cette division était partie pour sa destination »; il lui rend compte qu'il vient seulement de recevoir ses lettres des 6 et 8 nivôse (27 et 29 décembre) annonçant diverses promotions dans le 5e corps : les colonels Kirgener, commandant le génie, Legendre du 40e et Ritay du 100e d'infanterie de ligne, Schramm et Vedel des 2e et 17e d'infanterie légère, Guyot et Beaumont des 9e et 10e hussards sont nommés généraux de brigade. Il lui signale (1) aussi l'assassinat, par des paysans, du chirurgien major et de l'officier payeur du 10e hussards sur la route de Kaplitz à Freystadt.

Disons à ce propos que Mortier écrit (1) le 23 janvier, pour se plaindre de cet attentat, au chevalier de Wacquant, colonel du régiment impérial de Gemmingen infanterie, à Budweis : « J'attends de votre loyauté, Monsieur le Colonel, que vous voudrez bien prendre, sur-le-champ, les mesures convenables pour faire arrêter les auteurs de cet assassinat et pour les livrer à toute la sévérité de vos lois. » Cet officier supérieur en lui apprenant, le 15 février, l'arrestation des coupables, ajoute (2) : « Aujourd'hui qu'on sait déjà au juste qui ils sont et qu'on instruit le procès pour les punir exemplairement,

---

(1) A. T. (R. 16). (2) A. T.

S. Exc. le comte de Kollovrath, commandant général de la Bohême, me charge d'en donner part à Votre Excellence avec l'assurance qu'il lui sera également mandé, d'une ou d'autre part, quelle aura été la peine infligée.

« Ayant vu, de près, le bon ordre que Votre Excellence tient dans son corps d'armée et me souvenant, avec tout le public, combien elle a su se faire aimer et regretter en Hanovre, je suis dans mon particulier doublement obligé de lui témoigner combien l'opinion et l'esprit publics désavouent un fait horrible que quiconque sert sous Elle ne pourrait ni n'oserait provoquer. »

Le général Treilhard exprime (1), le 7 mars, au maréchal la reconnaissance des officiers du 10e hussards pour les démarches qu'il a faites « pour venger leurs malheureux camarades et faire faire justice de leurs assassins ».

Cet attentat n'était pas un fait unique : le 30 janvier, Levret, économe de l'ambulance du quartier général du 5e corps, rend compte (1) à Mortier qu'ayant reçu, le 19 du même mois, l'ordre de se rendre, avec son ambulance, à Lintz, en suivant la route d'Iglau, il partit de Brünn le 20 avec huit voitures; il trouva beaucoup de mauvaise volonté chez le bailli de Gross-Meseritsch pour lui procurer des voitures de remplacement et n'en obtint d'abord que cinq qui purent gagner Iglau en marchant très vite; les trois autres, restées en arrière, furent pillées par les paysans qui poursuivirent les cinq hommes d'escorte et leur prirent leurs effets; à Budweis, sous prétexte qu'il y avait quarante-sept Français à l'hôpital, le général autrichien l'obligea à laisser des draps de lit, des couvertures et des chemises. « Il n'y a », ajoute-t-il, « aucune sécurité pour les Français qui voyagent isolément sur cette route venant de Brünn; ils risquent, à chaque instant, non seulement de perdre leurs effets mais même la vie. »

Le 23 janvier, le Major général écrit (1) à Mortier :

« Je vous préviens, Monsieur le Maréchal, que je donne l'ordre à M. le maréchal Bernadotte de partir avec son corps d'armée des positions qu'il occupe sur la rive gauche du Danube pour se diriger sur Eichstädt, et qu'il doit marcher par brigade à un jour de distance. Demain 24, partira la première brigade.

« Vous voudrez bien donner vos ordres pour que la division du général Gazan vienne successivement occuper les cantonnements qu'avait le maréchal Bernadotte, et vous, de votre personne, vous viendrez occuper son quartier général qui se trouve à une demi-lieue de Lintz, sur la rive gauche du Danube. Une partie de votre cavalerie pourra descendre pour prendre les cantonnements de la sienne.

« Vous donnerez l'ordre au général Suchet de rester, de sa personne,

---

(1) A. T.

à Freystadt et de cantonner sa division le mieux possible, en profitant de l'aisance que laissera le départ de la division Gazan et de votre quartier général.

« Vous me ferez connaître vos nouveaux cantonnements. »

Mortier reçoit cette lettre le 24, en accuse réception (1) et donne aussitôt des ordres (1) en conséquence : 1° à Gazan, de rapprocher du Danube les 100e et 103e régiments et d'occuper les villages les plus voisins de la grande route de Zwettel à Urfahr en s'étendant toutefois de manière à procurer aux troupes les moyens de bien vivre et de pouvoir les réunir promptement en cas de départ; 2° à Treilhard, tout d'abord, d'occuper les cantonnements évacués par la division Gazan, mais il suspend (1), le même jour, le mouvement pensant que la division de cavalerie s'établira à bref délai sur la rive gauche, et ne l'autorise (1) définitivement que le 27; 3° à Suchet, de s'étendre, pour se mettre plus à l'aise, dans les cantonnements que Bernadotte évacue sur la route de Freystadt à Lintz.

L'extrait suivant d'une lettre (2) adressée, de Rohrbach, le 25 janvier à Mortier par Treilhard dépeint ainsi les difficultés qu'il rencontrait : « Chacun des régiments de cette division, divisé par dix ou douze hommes dans des maisons isolées, occupe un terrain de plus de trois quarts de lieue. Les fourrages sont extrêmement rares et manqueront infailliblement sous peu de jours et dans plusieurs endroits. Enfin le pays que j'occupe et les chemins par où j'ai dû passer étaient si peu propres à la cavalerie que les deux jours de marche, que viennent de faire les corps que je commande, leur ont été plus préjudiciables que ne l'a été la moitié de la campagne. J'ai au moins vingt-cinq chevaux par régiment garrottés et blessés. Les équipages sont écrasés, les voitures ont versé plusieurs fois en route et il est étonnant comment elles ont pu arriver à leur destination. »

« Le 27 janvier », note Mortier dans son *Journal*, « je pars de Freystadt pour établir mon quartier général au château de Anhof, rive gauche du Danube, près Lintz; couché le même soir à Anhof; 28, départ du ministre de la Guerre de Lintz pour Munich. »

Le 27 janvier, de Lintz, Berthier écrit (3) à l'Empereur : « J'attendais les ordres de Votre Majesté, mais, d'après ses intentions, je serai à Munich le 29 au soir. Le grand quartier général quitte Lintz demain. »

De Munich, il mande (2) à Mortier, le 30 janvier : « Je suis arrivé ce matin à 2 heures à Munich, Monsieur le Maréchal.

« J'ai reçu, dans la route, deux courriers de l'Empereur qui m'ont apporté de ses lettres de Strasbourg en date du 23 et du 24 au soir. S. M. se portait bien et se disposait à partir pour Paris.

« Je n'ai aucune nouvelle ni aucun ordre à vous faire passer. »

---

(1) A. T. (R. 16) (2) A. T. (3) A. G.

Le 1ᵉʳ février, il met à l'ordre du jour (1) : « Le grand quartier général se rend à Augsbourg où il restera jusqu'à nouvel ordre; le Major général et l'intendant général de l'armée restent à Munich, où leur correspondance doit leur être adressée. »

Le 5 février, il envoie à l'Empereur le compte rendu (1) suivant :

« J'ai reçu, à 3 heures du matin, la lettre de Votre Majesté du 30 janvier et, profitant de l'autorisation qu'elle m'a donnée, j'ai envoyé l'ordre à M. le maréchal Mortier de commencer son mouvement le 8 pour se diriger sur Eichstädt... L'extrême difficulté de faire vivre la cavalerie m'a également déterminé à faire partir, le 8, des cantonnements qu'elle occupe à Efferding, la division de dragons du général Klein, pour se rendre à Augsbourg en suivant la route par Landshut. Ce mouvement était vivement sollicité par les maréchaux Soult et Davout, qui se trouvent extrêmement gênés dans leurs cantonnements. Ces mouvements m'ont paru coïncider avec les intentions que peut avoir Votre Majesté. J'ai recommandé à tous Messieurs les maréchaux de tenir leurs corps d'armée dans le meilleur état...

« Les différents corps d'armée se trouvent mieux organisés, s'il est possible, qu'ils l'étaient au commencement de la campagne; mais il est un objet qui manque en ce moment, comme pendant toute la campagne : ce sont les souliers... »

Le 27 janvier, l'intendant général Pétiet avait écrit (2), à ce sujet, à Mortier : « J'ai l'honneur de vous prévenir, Monsieur le Maréchal, que 3.000 paires de souliers viennent d'être mises à votre disposition : 1.000 paires sont existantes dans les magasins d'habillement à Lintz et 2.000 paires vont être livrées par la Régence. Je vous prie, Monsieur le Maréchal, de donner des ordres pour qu'il en soit pris livraison le plus promptement possible. » Le 31 janvier, le Major général lui fait connaître (2) qu'il a été informé par M. Pétiet que la Régence se refuse aujourd'hui à fournir les 2.000 paires de souliers qu'elle devait livrer au 5ᵉ corps en vertu d'une réquisition. « Je vous préviens que j'écris au Président pour cet objet et que j'insiste pour que la réquisition des 2.000 paires de souliers pour votre corps d'armée ait son effet. J'envoie à M. le maréchal Soult la lettre que j'adresse à la Régence en le priant de la lui faire remettre. » Soult avait alors son quartier général à Lintz; le Major général avait rendu compte (1), le 23 janvier, à l'Empereur de l'arrivée des 8 millions à Sankt Pölten, que Soult allait évacuer pour prendre position derrière l'Ens.

L'ordre (2) adressé par le Major général à Mortier, à la date du 5 février, est ainsi conçu :

« Il est ordonné à M. le maréchal Mortier de commencer son mouvement pour se diriger sur Ingolstadt, où il recevra de nouveaux ordres.

---

(1) A. G. (2) A. T.

« La 1re brigade de la division Gazan partira de manière à coucher le 8 février à Efferding pour, de là, continuer sa route conformément à l'itinéraire ci-joint; il marchera avec cette brigade, une brigade de cavalerie.

« Le 10, la seconde brigade du général Gazan couchera à Efferding avec toute l'artillerie de la division. Le général Gazan et tout son état-major marcheront avec cette seconde brigade, suivant également la route d'Ingolstadt. Le 58e régiment, qui est à Braunau, arrivera le 15 à Straubing, se réunira à cette brigade et continuera sa marche avec elle.

« Le 12, la 1re brigade du général Suchet, avec une brigade de cavalerie, coucheront à Efferding pour suivre la route d'Ingolstadt.

« Le 14, la 2e brigade du général Suchet couchera à Efferding, pour suivre également la route d'Ingolstadt avec l'artillerie de la division : le général Suchet et tout son état-major marcheront avec cette brigade.

« Le 16, la 3e brigade du général Suchet couchera à Efferding, pour suivre pareillement la route d'Ingolstadt; le parc d'artillerie du 5e corps d'armée marchera avec cette brigade.

« Le général commandant la cavalerie marchera avec M. le maréchal Mortier et les généraux de brigade de cavalerie marcheront avec leurs brigades.

« Le maréchal Mortier, avec son état-major, partira avec la 1re brigade du général Suchet et rejoindra la 1re brigade du général Gazan pour marcher avec elle.

« On marchera dans le plus grand ordre et en maintenant la plus exacte discipline. On aura soin de faire lire souvent la proclamation de l'Empereur à l'armée, à son départ de Schönbrünn, relative à la discipline à observer dans la marche.

« M. le maréchal Mortier m'adressera, tous les trois jours, des renseignements sur la marche et la situation de ses troupes. »

L'itinéraire (1) joint à cet ordre indique pour la 1re brigade de la division Gazan : 8, Efferding; 9, Bayerbach; 10, Scharding; 11, *séjour;* 12, Vilshofen; 13, Plattling; 14, Straubing; 15, *séjour;* 16, Pfatter; 17, Abach; 18, Abensberg; 19, *séjour;* 20, Vohburg; 21, Ingolstadt.

En même temps, le 5 février, le Major général envoie à Mortier, avec la mention : *Particulière, pour vous seul,* la lettre (1) suivante :

« Vous devez, Monsieur le Maréchal, marcher dans le plus grand ordre, défendre que personne ne s'absente de son poste; je vous dis, pour vous seul, que les affaires du Nord ne sont pas terminées et que, d'un moment à l'autre, vous pouvez recevoir l'ordre de prendre une position offensive et de commencer la campagne, en suivant le mouvement de M. le maréchal Bernadotte. Vous sentez, Monsieur le Maréchal, que ceci doit rester très secret. »

---

(1) A. T.

CHAPITRE IV

Mouvement du 5ᵉ corps pour aller occuper des cantonnements en Franconie. — Rapports de l'Empereur avec la Prusse, celle-ci, qui s'était rapprochée de la Russie avant Austerlitz, a signé, après cette victoire, le traité de Schonbrunn. — Mortier, après son arrivée à Ingolstadt (18 février), passe sous les ordres de Bernadotte, chargé d'occuper le territoire d'Anspach au nom du roi de Bavière. — Emplacements des troupes du 5ᵉ corps dont le quartier général s'établit successivement à Eichstädt (24 février) et à Feuchtwang (2 mars). — Difficultés que crée le resserrement des cantonnements. — Correspondance courtoise du prince de Hohenlohe avec Mortier au sujet de l'occupation de quelques points de sa principauté. — Effectifs du 5ᵉ corps. — Le 3ᵉ corps (Davout) vient se placer derrière le 5ᵉ ; réclamations de Davout. — Affectueux rapports de Bernadotte et de Mortier.

« Le 7 février », note Mortier dans son *Journal*, « je reçus l'ordre de faire partir le corps d'armée pour Ingolstadt, passant par Efferding, Scharding, Vilshofen, Straubing ; la 1ʳᵉ brigade de la division Gazan, avec une brigade de cavalerie, commença son mouvement le 8 ; la 2ᵉ, le 10, la 1ʳᵉ brigade du général Suchet devant commencer son mouvement le 12 avec une brigade de cavalerie, la 2ᵉ le 14 et la 3ᵉ le 16.

« Le 9 février, couché de ma personne à Lintz avec mon état-major ; parti de Lintz le 13, couché le même soir à Scharding, le 14 à Vilshofen, le 15 à Straubing, le 16 à Ratisbonne, le 17 au château de Biburg près Neustadt, le 18 à Ingolstadt. »

Le 8 février, d'Anhof, Mortier accuse réception (1) au Major général de son ordre qui ne lui est parvenu que la veille dans l'après-midi :

« La brigade de cavalerie qui doit marcher avec la division Gazan, n'ayant pu être rendue ici ce matin en raison de son éloignement, rejoindra cette brigade au premier séjour. Vous m'aviez fait l'honneur de me dire, Monsieur le Maréchal, que le 5ᵉ corps, dont la plupart des troupes se trouvent rapprochées de la frontière de Bavière, passerait par Passau et la cavalerie, qui est la plus éloignée, se trouve précisément dans cette direction.

« Le grand parc du 5ᵉ corps d'armée est parti depuis six jours pour se rendre à Braunau et, de là, en France, en vertu d'un ordre du général Songis et d'après le rapport que m'en a fait le général Foucher. »

D'après ce que lui avait dit le Major général, Mortier avait en effet prescrit (1), d'Anhof le 30 janvier, à Treilhard et à Suchet de prendre toutes leurs dispositions pour faire leur mouvement d'évacuation sur Passau par la rive gauche du Danube, lorsque l'ordre lui en parviendrait ; tous les équipages et l'artillerie devaient seuls passer par Lintz et suivre la route d'Efferding.

---

(1) A. T. (R. 16).

Le 11, Mortier, de Lintz, rend compte (1) au Major général que le mouvement « se continue avec beaucoup d'ordre... Je n'ai laissé aucun malade à Freystadt; ils ont tous été évacués sur Lintz. Le corps d'armée en compte beaucoup, ainsi que vous le verrez par sa situation. Le 17e d'infanterie légère et le 40e de ligne se ressentent plus particulièrement du séjour qu'ils ont fait à Brünn. »

Le 14 février, le Major général lui mande (2) de Munich :

« Ce que je vous écris, Monsieur le Maréchal, est pour vous seul; nos affaires ne sont pas encore terminées avec la Prusse et vous devez vous tenir, en mesure militaire, en état d'agir au premier ordre.

« L'intention de S. M. est que votre corps, aussitôt son arrivée à Ingolstadt, prenne ses cantonnements dans l'évêché d'Eichstädt : vous devez, en conséquence, devancer votre corps d'armée et vous rendre auprès du maréchal Bernadotte à Eichstädt afin de concerter avec lui les cantonnements que votre corps d'armée pourra occuper de manière à vous trouver en seconde ligne derrière lui; il faut, de préférence, occuper le pays d'Eichstädt et ne manger que le moins possible le pays du roi de Bavière, sur la rive gauche du Danube.

« Je pense que vous feriez bien de diminuer quelques séjours de vos troupes afin de gagner deux ou trois jours pour votre entière réunion; mais, je vous le répète, vous devez mettre la plus grande prudence afin de ne point jeter d'alarme inutile : ne mettez personne dans votre confidence et, en vous assurant que votre corps d'armée est en état de faire la guerre et votre artillerie approvisionnée, ne parlez que de paix et de votre rentrée en France.

« Vous pouvez dire, pour motif de votre réunion, que votre corps et celui du maréchal Bernadotte attendent le second mouvement que toute l'armée fait pour se rendre en France, en prenant quelques jours de repos derrière le Lech.

« Au surplus, je m'en rapporte à votre prudence. Continuez à me donner de vos nouvelles à Munich. »

A la même date, il écrit (3) à l'Empereur : « Le maréchal Mortier est en marche, comme vous l'aurez vu par l'itinéraire que je vous ai adressé et, sous prétexte de nouveaux corps qui doivent suivre sa marche, je viens d'accélérer, de trois jours la sienne, des époques portées sur le tableau de mouvements. Le parc de ce corps d'armée était à Braunau d'où je le dirige sur Ingolstadt. »

Il semble utile, afin de mieux faire comprendre les recommandations adressées à Mortier par le Major général, de rappeler très sommairement les désaccords qui s'étaient produits depuis quelque temps entre la France et la Prusse.

Afin de ne pas diminuer le front de l'armée dans la conversion

---

(1) A. T. (R. 16). (2) A. T. (3) A. G.

qu'elle exécutait, pour arriver, en octobre 1805, aux points indiqués sur le Danube, diminution qui aurait donné moins de chances pour envelopper l'ennemi, et accumulé de nouvelles troupes sur les chemins déjà encombrés, les corps de Bernadotte et de Marmont avaient dû traverser l'un des territoires que la Prusse possédait en Franconie, celui d'Anspach.

Le 1er octobre, Bernadotte avait écrit (1) au Major général : « L'Électeur (2) m'a témoigné ses craintes sur notre passage par Anspach ; il m'a recommandé de vous en écrire de suite pour éviter toute difficulté ; en le faisant, je remplis ses intentions. Je me dirigerai toujours sur Anspach... »

L'Empereur, comptant sur l'usage établi dans les dernières guerres de traverser les provinces prussiennes de Franconie parce qu'elles étaient hors de la ligne de neutralité et n'ayant reçu aucun avertissement qu'il dût en être autrement cette fois, n'avait pas hésité à prescrire à Bernadotte de traverser le territoire d'Anspach. Les magistrats prussiens avaient protesté à la frontière contre la violation qui leur était faite. On y avait d'ailleurs soldé en argent tout ce qu'on prenait et la plus sévère discipline y avait été observée.

Le roi de Prusse, pour sortir de la situation embarrassante dans laquelle il se trouvait entre l'empereur Napoléon, qui lui offrait le Hanovre avec son alliance, et l'empereur Alexandre, qui lui demandait passage en Silésie pour une de ses armées et semblait lui déclarer qu'il fallait s'unir à la coalition de gré ou de force, saisit le prétexte de la violation du territoire d'Anspach. Il résolut de déclarer que la Prusse était, par ce fait, déliée de tout engagement vis-à-vis de la France et qu'elle accordait passage aux Russes à travers la Silésie en compensation du passage des Français par Anspach. Il prit, en outre, le parti, sous le prétexte spécieux de prémunir le Hanovre contre une invasion armée des Anglo-Russes qui aurait transporté la guerre au sein des provinces prussiennes qui l'enclavaient, de se saisir de l'Électorat où ne restaient plus que 6.000 Français ; ceux-ci, sous les ordres du général Barbou, s'étaient renfermés dans la place forte de Hameln, que Mortier, pendant qu'il commandait en Hanovre, s'était efforcé d'améliorer (3).

L'empereur Alexandre avait fait une entrée solennelle à Berlin le 25 octobre et, par le traité secret de Potsdam, signé le 3 novembre, le roi de Prusse s'était engagé, après bien des hésitations, à imposer sa médiation. Il avait été décidé qu'à l'expiration d'un mois à dater du jour où M. de Haugwitz, chargé de proposer la médiation, aurait quitté Berlin, la Prusse serait tenue d'entrer en campagne si l'empereur Napoléon n'avait pas donné une réponse satisfaisante. Alexandre avait juré une amitié éternelle au roi de Prusse devant le tombeau

---

(1) A. G. (2) L'Électeur de Bavière. (3) Voir titre VIII (t. II).

du Grand Frédéric (que Napoléon victorieux devait visiter l'année suivante, à peu près à la même époque).

M. de Haugwitz s'était présenté à Brünn la veille d'Austerlitz et Napoléon l'avait renvoyé à Vienne à M. de Talleyrand. Le soir même de son retour de Moravie, le 13 décembre, l'Empereur l'avait fait appeler à Schönbrünn où celui-ci, qui le retrouvait presque maître de l'Europe, avait insinué assez clairement que si Napoléon le voulait tout serait réparé promptement par une réconciliation immédiate. L'Empereur avait proposé l'alliance formelle de la Prusse avec la France à la condition tant de fois renouvelée du Hanovre. Le traité fut signé le 15 à Schönbrünn. Les principales conditions étaient les suivantes : cession à la Prusse du Hanovre, la France le considérant comme sa propriété; en retour, cession par la Prusse du marquisat d'Anspach, que l'Empereur allait échanger avec la Bavière contre le duché de Berg qu'il donnera à Murat, du duché de Clèves, contenant la place de Wesel et dont une partie agrandit la dotation de Murat, enfin de la principauté de Neuchâtel qu'il devait accorder à Berthier. Les deux puissances se garantissaient toutes leurs possessions.

Le roi de Prusse avait fait des difficultés pour ratifier le traité et l'Empereur, de Paris le 8 février, résumait (1) ainsi la situation au Major général :

« Mon Cousin, M. de Haugwitz est arrivé. Je crois nécessaire de vous faire connaître en peu de mots ma situation avec la Prusse. Vous connaissez le traité que j'ai conclu à Vienne avec ce ministre. Le Roi a jugé à propos de le ratifier avec des modifications, des corrections, des additions. Cela péchait par la forme, et aussi par le fond, car cela dénaturait tout à fait le traité. M. Laforest (2) s'est refusé longtemps à accepter cette ratification; enfin il l'a acceptée à condition que j'approuverais. Je l'ai reçue à Munich. Comme on m'annonçait en même temps M. de Haugwitz, je n'ai rien dit. M. de Haugwitz est arrivé; je l'ai vu; je lui ai déclaré que je n'approuvais pas la ratification, que je regardais le traité comme non avenu, et je lui ai témoigné tout mon mécontentement. Voilà notre situation.

« Les Prussiens n'ont pas désarmé. Une quinzaine de milliers de Russes sont encore à l'extrémité de la Silésie. J'ai donc jugé à propos de vous instruire de cette situation des choses, pour que vous préveniez le maréchal Bernadotte de se tenir sur ses gardes et en mesure militaire, quoique les Prussiens soient en grande partie retirés de la Saxe. Faites-lui connaître qu'il serait possible que je lui donnasse bientôt l'ordre d'entrer dans le marquisat d'Anspach...

« J'ai laissé à Strasbourg un piquet de mes chevaux et trois cents

---

(1) *Correspondance militaire de Napoléon Ier.*
(2) Ambassadeur de France à Berlin dont il a été souvent question lorsque Mortier commandait en Hanovre (Voir titre VIII, t. II).

hommes de ma Garde; au moindre événement, j'y arriverai comme l'éclair; mais ayez la plus grande prudence, car il ne faut pas donner une alarme inutile...

« Vous pouvez autoriser le maréchal Bernadotte à s'étendre sur les possessions de l'Ordre teutonique et des petits princes qui avoisinent Eichstädt. »

Le 14 février, jour même où le Major général envoyait à Mortier la lettre reproduite précédemment, l'Empereur écrivait (1) de nouveau à Berthier : « ... Vous donnerez ordre au maréchal Bernadotte d'occuper Anspach avec son corps d'armée. Vous donnerez le même ordre au maréchal Mortier, qui sera sous ses ordres. Il prendra possession du pays au nom du roi de Bavière. Il fera connaître par une proclamation qu'en conséquence d'un traité conclu entre la France et la Prusse, S. M. prussienne a consenti à céder Anspach au roi de Bavière, et que l'occupation de ce pays doit être faite par les troupes françaises au même moment que les troupes prussiennes occuperont le Hanovre; que, les Prussiens occupant cet électorat, il a ordre de son souverain de procéder à l'occupation d'Anspach; que ses troupes y maintiendront une bonne discipline, et que les revenus et ressources du pays seront mis en séquestre pour l'entretien des troupes qui l'occuperont pendant le temps qui sera jugé nécessaire.

« Avant de publier cette proclamation, le maréchal Bernadotte fera marcher ses divisions, entrera dans le pays d'Anspach et en occupera tous les points. Il fera connaître au commandant des troupes prussiennes qu'elles doivent se retirer; qu'il doit en avoir reçu l'ordre, puisque les Prussiens sont en Hanovre.

« Du reste, vous recommanderez au maréchal Bernadotte d'y mettre toutes les formes, de parler avec un grand éloge du roi de Prusse, et de faire tous les compliments usités dans ces circonstances. Il ne correspondra pas avec le roi de Bavière ni avec ses ministres. Il prendra toutes les mesures nécessaires pour pourvoir à la nourriture et à l'entretien de ses troupes, et les cantonnera là jusqu'à nouvel ordre. Comme son corps d'armée est trop considérable pour pouvoir vivre dans le pays d'Anspach, il pourra s'étendre sur le territoire des petits princes voisins, sans cependant toucher à Bayreuth. Je n'ai pas besoin de dire qu'il doit rester sur ses gardes et avoir l'œil ouvert sur les mouvements des Prussiens s'il y en avait à portée de lui.

« Indépendamment du corps du maréchal Mortier, le maréchal Bernadotte aura sous ses ordres une division de dragons et une division de grosse cavalerie. Quand vous le jugerez convenable, vous donnerez ordre au maréchal Davout de se porter sur Eichstädt, pour appuyer le maréchal Bernadotte et s'étendre derrière lui...

« M. de Haugwitz a signé hier un autre traité; nous verrons si les

---

(1) *Correspondance militaire de Napoléon I*^{er}.

Prussiens seront plus fidèles à celui-ci qu'à celui de Vienne; il faut donc se tenir en mesure.

« Ayez soin que tous les détachements qui sont à Augsbourg et à Ulm rejoignent leurs corps. Faites-moi connaître le jour où le maréchal Bernadotte prendra possession d'Anspach, où le maréchal Mortier sera derrière lui pour le soutenir, où le maréchal Davout sera à Eichstädt et où le maréchal Ney se dirigera sur Augsbourg...

« Tenez-vous-en strictement aux ordres que je vous donne; exécutez ponctuellement vos instructions; que tout le monde se tienne sur ses gardes et reste à son poste; moi seul, je sais ce que je dois faire... »

Mortier reçoit à Straubing, le jour même où elle avait été écrite, la dépêche du Major général du 14 février et lui répond (1) aussitôt :

« J'ai reçu la lettre confidentielle que vous m'avez adressée à Anhof et celle que vient de m'apporter ici l'officier de votre état-major; vous pouvez vous reposer entièrement sur ma discrétion pour l'objet de leur contenu.

« Je vous ai annoncé le 8 que, depuis le 2 février, le grand parc du 5ᵉ corps d'armée était parti pour Braunau en vertu d'ordres du général Songis; ne jugeriez-vous pas à propos de me le renvoyer? Du reste, l'artillerie des divisions a un double approvisionnement.

« Je me rendrai à l'avance près M. le maréchal Bernadotte afin de me concerter avec lui pour mes cantonnements dans l'évêché d'Eichstädt.

« Le 5ᵉ corps ne fera point de séjour à Abensberg; les troupes arriveront donc vingt-quatre heures plus tôt à Ingolstadt. »

Par une deuxième lettre (1), il lui rend compte qu'avant de quitter Lintz, Soult a mis à sa disposition 1.200 capotes et 3.000 paires de souliers. « J'ai fait distribuer 400 capotes et 1.200 paires de souliers à la division du général Gazan et 800 capotes et 1.800 paires de souliers à celle du général Suchet.

« Nous avons constamment mauvais temps et de très mauvais chemins, ce qui nuit beaucoup à la chaussure de la troupe qui, d'ailleurs, marche très bien et en bon ordre; il ne m'est, jusqu'à présent, parvenu aucune plainte. On me faisait encore espérer quelques centaines de paires de souliers; si l'ordonnateur les a reçues, j'en ferai faire la distribution aux corps qui en auront le plus besoin. »

Le 15 février, Bernadotte écrit (2) au Major général : « Jusqu'à ce que j'entre à Anspach, je ne pourrai céder au maréchal Mortier que quelques mauvais villages de l'évêché d'Eichstädt entre le Danube et l'Altmühl. Ils ne lui seront pas d'un grand secours car ils sont très pauvres et déjà ruinés par la visite des traînards. »

Le 16 février, le Major général rend compte (2) à l'Empereur que,

---

(1) A. T. (R. 16). (2) A. G.

d'après les avis reçus par Bernadotte, les troupes prussiennes qui se trouvent dans le pays d'Anspach s'élèvent au plus à 3.000 hommes. « Quant à M. le maréchal Mortier, je lui ai donné l'ordre de prendre ses cantonnements entre Ingolstadt et l'Altmühl. »

Le 20 février, d'Ingolstadt, Mortier envoie (1) au Major général les renseignements qui suivent :

« Je suis arrivé hier soir d'Eichstädt où j'ai vu M. le maréchal Bernadotte relativement aux cantonnements que pouvait occuper le 5ᵉ corps d'armée dans cet évêché. M. le maréchal Bernadotte, qui se trouve lui-même très resserré, me cède les villages sur la rive droite de l'Altmühl depuis Mornsheim inclusivement jusqu'à Kupfenberg exclusivement; mais ces villages, déjà ruinés par les passages et les séjours qu'y ont faits les troupes, n'offrent que très peu de ressources et peuvent à peine loger un régiment. Le reste des troupes du 5ᵉ corps cantonnera sur la rive gauche du Danube depuis Monheim jusqu'à Neuburg et je vous ferai passer incessamment l'état exact des cantonnements.

« La dernière brigade du général Suchet arrivera ici le 27 et le corps d'armée sera, par conséquent, réuni deux jours plus tôt que ne l'avaient déterminé les feuilles de route. »

Il lui accuse réception (1), le même jour, d'une lettre (2) par laquelle celui-ci lui avait fait connaître, le 18, qu'il avait donné l'ordre à la 1ʳᵉ division de dragons commandée par Klein de se rendre à Eichstädt en marchant par brigade et traversant le Danube à Ingolstadt. « Conformément à vos intentions », lui répond-il, « les dispositions sont prises pour assurer le logement et la subsistance de cette troupe à son passage par cette ville. »

A la même date, Suchet rendait compte (2) à Mortier de sa marche : « Les troupes ont été fort bien accueillies par le paysan bavarois; elles en témoignent de la satisfaction et de cette manière chacun y gagne. Je n'ai reçu jusqu'à ce jour aucune plainte sur la conduite de la division; elle marche en bon ordre et les équipages sont conduits d'une manière uniforme et régulière. »

« Le 22 février », note Mortier dans son *Journal*, « reçu l'avis du ministre de la Guerre que je passais, avec le 5ᵉ corps, sous les ordres de M. le maréchal Bernadotte; le 24, j'établis mon quartier général à Eichstädt; le 25, les troupes partirent pour occuper la ligne de Treuchtlingen à Greglingen, la cavalerie à Mergentheim et environs (Tout le corps d'armée rendu le 3 mars dans ses cantonnements). »

Le 21, Bernadotte, son ancien compagnon d'armes à l'armée de Sambre-et-Meuse, lui avait adressé ce billet (2) : « Des ordres qui me sont arrivés cette nuit me privent du plaisir, mon cher Maréchal, d'aller

---

(1) A. T. (R. 16). (2) A. T.

dîner avec toi. Le général Drouet partage mes regrets; il va réunir sa division à Hilpoltstein. J'aurai le plaisir de te voir demain avant midi; je me rendrai à Ingolstadt; nous avons à conférer ensemble. Amitié et attachement. »

Le même jour Bernadotte avait rendu compte (1), d'Eichstädt, au Major général que, conformément à ses instructions, les troupes dont le commandement lui était confié entreraient dans le pays d'Anspach le 23 et lui avait indiqué les cantonnements qu'elles occuperaient. « M. le maréchal Mortier laissera quelques troupes à Eichstädt et Pappenheim; il appuiera avec ses troupes à Treuchtlingen, occupant le pays de Rotenburg et le reste du pays d'Anspach sur nos derrières. » Bernadotte avait demandé, en même temps, au Major général ce qu'il devait faire si le général Tauenzien, qui commandait à Anspach, faisait de la résistance, et terminait en disant : « Je vous prie, Monsieur le Maréchal, d'assurer l'Empereur que, dans l'exécution de la mission qu'il a la bonté de me confier, j'apporterai tout le zèle et le dévouement qui m'animent pour sa personne. » La lettre porte en marge l'annotation : « Le maréchal Berthier a répondu que si le général Tauenzien faisait le moindre acte hostile, le maréchal Bernadotte devrait le faire prisonnier avec tout son corps. »

L'ordre (2) du Major général, daté de Munich le 19 mai, envoyé à Mortier, est ainsi conçu :

« D'après les ordres de l'Empereur, M. le maréchal Mortier et le corps d'armée qu'il commande passent aux ordres de M. le maréchal Bernadotte.

« En conséquence, M. le maréchal Mortier recevra ses ordres de M. le maréchal Bernadotte sur ses marches et sur ses mouvements ultérieurs.

« Je le préviens que le général Songis a donné ordre à son parc, qui est à Braunau, de se rendre à Ingolstadt, d'où il le suivra à Anspach. »

Le 20 février, le Major général avise (2) Mortier qu'il donne des ordres pour que tous les hommes isolés appartenant à son corps d'armée qui peuvent se trouver dans les différentes places sur les derrières de l'armée soient envoyés à Eichstädt pour rejoindre leurs corps respectifs et suivre leurs mouvements.

Le 22 février, Bernadotte lui écrit (2) :

« J'ai l'honneur de vous prévenir, Monsieur le Maréchal, que les troupes réunies sous mon commandement doivent, conformément aux ordres de l'Empereur, prendre possession du pays d'Anspach, pour le roi de Bavière.

« Elles y entreront demain 23 et, le 25, elles y seront établies ainsi qu'il suit :

« Le général Drouet, avec trois régiments d'infanterie et deux

---

(1) A. G. (2) A. T.

régiments de cavalerie légère, prendra la ligne de la Rednitz, depuis Schwabach jusqu'à Hattendorf sur l'Aisch; il occupera Furth, Erlang et Forcheim.

« Le général Tilly, avec pareil nombre de troupes, se placera en arrière de la division Drouet depuis Windsbach sur la Rezat jusqu'à Neustadt sur l'Aisch; il occupera la ville d'Anspach.

« Le général Nansouty se portera avec sa division sur l'Altmühl; il appuiera sa droite à Gunzenhausen et prolongera sa gauche jusqu'à Windsheim.

« Le général Bourcier cantonnera sa division depuis Rasch sur la Schwarzach jusqu'à Weissenburg, occupant Roth, Spalt et les villages à la droite de la route de Gunzenhausen à Schwabach.

« Je vous prie, Monsieur le Maréchal, de vouloir bien faire vos dispositions de manière à venir prendre, le plus tôt qu'il vous sera possible, la ligne de Treuchtlingen à Greglingen. Vous occuperez le pays de Rotenburg et tout le pays d'Anspach qui se trouvera en arrière de votre ligne.

« Je vous remets copie d'une proclamation que je publie conformément aux intentions de l'Empereur. S. M. désire aussi que les compliments d'usage soient exactement observés, que les magistrats du pays soient traités avec les formes les plus douces, et que tous les officiers français ne parlent du roi de Prusse qu'avec éloge et dans les termes les plus respectueux.

« Je suis enchanté, Monsieur le Maréchal, que cette circonstance me procure des relations plus intimes et plus fréquentes avec vous et je vous renouvelle avec plaisir l'assurance de mon amitié et de toute ma considération bien sentie. » (*Ces deux derniers mots ajoutés de la main de Bernadotte.*)

Le 23 février, d'Ingolstadt, Mortier accuse réception (1) au Major général de son ordre du 19 et il met (1) à l'ordre général du 5ᵉ corps :

« D'après l'ordre du ministre de la Guerre, M. le maréchal Bernadotte prend le commandement des 1ᵉʳ et 5ᵉ corps d'armée réunis.

« M. le maréchal Mortier établira demain 24 son quartier général à Eichstädt où MM. les généraux lui adresseront leurs rapports.

« Le 5ᵉ corps d'armée se tiendra prêt à marcher; il est expressément ordonné aux militaires qui le composent d'observer la discipline la plus rigoureuse et d'avoir toute espèce d'égards tant pour les habitants du pays qu'ils vont occuper que pour les militaires prussiens avec lesquels ils pourraient avoir des rapports; ils ne devront parler de S. M. le roi de Prusse qu'avec respect.

« Les commandants des régiments sont prévenus que le ministre de la Guerre a donné les ordres nécessaires pour que tous les dépôts

---

(1) A. T. (R. 16).

et les hommes isolés du 5ᵉ corps d'armée rejoignent leurs corps respectifs à Eichstädt.

« On joint ici la proclamation de M. le maréchal Bernadotte aux habitants du pays d'Anspach; les chefs de corps la feront mettre à l'ordre des régiments qu'ils commandent. »

En vertu des instructions (1) qui suivent, datées de la veille, son aide de camp Gouré partait à cette date du 23, pour reconnaître les cantonnements :

« M. Gouré partira demain matin pour reconnaître les cantonnements que doit occuper le 5ᵉ corps d'armée.

« Ces cantonnements formeront une ligne de Treuchtlingen à Greglingen y compris le pays de Rotenburg et tout le pays d'Anspach qui se trouve en arrière de la ligne ci-dessus indiquée.

« M. Gouré établira les cantonnements de manière à ce que la division du général Suchet soit placée à la droite, celle du général Gazan ensuite; la division de cavalerie occupera la gauche; le parc d'artillerie au centre et à portée de la grande route d'Anspach. La rive droite de l'Altmühl sert de limite au 5ᵉ corps d'armée.

« M. Gouré me fera connaître le plus tôt possible à Eichstädt les cantonnements dont la répartition lui est confiée...; il établira mon quartier général autant que possible au centre du corps d'armée.

« Mergentheim est compris dans mes cantonnements, Dünkelsbühl, Feuchtwang, Rotenburg, Lustenau. »

Le 24 février, Bernadotte rend compte (2) au Major général qu'il est entré, à cette date, à Anspach et que le lendemain les troupes réunies sous son commandement occuperont les cantonnements qu'il a indiquées dans sa lettre du 21.

La proclamation (2) de Bernadotte aux magistrats et habitants du pays d'Anspach débute ainsi : « En conséquence d'un traité conclu entre la France et la Prusse, S. M. prussienne a consenti à céder Anspach au roi de Bavière (3) et l'occupation de ce pays, conformément audit traité, doit être faite par l'armée française au même moment que les troupes de S. M. le roi de Prusse occuperont le Hanovre. Les Prussiens occupant cet électorat, j'ai l'ordre de mon souverain de procéder à l'occupation d'Anspach... »

A cette date du 24 et avant de quitter Ingolstadt, Mortier fait connaître (1) à Bernadotte les ordres qu'il donne à ses trois divisions :

« J'ai l'honneur de vous rendre compte, Monsieur le Maréchal, que le 5ᵉ corps commencera son mouvement demain 25.

« La 1ʳᵉ brigade de cavalerie couchera ce même jour à Treuchtlingen, le 26 en arrière de Gunzenhausen, le 27 à Feuchtwang et le 28

---

(1) A. T. (R. 16). (2) A. G.
(3) Par le traité de Presbourg, les Électeurs de Bavière et de Wurtemberg étaient devenus rois.

dans ses cantonnements. I a 2ᵉ brigade partira le lendemain, suivra la même marche et arrivera le 1ᵉʳ mars à sa destination. Cette division occupera la ligne des cantonnements de Greglingen inclusivement à Rotenburg exclusivement. J'ai laissé au général Treilhard toute facilité pour occuper Mergentheim, d'après votre autorisation.

« La division du général Gazan partira le 27, ira coucher le même jour à Eichstädt et environs, le 28 à Weissenburg, le 1ᵉʳ mars à Gunzenhausen et le 2 dans ses cantonnements, ayant sa gauche à Rotenburg inclusivement et sa droite à Neustallen exclusivement, la grande route de Gerhardsbron à Rotenburg passant par Ruine servant de limite entre cette division et celle de cavalerie.

« Les 1ʳᵉ et 2ᵉ brigades de la division du général Suchet partiront le 28, iront coucher le même jour à Eichstädt, le 1ᵉʳ mars à Weissenburg et le 2 dans leurs cantonnements. La 3ᵉ brigade partira le 1ᵉʳ mars pour Eichstädt où elle couchera, le 2 à Weissenburg et le 3 dans ses cantonnements. Cette division aura sa gauche à Neustallen et sa droite à Treuchtlingen. Le chemin de Dünkelsbühl à Neustallen, passant par Feuchtwang, servira de limite entre cette division et celle du général Gazan.

« Je joins ici la situation du corps d'armée sous mes ordres; il s'est accru, depuis quelques jours, par les dépôts arrivés de l'intérieur; les 3ᵉˢ bataillons des 100ᵉ et 103ᵉ régiments viennent d'arriver quoique n'étant pas portés dans l'effectif de cette situation.

« Les recrues nouvellement arrivées au 58ᵉ régiment sont dans un état de nudité choquant, ayant été envoyées de France sans aucune espèce d'uniforme.

« Je pars dans la journée pour Eichstädt où je compte rester jusqu'à ce que mes troupes aient filé jusqu'à leur destination; j'aurai l'honneur de vous faire part du lieu que j'aurai choisi pour mon quartier général. »

Il envoie des ordres (1) en conséquence aux généraux Treilhard, Gazan et Suchet dont les quartiers généraux sont, alors, respectivement à Ingolstadt, Neuburg et Vohburg.

« Le 1ᵉʳ mars », note-t-il dans son *Journal*, « je partis d'Eichstädt, couché le même soir à Oettingen; le 2 à Feuchtwang où j'établis mon quartier général. »

Il rend compte (1) à Bernadotte, le 1ᵉʳ mars, qu'il se met en route d'Eichstädt et le 5 mars, de Feuchtwang, que le 5ᵉ corps occupe entièrement, depuis l'avant-veille, les cantonnements qu'il lui a indiqués.
« Le parc de réserve d'artillerie que le ministre m'avait annoncé est également arrivé; je l'ai fait parquer sur la grande route à une lieue de Feuchtwang.

---

(1) A. T. (R. 16).

« Les chemins de communication entre les divisions sont très difficiles; du reste, la troupe se trouve assez bien... Nous continuons à avoir beaucoup de malades au 5ᵉ corps; les régiments qui cantonnaient à Brünn se ressentent plus particulièrement de la maladie qui désolait cet endroit. »

Mortier avait écrit (1) le 25 décembre, au sujet de cette maladie, au ministre de la Guerre : « J'ai l'honneur de vous informer que, d'après le rapport d'une commission d'officiers de santé qui s'est réunie hier à Brünn, il paraît constaté que plus de deux cents personnes de la ville, non compris celles des faubourgs, sont attaquées d'une fièvre contagieuse qui enlève le malade au bout de cinq jours; on a enterré hier treize personnes mortes de cette maladie... Je tiendrai rigoureusement à ce que la plus grande propreté soit entretenue et je ferai usage, de concert avec les officiers de santé, de tous les moyens qui paraîtront convenables pour empêcher les progrès de la contagion. »

En se rendant d'Eichstädt à Feuchtwang, Mortier avait été reçu à Oettingen par la princesse douairière d'Oetting Spielberg qui, s'étant aperçue, lui écrit-elle (2) le 3 mars, lendemain de son passage, qu'il était amateur de chasse, lui envoie son « maître de forêt » pour mettre ses chasses à sa disposition et lui adresse, par la suite, plusieurs lettres (2) dans l'une desquelles elle lui rappelle que son cœur lui « a voué le tribut de confiance et d'estime auquel il a de si justes titres ».

Le quartier général de la division de cavalerie fut établi à Mergentheim, celui de la division Gazan à Rotenburg; celui de la division Suchet, d'abord à Wassertruding, puis à Dünkelsbühl.

Le 1ᵉʳ mars, Treilhard rend compte (2) à Mortier qu'il a choisi Mergentheim comme quartier général parce que c'est le seul endroit qui puisse, au moyen des grandes routes, offrir des moyens de communication prompts avec les quartiers généraux des brigades. « Les régiments sont établis de manière que les officiers des compagnies puissent voir tous les jours les chevaux et veiller au bon ordre. Les escadrons pourront être réunis par leurs chefs une fois par semaine, les colonels pourront, en une heure, rassembler chacun leur régiment sur un point central. Des terrains seront reconnus pour y réunir les brigades et même la division et veiller aux progrès de son instruction, aussitôt que le temps et le repos nécessaire pourront le permettre. »

De son côté, Suchet lui fait connaître (2), le 3 mars, que ses troupes ont été bien accueillies dans leurs cantonnements; il se plaint toutefois d'avoir trouvé, dans leur étendue, de la cavalerie, à laquelle il lui demande de donner ordre de repasser l'Altmühl.

Semblable réclamation à l'égard de cantonnements occupés sur la rive droite de la même rivière par la division de cavalerie Nansouty lui est également adressée (2), le 7 mars, par Gazan.

---

(1) A. T. (R. 16). (2) A. T.

Le resserrement des cantonnements s'augmente encore par l'évacuation de ceux pris dans le pays d'Hohenlohe. Bernadotte mande (1), à ce sujet, le 7 mars, à Mortier :

« Le prince de Hohenlohe m'a écrit, mon cher Maréchal, pour réclamer la non-occupation de quelques villages qui font partie de sa principauté. Je crois que nous pouvons accéder à sa demande et je pense même que ce procédé envers un prince général en chef du corps d'armée devant nous ne peut être que d'un bon effet. »

Il l'engage, en conséquence, à faire évacuer deux villages qui, d'après les certificats qu'il lui envoie, appartiennent non pas au margraviat d'Anspach mais à la principauté d'Hohenlohe.

Ce prince, d'autre part, s'était adressé à Mortier qui lui répond (2), le 15 mars :

« J'ai reçu la lettre que Votre Altesse m'a fait l'honneur de m'écrire pour réclamer contre l'occupation par les troupes françaises de quelques villages de sa principauté.

« L'extrême difficulté de les loger a nécessité cette mesure mais elles n'y resteront que peu de jours et, dès l'instant que je le pourrai, je m'empresserai de donner à Votre Altesse des preuves du désir que j'ai de faire ce qui lui est agréable. »

De Kirchberg (3), le 17 mars, le prince de Hohenlohe profite du passage d'un capitaine attaché à l'état-major pour le remercier (1) de sa lettre obligeante et le supplier encore une fois d'exaucer sa demande. « Tous ceux qui ont l'honneur de vous connaître font les éloges de l'équité, de la justice et des sentiments élevés de Votre Excellence. C'est pour cela que je ne crains point que je serai le seul dont les demandes ne seront point exaucées... J'ai toute la confiance et je nourris l'espérance douce pour un vieillard, qui n'a de désir que de sauver ses pauvres sujets de la ruine totale, que Votre Excellence exaucera ma demande.

« Avec l'assurance de la plus haute considération, j'ai l'honneur d'être de Votre Excellence le très humble et très obéissant serviteur. Charles prince de Hohenlohe. »

Le 6 mars, Bernadotte, en accusant réception à Mortier du compte rendu de l'établissement de ses cantonnements, lui écrit (1) :

« La Régence d'Anspach a reçu, il y a trois jours, de sa Cour, l'avis officiel de la cession de ce pays au roi de Bavière. Le roi de Prusse, en annonçant cette cession, a déclaré qu'il lui en avait coûté beaucoup de renoncer à son pays d'Anspach, mais qu'il avait cru devoir faire ce sacrifice au maintien de la paix et au bien-être de ses peuples.

« Cette circonstance, en mettant fin à l'incertitude où se trouvaient ici toutes les autorités du pays, avait rétabli une tranquillité parfaite;

---

(1) A. T. (2) A. T. (R. 16). (3) Chef-lieu de la seigneurie d'Hohenlohe-Kirchberg.

mais, hier, les choses ont paru changer de face. Le général Tauenzien, commandant à Bayreuth, a reçu un courrier de Berlin et, tout à coup, de nouveaux bruits de guerre se sont répandus ; on parle de projets des Prussiens sur le pays de Bamberg et il circule d'autres bruits encore que je crois fort exagérés. Il paraît, néanmoins, positif que le corps aux ordres du prince de Hohenlohe va se rassembler en arrière de Bayreuth.

« Dans tous les cas, j'ai ordonné à ma première ligne de se tenir sur le qui-vive et de se garder, jour et nuit, comme en guerre. Si les Prussiens venaient à faire le moindre mouvement hostile, ce que je ne crois pas, je vous préviendrais de suite et nous nous réunirions.

« Je vous préviens que M. le Major général vient de m'autoriser à occuper Nurenberg. J'ai chargé le général Drouet d'y envoyer des troupes. »

Mortier lui ayant transmis (1), à cette date du 6, une réclamation de la Régence de la grande maîtrise de l'Ordre Teutonique sur l'occupation de Mergentheim et environs par une partie de la division de cavalerie et lui demandant ses intentions avant de répondre, reçoit de lui, le même jour, la lettre (2) suivante :

« Je vous transmets, mon cher Maréchal, copie littérale d'un paragraphe d'une lettre que M. le Major général m'a adressée le 14 février dernier : « L'Empereur vous autorise à vous étendre sur les possessions « de l'Ordre Teutonique et sur celles des petits princes qui avoisinent « Eichstädt. »

« Vous voyez que nous sommes parfaitement en règle relativement à l'occupation de Mergentheim. Vous pouvez donc, au besoin, faire connaître que vous êtes autorisé. Cependant, je pense qu'il vaudrait mieux ne pas parler de l'autorisation, si toutefois vous pouvez l'éviter et répondre simplement à la Régence que vos troupes, très resserrées, ont été forcées de s'étendre, mais qu'elles ne sont là que momentanément et qu'incessamment elles en partiront. »

Le 9 mars, Suchet adresse (2) à Mortier la réclamation suivante au sujet de ses cantonnements : « J'ai fait occuper jusqu'à la dernière chaumière du cercle qui m'est assigné pour le placement des troupes de ma division. Depuis plusieurs jours, j'apprends que les subsistances sont prêtes à manquer partout ; le directeur du cercle me confirme cette fâcheuse nouvelle. J'avais l'intention de retirer cinq bataillons pour les jeter dans le cercle voisin de Crailsheim ; mais j'apprends que le général Gazan vient de faire occuper cette ville par ses troupes. Cette circonstance me détermine, Monsieur le Maréchal, à vous prier de jeter un coup d'œil sur le placement général du 5e corps d'armée. La division que je commande forme, à elle seule, le quart de deux corps d'armée et cependant j'occupe à peine la huitième partie du pays où ils sont

---

(1) A. T. (R. 16). (2) A. T.

cantonnés. Je vous prie, en conséquence, de me donner quelques nouveaux moyens d'étendre mes troupes pour mieux subsister et surtout de placer les quartiers généraux de mes généraux de brigade plus commodément. »

Celui-ci lui répond (1), le 11 : « Vous avez encore sur vos derrières une infinité de cantonnements dont vous n'avez pas disposé et il ne m'est pas possible de rien changer à ceux qui sont établis jusqu'à ce qu'il m'en soit assigné de nouveaux. Quant aux réclamations que me font MM. les généraux de brigade relativement à l'incommodité de leurs quartiers généraux, je ne puis y remédier pour le moment et je les engage à suivre mon exemple, étant moi-même obligé de me contenter d'un local très étroit, très peu fait assurément pour mon quartier général. »

Non seulement, on ne mettait aucun cantonnement nouveau à la disposition du 5ᵉ corps mais, à cette date du 11, Bernadotte demandait (2) à Mortier de lui céder, pour ses divisions de cavalerie, la portion du pays, connue sous le nom d'Ober-Amt-Hohentruiding, sur la rive droite de l'Altmühl, depuis Gunzenhausen jusqu'à Treuchtlingen.

Ce dernier lui fait remarquer (1), le 12, les effectifs élevés du 5ᵉ corps :

« Aussitôt que vous me l'ordonnerez, Monsieur le Maréchal, je m'empresserai de faire évacuer mes cantonnements de l'Ober-Amt-Hohentruiding... ; mais je dois vous observer que je me trouve déjà tellement resserré et mal à l'aise sous le rapport des subsistances que cet état de choses ne pourrait plus durer dix jours, en supposant même que je conserve le terrain que j'occupe déjà.

« Le 5ᵉ corps d'armée déjà très nombreux, puisque les présents sous les armes s'élèvent au delà de 16.000 hommes, s'accroît encore journellement par l'arrivée des recrues et la rentrée des hôpitaux. La pénurie des fourrages commence à se faire sentir d'une manière sensible et j'éprouve des difficultés pour nourrir les 2.640 chevaux portés dans l'effectif de la situation que le chef de l'état-major a eu l'honneur de vous faire passer. »

A défaut de ce document, nous dirons ici que, d'après une situation numérique (3) adressée le 8 avril au Major général par l'inspecteur en chef aux revues de la Grande Armée Villemanzy, l'effectif du 5ᵉ corps, à la date du 1ᵉʳ avril, est le suivant : état-major général 87 ; troupes, officiers compris, 16.611 : total 16.698.

Bernadotte, dès le même jour, se rend (2) à ces raisons :

« Puisque ce mouvement vous contrarie et augmenterait encore la difficulté que votre corps d'armée éprouve pour subsister, vous pouvez rester dans la même position.

---

(1) A. T. (R. 16). (2) A. T. (3) A. G.

« Je pense, au reste, que notre séjour dans ce pays ne peut pas se prolonger au delà de huit à dix jours et que nous recevrons incessamment des ordres. L'échange des ratifications avec la Prusse a eu lieu le 8 du courant et il n'y a plus de doutes que la bonne harmonie ne subsiste entre les deux gouvernements.

« S. M. prussienne a envoyé ici M. Nagler, conseiller privé d'ambassade, avec l'autorisation de faire la remise au commandant des troupes françaises du pays d'Anspach dont il a été pris possession.

« Je vous enverrai l'état des villages dépendant du pays d'Uffenheim où vous pourrez placer un ou deux régiments de cavalerie. »

Ainsi qu'il le fait souvent alors vis-à-vis de Mortier, Bernadotte lui envoie, en même temps que la réponse officielle qui précède, le billet (1) suivant : « Je réponds à ta lettre, mon cher Mortier, et je te dis, puisque le déplacement peut diminuer le bien-être de tes troupes, de rester comme tu te trouves. Ma santé s'améliore sensiblement. Conserve-moi ton amitié et crois que la mienne est inaltérable. Je t'embrasse. »

Bernadotte venait d'être souffrant et, en signant, le 6 mars, une lettre (1) par laquelle il envoyait de ses nouvelles à Mortier, il ajoutait : « Une transpiration un peu abondante m'a empêché d'écrire en entier cette lettre, mais mon cœur l'a dictée. »

Un autre billet (1), daté du 26 mars, montrera encore les termes d'affectueuse et ancienne camaraderie dans lesquels Bernadotte écrivait à Mortier : « J'ai chargé hier M. Buhot (2) de te prévenir qu'il y aurait demain au soir un bal à Anspach. Il a dû te dire, de ma part, combien je serais heureux si tu prenais la peine de venir; en même temps, je lui ai bien recommandé de te dire combien je serais désespéré si ton amitié pour moi allait te porter à te gêner. Je te renouvelle mon désir et ma prière, mais l'un et l'autre sont subordonnés à tes occupations et j'espère qu'en bon camarade tu recevras mes souhaits et mes vœux pour tout ce qui t'intéresse. Je t'embrasse. »

Le *Journal* de Mortier porte l'indication de plusieurs voyages à Anspach, où il couche pour rentrer le lendemain à son quartier général.

Les affaires avec la Prusse ne s'arrangent pas aussi facilement que Bernadotte l'avait indiqué le 12 mars. Le 15, le Major général mande (1) à Mortier :

« J'ai reçu des nouvelles de l'Empereur du 10, mon cher Maréchal; S. M. se portait bien : il n'y a encore rien de nouveau sur les mouvements ultérieurs de l'armée. Nous devons continuer à nous tenir sur le pied de guerre. Chacun doit rester à son poste et être prêt à exécuter les ordres qu'il recevrait de l'Empereur.

---

(1) A. T.   (2) M. Buhot est inspecteur aux revues, du 5ᵉ corps.

« Passez la revue de vos troupes. Voilà les belles journées qui viennent. On peut exercer en détail.

« Vous connaissez mon attachement, mon cher Maréchal. »

Mortier lui répond (1), le 20, que, conformément à ses indications, « on s'occupera de l'instruction de la troupe et on profitera des belles journées pour l'exercice en détail ». Le même jour, il lui accuse réception (1) d'une lettre (2) du 9 par laquelle le Major général l'avait prévenu que trois sujets bavarois avaient été tués par des soldats français, l'un près de Landshut et les deux autres entre Ulm et Stuttgart, et qu'il avait rappelé que les troupes devaient mettre de la conciliation avec les habitants d'un pays allié; il ajoute : « Jusqu'à présent aucune difficulté n'a eu lieu entre nos troupes et les sujets du roi de Bavière, et j'ai souvent réitéré mes ordres pour que, de notre côté, cette bonne harmonie ne soit pas troublée. »

Il lui adresse diverses demandes (1) pour que ses corps soient en état d'entrer en campagne : le 9 mars, il le prie de permettre que l'on retire 300 hommes du dépôt du 40e d'infanterie pour renforcer ce corps affaibli par les pertes qu'il a faites à Austerlitz et par les maladies; le même jour, il rend compte de l'arrivée au 34e d'infanterie de la 6e compagnie du 3e bataillon et d'un détachement de 196 hommes qui n'ont reçu, en route, des magasins militaires aucune distribution de souliers et qui n'ont pu faire acheter de chaussures puisqu'ils ont été sans solde depuis leur passage du Rhin; l'envoi de 278 capotes et 278 paires de souliers « est de la plus indispensable nécessité »; le 20 mars, il sollicite l'envoi de capotes, vestes, culottes, guêtres et souliers pour 202 conscrits de ce corps.

Suchet lui écrit (2), le 20 mars : « Je vous remercie de ce que vous avez bien voulu faire pour le 34e régiment... Votre sollicitude pour l'intérêt des corps qui sont sous votre commandement m'engage à invoquer encore vos bontés en faveur du 88e qui a reçu, à Ingolstadt, 202 conscrits. » Le 30 mars, Mortier prévient (1) le colonel de ce régiment que, d'après l'avis que vient de lui en donner le Major général, le commissaire ordonnateur à Augsbourg a l'ordre de faire passer à son corps 200 capotes et 200 paires de souliers.

Le 19 mars, Treilhard rend compte (2) à Mortier de l'arrivée à Mergentheim du baron de Hugel, chargé de prendre possession, au nom de l'empereur d'Allemagne, de cette ville et de son territoire. Le maréchal ayant demandé (1), le 20, à Bernadotte ses instructions, celui-ci lui mande (2) à la même date : « Je présume que cela se fait en conformité du traité de Presbourg; mais, comme nous n'avons aucune instruction à ce sujet, je pense que ce qu'il y a de mieux à faire c'est de n'approuver ni improuver cette opération et de ne pas paraître

---

(1) A. T. (R. 16). (2) A. T.

y faire attention. Nos troupes ne sont entrées à Mergentheim qu'accidentellement et pour la seule raison de les faire mieux vivre en les étendant davantage; mais, comme la Régence m'a réitéré ses réclamations sur la pénurie qu'éprouve ce pays, si effectivement vos troupes se ressentent de cette pénurie, vous pourrez envoyer un ou deux régiments de cavalerie légère dans le pays d'Uffenheim... »

Le resserrement des cantonnements allait encore s'augmenter par suite de l'ordre envoyé, le 20, par le Major général à Davout, d'aller occuper, en arrière de Mortier, les principautés d'Oettingen et de Hohenlohe. Le 21, Davout, de Neuburg, écrit (1) au Major général : « J'ai envoyé un de mes aides de camp auprès de M. le maréchal Mortier pour lui faire part du mouvement de ce corps d'armée et pour le prier de faire évacuer tous les pays que nous devons occuper. »

La lettre (2) de Davout à Mortier, datée aussi du 21, est la suivante :

« En recevant, mon cher Maréchal, l'ordre du ministre de la Guerre, d'aller occuper les principautés d'Oettingen et de Hohenlohe ainsi que la seigneurie de Limbourg, S. Exc. me charge en même temps de vous en prévenir, afin que si vous aviez des troupes dans ces divers pays, vous les resserriez dans celui d'Anspach.

« Afin d'éviter toute espèce de malentendu et d'encombrement de troupes dans les cantonnements qui pourraient être occupés par celles de votre corps d'armée, je dois vous prévenir, mon cher Maréchal, que je ferai occuper toute la frontière de la principauté d'Oettingen qui borde le pays d'Anspach où vous êtes établi, en comprenant bien entendu la ville d'Oettingen; passant ensuite par le comté de Limbourg et le pays d'Hohenlohe, j'occuperai Vellberg, Kirchberg, Langenburg, Weikersheim, etc...

« Mon mouvement commencera demain et, la Bavière devant être évacuée le 25, je vous prie de ne pas perdre de temps pour donner vos ordres. Amitié. »

Le 22 mars, Suchet rend compte (2) à Mortier que l'aide de camp du général de brigade Gautier (division Gudin, 3e corps d'armée) arrive à l'instant avec un ordre de Davout et annonce que 4.600 hommes doivent passer le lendemain à Dünkelsbühl se dirigeant par Crailsheim sur le pays d'Hohenlohe. « Quoique pris au dépourvu et très embarrassé pour loger cette brigade dans mes cantonnements, je vais prendre toutes les mesures possibles pour la recevoir une nuit. »

En prévenant (3), le 23, Bernadotte, Mortier ajoute : « Il aurait été convenable que je fusse informé plus tôt de ce mouvement. » Il fait la même observation dans sa réponse (3) à Davout auquel il écrit qu'il n'occupera aucune des villes qu'il lui indique, « désirant faire tout ce qui peut vous être agréable ».

Disons de suite que Davout adressa par la suite à Mortier diverses

---

(1) A. G. (2) A. T. (3) A. T. (R. 16).

réclamations pour les cantonnements : le 5 avril, il lui demande (1) l'évacuation d'un village du comté d'Oettingen où se trouvent des équipages du 5ᵉ corps; le 17 du même mois, celle de Klosterhausen, occupé par deux compagnies de la division Suchet.

Mortier lui répond (2) le 5 mai : « L'empressement que j'ai mis, mon cher Maréchal, à faire évacuer les cantonnements que vous m'avez désignés comme devant être occupés par vos troupes, d'après l'ordre du ministre, doit me persuader que je ne trouverai pas en vous moins de dispositions à me restituer ceux qui viennent de m'être enlevés.

« Je suis informé par le général Treilhard que vos troupes occupent le village de Rengershausen et la moitié de celui de Stonnsbson qui se trouvent dans l'arrondissement de Mergentheim.

« Comme votre intention n'est sans doute pas d'ajouter à la gêne que nous éprouvons en nous privant d'une partie de nos ressources, je vous prie de donner des ordres pour que ces deux villages soient entièrement remis à la disposition du général Treilhard. »

Le 6 mai, Davout lui réclame d'autres villages et lui fait connaître qu'il ne peut rendre les deux villages que Mortier lui demande dans le pays de Mergentheim, qui lui était assigne en entier.

Bernadotte auquel Mortier soumet ces questions lui écrit (1) le 10 mai : « J'ai reçu, Monsieur le Maréchal, la lettre que vous m'avez adressée. Je vais écrire de suite au maréchal Davout pour le prier instamment de défendre à ses troupes d'empiéter sur le territoire occupé par le 5ᵉ corps. Je vous engage à lui écrire encore, de votre côté. Il sentira, sans doute, la justesse de vos observations. »

Il lui envoie, en même temps que cette réponse officielle, celle intime (1) qui suit : « Ainsi que tu le désires, mon cher ami, j'écris à Davout et je le prie de nous accorder quelques jours de trêve. Je ne suis pas très sûr qu'il accède au désir que je lui exprime, mais peut-être s'y déterminera-t-il, si tu lui récidives ta demande. J'espère au reste te voir demain car tu m'as promis de venir t'ennuyer encore deux jours à Anspach. Je t'embrasse. »

---

(1) A. T.   (2) A. T. (R. 16).

CHAPITRE V

Mortier transfère son quartier général à Dünkelsbühl (23) puis à Dürenhof (26 mai). — Les cheveux de l'infanterie coupés courts. — Pénurie des subsistances. — Instruction et revues des troupes. — Maintien d'une sévère discipline qui « fait plaisir à l'Empereur ». — Retard dans le paiement de la solde pour jeter le moins d'argent possible sur la rive droite du Rhin. Occupation du duché de Wurtzbourg par la division Gazan (16 juillet). — Dispositions pour mettre le 5ᵉ corps en état de rentrer en campagne : artillerie et munitions ; augmentation des effectifs de l'infanterie par l'arrivée des bataillons provenant de la dissolution du corps du maréchal Lefebvre et par celle des détachements envoyés des dépôts. — Mesures spéciales concernant les compagnies d'élite. — Libelles répandus en Allemagne. — Droit accordé par l'Empereur (à Mortier) de porter la même clef que son grand chambellan. — Bruits de guerre et rassemblement de troupes prussiennes. — Mortier reçoit l'ordre de se rendre à Paris, pour prendre son service de colonel-général auprès de l'Empereur et de remettre le commandement du 5ᵉ corps au maréchal Lefebvre (10 septembre).

« Le 23 mars », note Mortier dans son *Journal*, « couché à Dünkelsbühl où j'établis mon quartier général. »

La veille, Suchet avait mis en *post-scriptum* dans une lettre (1) qu'il lui adressait de Dünkelsbühl : « A l'instant arrive le chef d'escadron Billard, votre aide de camp ; je donne des ordres pour que tout soit disposé pour votre logement ; je regrette, Monsieur le Maréchal, que vous ne veuillez pas accepter mon habitation, mais j'espère bien que vous me ferez l'honneur de dîner avec moi demain. »

Le 24 mars, Godinot rend compte (2) au Major général que Mortier établit, à cette date, son quartier général à Dünkelsbühl.

Suchet lui écrivait, dans la lettre qui vient d'être citée : « Comme, depuis que les cheveux coupés ont été adoptés dans une grande partie de l'armée, j'ai toujours témoigné à mes colonels que je leur laissais une parfaite liberté à cet égard et que je ne voulais ni prescrire ni commander cette mesure, il m'est rendu compte par les généraux de brigade que trois régiments, les 17ᵉ, 34ᵉ et 64ᵉ (3), viennent de couper entièrement les cheveux. Ce changement en amène un dans l'habillement ou du moins dans les collets ; les anciens, salis par la poudre et la pommade ne pouvant pas s'allier avec la propreté qu'on exige en tenue, mes colonels me demandent, à cet égard, un secours en drap rouge et jaune... Je vous prie, Monsieur le Maréchal, de vouloir bien accueillir cette demande... »

Le 26 mars, Mortier rend compte (4) à Bernadotte que « la division de cavalerie aux ordres de M. le maréchal Davout est passée par

---

(1) A. T. (2) A. G. (3) 17ᵉ d'infanterie légère, 34ᵉ et 64ᵉ de ligne. (4) A. T. (R. 16).

Dünkelsbühl pour suivre la marche de la colonne d'infanterie » dont il a annoncé l'arrivée.

Le 4 avril, il lui expose (1), en ces termes, les réclamations qu'il reçoit :

« De toutes parts, Monsieur le Maréchal, les autorités locales me font des représentations sur l'impossibilité de pourvoir plus longtemps à la subsistance des troupes du 5e corps.

« Je crois en général ces plaintes plus ou moins exagérées, mais il est pourtant de fait que la pénurie des subsistances se fait sentir tous les jours d'une manière plus sensible et le passage des troupes de M. le maréchal Davout au travers de mes cantonnements a encore ajouté à l'embarras que nous éprouvons.

« La ville de Dünkelsbühl, qui n'a aucune espèce de territoire, se trouve plus particulièrement gênée; il est constant que si les cercles de Crailsheim et de Wassertruding ne contribuent pas aux dépenses qu'elle est forcée de faire, je serai obligé de la faire évacuer en très grande partie.

« Je viens de faire appeler les commissaires de ces deux cercles et je les engagerai à s'entendre avec les autorités de Dünkelsbühl pour supporter de concert les dépenses qu'occasionne le séjour des troupes dans cette ville.

« Je ne dois pas non plus vous laisser ignorer les plaintes qui me parviennent sur la manière dont sont nourris les officiers. Beaucoup d'entre eux préféreraient vivre de leurs appointements, mais, ne devant les toucher qu'au passage du Rhin et ayant quatre mois d'arriéré, ils se trouvent dans la nécessité absolue de vivre chez leurs hôtes. »

Le 1er avril, Mortier avait sollicité (1), de nouveau, du Major général la rentrée à leurs corps de divers détachements de cavalerie qui se trouvaient au corps d'armée d'Augereau ou près de Lefebvre dans les environs de Darmstadt : 60 hommes du 9e hussards sous les ordres d'un lieutenant, les 3es escadrons des 10e hussards et 13e chasseurs, à l'effectif chacun de 200 hommes.

« Le 5 avril », note-t-il dans son *Journal*, « passé la revue de la brigade du général Reille; le 6, passé la revue de celles des généraux Becker et Claparède; le 11, passé la revue du 58e à Crailsheim, retourné le même soir à Dünkelsbühl; le 20, revue des 9e et 10e régiments de hussards à Blofelden, couché le même soir à Mergentheim; le 21, passé la revue des 13e et 21e chasseurs à cheval dans les environs de cette ville; le 22, parti de Mergentheim, couché le même soir à Dünkelsbühl. »

Dans ces revues, Mortier voit tous les hommes présents; ainsi, en prévenant (1), le 5 avril, Gazan de la revue qu'il passera au 58e, il ajoute : « Je désirerais voir tous les hommes présents; vous ferez mettre

---

(1) A. T. (R. 16).

à la gauche du régiment les conscrits nouvellement arrivés et les hommes non armés. »

A la suite de ces revues, il écrit (1), le 28 avril, au Major général :

« Je viens de passer la revue de toutes les troupes du 5ᵉ corps; j'ai été content de leur tenue et du bon esprit qui y règne, mais j'ai remarqué qu'elles avaient besoin d'être souvent réunies; malheureusement, leurs cantonnements les assujettissant à une grande dissémination, il est des régiments qui ne peuvent opérer leur réunion sans faire 10 et 12 lieues. Toutefois, l'exercice de détail est rigoureusement observé partout et l'instruction des recrues se suit avec toute l'exactitude possible. Nos hôpitaux (2) diminuent sensiblement; la plupart des hommes laissés en arrière, à notre départ de la Moravie, sont rentrés. Le 58ᵉ régiment, qui nous a rejoints à Ingolstadt, est celui qui a le plus de malades par l'effet du long séjour qu'il a fait à Braunau. Ce régiment, au reste, est bien tenu et j'en ai été content.

« Les chevaux de la cavalerie sont dans un très bon état et si l'on pouvait faire rejoindre les différents détachements dont j'ai déjà demandé la rentrée, les régiments seraient beaux et nombreux. »

L'Empereur venait de donner la principauté de Neuchâtel à Berthier et, le 10 avril, Mortier lui avait écrit (1) :

« Le *Moniteur* du 1ᵉʳ avril, que je reçois en ce moment, annonce que l'Empereur vous a transféré la principauté de Neuchâtel avec le titre de prince et de duc.

« Toutes les personnes qui vous connaissent, Monsieur le Maréchal, verront avec un véritable plaisir la récompense honorable dont S. M. reconnaît vos services et le dévouement que vous avez montré à sa personne.

« Soyez, je vous prie, persuadé de la part toute particulière que je prends à cet heureux événement dont je vous fais mes sincères félicitations. »

A partir de cette date du 10 avril, le Major général signe prince Alexandre pour reprendre, à dater du 1ᵉʳ mai, sa signature maréchal Berthier précédée de ses titres (3).

C'est avec cette signature qu'il remercie, le 17 avril, Mortier par une lettre, de sa main (4) : « Vos félicitations me sont chères, je connais votre amitié; l'Empereur m'a mieux récompensé que je ne l'ai servi mais il ne peut rien ajouter à mon dévouement à sa gloire et à sa personne. Il m'a choisi pour prouver à l'armée combien il lui porte d'affection; si mes camarades, si l'armée rendent justice à mes sentiments, c'est pour moi la plus douce jouissance. Conservez-moi votre amitié, mon cher Maréchal. Le Maréchal prince Alexandre. »

---
(1) A. T. (R. 16).
(2) On trouve souvent l'expression « nos hôpitaux » pour « nos hommes à l'hôpital ».
(3) A. G.   (4) A. T.

Voici les termes, d'un laconisme impressionnant, dans lesquels, par une lettre (1) datée du 31 mars, le comte de Ségur, grand maître des cérémonies, annonce à Mortier les changements que l'Empereur vient d'apporter dans la situation des États européens :

« Le grand maître des cérémonies, d'après les ordres de l'Empereur, doit faire connaître à Votre Excellence, que S. M. a déclaré roi de Naples Mgr le prince Joseph, son frère, et que désormais il doit être traité comme tel dans toutes les formules et étiquettes du palais; que le prince Joachim, beau-frère de S. M., a le titre de prince souverain duc de Clèves et de Berg; que S. A. I. Mme la princesse Pauline et Mgr le prince Borghèse, son époux, ont le titre de prince souverain et duc de Guastalla et que M. le maréchal Berthier a celui de prince souverain et duc de Neuchâtel, titre auquel appartiennent, de plein droit, les honneurs des grands officiers de l'Empire. »

En rendant compte (2) à l'Empereur, le 20 avril, des doléances qu'il reçoit, depuis quelque temps, de tous les généraux et notamment de Bernadotte « sur la misère du pays où ils se trouvent », le Major général ajoute : « Depuis plus d'un mois, j'ai ordonné les exercices de détail; j'ai prescrit aux généraux de passer la revue des corps à leurs ordres; j'ai ordonné qu'on manœuvrât... Je n'ai qu'à me louer, Sire, de la conduite de MM. les maréchaux commandant les différents corps d'armée à mon égard, comme je n'ai que des témoignages de satisfaction à rendre sur la discipline de vos troupes. »

Cette discipline était assurée d'une manière rigoureuse par Mortier dans le 5e corps. Ayant reçu, le 8 mars, de Bernadotte une plainte d'un inspecteur des chasses bavarois, relative à la destruction de gibier, sur les terres royales, par les troupes françaises, il avait mis à l'ordre général (3) du 15 mars, à Feuchtwang : « M. le maréchal commandant le 5e corps d'armée se plaint de l'insouciance qu'apportent plusieurs chefs à réprimer les désordres que commettent des soldats qui parcourent les campagnes pour y chasser; il doit leur rappeler que la majeure partie des chasses des pays occupés par le 5e corps d'armée appartient au roi de Bavière, l'ami et l'allié de la France, qui déjà s'est plaint de cet abus.

« Il réitère, en conséquence, la défense déjà faite à tous les militaires du 5e corps d'armée, de chasser dorénavant dans les États du roi de Bavière.

« Les militaires qui se permettraient à l'avenir des réquisitions, de quelque nature qu'elles puissent être, seront sur-le-champ traduits à un conseil de guerre; des ordres ont été donnés pour punir sévèrement quelques individus qui se sont mis dans ce cas.

« Le maréchal Mortier a vu avec peine les violences exercées par

---

(1) A. T. (2) A. G. (3) A. T. (R. 16).

des hussards du 10e régiment; il donne des ordres pour que les principaux coupables soient traduits devant une commission militaire; il croit devoir attribuer de semblables excès à l'insouciance de plusieurs officiers et notamment à celle du chef d'escadron commandant le régiment. »

Treilhard lui avait rendu compte (1), le 12 mars, qu'il lui en avait coûté « de sévir contre un régiment qui a parfaitement fait la guerre et qui est un des plus braves de l'armée ».

Quelques réclamations des autorités du pays lui étant parvenues par l'intermédiaire de Bernadotte, Mortier lui écrit (2), le 19 avril : « Je suis fâché que les baillifs et capitaines des cercles méconnaissent assez mon autorité pour ne pas s'adresser directement à moi lorsqu'ils ont quelque plainte à porter et qu'ils aillent sans cesse faire des rapports à Anspach. S'ils me jugeaient mieux, ils sauraient qu'il me suffit de connaître les abus auxquels peuvent se livrer les troupes sous mes ordres, pour les réprimer sur-le-champ. »

Le jour même, Bernadotte lui répond (1) qu'il a fait savoir aux autorités du pays occupé par le 5e corps que c'était au commandant de ce corps qu'elles devaient adresser directement les représentations qu'elles auraient à faire à l'avenir.

Mortier met (2) de nouveau à l'ordre général, le 28 juin :

« Des militaires de la 1re division du 5e corps ont été punis pour s'être permis, dans différentes communes, de demander des toiles, draps et autres objets et pour avoir employé les menaces et la force pour se les faire donner.

« En rappelant les ordres généraux donnés par M. le maréchal commandant le 5e corps relativement aux réquisitions arbitraires qui auraient été faites depuis l'arrivée des troupes françaises sur la rive droite de l'Altmühl, il renouvelle la défense expresse d'exiger des habitants du pays autre chose que ce qui revient au soldat pour sa nourriture.

« Tout individu qui se permettrait à l'avenir de faire contribuer aucune commune sera sur-le-champ traduit à un conseil de guerre.

« Aucun changement ou augmentation de cantonnement ne pourra avoir lieu dans le 5e corps d'armée que d'après un ordre formel du général commandant la division. Il est arrivé que des communes qui ne fournissaient pas ce qui leur était demandé, étaient menacées et souvent recevaient une augmentation de troupes; un semblable abus d'autorité sera puni sévèrement à l'avenir.

« Les commandants des régiments se rappelleront qu'ils occupent un pays ami et allié de la France et que toute espèce d'abus doit y être puni plus sévèrement que partout ailleurs. »

---

(1) A. T. (2) A. T. (R. 16).

Il rend compte (1), en ces termes, le 31 août, à Bernadotte de l'exécution d'une condamnation à mort :

« Un assassinat affreux a été commis, le 14 de ce mois, par le nommé Dominique Salvador, chasseur dans la 8ᵉ compagnie du 2ᵉ bataillon du 17ᵉ régiment d'infanterie légère, sur la personne d'un paysan du village de Westheim.

« J'ai fait, sur-le-champ, traduire devant un conseil de guerre cet assassin depuis longtemps reconnu pour un très mauvais sujet; il a eté condamné à la peine de mort.

« J'ai l'honneur de vous informer qu'il a dû subir ce matin, à 10 heures, son jugement à la tête du régiment près le village où le crime a été commis. »

Un fait isolé ne peut ternir la réputation d'un régiment; Suchet, dans la division duquel était ce corps, en faisait l'éloge à Mortier, à la suite d'une inspection détaillée dont il lui rendait compte (2) : « Dans le cours de mon inspection, j'ai reconnu dans ce régiment le même esprit d'émulation qui l'a fait remarquer pendant la guerre et je n'hésite point à vous prier, Monsieur le Maréchal, d'assurer S. M. que le 17ᵉ d'infanterie légère continue à se rendre digne de la bienveillance et des éloges qu'elle a daigné lui décerner dans le cours de la campagne de la Grande Armée. »

Le maintien de la discipline, ainsi assuré strictement par Mortier, fut aussi apprécié des habitants du territoire occupé (3) qu'il « fît de plaisir » à l'Empereur, ainsi qu'en témoignent les deux lettres (2) qui suivent :

Le 26 avril, la princesse douairière d'Oetting Spielberg, dont il a été parlé précédemment, écrit d'Oetting à Mortier : « Je suis revenue hier soir de Munich où j'ai eu l'avantage de faire la connaissance du ministre de la Guerre, le prince de Neuchâtel, qui me fit le plaisir de me charger de la lettre ci-jointe pour Votre Excellence; c'est avec un redoublement d'empressement que je m'acquitte de cette commission, puisqu'elle me procure l'occasion de me rappeler au souvenir de Votre Excellence et de la remercier du témoignage qu'Elle a bien voulu m'en donner, en mon absence, en envoyant un de ses aides de camp pour demander de mes nouvelles de sa part. Je la prie d'en agréer mes vifs remerciements et d'être persuadé de la haute estime et considération avec lesquelles j'ai l'honneur d'être de Votre Excellence la très humble et très obéissante servante, Douairière d'Oetting Spielberg. »

La lettre de Berthier, que rapportait la princesse, est ainsi conçue : « La princesse d'Oettingen, qui a passé plusieurs jours à Munich,

---

(1) A. T. (R. 16). (2) A. T.
(3) Le bon souvenir laissé par Mortier se conserva longtemps vivace en Bavière, le quatrième duc de Trévise put en recueillir, de personnes âgées, des témoignages, alors qu'en 1865-1866 il se trouvait, en qualité d'attaché d'ambassade, à la légation de France à Munich; c'est de lui que l'auteur tient ce fait.

mon cher Maréchal, m'a beaucoup parlé de vous; elle s'est particulièrement louée de la bonne discipline de vos troupes. Vous ne doutez pas du plaisir que cela fait à l'Empereur.

« Donnez-moi quelquefois de vos nouvelles, mon cher Maréchal; j'en ai reçu de l'Empereur : S. M. se porte bien; mais il n'y a rien de nouveau pour nous.

« Mille amitiés, mon cher Maréchal. — Maréchal prince Alexandre. »

Un décret rendu, le 7 avril, et dont le secrétaire général du ministère de la Guerre Denniée envoie copie (1) à Mortier le 28, détermine qu'il y aura quatre sapeurs dans chaque bataillon d'infanterie de ligne ou légère de l'armée et qu'ils seront commandés par un caporal qui sera pris, ainsi que les sapeurs, dans les compagnies de grenadiers, dont ils continueront à faire partie. Mortier fait connaître, le 27 mai, à Denniée « qu'il a donné connaissance aux chefs de corps sous ses ordres, de ces dispositions, dès qu'il les a reçues en leur recommandant de s'y conformer ».

Pendant le mois d'avril, Bernadotte se rend à Dünkelsbühl; Mortier, en lui dépeignant (2), le 10 avril, l'embarras qui résulte pour le 5ᵉ corps de ce que les cercles de Crailsheim et de Wassertruding qui devaient procurer des secours à la ville de Dünkelsbühl n'ont fait passer jusqu'à ce jour que des promesses, ce qui a amené les fournisseurs, « qui ne veulent pas prendre pour argent comptant cette monnaie », à cesser de rien livrer, ajoute : « J'espère, mon cher Maréchal, que, malgré mes doléances, vous tiendrez la promesse que vous avez bien voulu me faire de venir me voir. Votre logement est prêt, les chemins d'Anspach à Dünkelsbühl sont superbes, le temps est beau et permettez-moi d'ajouter à tout cela le plaisir que j'aurais à vous voir chez moi. »

Le 28 avril, Treilhard lui rend compte (1) qu'il a fait occuper la principauté de Salm par le 9ᵉ hussards et la principauté de Linange par le 21ᵉ chasseurs; il a laissé dans le bailliage de Rotenburg, comme offrant le moins de ressources, le 10ᵉ hussards qui est le corps le plus faible.

« Le 29 avril », note Mortier dans son *Journal*, « couché à Anspach; le 30 idem. Le 1ᵉʳ mai, couché à Furth; le 2, visité Nurenberg et la position du comte de Wallenstein près de cette ville, couché le même soir à Anspach; le 3, retourné à Dünkelsbühl. »

Dans ses séjours à Anspach, Mortier retrouvait cette compagnie des guides du général commandant en chef l'armée de Hanovre, qu'il avait créée en 1803 (3) et que Bernadotte avait amenée avec lui, du Hanovre, à la Grande Armée; son existence n'avait jamais été

---

(1) A. T. (2) A. T. (R. 16). (3) Voir t. II, titre VIII, p. 398 à 401.

régularisée et, le 8 avril, l'inspecteur en chef aux revues Villemanzy demande au Major général si cette compagnie doit être conservée ou licenciée (1).

On a vu que ce n'est que le 30 octobre 1807 que Berthier fit connaître que les intentions de l'Empereur étaient que cette compagnie fût incorporée dans la Garde.

Disons ici, à propos du Hanovre, que Mortier devait être appelé à reconquérir au mois de novembre suivant (2), que, le 25 mars, le général Barbou, qui avait tenu dans la forteresse de Hameln, avait rendu compte (1) au ministre de la Guerre qu'il avait remis cette place aux troupes prussiennes conformément à la Convention du 8 mars. « En conséquence des dispositions qui y sont relatées, les troupes commenceront à effectuer leur mouvement le 26 du courant; le 30, la dernière colonne se mettra en marche et l'Électorat sera entièrement évacué par les troupes françaises. »

A la date du 3 mai, Berthier envoie (3) à Mortier pour l'adjudant général Simon, son premier aide de camp, la permission de se rendre à Ulm pour s'y faire soigner. Il ne peut, ainsi que le maréchal le lui avait demandé (4) le 28 avril, lui accorder l'autorisation de se rendre en France parce que « suivant les ordres de l'Empereur, aucun militaire ne peut en ce moment quitter l'armée ».

Ajoutons que l'adjudant commandant Simon cesse à partir de ce moment d'être employé auprès du maréchal qui, le 18 juillet, écrit (4), à son sujet, au général Duroc : « C'est un fort bon sujet que je désirerais bien voir placer dans l'intérieur d'une manière convenable; sa santé lui laisse peu d'espoir de faire aucun service à l'armée (5). »

Le retard dans le paiement de la solde mettait les officiers dans un grand état de gêne, ainsi que le montre une lettre (3) adressée à Mortier, le 7 mai, par Treilhard : « S'il était possible à Votre Excellence de me faire faire l'avance d'une centaine de louis tant pour moi que pour les officiers d'état-major de la division. Nous sommes ici sans le sou; plusieurs officiers ont été obligés de faire faire ici des objets de première nécessité qu'ils doivent chez les marchands. Je réponds de la somme qui me sera remise et la rembourserai sur les premiers fonds qui seront touchés sur les appointements par le payeur du corps d'armée. »

Si l'arriéré de solde n'était pas payé, c'était non par suite de manque de fonds mais en raison de considérations politiques.

Le 9 mai, le Major général mande (3) à Mortier :

« Je vais donner des ordres, Monsieur le Maréchal, pour faire payer

---

(1) A. G. (2) Voir titre XI. (3) A. T. (4) A. T. (R. 16).
(5) L'adjudant commandant Simon de la Mortière devint officier général (maréchal de camp) en 1820.

un mois d'appointements à MM. les officiers; quant aux soldats, l'Empereur pense qu'il leur sera plus doux de recevoir double solde en France pendant plusieurs mois puisqu'ils sont nourris en Allemagne; d'ailleurs, moins nous y répandrons de notre numéraire et mieux cela vaudra.

« Quant à l'habillement des corps, l'Empereur m'observe que les 3es bataillons ont reçu des sommes considérables sur la seconde portion de la masse générale; c'était donc aux corps à tirer de leurs dépôts ce qui est indispensable au soldat; quant au linge et chaussure, c'est la seule partie en souffrance puisque la solde n'est point payée depuis le mois de janvier; mais les corps qui ont de l'argent en caisse pouvaient emprunter sur les autres masses, c'est-à-dire sur la masse générale ou tout autre fonds disponible, pour suppléer à la masse de linge et chaussure et acheter des souliers. Au surplus, je réitère à l'Empereur la demande d'un acompte par corps sur la solde pour être employé à la masse de linge et chaussure. Il n'y a aucun doute que les corps doivent faire venir de leur dépôt ce qui est nécessaire au soldat quand les fonds et les objets existent à leur disposition. »

Le lendemain 10 mai, en lui faisant connaître (1) que le payeur du 5e corps a dû être invité à se rendre à Munich ou à Augsbourg pour toucher les fonds pour le mois d'appointements des officiers, il ajoute : « L'argent pour acquitter ce qui est dû de solde aux officiers et aux soldats de l'armée est dans le Trésor à Strasbourg. Mais Sa Majesté voudrait faire passer le moins d'argent possible à la rive droite du Rhin. Vous sentez combien cet objet est politique. »

Le 14 mai, il lui mande (1) : « L'Empereur, Monsieur le Maréchal, dans une des dépêches que j'ai reçues de lui ce matin, me dit que les corps d'armée doivent être pourvus abondamment de moyens d'habillement, puisque la masse générale a continué à être payée aux dépôts sur le pied du complet de paix; il reviendra sans doute un rappel en supplément au moment de la première revue; mais cependant, dit S M., les dépôts doivent avoir des moyens considérables; l'Empereur a ordonné que l'on payât en France la partie de la solde due, destinée à la masse de linge et chaussure, ainsi les corps peuvent facilement payer les souliers qu'ils ont fait faire dans les places sur le Rhin; au surplus, quand l'armée passera ce fleuve, les officiers généraux et d'état-major recevront tout ce qui leur est dû et les soldats double solde jusqu'à ce que la solde due, pour le temps qu'ils ont séjourné en Allemagne, soit acquittée. »

Il lui donne connaissance (1), le 17 mai, d'un décret impérial du 9 mai relatif au paiement de la solde à la rentrée en France et aux dispositions concernant les autres masses; il lui envoie (1), le 21, une ampliation du décret précité et, le 22, celle d'un décret impérial (1)

---

(1) A. T.

du 16 mai qui prescrit au ministre du Trésor public de faire « solder sans délai aux différents dépôts des corps qui composent la Grande Armée, pour acompte de solde des mois de janvier, février, mars et avril, 10.000 francs pour chaque régiment d'infanterie et 3.000 francs pour chaque régiment de cavalerie. Cet acompte sur la solde est destiné à mettre les corps en état de payer les effets qu'ils ont fait confectionner et qui doivent être payés par la masse de linge et chaussure ».

Le Major général écrit (1) en même temps : « Vous devez avoir une attention particulière, Monsieur le Maréchal, à ce que chaque soldat ait une paire de souliers aux pieds et deux dans le sac ; les corps doivent faire confectionner sur les lieux autant que cela est possible ; sinon, ils feront venir les souliers qu'il leur a été ordonné de faire confectionner dans les places sur les bords du Rhin où l'on doit remplacer ces souliers par de nouvelles confections. Les colonels donneront des ordres positifs à leurs dépôts pour qu'on fasse le plus de souliers possible ; car c'est la chaussure et toujours la chaussure qui manque. » Après avoir posé plusieurs questions auxquelles les corps doivent répondre au sujet de l'état de la chaussure, il ajoute : « L'Empereur ne sait point encore quand ses armées quitteront l'Allemagne. Elles peuvent être dans le cas de marcher d'un moment à l'autre. S. M. pense avoir assez donné de gratifications de souliers pour qu'avec la masse de linge et chaussure bien administrée, les régiments soient abondamment pourvus de bons souliers.

« J'attends votre réponse, Monsieur le Maréchal, pour en faire connaître le résultat à l'Empereur.

« L'Empereur n'est pas fâché que les corps aient laissé beaucoup d'effets en France, mais ils doivent avoir à l'armée ce qui leur est nécessaire puisque nous devons nous tenir prêts à marcher au premier ordre. »

Mortier adresse (2), le 31 mai, les renseignements sur la chaussure fournis par les 58e, 100e et 103e pour la division Gazan ; les 34e, 40e, 64e et 88e de ligne, le 17e d'infanterie légère et les 2e et 5e compagnies du 2e bataillon de sapeurs pour la division Suchet.

Le Major général prenait toutes les mesures nécessaires pour que l'armée soit prête à recommencer la campagne. Le 8 mai, il avait prescrit (1) à Mortier de donner l'ordre à tous ses régiments de cavalerie de former un détachement composé de leurs hommes à pied pour se rendre à leurs dépôts en France afin d'y prendre des chevaux, de réunir tous ces détachements en un seul à diriger sur Strasbourg pour rejoindre, de là, les dépôts. Ce dernier lui rend compte (2), le 16 mai, du départ de ce détachement, comprenant 1 officier et 93 sous-officiers, hussards et chasseurs et fourni seulement par le 10e hussards et le

---

(1) A. T. (2) A. T. (R. 16).

21ᵉ chasseurs; les 9ᵉ hussards et 13ᵉ chasseurs n'avaient pas d'hommes à pied.

Mortier est autorisé à faire partir les officiers promus qui passent aux dépôts et à en faire venir ceux qui, pour la même cause, doivent servir aux bataillons ou escadrons de guerre; par la même lettre (1), en date du 9 mai, le Major général lui fait connaître que l'Empereur autorise les militaires blessés à aller aux eaux, mais il faut que les officiers de santé ne se permettent aucune complaisance.

Un ordre du jour (1) de l'armée, du 17 mai, prescrit de diriger sur les bataillons ou escadrons de guerre de leur corps, et non sur Strasbourg, les soldats sortant des hôpitaux.

Le 29 mai, le Major général mande (1) à Mortier que l'Empereur se réserve d'ordonner toutes les mesures nécessaires pour faire compléter par les dépôts, les bataillons ou escadrons de guerre; les colonels doivent s'abstenir, jusqu'à nouvel ordre, d'adresser des demandes à cet effet.

« Le 16 mai », note Mortier dans son *Journal*, « couché à Oettingen où j'accompagnai le maréchal Bernadotte; le 17, déjeuné en partie au Hesselberg, couché le même soir à Dünkelsbühl; le 23 mai, partie de chasse dans la forêt d'Oettingen, accident arrivé au colonel Lanus (2); le 25, couché à Anspach; le 26, établi mon quartier général à Dürenhof (3). »

Le 27 mai, Mortier écrit (4) au Major général : « J'ai l'honneur de prévenir Votre Altesse que je viens d'établir mon quartier général au hameau de Dürenhof près Feuchtwang. J'ai laissé toutes les administrations à Dünkelsbühl. »

Dans cette dernière ville se trouvaient réunis au 23 avril, d'après une lettre (4) que Mortier adresse à cette date à Gazan, huit quartiers généraux et elle ne pouvait loger longtemps autant de monde.

Le 31 mai, Songis prévient (1) Mortier que le colonel Noury est nommé chef d'état-major de l'artillerie du 5ᵉ corps. Disons à ce propos que le 24 mai, le général Foucher, commandant cette artillerie, avait rendu compte (1) au maréchal du règlement du compte des charre-

---

(1) A. T.
(2) Cet accident n'eut pas de suites arrêtant la carrière du colonel Lanus qui commandait le 17ᵉ d'infanterie de ligne du corps de Davout; blessé l'année suivante à Heilsberg, il est général de brigade en 1808 et général de division en 1813.
(3) De Dorlisheim, près Strasbourg, le comte de Dürckheim Montmartin exprime, le 8 juin, à Mortier, combien sa femme et lui se trouvent « flattés de ce que Votre Excellence a daigné prendre sa résidence dans notre demeure isolée à Thürnhofen. Puisse ce séjour devenir de quelque intérêt à Votre Excellence; le propriétaire n'oubliera jamais toutes les bontés qu'Elle a bien voulu lui témoigner... Je ne souhaite rien de plus que d'apprendre que Votre Excellence se trouve avec quelque plaisir dans mon petit établissement ». Malgré l'orthographe différente employée par le propriétaire, nous conserverons celle adoptée par Mortier.
(4) A. T. (R. 16).

tiers : « Chaque paysan reçoit, par jour, 15 sols et 30 sols pour chaque cheval, de sorte qu'à la fin de la campagne, les chevaux auront été payés deux ou trois fois leur valeur. »

Le Major général avait écrit (1) à l'Empereur, le 14 mai : « Je vais faire connaître à M. le maréchal Bernadotte qu'il peut étendre les cantonnements de sa cavalerie jusqu'au pays de Würtzbourg. Par les dispositions de Votre Majesté, son armée va se trouver avec beaucoup d'argent et avec de grands moyens pour son habillement et pour sa masse de linge et chaussure. »

Cette autorisation est le point de départ de changements dans les cantonnements. Le 4 juin, Bernadotte adresse (2) à Mortier l'état des villages que deux de ses régiments de cavalerie peuvent occuper dans les bailliages de Zeil et de Sulzheim et, le 7 juin, ce dernier rend compte (3) au Major général des modifications apportées dans l'emplacement de ses troupes :

« J'ai l'honneur d'informer Votre Altesse que la difficulté de faire subsister le 5ᵉ corps dans le pays que nous occupons a déterminé M. le maréchal Bernadotte à faire occuper par la brigade de chasseurs à cheval de la division du général Treilhard, les bailliages de Zeil et de Sulzheim, dans le pays de Bamberg.

« Ce mouvement s'exécutera lundi prochain 9 de ce mois et, le même jour, une partie des troupes aux ordres du général Gazan occupera les cantonnements qui seront évacués par le 13ᵉ régiment de chasseurs et le 10ᵉ de hussards, qui remplacera, dans la principauté de Linange, le 21ᵉ de chasseurs.

« Les troupes du général Gazan occuperont Mergentheim et céderont au général Suchet les cantonnements qu'elles occupent dans le pays d'Anspach en y comprenant Blofelden. » Il ajoute que la gêne que l'on éprouve actuellement est telle que, d'après différents rapports qui lui ont été faits, « plusieurs paysans, pressés par la misère, avaient abandonné leurs maisons. »

Le Major général approuve (2), le 14 juin, ces dispositions.

A cette date du 14 juin, Mortier apprend que l'Empereur a créé Bernadotte prince de Ponte Corvo; il lui écrit (3) de suite :

« Je viens de lire, mon cher Maréchal, avec tout l'intérêt que m'inspire l'amitié que je vous porte, le décret de notre auguste Empereur qui vous crée prince et duc de Ponte Corvo.

« Recevez-en mes sincères félicitations et croyez, mon cher Maréchal, à tout l'attachement que vous a pour toujours voué, etc. »

Celui-ci lui répond (2), le même jour :

« Je te remercie, mon cher Mortier, de l'empressement que ton

---

(1) A. G. (2) A. T. (3) A. T. (R. 16).

ancienne et vieille amitié met à me féliciter sur la marque éclatante de bienveillance que notre auguste Empereur vient de me donner; cette faveur m'a pénétré de la plus vive et de la plus profonde reconnaissance. Je suis extrêmement touché, mon cher Mortier, de la part que tu veux bien prendre à un événement aussi heureux pour moi.

« Je viendrai lundi te demander à déjeuner. Continue-moi ton amitié et crois que personne n'est plus ton ami que J. Bernadotte. »

Le 18 juin, le Major général mande (1) à Mortier : « Le 58ᵉ régiment d'infanterie de ligne, Monsieur le Maréchal, étant un de ceux de l'armée qui a le plus besoin de se refaire, S. M. m'a autorisé à lui donner l'ordre de se rendre en France... » Conformément à cet ordre, ce régiment quitta ses cantonnements près de Mergentheim le 23 juin pour se rendre à Manheim d'où il fut ensuite dirigé sur Paris (2). Mortier devait le retrouver sous ses ordres au 8ᵉ corps (3).

Le 26 juin, le Major général met à sa disposition (1) une somme de 146.000 francs, qui vient de rentrer dans la caisse du receveur général des contributions, « pour être exclusivement employée à payer quinze jours de solde aux officiers et dix à quinze jours de solde au soldat, autant que la solde restante pourra le permettre, et qui lui servira à acheter du tabac et autres bagatelles dont il a besoin ». L'armée doit sentir que si elle ne touche point sa solde en Allemagne c'est pour ne point y jeter un numéraire qu'il sera plus avantageux de dépenser en France. Il ajoute : « Tout annonce qu'incessamment l'armée recevra l'ordre de repasser le Rhin; mais, si cela était retardé par quelque événement politique, il n'y a pas de doute que l'Empereur ne fît venir le payeur général avec sa caisse à l'armée. »

Mortier accuse réception (4) de cette dépêche le 28 juin.

Le 12 juillet est conclu, à Paris, le traité qui constitue la Confédération du Rhin et dont les ratifications sont échangées le 25 juillet à Munich (2); les princes signataires, rois de Bavière et de Wurtemberg; prince archichancelier transféré de Ratisbonne à Francfort où doit se tenir la nouvelle diète, grands-ducs de Bade, de Berg, de Hesse-Darmstadt, etc., forment une confédération sous la présidence du prince archichancelier et sous le protectorat de l'empereur des Français (5).

A cette date du 12 juillet, Mortier adresse (4) ses félicitations avec l'expression du « respectueux attachement qu'il porte à leur personne » au prince Joseph Bonaparte, proclamé roi de Naples, et au prince Louis-Napoléon Bonaparte, proclamé roi de Hollande; on a vu les affectueux rapports qu'il avait eus avec le premier (qu'il devait con-

---

(1) A. T. (2) A. G. (3) Voir titre XI. (4) A. T. (R. 16).
(5) THIERS, *Histoire du Consulat et de l'Empire*.

tribuer plus tard à maintenir sur le trône d'Espagne) alors qu'il avait à présider le collège électoral du département du Nord (1); on se rappellera que le second était colonel du 5ᵉ dragons à Paris alors que Mortier y commandait la 1ʳᵉ division militaire (2).

Le 16 juillet, le Major général lui mande (3) : « L'ordre de l'Empereur, Monsieur le Maréchal, est que la 2ᵉ division de votre corps d'armée commandée par le général Gazan se rende dans le duché de Würtzbourg. M. le maréchal Bernadotte vous adressera des ordres ultérieurs pour l'exécution de cette disposition.

« Je donne, en même temps, l'ordre à M. le maréchal Davout d'occuper Mergentheim. Vous vous concerterez avec lui sur le moment où cette ville sera mise à la disposition de ses troupes. »

Il lui adresse (3), le même jour, une seconde lettre :

« Vous verrez, Monsieur le Maréchal, par la note confidentielle que je vous envoie, que de nouvelles difficultés sont mises en avant pour l'exécution du traité de Presbourg relativement à la remise des Bouches de Cattaro. Dans tout état de cause, l'intention de l'Empereur est de compléter son armée et de la mettre en état de tout entreprendre : son intention est de compléter les compagnies des bataillons de la Grande Armée à 140 hommes, officiers compris. J'ai donné des ordres pour dissoudre le corps du maréchal Lefebvre en faisant rejoindre chaque détachement de son corps.

« Je viens de donner l'ordre aux différents dépôts de faire rejoindre à leurs bataillons de guerre le nombre d'hommes déterminé dans l'état arrêté par l'Empereur pour porter les compagnies à 140 hommes.

« Donnez l'ordre aux dépôts des corps de votre armée d'envoyer ce qui est nécessaire pour les compagnies. On suivra les routes tracées pour l'armée qui aboutissent à Augsbourg, point de dépôt.

« Il faut, Monsieur le Maréchal, qu'avec le moins de bruit et en dissimulant le plus possible, ce mouvement de dépôt s'opère, en l'attribuant ostensiblement à des affaires d'ordre intérieur des corps et de manière à ce que, sans qu'on s'en doute, nous soyons entièrement en mesure pour être en Autriche au 15 août.

« L'artillerie doit être en bon état; le génie, à ce que l'Empereur espère, ne sera pas pris au dépourvu et aura ses outils et tout ce qui lui sera nécessaire pour réparer les ponts et les chemins rapidement.

« Tout ce qui pourrait avoir été évacué de votre corps d'armée sur le Rhin doit être rappelé. Je vous observe, Monsieur le Maréchal, que l'Empereur trouve qu'il serait fort inutile que les corps s'embarrassent de tous leurs bagages : car si l'on doit rentrer en Autriche, il ne manquera pas d'effets d'habillement; il suffit de se munir de souliers.

« Je vous ai donné l'ordre d'étendre la division Gazan dans le duché

---

(1) Voir titre IX.   (2) Voir titre VII.   (3) A. T.

de Würtzbourg. J'ai ordonné au maréchal Davout de concentrer ses cantonnements dans le pays de Mergentheim, l'intention de l'Empereur étant de ménager la Bavière.

« L'ordre est donné au 21ᵉ régiment d'infanterie légère et au 22ᵉ d'infanterie de ligne, qui sont en Hollande, de se rendre à Wesel, d'où l'intention de S. M. est de les diriger sur Würtzbourg pour y faire partie de la division Gazan et remplacer les 12ᵉ et 58ᵉ de ligne, ce qui portera le corps à 9.000 hommes. »

La note (1) portant la mention « Note secrète pour vous seul, Monsieur le Maréchal » est ainsi conçue : « *Note confidentielle sur ce qui se passe à Cattaro*. Le commandant russe à Cattaro prétend que l'occupation de Raguse par les Français changeant l'état de choses, il ne peut exécuter les ordres de sa Cour; M. de Bellegarde, général autrichien qui devait en prendre possession, n'ayant pu effectuer son débarquement, a envoyé un officier à Vienne rendre compte de sa position et demander de nouveaux ordres. On dit qu'il lui a été ordonné d'user de tous les moyens possibles pour remplir sa mission. On dit qu'on a également dit qu'il avait été donné des ordres à la garnison de Fiume de marcher sur Cattaro, mais on peut présumer que tout cela n'a pour but que de gagner du temps. »

Par une troisième lettre (1), du 16, il le prévient qu'il a donné les ordres nécessaires pour compléter deux mois de solde aux soldats et trois mois d'appointements aux officiers; « la solde sera ainsi alignée pour les soldats jusqu'au 1ᵉʳ mars et pour MM. les officiers jusqu'au 1ᵉʳ avril ».

A cette date du 16 juillet, le Major général fait connaître (2) au maréchal Lefebvre que tous les éléments qui composent sa cavalerie et les divisions Broussier et Leval doivent rejoindre à l'armée leurs escadrons ou bataillons de guerre. « Quand toutes ces opérations seront terminées et les États de Darmstadt entièrement évacués, vous vous rendrez de votre personne à Augsbourg où vous recevrez une destination ultérieure. Vous emmènerez avec vous, Monsieur le Maréchal, tous les généraux et adjudants commandants qui sont actuellement sous vos ordres et généralement tout votre état-major. Le général Broussier et le général Leval sont seuls exceptés de cette disposition. »

Mortier répond (3), le 19, au Major général :

« Je viens de recevoir les dépêches que Votre Altesse m'a fait l'honneur de m'adresser les 16 et 17 de ce mois. Je donne à l'instant des ordres pour que la division du général Gazan occupe la partie du pays de Würtzbourg que vient de lui assigner le prince de Ponte Corvo... La ville de Mergentheim sera, dès après-demain, à la disposition de M. le maréchal Davout.

« Je prendrai toutes les mesures convenables pour faire exécuter

---

(1) A. T. (2) A. G. (3) A. T. (R. 16).

les différentes dispositions de vos lettres. L'esprit qui règne dans le 5ᵉ corps de la Grande Armée est excellent. Il n'est aucun des individus qui le composent qui ne désirent pouvoir trouver l'occasion de prouver de nouveau à notre Empereur et son admiration et son dévouement absolus.

« Notre grand parc de réquisition, comme vous le savez, est attelé de très mauvais chevaux de réquisition de la Lorraine; il n'y a aucunes munitions pour les pièces autrichiennes. »

Bernadotte lui avait indiqué (1), le 19, la ligne de démarcation dans le duché de Würtzbourg, où elles vont se porter toutes les deux, entre les divisions Nansouty et Gazan. Mortier lui écrit (2) le 20 : « J'ai donné l'ordre au général Gazan de commencer demain son mouvement; il s'établira, d'après vos ordres, dans toute l'étendue de l'anse du Mein entre Gemünden, Homburg et Würtzbourg, ainsi que sur toute la rive droite, Würtzbourg compris. Je l'ai prévenu que la division du général Nansouty ne dépasserait pas le village de Gosmansdorf et qu'en tirant une ligne jusqu'à celui d'Ober-Altheim sur la rive gauche du Mein, elle occupera les villes de Kitzingen et de Dettelbach sans toutefois pouvoir s'étendre sur la rive droite au delà des murs de ces deux villes... »

Le 22 juillet, l'électeur de Würtzbourg, Ferdinand, écrit (3), de cette ville, au prince de Neuchâtel : « Monsieur mon Cousin, hier dans l'après-midi, on m'annonça l'arrivée d'un corps français qui devait occuper non seulement mon pays mais la ville de Würtzbourg. En effet, ce matin, la division du général Gazan entra dans mon territoire, dont une partie occupa la ville, prit poste à la garde et l'autre se plaça à la campagne. Quelque temps après, un colonel, envoyé par le maréchal Mortier vint m'en faire part d'une manière officielle... » Il ignore les motifs de cet événement auquel sa conduite politique n'a pu donner lieu et il demande dans quelle intention l'occupation a eu lieu.

En adressant cette lettre, le 26, à l'Empereur le Major général lui dit (3) : « Je lui ai répondu que les troupes nouvellement cantonnées dans ses États y avaient été envoyées par la nécessité d'occuper les pays qui avaient le moins souffert de la guerre et qui offraient le plus de ressources en subsistances et en fourrages. »

Il avait déjà prévenu, à ce moment, Bernadotte que la ville de Würtzbourg ne devait pas être occupée et celui-ci mande (1), le 23 juillet à Mortier : « Le Major général vient de me marquer, mon cher Maréchal, que nous devions bien occuper le pays de Würtzbourg mais non pas la ville. Je vous en préviens de suite afin que vous adressiez vos ordres, en conséquence, au général Gazan.

« Afin de suppléer à l'emplacement que votre division perd en ne

---

(1) A. T. (2) A. T. (R. 16). (3) A. G.

pouvant plus occuper Würtzbourg, vous pourrez prendre le terrain que j'avais d'abord réservé pour la division de grosse cavalerie sur la rive gauche du ruisseau qui se jette dans le Mein à Gosmansdorf, Ainsi le général Gazan aura pour sa division, outre le terrain renfermé dans les anses du Mein, tout le pays situé sur la rive gauche de cette rivière depuis Gosmansdorf et aussi tout celui situé sur la rive gauche du ruisseau en prolongeant une ligne depuis Gosmansdorf jusqu'à Aub inclusivement. »

Mortier reçoit ces instructions le 24, les transmet (1) à Gazan et rend compte (1) à Bernadotte qu'elles seront ponctuellement exécutées.

Ajoutons, de suite, que, le 24 août, Mortier écrit (1) au Major général : « Mes communications avec la division Gazan et celle de cavalerie étant beaucoup trop éloignées, je désirerais pouvoir me mettre au centre du 5ᵉ corps et me loger à Würtzbourg, n'ayant plus la faculté de le faire à Mergentheim que j'ai évacué d'après vos ordres. Je prie Votre Altesse de me faire connaître si elle n'y trouve pas d'inconvénient car, dans ce cas, je serais forcé d'établir mon quartier général dans quelque village aux environs de cette première place. »

Celui-ci lui répond (2), le 28 août : « Je ne puis, Monsieur le Maréchal, sans un ordre de l'Empereur, vous autoriser à établir votre quartier général à Würtzbourg. Je vais en écrire, par ce courrier, à S. M. et je vous ferai connaître sa réponse. » Le maréchal ne reçut pas cette autorisation.

Après l'évacuation de Würtzbourg, Gazan transfère son quartier général à Schweinfurth; Treilhard, en quittant Mergentheim, établit le sien à Bischofsheim (1).

Cette non-occupation de Würtzbourg allait arrêter Mortier dans l'application des mesures que le Major général lui demande (2) le 20 juillet :

« Je suis informé, Monsieur le Maréchal, que l'on répand de nouveau des brochures dont on a inondé l'Allemagne l'année dernière et dont je viens d'en faire saisir à Augsbourg. Il y en a une surtout intitulée : *L'Allemagne dans son profond avilissement en 1806*, arrivée par Nurenberg, éditeur et auteur inconnus. C'est un pamphlet plein d'invectives contre le soldat français et l'Empereur.

« Concertez-vous avec les autorités militaires et civiles du pays et employez vos gendarmes les plus intelligents pour tâcher de saisir ces imprimés et surtout les colporteurs.

« La solde que l'on va payer à MM. les officiers et aux soldats sera un puissant soulagement pour les habitants de la Bavière; maintenez la discipline la plus sévère dans les cantonnements, rendez les officiers

---

(1) A. T. (R. 16). (2) A. T.

des compagnies responsables et conservez la bonne harmonie entre nous et les peuples de la Bavière. »

Gazan ayant fait connaître (1), le 4 août, qu'il est parvenu à connaître les noms de deux libraires de Würtzbourg chez lesquels se vend le libelle, Mortier en rend compte (2), le 7, au Major général, en ajoutant : « Si j'avais eu des troupes à Würtzbourg, que je n'ai point occupé depuis l'ordre qui m'en a été donné, je n'aurais point hésité à faire arrêter ces libraires. Je viens donc vous demander vos ordres et vous prier de me prescrire la conduite que je dois tenir vis-à-vis ces individus, sujets d'une Cour étrangère. »

Ajoutons que le ministre de France près l'électeur de Würtzbourg, arrivé le 2 août à son poste, obtint de cet électeur, d'après une lettre (1) qu'il adresse le 18 à Gazan, un décret condamnant à une amende de cent écus et à la prison faute de paiement tout individu qui colporterait ou vendrait un libelle dans ses États. Une commission militaire composée de sept colonels, dont un désigné (2), le 15, par Mortier dans le 5ᵉ corps, se réunit le 25 à Braunau pour juger les auteurs et colporteurs de ces libelles; le 7 septembre, le Major général envoya à Mortier cent exemplaires du jugement rendu : « Vous voudrez bien en faire la distribution aux régiments de votre corps d'armée et en faire remettre des exemplaires aux baillis ou agents de l'autorité civile ainsi qu'aux principaux libraires des lieux qui dépendent de votre arrondissement. »

On a vu que Mortier avait rappelé au Major général, le 19 juillet, le mode défectueux d'attelage de son grand parc de réquisition et le manque de munitions pour les pièces autrichiennes; celui-ci avait transmis ces observations au général Songis, commandant en chef l'artillerie de la Grande Armée, qui lui répond (3), le 22 juillet : « En réponse à la lettre que Votre Altesse m'a fait l'honneur de m'écrire en date d'hier, je lui rends compte que j'avais donné l'ordre de faire partir demain d'Ulm pour le corps de M. le maréchal Mortier toutes les munitions qui lui manquent et, en outre, de donner en échange à la division Suchet de ce même corps quatre pièces de 8 au lieu de quatre pièces de 6, afin qu'elle ait toute l'artillerie française; à l'égard des chevaux de réquisition du parc de ce corps, je ne puis les échanger dans ce moment; mais je lui enverrai la compagnie du 5ᵉ bataillon *bis* du train, que j'en ai retirée pour prendre les chevaux de Kayser (4), aussitôt qu'elle les aura reçus. »

Le même jour, Songis écrit (1) à Mortier : « J'ai l'honneur de vous informer qu'il partira demain d'Ulm pour votre corps d'armée 640.000 cartouches d'infanterie et toutes les munitions à canon qui manquent

---

(1) A. T. (2) A. T. (R. 16). (3) A. G.
(4) Entreprise Kayser, dont le licenciement venait d'être ordonné.

pour compléter l'approvisionnement de vos bouches à feu ainsi que les chevaux nécessaires pour conduire ce supplément.

« Le bien du service demandant qu'il n'y ait à chaque division que de l'artillerie française ou de l'artillerie autrichienne, je fais partir également d'Ulm quatre pièces de 8 pour remplacer à la division du général Suchet quatre pièces de 6, ce qui fera qu'elle n'aura que de l'artillerie française et seulement trois espèces de bouches à feu. Il pourra conséquemment s'approvisionner plus facilement. »

Diverses autres mesures concernant l'artillerie seront prises peu après. Songis prévient (1) Mortier, le 5 août, du relèvement, au 5e corps, du détachement du 8e bataillon *bis* du train par un du 5e bataillon *bis*. « Par cet arrangement vous n'aurez que des chevaux de deux bataillons du train. » Le Major général l'informe (1), le 14 août, qu'après avoir fait réunir au parc général les différents détachements du 5e bataillon *bis* du train d'artillerie qui n'étaient pas au 5e corps, il leur a donné l'ordre de s'y rendre; le général Foucher, commandant l'artillerie du 5e corps, devra renvoyer au parc général autant de chevaux de réquisition qu'il lui en sera envoyé du 5e *bis*.

Le Major général mande (1) à Mortier, le 6 août : « Je vous préviens, Monsieur le Maréchal, que j'autorise le premier inspecteur général de l'artillerie à profiter des troupes de cette arme qui se dirigent sur Augsbourg pour porter à deux compagnies l'artillerie à cheval attachée à votre corps d'armée en en retirant une compagnie d'artillerie à pied pour le parc général. Le général Songis vous fera connaître l'époque à laquelle cette disposition aura son exécution et les ordres qu'il aura donnés à cet égard. »

Conformément à ces dispositions, Songis prévient (1) Mortier, le 10 août, qu'il fait partir du parc général une compagnie du 6e régiment d'artillerie à cheval pour se rendre à son corps d'armée. « Il pourra ainsi, si telles sont vos intentions, y avoir une demi-compagnie d'artillerie à cheval à chaque division et une compagnie d'artillerie à pied.

« Je donne l'ordre au général Foucher de renvoyer, après l'arrivée de la compagnie d'artillerie à cheval, seulement l'escouade d'artillerie à pied envoyée dernièrement à la division Suchet, en sorte qu'il restera encore une demi-compagnie à cheval et une à pied pour le service de votre parc. »

Pendant que l'artillerie du 5e corps se réorganise, l'infanterie reçoit une augmentation d'effectif considérable par l'arrivée des bataillons provenant de la dissolution du corps de réserve de Lefebvre et par celle des détachements venant de l'intérieur et fournis par les dépôts.

L'Empereur désire conserver intactes et complètes les compagnies d'élite des 3e et 4e bataillons avec lesquelles il devait reconstituer, pour

---

(1) A. T.

la campagne suivante, une division d'élite sous les ordres d'Oudinot.
Le 24 juillet, Mortier écrit (1) au Major général :

« J'ai reçu la lettre que Votre Altesse m'a fait l'honneur de m'écrire le 21 de ce mois pour me prévenir que, dans l'incorporation qui doit se faire dans les deux premiers bataillons des régiments sous mes ordres, des détachements de ces régiments qui se trouvaient au corps de réserve de M. le maréchal Lefebvre, l'intention de S. M. n'est pas que l'on incorpore ainsi les grenadiers et éclaireurs des 3es et 4es bataillons qui se trouveraient faire partie desdits détachements et qu'elle ordonne, au contraire, que les compagnies de ces bataillons soient conservées intactes pour être réunies les unes aux premiers, les autres aux seconds bataillons de leur régiment de manière que ces grenadiers et éclaireurs *restent complets et disponibles*.

« J'ai, en conséquence, prescrit aux généraux des divisions qui se trouvent dans ce cas, de se conformer à ces dispositions et je m'empresserai de vous faire connaître le nombre des compagnies de grenadiers et éclaireurs des 3es et 4es bataillons qui, après l'arrivée des détachements venant de Darmstadt, seront ainsi réunies à leurs 1ers et 2es bataillons. »

Le 27 juillet, il lui soumet (1) une question au sujet de ceux de ses régiments qui ont déjà trois bataillons à la Grande Armée : « L'intention de Votre Altesse est-elle de former deux bataillons à 140 hommes par compagnie dans les 100e et 103e régiments, faisant partie de la division Gazan, ainsi que dans le 34e régiment d'infanterie de ligne de la division Suchet ? ces régiments étant à trois bataillons, il faudrait, en ce cas, les compléter avec le 3e, en ne laissant exister que les cadres de ce dernier. Tous les autres régiments d'infanterie du 5e corps étant à deux bataillons, cette opération sera terminée incessamment et je vous enverrai le travail. » Celui-ci décide (2), le 1er août, que ces trois régiments doivent porter les compagnies des 1ers et 2es bataillons à 140 hommes et que les 3es bataillons ne conserveront que leurs cadres.

Suchet avait écrit (2) à Mortier le 26 juillet : « Les détachements partis de Darmstadt sont arrivés hier à Crailsheim dans le plus grand ordre et dans la meilleure tenue; leur instruction paraît bonne et, au total, l'état de ces troupes fait honneur au major Devilliers qui les commande.

« M. le maréchal Lefebvre est passé par Dünkelsbühl hier vers 4 heures avec tout son état-major; il se rend à Augsbourg... J'ai éprouvé du chagrin à ne pas être informé de son arrivée, je l'aurais sûrement retenu et je me serais empressé de vous en prévenir... »

De Munich, le 28 juillet, Lefebvre rend compte (3) à l'Empereur de la dissolution de son corps d'armée, en ajoutant : « Je me rends a Augsbourg où je supplie très respectueusement Votre Majesté de m'en-

---

(1) A. T. (R. 16). (2) A. T. (3) A. G.

voyer au plus tôt une destination ; de grâce, ne me laissez pas longtemps dans l'inaction et sans troupes. »

D'Augsbourg, le 1er août, il adresse (1) à Mortier la lettre suivante :
« Mon cher Maréchal, le brave et estimable Devilliers (2) a conduit à votre armée des troupes qui avaient servi sous mes ordres ; vous serez content de leur discipline, tenue, instruction et de la beauté des hommes. Rien ne doit leur manquer, j'ai fait tout réparer aux dépens du pays de Darmstadt ; en conséquence, je les recommande à votre bienveillance, ils sont dignes de vos soins et de l'honneur de servir sous un chef aussi distingué que vous. Je vous embrasse. »

Mortier avait adressé (3) au ministre, le 30 juillet, le compte rendu suivant :

« J'ai l'honneur de prévenir Votre Altesse que les détachements qui faisaient partie du corps de M. le maréchal Lefebvre sont arrivés, dans le meilleur état possible, à leurs corps respectifs aux époques que vous avez désignées ; ils ont été incorporés conformément aux instructions portées dans vos lettres des 16, 17 et 21 de ce mois.

« Vous observerez par le tableau que je vous remets ci-joint que, pour former tous les bataillons à 1.160 hommes, il manquera au 5e corps 3.277 hommes, en supposant que les détachements attendus de l'intérieur arrivent intacts et que les 34e, 100e et 103e régiments d'infanterie de ligne dussent compléter à 1.160 hommes leurs trois bataillons de guerre. Veuillez, je vous prie, me faire connaître à cet égard vos intentions ainsi que j'ai eu l'honneur de vous le demander par une lettre du 27 de ce mois. »

On a vu la solution donnée, le 1er août, par le Major général à cette question.

Mortier lui écrit (3), le 7 août : « J'ai l'honneur d'adresser à Votre Altesse l'état des détachements faisant partie du 5e corps et qui viennent d'arriver de l'intérieur à leurs corps respectifs. Vous remarquerez que le nombre qui y est porté ne correspond pas tout à fait à celui dont le départ vous a été annoncé et que vous m'avez fait connaître... Il n'est, jusqu'à présent, rien arrivé au 64e régiment ; dès l'instant qu'il recevra quelque augmentation, je m'empresserai de vous en informer. »

D'après un état comparatif (1), établi à la date du 5 août et faisant ressortir, pour chaque corps, le nombre des hommes qu'il devait recevoir et celui des hommes qu'il a reçus, il n'est arrivé, à ce moment, venant de l'intérieur, au 5e corps (infanterie et cavalerie) que 2.146 hommes au lieu de 2.975, soit une différence en moins de 829 hommes.

---

(1) A. T.
(2) Le major Devilliers (Louis) devint général de brigade le 6 août 1811 ; chef d'état-major du général Rapp à Dantzig en 1813 il fut choisi par Davout pour le seconder au ministère de la Guerre en 1815.
(3) A. T. (R. 16).

Il lui adresse, le 10 août, la lettre suivante :

« J'ai reçu la lettre que vous m'avez fait l'honneur de m'écrire le 7 de ce mois, par laquelle vous me prévenez que, pour atteindre le but que l'Empereur s'était proposé pour porter, au moyen de l'incorporation des détachements venant de Darmstadt et de l'intérieur, les deux bataillons de guerre de chaque régiment à 2.320 hommes, S. M. avait décidé que les compagnies de grenadiers seront mises sur le pied de 80 hommes *constamment présents sous les armes*, celles de voltigeurs à 100 hommes aussi présents sous les armes et les compagnies de fusiliers à 140 hommes, de manière que les deux compagnies de grenadiers des deux bataillons de guerre de chaque régiment auraient. . . . . 160 hommes

Les deux compagnies de voltigeurs. . . . . 200 —
et les quatorze compagnies de fusiliers . . . . 1.960 —

TOTAL. . . . . 2.320 hommes

« J'ai fait connaître ces dispositions aux différents corps que je commande par un ordre du 13 de ce mois, en leur enjoignant expressément de s'y conformer et de ne pas perdre de vue la distinction faite par l'Empereur dont la volonté est que les compagnies de grenadiers et voltigeurs soient constamment complètes en hommes présents sous les armes, sur le pied ci-dessus indiqué, tandis que les compagnies de fusiliers ne doivent l'être qu'à l'effectif...

« J'ai prescrit que les compagnies de grenadiers et voltigeurs des 3ᵉˢ et 4ᵉˢ bataillons faisant partie des détachements venus de Darmstadt doivent toujours être exceptées de l'incorporation et demeurer organisées et disponibles. »

Enfin, le Major général lui ayant envoyé de nouvelles instructions au sujet des compagnies d'élite, il lui répond (1), le 10 septembre : « J'ai reçu la lettre, que Votre Altesse m'a fait l'honneur de m'écrire le 7 de ce mois, qui prescrit que, pour maintenir toujours au complet les compagnies de grenadiers à 80 hommes et celles de voltigeurs à 100 hommes présents sous les armes, les hommes aux hôpitaux ou absents pour quelque cause que ce soit, doivent, dans les vingt-quatre heures, être remplacés jusqu'au moment de leur rentrée par des postiches qui n'auront point de droit à la haute paie mais qui jouiront de l'avantage d'être, par là, désignés pour les premières places vacantes de grenadiers ou de voltigeurs; que dans les corps de l'armée, au contraire où, d'après l'ancienne formation, les compagnies de grenadiers excéderaient le nombre de 80 hommes et celles de voltigeurs celui de 100 hommes, les hommes en excédent rentreront dans les compagnies de fusiliers en conservant leur haute paie et leurs distinctions, feront au besoin le service des hommes postiches et qu'ils jouiront de droit des

---

(1) A. T. (R. 16).

premières places vacantes de grenadiers ou de voltigeurs. J'ai donné connaissance au 5ᵉ corps de ces dispositions par un ordre général... »

Ajoutons encore, en ce qui concerne les compagnies d'élite que, le 24 juillet, Suchet, à la suite de son inspection, avait rendu compte (1) à Mortier « que les voltigeurs des 40ᵉ, 64ᵉ et 88ᵉ régiments n'étaient pas pourvus de fusils de dragons, comme l'exige le décret de création. ... Les voltigeurs du 34ᵉ sont armés de fusils autrichiens, coupés à la taille de dragons; ils sont bons, comme vous avez été dans le cas de vous en convaincre dans la dernière manœuvre ».

Le 21 juillet, le secrétaire général du ministère de la Guerre à Paris, Denniée, auprès duquel Mortier avait fait renouveler (2), par le général Duroc, ses démarches personnelles en vue d'obtenir de l'avancement pour ses aides de camp, dont on a vu précédemment les titres à cette récompense, lui mande (1) : « Je vous annonce avec plaisir, Monsieur le Maréchal, que, sur ma proposition, S. M. a rendu, le 10 de ce mois, un décret qui élève au grade de colonel MM. Billard et Gouré, vos aides de camp, pour commander chacun un régiment d'infanterie de ligne; en attendant qu'il y en ait de vacants, ils continueront de servir auprès de vous.

« Le même décret nomme chef d'escadron M. le capitaine Delapointe, votre quatrième aide de camp... »

Dès le 10 juillet, jour même où le décret avait été signé, Duroc, de Saint-Cloud, s'était empressé d'aviser (1) Mortier de ces promotions : « Je ne perds pas un instant pour vous en prévenir; vous verrez par là toute la part que je prends à ce qui vous est agréable. »

En lui écrivant (1), le 10 juin précédent, qu'il mettrait sous les yeux de l'Empereur les états de service de ses aides de camp, il avait ajouté : « Il est possible qu'en leur accordant l'avancement que vous demandez pour eux que S. M. vous en prive en les plaçant dans des corps qu'ils seront dans le cas de rejoindre; c'est ce qui a été fait jusqu'à présent pour plusieurs officiers d'état-major auxquels il a été accordé de l'avancement. »

Si Gouré et Delapointe restèrent ses aides de camp, le maintien du colonel Billard auprès de Mortier ne fut pas, en effet, de longue durée. Dès le 26 août suivant, le ministre prévient (1) ce dernier que l'Empereur, par décret du 14 août, a nommé Billard à l'emploi de colonel du 29ᵉ régiment d'infanterie de ligne à l'armée de Naples et l'invite à lui prescrire de se rendre sur-le-champ à son poste.

Disons ici que pour remplir une des vacances produites dans ses aides de camp par le départ de l'adjudant commandant Simon et du colonel Billard, Mortier demande le lieutenant Beaumetz, du 11ᵉ dragons, que l'on a déjà vu (3) détaché à son état-major à l'armée de

---

(1) A. T. (2) A. T. (R. 16). (3) Voir titre VIII.

Hanovre ; le 27 septembre, le ministre de l'Administration de la Guerre Dejean lui envoie (1) la commission de cet officier qui reçoit l'ordre de le rejoindre sur-le-champ.

Citons encore, parmi les mutations qui se produisent, vers ce moment, dans les états-majors du 5e corps, les suivantes : par lettre (1) du 6 août, le ministre le prévient qu'il désigne le chef de bataillon Petit-Pierre et les capitaines Mahon et Glady, adjoints à l'état-major général, pour être employés à l'état-major du 5e corps en remplacement de MM. Soulain, Pegot et Montlégier ; Mortier accuse réception (2), le 13 août, des lettres de service à remettre à ces officiers lors de leur arrivée. Par dépêche (1) du 11 août, le ministre lui transmet l'ordre qu'il donne à Becker, promu général de division après Austerlitz mais qui avait continué à commander la 2e brigade (64e et 88e régiments) de la division Suchet, de se rendre, sur-le-champ, à Donaueschingen pour y prendre le commandement de la 2e division de dragons. Par dépêche (1) du 22 août, il confirme la désignation que Mortier avait faite provisoirement de Vedel, promu général après Austerlitz et resté au 5e corps, pour remplacer Becker.

Des difficultés, dans le détail desquelles nous n'entrerons pas, n'avaient cessé de se produire au sujet des cantonnements entre diverses fractions des 1er, 3e et 5e corps ; le 27 juillet, Bernadotte écrit (1) à Mortier : « Comme, d'après les ordres du Major général, la division Nansouty doit s'établir dans le pays de Würtzbourg, il est instant que votre cavalerie légère passe sur la rive droite du Mein ou que le général Nansouty y passe lui-même, car la position où se trouvent les troupes ne permet pas de différer ce changement. J'envoie près de vous le général de brigade Maison pour conférer avec vous et savoir lequel des deux mouvements vous préférez. »

Le même jour, Mortier fait connaître (2) à Treilhard que la brigade Lasalle cantonnera en entier sur la rive droite du Mein de Baunach inclusivement à Schweinfurth exclusivement ; la limite de ses cantonnements remontera le Mein jusqu'à Lichtenfels, suivra une ligne tirée de ce dernier endroit à Königshofen, gagnera Neustadt et sera ensuite déterminée par la grande route qui de cette ville conduit à Schweinfurth.

La demande d'occupation par le 7e corps (Augereau) de la principauté de Linange amène Mortier à proposer (2), le 6 août, à Bernadotte de réunir toute sa division de cavalerie dans le pays de Bamberg, en arrière de l'emplacement assigné à la brigade Lasalle et en occupant une partie du pays de Cobourg. Mais l'infanterie du 7e corps ayant complètement évacué les principautés de Linange et de Wertheim, d'après un compte rendu (1) adressé le 20 août par Treilhard au ma-

---

(1) A. T. (2) A. T. (R. 16).

réchal, celui-ci lui répond (1) le 25 que la brigade de hussards conservera ses cantonnements.

« Le 8 août », note Mortier dans son *Journal*, « couché à Anspach; le 9 à Würtzbourg; le 10 à Schweinfurth, le même jour, revue et manœuvre des 100e et 103e régiments; le 11, couché à Bischofsheim; le 12, à Dürenhof; le 14, revue et manœuvre des 17e léger et 34e de ligne à Wassertruding; le même soir couché à Dünkelsbühl; le 15, célébration de la fête de l'Empereur; retourné le 16 à Dürcnhof. »

Avant de se rendre à Schweinfurth, il écrit (1) le 6 août à Gazan, qui y a son quartier général : « Dimanche prochain, à 3 heures après midi, je passerai la revue des 100e et 103e régiments d'infanterie de ligne ainsi que de votre artillerie; je vous prie de les rassembler, autant que possible, à proximité de Schweinfurth où je compte arriver le même jour vers les 2 heures. »

Mortier passe donc, le 10, la revue de deux des régiments qui s'étaient illustrés à Diernstein, à proximité de Schweinfurth dont il s'était emparé, à la tête de l'avant-garde de l'armée de Sambre-et-Meuse, dix ans auparavant, le 22 juillet 1796 (2).

Le 9 août, le Major général lui avait mandé : « Il est convenable, Monsieur le Maréchal, que la fête de l'Empereur, qui a lieu le 15 août, soit annoncée par une salve d'artillerie. Je vous autorise à faire donner une ration d'eau-de-vie ou une ration de vin à chaque soldat; je ferai payer cette dépense extraordinaire sur l'état que vous m'enverrez. Quant à la solennité de ce jour, elle est dans le cœur de tous les Français. Mille amitiés, Monsieur le Maréchal.

« *P.-S.* — Il faudra avoir soin de prévenir du motif pour lequel on tirera, afin de ne point donner d'alarme. »

Le maréchal lui répond (1), le 13 : « Avant la réception de la lettre que vous m'avez fait l'honneur de m'écrire le 9 de ce mois, j'avais déjà fait des dispositions pour célébrer, d'une manière convenable, la fête de S. M. l'Empereur. Je vous envoie copie de l'ordre général que j'avais donné à ce sujet le 8. »

A cette date du 13, Bernadotte lui adresse le billet (3) suivant : « Je viens d'apprendre, mon cher Mortier, que le maréchal Lefebvre, notre ami commun, est chez toi et qu'il doit y passer la journée de demain. Je me rendrai à Dürenhof dans l'après-midi pour te demander à dîner. J'espère qu'après-demain Lefebvre viendra à Anspach et que tu seras des nôtres. Je t'embrasse. »

Le 19 août, Mortier reçoit l'avis d'une faveur d'un genre particulier que l'Empereur lui a accordée.

Talleyrand, prince de Bénévent, lui avait écrit (3) le 6 août : « J'ai

---

(1) A. T. (R. 16). (2) Voir titre IV. (3) A. T.

l'honneur de vous prévenir, Monsieur le Maréchal, que S. M. l'Empereur a bien voulu vous accorder le droit de porter la même clef que son grand chambellan. Je regrette de ne pas pouvoir vous en envoyer une dès aujourd'hui ; je viens d'en commander et j'espère qu'il vous en sera remis une incessamment. »

En recevant cette lettre, le 19, le maréchal répond (1) : « Je viens de recevoir la lettre que Votre Altesse a bien voulu m'écrire, le 6 août, pour me prévenir que S. M. l'Empereur avait bien voulu m'accorder le droit de porter la même clef que son grand chambellan.

« Je suis extrêmement sensible à cette nouvelle marque de bonté de mon Souverain et vous prie d'être, auprès de lui, l'interprète de ma reconnaissance et de ma gratitude. »

Le 29 août, Bernadotte lui écrit (2) : « Je m'empresserai, mon cher Maréchal, de satisfaire à votre désir en donnant au colonel Billard des lettres de recommandation pour le roi de Naples (3) et pour son ministre de la Guerre (4). Je vous remercie de cette nouvelle preuve de confiance et d'amitié et je vous assure que j'y suis sensible.

« Le général Berthier m'avait fait espérer que vous vous rapprocheriez d'Anspach. Je m'en réjouissais et je me faisais une fête de vous visiter souvent à Triesdorf. Mais votre retard m'afflige et je cède au besoin de vous prier de ne pas le prolonger plus longtemps.

« Je vous embrasse en bon camarade et ami. »

Mortier lui répond (1) le lendemain : « M. Billard vient de me remettre la lettre que vous m'avez fait l'amitié de m'écrire hier. Je ne puis assez vous remercier de toutes vos bontés pour lui ; il en est pénétré et fera tous ses efforts pour les mériter constamment (5).

« J'accepte avec reconnaissance l'offre que vous me faites de m'établir à Triesdorf, puisque ce rapprochement me procurera le plaisir de vous voir plus souvent. Je compte m'y établir mercredi à mon retour de Blofelden. »

Bernadotte lui témoigne (2), le même jour, tout le plaisir qu'il éprouve de ce changement : « Je suis charmé que vous ayez enfin pris le parti d'abandonner votre ermitage. Une fois que vous serez établi à Triesdorf, j'aurai le plaisir de vous voir plus souvent et j'espère que vous viendrez quelquefois manger la soupe d'Anspach en famille. »

Mortier finit par rester à Dürenhof pendant les quelques jours qu'il passa encore au 5ᵉ corps.

---

(1) A. T. (R. 16).
(2) A. T. (3) Joseph Bonaparte, beau-frère de Bernadotte.
(4) Général Mathieu Dumas, qui avait été aide-major général pendant la campagne de 1805.
(5) Le colonel Billard, promu général de brigade en 1811, fut fait prisonnier à Borizow le 27 novembre 1812, alors qu'il commandait une des brigades de la division Partouneaux.

A cette date du 30 août, le Major général lui mande (1) : « Je reçois, Monsieur le Maréchal, des dépêches de l'Empereur, datées de Rambouillet le 26 août. S. M. m'autorise à remettre aux souverains de la Confédération du Rhin les pays formant le lot qui leur revient. S. M. ajoute qu'Elle espère que le moment n'est pas éloigné où nous allons revenir à Paris et qu'Elle n'a pas moins d'impatience que ses armées de nous revoir tous en France.

« Quand MM. les commissaires généraux nommés pour remettre les pays revenant aux princes de la Confédération du Rhin auront consommé l'acte de remise, vous êtes autorisé, Monsieur le Maréchal, sur leur demande par écrit, à faire évacuer par les troupes françaises les pays que vous avez fait occuper, en exécution des dispositions du traité de Confédération. »

Le maréchal lui accuse réception (2) de cette dépêche, le 4 septembre, en ajoutant : « Je n'ai pris, jusqu'ici, possession d'aucun des pays qui ont été accordés à quelques-uns de ces princes. Une partie des troupes du 5ᵉ corps, il est vrai, se trouve cantonnée dans le comté de Wertheim et les principautés de Salm et de Linange; mais, si j'étais dans le cas de quitter ces cantonnements, je prie Votre Altesse de vouloir bien me dire où je pourrais établir les troupes que je serais obligé de déplacer. »

Le Major général avait écrit (3), le 22 août, au prince Eugène : « Les affaires du continent paraissent s'arranger. Les armées de l'Empereur en Allemagne sont au complet et sur le pied le plus respectable, prêtes à aller en avant ou à repasser le Rhin suivant les ordres de S. M. »

Cette dernière hypothèse devait être rapidement écartée; le 29 août, Bernadotte signale (3) au Major général les préparatifs de guerre de la Prusse : « J'ai l'honneur de vous prévenir, Monsieur le Duc, que les bruits de guerre avec la Prusse augmentent de jour en jour. Une armée prussienne et saxonne, forte de 60.000 hommes, se rassemble à Dresde; elle est commandée par le prince Hohenlohe Ingelfingen qui est passé avant-hier à Rotenburg pour s'y rendre. Il doit coucher aujourd'hui à Bayreuth. Le prince Louis-Ferdinand de Prusse sert sous les ordres du prince Hohenlohe. »

On s'attend, dès lors, à une attaque et, le 1ᵉʳ septembre, le colonel Berruyer, du 21ᵉ chasseurs, rend compte (3), d'Arnstein, à Suchet « qu'il n'existe pas un Prussien à Brückenau ni à Hamelburg et qu'ils n'y ont pas encore paru... En cas d'attaque par des forces supérieures, la moitié du régiment se retirera sur Würtzbourg pour le couvrir et l'autre moitié sur Schweinfurth ».

Le 9 septembre, le Major général écrit (3) à l'Empereur : « J'ai

---

(1) A. T. (2) A. T. (R. 16). (3) A. G.

expédié les congés de vingt jours accordés à MM. les maréchaux Ney et Davout. J'ai également donné l'ordre au maréchal Mortier de se rendre à Paris et au maréchal Lefebvre celui de prendre le commandement du 5ᵉ corps. J'ai recommandé à ces officiers de se conformer à vos intentions relativement à leurs aides de camp, à leurs chevaux et équipages. »

A cette date du 9 septembre, il mande (1) à Mortier : « L'Empereur, Monsieur le Maréchal, me charge de vous donner l'ordre de remettre le commandement du 5ᵉ corps d'armée à M. le maréchal Lefebvre. S. M. vous ordonne de vous rendre à Paris pour prendre votre service auprès de sa personne. L'Empereur vous ordonne également de laisser vos chevaux et vos équipages à Augsbourg. Vous voudrez bien mettre à l'ordre de votre corps d'armée que M. le maréchal Lefebvre en prend le commandement pendant que vous ferez votre service auprès de l'Empereur. Je préviens le général René à Augsbourg de ces dispositions. »

« Le 10 septembre », note Mortier dans son *Journal,* « reçu l'ordre de me rendre à Paris pour prendre mon service près la personne de l'Empereur et de remettre le commandement du 5ᵉ corps au maréchal Lefebvre ; le 11, fait mes adieux à Anspach ; le 12, parti de Dürenhof à 11 heures du matin pour Paris. Déjeuné le 13 à Manheim, le 14 à Longeville, le 15 à Épernay, arrivé le même soir à 11 heures à Issy ; le 16, resté à Issy ; le 17, admis à l'audience privée de S. M. à Saint-Cloud ; le 22, repris mon service près de l'Empereur à Saint-Cloud. »

Le 11 septembre, Bernadotte lui écrit (1) : « Je t'envoie, mon cher Mortier, deux lettres, l'une pour l'Empereur et l'autre pour ma femme. Je te prie de dire à S. M. que j'ai reçu l'avis, ce matin, que six régiments russes étaient entrés dans la Silésie prussienne.

« Adieu, mon cher ami, je te suivrai par mes vœux et je n'oublierai jamais les témoignages que j'ai reçus de ton affection. Je t'embrasse. »

Le même jour, le ministre de l'Intérieur, Champagny, le prévient (1) que le collège électoral du département du Gard, dont le maréchal a été nommé président, est convoqué pour le 1ᵉʳ octobre dans la ville de Nîmes et lui envoie un exemplaire (1) des instructions rédigées en vue des opérations qu'il aura à diriger. Celui-ci ne reçut que le 4 octobre, à Mayence, cet avis qui lui avait été adressé au 5 corps et répondit (2) au ministre de l'Intérieur : « Je reçois seulement aujourd'hui la lettre que Votre Excellence m'a fait l'honneur de m'écrire, le 11 septembre, pour me prévenir que le collège électoral du département du Gard avait été convoqué pour le 1ᵉʳ de ce mois. Ayant reçu

---

(1) A. T. (2) A. T. (R. 17).

l'ordre de S. M. l'Empereur de le suivre à Mayence, je n'aurais pu dans tous les cas me rendre à Nîmes pour l'époque indiquée. »

C'est la désignation pour la présidence de ce collège électoral qui avait retardé l'envoi de son brevet de maréchal de l'Empire; il ne lui avait été adressé que le 20 mars précédent, ainsi que le fait connaître la lettre (1) suivante du secrétaire d'État Hugues Maret : « J'ai l'honneur, Monsieur, de vous adresser le brevet de maréchal d'Empire. Je n'ai pu le transmettre plus tôt à Votre Excellence parce qu'il devait, conformément à l'article 50 de l'acte des constitutions du 28 floréal an XII, désigner, en même temps, le collège électoral dont la présidence vous est affectée et que S. M. n'avait pas encore fait connaître ses intentions à cet égard. »

M. Deleuze, avocat, choisi pour représenter le maréchal dans la présidence pendant cette session de 1806, lui rendit compte (1), le 15 octobre, du résultat des opérations.

A cette date du 11 septembre, Mortier remet le commandement du 5ᵉ corps à Lefebvre qui ne devait le conserver que jusqu'au 8 octobre (2), date à laquelle Lannes, de retour à l'armée, reprend le commandement de son 5ᵉ corps, qui repassera sous les ordres de Mortier en août 1807 pour y rester, tant en Silésie qu'en Espagne, jusqu'au 6 avril 1811.

De Dürenhof, Mortier adresse au 5ᵉ corps, le 11 septembre 1806, l'ordre général (3) d'adieu suivant :

« M. le maréchal Mortier vient de recevoir l'ordre de se rendre à Paris pour y prendre son service de colonel général de la Garde auprès de S. M. l'Empereur et de laisser, pendant son absence, le commandement du 5ᵉ corps à M. le maréchal Lefebvre.

« Le maréchal Mortier est bien aise, avant de partir, d'exprimer aux corps de toutes armes sa satisfaction pour la bonne conduite et la discipline qu'ils ont observées pendant qu'il les a commandés. Il en témoigne particulièrement son contentement aux officiers généraux et colonels et, à son arrivée à Paris, il s'empressera, en leur rendant auprès de S. M. la justice qui leur est due, de faire connaître le bon esprit qui anime le 5ᵉ corps, le zèle et le dévouement de tous les militaires qui le composent pour son auguste personne.

« Il est assuré que, sous les ordres du maréchal Lefebvre, ils se montreront tels qu'ils ont été jusqu'à présent et que, par une continuité de bonne conduite, ils répondront aux soins de cet officier général, dont le nom, cher à tous les braves, se lie au souvenir de tant d'actions glorieuses. »

---

(1) A. T. (2) A. G. (3) A. T. (R. 16).

TITRE XI

MORTIER COMMANDANT LE 8ᵉ CORPS DE LA GRANDE ARMÉE

1ᵉʳ octobre 1806 au 19 juillet 1807

(Voir les cartes nᵒˢ 6, 9 et 10.)

TITRE XI

MORTIER COMMANDANT LE 8ᵉ CORPS DE LA GRANDE ARMÉE

1ᵉʳ octobre 1806 au 19 juillet 1807

CHAPITRE I

Départ de l'Empereur (25 septembre) avec Mortier qui, à Mayence, reçoit l'ordre de former le 8ᵉ corps dont il aura le commandement (1ᵉʳ octobre). — Instructions de l'Empereur. — Dès qu'il a les 2ᵉ, 4ᵉ et 12ᵉ d'infanterie légère, le maréchal établit son quartier général à Francfort (13 octobre); il n'a que six pièces et pas un homme de cavalerie. — Difficulté de sa situation jusqu'après la bataille d'Iéna ; sa correspondance à ce sujet avec le roi Louis de Hollande. — Ses rapports avec les princes confédérés ; mobilisation de leurs contingents. — Occupation de la principauté de Fulda (27 octobre) et désarmement des troupes du prince d'Orange Fulda. — Il reçoit l'ordre de l'Empereur de s'emparer de la Hesse-Cassel ; combinaison de son mouvement avec celui de l'armée du Nord.

« Le 25 septembre 1806 », note Mortier dans son *Journal*, « parti avec S. M. à 5 heures du matin, déjeuné à La Ferté-sous-Jouarre, dîné à Châlons; le 26, déjeuné à Mars-la-Tour, arrivé à Metz à 1 heure après-midi, visité les fortifications, reparti de Metz à 10 heures du soir; le 27, déjeuné à Sarrebrück, dîné à Kaiserslautern; le 28, déjeuné à Oppenheim, arrivé à Mayence à 1 heure après-midi, visité les fortifications de Cassel; le 29, revue à 6 heures du matin des troupes de la Garde en avant de Cassel; le 30, rien de nouveau.

« Le 1ᵉʳ octobre, S. M. partit à 9 heures du soir pour Würtzbourg; avant son départ, elle me donna l'ordre d'organiser le 8ᵉ corps d'armée et d'en prendre le commandement, les 2ᵉ, 4ᵉ et 12ᵉ d'infanterie légère, 58ᵉ de ligne, deux régiments italiens, 4ᵉ de dragons et 26ᵉ de chasseurs qui font partie de ce corps d'armée devant arriver dans la quinzaine. »

La rupture avec la Prusse s'était précipitée : le 18 septembre, Bessières, à Paris, avait envoyé l'ordre (1) à Hulin d'en faire partir le lendemain et le surlendemain les 1ᵉʳ et 2ᵉ régiments de grenadiers de la Garde; le 20 septembre, à 8 heures du soir, M. de La Forest,

---

(1) A. G.

ambassadeur de France à Berlin, avait écrit (1) au Major général :
« J'ai l'honneur de prévenir Votre Excellence, en conformité des ordres que j'ai reçus, qu'à la suite d'un courrier qui m'est arrivé de Paris, je demande à l'instant même mes passeports au Gouvernement prussien. »

La veille, 19 septembre, le ministre de la Guerre avait prescrit (1) au maréchal Kellermann de partir de Paris dans cette journée du 20 septembre pour se « rendre à Mayence et y prendre le commandement du corps de réserve composé des troupes qui se trouvent dans les 5e et 26e divisions militaires. Vous aurez, en outre, sous votre commandement la Garde nationale de ces deux divisions militaires ». Il lui avait mandé (1), en outre, le 21 : « J'ai l'honneur de vous prévenir que l'armée de réserve, dont le commandement vous est confié, sera composée des 3es bataillons et 4es escadrons ainsi que des dépôts des corps de la Grande Armée qui se trouvent stationnés dans les 5e et 26e divisions militaires.

« Vous tiendrez votre quartier général à Mayence. S. M. vous autorise à requérir les grenadiers et chasseurs des Gardes nationales dans les départements qui composent les 5e et 26e divisions militaires jusqu'à concurrence de 6.000 hommes, que vous ferez réunir en totalité à Mayence. »

Ce nombre de 6.000 fut ramené à 4.000 par une dépêche (1) du 25 septembre.

C'est dans cette ville de Mayence, dont Mortier avait été chargé d'annoncer la reddition au Directoire le 30 décembre 1797 (2), qu'il reçut, le 1er octobre, de l'Empereur l'ordre (3) qui suit pour former le 8e corps :

« Mon Cousin, je vous ai nommé au commandement du 8e corps de la Grande Armée. Vous correspondrez chaque jour avec le Major général et vous lui enverrez, en même temps, l'état journalier de votre situation. Vous aurez toujours, près de lui, des officiers d'état-major qui pourront vous porter ses ordres.

« Le 8e corps de la Grande Armée doit être composé de deux divisions commandées l'une par le général Dupas et l'autre par le général Lagrange. Six généraux de brigade et deux adjudants commandants ont eu l'ordre de se rendre à Mayence. Les régiments composant le 8e corps d'armée sont le 2e, le 4e et le 12e d'infanterie légère. Le 2e et le 4e arriveront à Worms le 8 et le 9 octobre. Prenez les mesures nécessaires pour qu'ils y trouvent des bateaux qui les transporteront à Mayence. Le 12e régiment arrivera le 8 octobre par la route de Bingen. Les deux régiments italiens sont partis depuis deux jours, l'un de Paris et l'autre d'Orléans pour se rendre à Mayence. Vous devez

---

(1) A. G. (2) Voir titre IV. (3) A. T.

avoir dix-huit pièces d'artillerie, une compagnie de sapeurs avec l'état-major nécessaire pour l'une et l'autre de ces armes. Le 26e régiment de chasseurs et le 4e régiment de dragons feront partie de votre corps d'armée. J'ai aussi donné l'ordre au 58e régiment d'infanterie de ligne d'être rendu à Mayence avant le 20 octobre. Aussitôt que vous aurez plus de cinq mille hommes et neuf pièces de canon attelées, vous pourrez vous porter à Francfort. Vous trouverez ci-joint une instruction qui vous servira de guide en cas d'événement. Vous devez avoir vingt-quatre caissons des transports militaires. Il faut que vous ayez toujours huit jours de biscuit en réserve à Mayence et que vous puissiez les porter à votre suite avec deux mille outils de pionniers. Sur ce, je prie Dieu qu'il vous ait en sa sainte garde. A Mayence, le 1er octobre 1806. NAPOLÉON. »

L' *Instruction* (1) *pour le maréchal Mortier*, jointe à la lettre, est la suivante :

« Mon Cousin, le 4 ou le 5 octobre, vous enverrez des officiers au prince de Nassau, au prince primat et au grand-duc de Hesse-Darmstadt, afin qu'ils sachent que vous commandez un corps de 25.000 hommes dont la tête arrive à Mayence et qui est spécialement chargé de protéger leurs États et le territoire de la Confédération du Rhin. Vous ferez tout préparer à Francfort pour le placement de ce nombre de troupes.

« D'ici au 10 octobre, vous recevrez des ordres particuliers; cependant, je juge convenable de vous donner, dès aujourd'hui et précautionnellement, un ordre général qui vous servira de guide.

« Aussitôt qu'une des divisions du 8e corps d'armée aura plus de 5.000 hommes, elle pourra occuper Francfort et vous pourrez même y porter votre quartier général, en prenant bien soin toutefois de ne pas vous compromettre ni de vous laisser couper d'avec Mayence, et même, à cet effet, dès que vous aurez réuni toutes les troupes qui doivent former votre corps d'armée, vous en placerez en échelons depuis Francfort jusqu'à Mayence. Vous surveillerez attentivement tous les mouvements de l'électeur de Hesse-Cassel. Votre position lui donnera assez d'ombrage pour qu'il ne dégarnisse pas ses États et pour qu'il soit forcé à rester neutre. Vous maintiendrez libre, autant qu'il pourra dépendre de vous et sans vous compromettre, la route de Mayence à Würtzbourg et vous prendrez des mesures certaines pour recevoir, chaque jour, des nouvelles du commandant de la citadelle de Würtzbourg. Si jamais il arrivait qu'il fût cerné par des forces supérieures, vous en devrez être prévenu par un signal que vous conviendrez préalablement avec ce commandant. Vous n'iriez à son secours qu'autant que les forces qui le cerneraient seraient très inférieures à celles que vous pourriez leur opposer et il faudrait toujours

---

(1) A. T.

que le tiers de vos forces se rapprochât de Mayence pour que cette place ne coure jamais aucun danger. Si, par suite d'une bataille perdue par la France, l'ennemi se portait sur Mayence et sur Cologne, vous correspondriez avec le roi de Hollande, qui est à Wesel, sur tout ce qu'il faudrait entreprendre pour s'opposer aux progrès de l'ennemi. Vous repasserez le Rhin si les forces sont trop considérables et vous appuierez votre droite à Mayence en bordant le Rhin et en liant votre gauche avec la droite du roi de Hollande, en vous entendant avec S. M. pour cet objet.

« Dans des circonstances aussi improbables qu'imprévues, c'est de ces circonstances mêmes que vous prendrez conseil et s'il arrivait que Mayence dût craindre d'être cerné, vous vous y enfermeriez avec votre corps d'armée. »

Dès le 29 septembre, le Major général, de Würtzbourg, où il avait annoncé (1) la veille son arrivée à l'Empereur, avait prescrit (2) au « général chef de l'état-major du 8ᵉ corps » de lui envoyer le plus promptement possible la situation détaillée des états-majors et des troupes du 8ᵉ corps : « Je vous préviens à cet égard que je donne l'ordre au 4ᵉ régiment de dragons, qui doit être attaché au 8ᵉ corps, de se rendre de Strasbourg, où il doit arriver le 11 octobre, à Mayence où il sera rendu le 19. » Par une seconde lettre du même jour, il lui avait fait connaître qu'il donnait l'ordre au détachement de la compagnie d'élite du 4ᵉ dragons, qui était resté pour sa garde à Munich et qui se dirigeait alors sur Würtzbourg, de se rendre de là à Mayence pour s'y réunir à son corps.

On verra que la destination du 4ᵉ dragons fut changée et que ce régiment, qui s'était illustré sous les ordres de Mortier à Diernstein, ne rejoignit pas le 8ᵉ corps.

Ajoutons, de suite, que, le 4 octobre, le ministre de la Guerre rend compte (1) à l'Empereur que le 26ᵉ chasseurs partira de Saumur le 10 octobre et arrivera à Mayence le 15 novembre.

Le manque absolu de cavalerie, dans ses premières opérations, fut pour le commandant du 8ᵉ corps une cause de graves difficultés.

A cette date du 29 septembre, le général Michaud, commandant l'avant-garde du roi de Hollande, avait écrit (2) à Mortier :

« J'ai l'honneur de vous prévenir que S. M. le roi de Hollande m'a confié le commandement de la division d'avant-garde de son armée. Je vais faire prendre à cette division une position à 1 ou 2 lieues en avant de Wesel; elle est composée de 2 régiments d'infanterie française, 3 régiments d'infanterie hollandaise et 6 escadrons de cavalerie hollandaise, donnant une force d'environ 8.000 hommes d'in-

---

(1) A. G.   (2) A. T.

fanterie et 1.000 de cavalerie, outre deux divisions d'artillerie à pied. Ces troupes marchent en deux colonnes : la première arrive aujourd'hui, la deuxième arrivera demain ; elles seront de suite cantonnées en avant de Wesel. J'établis mon quartier général à Diersford. Je serai infiniment flatté, Monsieur le Maréchal, si vous voulez bien correspondre avec moi sur tout ce qui sera relatif au bien du service et je recevrai avec reconnaissance les renseignements que vous voudrez bien me communiquer sur la marche et la position des ennemis et des différents corps de troupes françaises. »

On lit, à la date du 1er octobre, dans l'*Historique du 8e corps de la Grande Armée* (1), signé par le général Godinot, chef de l'état-major général : « Le corps d'armée reçoit l'ordre de s'organiser à Mayence. S. Exc. M. le maréchal de l'Empire Mortier en prend le commandement. Le général de brigade Godinot est nommé chef de l'État-major général. Les généraux de division Lagrange et Dupas prennent le commandement des deux divisions dont il doit être formé ; les généraux de brigade Désenfans, Veaux et Laval, sont employés à la première division aux ordres du général Lagrange ; les généraux de brigade Bujet et Schramm à la 2e division aux ordres du général Dupas. »

Le même jour, 1er octobre, Mortier écrit (2) au ministre directeur de l'Administration de la Guerre, à Paris : « Je prie Votre Excellence de vouloir bien composer dans le plus bref délai toutes les administrations qui sont de son ressort ; elle sentira que, dans les circonstances présentes, il est urgent de mettre la plus grande célérité à cette composition. »

Le 2 octobre, il répond (2) au Major général :

« Le chef de l'état-major du 8e corps n'étant pas encore arrivé, je réponds à la lettre que vous lui avez écrite de Würtzbourg le 29 septembre. » Après lui avoir donné les renseignements déjà reproduits sur la composition du corps d'armée, il ajoute : « Ayant laissé au 5e corps mon état-major complet, je me trouve ici entièrement dépourvu des officiers nécessaires pour le service, ce qui m'a empêché d'en envoyer un près de Votre Altesse pour prendre ses ordres.

« Quant à mes aides de camp, l'un (3) à qui S. M. a donné le commandement d'un régiment, est parti pour Naples, et un autre (4) est resté à Paris dangereusement malade. Il ne m'en reste que deux près de moi, et un seul pour le moment compose tout mon état-major.

« S. M. m'ayant promis de faire donner au général Godinot l'ordre de se rendre auprès de moi pour y remplir les fonctions de chef d'état-major, je prie Votre Altesse de vouloir bien lui prescrire de me rejoindre sans délai.

---

(1) A. G. (2) A. T. (R. 17). (3) Le colonel Billard.
(4) L'adjudant commandant Simon.

« Je dois, d'après l'ordre de l'Empereur, établir mon quartier général à Francfort aussitôt que mes premiers 5.000 hommes seront réunis et que j'aurai pu faire atteler neuf pièces de canon. Je ne connais pas encore l'officier qui doit commander l'artillerie du 8e corps, mais je prie Votre Altesse de vouloir bien lui enjoindre de se rendre près de moi le plus tôt possible ainsi qu'aux officiers du génie destinés à servir sous mes ordres.

« Aussitôt que j'aurai les noms des généraux qui devront servir dans le 8e corps et celui des autres officiers de l'état-major, je vous en enverrai l'état.

« Je n'ai encore reçu aucun état de situation des régiments, ce qui me met dans l'impossibilité de vous en envoyer. »

Le 3 octobre, Mortier demande (1) au Major général où il doit prendre les dix-huit pièces d'artillerie qui seront attachées au 8e corps ainsi que les chevaux nécessaires pour ce train. Il mande (1) au ministre directeur de l'Administration de la Guerre : « Je vous réitère la demande pressante que je vous ai faite pour la prompte composition des administrations de ce corps. S. M. m'a ordonné de vous écrire à cet égard pour que cette organisation n'éprouve aucune espèce de retard · ce corps, comme vous savez, n'a aucune administration. » Il s'adresse (1) au préfet du département du Mont-Tonnerre pour qu'il fasse réunir les bateaux nécessaires au transport de Worms à Mayence des 2e et 4e d'infanterie légère.

Le 4, il signale (1) au Major général qu'il n'a encore reçu aucun avis de l'artillerie du 8e corps et il le prie (1) de faire mettre à sa disposition quelques fonds « pour les dépenses extraordinaires et secrètes que je suis et serai obligé de faire d'après les instructions que m'a données S. M. ».

Le 6, il lui écrit (1) :

« Je confirme les lettres que j'ai eu l'honneur d'adresser à Votre Altesse, les 2, 3 et 4 de ce mois, auxquelles je n'ai point encore reçu de réponse.

« Quatre pièces de 8, deux pièces de 12 et environ 80 chevaux du train faisant partie de la ci-devant division des grenadiers viennent d'arriver à Hochheim par la rive droite du Rhin; elles avaient ordre de se rendre à Mayence et font sans doute partie de l'artillerie qui doit être attachée au 8e corps; elles étaient commandées par le colonel Baltus, qui a reçu en route l'ordre de se rendre à Würtzbourg avec six autres pièces de canon.

« J'ai fait disposer des bateaux à Worms pour le transport jusqu'à Mayence des 2e et 4e régiments d'infanterie légère qui doivent arriver dans cette première ville les 8 et 9 de ce mois.

« Je ne puis assez répéter à Votre Altesse combien il est urgent de

---

(1) A. T. (R. 17).

former l'administration du 8ᵉ corps. J'ai déjà écrit au ministre directeur de la Guerre plusieurs lettres à ce sujet. Je n'ai ni commissaire ordonnateur, ni commissaire, ni inspecteur et sous-inspecteur aux revues, ni officier de santé, ni ambulance, ni poste aux lettres.

« Je vous envoie le seul officier d'état-major (1) qui me soit encore arrivé, il est chargé de rester près de vous pour prendre les ordres que vous auriez à me faire passer.

« L'Empereur veut qu'il soit attaché vingt-quatre caissons de transports militaires au 8ᵉ corps; s'il dépend de vous de me les faire envoyer, je vous prie d'en donner l'ordre. J'écris (2) aussi à ce sujet au directeur de l'Administration de la Guerre. »

La veille, 5 octobre, d'Aschaffenbourg, le Prince primat lui avait envoyé la lettre (3) qui suit : « J'apprends que j'aurai bientôt l'honneur et la satisfaction de voir ici Votre Excellence. J'en suis enchanté, de même que les bons habitants de Francfort, qui savent qu'en Elle les sentiments d'humanité sont réunis aux qualités d'un illustre guerrier. MM. Schweizer et Jezstein sont chargés d'offrir pour le service de S. M. l'Empereur défenseur de la Confédération rhénane tout ce que peuvent Francfort et son souverain; cette ville d'étapes, passage et séjour continuels des marches qui vont et viennent de l'armée, quoique épuisée par les fournitures et les contributions et surchargée de dettes, fera, dans son zèle, tout ce qui dépend d'elle pour répondre à l'attente de Votre Excellence. Je suis avec la plus haute considération, Monsieur le Maréchal d'Empire, de Votre Excellence le très humble et dévoué   CHARLES, Prince primat (4). »

Il lui répond (2), le 7 :

« Je viens de recevoir la lettre que vous m'avez fait l'honneur de m'écrire le 5 de ce mois. Je me suis concerté de suite avec MM. Schweizer et Jezstein pour le placement des troupes qui doivent occuper Francfort et son territoire.

« Chargé par mon Souverain du commandement du corps d'armée qui doit protéger le territoire de la Confédération du Rhin, il m'est infiniment flatteur d'avoir des rapports directs avec le Prince primat dont les rares qualités ont su captiver les cœurs de tous ceux qui ont le bonheur de le connaître. »

A cette date du 7, Mortier fait connaître (2) au général Lagrange que sa division sera composée des 2ᵉ et 4ᵉ d'infanterie légère et d'un régiment d'infanterie italien, et au général Dupas que sa division comprendra le 12ᵉ d'infanterie légère, un régiment d'infanterie italien

---

(1) Cet officier se nomme Petit Grand, d'après une lettre du 8 octobre au Major général.
(2) A. T. (R. 17). (3) A. T.
(4) Charles de Dalberg, prince primat de l'église catholique d'Allemagne, archevêque de Mayence, président de la Confédération du Rhin et grand-duc de Francfort.

et le 58ᵉ d'infanterie de ligne; il indique, à chacun d'eux, qu'ils auront provisoirement deux pièces de 8 et une pièce de 12, en attendant que l'artillerie du 8ᵉ corps soit organisée.

Le même jour, le Major général prévient (1) le maréchal qu'il donne l'ordre au général Godinot de se rendre auprès de lui à Mayence, aussitôt qu'il aura été remplacé au 5ᵉ corps d'armée, et au général Lacombe Saint-Michel, qui est en Italie, de rejoindre sur-le-champ le 8ᵉ corps pour y commander l'artillerie. Le ministre directeur de l'Administration de la Guerre, Dejean, l'informe (1) qu'il vient d'arrêter l'organisation de ses administrations et que les dispositions nécessaires sont prises pour que les employés qu'il a désignés se rendent dans le plus bref délai à Mayence.

Le 8 octobre, date à laquelle le premier Bulletin (1) de la Grande Armée, daté de Bamberg, résume « les torts de la Prusse avec la France » et donne les dispositions de l'armée française, Mortier envoie (2) au Major général les renseignements suivants : « Voici ce qui vient de m'être assuré avec quelque caractère de probabilité et que je m'empresse de vous communiquer. L'Électeur de Hesse-Cassel a envoyé l'Électrice, son épouse, à Copenhague et ses trésors à Stettin; il a ordonné que tous ses officiers fussent montés; ses régiments de cavalerie, qui n'étaient que sur le pied de 450 chevaux, viennent d'être portés chacun à 500 chevaux. Sans garantir l'authenticité de ces bruits, j'ai pourtant cru de mon devoir de vous en rendre compte. Je suis toujours sans administration aucune et sans état-major... »

Le 9 octobre, il écrit (2) au roi de Hollande :

« J'apprends dans le moment que Votre Majesté doit être arrivée hier à Wesel. Je m'empresse de lui faire connaître la composition du 8ᵉ corps d'armée...

« Je passerai le Rhin aussitôt que mes premiers 5.000 hommes seront réunis. J'occuperai Francfort, Hattersheim et des positions intermédiaires de cet endroit à Höchst et Mayence, de manière à ce que nos communications avec cette dernière ville soient toujours assurées.

« J'aurai l'honneur d'instruire Votre Majesté de tout ce que j'apprendrai des mouvements de l'ennemi ou qui pourrait intéresser le service de Votre Majesté. »

Le roi de Hollande, de Wesel, lui mande (1) à la même date :

« Monsieur le maréchal Mortier, j'apprends avec plaisir que vous commandez le 8ᵉ corps de la Grande Armée. L'Empereur m'a fait part des instructions qu'il vous a données. Dans quatre ou cinq jours, votre corps d'armée doit être réuni. Veuillez m'en prévenir et m'instruire de la force exacte des troupes qui le composent. Dites-moi la position que

---

(1) A. T.   (2) A. T. (R. 17).

vous allez occuper d'abord et ce que vous allez faire pour vous maintenir en communication avec la Grande Armée et avec Wesel. Il est important que nous soyons instruits des mouvements des ennemis, si tant est que la guerre soit déclarée. Les derniers rapports portaient qu'ils se retirent sur le Weser et n'ont point encore franchi les limites de Hesse-Cassel. Il n'y a que quelques hussards à Munster, mais à trois lieues en arrière se trouve campé un corps de 6.000 hommes. Ils occupent Hamm sur la Lippe et Olfen sur les frontières du duché de Berg. On m'assure que le général Blücher s'est rendu à Hanovre. Je vous prie de me faire prévenir par un courrier extraordinaire du commencement des hostilités. Donnez-moi le plus promptement possible des renseignements certains sur la position de la Grande Armée, sur ses mouvements et sur ceux que vous allez faire afin que je puisse agir en conséquence. Je charge l'officier d'état-major que j'envoie à Mayence, de se rendre jusqu'à Würtzbourg et d'y chercher des nouvelles sur la situation des choses.

« Veuillez m'envoyer par un courrier extraordinaire ou par les douaniers les réponses à ce que je vous demande. Les douaniers peuvent venir très vite s'ils le veulent.

« Sur ce, Monsieur le maréchal Mortier, je prie Dieu qu'il vous ait en sa sainte garde.

LOUIS.

« P.-S. — J'apprends à l'instant que le général Blücher a voulu forcer le territoire de Hesse-Cassel et qu'il a passé, le 5 de ce mois, à Cassel avec 3.500 hommes. L'Électeur a montré du caractère, et les troupes du général Blücher sont retournées en Hanovre d'où elles se dirigent vers Eisenach pour rejoindre l'armée du roi de Prusse. »

Le même jour, 9 octobre, où Bernadotte remportait à Schleitz le premier succès de la campagne, Mortier mande (1) à M. Hefflinger, ministre de France près la Cour de Darmstadt :

« S. M. l'Empereur m'ayant chargé de presser vivement l'envoi des troupes que doit fournir S. A. S. le Grand-Duc de Darmstadt, je vous prie de me faire connaître quand celles qui doivent encore partir seront prêtes. Le prince de Bénévent vous écrit, je crois, pour le même objet.

« Je vous prie également de vouloir bien m'envoyer l'état des hommes déjà partis ainsi que celui qui formera le restant du contingent. »

Celui-ci répond (2) le lendemain, 10 :

« Je reçois à l'instant la lettre de Votre Excellence en date d'hier.

« Le grand-duc de Hesse a passé hier en revue quatre bataillons d'infanterie qu'il a dirigés ce matin, à 4 heures, sur Würtzbourg et j'en ai prévenu sur-le-champ le prince Berthier; ils sont accompagnés d'un

---

(1) A. T. (R. 17). (2) A. T.

escadron de chevau-légers et de l'artillerie affectée à chaque bataillon. Il est difficile de voir de plus belles troupes et il est à désirer qu'elles aient l'avantage d'être connues de S. M. l'Empereur.

« La brigade de Westphalie, composée de trois bataillons d'infanterie et qui doit compléter le contingent du Grand-Duc, est en route pour se rendre ici, et on lui donnera la même direction dès qu'elle sera en état d'entrer en campagne, ce qui souffrira quelque retard parce qu'elle a éprouvé de la désertion de la part des Westphaliens; je n'ai pas besoin de pousser le Grand-Duc pour mobiliser cette brigade, il y est très disposé lui-même. »

A cette date du 10 octobre, le maréchal écrit (1) au Major général :
« J'ai l'honneur de prévenir Votre Altesse que les 2e et 12e régiments d'infanterie légère viennent d'arriver à Mayence; le 4e arrivera probablement demain.

« Lundi, je passerai le Rhin avec ces trois régiments; les deux premiers, aux ordres du général Lagrange, s'établiront à Francfort, Höchst, Singlingen; le 12e, aux ordres du général Dupas, s'établira à à Hattersheim. Le général Lagrange aura des instructions pour assurer ses communications avec le général Dupas et celui-ci avec Mayence.

« Je viens d'apprendre indirectement que le 4e régiment de dragons, que l'Empereur m'avait assuré devoir faire partie du 8e corps et que j'attendais avec la plus vive impatience, avait reçu l'ordre de se diriger sur Bamberg; il est à présumer que le 26e de chasseurs à cheval n'arrivera pas avant un mois. Je vais donc me trouver sans cavalerie dans un moment où elle me serait bien nécessaire.

« Je n'ai point encore d'autre artillerie que les six pièces de la ci-devant division de grenadiers. Je vous prie, Monsieur le Maréchal, de donner des ordres pour que les dix-huit pièces qui doivent être employées au 8e corps soient complétées.

« Quant à l'organisation de l'administration du 8e corps, elle n'est pas plus avancée que le premier jour. Je n'ai cessé de vous faire, ainsi qu'au ministre directeur de l'Administration de la Guerre, mes réclamations à ce sujet; elles n'ont eu jusqu'à présent aucun succès.

« Il n'y a pas un seul caisson à cartouches d'infanterie; je serai forcé d'en faire mettre dans un tonneau et de les faire suivre sur une charrette de réquisition.

« Vous m'avez ordonné, Monsieur le Maréchal, d'envoyer mes chevaux et mes équipages à Augsbourg et je m'y suis conformé de suite. S. M. a eu la bonté de me dire que vous aviez donné des ordres pour qu'ils vinssent à Würtzbourg; cependant, le 4 de ce mois, ils étaient encore à Augsbourg, et je me trouverai probablement encore, pour longtemps, privé de mon écurie. »

---

(1) A. T. (Reg. 17).

A cette date du 10 octobre où Lannes, qui a repris le commandement du 5ᵉ corps, attaque, avec la division Suchet et les 9ᵉ et 10ᵉ hussards, le prince Louis de Prusse à Saalfel et où celui-ci trouve la mort, Mortier, en vue de sa prochaine marche en avant, s'adresse à Kellermann afin d'assurer la confection, pour 25.000 hommes, des huit jours de biscuit qui doivent rester en réserve à Mayence. Il invite (1) le directeur d'artillerie de cette place à délivrer, sur les bons de ses chefs de corps, des cartouches d'infanterie, à raison de quarante-huit par homme.

Le 11 octobre, il reçoit à 9 heures du matin la lettre du roi de Hollande datée du 9 ; en lui répondant (1) le même jour, il lui fait connaître qu' « il s'en faut de tout que le 8ᵉ corps soit réuni... Je ne serais point étonné que quelques partis cherchassent à inquiéter mes communications avec Würtzbourg. Jusqu'à présent, je n'ai que de faibles moyens de répression. Je prie Votre Majesté de faire établir le service des estafettes de Mayence à Wesel ; c'est le moyen le plus sûr et le plus prompt de communiquer. Les douaniers n'ont pas voulu se charger de cette lettre. »

Le 12, il rend compte (1) au Major général de la situation du 8ᵉ corps dans les termes suivants :

« J'ai l'honneur d'adresser à Votre Altesse l'état de situation des régiments faisant partie du 8ᵉ corps qui sont arrivés à Mayence.

« Conformément aux instructions de S. M. portant que je m'établirais de l'autre côté du Rhin quand j'aurais réuni 5.000 hommes, demain je ferai passer sur la rive droite ces différents corps et transporterai mon quartier général à Francfort, ainsi que je vous en ai rendu compte par ma lettre du 10. Ces troupes seront disposées de manière à pouvoir se rassembler avec la plus grande célérité.

« Comme vous pouvez le voir, d'après mon état de situation, je n'ai pas un homme de cavalerie et je me trouve dans l'impossibilité absolue non seulement d'assurer la communication avec Würtzbourg, mais même d'établir la correspondance avec le commandant de cette forteresse. Cependant les ordres que j'ai reçus de S. M. à cet égard sont bien précis.

« Il serait très important, dans ma position, de savoir où est l'armée et de pouvoir juger des tentatives que l'ennemi serait dans le cas de faire pour couper la communication de Mayence avec la Grande Armée, mais je n'ai encore reçu aucune nouvelle. Le manque de cavalerie, qui ne me permet pas de faire de reconnaissance, ajoute à ce que cette situation a de pénible.

« J'ai reçu la lettre du 7 octobre par laquelle Votre Altesse m'annonce que le général Lacombe Saint-Michel, qui est en Italie, a ordre de venir prendre le commandement de l'artillerie du 8ᵉ corps.

---

(1) A. T. (R. 17).

« Je n'ai que six pièces d'artillerie ; des caissons de cartouches d'infanterie étant hier arrivés à Mayence, j'en ai retenu dix pour le service du 8ᵉ corps.

« On confectionne en toute hâte le biscuit dont doit être pourvu le 8ᵉ corps pour huit jours et qui doit rester en réserve à Mayence, d'après les ordres de S. M.

« S. M. m'ayant autorisé à retenir, pour être employés sous mes ordres, les officiers d'état-major qui arriveraient à Mayence, j'ai retenu MM. Siaud et Bichot, capitaines adjoints.

« Je n'ai toujours pas de chef d'état-major ; je vous réitère la prière que je vous ai déjà faite de donner au général Godinot l'ordre de me rejoindre le plus promptement possible.

« Aucun des individus qui doivent composer l'administration du corps d'armée n'est encore arrivé. Il est vrai que le ministre directeur de l'Administration de la Guerre vient de m'annoncer qu'il s'en occupait.

« Le zèle et l'activité pour remplir les intentions de S. M. dépendent de moi et rien ne sera négligé pour ce qui me concerne ; mais il faut que mon dévouement soit secondé par quelques moyens et je conjure Votre Altesse de mettre à ma disposition ceux au moins qui me sont le plus indispensables. Si je recevais l'ordre d'agir prochainement, que Votre Altesse juge de mes embarras et de l'état désespérant où me place le dénuement presque absolu des moyens nécessaires. »

Il lui adresse aussi cette demande : « S. M. l'Impératrice m'a recommandé avec beaucoup d'intérêt M. Louis Tascher, son parent, ancien capitaine au régiment de Flandre ; elle désirerait qu'il fût employé activement dans le 8ᵉ corps. Je vous prie, Monsieur le Maréchal, de m'autoriser à lui donner du service comme capitaine adjoint à l'état-major et d'en faire la demande a S. M. »

Le Major général envoya (1) le 19 octobre cette autorisation avec la lettre de service destinée à cet officier. Mortier en fit part (2), le 24, à l'impératrice Joséphine en ajoutant : « Je suis enchanté que cette circonstance m'ait procuré le bonheur de faire quelque chose qui vous soit personnellement agréable. »

« Les 10 et 11 octobre », note Mortier dans son *Journal*, « les 2ᵉ, 4ᵉ et 12ᵉ d'infanterie légère arrivèrent à Mayence ; le 13, ces trois régiments passèrent le Rhin pour s'établir à Hattersheim, Höchst et Francfort, couché le même soir dans cette dernière ville où je mis mon quartier général. »

On lit, à la date du 13, dans l'*Historique du 8ᵉ corps* : « Le corps d'armée composé savoir : la 1ʳᵉ division des 2ᵉ et 4ᵉ régiments d'infan-

---

(1) A. T. (2) A. T. (R. 17).

terie légère, la 2e division du 12e d'infanterie légère et de six pièces de canon servies par la 1re compagnie du 1er régiment d'artillerie à pied sous les ordres du colonel Baltus, s'est mis en marche de Mayence se dirigeant sur Francfort-sur-le-Mein où le quartier général s'est établi. Le 2e d'infanterie légère a occupé Francfort, le 4e Höchst, le 12e Hattersheim. »

Mortier connaissait à merveille ce pays; rappelons que, le 13 juillet 1796, il avait été chargé, devant Francfort, d'une mission qui avait amené la capitulation de la place, signée chez Kléber (1), et que du 6 mai au 29 septembre 1797, il avait été chef d'état-major de la division d'avant-garde de l'armée de Sambre-et-Meuse, à Höchst (1).

En donnant le 12 octobre ses ordres aux généraux Lagrange et Dupas pour le mouvement à effectuer et les cantonnements à occuper le lendemain, il leur mande (2) : « Recommandez à vos troupes la discipline la plus sévère; chargées par S. M. l'Empereur de protéger le territoire de la Confédération du Rhin, elles doivent donner l'exemple du bon ordre.

« Recommandez aussi la plus grande surveillance et faites-moi connaître ce que vous apprendrez sur les mouvements de l'ennemi... L'Électeur de Hesse Cassel reste neutre; n'en exercez pas moins la surveillance la plus active. »

Le 13 octobre, jour où Mortier transfère son quartier général à Francfort, Talleyrand, de Mayence, lui adresse deux lettres (3). Il lui donne dans la première des renseignements sur l'ennemi :

« Des dépêches que je reçois en ce moment de Würtzbourg m'annoncent que les Prussiens se sont emparés de Königshofen, de Munnerstadt, d'Hofheim, de Schweinfurth; que, de cette ville, dont ils annoncent vouloir faire leur place d'armes, ils font des excursions dans les environs et se sont avancés jusqu'à deux postes de Würtzbourg, ce qui a déterminé le grand-duc à se retirer et à se rendre à Neubourg; qu'un corps de Prussiens a passé le Mein dans la vue d'intercepter nos convois sur la route de Bamberg et que des hussards prussiens venus par Fulda se sont montrés sur la route d'Aschaffenbourg.

« On évalue à 10.000 hommes environ les forces de l'ennemi dans ces quartiers.

« Je m'empresse, Monsieur le Maréchal, de vous communiquer ces informations. »

La deuxième lettre est écrite à 11h 30 du soir : « J'ai eu l'honneur de vous promettre de vous mander tout ce que j'apprendrais de nouvelles. Je ne prévoyais pas, lorsque je vous ai quitté ce matin, avoir à vous informer si promptement des premières affaires et des premiers succès. » Il lui annonce les affaires de Schleitz et de Saalfeld.

---

(1) Voir titre IV. (2) A. T. (R. 17). (3) A. T.

Mortier lui répond (1) le 14 octobre, date à laquelle se livre la bataille d'Iéna :

« J'ai reçu, ce matin, les deux lettres que Votre Altesse m'a fait l'honneur de m'écrire hier au soir.

« Je la remercie des détails qu'Elle a bien voulu me donner sur les brillants débuts de la Grande Armée; je les ai communiqués au prince primat ainsi que vous le désiriez, il m'a chargé de vous témoigner ses remerciements.

« Les Prussiens devaient naturellement jeter des partis sur Schweinfurth; ils sont même venus jusqu'à Werneck; ils inquiéteront naturellement nos convois.

« Je prie Votre Altesse de me continuer ses nouvelles. »

En rendant compte (1), le même jour, au Major général du mouvement qu'il a effectué la veille et des renseignements qui précèdent, il ajoute :

« Mes embarras provenant du manque de cavalerie sont toujours les mêmes; pas un seul homme de cette arme ne m'est encore arrivé; cependant les nouvelles que je reçois m'en font de plus en plus sentir le besoin...

« De quelque intérêt et de quelque importance que soient pour moi les nouvelles de l'armée, Votre Altesse ne me fait pas l'honneur de m'en adresser. C'est par le *Journal de Francfort* que je connais la proclamation de l'Empereur à l'armée du 6 octobre ainsi que les ordres du jour.

« Le général Godinot, chef de mon état-major, est arrivé hier ainsi que le commissaire ordonnateur Monnay. »

L'arrivée de Godinot et de M. Monnay, ordonnateur en chef du 8e corps, est mise à l'ordre du jour (2) du 15 au 16.

Le roi de Hollande envoie (2), le 14 octobre, au maréchal la lettre autographe ci-après :

« Monsieur le Maréchal Mortier, j'ai reçu toutes vos lettres, je vois que votre corps d'armée sera bientôt de près de 11.000 hommes de bonnes troupes. Avez-vous de l'artillerie? Faites-le-moi savoir le plus tôt possible, je pourrai vous envoyer huit bouches à feu approvisionnées et attelées de chevaux de réquisition; mandez-moi si elles vous seraient nécessaires.

« Il y a sans doute auprès de l'Impératrice un inspecteur des postes aux chevaux; je n'en ai point ici. Chargez-le d'établir sur-le-champ le service des estafettes et correspondez avec moi chaque jour, quand même il n'y aurait rien de nouveau.

« Il passera à Mayence un convoi considérable d'artillerie destiné pour Wesel. Veuillez lui recommander de ne pas quitter la rive gauche du Rhin et prendre, avec le maréchal Kellermann, les mesures nécessaires pour que les gardes nationales surveillent bien son passage.

« Recevez, Monsieur le Maréchal, l'assurance de mon attachement. »

---

(1) A. T. (R. 17.) (2) A. T.

Il lui écrit (1), le 15, ne connaissant encore que le mouvement enveloppant qui avait précédé la bataille d'Iéna :

« J'ai appris enfin de bonnes nouvelles de la Grande Armée, en même temps qu'on me prévient que les ennemis sont à Schweinfurth; ils ont probablement poussé de ce côté quelques troupes légères. Leur armée est tournée tout à fait; ils vont peut-être se trouver jetés sur vous et par la suite entre nous. Il serait bien important que vous eussiez votre 26e régiment arrivé sur les bords du Rhin. Dès que vous m'aurez répondu sur l'artillerie que je vous ai offerte, je vous l'enverrai; elle consistera, comme je vous l'ai dit, en huit bouches à feu, dont deux obusiers, approvisionnées mais attelées par des chevaux de réquisition, de ville en ville jusqu'à Mayence où, par les réquisitions, vous pourrez trouver les attelages nécessaires. »

Mortier répond (2), le 17 octobre, au roi Louis :

« Je n'ai reçu qu'hier au soir la lettre que vous m'avez fait l'honneur de m'écrire le 14. Je n'ai ici que six pièces d'artillerie attelées; l'Empereur a ordonné qu'il en serait attaché dix-huit au 8e corps. Celles que Votre Majesté a la bonté de m'offrir me seraient bien nécessaires si je pouvais conserver les chevaux de réquisition qui les traînent, attendu la difficulté de les remplacer ici.

« Je n'ai jusqu'à présent que mes trois régiments d'infanterie légère et aucune nouvelle de ceux qui doivent m'arriver.

« Je suis absolument dépourvu de cavalerie; je n'ai même pas un seul homme pour me servir d'ordonnance.

« Si la Hesse continue son système de neutralité et qu'elle sache faire respecter son territoire, ma position ne serait point trop en l'air; mais si les Prussiens formaient un détachement nombreux sur Francfort, je n'aurais à leur opposer que des moyens bien faibles et sans cavalerie aucune dans les belles plaines de Höchst.

« J'ai l'honneur de joindre ici le rapport que vient de me faire M. le général Thouvenot (3), commandant la forteresse de Würtzbourg... »

Mortier avait demandé (2), le 15 octobre, à ce dernier de lui donner tous les renseignements qui pouvaient être à sa connaissance sur les mouvements des Prussiens et sur la position exacte de Blücher qu'on lui assurait être à Fulda.

Le 16 octobre, en faisant connaître au Major général qu'il n'a aucune nouvelle de l'arrivée des régiments qui doivent le rejoindre, il lui dit (2) :

« La Hesse paraît toujours tenir à son système de neutralité. Le général Ruchel, avec un corps qu'on évalue de 6.000 à 8.000 hommes, a voulu faire de Fulda un mouvement sur Francfort, se dirigeant par

---

(1) A. T. (2) A. T. (R. 17).
(3) Thouvenot était l'un des deux frères de ce grade que l'on a vus accompagner Dumouriez lorsque celui-ci était passé aux Autrichiens le 5 avril 1793 (Voir titre II).

Neuhof ; il m'a été assuré que la Hesse s'y était opposée. Les derniers avis que j'ai reçus m'annoncent que l'ennemi occupe toujours Schweinfurth mais avec trois escadrons de dragons seulement. Jusqu'à présent, ils n'ont pas paru du côté d'Aschaffenbourg et les communications avec Würtzbourg sont parfaitement libres.

« Si j'avais les troupes, l'artillerie et la cavalerie que l'on m'a promises, je serais parfaitement tranquille, en supposant même à la Hesse des intentions contraires à celles qu'elle a manifestées jusqu'à présent. La cavalerie m'est surtout indispensable et je n'en ai pas un seul homme.

« La nouvelle des premiers succès de l'Empereur a causé ici une sensation bien vive. Je désire beaucoup, avec les troupes du 8e corps, que S. M. nous mette bientôt à même de coopérer à ses illustres travaux.

« Le prince de Bénévent a instruit l'Empereur du nombre des troupes qu'avaient fait partir pour l'armée les grand-duc de Hesse, prince de Nassau et duc de Nassau-Usingen... Je dois ajouter que ces princes mettent le plus grand zèle et la meilleure volonté dans l'envoi de leurs troupes. »

Les princes de la Confédération s'inquiétaient vivement des mouvements effectués par les Prussiens, ainsi que l'atteste la lettre (1) suivante adressée à Mortier, d'Offenbach, le 17 octobre, par la princesse régente (2) d'Isenbourg :

« Ayant appris que Votre Excellence vient de prendre le commandement des troupes de S. M. l'Empereur et Roi destinées en partie à couvrir ces pays, je prends la liberté, Monsieur le Maréchal, de recommander à votre protection le pays d'Isenbourg, persuadée que vous y trouverez tous les secours qu'il est si juste d'accorder à ceux qui nous défendent.

« Étant dans l'ignorance absolue de tout ce qui se passe dans nos environs par rapport à l'approche des Prussiens, dont je n'oserais attendre l'arrivée, je vous prie, Monsieur le Maréchal, de vouloir bien me communiquer à cet effet ce que vous jugerez urgent dans le moment présent et de ne point vous refuser à ma prière, me communiquant de temps en temps, s'il devait y avoir du danger éminent, les nouvelles qui pourraient me forcer à quitter ces environs.

« Je vous prie, Monsieur le Maréchal, d'être persuadé de la considération distinguée avec laquelle j'ai l'honneur d'être de Votre Excellence la très humble servante. — LA PRINCESSE RÉGENTE D'ISENBOURG.

A cette date du 17 octobre, Mortier adresse au Major général le rapport (3) qui suit :

« J'ai l'honneur de vous confirmer ce que je vous ai écrit précé-

---

(1) A. T.
(2) Ainsi qu'on le verra plus loin, le prince Charles d'Isenbourg avait rejoint le quartier général de l'empereur Napoléon, laissant la régence à sa femme.
(3) A. T. 17.

demment sur l'état de mes forces qui se réduisent toujours aux 2e, 4e et 12e d'infanterie légère.

« Des renseignements positifs que je reçois m'apprennent que le 1er régiment d'infanterie de ligne italien n'arrivera à Mayence qu'à la fin du présent mois, le 1er d'infanterie légère de la même nation que le 9 novembre et le 26e de chasseurs à cheval seulement le 15 novembre. Je n'entends plus parler du 58e ; je crains bien qu'il n'ait reçu une autre destination.

« Les moyens que j'ai, quant à présent, quelque faibles qu'ils soient, suffiront, en admettant la double hypothèse de la fidélité de la Hesse à sa neutralité et de la bonne foi des Prussiens à respecter cette neutralité. Dans les deux cas contraires, Votre Altesse voudra bien juger de la situation où je me trouverai. »

Le même jour, M. Hefflinger lui adresse (1) les renseignements suivants :

« Le grand-duc de Hesse a mis la plus grande activité à la mobilisation des trois bataillons d'infanterie composant la brigade de Westphalie. Il espère que, dans trois jours, ils pourront se mettre en route et se diriger sur Bamberg. J'ignore si des ordres ont été donnés pour leur destination. Ce sont de belles troupes et bien disposées à se battre. Ce corps n'avait éprouvé de désertion de la part des soldats westphaliens que parce qu'on avait répandu le bruit que le duché de Westphalie allait être cédé à un autre prince.

« Le lieutenant général de Werner, commandant le contingent du grand-duc de Hesse-Darmstadt, lui a mandé qu'il n'était pas déserté un seul homme de ses troupes et qu'officiers et soldats brûlaient de se battre. » Il ajoute que le grand-duc a reçu, la veille, la nouvelle que des régiments de cavalerie prussienne étaient entrés en petit nombre dans le duché de Westphalie et avaient saisi toutes les caisses publiques non seulement du prince mais des États du pays. »

Ce n'est que le 18 octobre que Mortier apprend, par un courrier que lui envoie l'Impératrice (2), la victoire d'Iéna ; le Major général, du champ de bataille, dès 1h 30 de l'après-midi, le 14 octobre, avait écrit à celle-ci la lettre suivante, dont copie (1) fut envoyée à Mortier :

« L'Empereur m'ordonne de prévenir Votre Majesté que ses armées viennent de remporter une victoire complète sur l'armée prussienne commandée en personne par le Roi et ayant sous ses ordres les princes d'Hohenlohe et de Brunswick. La bataille a commencé au jour et, à midi, l'ennemi était en pleine retraite... Notre perte est très peu considérable. S. M. poursuit sa victoire. »

La défaite éprouvée par l'armée prussienne allait mettre fin à la situation qui pouvait devenir si difficile pour le commandant du

---

(1) A. T.   (2) A. T. (R. 17).

8ᵉ corps en raison des faibles éléments qui constituaient seuls alors ce corps d'armée.

Le 18, il écrit (1) au Major général : « Des rapports que j'ai reçus hier soir et qui se confirment aujourd'hui portent que les détachements prussiens qui étaient à Gemünden et qui ont pour un instant barré le Mein se sont retirés par Hamelburg et Brückenau sur Fulda. Il paraît même qu'ils doivent évacuer ce dernier endroit pour se diriger sur Eisenach et Erfurt. Schweinfurth et Königshofen doivent également être évacués. »

Le 20, il lui adresse la lettre suivante (1) :

« La situation du corps d'armée sous mes ordres est la même que lors de la lettre que j'ai eu l'honneur de vous écrire le 18. Quant à ce qui concerne les détachements prussiens qui étaient postés dans le voisinage, je ne puis que vous confirmer ce que je vous écrivais le même jour sur la retraite qu'ils effectuaient.

« M. La Forest, ministre de S. M. l'Empereur près la Cour de Berlin, est arrivé à Francfort hier 19 ; il m'a assuré que le corps d'armée prussien qui était en avant de Fulda et qu'on portait à 12.000 hommes était destiné à se rendre maître de Francfort où il devait arriver le 18. Il n'en était plus qu'à deux journées de marche lorsque les succès de S. M. l'ont déterminé à se replier sur Erfurt et sur le gros de l'armée prussienne.

« Les princes confédérés aux environs de Francfort et particulièrement le prince primat ont témoigné la plus vive joie en apprenant l'heureuse nouvelle de la victoire du 14. Je distingue le prince primat parce qu'ayant eu l'honneur de le voir, j'ai été à même d'apprécier l'effusion et la sincérité de ses sentiments.

« L'allégresse des troupes composant le 8ᵉ corps est telle que vous ne pouvez vous la figurer ; elles n'ont qu'un regret, c'est de n'avoir pas elles-mêmes coopéré à ces glorieux succès.

« Votre Altesse me laisse toujours sans aucune espèce de nouvelles ; c'est par la *Gazette de Francfort* que je continue à m'instruire des ordres du jour et de tout ce qui concerne la Grande Armée. »

Le même jour, il adresse (1) ses félicitations à l'Empereur : « Je supplie Votre Majesté de me permettre de la féliciter sur la glorieuse journée de Iéna et de lui exprimer mes vifs regrets de n'avoir pu combattre sous ses yeux dans cette affaire à jamais mémorable. »

Le Major général avait transmis (2) à Mortier, le 16 octobre, l'ordre suivant :

« L'Empereur ordonne, Monsieur le Maréchal, que vous partiez avec la 1ʳᵉ division de votre corps d'armée pour venir placer votre quartier

---

(1) A. T. (R. 17).   (2) A. T.

général à Fulda (1) et occuper toute la principauté de Fulda le plus tôt possible.

« Faites de suite vos dispositions pour l'exécution de ce mouvement. Instruisez-moi de votre départ ; faites-moi connaître l'itinéraire que vous suivrez et la composition de la division qui marche sur Fulda, et adressez-moi le plus tôt possible l'état de situation de votre corps d'armée. »

L'Empereur, de son camp de Weimar, lui avait mandé (2), le lendemain 17 :

« Mon Cousin, les deux régiments italiens doivent être bien près d'arriver à Mayence ; avec les trois régiments que vous avez, cela doit former 10.000 hommes ou deux divisions de 5.000 hommes chacune. J'ai donné au général Lacombe Saint-Michel le commandement de votre artillerie ; il trouvera bien vite les moyens de donner six pièces d'artillerie à chacune de vos divisions. Vous devez avoir reçu l'ordre de réunir ces troupes à Fulda où il est convenable que vous portiez votre quartier général. Vous devez faire ôter les armes du prince d'Orange, s'il y a des soldats du pays, vous en servir, si ce sont des soldats du Prince, les casser ; le prince d'Orange ne régnera plus à Fulda. Vous aurez soin d'avoir des postes au débouché des montagnes du côté d'Eisenach. Ayez vous-même votre avant-garde à Eisenach. Mettez-vous en correspondance avec le général Clarke, gouverneur à Erfurt. S'il en était besoin, vous iriez au secours de ce général. Vous ne devez pas vous mêler du matériel de votre artillerie ; il y a à Erfurt plus de quatre cents pièces de canon ; le général Lacombe Saint-Michel y enverra un officier prendre les pièces dont vous aurez besoin. Il suffit que vous meniez votre personnel. Sur ce, etc. »

Mortier ne reçoit que le 21 l'ordre du Major général et lui répond (3) le 22 :

« Je n'ai reçu qu'hier la lettre que Votre Altesse m'a fait l'honneur de m'écrire le 16. Je partirai demain, conformément aux ordres de S. M., avec la 1re division composée seulement des 2e et 4e régiments d'infanterie légère, ainsi que je n'ai cessé de vous en rendre compte depuis mon arrivée ici.

« Je serai à Fulda le 28, suivant l'itinéraire ci-joint. Des six bouches à feu qui forment toute mon artillerie, j'en prendrai quatre avec moi ; je laisserai les deux autres au général Dupas (pour qui vous ne me donnez aucun ordre) ; il remplacera à Höchst, avec le seul régiment qui jusqu'à présent forme sa division, le 4e d'infanterie légère et fera occuper Francfort par un bataillon.

« Je vous répète pour la dernière fois, Monsieur le Maréchal, que je n'ai pas un seul homme de cavalerie, pas même un gendarme pour

---

(1) Dans cette lettre, comme dans celle de l'Empereur qui suit, il y a Fulde.
(2) A. T.   (3) A. T. (R. 17).

le service de ma correspondance. Si vos courriers et ceux de l'Impératrice ne passent point à l'avenir par Fulda, il me sera difficile de correspondre avec vous.

« P.-S. — La 1re division doit faire un petit détour pour se rendre à Fulda, Hanau ayant été considéré jusqu'à présent comme territoire neutre. »

Il écrit (1) en même temps à l'Empereur : » D'après l'ordre que vient de m'adresser de votre part le Major général de l'armée, je partirai demain pour occuper le pays de Fulda avec la 1re division; elle n'est composée que des 2e et 4e régiments d'infanterie légère; celle du général Dupas n'a, jusqu'à présent, que le 12e régiment de la même arme.

« Les deux régiments d'infanterie italienne n'arriveront à Mayence que les 30 octobre et 9 novembre; le 26e de chasseurs à cheval doit également y arriver le 15 novembre; le 58e d'infanterie de ligne n'est nullement annoncé; je n'ai pas un seul homme de cavalerie à ma disposition. »

Dans la soirée de ce jour 22 octobre, il reçoit la dépêche de l'Empereur qui précède et en rend compte (1) de suite au Major général : « J'ai reçu par la voie de Cassel, une lettre que S. M. l'Empereur m'a fait l'honneur de m'écrire en date du 17, d'après laquelle il paraît que l'intention de S. M. est que les troupes sous mon commandement soient toutes réunies à Fulda et environs. Votre Altesse peut se rappeler qu'elle ne m'avait parlé que de la première division comme devant opérer ce mouvement. En conséquence de la lettre de S. M., j'ai donné l'ordre aux troupes sous le commandement du général Dupas, de suivre celles du général Lagrange. Ainsi les trois régiments actuellement sous mes ordres seront réunis à Fulda où la 1re division arrivera un jour plus tôt que je ne vous l'avais annoncé. De ma personne, je marcherai avec la 1re division. »

Il répond (1) à l'Empereur le 23 octobre : « J'ai reçu hier au soir la lettre que Votre Majesté m'a fait l'honneur de m'écrire le 17 octobre; les trois régiments composant le 8e corps sont en marche pour Fulda; le 12e se réunit aujourd'hui à Francfort et partira demain matin.

« Le Major général de l'armée ne m'avait donné des ordres que pour la 1re division.

« Aussitôt mon arrivée à Fulda, les ordres de Votre Majesté seront strictement exécutés. Je donne avis de mon départ à S. M. le roi de Hollande. »

En adressant, le 22, cet avis au Roi, il avait ajouté (1) : « Lorsque je serai établi à Fulda j'aurai l'honneur de correspondre exactement avec Votre Majesté. Si, par suite des échecs reçus par l'armée prussienne, il arrivait que l'un des corps de cette armée se trouvât refoulé vers la Westphalie dans votre voisinage ou dans le mien, j'instruirai

---

(1) A. T. (R. 17).

Votre Majesté de ce qui aura pu venir à ma connaissance et me concerterai avec elle soit pour arrêter les entreprises de l'ennemi, soit pour empêcher qu'il n'échappe à l'armée française.

« Les pièces d'artillerie que Votre Majesté m'a offertes me seraient bien nécessaires, mais à peine reste-t-il dans le pays des princes confédérés autour de Francfort assez de chevaux pour le service journalier de transports et de passage, le 7e corps ayant seul enlevé plus de quatre cents chevaux de la principauté de Nassau. Ces pièces n'étant attelées qu'avec des chevaux de réquisition, je serais tous les jours dans le cas d'en manquer et dans la nécessité de laisser mes pièces, inconvénient qui me prive de profiter de votre offre.... »

A la même date, il avait prévenu (1) de son départ pour Fulda Thouvenot, commandant à Würtzbourg, et Clarke, commandant à Erfurt. Le 23, il en avise (1) Kellermann en lui demandant de diriger sur Fulda, dès leur arrivée à Mayence, les régiments qu'il attend si impatiemment.

On lit dans l'*Historique du 8e corps* : « Le 23 octobre, le corps d'armée quitte Francfort et vient coucher à Seligenstadt; le 24, à Lohr; le 25, à Hamelburg; le 26, à Bruckenau, le 27, à Fulda. Les troupes du Prince sont désarmées et licenciées. La Régence donne l'ordre d'administrer le pays au nom de S. M. l'Empereur des Français et Roi d'Italie. »

D'autre part, Mortier note dans son *Journal :* « Le 24 octobre, je partis de Francfort (2), couché le même soir à Aschaffenbourg; le 25, à Hamelbourg; le 26, à Brückenau; le 27, à Fulda où les troupes se réunirent. »

Le 24 octobre, avant de quitter Francfort, il écrit (1) au Major général :

« En conséquence de l'ordre que vous m'avez donné par votre lettre du 18, j'ai désigné provisoirement l'adjudant commandant d'Hallancourt pour prendre le commandement de la place de Hanau, mais le gouverneur de cette forteresse refusa de le recevoir, avant qu'il en eût reçu l'ordre de son Souverain.

« Sur la demande que fit l'officier français au gouverneur d'un acte de refus, il lui remit pour le chef de mon état-major la lettre ci-jointe. Cet officier supérieur hessois le reçut d'ailleurs avec toutes les marques possibles d'honnêteté.

---

(1) A. T. (R. 17).
(2) Il ne semble pas sans intérêt de donner, d'après une quittance jointe aux comptes du maréchal (*), la description d'une voiture que, avant de se mettre en route, il achète, le 21 octobre, moyennant 1.100 francs à Offenbach, près Francfort : « Une calèche pour quatre personnes, garnie en drap bleu et maroquin rouge, vernie en bleu, montée par quatre bons ressorts, les essieux en fer et tournés peints en jaune. » Les harnais pour quatre chevaux avec « des traits longs en cuir, brides, guides et chaînettes », lui reviennent à 264 francs.

(*) A T.

« Par ma dernière lettre, je vous ai dit que les troupes arriveraient à Fulda un jour plus tôt que je ne vous l'avais annoncé, mais je ferai mon possible pour brûler encore une étape.

« J'enverrai à Eisenach le 2ᵉ régiment d'infanterie légère avec l'ordre de laisser des postes intermédiaires à Hünefeld et à Vacha.

« Je pars dans le moment pour rejoindre la tête de la colonne de la 1ʳᵉ division avec laquelle je ferai route jusqu'à Fulda où j'établirai mon quartier général d'après l'ordre de S. M. »

La lettre (1) du général hessois Muller, commandant la forteresse de Hanau, au général Godinot est la suivante :

« Vous n'ignorez pas, Monsieur le Général, que, d'après les règlements militaires, il n'est pas permis à un commandant d'une ville et forteresse d'y laisser passer des troupes étrangères. En conséquence de ces principes, je me flatte, Monsieur le Général, que vous voudrez bien vous persuader qu'il n'est pas dans mon pouvoir d'accorder le passage des troupes françaises et des prisonniers de guerre ni d'aucune autre troupe étrangère par la ville et forteresse de Hanau. Mais je m'empresserai de faciliter ce passage autour de la ville ou par les points de son territoire.

« De cette manière, veuillez, s'il vous plaît, Monsieur le Général, me faire part de la marche qu'il vous plaira de leur faire prendre. »

Disons ici que la veille, 23 octobre, le Major général avait annoncé (1) au ministre directeur de l'Administration de la Guerre que, par un décret impérial daté de Wittenberg le 23 octobre, l'Empereur avait ordonné qu'il « sera pris possession, au nom de S. M., de tous les États prussiens situés entre le Rhin et l'Elbe, des États du duc de Brunswick et du prince d'Orange, du pays de Hanovre et d'Osnabrück ». Ce territoire est divisé en cinq gouvernements : 1ᵉʳ, général Loison à Munster; 2ᵉ, général Gobert à Minden; 3ᵉ, général Bisson à Brunswick; 4ᵉ, général Thiébault à Fulda; 5ᵉ, général Clarke à Erfurt.

Ajoutons de suite que, le 25 octobre, le Major général fait connaître (1) au général Thouvenot que l'intention de l'Empereur est qu'il remplace, comme gouverneur d'Erfurt, Clarke qui allait devenir gouverneur de Berlin et que, le 26, ce dernier annonce (1) a l'Empereur l'arrivée à Erfurt de Thouvenot.

Le 25 octobre, Mortier reçoit à Aschaffenbourg une lettre (2), en date du 21, du roi de Hollande qui lui signale, par un courrier extraordinaire, un mouvement de troupes prussiennes qui se portent sur le pays de Siegen par Arnsberg et examine les différents objectifs auxquels peut répondre ce mouvement.

Celui-ci lui répond (3) :

« Je reçois dans le moment la lettre que Votre Majesté m'a fait l'honneur de m'écrire le 21 de ce mois. Je crois que les troupes prus-

---

(1) A. G. (2) A. T. (3) A. T. (R. 17).

siennes qui se dirigeaient sur Siegen sont les mêmes qui ont détaché des postes pour piller quelques caisses des Princes de la Confédération.

« Aujourd'hui, j'ai de fortes raisons pour croire que ces troupes se sont retirées. S'il en était autrement, elles se compromettraient sans doute en faisant une pointe sur le Rhin ou sur Francfort, puisqu'elles se trouveraient placées entre l'armée de Votre Majesté et le 8ᵉ corps, dont l'établissement sera fait à Fulda après-demain, ainsi que j'ai eu l'honneur de vous en rendre compte.

« Si, contre mon attente, l'ennemi avait formé un fort détachement pour les opérations que vous lui supposez, je prierais Votre Majesté de vouloir bien me faire passer ses ordres pour agir ainsi qu'elle le jugera convenable.

« Je n'aurai a Fulda que trois régiments (le 3ᵉ devant être détaché à Eisenach d'après mes instructions) très bons et des mieux disposés. »

L'Empereur croyait le 8ᵉ corps beaucoup plus complet et plus avancé dans sa marche qu'il ne l'était réellement. De Dessau, il avait écrit (1) le 22 à Mortier : « Mon Cousin, vos trois régiments d'infanterie légère et les deux régiments italiens doivent, à l'heure qu'il est, être arrivés. Vous devez avoir également vos douze ou dix-huit pièces d'artillerie et être en position à Fulda. Aussitôt que vous serez arrivé là, envoyez-moi votre état de situation par un de vos aides de camp, afin que je vous fasse passer des instructions sur vos opérations ultérieures. Sur ce, je prie Dieu, etc. »

De Wittenberg, il lui avait adressé, le 23, les très importantes instructions (1) qui suivent ·

« Mon Cousin, vous trouverez ci-joint une note que doit présenter mon ministre ou mon chargé d'affaires à Cassel. Vous la lui enverrez par un de vos aides de camp, avec ordre de la présenter, quand vous vous trouverez à une petite marche de Cassel.

« Arrivé à Cassel, vous ferez transporter toutes les armes et les canons à Mayence. Vous désarmerez toutes les troupes et vous prendrez les colonels, lieutenants-colonels, majors et capitaines comme otages que vous enverrez, sous bonne et sûre escorte, dans la citadelle de Luxembourg. Si le prince de Hesse-Cassel et le Prince héréditaire restent, vous les ferez l'un et l'autre prisonniers de guerre et vous les enverrez, sous bonne et sûre escorte, à Metz, où ils seront logés au Palais de cette ville. Vous laisserez les femmes et les enfants maîtres de faire ce qu'ils voudront. Le prince de Hesse-Cassel et le Prince héréditaire seront arrêtés comme généraux prussiens. Immédiatement après, vous ferez ôter les armes de Hesse-Cassel. Vous occuperez la place de Hanau. Vous ferez mettre les scellés sur les caisses et magasins. Vous nommerez le général de division Lagrange gouverneur du pays.

---

(1) A. T.

Vous ferez percevoir les revenus et administrer la justice en mon nom. Secret et rapidité, ce sont vos grands moyens de réussite. Je vous laisse le maître de pénétrer par Fulda ou par Eisenach. C'est aujourd'hui le 23 ; en calculant de manière à arriver le 28, le 29 ou le 30, vous devez avoir sous vos ordres deux divisions de 4.000 hommes chacune.

« L'avant-garde de l'armée du Nord doit être en marche de Wesel pour se rendre à Göttingen où elle doit être le 26 ou le 27. Cette avant-garde est composée de 10.000 hommes. Si vous croyez en avoir besoin, vous trouverez ci-joint l'ordre pour le général commandant. Elle entrerait par Paderborn ou Göttingen suivant l'endroit où elle serait arrivée. Les troupes désarmées, si la place de Hanau voulait faire résistance, vous ferez venir quelques pièces, quelques mortiers de Mayence, et vous en ferez sur-le-champ le siège. Mon intention est que la maison de Hesse-Cassel ait cessé de régner et soit effacée du nombre des Puissances. Le 1er régiment de ligne italien, fort de 1.800 hommes, arrive le 26 à Mayence ; il pourra être à Fulda le 29. Le 10 novembre, arrive le 1er d'infanterie légère italien. Il pourra servir pour le siège de Hanau. S'il y a encore des troupes des contingents de Darmstadt et du prince de Nassau à fournir, vous pouvez les demander pour en grossir vos colonnes. Je ne pense pas que Hesse-Cassel ait plus de 5.000 ou 6.000 hommes réunis. Cependant, si vous croyez avoir besoin du secours de l'avant-garde de l'armée du Nord, il suffira, je pense, de faire entrer par Paderborn ou par Göttingen une division. Il y a, à Mayence, beaucoup de détachements de cavalerie à pied. Organisez un millier d'hommes de chasseurs, hussards ou dragons à pied avec leurs fusils ; cela fera un renfort pour vos colonnes et vous leur donnerez les chevaux de la cavalerie hessoise, ce qui me montera autant d'hommes. Je compte sur de l'activité et de la célérité dans cette opération. Vous ferez une proclamation pour prescrire à tout le monde de rester tranquille ; vous désarmerez tout le pays et je désire beaucoup qu'avant le 5 novembre, votre corps, hormis ce qui sera nécessaire pour assurer la police du pays, soit disponible pour se rendre en Hanovre, mais je vous ferai passer mes ordres d'ici à ce temps-là. Aussitôt que vous n'aurez plus besoin de la division de l'armée du Nord, vous la renverrez à Göttingen. Je suppose que le roi de Hollande est resté à Wesel ; s'il avait marché avec l'avant-garde, vous vous concerteriez avec ce prince pour tous ces mouvements. Le principe de votre opération est de ne laisser organiser aucun corps de Hessois et de les désorganiser tous parce que, si un ou deux régiments se formaient et se jetaient sur vos derrières, ce serait toujours un petit sujet d'inquiétude Dans ce cas, vous les poursuivriez jusqu'à ce que vous les eussiez détruits. Vous ferez imprimer, dans le pays, la note de mon ministre en français et en allemand. Vous publierez aussi la proclamation ci-jointe. Vous recommanderez au général Lagrange de correspondre tous les jours avec le Major général. Un inspecteur aux revues sera envoyé avec le titre et les fonctions d'intendant. Ordonnez que tout homme qui gardera des armes après l'ordre de désarmement soit fusillé. Sur ce, je prie Dieu, etc. »

Le maréchal reçoit cette dépêche dans la matinée du 26 à Brückenau et répond (1) le même jour à l'Empereur :

« J'ai reçu ce matin la lettre que Votre Majesté m'a fait l'honneur de m'écrire le 23 de ce mois avec les instructions qu'elle me donne pour l'invasion de la Hesse; je n'épargnerai ni soins ni zèle pour me conformer strictement à ce qu'elles me prescrivent.

« Les deux divisions sous mes ordres sont loin de former 4.000 hommes chacune, comme Votre Majesté paraît le croire; elles ne sont composées jusqu'à présent que des 2e, 4e et 12e d'infanterie légère dont je joins ici la situation. Le 1er régiment d'infanterie italienne arrivera difficilement à Fulda le 29.

« Demain, toutes les troupes seront rendues à Fulda. Je partirai après-demain pour Cassel en passant par Hünefeld, Hersfeld, Bebra, Worschen, Melsungen et Cassel, où je compte arriver le 31. L'avant-garde de l'armée de Hollande me sera nécessaire. Je viens de faire partir un de mes aides de camp pour m'assurer si elle est rendue à Göttingen ou Paderborn et faire part de vos ordres à l'officier supérieur qui la commande en lui faisant passer mes instructions pour qu'il se trouve le 31 à midi à la hauteur de Cassel. Le roi de Hollande m'annonce par sa lettre (2) du 19 qu'un courrier porteur pour lui de dépêches de Votre Majesté a été pris par l'ennemi du côté de Dusseldorf; il m'a écrit de nouveau le 21 et ne m'a parlé d'aucun mouvement de ses troupes.

« Le général Laval part pour Mayence pour organiser un millier d'hommes de hussards, dragons et chasseurs, à pied, qu'il m'enverra. Il prendra le commandement du 1er régiment d'infanterie légère italienne lors de son arrivée et ramassera le peu de troupes que doivent encore fournir les princes de Darmstadt et de Nassau. Je chargerai ce général du siège de Hanau s'il doit avoir lieu. Je lui ai caché mon expédition de Cassel. »

Il informe (1), le même jour, de la mission qu'il donne à Laval, en exécution de l'ordre de l'Empereur, Kellermann, qui lui répond (2) le 28 :

« Le général Laval vient de me remettre, mon cher Maréchal, votre lettre en date d'hier. Les ordres sont donnés pour que tous les détachements de dragons, hussards et chasseurs, à pied, partent après-demain. Ils forment un bataillon de plus de 700 hommes; ils seront munis de cartouches et de souliers.

« Tout ce que vous désirez, mon cher Maréchal, sera fait; vous

---

(1) A. T. (R. 17). (2) A. T.

savez que je me ferai toujours un vrai plaisir de me prêter, en tout ce qui dépendra de moi, à remplir vos vues. » Il ajoute, de sa main, à la formule habituelle de salutation, qu'il l'assure de son « ancien attachement et sincère amitié ».

Ce bataillon, placé sous les ordres d'un capitaine et dont l'effectif au départ s'éleva à 8 officiers et 774 hommes, comprenait des détachements des guides interprètes, des 1er, 2e, 3e et 4e hussards, des 6e, 13e, 14e, 22e et 26e dragons, des 1er, 10e et 22e chasseurs, d'après un compte rendu (1) adressé le 30 par Laval, qui fait connaître (1) le lendemain que 87 hommes du 2e chasseurs partent pour se réunir à ce bataillon; 100 hommes des 20e dragons et 12e chasseurs, envoyés pour escorter des prisonniers jusqu'à Metz, doivent encore le rejoindre à leur retour.

Mortier prévient (2) en même temps le prince de Nassau-Usingen à Biebrich, le prince de Nassau à Weilburg et M. Hefflinger, chargé d'affaires de France à Darmstadt, que l'Empereur l'ayant chargé de réunir au 8e corps ce qui reste à fournir du contingent des Princes confédérés, il envoie Laval à Mayence pour réunir ces troupes.

M. Hefflinger lui avait écrit (1), le 17 octobre : « Le grand-duc de Hesse a mis la plus grande activité à la mobilisation des trois bataillons d'infanterie composant la brigade de Westphalie. Il espère que, dans trois jours, ils pourront se mettre en route et se diriger sur Bamberg... Ce sont de belles troupes et bien disposées à se battre... »

Il lui répond (1), le 28 : « Je reçois la lettre dont Votre Excellence m'a honoré en date d'hier. J'ai rendu compte successivement au prince de Neuchâtel du départ des troupes du grand-duc de Hesse dont le dernier envoi doit être rendu, en ce moment, à Erfurt. Ce prince n'est point en retard ; au lieu de fournir 4.000 hommes pour son contingent fixé, il en a fourni 4.600 et il ne lui reste qu'un bataillon de réserve pour le service de la garnison. J'espère, Monsieur le Maréchal, que S. M. l'Empereur sera satisfait de la composition et de la bonne volonté de ces troupes. Le Grand-Duc a sincèrement regretté de n'avoir pas eu l'avantage de vous voir ici comme il s'en était flatté. »

Les extraits suivants de trois lettres (1) adressées à Mortier par des princes confédérés montreront les bonnes relations que le maréchal entretenait avec eux :

1° Le 26 octobre, de Francfort, le Prince primat lui écrit : « Les témoignages flatteurs d'amitié dont vous m'avez honoré m'inspirent la confiance que vous voudrez bien faire parvenir les trois lettres ci-jointes a leur destination. Les nobles et bons procédés de Votre Excellence font regretter généralement ici son prompt départ. C'est un sentiment qu'éprouve surtout celui qui a l'honneur d'être, etc. »

---

(1) A. T.   (2) A. T. (R. 17).

2° D'Offenbach, à la même date, Charles, prince d'Isenbourg, lui mande : « Au moment où je pars pour le Quartier général, j'ose prendre la liberté de me rappeler encore à votre souvenir. L intérêt et la bienveillance dont vous avez daigné me donner des preuves me laissent partir dans la douce assurance que vous continuerez vos bontés à mon pays, à mes sujets, enfin à toute ma famille que j'ose vous recommander de la manière la plus pressante.

« Je réclame encore une faveur qui me sera bien précieuse dans la circonstance présente : ce serait de permettre que ma femme vous adressât les lettres qu elle serait dans le cas de m'envoyer, le seul et le plus sûr moyen pour qu'elles me parviennent au Quartier général.

« Cette obligation, ajoutée à celles que je vous ai déjà, sera payée de la plus vive reconnaissance et ne pourra s'effacer de mon souvenir. »

3° En prévenant (1) Mortier, le 25, qu'il fait « son possible pour compléter et armer le contingent des troupes que la maison de Nassau doit fournir en exécution du traité de la Confédération du Rhin », Frédéric, duc de Nassau, ajoute : « Je ne dissimulerai cependant pas à Votre Excellence que mes efforts trouvent de grands obstacles par les refus qui m'arrivent de la part de quelques-uns des princes membres du second Collège avec lesquels j'avais conclu un traité. Les princes d'Isenbourg, de Hohenzollern-Hechingen et Sigmaringen ont déclaré ne point ratifier ledit traité, et il en résulte un déficit de 580 hommes et une perte de fonds considérable sur lesquels j'avais cru pouvoir compter. Je ne sais si, en fournissant leurs contingents en nature, ces princes répondront aussi bien à l'attente de S. M. I. et R. que je me serais flatté de le faire en fournissant le tout. »

Ajoutons de suite que, le 30 octobre, le duc de Nassau accuse réception (1) a Mortier de sa lettre du 27 que lui a remise Laval, auquel le colonel de Schaeffer, commandant ses troupes, a rendu un compte exact des opérations qui se poursuivent sans relâche pour le recrutement, l'habillement et l'armement de son contingent. Il ressort de ce compte rendu (1) que, d'après la répartition des troupes convenue, le duché de Nassau devait fournir 1.680 hommes; le prince de Lichtenstein, 40; le prince de Leyen (2), 29; les maisons de Hohenzollern, 290; la maison d'Isenbourg, 291 ; le duc d'Arenberg, 379; les maisons de Salm, 323 ; mais les maisons d'Hohenzollern et d'Isenbourg refusent, le duc d'Arenberg diffère de ratifier et les maisons de Salm font des difficultés, de sorte qu'il ne reste que 1.749 hommes à faire marcher.

Le duc de Nassau envoie (1) au Maréchal, le 31, copie (1) d'une lettre qu'il fait porter par un officier à l'Empereur pour lui exposer

---

(1) A. T.
(2) Les princes de Leyen ou Layen, compris parmi les membres de la Confédération du Rhin en 1806, ne furent pas admis dans la Confédération germanique en 1815. La principauté se trouve dans le grand-duché de Bade.

la situation dans laquelle le mettent ces refus. « La formation des deux bataillons qui devaient partir, sous peu de jours, pour rejoindre celui qui, dans la journée mémorable du 14, a déjà eu l'honneur de combattre à côté des troupes de V. M. I. et R., en est entièrement entravée. »

Le 27 octobre, Mortier entre à Fulda et, conformément aux ordres qu'il avait reçus de l'Empereur, il fait, le 28, à la Régence de Fulda la communication suivante :

« Le Prince régnant de Fulda étant en activité de service dans l'armée prussienne, je vous préviens, Messieurs, que son pays sera administré au nom de mon Souverain pendant le séjour qu'y feront ses troupes.

« Les caisses particulières du Prince, celles provenant des revenus du pays (les caisses des pauvres et des orphelins exceptées) seront séquestrées. L'inventaire en sera fait de suite et les procès-verbaux constatant leur produit seront signés de vous et de la personne désignée de ma part pour cet effet.

« Le traitement des employés civils, les intérêts de la dette publique et les pensionnaires du pays continueront à être payés ; les officiers du régiment de Fulda licenciés toucheront également leur traitement. »

La première mission confiée à Mortier, à son départ de Francfort, se trouve ainsi remplie et, à cette date du 28, il en rend compte (1) à l'Empereur :

« Un aide de camp du roi de Hollande m'a apporté hier des dépêches de sa part. L'avant-garde de S. M. s'est mise en marche et doit être rendue le 29 à Paderborn. Ce mouvement coïncidera parfaitement avec le mien et, le 31, les deux corps seront à hauteur de Cassel.

« Le prince d'Orange-Fulda n'avait point emmené de ses troupes avec lui à l'armée de Prusse. J'ai trouvé ici un fort beau bataillon de 600 hommes ; je viens de le faire désarmer et casser. J'envoie ses fusils, qui paraissent bons, à Mayence. Je fais mettre le séquestre sur toutes les caisses publiques, celles des pauvres et des orphelins exceptées. Je fais biffer les armes du Prince et j'ordonne à la Régence d'administrer son pays en votre nom.

« J'aurai l'honneur d'envoyer à Votre Majesté l'état du montant de ces caisses aussitôt qu'il sera fait ; elles produiront par aperçu environ 60.000 francs. Je ferai payer de suite un acompte de solde à chacun des trois régiments sous mes ordres, ces corps ayant beaucoup dépensé pour arriver de Paris au Rhin.

« J'ai aussi trouvé ici 16 hussards destinés à maintenir la police dans le pays et y faisant le service des gendarmes ; je les ai laissés.

---

(1) A. T. (R. 17).

« Le général Lacombe Saint-Michel n'est point encore arrivé. »

La lettre (1) du roi de Hollande que le maréchal avait reçue le 27 à Fulda, était datée du 24 :

« Monsieur le Maréchal, je reçois des dépêches de l'Empereur datées de Weimar le 17 de ce mois; elles ont tardé longtemps à m'arriver.

« Il m'annonce que votre corps sera arrivé à Fulda le 24 ou le 25, c'est-à-dire demain au plus tard. Si cela est, vous serez en position longtemps avant moi. Le jour où vous deviez être à Fulda, j'aurais dû me trouver à Paderborn, mais je présume que je ne pourrai guère y être avant le 29 ou le 30 de ce mois; on peut réparer ce retard; ce qui m'embarrasse davantage, c'est de savoir comment nous pourrons combiner nos opérations. Mon aide de camp, que je vous envoie, vous dira ma manière de penser sur cela, expliquez-lui votre opinion à ce sujet.

« Je vous envoie (2) le général Lacombe Saint-Michel qui est votre commandant d artillerie; je le fais partir de suite en poste.

« Faites que, par le retour de mon aide de camp, je connaisse parfaitement votre situation et votre manière de penser. J'ai chargé M. Bignon, ministre de France à Cassel, de vous faire passer le double des renseignements écrits et verbaux qu'il pourrait me donner sur la situation des ennemis; cela pourra vous être extrêmement utile. Renvoyez-moi mon aide de camp sur l'heure afin que je reçoive de vos nouvelles le plus tôt possible. Sur ce, etc. »

Mortier lui répond, dès le reçu de sa lettre, le 27 :

« J'ai eu l'honneur d'expédier un courrier à Votre Majesté pour la prévenir des instructions que m'avait fait passer l'Empereur et des dispositions que j'avais prises pour l'exécution de ses ordres. Je serai le 31 à l'endroit indiqué et j'apprends avec beaucoup de plaisir que Votre Majesté s'y trouvera.

« J'ai communiqué à M. votre aide de camp des renseignements verbaux dont il aura l'honneur de vous instruire. J'aime encore à croire que celui que je vous ai envoyé pénétrera jusqu'à vous par Paderborn. »

On vient de voir le retard et les difficultés que subissait la transmission des ordres de l'Empereur : de Halle le 20 octobre, le Major général avait répondu (3) aux plaintes que lui avait adressées Mortier au sujet de l'ignorance où il le laissait des mouvements de la Grande Armée :

« Si vous n'avez pas reçu tous les ordres du jour, Monsieur le Maréchal, cela ne peut être attribué qu'à la difficulté de la correspondance dans les premiers jours de marche de la Grande Armée. L'Empereur

---

(1) A. T. (R. 17).
(2) Il avait écrit (3) au maréchal le 19 que Lacombe Saint-Michel se rendrait auprès de lui « aussitôt qu'il aura fini la construction du pont ».
(3) A. T.

avait bien prévu que, dans son plan de campagne d'invasion, ses communications avec la France seraient momentanément coupées par des partis ennemis; aussi avait-il ordonné par un ordre du jour qu'à l'apparition des hussards qui se trouvaient sur la ligne de communication tout fût replogé dans la citadelle de Forcheim ou dans celle de Cronach; vous avez reçu l'ordre de vous porter avec votre corps d'armée à Fulda en plaçant un fort poste à Eisenach.

« Comme nous sommes à Erfurt, nos communications se trouvent parfaitement garanties; d'ailleurs, comme nous sommes à Magdebourg et à quelques lieues de Berlin, il n'y a plus aucune inquiétude. »

Il lui avait mandé (1), de nouveau, le 26 : « Vous vous plaignez, Monsieur le Maréchal, que je ne vous donne point de mes nouvelles et cependant je vous ai écrit plusieurs fois; je sais qu'il y a eu de mes lettres interceptées et un de mes officiers fait prisonnier. Je vous ai envoyé ordre de vous rendre avec tout votre corps d'armée à Fulda et de détacher un corps sur Eisenach... »

C'est, de Mayence, par Talleyrand, que Mortier avait reçu (1) les nouvelles et les bulletins de la Grande Armée. Le 21 octobre, le prince de Bénévent lui fait connaître (1) que, par suite des nouvelles qu'il a reçues de l'évacuation par les Prussiens du pays de Fulda et du grand-duché de Würtzbourg, il fait passer ses courriers pour le quartier impérial par la voie directe de Francfort, Fulda, Erfurt. « Si vous recevez, Monsieur le Maréchal, quelques avis qui vous portent à croire qu'il y aurait des inconvénients à continuer de faire prendre cette direction à nos courriers, je vous prierai de vouloir bien m'en informer. »

Il lui annonce (1), le 25, son départ de Mayence : « Je pars après-demain 27 de ce mois pour rejoindre S. M. I. Je me propose de dîner à Francfort et d'aller ensuite sans m'arrêter jusqu'à Erfurt. Il est donc probable que je passerai à Fulda vers les 6 heures du matin. Si vous pensiez qu'il fût nécessaire que je fusse escorté sur la route, je vous serais obligé de donner des ordres à cet effet et je serais également reconnaissant des mesures que vous voudriez bien faire prendre pour que je ne sois point arrêté par le manque de chevaux dans cette partie de mon voyage. J'espère bien ne pas traverser la ville de Fulda sans avoir le plaisir de vous voir et sans prendre vos commissions pour le quartier impérial. »

Mortier quitte Fulda le 28 octobre; ses projets sont indiqués dans la lettre (2) suivante que, le 26, il avait adressée de Brückenau au roi de Hollande et dont il a été question dans la réponse qu'il avait remise le lendemain à l'aide de camp de ce souverain :

« S. M. l'Empereur, par une lettre en date du 23, m'ordonne de me porter sur Cassel avec les troupes sous mes ordres pour m'emparer

---

(1) A. T.   (2) A. T. (R. 17).

en son nom de cette ville et du pays de Hesse et de désarmer les troupes hessoises.

« Ce mouvement doit être combiné avec l'avant-garde de l'armée du Nord que S. M. l'Empereur porte à 10.000 hommes et qu'il m'annonce devoir être arrivée le 26 ou le 27 à Göttingen ou au moins à Paderborn.

« S. M. m'autorise à demander au commandant d· cette avant-garde le nombre de troupes que je jugerai nécessaire pour appuyer mon opération et même il joint à mes instructions un ordre *ad hoc* pour le général commandant de cette avant-garde. Il me prescrit encore, dans le cas où Votre Majesté aurait marché avec son avant-garde, de me concerter avec elle pour cet objet important.

« J'envoie aujourd'hui à Cassel un de mes aides de camp avec la mission de s'informer auprès du ministre de France en cette résidence où peut être l'avant-garde de l'armée du Nord ; il n'est porteur d'aucun écrit qui puisse compromettre le secret de l'opération et même il n'en dira rien à M. Bignon. Il se bornera à des questions relatives à votre position actuelle, comme s'il s'agissait simplement de se concerter avec vous pour toute autre chose.

« Cet officier a ordre, si l'avant-garde de l'armée du Nord est soit à Göttingen, soit à Paderborn, de s'y transporter, de présenter au général commandant l'ordre de l'Empereur qui le concerne et de combiner le mouvement de cette avant-garde en totalité ou en partie de manière à ce qu'elle arrive devant Cassel le même jour que les troupes sous mes ordres (le 31 octobre).

« Votre Majesté, dans sa lettre du 19, m'a fait l'honneur de me dire qu'elle avait des inquiétudes au sujet d'un courrier porteur de dépêches de l'Empereur que les Prussiens avaient intercepté du côté de Dusseldorf. Je crains, de mon côté, que ce courrier ne soit celui qui vous portait l'ordre de faire marcher votre avant-garde sur Göttingen (1).

« Cette présomption me paraît d'autant plus fondée que votre avant-garde ne pourrait guère être à Göttingen le 26 ou le 27, comme l'a calculé l'Empereur, si elle n'était partie de Wesel antérieurement à votre lettre du 21 et que Votre Majesté ne m'a point annoncé avoir ordonné aucun mouvement à ses troupes. S'il en était ainsi, l'opération dont je suis chargé deviendrait plus difficile.

« Votre Majesté, ainsi que j'ai eu plusieurs fois l'honneur de le lui écrire, sait que je n'ai pas plus de trois régiments d'infanterie et pas un seul homme de cavalerie. »

---

(1) On a vu plus haut que le roi de Hollande, aux termes de la lettre qu'il adresse le 24 à Mortier, ne reçut qu'à cette date les ordres envoyés, le 17, de Weimar, par l'Empereur.

CHAPITRE II

Marche sur Cassel. — Note de l'Empereur à l'Électeur. — Prise de possession de Cassel (1er novembre); occupation des forteresses de Hanau et de Ziegenhayn. — Le 8e corps passe sous les ordres du roi de Hollande (5 novembre); il contribue à l'investissement de Hameln (9 et 10 novembre). — Mortier reçoit l'ordre de se porter sur Hambourg ; prise de possession du Hanovre (12 novembre), où les habitants, « qui abhorrent les Prussiens », le voient revenir avec joie. — Le roi de Hollande, rentrant dans son royaume, lui remet le commandement de l'avant-garde de l'armée du Nord (divisions Michaud et Dumonceau). — Prise de possession de Hambourg (19 novembre). — Lettres de l'impératrice Joséphine. — Application du décret du 21 novembre sur le blocus de l'Angleterre. — Mortier sursoit à l'exécution d'ordres concernant la Banque de Hambourg et appelle l'attention de l'Empereur sur leurs inconvénients. — Les troupes placées sous les ordres du maréchal forment quatre divisions : deux françaises, une hollandaise et une italienne. — Compagnie de guides du maréchal Mortier. — Prise de possession de Brême et de Lübeck. — Le général Savary fait capituler Hameln et Nienburg. — La division Michaud prend possession du Mecklembourg (28 novembre).

Mortier note dans son *Journal* : « Le 28 octobre à Hunefeld, le 29 à Hersfeld, le 30 à Melsungen, le 31, bivouaqué en avant de la forêt près Crumbach, envoyé la note de l'Empereur à son chargé d'affaires à Cassel. Le 1er novembre prise de possession de Cassel, toute l'armée hessoise met bas les armes; le même jour, jonction du 8e corps avec le roi de Hollande, dîné avec S. M. »

On lit, d'autre part, dans l'*Historique du 8e corps* (1) : « Le 28, le corps d'armée part et couche à Hunefeld, le 29 à Hersfeld. Arrivé à Citra, premier village hessois, un poste de troupes de Hesse Cassel avait refusé le passage qui fut exécuté nonobstant toute réclamation. Le 30, le corps d'armée arrive à Melsungen. Le 31, il bivouaque dans le bois devant Cassel (même position que celle du maréchal de Broglie en 1758). A 8 heures du soir, une note diplomatique est envoyée au chargé d'affaires français à Cassel; elle est remise à 11 heures au Gouvernement et, à minuit, tous les débouchés de la ville sont occupés sur la rive gauche de la Fulde ainsi que la route de Munden. Le 1er novembre, l'Électeur, après avoir signé l'ordre du licenciement de ses troupes et de la reddition de toutes ses places, parvient à s'évader du côté de l'avant-garde de l'armée du Nord, arrivant de Wesel par Warburg, après avoir inutilement cherché à le faire par la route de Göttingen, alors gardée par le 2e régiment d'infanterie légère. A 6 heures du matin, le corps d'armée entre dans la place; on procède au désarmement de l'armée hessoise forte de 20.000 hommes. M. le maréchal ordonne que le pays soit administré au nom de l'Empereur des Français. M. le général de division Lagrange est nommé gouverneur, d'après

---

(1) A. G.

l'ordre de Sa Majesté. M. le général de brigade Laval reçoit l'ordre d'aller prendre possession de Hanau. »

Mortier, de Cassel, le 1ᵉʳ novembre, rend compte (1) à l'Empereur de cette opération dans les termes suivants :

« Les troupes sous mes ordres occupent Cassel où elles sont entrées ce matin. Par la lettre que j'ai eu l'honneur de vous écrire le 29 octobre, j'annonçais à Votre Majesté que je serais le 31 à la hauteur de cette ville et que l'avant-garde de l'armée du Nord y serait également le même jour. Je fondais cette dernière assertion sur ce que venait de me dire le roi de Hollande que ce corps d'armée devait être rendu le 29 à Paderborn; mais, le lendemain 30, dans ma marche de Hersfeld à Melsungen, un officier supérieur attaché à l'état-major de Sa Majesté vint me trouver et me dit que cette avant-garde ne pourrait être rendue devant Cassel que le 1ᵉʳ novembre au lieu du 31 octobre. Je sentais la nécessité d'être en mesure avec ce corps qui appuyait mon opération et je dirigeai ma marche de manière à n'arriver que le même jour. Effectivement le 31, je pris position à la tête du bois dit de Schwartzbach en arrière de Berghausen et Crumbach.

« Pendant la nuit du 30 au 31, un aide de camp de l'Électeur m'a apporté une lettre de ce prince dont j'ai l'honneur de vous envoyer copie (2); je n'y fis pas de réponse et me bornai à dire à cet officier que probablement le chargé d'affaires de Votre Majesté donnerait les explications qu'on sollicitait de moi.

« Le 31, l'Électeur m'envoya des officiers de sa Cour pour m'inviter à aller dîner chez lui à Cassel avec les officiers de mon état-major. Je le remerciai sur des prétextes vagues.

« Ma marche s'est exécutée sans obstacle sinon au premier poste sur la frontière où un officier hessois, commandant un piquet d'infanterie, voulut m'arrêter en s'appuyant de la neutralité qui avait été accordée à la Hesse. Je passai outre sans faire aucune démonstration hostile pour ne pas donner l'éveil. La plus exacte discipline fut observée par les troupes sous mes ordres et partout elles furent accueillies avec égards et procédés.

« Pendant tout le temps que dura ma marche, la plus parfaite sécurité régnait à Cassel et on ne conçut pas le moindre soupçon sur mon mouvement, dont on croyait que l'occupation de Hanovre était l'objet.

« Le 31 au soir, j'envoyai un de mes aides de camp porter votre note au chargé d'affaires de Votre Majesté en le chargeant de la présenter à 11 heures de la nuit.

« Aujourd'hui, à 3 heures du matin, les ministres du prince de Hesse vinrent à mon bivouac et me dirent que leur souverain leur avait donné ordre de me déclarer qu'il se mettait entièrement à la

---

(1) A. T. (R. 17)   (2) A. G.

disposition de Votre Majesté, lui et ses troupes, et qu'il était prêt à marcher à leur tête pour combattre vos ennemis. Ils me demandèrent aussi un passeport pour que ce prince pût aller à votre quartier général. Je leur dis que je n'avais aucune espèce d'instructions pour recevoir leurs ouvertures et refusai d'accorder le passeport.

« Je suis entré dans la ville ce matin à 8 heures et la jonction de l'avant-garde de l'armée du Nord s'est opérée dans la matinée avec le 8e corps. S. M. le roi de Hollande a, de son côté, l'honneur de vous écrire ce soir.

« L'Électeur et le prince héréditaire se sont évadés après le refus que je leur fis des passeports qu'ils me demandaient; ils ont assuré, en partant, qu'ils se rendaient auprès de Votre Majesté.

« Jusqu'à présent, j'ai trouvé dans Cassel 91 bouches à feu de différents calibres, 6.273 fusils provenant tant des arsenaux que du désarmement de la garnison.

« J'ai de plus en ma possession huit drapeaux du régiment de la Garde, quatre du régiment des grenadiers et l'étendard des gardes du corps.

« Les principaux officiers se sont enfuis après la note remise, avant mon arrivée. Je vais m'occuper de faire arrêter tous ceux que l'on pourra trouver. La grande dissémination des troupes hessoises dans leurs différents quartiers mettra quelques obstacles à l'exécution complète de cette mesure.

« J'attends l'état des chevaux du régiment des gardes du corps que j'ai fait démonter; quelques cavaliers hessois en ont emmenés avec eux, les ordres donnés pour qu'ils les remettent.

« Le général Lagrange est entré dans ses fonctions de gouverneur général. La proclamation en mon nom et la note de Votre Majesté sont imprimées dans les deux langues et vont, de suite, être publiées et affichées.

« La place de Hanau sera occupée par nos troupes avant trois jours. J'avais annoncé aux ministres du prince de Hesse que, si elle ne m'était pas de suite remise, je la ferais bombarder et qu'ils n'auraient à accuser qu'eux seuls des maux que cette ville éprouverait. Le prince, avant son départ, a donné l'ordre de sa reddition.

« J'expédie cet ordre, signé par un des ministres, au général Laval, qui est à Mayence, en lui prescrivant d'en prendre possession sur-le-champ et, comme il n'a pas de troupes avec lui pour effectuer cette occupation, d'en demander au maréchal Kellermann en attendant l'arrivée du 1er régiment d'infanterie légère italienne.

« P.-S. — J'ai l'assurance que le désarmement de tout ce qui reste de troupes hessoises s'effectuera sans difficultés. L'Électeur m'avait envoyé la copie de la démission de son grade au service de Prusse, je la joins ici.

« Le général Lacombe Saint-Michel vient d'arriver; il me promet tout son zèle pour organiser mon artillerie. J'aurai ici quelques chevaux de l'artillerie électorale.

« Je prie Votre Majesté de donner des ordres pour qu'il me soit envoyé deux compagnies du train et une compagnie d'artillerie légère. »

La lettre (1) datée de Cassel le 31 octobre et envoyée par l'Électeur à Mortier était la suivante :

« Monsieur le Maréchal, Me confiant uniquement à la neutralité que S. M. l'Empereur, Votre Maître, m'a accordée et que j'ai remplie dans tous ses points, votre entrée sur mon territoire sans aucune réquisition ne m'a pas alarmé; mais, apprenant que vous avez poussé jusqu'à trois milles d'ici, je vous prie, en brave militaire, de me dire si vous avez des ordres hostiles contre moi. Je ne puis le croire en lisant les mots de S. M. Impériale ci-annexés qu'*aucun de ses détachements ne passerait sur mon territoire.*

« Je prie Votre Excellence de me donner une réponse par le major de Muller, mon aide de camp.

« Je suis, avec une considération parfaite, Monsieur, de Votre Excellence le très affectionné serviteur,

« Guillaume El. »

Guillaume, électeur de Hesse, avait joint à sa lettre une feuille séparée (1) portant la copie qui suit de la lettre de l'Empereur à laquelle il faisait allusion :

« Copie de la lettre de S. M. l'Empereur Napoléon au Prince primat de la Confédération rhénane :

« Mon Frère, Si l'Électeur de Hesse est sincère et qu'il veuille rester vraiment neutre, je n'ai pas l'intention de l'en empêcher. Je prie Votre Altesse de lui envoyer un courrier qui lui en donne l'assurance. Aucun de mes détachements ne passera sur son territoire et je serai fort aise d'épargner à ce pauvre pays les malheurs de la guerre. Je n'ai dans le fait aucun sujet (*sic*) de la Hesse; je ne l'attaquerai jamais de mon plein gré.

« A Mayence, le 1er octobre 1806.

« Votre bon frère,

« Signé : Napoléon. »

C'est de Melsungen, le 31 octobre au soir, que Mortier adresse au ministre de France près l'Électeur, la note de l'Empereur, en lui écrivant (2) : « Je joins ici une note que S. M. l'Empereur me charge de vous envoyer pour être présentée à la cour de Hesse. Je me trouverai demain matin devant Cassel avec le corps d'armée que je commande. Il serait donc convenable, je pense, que cette note fût présentée cette nuit afin que vous ayez le temps de vous faire délivrer vos passeports. »

---

(1) A. T.   (2) A. T. (R. 17).

Voici le texte (1) de cette note, telle qu'elle fut imprimée et affichée dans les deux langues :

« Note remise le 31 octobre 1806, entre 11 heures et minuit, à S. A. S. le prince de Hesse-Cassel par le chargé d'affaires de S. M. l'Empereur des Français, roi d'Italie.

« Le soussigné, chargé d'affaires de S. M. l'Empereur des Français, roi d'Italie, est chargé de déclarer à S. A. S. le prince de Hesse-Cassel, maréchal au service de Prusse, que S. M. l'Empereur a une parfaite connaissance de l'adhésion à la coalition de la Prusse de la part de la cour de Cassel; que c'est en conséquence de cette adhésion que les semestriers ont été appelés, des chevaux distribués à la cavalerie, la place de Hanau approvisionnée et abondamment pourvue de garnison;

« Que c'est en vain que Sa Majesté a fait connaître à M. de Malsburg, ministre du prince de Hesse-Cassel à Paris, que tout arrangement de la part du prince de Hesse-Cassel serait regardé comme une hostilité; que, pour toute réponse, la cour de Hesse-Cassel a ordonné à M. de Malsburg de demander des passeports à Paris et de retourner à Cassel;

« Que, depuis, les troupes prussiennes sont entrées à Cassel, qu'elles y ont été accueillies avec enthousiasme par le prince héréditaire, général au service de Prusse, qui a même traversé la ville à leur tête;

« Que ces troupes ont traversé les États de Hesse-Cassel pour attaquer l'armée française à Francfort;

« Qu'immédiatement après, le plan de campagne de l'armée française étant venu à se développer, les généraux prussiens ont senti la nécessité de rappeler tous leurs détachements pour se concentrer à Weimar, afin de livrer bataille;

« Que c'est donc par l'effet des circonstances militaires et non de la neutralité de la Hesse que les troupes prussiennes ont rétrogradé sur leurs lieux de rassemblement;

« Que pendant tout le temps que le sort des armes a été incertain, la cour de Cassel a continué ses armements, toujours en opposition aux déclarations de l'Empereur qu'il considérerait tout armement comme un acte d'hostilité;

« Que les armées prussiennes ayant été battues et rejetées au delà de l'Oder, il serait aussi imprudent qu'insensé de la part du général de l'armée française de laisser se former cette armée hessoise qui serait prête à tomber sur les derrières de l'armée française, si celle-ci éprouvait un échec;

« Que le soussigné a donc reçu l'ordre exprès de déclarer que la sûreté de l'armée française exige que la place de Hanau et tout le pays de Hesse-Cassel soient occupés; que les armes, canons, arsenaux

---

(1) A. T.

soient remis à l'armée française, et que tous les moyens soient pris pour assurer les derrières de l'armée contre l'inimitié constante qu'a montrée pour la France la maison de Hesse-Cassel.

« Il reste au prince de Hesse-Cassel à voir, dans la situation des choses, s'il veut repousser la force par la force et rendre son pays le théâtre des désastres de la guerre.

« Toutefois, de pareilles scènes étant incompatibles avec une mission diplomatique, le soussigné a reçu l'ordre de demander ses passeports pour se retirer de suite. « SAINT-GENEST. »

La proclamation (1) de Mortier aux habitants de la Hesse, conforme d'ailleurs au texte (1) que l'Empereur lui avait envoyé par sa lettre du 23 octobre, imprimée dans les deux langues et que le maréchal donne l'ordre (2), le 3 novembre, au colonel Brayer, commandant d'armes à Cassel, de faire afficher dans toute la ville, est la suivante :

PROCLAMATION

« Nous Édouard-Adolphe-Casimir-Joseph Mortier, maréchal de l'Empire, colonel général de la Garde de S. M. l'Empereur et Roi, grand cordon de la Légion d'honneur, grand croix de l'ordre du Christ et commandant en chef le 8e corps de la Grande Armée, au peuple hessois :

Habitants de la Hesse,

« Je viens prendre possession de votre pays : c'est le seul moyen de vous éviter les horreurs de la guerre.

« Vous avez été témoins de la violation de votre territoire par les troupes prussiennes; vous avez été scandalisés de l'accueil que leur a fait le prince héréditaire; d'ailleurs votre souverain et son fils ayant des grades au service de Prusse sont tenus à l'obéissance aux ordres du commandant en chef de l'armée prussienne. La qualité de souverain est incompatible avec celle d'officier au service d'une puissance et la dépendance des tribunaux étrangers.

« Votre religion, vos lois, vos mœurs, vos privilèges seront respectés; la discipline sera maintenue. De votre côté, soyez tranquilles; ayez confiance au grand souverain dont votre sort dépend; vous ne pourrez éprouver que de l'amélioration.

« Au quartier général de Cassel, le 1er novembre 1806.
                                             « Ed. MORTIER. »

A cette date du 1er novembre, le maréchal prévient (2) le général Lagrange de sa nomination comme « gouverneur du pays de Hesse »; il lui donne, en même temps, connaissance des ordres de l'Empereur relatifs à la perception des revenus, à l'administration de

---

(1) A. T.   (2) A. T. (R. 17).

la justice, au désarmement, à l'envoi des armes et canons à Mayence, au transfèrement à Luxembourg des officiers supérieurs et capitaines en activité de service chez l'Électeur, à la saisie des chevaux de l'armée hessoise, aux scellés à apposer sur les caisses et magasins et aux armes de Hesse qui doivent être effacées dans tout l'Électorat.

Il reçoit du baron de Malsburg, ministre plénipotentiaire de Hesse près l'empereur des Français, la communication (1) qui suit : « Le baron de Malsburg n'ayant pas eu l'honneur de trouver S. E. M. le maréchal Mortier chez Elle a celui de Lui transmettre ci-après l'ordre réitéré au commandant de Hanau que Monsieur le Maréchal m'avait demandé ce matin. Le premier ordre a été expédié immédiatement avant le départ de l'Électeur. »

Il adresse (2), de suite, cet ordre au général Laval à Mayence, avec ces instructions :

« Je joins ici un ordre du ministre de l'Électeur de Hesse pour le gouverneur de Hanau. Cet ordre porte que la forteresse sera remise de suite à la disposition des troupes françaises. Ne perdez pas un instant, Monsieur le Général, pour vous en rendre maître. Demandez à M. le maréchal Kellermann les troupes nécessaires pour occuper ce point important. Les colonels, lieutenants-colonels, majors et capitaines de la garnison doivent être envoyés comme otages à Luxembourg; telle est la volonté de l'Empereur. Prenez les mesures convenables pour qu'elles soient exécutées. Les soldats seront désarmés et renvoyés chez eux.

« Répondez-moi par le retour de mon officier d'ordonnance; je vous recommande la plus grande célérité.

« Toutes les troupes de l'armée hessoise mettent bas les armes; communiquez ma lettre à M. le maréchal Kellermann; encore une fois, de la célérité.

« *P.-S.* — Je puis maintenant me passer de la batterie de mortiers que je vous avais prié de demander à Mayence. »

Il mande (2), le 2 novembre, aux conseillers d'État barons de Vaitz et de Baumbach, à Cassel :

« Je vous ai prévenus hier, Messieurs, que je venais de nommer le général de division Lagrange gouverneur du pays de Hesse, conformément aux ordres de mon souverain.

« Faites prévenir tous les habitants de vos campagnes et de vos villes qui pourraient avoir des armes, de les déposer sur-le-champ chez le principal magistrat de leur endroit dont vous me remettrez le nom afin que je les fasse enlever. Vous annoncerez à ces mêmes magistrats que je les déclare responsables de l'exécution du présent ordre. Tout individu chez qui on trouvera des armes après le désarmement sera dans le cas d'être fusillé. »

---

(1) A. T.   (2) A. T. (R. 17).

Le 3 novembre, il adresse à l'Empereur le compte rendu (1) suivant :

« Le désarmement dans le pays de Hesse s'opère partout. Il y avait six régiments de milice indépendamment des troupes de ligne; on commence demain à évacuer les armes sur Mayence.

« J'ai trouvé à Cassel environ 150 chevaux d'artillerie avec un train monté pour une compagnie d'artillerie légère prête à entrer en campagne; je me trouve gêné pour les soldats du train; je serai forcé d'en prendre dans les corps s'il ne m'en arrive pas

« La forteresse de Ziegenhain sera occupée aujourd'hui. Les deux bataillons qui y tenaient garnison mettent bas les armes. Cette forteresse est armée; j'ai envoyé pour avoir l'état des munitions qu'elle contient.

« Le fort de Rinteln, qui se trouve sur le Weser entre Minden et Hameln, sera aussi occupé; ce sont les troupes du roi de Hollande qui en prendront possession, ainsi que Sa Majesté en est convenue avec moi.

« J'attends des nouvelles de Hanau qui doit être remis à nos troupes ainsi que j'ai eu avant-hier l'honneur de vous le mander.

« Le 1er régiment d'infanterie légère italienne n'est pas encore arrivé; je n'en ai pas de nouvelles, j'ai envoyé à sa rencontre.

« J'ai déjà réuni ici à peu près 300 chevaux de cavalerie; les autres rentreront. Les régiments de cavalerie étaient sur le pied de paix et n'étaient qu'à 150 ou 200 chevaux; les régiments d'infanterie étaient également sur le pied de paix.

« J'ai communiqué au roi de Hollande les instructions que m'a données Votre Majesté. Le Roi est parti hier pour Munster; ses troupes se dirigent également sur la Westphalie.

« Sa Majesté laisse à ma disposition à Paderborn, mais pour l'employer seulement en cas de rassemblement de troupes ennemies, une division aux ordres du général Michaud; elle est composée de deux régiments d'infanterie, un de cavalerie et d'une division d'artillerie à cheval.

« Les militaires et les habitants ont montré, jusqu'à présent, une résignation absolue aux ordres que je leur ai donnés. Il paraît que leur prince, avant son départ, avait ordonné à ses ministres de leur prescrire cette règle de conduite.

« Il est une classe d'hommes qui mérite la sollicitude de Votre Majesté, ce sont les officiers qui, pour la plupart, n'ayant d'autre ressource que leur traitement, se trouveraient réduits au plus affreux désespoir s'ils en étaient entièrement privés. Je leur ai promis de les recommander aux bontés de Votre Majesté et je la prie de permettre qu'on leur paie, sur la caisse militaire du pays, leurs appointements

---

(1) A. T. (R. 17).

en totalité ou en partie. Il en est plusieurs qui m'ont été d'une grande utilité et qui me donnent, à chaque instant, des renseignements précieux. D'autres, chargés du soin ou de la conservation de différents établissements, y ont maintenu le plus grand ordre. Enfin, tous veulent prêter serment de ne point porter les armes contre Votre Majesté et demandent à être traités aussi favorablement que les officiers prussiens qui se sont battus et qu'on a renvoyés chez eux sur parole. Beaucoup d'entre eux, d'après les observations que je leur entends faire, blâmaient la politique de leur souverain et auraient préféré faire cause commune avec la France. J'ai cru devoir rendre compte à Votre Majesté de cet état de choses, en la priant de leur accorder sa bienveillance. Les officiers supérieurs hessois qui se trouvaient à Cassel sont consignés aux portes de cette ville et ne peuvent en sortir. La grande dissémination des autres dans toute l'étendue de la Hesse rend plus difficile leur arrestation.

« L'Électeur, avant la remise de la note, voulait venir à la rencontre de nos troupes avec le prince héréditaire et entrer dans la ville à leur tête. Il espérait probablement par cette démarche faire oublier l'incartade de son fils. On m'assure au reste aujourd'hui que c'est de son consentement que ce dernier prit, il y a quelques semaines, parti dans les troupes prussiennes.

« Tout le pays de Hesse est excessivement pauvre ; le prince accumulait toujours et ne mettait rien dans la circulation. Quatorze grandes caisses d'argent des coffres du prince et d'autres effets précieux ont été conduits à Lübeck, il y a environ un mois ; elles sont évaluées à 80 millions d'écus du pays (ce qui paraît exagéré) ; depuis longtemps, le prince réalisait en papier sur Berlin et sur Londres le produit de ses revenus à mesure qu'ils rentraient.

« L'Électrice est restée à Cassel ainsi que le prince Frédéric de Hesse anciennement au service de Hollande.

« La comtesse de Schlotheim, maîtresse du prince, vient d'accoucher de son dix-septième ou dix-huitième enfant.

« J'envoie à Votre Majesté l'état du militaire hessois et celui des objets trouvés dans les arsenaux de Cassel.

« J'adresse à S. A. le Major général de l'armée l'état des caisses trouvées à Fulda ; elles ont produit 32.702 florins qui ont servi à payer aux corps un acompte de solde ainsi que quelques autres dépenses indispensables.

« *P.-S.* — Au moment où l'officier que je vous dépêche allait partir, je reçois la lettre que Votre Majesté m'a fait l'honneur de m'écrire le 31 octobre. Je fais passer, de suite, au prince primat celle que vous lui adressez. Je laisserai au général Lagrange le 12e régiment d'infanterie légère et je suis prêt, quand Votre Majesté l'ordonnera, à me porter en avant mais avec deux régiments seulement. Je n'ai pas un seul homme de cavalerie et pas de nouvelles du 26e de chasseurs.

« Permettez que je félicite Votre Majesté sur ses nouvelles victoires ou plutôt sur ses nouveaux miracles. Les troupes sous mes ordres brûlent de pouvoir trouver l'occasion de se distinguer en combattant ses ennemis. »

Il complète (1) ces renseignements le 5 novembre :

« Je profite d'un officier que vous envoie le roi de Hollande pour avoir l'honneur de vous donner quelques détails que n'ont pu renfermer mes précédentes.

« Les scellés apposés sur les caisses du pays produisent, par aperçu, une somme d'environ 600.000 francs tant en argent comptant qu'en délégations du prince payables par les banquiers de cette ville.

« La forteresse de Hanau a été occupée le 3 de ce mois par nos troupes. J'aurai l'honneur de donner à cet égard de plus amples détails à Votre Majesté.

« Parmi trente et un drapeaux que j'ai fait prendre à l'arsenal de cette place, il s'en trouve trois français : un de l'ancien 82ᵉ régiment, celui du 5ᵉ bataillon du Bas-Rhin et un autre sans inscription.

« Je fais aussi rassembler chez moi les drapeaux et étendards de tous les corps de l'armée hessoise. L'étendard des gardes du corps, surmonté d'un lion en argent massif, est de la plus grande beauté.

« Le 1ᵉʳ régiment de ligne italien est arrivé hier.

« S. M. le roi de Hollande vient de me faire l'honneur de m'écrire pour me prévenir que Votre Majesté mettait mon corps d'armée sous ses ordres; j'attends en conséquence pour me mettre en mouvement qu'il me fasse passer les siens. »

La lettre (2) de l'Empereur, datée du 31 octobre et reçue par le maréchal le 3 novembre, ainsi qu'on vient de le voir, était la suivante :

« Mon Cousin, j'espère qu'avant le 5 novembre vous serez maître de Cassel, que votre mission sera finie pour cette époque et que la première division de l'armée du roi de Hollande sera à peine arrivée à Cassel que vous la renverrez au roi de Hollande qui en a besoin, devant se porter en Hanovre.

« Mon intention est qu'au plus tard le 10, vous vous mettiez en marche, en laissant, comme je l'ai ordonné, le général Lagrange pour gouverneur de Cassel, et que vous dirigiez votre corps d'armée sur le Hanovre, hormis ce que vous jugerez nécessaire de laisser pour maintenir la tranquillité dans le pays. Quelques détachements de cavalerie et un régiment d'infanterie doivent être suffisants. Votre arrivée en Hanovre pour renforcer le roi de Hollande est très urgente. Vous êtes destiné à remplir là une mission de la plus grande importance. Sur ce, je prie Dieu, etc.

« *P.-S.* — Stettin vient de se rendre; 6.000 hommes ont été **pris**

---

(1) A. T. (R. 17).   (2) A. T.

dans la ville, 160 pièces de canon sur les remparts. Une colonne de 7.000 hommes a mis bas les armes le 29. Faites passer cette lettre au prince primat. »

C'est à ces nouveaux succès que répondaient les félicitations envoyées à l'Empereur, le 3 novembre, par Mortier. Celui-ci avait été avisé (1), le 2, par le roi de Hollande du départ de ses troupes pour la Westphalie. Ce souverain lui mande (1), le 4, de Paderborn :

« Monsieur le Maréchal, l'Empereur me prévient qu'il met votre corps d'armée sous mes ordres pour marcher dans le Hanovre. Je crois devoir ajourner cette opération jusqu'à ce que la garnison de Hameln soit rentrée dans la place et qu'elle soit bloquée. Envoyez-moi de suite l'ordre pour la reddition de Rinteln; cette place nous sera très avantageuse. J'ai appris avec plaisir que vous faites occuper Münden et qu'il vous est arrivé un régiment d'infanterie et 800 hommes de cavalerie. Donnez-moi de vos nouvelles le plus promptement possible. Mandez-moi quand vous pourrez disposer d'un corps de troupes capable de bloquer Hameln sur la rive droite du Weser pendant que mon avant-garde la bloquera sur la rive gauche. Sur ce, etc. »

Mortier qui, à la même date, prévient (2) le Roi des instructions contenues dans la lettre de l'Empereur du 31 octobre, répond (2) le 5 :

« Je viens de recevoir la lettre que Votre Majesté m'a fait l'honneur de m'écrire hier pour m'annoncer que l'Empereur mettait sous vos ordres le 8e corps d'armée.

« Je me félicite que cette circonstance me mette à même d'avoir des rapports plus directs avec vous et j'espère que, par mon zèle, je mériterai votre confiance.

« Je joins ici l'ordre pour la reddition de Rinteln que Votre Majesté m'avait renvoyé.

« Hier le 4e régiment d'infanterie légère a occupé Münden.

« Le 1er régiment d'infanterie de ligne italien est également arrivé hier à Cassel; quant aux 800 hommes montés dont me parle Votre Majesté, elle a sans doute été induite en erreur, car il ne m'est point arrivé un seul homme de cavalerie. J'attends, à la vérité, le bataillon de chasseurs et hussards à pied que j'ai envoyé organiser à Mayence et dont je n'ai jusqu'à présent aucune nouvelle.

« En laissant ici le 12e régiment d'infanterie légère, ainsi que j'ai eu l'honneur de vous en rendre compte par ma lettre d'hier, il ne me restera de disponible que les 2e et 4e d'infanterie légère plus le 1er régiment d'infanterie italien qui vient de m'arriver.

« J'ai fait organiser, dans les arsenaux d'ici, 6 bouches à feu, dont 4 pièces de 6 et 2 obusiers de 7 pouces; j'ai de plus les 6 bouches à feu que j'ai amenées avec moi de Mayence, ce qui me formera un total de 12 pièces.

---

(1) A. T. (2) A. T. (R. 17).

« Je pourrai me mettre en marche, aussitôt que Votre Majesté l'ordonnera, avec ce petit corps de troupes et je le crois suffisant pour bloquer Hameln sur la rive droite si Votre Majesté le fait bloquer en même temps sur la rive gauche. »

Rappelons que le maréchal connaissait bien Hameln dont il avait fait améliorer les fortifications pendant qu'il commandait en Hanovre (1), ce qui avait permis au général Barbou d'y tenir en 1805 et de ne l'évacuer que lorsque le pays avait été cédé à la Prusse (2).

Disons aussi qu'il avait dû affaiblir ses forces de 100 hommes envoyés à Eisenach et de 100 hommes partis pour Würtzbourg afin d'y garder la citadelle de concert avec les troupes du grand-duc de Würtzbourg, suivant les ordres (3) qu'il avait reçus du Major général et de l'exécution desquels il lui avait rendu compte (4) le 3 novembre.

A cette date du 5 novembre, l'Empereur, de Berlin, lui mande (3) :

« Mon Cousin, j'ai vu avec plaisir votre entrée à Cassel le 1er novembre. Je donne mes instructions directement au général Lagrange, parce que je suppose que vous n'êtes plus à Cassel et que vous vous êtes dirigé à tire-d'aile sur le Hanovre. Vous trouverez là, chez le roi de Hollande, sous les ordres de qui vous serez, l'ordre d'aller prendre possession de Hambourg avec les instructions nécessaires. Si la santé de ce prince l'oblige à retourner dans son royaume, vous prendrez en chef le commandement de toutes les troupes en Hanovre et dans les villes hanséatiques.

« Portez tous vos soins à ce qu'il n'y ait pas de dilapidations et à ce que tout se fasse avec le plus grand ordre; je n'en veux tolérer aucune; toutes les ressources doivent être pour l'armée. Envoyez-moi souvent vos situations et expédiez-moi tous les deux jours un officier. Sur ce, je prie, etc. »

Le même jour, le roi de Hollande lui écrit (3) :

« Je vous ai mandé hier, par l'officier que j'ai dépêché auprès de l'Empereur, que je me portais sur Hameln et les places du Weser; j'y prendrai position le 8; à cette époque, il sera convenable que vous puissiez prendre position sur la rive droite du Weser. Cherchez la manière d'établir vos communications avec moi en faisant bien reconnaître le cours de ce fleuve; vous recevrez de nouveaux ordres dès que cela sera fait.

« Je vous préviens que si ma présence était nécessaire en Hollande, je laisserais sous vos ordres le général Michaud avec la plus grande partie de mes troupes.

« Faites en sorte de me donner de vos nouvelles chaque jour jusqu'à votre arrivée devant Hameln. »

---

(1) Voir titre VIII. (2) Voir titre X. (3) A. T. (4) A. T. (R. 17).

Les membres du Conseil des États de l'Électorat de Hanovre avaient adressé à Mortier, le 3 novembre, la lettre (1) qui suit :

« Au milieu de nos malheurs et de nos inquiétudes, nous nous trouvons consolés d'un rayon d'espérance en apprenant, dans ce moment, que notre sort sera encore confié à Votre Excellence. Les preuves de votre bonté, de votre justice et de votre désir d'épargner à ce malheureux pays les fléaux de la guerre, nous osons ajouter le dévouement vrai et si généralement senti pour Votre Excellence, que vous connaissez si bien à nos habitants, nous donnent l'assurance qu'Elle voudra continuer sa protection à un malheureux pays auquel cette guerre est absolument étrangère et qui cependant, depuis plus de trois ans, en a essuyé tous les fardeaux, fardeaux qui l'auraient écrasé si l'humanité distinguée des généraux, sous les ordres desquels il s'est trouvé, ne les eussent adoucis.

« Nous avons député vers Vous, Monseigneur, Messieurs les Conseillers des États de Munchausen et de Grote pour être les interprètes de ces sentiments auprès de Votre Excellence et pour implorer sa protection et sa bienveillance pour un pays, lequel Elle a déclaré jadis lui être bien cher. Daignez les écouter avec votre indulgence connue et qu'en retournant, ils nous portent la consolation que le général magnanime, qui déjà s'est acquis tant de titres pour la reconnaissance de notre patrie, veut encore en être le protecteur et le gardien. »

Il leur répond (2) le 5 novembre :

« J'ai reçu la lettre que vous m'avez fait l'honneur de m'écrire le 3 novembre. Si mes opérations militaires me portent dans le Hanovre, vous trouverez dans les troupes du 8e corps la même discipline que vous avez remarquée dans celles que je commandais lors de l'invasion de votre pays en 1803.

« Je saisis avec plaisir cette occasion pour vous renouveler les assurances de ma sincère estime et de ma considération distinguée. »

On lit dans l'*Historique du 8e corps* : « Le 5 novembre, le 1er régiment de ligne italien arrive ainsi que M. le général de division Lacombe Saint-Michel pour prendre le commandement de l'artillerie; le colonel Baltus est nommé chef d'état-major. M. le chef de bataillon du génie Monfort arrive également. Le 6, les diverses opérations ci-dessus ayant duré jusqu'à ce jour, le corps d'armée quitte Cassel, y laisse le 12e d'infanterie légère et le général Schramm et vient coucher à Münden; le 7, à Nordheim; le 8, il bivouaque à Eschershausen; le 9, il bloque la ville de Hameln sur la rive droite du Weser, les postes prussiens sont repoussés jusque près de la ville. L'armée du Nord, aux ordres de S. M. le roi de Hollande, bloque la ville sur l'autre rive du Weser. Le 10, tous les postes ennemis sont rejetés dans la place qui fait,

---

(1). (2) A. T. (R. 17).

pendant trois heures, un feu très vif de toutes ses batteries. Trois hommes du 2ᵉ régiment d'infanterie légère sont blessés. Sur la sommation faite par le général Loison, au nom du roi de Hollande, le général prussien entre en négociations. »

Mortier consigne, d'autre part, dans son *Journal* : « Le 5, j'occupe Münden; le roi de Hollande m'annonce que le 8ᵉ corps passe sous ses ordres; le 6, le 8ᵉ corps se porte à Münden; le 7, à Eimbeck; le 8 à Eschershausen; le 9, à Hameln; le 10, j'investis la place sur la rive droite du Weser, entrevue avec le roi de Hollande. »

Le 5 novembre, il fait occuper Münden par le 4ᵉ d'infanterie légère.

Le 6, dès la réception de la lettre du 5 du roi de Hollande qui lui parvient à 9 heures du matin, il donne cet ordre (1) à Dupas :

« Le général Dupas enverra, sur-le-champ, l'ordre au 4ᵉ régiment d'infanterie légère de partir aujourd'hui de Münden pour se porter à Göttingen où il se gardera très militairement et observera la plus exacte discipline.

« Le 2ᵉ régiment d'infanterie légère et le 1ᵉʳ régiment d'infanterie italien partiront, au reçu du présent ordre, pour occuper Münden en remplacement du 4ᵉ régiment d'infanterie légère. »

Parmi les instructions (1) qu'il laisse à Lagrange, se trouve la suivante : « Je vous recommande beaucoup de m'organiser le plus promptement possible les hussards et chasseurs, à pied, qui doivent arriver incessamment. Vous ferez monter tous les chevaux disponibles de la cavalerie hessoise et vous me les enverrez de suite. Je compte beaucoup, général, sur le zèle que je vous connais, pour la prompte organisation de ces escadrons. »

Avant de quitter Cassel, il rend compte (1) à l'Empereur qu'il se met en marche sur Hameln, qu'il a fait verser 200.000 francs dans la caisse du payeur provisoire du 8ᵉ corps pour la solde de ses troupes et autres dépenses indispensables et qu'on a trouvé près de cent bouches à feu dans la forteresse de Ziegenhain.

Arrivé à Münden, il répond (1) le même jour, 6 novembre, à 7 heures du soir, au roi de Hollande :

« Je n'ai reçu que ce matin, à 9 heures, la lettre que Votre Majesté m'a fait l'honneur de m'écrire hier pour me prévenir de son mouvement sur Hameln. J'ai, sur-le-champ, rassemblé le 1ᵉʳ régiment d'infanterie de ligne italien et le 2ᵉ d'infanterie légère, qui étaient à Cassel, pour me porter à Münden où je viens d'arriver. Demain, je me réunirai au 4ᵉ d'infanterie légère qui couche, ce soir, à Göttingen et les trois régiments sous mes ordres prendront position à Nordheim. J'en partirai après-demain pour me diriger sur Hameln en passant par Eimbeck, Elze et Coppenbrugge. Je ferai demain 10 lieues et je forcerai toutes mes

---

(1) A. T. (R. 17).

marches jusqu'à Hameln. Je dois suivre la chaussée, les chemins de traverse étant impraticables pour l'artillerie.

« Votre Majesté sentira que telle rapidité que je mette dans ma marche, je ne pourrai pas être rendu après demain à Hameln, dont je suis encore éloigné de 30 lieues. »

Le lendemain, 7 novembre, il lui écrit (1), de Nordheim :

« Je suis arrivé aujourd'hui en avant de Nordheim où j'ai pris position...

« De nouveaux renseignements que j'ai pris sur les chemins de traverse qui conduisent directement de Nordheim à Hameln m'ont appris que s'ils n'étaient pas bons, du moins ils étaient praticables par l'effet de la continuité du beau temps. Je me détermine à y passer parce qu'ils me font gagner plusieurs heures de marche et qu'ils me rapprochent de Votre Majesté.

J'irai demain bivouaquer près Eschershausen, passant par Eimbeck, Bartshausen et Wikenden. Après demain au soir, 9 du courant, je serai devant Hameln.

Aussitôt que je serai arrivé devant Hameln, j'aurai l'honneur d'écrire à Votre Majesté et de lui rendre compte de la position que j'aurai prise. »

Le 8 novembre, il donne à Dupas ses ordres (1) pour l'investissement de Hameln :

Demain à 8 heures du matin, Monsieur le Général, vous vous mettrez en marche pour cerner la forteresse de Hameln sur la rive droite du Weser. Le 2e régiment d'infanterie légère appuiera sa droite au fleuve en avant de Eichbeck et prolongera sa gauche au delà de la grande route de Hameln à Hanovre dans la direction de Afferde. Le 4e régiment d'infanterie légère appuiera sa gauche au Weser près Hastenbeck et se liera par sa droite avec la gauche du 2e régiment. Le 1er régiment d'infanterie de ligne italien s'établira en réserve à 200 toises en arrière de votre infanterie légère, ayant sa droite à la grande route de Hameln à Hanovre.

« Le mouvement s'opérera hors de portée de canon du fort; toutefois, il est indispensable de faire rentrer l'ennemi dans la place. Vous donnerez donc l'ordre de le faire déloger de Tündern, de Afferde et des autres postes qu'il pourrait occuper en dehors de la ville.

« L'avant-garde de l'armée de Hollande cerne les forts sur la rive gauche.

« Vous ferez ramasser tous les bateaux qui se trouveront à 2 lieues au-dessus et au-dessous de Hameln. Vous empêcherez que qui que ce soit n'entre ou ne sorte de la place, les parlementaires exceptés.

« L'artillerie sera disposée sur le terrain ainsi que les circonstances

---

(1) A. T. (R. 17).

l'exigeront. Vous pourriez cependant faire marcher deux pièces à la suite de chaque régiment.

« Vous suivrez demain la route de Halle à Borry (?). »

Le 9, le roi de Hollande lui mande (1) de son quartier royal d'Aerzen :

« Je vois avec plaisir que vous arrivez aujourd'hui. J'envoie au devant de vous l'adjudant commandant Allemand avec un régiment de cavalerie qui restera provisoirement sous vos ordres.

« Je désire que vous veniez prendre position à Hastenbeck et Tündern; ce dernier village est vis-à-vis celui d'Ohr où s'appuie la droite de la division Gobert.

« On travaille aujourd'hui à établir à ce village non un pont régulier mais une communication au moyen des bateaux que j'ai fait descendre du Weser. Quand vous serez en position, venez me voir et nous nous concerterons ensemble sur les moyens de remplir le but que je me propose.

« Dans le cas où le pont d'Ohr ne serait pas fait ce soir, nos communications auraient lieu par les gués qui se trouvent entre le village d'Ohr et celui de Grohnde; ce dernier village se trouvera en arrière de la gauche de votre position. »

« Le 11 novembre », met Mortier dans son *Journal*, « je reçois du Roi l'ordre de me porter à Hanovre et de prendre possession du pays au nom de l'Empereur; les troupes couchent le même soir à Springe; le 12 à Hanovre (je couche à Hanovre les 11, 12 et 13). »

L'ordre (1) du roi de Hollande est daté d'Aerzen le 10 novembre :

« Monsieur le Maréchal, d'après les intentions de l'Empereur, je mets à votre disposition une division de 7.000 hommes, 800 chevaux et 22 pièces d'artillerie. L'intention de l'Empereur est qu'avec cette division et le corps déjà sous vos ordres, vous vous rendiez le plus promptement possible à Hambourg, dont vous prendrez possession au nom de Sa Majesté Impériale ainsi que de la ville de Brême et de Lübeck.

« Si une colonne de 12.000 hommes qui est poursuivie par le grand-duc de Berg, les maréchaux Soult et prince de Ponte Corvo et qui était le 3 à Criwitz (2) ayant l'air de se retirer sur Wismar, avait débordé la gauche du maréchal Soult pour se retirer sur Hambourg, vous vous mettriez à sa poursuite.

« Avant d'entrer à Hambourg, vous passeriez dans le Lauenbourg pour y culbuter tout ce qui appartient aux Suédois. L'Empereur vous laisse maître de ce mouvement.

« Je vous préviens qu'en mon absence, le général Michaud com-

---

(1) A. T. (2) Criwitz se trouve au sud-est et près de Schwerin.

mande l'avant-garde de l'armée du Nord et que je lui laisse l'ordre de se conformer à tous ceux que vous lui donnerez,

« Comme votre chemin est de passer par Hanovre, vous en prendrez possession au nom de Sa Majesté Impériale, sans que cela arrête en aucune manière votre marche.

« La seconde division de l'armée du Nord qui passe à votre armée est commandée par le général Dumonceau qui enverra prendre vos ordres sur-le-champ et, alors, cette division a ordre de passer sur la rive droite du Weser.

« Je vous préviens que le général Michaud, avec la première division de l'avant-garde de l'armée du Nord, va se rendre à Hanovre aussitôt que sa présence ne sera plus jugée nécessaire ici. Elle est composée de 3 régiments de ligne français et de 8 pièces d'artillerie à pied. Le général Michaud se conformera aux ordres que vous lui enverrez. Je le préviens qu'en mon absence vous commandez en chef le 8ᵉ corps de la Grande Armée et l'avant-garde de l'armée du Nord. Je vous préviens que les intentions de l'Empereur sont que les pays que vous allez occuper fournissent à la solde, à la subsistance, aux remontes et aux fournitures quelconques pour toutes les troupes françaises et hollandaises. »

D'autre part, l'Empereur, de Berlin, avait écrit (1) à Mortier, le 7 novembre :

« Mon Cousin, j'ai reçu votre lettre du 3 octobre (2). Je suis surpris que le régiment italien ne soit pas encore arrivé. Il devait être le 26 à Mayence. J'imagine que les hommes à pied qui étaient à Mayence sont arrivés et que vous les avez montés avec les chevaux de l'Électeur.

« Je ne vous parle plus de Cassel parce que vous en êtes parti depuis longtemps. Il est nécessaire que vous soyez le 10 ou le 11 à Hambourg. Le roi de Hollande vous donnera vos instructions. Cela ne doit pas vous empêcher de vous mettre en correspondance avec les commandants de Berlin et de Stettin, car il est possible que, dans quelques jours, je me porte en personne au milieu de la Pologne où mes postes sont déjà arrivés.

« Si le Roi s'en retourne en Hollande et que vous commandiez en chef, cela ne changera rien à votre position. Vous laisserez un petit corps devant Hameln et Nienbourg et vous vous porterez dans le Lauenbourg et, de là, sur Hambourg où, selon les ordres que je vous enverrai, vous vous porteriez dans la Poméranie suédoise à la poursuite de la colonne du général Blücher. Vous laisserez à Hanovre un commandant avec une poignée de monde. Point de dilapidations, portez-y une grande attention, je n'en veux pas, tout doit être clair et net.

---

(1) A. T.
(2) C'est par erreur que la lettre de l'Empereur porte octobre au lieu de novembre.

« Vous ne sauriez m'envoyer trop souvent des officiers pour m'instruire de toutes vos opérations. J'enverrai demain au roi de Hollande des instructions sur la prise de possession de Hambourg. Faites aux Suédois le plus de mal que vous pourrez et tâchez de couper la colonne de Blücher qui était le 3 à Criwitz. Mettez-vous en correspondance avec le maréchal Ney, qui assiège Magdebourg. »

Mortier n'allait pas avoir à agir contre Blücher qui capitulait le jour même où l'Empereur expédiait la lettre qui précède. Le 4 novembre, de Schwerin, Bernadotte avait rendu compte (1) à l'Empereur de son entrée dans cette ville après plusieurs combats dans lesquels il a pris 7 pièces et plus de 1.000 hommes à la colonne de Blücher ; à la même date, ce maréchal annonçait (1) à Murat qu'il se disposait à marcher sur Lübeck. Le 6 novembre, à 9 heures du soir, Murat avait prévenu (1) l'Empereur de la prise de cette ville, attaquée par les corps de Bernadotte et de Soult et les divisions de cavalerie Grouchy et d'Hautpoul. « Demain, à la pointe du jour, toute la cavalerie marchera sur le général Blücher qui, placé entre la mer et le cordon de troupes danoises qui, les armes à la main, fait respecter sa neutralité, sera forcé de se rendre. » Cette prévision se confirme et le lendemain 7 novembre, à 10^h 30 du matin, Murat écrit (1) à l'Empereur que Blücher s'est rendu ; il ajoute : « Le combat finit faute de combattants. » Cette capitulation (1) mettait aux mains des Français, avec les prisonniers faits la veille à Lübeck, 14.896 Prussiens et Suédois (y compris 14 officiers généraux), 33 drapeaux et étendards (dont 3 suédois), 39 pièces de canon.

Le 11 novembre, de Haspe où il avait établi son quartier général, Mortier répond (2) au roi de Hollande :

« Je reçois à l'instant la lettre que Votre Majesté m'a fait l'honneur de m'écrire ce matin par le retour du chef de mon état-major. Je vais partir pour exécuter les ordres que vous me transmettez au nom de l'Empereur.

« Mon avant-garde n'est point encore réunie ; elle ne pourra coucher ce soir qu'à Springe, encore y arrivera-t-elle très tard. Je donne au général Dumonceau l'ordre de se réunir, dans la journée, sur la rive droite du Weser dans l'emplacement qu'évacuent mes troupes et d'en partir demain, à la pointe du jour, pour se rendre à Hanovre où il recevra de nouveaux ordres... »

Dès le matin, il avait prescrit (2) à Dupas de réunir sa division sur la grande route de Hanovre à hauteur du village d'Haspe et de se mettre en marche avec cette division pour se rendre à Hanovre. Il avait demandé (2) à Michaud de faire relever le plus tôt possible les grand'gardes des 2e et 4e d'infanterie légère devant Hameln. Il avait

---

(1) A. G. (2) A. T. (R. 17).

fait connaître (1) à Dumonceau qu'il avait appris avec plaisir que la division sous ses ordres faisait partie du corps d'armée dont le commandement lui était confié et lui avait donné l'ordre de se rassembler dans la journée sur la rive droite du Weser pour se mettre en marche le lendemain, à la pointe du jour, pour Hanovre.

Un ordre (1) qu'il adresse, en même temps, à ces deux généraux de division a pour objet de réprimer tout pillage par la création d'un conseil de guerre dans chaque division. « Il n'est aucun militaire de l'armée qui ne sente la nécessité d'une bonne et sévère discipline dans un pays déjà épuisé et où toutes les ressources qu'il peut offrir deviendraient bientôt nulles si les troupes continuaient à s'abandonner aux désordres que le maréchal Mortier a déjà remarqués avec tant de peine depuis quelques jours.

« Le présent ordre sera lu pendant huit jours de suite à chaque compagnie. »

On se rappellera que cette date du 11 novembre était précisément l'anniversaire du combat de Diernstein et qu'à cette époque la division Dumonceau ainsi que le 4e d'infanterie légère se trouvaient sous les ordres de Mortier sur la rive gauche du Danube (2).

Le 12 novembre, de Hanovre où, de sa personne, il était arrivé pour y coucher le 11, ainsi que l'indique son *Journal*, Mortier écrit (1) au roi de Hollande :

« J'ai l'honneur de rendre compte à Votre Majesté que les troupes composant le 8e corps sont arrivées hier fort tard à Springe, distant de 6 lieues de Hanovre ; elles coucheront ce soir ici.

« L'ordre du jour de la Grande Armée sous la date du 9 novembre, que j'ai eu l'honneur d'envoyer hier à Votre Majesté ne laisse plus aucun doute sur la défaite totale du corps du général Blücher.

« Je vais me rendre le plus promptement possible à Hambourg pour y remplir les ordres de l'Empereur.

« Le général Dumonceau, auquel j'avais donné l'ordre d'être rendu ce soir à Hanovre avec sa division, m'annonce que Votre Majesté lui a prescrit de prendre position près Hameln jusqu'à nouvel ordre. Votre Majesté m'ayant marqué que le général Michaud devait se rendre ici aussitôt que sa présence ne serait plus nécessaire devant Hameln, j'ignore l'époque précise de son départ pour me rejoindre. Je prie Votre Majesté de vouloir bien me marquer, par le retour du courrier que je lui envoie, quand je pourrai disposer de ces deux divisions afin de ne pas retarder ma marche sur l'Elbe.

« Environ 400 chevaux du corps du général Veyning rôdent encore dans les environs de Lünebourg. Nienburg est toujours occupé par 3.000 Prussiens et, dans le cas où Hameln ne serait pas rendu, je ne

---

(1) A. T. (R. 17). (2) Voir titre X.

serais pas sans quelque inquiétude pour les transports et les détachements isolés qui pourraient m'arriver après mon passage dans le pays.

« Les vivres sont assurés partout d'ici à l'Elbe tant pour les troupes du 8e corps que pour les divisions des généraux Michaud et Dumonceau. »

Le même jour, il adresse à l'Empereur le compte rendu (1) suivant :

« Ainsi que j'ai eu l'honneur d'en rendre compte à Votre Majesté par ma lettre du 6, je me suis porté sur Hameln, d'après l'ordre du roi de Hollande, pour cerner cette forteresse sur la rive droite du Weser.

« Le 9 au soir, je débouchai par Hastenbeck ; le 10 dans la journée, tous les postes ennemis furent repoussés dans la place et délogés du fort en briques situé sur l'Hameln à demi-portée de canon de la ville.

« Sa Majesté m'ayant communiqué vos ordres pour l'occupation de Hambourg, j'ai rassemblé les troupes du 8e corps ; elles n'ont pu être rendues que très tard à Springe, à 6 lieues d'ici. Elles viennent d'arriver à Hanovre pour en repartir demain matin ; elles se dirigeront sur Hambourg.

« Le Roi a mis à ma disposition les divisions des généraux Dumonceau et Michaud ; elles doivent former en tout environ 7.000 hommes. Elles ont été retenues hier à Hameln par de nouveaux ordres du Roi ; je présume qu'elles rentreront demain.

« A l'instant, je reçois la lettre que Votre Majesté m'a fait l'honneur de m'écrire le 7. Je n'ai point encore reçu mes instructions pour la prise de possession de Hambourg. Votre Majesté peut être convaincue qu'aucune dilapidation n'aura lieu ; les comptes seront rendus tels que je les trouverai.

« Je viens de prendre possession du Hanovre au nom de Votre Majesté. Les habitants du pays nous ont accueillis partout avec les démonstrations de la joie. Les Prussiens sont en horreur à Hanovre.

« Le 1er régiment d'infanterie légère italien n'est point encore arrivé. Je n'ai plus de nouvelles du 26e de chasseurs à cheval ni de la compagnie de sapeurs que Votre Majesté m'avait promise.

« Le général Lagrange m'annonce que le bataillon de 800 chasseurs, hussards, etc. à pied que j'avais fait organiser à Mayence est arrivé le 8 à Cassel. Le 9, 199 hommes étaient montés ; les autres devaient l'être peu après avec des chevaux provenant de la cavalerie hessoise.

« Je laisserai deux petits corps pour observer Hameln et Nienburg, ainsi que vous me le prescrivez. Il y a encore environ 400 chevaux du corps du général Veyning qui rôdent aux environs de Lünebourg.

---

(1) A. T. (R. 17).

« Je n'ai point encore reçu de payeur ; j'ai dû en nommer un provisoirement ainsi que j'ai eu l'honneur de vous en rendre compte. »

Le retour de Mortier en Hanovre avait été appris avec le plus grand plaisir par la population qui se rappelait la bienveillance avec laquelle il avait gouverné le Hanovre en 1803-1804 (1).

« Je ne puis attendre le moment de revoir Votre Excellence », lui écrivait (2), le 8 novembre, Patje, l'un des cinq membres de la Commission exécutive du Hanovre en 1803, « sans aller au-devant d'Elle avec les expressions de mon cœur. Quelle consolation pour mon pays de se retrouver dans vos mains ! » Il l'assurait de la joie qu'il éprouvait à le revoir bientôt dans une ville où « il a laissé tant de titres à être reçu à bras ouverts. »

Aussi Mortier, plein de confiance dans l'accueil qui lui serait fait, avait-il devancé le gros de ses troupes et était-il arrivé le 11 novembre à Hanovre où, le lendemain 12, il adresse à « Messieurs des États du Hanovre » la lettre (3) suivante destinée à être publiée dans les deux langues :

« Messieurs, je viens prendre possession de votre pays au nom de Sa Majesté l'Empereur et Roi, mon auguste souverain. Les revenus du Hanovre seront perçus et la justice administrée en son nom.

« Toutes les administrations locales resteront établies telles qu'elles se trouvent maintenant, à moins que Sa Majesté l'Empereur n'en dispose autrement.

« Je nomme une commission exécutive composée de trois membres, MM. Patje, Meding et Munchhausen. Cette commission aura les mêmes attributions que celle déjà formée pendant mon séjour en Hanovre ; elle rendra ses comptes et prendra les ordres de la personne chargée par l'Empereur de gérer le Hanovre.

« Agréez, Messieurs, les assurances de ma considération distinguée,
« Ed. Mortier. »

Les députés des États du Hanovre lui répondent (2) le 13 novembre :

« En recevant la lettre du 12 novembre dont Votre Excellence vient de nous honorer, nous ne manquerons point de nous conformer très respectueusement aux intentions qu'Elle nous a déclarées. Nous allons en faire part aux autorités constituées et aux habitants du pays. C'est avec la plus vive reconnaissance que nous sommes informés de ce que Votre Excellence a daigné laisser continuer les administrations locales ; elles répondront aux vues généreuses de Votre Excellence par leur zèle et leur loyauté.

« Nous supplions très humblement Votre Excellence de continuer à notre patrie les preuves de sa clémence et de sa justice ; soulagez,

---

(1) Voir titre IX (tome 2).   (2) A. T.   (3) A. T. (R. 17).

Monseigneur ! un peuple dont vous connaissez la bonne volonté et que vous revoyez accablé de plus de trois ans de peines et de souffrances. »

Mortier avait écrit (1) le 12 novembre au secrétaire d'État Maret : « MM. les Députés des États du Hanovre, mon cher Monsieur Maret, qui se rendent près de S. M. l'Empereur, m'ayant témoigné le désir que je leur donne pour vous une lettre de recommandation, je le fais avec d'autant plus de plaisir que les Français ont été partout accueillis avec les démonstrations de la joie la plus vive et ont généralement reçu des témoignages des dispositions les plus amicales. »

Il répondait (1), à cette date du 12, à Ney qui, le 8, lui avait annoncé la capitulation de Magdebourg : « J'ai pris aujourd'hui possession du pays de Hanovre où nous avons été parfaitement accueillis. Les Prussiens y sont généralement détestés.

« Je marche demain sur l'Elbe. Je verrai avec plaisir que les divers mouvements que nous sommes chargés de faire me procurent bientôt l'occasion de vous revoir... »

La lettre (2) du 8 de Ney était ainsi conçue :

« Je vous annonce avec grand plaisir, mon cher Maréchal, la reddition de Magdebourg. Cette ville a capitulé ce soir après quatorze jours de blocus et un léger bombardement.

« La garnison forte de 20.000 hommes et formée des débris de Iéna, est prisonnière ; elle défilera le 11 et se mettra en marche pour la France.

« Il y avait dans la forteresse dix-huit généraux, y compris le lieutenant-général de Kleist, gouverneur ; elle contient au moins 800 pièces de canon.

« Les troupes de la Confédération du Rhin, qui fournissent déjà la garnison d'Erfurt, seront également chargées de la garde de Magdebourg.

« Je partirai le 13 avec mon corps d'armée pour me diriger sur Posen par Berlin.

« L'Empereur, qui m'a fait l'honneur de m'écrire le 7, m'annonce que les Français ont été reçus en Pologne comme des libérateurs ; le peuple de ce pays secoue fortement ses chaînes ; il demande des armes et Sa Majesté lui en a fait donner.

« Je désire bien vivement, mon cher Maréchal, que la suite des événements nous rapproche et que nous soyons chargés de concert de quelque bonne et glorieuse opération. »

« Le 13 novembre à Celle », note, dans son *Journal*, Mortier qui reste de sa personne le 13 à Hanovre, « le 14 à Schafstall ; le 15 à Ulzen (je couche le 14 à Celle et le 15 à Ulzen) ; le 16, je couche, ainsi que les troupes, à Lünebourg ; le 17, séjour ; le 18, couché à Bergedorf ; le 19,

---

(1) A. T. (R. 17). (2) A. T.

je prends possession de Hambourg au nom de S. M. l'Empereur et Roi. »

Le roi de Hollande, qui se disposait à rentrer dans son royaume, lui avait fait connaître le 12 novembre, d'Aerzen, par la lettre (1) suivante, qu'il lui remettait le commandement de toute l'avant-garde de l'armée du Nord :

« Monsieur le Maréchal, mon aide de camp a dû vous remettre dans la nuit un ordre du maréchal Berthier sur les mouvements de votre corps d'armée.

« Vous ayant cédé le commandement, l'exécution de cet ordre vous regarde. Vous voudrez bien prendre, à Hanovre, tous les ordres du prince Berthier qui y viendront à mon adresse. Chargez de l'exécution de cette mesure le commandant que vous nommerez pour la ville.

« J'ai signifié aux députés des États que j'ai reçus hier, que vous prendriez possession de l'Électorat de Hanovre pour S. M. l'Empereur.

« La garnison d'Hameln nous jouait. Après avoir arrêté une capitulation, ils n'ont plus voulu la signer.

« Je laisse le général Michaud pour observer la garnison d'Hameln et le corps de M. Lecoq qui s'y trouve renfermé. Le général Michaud est, avec ses troupes et vingt-huit bouches à feu, sous vos ordres puisque vous commandez tout ce qui reste de l'avant-garde de l'armée du Nord.

« Le général Gobert, gouverneur de Minden, le général commandant à Rinteln, où se trouve une garnison de 1.200 Hollandais, sont également sous vos ordres afin que, si vous trouviez plus convenable de retirer ces troupes, vous puissiez les employer comme vous jugeriez à propos.

« La division du général Dumonceau est retenue ici par mon ordre, pour quelques jours, jusqu'à ce que je puisse savoir si les débarquements qu'on me dit avoir lieu sont véritables.

« Le général Michaud commande toutes les troupes de l'armée du Nord sous vos ordres ; son quartier général est établi à Aerzen. »

Le 13 novembre, il lui mande (1) de nouveau :

« Hameln ne s'étant pas rendu, j'ai retardé le départ de la division Dumonceau. Je désire conserver les deux divisions à Hameln jusqu'à ce que je sois éclairci sur le débarquement qu'on m'assure avoir eu lieu en Frise. Cependant, j'ai signifié au général Michaud qu'il doit prendre vos ordres et que, si vous jugez nécessaire de retirer d'ici toutes les troupes, il le fasse sans retard, en vous observant cependant que vous laisserez sur le Weser, en arrière de vous, 10.000 à 12.000 hommes qui composent les garnisons d'Hameln et de Nienburg. Mon avis serait donc de laisser à Rinteln la division Michaud ayant un fort détachement devant Nienburg, qu'on peut faire rendre au moyen de quelques

---

(1) A. T.

obusiers, et de vous faire suivre par toute la division Dumonceau, mais en cas de nécessité seulement et au plus tôt dans trois ou quatre jours.

« Dans tous les cas, je vous engage à ne pas dégarnir Rinteln et à y laisser un bon régiment français, indépendamment de 1.200 Hollandais qui s'y trouvent. Le général Gobert se rend à son gouvernement de Minden. Le général de brigade Laroche se rend à Rinteln pour y commander. Ils sont tous les deux sous vos ordres. »

Le même jour, 13 novembre, Mortier écrit (1) à l'Empereur :

« Ainsi que j'ai eu l'honneur d'en rendre compte à Votre Majesté par ma lettre d'hier, le 8e corps s'est mis en marche ce matin pour Lünebourg. Je vais partir pour le rejoindre.

« Le roi de Hollande a cru devoir garder encore pendant quelques jours les divisions Dumonceau et Michaud devant Hameln ; ne pouvant point retarder ma marche sur Hambourg, je dois laisser en arrière ces troupes que le Roi avait mises à ma disposition.

« Je donne des ordres (1) pour que le général Dumonceau laisse en observation, tant devant Hameln que devant Nienburg, les 2e et 3e régiments d'infanterie légère, le 7e de ligne, le 3e de hussards, toutes troupes hollandaises. Ces corps dont je n'ai pu encore me procurer la situation, sont faibles ; je lui laisse aussi dix bouches à feu.

« Je charge le général Michaud de venir me rejoindre en se dirigeant sur Lünebourg avec sa division composée des 22e, 65e et 72e régiments d'infanterie française et du 2e régiment de hussards hollandais. Ce dernier corps faisait partie de la division Dumonceau et y rentrera lorsque le général Dumonceau rejoindra.

« Les forces de l'ennemi tant à Hameln qu'à Nienburg sont évaluées à 10.000 hommes ; ils pourraient intercepter nos convois et nos détachements s'ils n'étaient observés de près.

« Après la prise de possession du pays de Hanovre au nom de Votre Majesté, j'ai créé une commission spéciale. Elle est composée de trois membres connus dans le Hanovre par leur intégrité et leur habileté dans les affaires. Cette commission prendra les ordres de la personne que Votre Majesté aura désignée pour gouverner le pays. J'ai cru devoir laisser exister les autres autorités locales jusqu'à ce que Votre Majesté en ait autrement ordonné... »

Les dispositions militaires prises par Mortier prévenaient les intentions de l'Empereur, que le Major général lui transmettait (2) de Berlin, à cette date du 13 novembre :

« L'intention de l'Empereur, Monsieur le Maréchal, est que vous vous occupiez sérieusement de cerner la place de Hameln. Vous y laisserez 5.000 à 6.000 hommes ; vous ferez jeter deux ponts sur le Weser ; vous ordonnerez au corps chargé du blocus de Hameln de se

---

(1) A. T. (R. 17).   (2) A. T.

bien retrancher, de faire des redoutes. La place de Rinteln servira de point d'appui à ce corps. Vous nommerez à Hanovre un commandant général chargé de la police du pays. L'intention de l'Empereur est qu'avec le reste de vos troupes, vous vous rendiez à Hambourg où sera établi votre quartier général.

« Faites sommer la forteresse de Hameln et, s'il est nécessaire, vous ferez venir des pièces de siège de Rinteln pour attaquer la place et l'obliger à capituler; on dit qu'il y a 1.500 chevaux dans Hameln; si cela est, ils mourront bientôt de faim. Faites connaître que les commandants des places de Magdebourg, Küstrin, Stettin, Glogau se sont rendus et que toute résistance ne servirait qu'à faire tuer du monde inutilement.

« L'Empereur pense que l'on peut laisser devant Hameln le corps de Hollandais qu'on suppose être d'environ 6.000 hommes. S'ils se retranchent bien, ils se trouveront à l'abri de toute sortie de la place.

« Avec cinq régiments français, un régiment italien et la cavalerie hollandaise, vous vous dirigerez donc sur Hambourg. Vous recevrez des instructions particulières sur la conduite que vous aurez à tenir dans cette ville et en Hanovre. En passant par le Hanovre, vous aurez soin de faire ôter les aigles prussiennes et de les faire remplacer par des aigles françaises (1).

« L'Empereur vous recommande et met sous votre responsabilité tous les revenus du Hanovre afin qu'ils soient fidèlement versés dans les caisses pour le compte de l'Empereur. Sa Majesté nommera incessamment un gouverneur de Hanovre. »

L'Empereur lui avait mandé (2) de Berlin, à une date qui doit être celle du 11 (le quantième du mois est omis) :

« Mon Cousin, le roi de Hollande s'en retourne dans son royaume. Vous avez donc le commandement de toutes les troupes. Mon intention est que vous en fassiez quatre divisions dont deux divisions françaises, une division hollandaise et une division italienne. La 1re division française sera composée du 2e d'infanterie légère et des 65e et 72e de ligne. La 2e division française sera composée du 4e régiment d'infanterie légère et des 22e et 58e de ligne. Ce dernier régiment sera le 20 novembre à Wesel : jusqu'à ce qu'il soit arrivé, vous le remplacerez par le 12e d'infanterie légère que vous pourrez cependant laisser encore une quinzaine de jours à Cassel jusqu'à ce qu'il y soit relevé par un millier d'hommes que j'ordonne au maréchal Kellermann de former à Mayence et d'y envoyer. La division hollandaise sera composée

---

(1) La partie méridionale du Hanovre, avec sa capitale, fit partie du royaume de Westphalie créé par l'Empereur, en 1807, pour son frère Jérôme; le reste du Hanovre, réuni à l'Empire français, forma les départements de l'Ems-Oriental (Aurich), de l'Ems-Supérieur (Osnabruck), des Bouches-du-Weser (Brême) et, en partie, celui des Bouches-de-l'Elbe (Hambourg).

(2) A. T.

des troupes hollandaises. La division italienne, de trois régiments italiens. Je n'ai pas besoin de vous dire que mon intention est que vos deux divisions françaises soient toujours réunies.

« Chacune des divisions doit avoir douze pièces de canon que vous vous occuperez d'organiser en Hanovre. Lorsque le 58e sera arrivé, je retirerai le 12e et le 15e qui arrive également le 20 à Wesel, auxquels je donnerai une autre destination. Envoyez-moi la formation de votre armée sur ces bases.

« Il vous faut un général de cavalerie français pour commander la cavalerie de votre avant-garde. Vous devez avoir un millier de chevaux hollandais. Il faut aussi se procurer des chevaux en Hanovre et monter quelques escadrons de dragons à pied que je vous enverrai des dépôts de France. Sur ce, je prie Dieu qu'il vous ait en sa sainte et digne garde. »

« Le Major général mit (1), le 10 novembre, à la disposition de Mortier le général de division Lorge qui fut chargé du commandement de la cavalerie.

Le 14 novembre, Mortier reçoit, avant de quitter Hanovre, la lettre de l'Empereur qui précède, il lui répond (2) de suite :

« Je viens de recevoir la lettre que Votre Majesté m'a fait l'honneur de m'écrire pour me donner ses ordres relativement à la composition du corps d'armée dont elle a bien voulu me donner le commandement. J'organiserai les divisions ainsi que Votre Majesté l'ordonne. (*Suit la répétition des dispositions prescrites par l'Empereur.*)

« Aussitôt l'arrivée à Lünebourg des troupes de l'armée du Nord, je formerai ces différentes divisions.

« Je n'ai pas cru devoir toutefois retarder mon mouvement sur Hambourg. Je pars à l'instant pour rejoindre les troupes du 8e corps qui continuent leur marche sur cette ville, ainsi que j'ai eu l'honneur d'en rendre compte à Votre Majesté par ma lettre d'hier et dont je joins ici copie.

« Je n'ai pu, malgré mes demandes réitérées, me procurer encore l'état de situation de l'avant-garde de l'armée du Nord. Les régiments hollandais sont faibles, surtout ceux de cavalerie. Le 2e de cette arme que j'avais mis provisoirement dans la division Dupas n'a que 150 chevaux.

« Je passerai l'Elbe à Artlenbourg. »

A cette date du 14, Michaud auquel Mortier avait fait connaître (2) le 13 qu'il désirait beaucoup qu'il puisse se rendre le plus promptement possible à Hanovre avec la division sous ses ordres, lui écrit (1) : « Il y avait environ trois heures que j'étais en marche et engagé dans les montagnes entre Aerzen et Rinteln avec la 1re division, d'après les

---

(1) A. T.   (2) A. T. (R. 17).

ordres que S. M. le roi de Hollande m'avait envoyés verbalement par un de ses aides de camp plus de douze heures après son départ pour La Haye, lorsque les vôtres me sont parvenus pour me rendre à Hanovre. » En même temps que lui, la division Dumonceau avait reçu du Roi l'ordre de marcher sur Hanovre mais, en conformité de celui que lui envoyait Mortier d'observer Hameln et Nienburg, elle devait faire une marche rétrograde; pour ne pas la rencontrer, il a continué à se porter sur Rinteln où il vient d'arriver et d'où il compte repartir le lendemain, de très grand matin, pour Hanovre. Il sera sans doute obligé d'y « laisser toute l'artillerie à pied pour n'emmener que les deux compagnies d'artillerie légère ».

Le 15 novembre, de Celle, Mortier, qui n'a pas encore reçu de Michaud la lettre qui précède, lui mande (1) qu'il est urgent d'accélérer son mouvement et de se réunir promptement à la division du 8e corps qui est en avant. Il lui prescrit de donner, à son arrivée à Celle, au colonel Clément l'ordre de se porter sur Brême avec le 22e régiment d'infanterie, deux pièces d'artillerie et 12 à 15 hussards afin de prendre possession de cette ville au nom de S. M. l'Empereur des Français.

Le même jour, Dumonceau, auquel le maréchal avait envoyé (1) le 13 des instructions sur les dispositions qu'il devait prendre pour observer Hameln et Nienburg avec les troupes sous son commandement, à l'exception du 2e de hussards et de la 1re compagnie d'artillerie légère qui se joindront à la division Michaud, lui rend compte (2) qu'il était déjà arrivé à hauteur de Heiligenfeld lorsque sa lettre lui est parvenue. Il s'est décidé à prendre position à Oldendorf; ce qui a déterminé son choix, c'est que cette position le « rapprochait de toutes les administrations qui sont établies à Rinteln et qu'elle est intermédiaire entre Nienburg et Hameln... Votre Excellence ayant une parfaite connaissance du terrain et pouvant, par l'état de situation que je lui envoie, connaître la médiocrité de mes forces, se convaincra qu'un établissement régulier devenant impossible, je n'avais d'autre parti à prendre pour remplir l'intention qu'elle me recommande de ne pas compromettre mes troupes... »

Le 16 novembre, de Lünebourg, Mortier écrit (1) au ministre de France à Hambourg, Bourrienne : « Je vous envoie M. le colonel Gouré, mon aide de camp, pour vous prévenir de la marche du corps d'armée sous mes ordres. Il est présumable que vous avez connaissance de la mission que m'a confiée S. M. l'Empereur. M. Gouré vous en parlera.

« Mes troupes viennent d'arriver à Lünebourg; j'espère qu'elles auront passé l'Elbe demain soir. »

---

(1) A. T. (R. 17).   (2) A. T.

Le 17 novembre, du même quartier général où il fait séjour, il adresse à l'Empereur le compte rendu (1) suivant :

« J'ai l'honneur de prévenir Votre Majesté que la division du général Dupas est arrivée hier soir à Lünebourg ; aujourd'hui toute l'artillerie et le 2e régiment de cavalerie hollandaise passent l'Elbe à Artlenbourg. Demain toute la 1re division couchera à Bergedorf et, après-demain, j'occuperai avec ces troupes la ville de Hambourg au nom de Votre Majesté.

« J'ai trouvé des troupes de la division Drouet (2) cantonnées dans le Lauenbourg et quelques compagnies à Lünebourg.

« La division du général Michaud n'arrivera ici que dans trois jours ; elle avait reçu directement l'ordre du roi de Hollande de rester près Hameln après mon départ de devant cette place dont la reddition n'a pas eu lieu, ainsi qu'aura eu l'honneur de vous en instruire sans doute S. M. le roi de Hollande qui l'avait fait sommer.

« Je crois que le corps d'observation que j'ai laissé tant devant Hameln que Nienburg, ainsi que j'ai eu l'honneur de vous en rendre compte par ma lettre du 13 de ce mois, suffira pour maintenir la garnison de ces places et les empêcher de faire des vivres au dehors : elles n'ont plus aucun espoir de pouvoir se retirer et je ne leur accorderai d'autres conditions que celles d'être faites prisonnières de guerre et envoyées en France. Elles paraissent mettre de l'entêtement dans leur défense ; quelques centaines d'obus les forceraient probablement à prendre le seul parti qui leur reste et j'étais bien résolu à les y décider quand j'ai reçu l'ordre de partir.

« J'ai donné l'ordre au général Michaud de faire partir de Celle le 22e régiment, commandé par le colonel Clément, pour s'emparer de Brême et occuper cette ville au nom de Votre Majesté, le roi de Hollande m'ayant donné l'ordre de faire également occuper, avec Hambourg, les villes hanséatiques de Brême et de Lübeck. Quant à cette dernière, elle est occupée par les troupes françaises depuis l'affaire qui eut lieu devant cette place.

« N'ayant point encore reçu les instructions que Votre Majesté a bien voulu m'annoncer pour l'occupation de ces places, j'ai cru, en attendant, devoir donner des ordres pour qu'aussitôt notre arrivée, embargo fût mis sur les bâtiments anglais, russes, suédois et prussiens qui s'y trouveraient, de faire mettre le séquestre sur les marchandises anglaises et constater l'état de toutes les caisses publiques. J'ai donné les ordres les plus sévères, et j'y tiendrai la main, pour qu'aucune dilapidation n'ait lieu et qu'il soit rendu aux personnes que désignerait Votre Majesté les comptes les plus clairs et les moins équivoques.

« Les troupes sous mes ordres auraient bien vivement désiré arriver assez à temps pour prendre part aux nouveaux lauriers que vient de

---

(1) A. T. (R. 17). (2) La division Drouet faisait partie du 1er corps (Bernadotte).

cueillir Votre Majesté devant Lübeck. Elles n'ont cessé de faire des marches forcées sans aucun séjour depuis Cassel car je ne puis appeler séjour le temps que nous passâmes devant Hameln.

« Aussitôt que les troupes de l'armée du Nord seront réunies, j'organiserai les divisions ainsi que Votre Majesté m'a fait l'honneur de me le prescrire par sa dernière lettre.

« J'ai dû laisser à Hanovre quatre pièces de 6 de l'artillerie hessoise que j'avais fait organiser dans les arsenaux de Cassel. Le charronnage repeint à neuf était dans le plus mauvais état.

« J'ai donné l'ordre au général Lacombe Saint-Michel d'organiser le plus promptement possible, les 12 pièces d'artillerie qui doivent être attachées à chacune des quatre divisions qui doivent former le corps d'armée dont Votre Majesté m'a confié le commandement.

« Je ne puis assez me louer de l'accueil qu'ont fait aux troupes, partout où elles ont passé, les habitants du Hanovre; ils ont mis le plus grand zèle à nous procurer les vivres dont nous avions besoin. Leur seule crainte est de retomber sous la domination prussienne; ceux-ci ont fait enlever tout ce qui existait dans les caisses; cependant les scellés apposés sur les caisses de Hanovre et que j'ai laissés intacts ont produit, par aperçu, cent et quelques mille francs. Les Prussiens ont traité le pays plus sévèrement que n'avaient fait les Français pendant les séjours qu'ils y firent. »

Michaud avait rendu compte (1), la veille 16 novembre, à Mortier de son arrivée, à 3 heures de l'après-midi, à Hanovre où il laissera 300 hommes prélevés sur les éclopés de ses trois régiments et d'où il partira le lendemain pour Celle, se dirigeant ensuite sur Lünebourg. Il s'excuse du retard qu'a mis à parvenir l'état de situation des 1re et 2e divisions de l'armée du Nord. « Je suis persuadé que vous ne serez point étonné de ce défaut lorsque vous saurez que, dans vingt-quatre heures, il y avait, à l'avant-garde de l'armée du Nord, plusieurs organisations par jour et que ce n'est qu'au moment même du départ de S. M. que je fus informé qu'elle me laissait le commandement, sous vos ordres, de toutes les troupes qu'elle avait laissées. »

En recevant cette lettre le 17 à Lünebourg, Mortier lui répond (2) :

« J'ai reçu ce soir à 5 heures, Monsieur le Général, votre lettre du 16. J'attendais avec impatience votre état de situation. Vous pouvez facilement venir d'Ulzen à Lünebourg en un seul jour. Vous passerez l'Elbe à Artlenbourg et vous cantonnerez vos troupes dans le Lauenbourg de manière toutefois à pouvoir les réunir promptement. Vous donnerez l'ordre au colonel Clément de venir nous rejoindre aussitôt que sa mission sera terminée à Brême. Il ne laissera dans cette ville qu'un détachement d'une centaine d'hommes avec un commandant de place.

---

(1) A. T. (2) A. T. (R. 17).

« Pour faciliter vos cantonnements dans le Lauenbourg, vous pourriez également laisser un régiment d'infanterie à Lünebourg avec l'ordre de se tenir prêt à marcher.

« Vous ferez établir une garde aux bateaux que j'ai fait réunir à Artlenbourg.

« Le général Schramm doit venir prendre le commandement de la place de Hanovre; en attendant son arrivée, je vous prie de donner le commandement à un chef de bataillon...

« Demain, toutes mes troupes (celles de la division Dupas) auront passé l'Elbe. Je marche sur Hambourg; que ceci soit entre nous. »

A cette date du 17, le bourgmestre de Hambourg, Poppe, et le Sénat de cette ville se doutaient si peu de la prochaine prise de possession de leur ville, qu'ils adressaient (1) à Mortier une réclamation au sujet d'une réquisition de planches et de charpentes faite au bailli de Bergedorf par le commandant du génie du 8e corps, Monfort, réquisition dont l'exécution compromettrait d'une manière extrêmement dangereuse la neutralité de la ville de Hambourg. Le Sénat se flatte que le maréchal voudra bien révoquer cette réquisition faite sans doute par erreur, Bergedorf faisant partie du territoire de Hambourg, et prescrire aux autorités militaires sous ses ordres de respecter la neutralité de ce territoire.

Le 18 novembre, Mortier reçoit à Bergedorf la lettre du Major général du 13; elle lui est remise par un officier d'état-major qui, pour éviter le long détour qu'il eût dû faire pour passer par un pont, s'était procuré des patins et avait franchi l'Elbe sur la glace, gagnant ainsi dix heures (2). Il répond (3) :

« Les dispositions que vous me prescrivez de la part de l'Empereur relativement à Hameln s'accordent avec celles que j'ai déjà prises et dont j'ai rendu compte à S. M.... Les 1.500 chevaux qu'on vous a dit être renfermés dans Hameln se réduisent tout au plus à 70 ou 80. Nienburg, d'après tous les rapports qui me sont faits, renferme 3.000 à 4.000 Prussiens.....

« J'arriverai demain vers midi à Hambourg. Je prendrai possession de cette ville au nom de S. M. l'Empereur. Je n'ai point encore reçu les instructions que vous m'annoncez pour l'occupation de cette place.

« Les Danois paraissent très inquiets de mon mouvement; ils veulent défendre leur territoire sur lequel se trouve la route de Bergedorf à Hambourg. Si les localités le permettent, je ferai un léger détour pour ne pas les effaroucher, sinon, il faudra bien qu'ils me livrent passage.

« J'ai donné au général Schramm le commandement de la ville de Hanovre. »

---

(1) A. T. (2) *Revue française*. Année 1914. (3) A. T. (R. 17).

Il mande (1), le même jour, à Michaud :

« Je vous confirme ma lettre d'hier. Vous ferez aussi occuper Bergedorf, territoire de Hambourg. Défendez que vos soldats aient aucune rixe avec les troupes danoises, dont les piquets sont aux portes de Bergedorf.

« Envoyez-moi tous les jours de vos nouvelles et de celles du général Dumonceau. Faites maintenir la discipline la plus sévère et vous vous assurerez de grandes ressources. »

Le 19 novembre, de Bergedorf, il écrit (1) aux membres du Sénat de Hambourg :

« Messieurs, je viens prendre possession de votre ville au nom de S. M. l'Empereur et Roi, mon maître.

« Prévenez vos concitoyens d'être sans inquiétude; la discipline la plus sévère sera maintenue parmi les troupes que je commande. »

Le bourgmestre Poppe, président du Sénat, lui répond (2) à la même date : « La lettre que Votre Excellence nous a fait l'honneur de nous adresser nous a mis dans la plus grande consternation. C'est avec la plus profonde douleur que nous supplions Votre Excellence de suspendre l'exécution de la prise de possession de notre ville, qui ne peut avoir que les suites les plus désastreuses pour notre commerce, ou du moins de ne pas faire entrer vos troupes dans la ville même. Nous supplions Votre Excellence de la manière la plus instante de nous laisser le temps d'envoyer un courrier à Berlin, pour charger le député qui s'y trouve, de notre part, de mettre au pied du trône de Sa Majesté l'Empereur et Roi nos plus vives et plus respectueuses instances de révoquer une mesure qui conduirait notre ville inévitablement à sa ruine.

« Nous avons au reste la confiance la plus absolue en la générosité de S. M. l'Empereur et nous connaissons trop les qualités éminentes qui distinguent Votre Excellence pour ne pas être persuadés qu'Elle fera tout ce qui dépend d'Elle pour alléger le sort de notre ville et de ses habitants. Nous nous flattons que, si la prise de possession de la ville ne peut pas se différer, Elle voudra bien concerter, avec le député que nous enverrons au-devant d'Elle, des points qui sont essentiels pour le repos de la ville. »

Mortier entre néanmoins le 19 novembre à Hambourg, d'où il adresse (1), de suite, à l'Empereur ce compte rendu :

« Je viens d'arriver à Hambourg avec la division du général Dupas composée des 2e et 4e régiments d'infanterie légère, 1er régiment d'infanterie italienne et du 2e régiment de cavalerie hollandaise. J'ai pris possession de cette ville au nom de Votre Majesté (3).

---

(1) A. T. (R. 17). (2) A. T.
(3) Hambourg, occupé militairement jusqu'en 1809, fut réuni à l'Empire en 1810 et devint alors le chef-lieu du département des Bouches-de-l'Elbe.

« Tout s'est passé avec beaucoup d'ordre et de calme. Le Sénat m'avait député, la nuit dernière, un de ses membres à Bergedorf pour me faire les représentations les plus vives sur mon entrée sur le territoire hambourgeois et m'engager, avec les instances les plus pressantes, à ne point entrer dans cette ville avant le retour d'un courrier qu'on devait expédier à Votre Majesté. Je n'ai pas voulu acquiescer à sa demande.

« Par des dépêches que j'ai reçues la nuit dernière du ministre de la Guerre, il m'annonce que je vais recevoir incessamment vos instructions ; elles ne me sont pas encore parvenues.

« Tous les bâtiments anglais qui étaient dans l'Elbe ont mis à la voile peu après la bataille d'Iéna ; le consul anglais n'a pas attendu notre arrivée.

« J'aurai l'honneur de transmettre, demain ou après-demain, à Votre Majesté tous les détails que je pourrai me procurer sur les marchandises anglaises qui existent ici et de lui donner des renseignements que je ne puis naturellement avoir dans les premiers moments de mon arrivée.

« J'ai nommé le colonel Bazancourt, du 4e régiment d'infanterie légère, commandant de la ville de Hambourg.

« M. Bourrienne, ministre plénipotentiaire de Votre Majesté près le Sénat, a mis beaucoup d'empressement à nous recevoir ; il me sera fort utile, ayant une connaissance parfaite des localités.

« Le général Michaud arrive demain à Lünebourg avec la division sous ses ordres ; il passera l'Elbe après-demain. Je lui donnerai l'ordre de me rejoindre à Hambourg.

« *P.-S.* — Au moment où je ferme ma lettre, je reçois les dépêches de Votre Majesté sous la date du 16.

« La division hollandaise sous les ordres du général Dumonceau se trouve réunie près d'Hameln avec dix bouches à feu ; le 2e régiment de hussards, le 2e de cavalerie ont suivi l'un le général Michaud, l'autre le général Dupas, en sorte que les intentions de Votre Majesté ont été prévenues.

« Le 22e régiment d'infanterie de ligne, ainsi que j'ai eu l'honneur de vous en rendre compte, est parti de Celle le 17 pour Brême.

« Je vais également prendre des mesures pour que ceux qu'Elle me donne relativement à Hambourg s'exécutent.

« Je me suis détourné d'une lieue pour ne pas passer sur le pays du Holstein ; les Danois sont inquiets du mouvement que je viens de faire. »

Les lettres (1) de l'Empereur, datées du 16, sont les suivantes :

1re lettre : « Mon Cousin, comme je pense que vous êtes arrivé à Hambourg et qu'il est urgent que vous ayez des instructions, je com-

---

(1) A. T.

mence par vous donner celle d'occuper la ville, d'en désarmer entièrement les habitants, d'occuper Cuxhaven, de fermer hermétiquement les rivières, d'empêcher qu'aucun Anglais ne puisse s'échapper, de vous assurer des maisons des banquiers, de faire mettre les scellés sur la banque, de saisir toutes les marchandises anglaises n'importe à qui elles appartiennent, de n'avoir aucun égard pour les Anglais et les Russes, de faire arrêter même les consuls de ces deux nations et d'empêcher toute espèce de communication avec l'Angleterre. Peu de temps après ceci, vous enverrez un régiment faire la même chose à Brême; le même corps sera chargé d'occuper Cuxhaven, de fermer le fleuve et d'établir deux batteries pour en empêcher le passage *de l'Elbe et du Weser* (1); provisoirement vous l'interdirez à la navigation de toutes les nations. Vous vous emparerez de tout ce qui appartiendra à la Prusse et à l'Angleterre; il y a beaucoup de bois de construction qui appartiennent à la Prusse.

« Je n'ai pas besoin de vous dire que le principal est de commencer par le désarmement et par l'arrestation de tous les Anglais de naissance, même des banquiers anglais établis dans ces pays depuis plus de vingt ans; ils doivent me répondre des voyageurs français arrêtés à la mer. Vous les enverrez tous en France.

« Votre commandement s'étendra jusqu'à Lübeck où vous ferez la même opération. Le prince de Ponte Corvo doit avoir évacué Lübeck pour venir à Berlin et vous consigner les canons et magasins pris dans cette ville. Vous aurez soin que mes intérêts soient gardés. »

2ᵉ lettre : « Mon Cousin, je reçois vos lettres du 12 et du 13. J'ai donné l'ordre au général Savary de se rendre devant Hameln pour y prendre le commandement des troupes que vous y laissez, de les réunir devant cette place, de faire venir de Cassel le 12ᵉ d'infanterie légère et d'en serrer vivement le blocus en construisant des redoutes et faisant venir de Rinteln des obusiers pour bombarder la place et la forcer à se rendre. Je pense que vous devez laisser devant Hameln toute la division hollandaise hormis les deux tiers de la cavalerie que vous devez garder; je sens qu'elle peut vous être nécessaire. Ces mesures prises, votre corps, que je pense réuni actuellement à Hambourg, sera beau puisqu'il sera composé des 2ᵉ et 4ᵉ d'infanterie légère et d'un régiment italien et de 24 à 30 pièces d'artillerie. Tout cela doit vous former près de 14.000 hommes. Je fais donner ordre aux 15ᵉ et 58ᵉ, qui arrivent le 20 à Wesel, de se rendre à Hambourg. Mais je vous recommande de réunir tous les Hollandais devant Hameln, ce qui joint au 12ᵉ d'infanterie légère, qui s'y rendra de Cassel, donnera au général Savary les moyens de prendre cette place où je ne suppose pas qu'il y ait plus de 5.000 Prussiens. »

L'Empereur avait pris les dispositions concernant Hameln sur le

---

(1) Les mots en italiques sont ajoutés de la main de l'Empereur.

vu d'un rapport (1) que le comte de Turenne, son officier d'ordonnance qu'il avait envoyé à Hameln, lui avait remis, à cette date du 16 novembre, sur l'investissement de cette place et la capitulation qu'avait acceptée d'abord le gouverneur. Le même jour, le général Lagrange, gouverneur de Cassel, avait rendu compte (1) à l'Empereur qu'il allait arrêter la marche du 1er régiment d'infanterie légère italienne, dont le 1er bataillon était arrivé la veille (1) à Cassel et le conserver dans cette place pour y remplacer le 12e d'infanterie légère qu'il dirigeait sur Hameln afin d'y prendre part au blocus; le Major général avait informé (2) Mortier qu'il donnait l'ordre à Savary de se rendre sur-le-champ devant Hameln pour y exercer le commandement et aux 15e d'infanterie légère et 58e de ligne, venant de Paris, de se rendre de Wesel à Hambourg.

Disons de suite qu'une capitulation (1) pour la remise de la place, des forts et de la garnison de Hameln à l'armée française et hollandaise sous les ordres de Savary, fut signée le 20 par Dumonceau, représentant Savary, et par le général-major von Schöler, commandant la garnison, place et forts d'Hameln : les officiers retournent chez eux sur parole, les soldats sont envoyés en France.

Par le 35e ordre du jour (2) de la Grande Armée, l'Empereur témoigne sa satisfaction au général Savary et aux troupes qui bloquaient la place; ils se dirigent sur Nienburg qui capitule le 25 (1).

On a vu que, par sa première lettre du 16 novembre, l'Empereur prescrivait à Mortier de faire relever par ses troupes, à Lübeck, celles de Bernadotte. Ce dernier avait écrit (2) de Lübeck à Mortier le 18 novembre : « Il reste à Lübeck, mon cher Maréchal, 108 bouches à feu que nous avons prises sur les Prussiens et les Suédois. Le Major général me prescrit de laisser ici un bataillon, pour garder cette artillerie, jusqu'à ce qu'il puisse être relevé par les troupes que vous commandez. Comme le 1er corps se met en marche, qu'il a plus de 150 lieues à faire pour rejoindre l'armée et que le bataillon que je laisse à Lübeck ne pourrait peut-être plus nous rejoindre s'il restait trop longtemps en arrière, je compte assez sur votre amitié, mon cher Maréchal, pour vous prier de vouloir bien faire les dispositions nécessaires pour que vos troupes arrivent ici le plus tôt possible.

« Je vous renouvelle, mon cher Maréchal, l'assurance de mon sincère attachement et de mon inviolable amitié. »

Mortier, dès son entrée à Hambourg, le 19, lui répond (3) : « Je donne au général Michaud, dont la division passe l'Elbe après-demain à Artlenbourg, l'ordre d'envoyer à Lübeck les troupes nécessaires pour relever votre bataillon. Je lui prescris de recommander à ces troupes la plus grande célérité dans leur marche. »

---

(1) A. G. (2) A. T. (3) A. T. (R. 17).

Le 20 novembre, en exécution des ordres de l'Empereur reçus la veille, Mortier mande (2) au Sénat de Hambourg :

« Les vexations et la tyrannie des Anglais qui, sur tous les points du globe, sur toutes les mers, arrêtent et saisissent les marchandises et propriétés françaises, ont mis S. M. l'Empereur des Français dans la nécessité d'user de représailles pour venger les insultes et les dommages faits à ses sujets.

« En conséquence, les scellés seront apposés, dans cette ville et ses dépendances, sur toutes les marchandises anglaises, qui seront mises en séquestre.

« Dans les vingt-quatre heures qui suivront la présente notification, tout banquier, négociant ou marchand ayant des fonds ou marchandises provenant de manufactures anglaises, soit qu'elles appartiennent aux Anglais ou autrement, en fera sa déclaration par écrit sur un registre établi chez le commandant de la place.

« Pour vérifier ces déclarations, il sera fait des visites domiciliaires chez les déclarants ou non-déclarants pour s'assurer de leur bonne foi et punir militairement la fraude, s'il y avait lieu.

« MM. les magistrats sont tenus de faire la déclaration précise et détaillée des magasins militaires ou de commerce appartenant soit à l'Angleterre, à la Prusse, a la Russie et à la Suède.

« Il sera nommé une commission chargée d'apposer les scellés sur tous les magasins ou fonds qui auront été découverts.

« Vous êtes aussi prévenus de n'avoir égard à aucune réquisition de quelque nature qu'elle soit, à moins qu'elle ne soit faite par une autorité compétente. »

Mortier charge (1) le colonel Clément d'appliquer à Brême les mesures prescrites par l'Empereur; ces dispositions modifient les ordres qu'il lui avait fait transmettre par Michaud. Le 22e régiment, qu'il commande, est chargé spécialement de garder les embouchures de l'Elbe et du Weser. En conséquence, quand les opérations seront terminées à Brême, cinq compagnies, dont une de grenadiers, resteront seules dans cette ville; les quatre autres compagnies du même bataillon seront à Stade. L'autre bataillon sera placé à Cuxhaven et Ritzebüttel, détachant à Lehe trois compagnies qui auront des postes sur le Weser.

Le bourgmestre Klugkist, président du Sénat de Brême, se plaint (2) le même jour à Mortier de l'occupation de la ville par le colonel Clément; il pense qu'elle est le résultat d'un malentendu et il lui demande de faire évacuer le territoire de Brême et de lui conserver sa neutralité. Ajoutons de suite que la ville de Brême envoya à Hambourg auprès de Mortier deux députés, MM. Gondela et Oelrichs qui, les 25 et 30, lui remirent des réclamations (2) contre les mesures prises par le colonel Clément.

---

(1) A. T. (R. 17). (2) A T.

A part une réquisition de capotes dont le maréchal prescrit (1), le 26, l'annulation, ces mesures n'étaient que l'application des ordres de l'Empereur qu'il avait transmis le 20 au colonel Clément.

Mortier prescrit (1) à Michaud de se rendre le plus tôt possible à Hambourg avec sa division en ne laissant à Lünebourg qu'un faible détachement d'hommes éclopés avec un commandant de place sur lequel on puisse compter et de faire partir de suite pour Lübeck un détachement de 500 hommes pour y relever le bataillon laissé par Bernadotte.

A peine M. de Montesquiou était-il de retour à Berlin de sa mission à Hameln que l'Empereur l'envoyait à Hambourg; le rapport (2) qu'il adresse à l'Empereur contient les détails suivants sur l'entrée à Hambourg de Mortier et de ses troupes :

« D'après les ordres de Votre Majesté, je suis parti de Berlin le 16 novembre au soir. Après avoir fait grande diligence, je suis arrivé à Hambourg le 19 au matin... Une partie du corps de M. le maréchal Mortier entrait dans la ville de Hambourg en même temps que moi, mais par une autre porte, de manière que je ne pus remettre la dépêche (3) dont j'étais porteur que lorsque M. le maréchal fut entré.

« J'ai été à même de juger de la consternation générale, mais néanmoins on n'entendait ni propos ni plaintes.

« Sans l'étonnante activité de M. Bourrienne, dont la maison servit de commune pour les billets de logement, la troupe n'eût point été abritée, tant la ville s'y prêtait peu.

« M. le maréchal Mortier a jugé à propos de me retenir auprès de lui jusqu'à ce que les mesures ordonnées par Votre Majesté fussent exécutées... L'officier d'ordonnance Scherb étant arrivé, M. le maréchal m'a expédié le 24, à 4 heures après-midi. »

Le général Rapp, aide de camp de l'Empereur, écrit (4) de Berlin, à Mortier, à la date du 20 :

« J'ai reçu, mon cher Maréchal, la lettre dont vous avez bien voulu charger un des membres de la députation du Hanovre; ces messieurs n'ont pas encore été reçus, mais je crois qu'ils le seront demain.

« Vous avez fait une marche bien rapide, vous devez être bien étonné de vous trouver tout d'un coup sur la Baltique; nous avons fini de notre côté, il n'y a plus rien à battre ni à prendre.

« Duroc est chez le roi de Prusse pour lui faire signer un armistice pour cet hiver. Vous pensez bien, mon cher Maréchal, que nous serons bien en mesure le printemps prochain, il viendra qui voudra. L'Empereur se porte bien, il est de bonne humeur, il ne le serait plus de sa vie s'il ne l'était pas en ce moment.

« Les Hanovriens m'ont assuré qu'ils ont eu bien du plaisir à vous revoir; ils abhorrent les Prussiens.

---

(1) A. T. (R. 17). (2) A. G. (3) Lettres de l'Empereur du 16 novembre. (4) A. T.

« Je crois que vous passerez votre hiver à Hambourg ; tâchez de vous choisir un bon quartier général et établissez-vous-y bourgeoisement. Soyez toujours bien persuadé que personne plus que moi ne prendra une part bien sincère à tout ce qui vous arrivera d'heureux, et personne ne le mérite plus que vous.

« Adieu, mon cher Maréchal, je vous embrasse de cœur et vous suis bien attaché. »

L'impératrice Joséphine, de Mayence, avait adressé (1), le 15 novembre, à Mortier la demande suivante : « Mon Cousin, je sais que les Français sont à Hambourg. Vous connaissez mon goût pour les arts et pour tout ce qui est objet de curiosité. Si, en parcourant les boutiques, vous trouviez quelque chose d'agréable ou même de bizarre dans le goût chinois, ou quelque jolie étoffe pour un ameublement de fantaisie que je compte faire dans ma serre, je serai charmée que vous m'en fassiez passer la note, avec les prix et même quelques échantillons. C'est une peine que je vous donne, mais je compte sur votre amitié. Recevez l'assurance de toute celle que vous me connaissez pour vous. — Joséphine. »

Elle profite, le 17 novembre, du départ du général Lorge pour lui renouveler (1) sa demande : « Quelque chose de joli dans le goût chinois ou dans tout autre genre, en étoffes des Indes, en laques et en verreries pour ornements de cheminée ou ameublements. »

Bourrienne écrit (1) à ce sujet, le 9 décembre, au maréchal : « Nous avons enfin trouvé, je crois, ce qui convient pour la serre. C'est tout à fait chinois et d'un goût bizarre. Il y a beaucoup d'étoffes et de papiers pour deux cent cinquante ducats (3)... Cela allait partir pour l'Empereur de Russie, je l'ai fait revenir à toutes forces de Lübeck. »

Mortier, en annonçant (2) le 17 décembre cet envoi à l'Impératrice, ajoute : « On m'assure que Votre Majesté en sera contente, je n'aurai rien a désirer si j'ai pu être assez heureux pour remplir ses vues. »

En réponse aux souhaits de nouvelle année que Mortier lui avait exprimés, l'Impératrice devait lui envoyer, le 16 février suivant, la lettre (1) autographe qui suit : « Mon départ de Mayence m'a empêchée de répondre aussi tôt que je l'aurais désiré aux vœux que vous m'avez adressés. Je les ai reçus avec beaucoup de sensibilité et je les regarderai comme entièrement exaucés le jour où je verrai revenir l'Empereur et tous les braves militaires qui partagent, en ce moment, sa gloire et ses fatigues.

« Adieu, Monsieur le Maréchal, je profite avec plaisir de cette occasion pour vous renouveler l'assurance de mes sentiments. — Joséphine. »

---

(1) A. T.   (2) A. T. (R. 17).
(3) Le ducat valant 11^f 75, cette somme répond à 2.987^f 50.

Le 22 novembre. Mortier fait porter (1) à l'Empereur, par le colonel Gouré, son aide de camp, la lettre qui suit :

« J'ai l'honneur de rendre compte à Votre Majesté que le désarmement des habitants de Hambourg s'opère avec succès ; les troupes, au nombre de 1.500 hommes, ont mis bas les armes. Je n'ai conservé que les 50 dragons montés chargés de la police de la ville et le nombre des soldats hambourgeois faisant ici le service de la gendarmerie et qui sont de la plus grande utilité.

« Le séquestre se met sur toutes les marchandises anglaises. Je joins ici copie de la lettre que j'ai écrite à ce sujet au Sénat. Cette mesure jette la consternation dans la ville ; je n'ai voulu écouter aucune des réclamations qui m'ont été faites.

« Je m'occupe aussi, conformément à vos ordres, de faire arrêter tous les banquiers anglais qui se trouvent ici. Ces différentes mesures ont pris tous mes instants depuis mon arrivée ici.

« Sa Majesté n'ignore pas que je n'ai pas à ma disposition un seul gendarme.

« Hambourg a une population de 120.000 âmes et plus ; il se trouve, parmi la classe ouvrière du peuple, des hommes à qui les émeutes ne sont point étrangères. Toutefois, jusqu'à présent, les esprits sont restés calmes. Les proclamations du Sénat, d'une part, la bonne discipline des troupes de l'autre, n'ont pas peu contribué à maintenir l'ordre.

« La division Michaud arrive aujourd'hui à Hambourg ; cette division n'a avec elle que les 65e et 72e régiments d'infanterie de ligne, le 3e de hussards et une compagnie d'artillerie légère hollandaise, ayant détaché sur Brême le 22e régiment d'infanterie de ligne. Ce régiment occupera aussi Cuxhaven et Stade. Le colonel Clément, qui le commande, m'annonce avoir pris, le 20, possession de Brême, au nom de Votre Majesté. Je lui ai envoyé des instructions conformes aux vôtres sur la conduite qu'il doit tenir dans cette ville.

« Des postes français occupent toutes les issues de la Banque et rien ne peut en être distrait. Je serai en mesure pour faire apposer les scellés au retour de l'aide de camp que j'envoie à Votre Majesté, mais il est de mon devoir de lui soumettre les renseignements que je joins ici sur l'établissement de cette banque. Le Sénat est dans la plus parfaite sécurité et ne croit point à la mise des scellés, puisque cette mesure entraînerait après elle la ruine du commerce de Paris et de celui du midi de la France. Si, d'après ces considérations que Votre Majesté peut ignorer, elle ordonne que les scellés soient mis, ils seront apposés sur-le-champ.

« Hambourg a des provisions de blé pour un an, mais si les exportations continuent pour la Prusse, cette ville sera réduite avant huit

---

(1) A. T. (R. 17).

mois à la plus grande disette, l'Elbe et le Weser se trouvant de nouveau bloqués.

« *P.-S.* — Plusieurs banquiers anglais ont été arrêtés cette nuit à Hambourg; j'ai ordonné que les scellés soient mis sur leurs papiers. Je vais envoyer ces Anglais en France, conformément à vos ordres; je les dirigerai sur Verdun.

« Les Danois paraissent avoir de vives inquiétudes. La Banque d'Altona a été transférée à Schleswig. Le prince royal, dont le quartier général est à Kiel, ne laisse que deux régiments de cavalerie dans le Holstein pour se concentrer dans l'intérieur.

« J'ai donné des ordres pour qu'aucun de nos postes ne passe sur le territoire danois et pour éviter toute espèce de rixe avec eux. »

Les rapports (1) sur les blés et la Banque de Hambourg avaient été fournis au maréchal par Bourrienne. Il ressortait du premier que le territoire de Hambourg et les territoires environnants ne produisent point de grains et que cependant Hambourg, tout en assurant la consommation de ses 150.000 habitants, fournit des grains au Holstein, à la Saxe inférieure et à Berlin par des importations considérables de Riga, Revel, Dantzig et de l'Amérique. L'Elbe allant être bloqué à la fois par les Français et par les Anglais, il n'y aura plus d'importations, et cela au moment où Hambourg devra assurer en plus la consommation des 30.000 habitants d'Altona, qui ne pourront plus recevoir de grains par l'Elbe bloqué, e, « celle de l'armée française qu'on peut calculer au double du nombre réel : 1º parce que ce sont des soldats; 2º parce que le Français mange au moins le double du pain d'un Allemand ». Bourrienne concluait à des mesures ayant pour objet de limiter l'exportation de manière à conserver toujours les approvisionnements d'une année.

Dans son rapport sur la Banque, Bourrienne indiquait que cet établissement « est un dépôt de lingots d'argent fin sur lequel roulent tous les paiements à faire dans cette place de commerce. C'est la *caisse générale*, la réunion de toutes les *caisses particulières* des négociants ou banquiers de toutes les nations qui ont des paiements à faire ». Après avoir expliqué son fonctionnement, il ajoutait que les nations qui y ont le plus de fonds sont les Français, les Hollandais, les Hambourgeois, les Lübeckois, les Brêmois; viennent ensuite les Autrichiens et les Italiens; les Anglais en ont moins; les Russes rien ou presque rien. C'est le midi de la France qui aurait le plus à souffrir de l'apposition des scellés, tous les produits de ces contrées s'acquittant en traites sur Hambourg, et la ruine de tous les négociants de Bordeaux, de Cette et du Languedoc serait inévitable; cette mesure serait d'ailleurs « sans aucun profit, puisqu'il est certain qu'il y a très peu de fonds à nos ennemis ».

---

(1) A. T.

On verra plus loin que l'Empereur, en recevant, le 25 novembre, la lettre de Mortier, du 22, prescrivit de surseoir à l'apposition des scellés.

Bourrienne écrit à ce sujet dans ses *Mémoires* (1) : « Les demandes que devait faire le maréchal Mortier à la suite de cette occupation étaient dures ; mais mes représentations suspendirent d'abord l'ordre que Napoléon avait donné de s'emparer de la Banque de Hambourg. Je ne puis que rendre hommage à la probité, à la droiture de principes et à la noblesse de caractère du maréchal. Napoléon, frappé des observations que je remis par écrit au maréchal Mortier et que celui-ci lui transmit à Berlin, en lui annonçant qu'il avait suspendu ses ordres et qu'il en attendait de nouveaux, approuva sa conduite. C'était une chose heureuse pour la France, pour l'Europe, encore plus que pour Hambourg. »

C'est la veille, 21 novembre, du jour où le maréchal lui adressait la lettre qui précède, que l'Empereur avait rendu à Berlin le décret dont, après des considérants indiquant les motifs de cette mesure l'article 1er était ainsi conçu : « Les Iles Britanniques sont déclarées en état de blocus. » Le Major général adresse, le 24, à Mortier, une ampliation (2) de ce décret.

A cette date du 21 novembre, l'Empereur, en avisant Mortier du décret, lui avait envoyé (2) les instructions importantes qui suivent :

« Mon Cousin, vous trouverez ci-joint deux paquets pour M. Bourrienne, l'un relatif à l'état de blocus où je mets l'Angleterre (*en renvoi :* ces deux notes vous seront adressées demain matin par M. le prince de Bénévent), l'autre relatif au Mecklembourg. Du moment que vos troupes occuperont Hambourg, Brême et Lübeck et que vous serez maître des embouchures de l'Elbe, du Weser et de la Trave, vous remettrez le premier paquet à M. Bourrienne qui le présentera au Sénat. Le rapport ne sera pas remis au Sénat, mais il sera publié dans les gazettes. M. Bourrienne pourra même faire faire sur ce sujet une petite brochure et quelques écrits qui fassent sentir toute l'atrocité du système des Anglais qui arrêtent les passagers et les marchands sur mer, tandis que l'ordre social établit que, sur terre, les boutiques, les propriétés particulières n'appartiennent point au conquérant.

« Je pense qu'une de vos divisions doit suffire pour occuper les villes hanséatiques. Vous enverrez une autre de vos divisions occuper Schwerin. Quelque temps avant, M. Bourrienne aura remis la note relative au Mecklembourg et vous prendrez possession de tout ce pays. Vous en désarmerez les troupes et ferez passer les armes en Hollande. Vous ferez confisquer à Rostock toutes les marchandises anglaises. Vous vous emparerez de tout ce qui pourrait se trouver dans les caisses

---

(1) Mémoires de M. de Bourrienne. Tome VII, chapitre XI. (2) A. T.

et vous ferez administrer et gouverner le pays en mon nom. Je n'ai pas besoin de vous dire que cette division doit être forte et bien composée. J'estime qu'il faut qu'elle soit au moins de la force de trois régiments français et qu'elle ait 12 ou 15 pièces d'artillerie afin de tenir en échec les Suédois. Vous devez avoir actuellement trois régiments français qu'avait le roi de Hollande et trois de votre corps d'armée. Ainsi vous pouvez donc envoyer trois bons régiments français avec la moitié de votre cavalerie prendre possession de Rostock. Si cela est nécessaire, vous les ferez soutenir par les autres corps.

« Votre corps d'armée est ou sera composé avant le commencement de décembre, de quatre divisions, deux françaises, une italienne et une hollandaise. La division hollandaise est aujourd'hui employée au blocus des places, mais elle sera disponible avant la fin du mois. Un régiment italien est à Cassel, mais il vous aura rejoint dans les premiers jours de décembre. Le troisième régiment italien est à Mayence et vous aura également rejoint dans le même temps. Les divisions d'artillerie française doivent exister actuellement ou existeront avant le 1er décembre. Les 15e et 58e, qui partent le 24 de Wesel, rendront vos deux divisions françaises très belles.

« Vos divisions doivent avoir chacune douze pièces de canon; ainsi donc, il faut que vous ayez quarante-huit pièces de canon, douze hollandaises et trente-six françaises, vu que les Italiens n'ont pas de canonniers. C'est à vous organiser un bon parc mobile que doivent tendre tous vos efforts. Faites donner des capotes surtout aux Italiens, sans quoi ils tomberont malades.

« La division hollandaise sera commandée par des généraux hollandais; la division italienne par des généraux italiens; le général Teulié, qui est à Berlin, en part pour en prendre le commandement. Vos deux divisions françaises seront commandées par deux généraux de division et quatre à six généraux de brigade.

« Je vous ai fait connaître ce que vous avez à faire actuellement. Immédiatement après que ces opérations seront faites, mon intention est, si le roi de Suède continue à rester en guerre avec moi, que vous vous empariez de la Poméranie suédoise. Vous devez, avec votre corps d'armée, défendre le blocus des villes hanséatiques, empêcher tout débarquement en Poméranie et entre l'Elbe et l'Oder, par ce moyen, garantir Berlin et maintenir toutes les communications avec le fort de mon armée qui se réunit sur la Vistule. Selon les circonstances, je pourrai vous appeler avec votre corps, ou seulement avec une partie, sur l'Oder ou même sur la Vistule. Dans cette saison, les Anglais ne peuvent rien entreprendre de sérieux. Les Suédois ne sont pas en état de défendre la Poméranie; ainsi donc vous avez tout le temps de bien organiser votre corps afin qu'il puisse faire la réserve de ma Grande Armée et se porter partout où il serait nécessaire. Votre infanterie sera d'ailleurs augmentée ou diminuée selon les circonstances.

« Je désire qu'avant le 25, le blocus de l'Angleterre soit publié' qu'avant le 8 décembre, ce que j'ai prescrit pour le Mecklembourg soit mis à exécution et que, le 10, un de vos corps soit en position à Rostock ayant des postes sur Anclam et cernant ainsi toute la Poméranie suédoise. Sur ce, etc. »

L'Empereur mande (1) le lendemain, 22 novembre, à Mortier :

« Mon Cousin, je vous envoie des notes que vous lirez et que vous remettrez à M. Bourrienne qui les présentera. Celle relative au blocus de l'Angleterre sera imprimée et publiée partout. Celle relative au Mecklembourg ne sera remise que quand vos troupes auront pris possession du pays, conformément aux instructions que je vous ai envoyées hier par un officier d'ordonnance. Sur ce, etc. »

« *P.-S.* — Vous avez ordonné aux détachements de cavalerie qui étaient à Cassel de vous joindre. C'est une mauvaise mesure; quel parti pouvez-vous tirer d'hommes isolés qui manquent d'officiers et de sous-officiers? Envoyez à leur rencontre et dirigez-les sur Potsdam. Vous avez la cavalerie hollandaise; vous aurez bientôt le 26e (2). Cela vous suffira, et, si les circonstances me faisaient penser qu'il soit nécessaire que vous ayez plus de cavalerie, je ne manquerais pas de vous envoyer une division de dragons. Pourvu que mes corps ne soient pas morcelés, tout est bon. »

On a vu que Mortier n'avait été réduit à cet expédient que parce qu'en partant de Mayence, il n'avait pas un seul homme de cavalerie à sa disposition; ce n'est que devant Hameln qu'il avait reçu de la cavalerie hollandaise.

Ainsi d'ailleurs qu'il le fait respectueusement observer à l'Empereur, dans sa réponse du 24 novembre qui suit, il n'avait fait, en cela, que se conformer à ses ordres antérieurs (lettres des 23 octobre et 7 novembre).

Le 23 novembre, Mortier met à l'ordre (3) l'organisation du 8e corps, faite conformément aux instructions précédemment données par l'Empereur.

La 1re division française sera commandée par Michaud. (Michaud ayant été, quelques jours après, nommé gouverneur de Hambourg par l'Empereur, fut remplacé dans le commandement de la 1re division par Grandjean.) Elle sera composée des 2e d'infanterie légère, 65e et 72e de ligne. Le 2e régiment de cavalerie hollandaise et les deux compagnies d'artillerie légère en feront provisoirement partie.

La 2e division française sera commandée par Dupas et composée des 4e d'infanterie légère, 22e et 58e de ligne, 12e d'infanterie légère, ces deux derniers régiments devant arriver incessamment à l'armée; les huit bouches à feu venues de Mayence et de Cassel lui seront attachées.

---

(1) A. T. (2) Chasseurs. (3) A. T. (R. 17).

Le 24 novembre, après avoir reçu les lettres de l'Empereur des 21 et 22, qui précèdent, il lui répond (1) :

« J'avais prié M. de Montesquiou de rester ici quelques jours, afin d'être à même de donner à Votre Majesté une infinité de détails sur la prise de possession de Hambourg.

« Je joins ici le nom des négociants anglais ou d'origine anglaise qui ont été arrêtés, notamment ceux qui ont la direction de la factorerie anglaise...

« L'Elbe et le Weser sont bloqués, Cuxhaven est occupé. Le dernier courrier d'Angleterre n'est point arrivé à Hambourg. J'ai signifié au Sénat que toute communication, tout départ de malle de Hambourg pour l'Angleterre étaient strictement défendus.

« Je prie Votre Majesté d'avoir la bonté d'ordonner qu'il me soit envoyé un détachement de gendarmerie; j'ai dû me servir d'officiers d'état-major et de la ligne pour faire les arrestations qu'elle m'a ordonnées.

« J'ai reçu cette nuit la dépêche de Votre Majesté sous la date du 21 et, à l'instant même, le courrier m'apporte celle du 22 avec les notes pour M. Bourrienne.

« Je vais assurer les différentes mesures que Votre Majesté m'a ordonnées. Je ferai remplacer par deux régiments hollandais le 22e de ligne français qui occupe Brême, Lehe, Cuxhaven et Stade. Je crois qu'il est indispensable d'y mettre deux régiments pour s'assurer des différents petits ports qui se trouvent sur l'Elbe et le Weser. Je ferai rentrer le 22e à la division Dupas et j'enverrai demain le général Michaud dans le Mecklembourg pour exécuter les ordres de Votre Majesté, sa division se trouvant absolument composée pour cette expédition comme vous le désirez.

« J'ai l'honneur de joindre ici la composition des divisions telle que Votre Majesté me l'a ordonnée. Je presse vivement le général Lacombe Saint-Michel pour l'organisation complète de l'artillerie du 8e corps, à raison de douze pièces par division. Il serait nécessaire qu'on lui envoyât un bataillon du train et quelques compagnies d'artillerie.

« J'aurai l'honneur de donner très souvent de mes nouvelles à Votre Majesté.

« J'ai donné l'ordre pour que tous les détachements d'hommes à pied remontés à Cassel soient dirigés directement sur Potsdam et j'ai fait partir d'ici environ 180 hommes des 1er, 2e et 10e de chasseurs qu'on avait dirigés sur le 8e corps d'après les ordres primitifs de Votre Majesté.

« J'ai choisi une vingtaine de recrues de différents corps, dont j'ai formé un piquet pour rester près de moi. Je les ai fait monter, équiper,

---

(1) A. T. (R. 17

Compagnie des Guides du Maréchal Mortier, 1806-1808
(d'après une aquarelle de Napoléon, 3e Duc de Trévise)

armer et habiller pour pouvoir me servir comme d'ordonnances. Je pense que Votre Majesté voudra bien approuver cette mesure.

« P.-S. — Aussitôt mon arrivée ici, j'ai fait faire au Sénat une demande de capotes ; on les confectionne dans ce moment-ci ; le régiment italien en a particulièrement besoin. »

C'est à Hanovre que le maréchal avait fait habiller le piquet de cavalerie, les *guides*, dont il parle à l'Empereur.

Patje, l'un des membres de la Commission exécutive du Hanovre, lui avait écrit (1) à ce sujet, le 16 novembre, dans ces termes, qui dénotent une complète bonne volonté : « L'équipement de vos guides sera fourni avec toute l'exactitude que nous croyons devoir être préférablement de notre devoir relativement à un objet de cette nature. »

L'uniforme de ces guides était très différent de celui des guides du commandant en chef de l'armée de Hanovre, créés par Mortier en 1803 (2).

Il fut, à cette époque, l'objet, sur une tabatière, d'une miniature d'après laquelle le petit-fils du maréchal, Napoléon, troisième duc de Trévise (3), avait bien voulu faire pour l'auteur de cette étude l'aquarelle reproduite ci-contre.

Contrairement à ce qu'on a vu (2) pour la précédente compagnie de guides de Mortier, il n'existe, aux Archives administratives de la guerre, aucun document concernant cette nouvelle compagnie de *guides du maréchal Mortier*.

Ce fait tient sans doute, d'une part, à ce qu'elle fut habillée et équipée sans frais pour l'État, et, d'autre part, à ce que son existence fut de courte durée.

A défaut de description d'uniforme, un état de situation (1) donne, sur les effets d'habillement et d'équipement, les indications qui suivent : dolman, pelisse, culotte hongroise, ceinture, bottes ferrées et éperonnées, colback avec plumet, gants ; giberne et porte-giberne, banderole et porte-carabine, sabretache, ceinturon, dragonne ; selle et harnachement complet des hussards avec schabraque, surfaix, porte-manteau et licol de parade.

Les *guides* étaient en outre munis d'un pantalon boutonné, d'une veste d'écurie et d'un bonnet, d'une capote-manteau.

Le trompette portait, au lieu de pelisse et de dolman, un habit et un gilet ; son colback était blanc.

D'après un état nominatif (1) d'octobre 1807, l'effectif de la com-

---

(1) A. T.   (2) Voir titre VIII (tome 2, page 400).

(3) Il était doué d'un talent artistique qu'on rencontre assez rarement à ce point chez un amateur ; alors qu'il faisait partie, en qualité d'attaché d'ambassade, de la mission du baron Gros en Chine, mission qui aboutit au traité de Tien-Tsin signé le 27 juin 1858, il avait envoyé de ce pays, alors bien peu connu, un portrait du vice-Roi de Canton et d'autres dessins qui furent reproduits par l'*Illustration* et le *Tour du Monde*.

pagnie des guides, qui provenaient des 1ᵉʳ, 2ᵉ et 10ᵉ chasseurs, du 9ᵉ hussards et des hussards de Fulda était celui ci-après : 1 maréchal des logis chef, 2 maréchaux des logis, 1 brigadier-fourrier, 3 brigadiers, 1 trompette, 22 cavaliers. Total : 30.

Ajoutons de suite que cette compagnie accompagna le maréchal pendant toute la campagne, le suivit à Breslau où il exerça le 3ᵉ Commandement de la Grande Armée (1) et ne le quitta que lorsqu'il se rendit en Espagne avec le 5ᵉ corps d'armée.

Pendant son séjour en Silésie, Mortier écrit (2), au sujet de ses guides, le 19 octobre 1807, à Bessières qui devait peu après, le 25 novembre, faire sa rentrée triomphale à Paris à la tête de la Garde impériale : « Je désirerais, mon cher Maréchal, faire entrer dans la Garde les guides que j'ai formés lorsque le commandement du 8ᵉ corps me fut confié. Ce sont d'anciens soldats que j'ai montés, armés, habillés et équipés ; ils ont une bonne tenue, d'excellents chevaux et sont au nombre de 30 ; ils ont donné, dans plus d'une occasion, des preuves d'une grande bravoure. S. A. le grand-duc de Berg (entre nous soit dit) me les avait demandés à Tilsit, mais ils préféreraient être admis dans la Garde. »

Bessières répond (3), le 22 novembre : « Je vous préviens, mon cher Maréchal, qu'avant de prendre une décision sur l'incorporation de votre compagnie de guides dans la Garde impériale, Sa Majesté veut avoir l'état des services de ces hommes, un par un. Je vous engage, en conséquence, à me l'envoyer. »

La solution tardant, le maréchal invite (2), le 12 février 1808, M. Buhot, inspecteur aux revues du 5ᵉ corps, à faire payer l'arriéré de solde dû aux guides qui, depuis quinze mois, font le service à son quartier général et n'ont rien touché à partir de leur départ de leurs corps respectifs.

Il prie (4), le 8 mai, les colonels de ces corps de rétablir sur leurs contrôles les guides qu'il apprend en avoir été rayés : « Il est présumable que ceux des hommes de la compagnie des guides qui ont assez de service pour passer dans la Garde impériale y seront admis, M. le maréchal Bessières m'ayant demandé leurs états de service d'après l'ordre de Sa Majesté. Mais jusqu'à ce qu'il y ait une décision prise à leur égard, vous m'obligerez de les comprendre comme détachés. »

Il adresse (4), le 27 mai, à Bessières l'état de service des guides qu'il lui a demandé : « Je pense que ce sera une très bonne acquisition pour la Garde, sans quoi je ne vous les aurais pas proposés. Je serais bien aise que vous me fissiez bientôt connaître s'ils seront admis dans la Garde, afin que je puisse vous les envoyer au premier avis que j'en recevrai. »

La réponse de Bessières n'étant point encore parvenue le 30 sep-

---

(1) Voir titre XII. (2) A. T. (R. 19). (3) A. T. (4) A. T. (R. 20).

tembre à Mortier, celui-ci qui se dirigeait vers l'Espagne avec le 5e corps appelle (1) de nouveau à cette date, de Bayreuth, l'attention du Major général sur ses guides : « Ce sont de bons sujets et je les crois dignes d'entrer dans les chasseurs de la Garde... Je fais diriger ces hommes sur Strasbourg et je prie Votre Altesse de vouloir bien me faire connaître si je puis les envoyer à Paris pour être admis dans la Garde, à moins que Votre Altesse n'approuve que je les conserve près de moi comme ordonnances. »

Le Major général répond (2) d'Erfurt, le 9 octobre : « Je vous préviens, Monsieur le Maréchal, que Sa Majesté ordonne que ces vingt-six hommes soient envoyés directement à Bayonne, où ils seront placés dans la compagnie d'élite attachée au grand État-major général près Sa Majesté. Faites-leur en conséquence donner l'ordre de se rendre à cette destination où ils attendront de nouveaux ordres. »

Telle fut la destinée de cette compagnie de guides qui, ainsi qu'on le verra plus loin, se distingua tout particulièrement aux environs d'Anclam, le 16 avril 1807, en chargeant les Suédois.

Le jour même, 24 novembre, où Mortier rend compte à l'Empereur qu'il va faire occuper Schwerin ainsi que Rostock, il mande (3) à Michaud que l'Empereur lui ayant donné l'ordre de détacher une des divisions du 8e corps pour prendre possession du Mecklembourg et de Rostock, il a choisi la sienne. Il lui prescrit, en conséquence, de se mettre en marche le lendemain matin pour Schwerin, d'y laisser un détachement de 500 à 600 hommes, de se diriger avec le restant de sa division sur Rostock et d'y appliquer les mesures prescrites par le décret de blocus du 21 novembre. « Faites cantonner vos troupes toutes les fois que vous le pourrez sans inconvénient ; réglez vos marches de six à huit heures au plus par jour. »

Le 25 novembre, il écrit (3) à l'Empereur :

« Par ma dépêche d'hier, j'ai eu l'honneur de vous rendre compte du départ de la division du général Michaud pour le Mecklembourg. Cette division s'est mise en marche ce matin, se dirigeant par Bergedorf, Escheburg, Möln, Ratzeburg et Schwerin.

« Le général Michaud a l'ordre de faire occuper Schwerin pour y assurer les mesures que m'a prescrites Votre Majesté ; il se portera ensuite sur Rostock et détachera des postes sur Anclam. Le général Michaud sera vers le 30 à Schwerin et vers le 7 à Rostock.

« N'ayant point connaissance des ordres donnés à la division hollandaise par le général Savary, j'ignore le nombre des troupes qu'il devra employer pour l'escorte des prisonniers de la forteresse d'Hameln qu'on m'assure être rendue. J'envoie un officier d'état-major

---

(1) A. T. (R. 20). (2) A. T. (3) A. T. (R. 17).

pour savoir si la division Dumonceau est disponible et pour la diriger sur le Lauenbourg et Schwerin pour être à même de soutenir la division Michaud et être en mesure d'exécuter les ordres de Votre Majesté.

« J'avais eu l'honneur de vous annoncer que je faisais rentrer à la division Dupas le 22e régiment d'infanterie détaché à Brême, Cuxhaven et Stade et que je le faisais remplacer par deux régiments hollandais. Je crois qu'un seul régiment suffira et j'ai désigné à cet effet le 7e de ligne hollandais.

« Les bois de construction appartenant à la Prusse ont été saisis; on les évalue à environ 250.000 rixdalers, au delà d'un million...

Le même jour, il prescrit (1) au général Buget de prendre le commandement de la ville de Lübeck, où se trouvent déjà 500 hommes du 8e corps et dont il prendra possession au nom de l'Empereur en y exécutant les mesures prescrites par le décret du 21 novembre. « Vous ferez désarmer les habitants et les troupes de Lübeck. Vous laisserez exister le Sénat et les autorités locales telles qu'elles se trouvent établies aujourd'hui. »

Le bourgmestre de Lübeck, de Broemsen, et le Sénat de cette ville avaient transmis (2), le 22 novembre, à Mortier, une lettre (2) que Bernadotte leur avait remise avant son départ, qui avait eu lieu le matin : « Le Sénat de Lübeck m'a prié, mon cher Maréchal, de recommander cette ville à votre bienveillance. Je le fais avec plaisir pour donner au Sénat une marque de mon estime et de la satisfaction que j'ai éprouvée de la bonne volonté avec laquelle il s'est prêté aux circonstances pénibles de la guerre. Au reste, mon cher Maréchal, je connais trop bien les sentiments qui vous animent pour ne pas être persuadé d'avance que vous ferez tout ce qui sera en votre pouvoir pour alléger les charges d'une ville qui a beaucoup souffert et j'ai assuré le Sénat qu'il peut compter sur toute votre bienveillance. »

Le Sénat, en envoyant cette recommandation à Mortier, lui demandait de prendre en considération la situation de la ville, qui a déjà dix hôpitaux, en n'y mettant qu'un détachement le plus petit possible et composé « de troupes de confiance et particulièrement nationaux français ».

Disons de suite que, le 29 novembre, Buget rendit compte (1) de sa mission à Mortier dans les termes suivants :

« J'ai l'honneur de vous rendre compte que je suis arrivé à Lübeck hier à 3 heures après midi, qu'aussitôt j'ai consigné aux portes et à la barrière du port tous les bâtiments de navigation, les personnes et voitures qu'on ne laisse plus passer, provisoirement, que sur ma signature. Je me suis rendu chez le consul de France, qui m'a donné une déclaration, ci-jointe, par laquelle il constate qu'il n'existe ici aucun consul ou agent anglais; le consul de Russie, qui s'y trouvait, a été

---

(1) A. T. (R. 17).   (2) A. T.

arrêté et est gardé à vue; M. le commissaire des guerres a mis les scellés sur ses papiers et, ce matin, il en fait l'inventaire. J'aurai l'honneur de vous faire parvenir son rapport, ainsi que le procès-verbal de recherches infructueuses des lettres et paquets à l'adresse de l'Angleterre, dont je lui avais ordonné de faire la vérification et saisie dans les divers bureaux de la poste aux lettres pour couper toute communication avec cette puissance.

« J'avais convoqué le Sénat pour 6 heures du soir. Je m'y suis rendu dans des voitures avec dix ou douze principaux officiers de la garnison et en grande tenue. Introduit dans le lieu de ses séances, j'ai remis à M. le président une lettre qui contenait l'objet de ma mission et dont il a donné lecture à haute voix. Vous la trouverez consignée dans le procès-verbal de cette séance, que j'ai l'honneur de vous transmettre ci-joint; j'espère que j'aurai rempli parfaitement vos intentions ainsi que celles de Sa Majesté.

« J'ai envoyé de suite mon aide de camp et une compagnie de voltigeurs occuper Travemünde, visiter les bâtiments de navigation, arrêter tout Anglais, couper toute communication avec l'Angleterre, faire saisir tout agent anglais ou russe, toutes marchandises anglaises, etc., faire, en un mot, jusqu'à ce que je puisse m'y transporter moi-même, toutes opérations semblables à celles dont je suis chargé ici.

« Aujourd'hui, je travaille à l'arrestation des Anglais en cette ville; le Sénat est occupé à m'en faire la liste, mais il m'assure, de même que M. le Consul de France, qu'il n'y en a presque pas, que depuis douze jours que les Français sont ici, ils ont eu le temps de s'éloigner.

« Nous avons ici 400 Français blessés dans les hôpitaux; je me suis assuré qu'ils étaient pourvus de tout ce qui leur est nécessaire, et 600 Prussiens.

« *P.-S.* — MM. les sénateurs ne m'ont point paru étonnés de ce que je leur ai signifié; ils m'ont reçu avec tous les honneurs et l'affabilité que je pouvais désirer. Ils mettent toute leur confiance dans les grands sentiments de Sa Majesté, dans le caractère de haute considération de justice et d'humanité qui vous est particulier et bien connu. »

Ajoutons encore ici que, le 30 novembre, Buget rend compte (1) au maréchal du désarmement des troupes de Lübeck, qui a eu lieu à cette date, et de la fermeture du port de Travemünde par une chaîne qui empêchera tout bâtiment de navigation de passer sans être visité. « Il existe à Travemünde un fortin armé de dix pièces de canon en fer, qui battent l'entrée du port et en défendent l'approche; mon aide de camp s'en est emparé et les troupes se trouvent bien établies. »

Le 26 novembre, Mortier envoie à l'Empereur la lettre (2) qui suit :
« M. Scherb, officier de correspondance près Votre Majesté, aura

---

(1) A. T. (2) A. T. (R. 17).

l'honneur de vous remettre cette lettre; il est resté ici quarante-huit heures et je lui ai facilité tous les moyens pour prendre, sur les lieux, les renseignements que Votre Majesté désirait.

« La solde du 8e corps se trouvant arriérée, je prie Votre Majesté de me faire connaître si elle ordonne qu'il soit payé un mois aux corps et aux officiers et sur quels fonds. Je n'ai rien fait entrer en caisse depuis la Hesse. J'eus l'honneur de vous rendre compte à cette époque que j'avais fait verser dans la caisse du payeur provisoire une somme d'environ 200.000 francs dont il reste encore une grande partie, mais il n'a pu être fourni par la caisse de Cassel que la somme de 179.456 francs, le surplus étant en lingots et obligations.

« Les départs multipliés des officiers, qui se rendent en poste auprès de Votre Majesté ou ailleurs pour objet de service, nécessitent naturellement de fortes dépenses, et j'ai fait prendre, sur les fonds provenant de Cassel, une somme de 15.000 francs, dont le chef de l'état-major rendra compte, tenant une note exacte de ses dépenses.

« Il y a ici quelques bâtiments prussiens et suédois sur leur lest; j'aurai une connaissance exacte de tous ceux qui existent, bien que j'aie lieu de soupçonner que les noms ont été tronqués. Plusieurs bâtiments anglais richement chargés sont retournés en Angleterre, après être entrés en rivière, dès lors que les troupes françaises étaient encore à Cassel...

« *P.-S.* — Les Anglais ont, entre Margate et Dungeness (1), dix régiments prêts à s'embarquer; parmi ces régiments, se trouvent les 7e et 8e de la légion allemande. »

Le 28 novembre, Mortier écrit (2) à l'Empereur :

« J'ai l'honneur d'envoyer à Votre Majesté les différents comptes et détails que je me suis procurés sur les bois de construction appartenant à la Prusse qui ont été trouvés à Hambourg. L'estimation est bien au delà de ce que je pensais d'abord ; elle s'élève à 3.866.784 francs, argent de France. Je pense qu'en maintenant le comptoir prussien, on pourrait en tirer un grand parti.

« J'apprends à l'instant que le 26e régiment de chasseurs est arrivé le 26 à Hanovre; je l'arrêterai à Lünebourg pour lui faire prendre quelques jours de repos; il sera en mesure de se porter de là sur le Mecklembourg.

« Le général de division Grandjean, venu avec la division Michaud, ainsi que le général de division Lorge, qui vient d'arriver pour être employé au 8e corps, n'ont point de commandement. L'intention de Votre Majesté étant de réunir la cavalerie du 8e corps sous les ordres d'un général français, j'en donnerai le commandement au général Lorge, lorsque le 8e corps sera réuni, si Votre Majesté le trouve bon.

---

(1) Côte du Pas de Calais. (2) A. T. (R. 17).

« Le 2ᵉ régiment de hussards hollandais, dont j'ai passé la revue, n'a tout au plus que 200 chevaux en état de servir; le reste est éclopé. Ce régiment n'a nullement répondu à l'idée que je m'en étais formée. Le 2ᵉ régiment de cavalerie de la même nation est également très faible. Quant au 3ᵉ régiment de chasseurs hollandais, je ne l'ai point encore vu, ce régiment étant resté devant Hameln lors de mon départ.

« L'artillerie hollandaise est en général très mal attelée. Le général Michaud, qui a avec lui deux compagnies d'artillerie légère, est obligé de se servir de chevaux de réquisition pour la majeure partie de son matériel.

« Aussitôt l'arrivée des troupes que Votre Majesté a bien voulu m'annoncer, les divisions du 8ᵉ corps seront composées ainsi qu'elle le désire. Je n'ai point encore de nouvelles des 15ᵉ et 58ᵉ régiments d'infanterie qui ont dû partir, le 24, de Wesel. Je ne présume pas que le 12ᵉ d'infanterie légère, ainsi que les autres troupes que commande le général Savary, seront occupées longtemps devant Nienburg.

« Le général Lacombe Saint-Michel a fait des demandes au général Songis pour que les divisions d'artillerie du 8ᵉ corps soient composées ainsi que Votre Majesté l'ordonne. Je ne cesse de presser le général Lacombe-Saint-Michel pour que vos intentions soient exactement remplies.

« Les déclarations de marchandises anglaises, faites jusqu'à cette heure au nombre de 600, s'élèvent à une valeur d'environ 14 millions de francs; il reste encore plus de 1.000 déclarations à faire ce qui, joint à celles relatives aux denrées coloniales, doit naturellement produire des sommes considérables. Les habitants de Hambourg paraissent y mettre de la bonne volonté et de la bonne foi.

« J'ai l'honneur de joindre ici l'état des bâtiments russes et suédois sur lesquels l'embargo a été mis; il y a aussi un bâtiment sous pavillon anglais, deux autres sous pavillon prussien; total : 25. »

La veille, 27 novembre, Lacombe-Saint-Michel avait adressé (1) au maréchal un compte rendu qui montre combien l'artillerie du 8ᵉ corps était loin d'avoir encore atteint le degré d'organisation prescrit par l'Empereur :

« Votre Excellence m'a ordonné de faire la formation de quarante-huit bouches à feu qui doivent être dans votre corps d'armée à raison de douze bouches à feu par division.

« La division Michaud a douze bouches à feu servies par deux compagnies d'artillerie à cheval bataves.

« La division Dumonceau a huit bouches à feu servies par une compagnie d'artillerie à pied batave.

« La division Dupas a huit bouches à feu servies par une compagnie d'artillerie à pied française.

---

(1) A. T.

« La division italienne n'est pas encore réunie; elle aura huit bouches à feu hollandaises servies par une compagnie d'artillerie à pied hollandaise.

« Il manquera quatre bouches à feu à la division Dumonceau, quatre à la division Dupas et quatre à la division italienne.

« Je peux en réunir le matériel à Lübeck, mais nous n'avons, quant à présent, aucun moyen de les enlever et nous n'aurons de personnel pour les servir qu'à l'arrivée d'une compagnie d'artillerie à pied française venant de Wesel. Il faudra 230 chevaux du train pour atteler ces douze bouches à feu.

« Nous avons environ 800.000 cartouches d'infanterie chargées sur des caissons; en supposant l'effectif de 24.000 hommes d'infanterie, cela donne trente cartouches par homme. Il vous faut environ deux millions de cartouches d'infanterie qu'on ferait enlever par des chariots de paysans et qui resteraient au parc ou dans les dépôts à portée.

« Il manquera un double approvisionnement qui exigera 68 caissons d'artillerie; ils ne sont point à ma disposition. Je n'ai ni un seul cheval ni un seul homme pour les atteler. Il vous faut 800 chevaux et j'ai l'honneur d'observer à Votre Excellence que tous les corps d'armée ont un double approvisionnement parfaitement attelé.

« Au résumé, il vous manque 230 chevaux pour atteler les douze pièces d'artillerie qui vous manquent; il faut environ 160 chevaux pour compléter les divisions hollandaises et 800 pour le double approvisionnement. »

Il lui rend compte (1), le 30, qu'il a établi un atelier de cartouches à Hambourg. « Il est indispensable que nous en ayons deux millions »; 50.000 livres de plomb devront être fournies par la ville de Hambourg; quant à la poudre, on la fera venir, au fur et à mesure des besoins, de Nienburg, et on évacuera de suite sur l'armée. Le général Drouas, malade, restera à Hambourg, y surveillera les ateliers et s'occupera de réunir dans cette ville les bouches à feu nécessaires pour la division italienne.

Nienburg avait capitulé le 26 novembre; Dumonceau en annonçant (1), à cette date, la nouvelle à Mortier, l'avait avisé que sa division s'était mise en marche pour Brême où Savary avait l'intention de lui donner quelques jours de repos.

Le 28, il lui rendait compte (1) de son arrivée à Brême et des ordres du Major général prescrivant à Savary de rester avec la division aux environs de Nienburg; c'est pour ce motif qu'il ne peut rejoindre le maréchal, ainsi que Godinot le lui avait prescrit.

Savary, en envoyant de Brême, le 27, la capitulation de Nienburg au Major général, lui avait écrit (2) :

« Le 12e régiment d'infanterie légère n'avait été mis à ma dispo-

---

(1) A. T. (2) A. G.

sition que pour ces deux opérations (*Hameln* et *Nienburg*); je vais donc le laisser retourner au corps du maréchal Mortier. Il dispose également des corps hollandais de la division Dumonceau pour relever le 22ᵉ régiment d'infanterie qui se trouve ici; me voilà donc sans troupes et sans occupation...

« Je n'ai point à me mêler de l'administration du Hanovre et des pays voisins, puisque j'ai trouvé des commissaires en exercice dans cette partie et que le maréchal Mortier a pourvu à tout cela. J'ai seulement rapproché le corps hollandais de Brême pour le dédommager des boues et des pluies continuelles qu'il a eues depuis huit jours. »

C'est en effet par un très mauvais temps que Michaud avait commencé, le 25, sa marche sur Schwerin. De Bergedorf où, à cette date, il avait établi son quartier général, il mande (1) à Mortier : « Quoi que nous ayons eu un fort mauvais temps et un très mauvais chemin, la troupe a marché assez réunie et n'a laissé que quelques traînards que j'ai fait ramasser. Comptez, Monsieur le Maréchal, que je prendrai le plus grand intérêt à ce que vous n'ayez que des éloges à lui donner. »

Mortier lui prescrit (2), le 26, par modification aux ordres précédemment donnés, de se rendre directement à Schwerin avec sa division et, après y avoir fait exécuter les ordres de l'Empereur, d'y laisser six bataillons et d'aller, avec le reste de ses troupes, à Rostock; il compte que Michaud arrivera à Schwerin du 29 au 30 novembre et à Rostock vers le 6 décembre. « Ainsi vous voyez que rien ne presse pour faire faire aux troupes des marches forcées. Ménagez-les autant que possible et faites-les cantonner pendant la marche, à moins que, du côté de Rostock, des mesures de prudence ne vous prescrivent le contraire. »

Michaud reçoit cette lettre à Möln où il était arrivé par un mauvais temps et un mauvais chemin, le 2ᵉ d'infanterie légère ayant poussé jusqu'à Ratzeburg, et répond (1) : « Je ferai tout ce qui dépendra de moi pour adoucir les fatigues de la troupe et lui épargner les marches trop longues. »

Le lendemain 27 novembre, il rend compte (1), de son quartier général de Gadebusch, que, tandis que la marche de la veille, effectuée par une pluie qui n'a pas discontinué, a été très fatigante, les troupes, favorisées à cette date par un temps sec et froid, ont bien marché et sont arrivées à Gadebusch et aux environs d'assez bonne heure. Le 28 novembre, de Schwerin, il annonce (1) son entrée dans cette ville à 3 heures; il a pris possession du pays au nom de l'Empereur et a remis aux ministres du duc la déclaration (1) suivante, dont il a demandé la publication dans les deux langues :

« Nous, général divisionnaire, lieutenant de S. M. le roi de Hol-

---

(1) A. T. (2) A. T. (R. 17).

lande, commandant l'avant-garde du 8ᵉ corps de la Grande Armée, prévenons les habitants du Mecklembourg, qu'en conformité des ordres qui nous ont été transmis par S. Exc. le maréchal d'Empire Mortier, nous prenons possession de ce pays au nom de S. M. l'Empereur des Français et roi d'Italie, notre auguste souverain, et que, dès ce jour, le pays sera gouverné et administré en son nom.

« Nous nous plaisons à croire que toutes les autorités, ainsi que les habitants, s'empresseront de donner à S. M. l'Empereur et Roi des preuves de leur soumission et de leur obéissance et que tous concourront au maintien du bon ordre et de la tranquillité dans le pays.

« Ordonnons que le présent soit publié et affiché dans les deux langues partout où besoin sera, afin que personne n'en ignore. »

Michaud ajoute qu'il a vu le duc « qui, bien qu'affecté de son état et de sa position, paraît résigné et semble tout attendre de la bonté et de la justice de l'Empereur qu'il veut aller implorer lui-même. » Il laissera à Schwerin le général Grandjean comme gouverneur provisoire, avec le colonel et un bataillon du 72ᵉ, qui a déjà 700 hommes détachés en arrière et fera occuper Wismar par 200 hommes de ce régiment, dont il n'emmènera avec lui que deux compagnies de grenadiers.

Telle était la situation lorsque, dans la nuit du 29 novembre, Mortier reçoit l'ordre de se porter à Schwerin avec sa 2ᵉ division.

CHAPITRE III

Mortier reçoit l'ordre de porter le gros de ses forces entre Anclam et Demmin pour couvrir Berlin et de se tenir prêt à marcher soit dans la direction de Stettin, soit dans celle de Stralsund. — Témoignages de reconnaissance de la ville de Hambourg à son départ (2 décembre). — Il établit son quartier général à Schwerin (4 décembre), puis à Anclam, où se réunissent les deux divisions françaises du 8ᵉ corps (12 décembre). — Réquisitions à Hambourg et dans le Mecklembourg. — Occupation successive des îles d'Usedom et de Wollin. — Incursions de la garnison prussienne de Colberg que le général Thouvenot, gouverneur de Stettin, est impuissant à réprimer. — Démarches faites auprès de Mortier par le duc de Mecklembourg-Schwerin contraint de quitter ses États. — L'ennemi tente de s'emparer de Wollin et est repoussé (6 janvier 1807). — Création des 9ᵉ et 10ᵉ corps. — Le maréchal, ayant l'autorisation d'étendre ses cantonnements, transfère son quartier général à Friedland (15 janvier). — Remerciements adressés à Mortier par le duc de Mecklembourg-Strelitz. — Réception de l'autorisation d'envahir la Poméranie suédoise (20 janvier).

Les ordres qui prescrivent à Mortier de quitter Hambourg pour se porter vers l'Est, sont :

1º Une lettre (1) de l'Empereur, datée de Kustrin le 25 novembre, à 2 heures après midi, ainsi conçue : « Mon Cousin, j'ai reçu votre lettre du 22. Je ne vois pas d'inconvénient à différer de mettre les scellés sur la Banque de Hambourg pourvu qu'on n'en laisse point sortir de lingots; servez-vous de M. Bourrienne pour savoir ce qu'il y a. Vous avez dû mettre à exécution à l'heure qu'il est le décret sur le blocus de l'Angleterre. Ne tardez pas à mettre à exécution celui sur le Meklembourg et portez, comme vous l'écrit le Major général, une bonne partie de vos forces entre l'Elbe et l'Oder. Donnez-moi fréquemment de vos nouvelles et mettez-vous en correspondance avec le commandant de Stettin et le général Clarke, gouverneur de Berlin, pour savoir ce qui se passe et pouvoir agir selon les circonstances. J'imagine que le 15ᵉ d'infanterie légère et le 58ᵉ ne doivent pas tarder à vous arriver car ils ont dû partir le 20 de Wesel. Sur ce, etc. »

2º La lettre (1) suivante du Major général, datée du même lieu et du même jour, à 3 heures après midi :

« L'Empereur, Monsieur le Maréchal, me charge de vous prévenir que, l'armée marchant sur la Vistule, il devient très important que vous couvriez, avec votre corps d'armée, Berlin et que vous puissiez même, suivant les circonstances, vous porter sur Stettin. L'intention de Sa Majesté est que vous fassiez occuper Anclam et Rostock par deux divisions de votre armée et que vous portiez votre quartier général à

---

(1) A. T.

Schwerin; que vous fassiez établir des batteries à l'embouchure de l'Elbe, du Weser et de la Trave, que vous fassiez confisquer les marchandises anglaises dans tout le Mecklembourg ainsi que dans les villes hanséatiques.

« Vous porterez la plus grande attention, Monsieur le Maréchal, à correspondre fréquemment avec le général Clarke, gouverneur de Berlin, avec le général Éblé, gouverneur de Magdebourg, avec le général Thouvenot, gouverneur de Stettin.

« Vous devez, Monsieur le Maréchal, disposer un corps détaché qui puisse agir, suivant les circonstances, pour remplir les trois buts suivants :

« 1º Agir contre les Suédois dans la Poméranie suédoise, les y attaquer même, s'ils se rassemblaient de manière à nous menacer;

« 2º Pouvoir, d'après les renseignements qu'on recevrait de l'ennemi, dans le cas où il se porterait de Dantzig et de Graudenz sur Stettin et sur l'Oder, marcher à sa rencontre sur cette rivière, de manière à arrêter son mouvement, le tenir en échec et donner le temps au gros de l'armée qui serait sur Varsovie, de le prendre en flanc;

« 3º Enfin, établir de bonnes batteries, comme je vous l'ai déjà dit, à l'embouchure de l'Elbe, du Weser et de la Trave; bloquer exactement l'Angleterre et faire exécuter les dispositions du décret du blocus dans les villes hanséatiques et dans tout le Mecklembourg.

« S'il y avait quelque révolte sur vos derrières, entre l'Oder et le Rhin, vous prendriez également toutes les mesures pour la réprimer.

« Pour remplir les différents buts dont je viens de vous parler, Monsieur le Maréchal, il paraît que vos principales forces doivent se trouver du côté d'Anclam et de Demmin. Ces deux positions occupées, les Suédois ne peuvent pas s'avancer sur Rostock ni sur Hambourg sans s'exposer à être coupés. La saison ne permet pas aux Anglais de tenter un débarquement aux embouchures des rivières.

« Sa Majesté juge convenable que vous fassiez organiser une garde nationale à Hambourg, c'est-à-dire réorganiser une partie de ce qui existait, pour faire la police dans la ville, ce qui rendra d'autant plus disponibles toutes les troupes de votre armée. Vous devez, Monsieur le Maréchal, vous occuper de prendre tous les renseignements possibles pour que, dans le cas où vous recevriez l'ordre d'envahir la Poméranie suédoise et l'île de Rügen, vous y soyez préparé.

« Votre corps d'armée, Monsieur le Maréchal, se trouve avoir 8 régiments français, 3 régiments italiens et 6.000 Hollandais; en y ajoutant les renforts que chacun de ces régiments va recevoir de France, vous vous trouverez avoir un corps d'environ 30.000 hommes : ce qui est le plus fort corps de la Grande Armée. Je dois vous recommander de bien organiser votre armée, tant en artillerie que pour tout ce qui lui serait nécessaire; l'intention de l'Empereur étant de vous employer à différents usages, il faut que vous soyez très mobile. »

Mortier reçoit ces deux dépêches dans la nuit du 28 au 29 et ré-répond (1), à cette dernière date, à l'Empereur :

« J'ai reçu cette nuit la lettre que Votre Majesté m'a fait l'honneur de m'écrire le 25 novembre. Son décret sur le blocus de l'Angleterre a été mis en exécution, celui sur le Mecklembourg doit l'être à l'heure qu'il est.

« D'après les instructions que m'a transmises le ministre de la Guerre au nom de Votre Majesté, le général Dupas partira demain pour Schwerin, où j'établirai mon quartier général. Je ne laisserai ici qu'un bataillon du 1er régiment d'infanterie de ligne italien avec le général Laval, à qui je donne le commandement de la place. Le bataillon italien rejoindra dans le Mecklembourg aussitôt qu'il sera relevé par le 1er bataillon du 2e régiment de chasseurs à pied hollandais. Je donne à cet effet des ordres au général Dumonceau.

« La reddition de Nienburg rendant disponibles les troupes hollandaises, j'ai donné des ordres pour que le 22e de ligne français soit relevé par le 7e de ligne hollandais et à celui-ci, ainsi qu'au 12e d'infanterie légère, l'ordre de se diriger sur Schwerin, passant par Rothenburg, Tostedt, Harburg, Winsen, Lünebourg, Boitzenburg et Wittenburg.

« Le reste de la division du général Dumonceau suivra la même direction.

« Il ne restera sur l'Elbe et le Weser que le 7e régiment d'infanterie de ligne et le 1er bataillon du 2e régiment de chasseurs hollandais.

« Le Major général de l'armée m'ayant également transmis les ordres de Votre Majesté pour faire réorganiser une partie des troupes hambourgeoises, qui existaient, pour la police de la ville, cette mesure aura aujourd'hui son exécution.

« Les déclarations des marchandises anglaises continuent à se faire chez le commandant de la place. Ces déclarations, ainsi que j'ai eu l'honneur de vous le dire par ma lettre d'hier, monteront à de très fortes sommes. »

La réponse qu'il adresse (1), en même temps, au Major général reproduit la plus grande partie des renseignements qui précèdent ; nous y relèverons les passages suivants :

« Je vais, conformément aux ordres de Sa Majesté, me mettre en route pour Schwerin avec la division du général Dupas ; elle y sera rendue le 3 décembre, passant par Bergedorf, Boitzenburg et Wittenburg... Il s'en faut de tout que l'artillerie du 8e corps soit telle que vous le pensez, malgré tous mes soins et les peines que s'est données le général Lacombe-Saint-Michel. J'ai même été forcé de prendre des hommes dans les corps pour en faire des soldats du train.

« Votre Altesse se rappellera toutes mes demandes à ce sujet ; elle se rappellera également que je ne suis parti de Mayence qu'avec

---

(1) A. T. (R. 17).

six pièces de canon et j'ai été obligé de laisser en route la plupart de celles que j'avais fait organiser dans les arsenaux de Cassel parce que le charronnage repeint à neuf était pourri.

« L'artillerie hollandaise est très mal attelée; la majeure partie de son matériel est traînée par des chevaux de réquisition.

« Je n'ai point encore de nouvelles du 15e et du 58e régiments... Le 26e de chasseurs doit arriver aujourd'hui à Lüneburg... »

Dans la lettre à l'Empereur qui précède, Mortier lui rendait compte que les déclarations de marchandises anglaises monteraient « à de très fortes sommes ». Le rapport (1) suivant, que le commissaire des guerres Brémond lui adresse, de Rostock, le 8 décembre, donne des détails sur le chiffre auquel elles s'élevèrent :

« Chargé par Votre Excellence de recevoir les déclarations des marchandises anglaises existantes à Hambourg ainsi que des sommes dues aux Anglais par les habitants de cette ville, j'ai l'honneur de vous rendre compte du résultat de mon opération commencée le 24 novembre et close, d'après vos ordres, le 4 du présent mois.

« Le nombre des déclarations s'est porté à 837 et le montant général de leur produit a été de 16.661.680 francs, non compris 97 articles déclarés de valeurs inconnues et qui, par aperçu, doivent entrer en ligne de compte au moins pour trois millions.

« J'ai aussitôt remis à M. le général Laval, commandant de cette place, le registre arrêté par moi avec les originaux des déclarations enliassées et à l'appui.

« Pour conduire cette opération à un résultat plus avantageux, il eût fallu un mois pour recevoir tous les déclarants qui auraient dû présenter, à Hambourg, un nombre bien au-dessus de 837 ou, par des recherches et vérifications plus sévères que le temps ne m'a pas permis d'entreprendre, forcer les contrevenants à se soumettre aux intentions manifestées. Plusieurs déclarations n'ont pas été reçues pour avoir été présentées après la clôture du registre.

« J'ose me flatter, Monseigneur, avoir apporté, dans l'exécution de vos ordres, tout le zèle et l'exactitude que méritait ce travail. »

Le 29 novembre, après avoir expédié à l'Empereur et au Major général les deux lettres qui précèdent, Mortier apprend, par la lettre de Dumonceau du 28, que la division hollandaise est maintenue, jusqu'à nouvel ordre, à Nienburg.

Il fait part (2) au roi de Hollande, retourné à La Haye et auquel il adresse le détail de ses opérations depuis son départ de devant Hameln, des inconvénients que cette mesure présente pour la mission dont il est chargé : « Le général Savary vient de me mander que le Major général l'avait chargé de rester à Nienburg avec cette même division

---

(1) A. T. (2) A. T. (R. 17).

(*Dumonceau*) jusqu'à de nouveaux ordres. Ce changement de dispositions, dont le Major général ne m'avait pas prévenu, me contrarie beaucoup. Il me prive non seulement de la division hollandaise, mais encore du 12ᵉ régiment d'infanterie légère, qui se trouve également à Nienburg, du 22ᵉ de ligne et du bataillon italien qui est à Hambourg. »

Le 30 novembre, Mortier répond (1) à Savary, à Nienburg :

« Vous m'apprenez, par votre lettre du 28, que le Major général vous a chargé de rester à Nienburg avec vos troupes. Par sa dépêche du 25, il ne m'en a rien dit. Il me charge, au contraire, de faire occuper Rostock par deux divisions du 8ᵉ corps et d'établir mon quartier général à Schwerin, de couvrir Berlin avec les troupes sous mes ordres, de laisser ici peu de monde et de me tenir prêt à envahir l'île de Rügen.

« Il ajoute que je dois avoir 8 régiments français, 3 régiments italiens, 6.000 Hollandais (nous sommes loin de compte). Tout cela se réduit à 3 régiments français faisant partie de la division Michaud, 4ᵉ d'infanterie légère et 1 bataillon italien faisant partie de la division Dupas, plus les 2ᵉ de hussards et de dragons hollandais réunissant ensemble environ 300 chevaux.

« Je me porte donc avec ces troupes sur la Poméranie suédoise et je rends compte à l'Empereur de l'ordre que vous avez reçu de garder les troupes que le Major général avait mises à ma disposition.

« Les troupes du général Dupas se sont mises en marche ce matin et je pars moi-même demain ou après pour les rejoindre sur la route de Schwerin... »

Le 1ᵉʳ décembre, il lui mande (1) : « Je vous prie, mon cher Général, de vouloir bien diriger de suite sur Schwerin les détachements de troupes françaises que le général Michaud avait laissés à Hanovre. J'apprends seulement aujourd'hui que vous en aviez disposé pour Hameln.

« Il est instant que le 22ᵉ régiment rejoigne sa division a Schwerin. Veuillez donc, je vous prie, le faire relever par le 7ᵉ de ligne hollandais. J'ai des ordres formels de l'Empereur pour réunir, le plus promptement possible, les deux divisions de troupes françaises sous mes ordres. »

« Le 2 décembre, note Mortier dans son *Journal*, « je pars de Hambourg, couché le même soir à Boitzenburg; le 3 à Wittenburg; le 4 à Schwerin. »

Le 2 décembre, avant de quitter Hambourg, il adresse (1) au Sénat de cette ville la communication suivante :

« En quittant votre ville, je dois vous recommander de nouveau la prompte exécution des ordres que je vous ai donnés en conformité de ceux de S. M l'Empereur. C'est par leur bonne foi seule que les pro-

---

(1) A. T. (R. 17).

priétaires et négociants de cette ville préviendront des mesures de rigueur qu'une conduite différente de leur part rendrait nécessaires.

« Vous n'avez eu qu'à vous louer de la discipline des troupes françaises depuis qu'elles sont au milieu de vous. De mon côté, je me plais à rendre justice à l'esprit d'ordre qui a régné parmi vos habitants. Qu'ils continuent à agir de même, c'est le seul moyen d'adoucir les mesures de représailles auxquelles les éternels ennemis de la France ont forcé S. M. l'Empereur de recourir contre le vœu de son cœur.

« Le général Laval, qui est chargé du commandement de la place, maintiendra le meilleur ordre et la meilleure discipline parmi les troupes de la garnison. »

La veille, 1er décembre, le Sénat lui avait exprimé sa reconnaissance dans les termes suivants :

« Instruits du départ de Votre Excellence, nous sentons autant le besoin que le devoir de vous offrir l'expression de notre plus vive reconnaissance et de notre entier dévouement. Quelque désagréables qu'aient dû être pour notre ville les mesures que S. M. l'empereur des Français et roi d'Italie a jugé nécessaire d'ordonner à son égard, nous ne pouvons que regarder comme une marque de la haute bienveillance de Sa Majesté qu'elle a daigné vous charger de leur exécution. Veuillez agréer, Monsieur le Maréchal, nos plus vifs remerciements pour tous les ménagements dont vous avez bien voulu user envers nous et pour tout ce que vous avez fait pour alléger, autant que cela a dépendu de vous, aux habitants de notre ville le fardeau d'une occupation militaire ainsi que pour l'excellente discipline que vous avez fait observer.

« Nous prions Votre Excellence de vouloir bien continuer à nous et à notre ville ses bontés et d'être persuadée que le souvenir de tout ce qu'elle a fait pour nous sera gravé pour toujours dans les cœurs des habitants de notre ville et les nôtres et que nos vœux la suivront partout où la gloire et le devoir l'appelleront.

« C'est avec la plus respectueuse considération que nous avons l'honneur d'être, Monsieur le Maréchal, de Votre Excellence, les très humbles et très obéissants serviteurs.

Bourguemestre et Sénat de la ville libre hanséatique de Hambourg :

J. A. Poppe, *bourguemestre président*,
G. v. Graffen, *secrétaire*.

« Donné sous le sceau de notre ville le 1er décembre 1806. »

Peu après, le 6 décembre, Bourrienne lui écrit (1) : « Rien de nouveau ici depuis votre départ ; tout suit l'impulsion que vous aviez donnée ; tout marche bien. Vous avez laissé ici un nom cher à la ville et les cœurs de ses habitants vous sont acquis. »

---

(1) A T.

Ajoutons de suite que, le 28 janvier 1807, date à laquelle Mortier, ainsi qu'on le verra plus loin, franchissait la Peene pour attaquer les Suédois (Brune commandant à Hambourg), le Sénat de Hambourg lui donnait une nouvelle preuve de sa reconnaissance en lui envoyant la lettre (1) qui suit :

« Le souvenir des grandes obligations que nous et notre ville avons à Votre Excellence sera pour toujours gravé dans nos cœurs. En vain, nous avons essayé de vous faire accepter une faible marque de nos sentiments reconnaissants, à peine avons-nous pu vous en faire agréer l'expression. Désirant cependant qu'il nous soit permis de témoigner que nous ne sommes pas insensibles à toutes les bontés que vous avez eues pour nous, nous prenons la liberté d'offrir à Madame votre épouse un collier que nous avons chargé notre résident à Paris de lui présenter de notre part. Il rappellera à Madame votre épouse que les habitants de Hambourg réunissent leurs vœux à ceux qu'elle fait pour votre conservation et votre prospérité et qu'en professant, au milieu de la guerre, les sentiments d'humanité qui vous rendent cher à son cœur, vous avez acquis des droits éternels à la gratitude des Hambourgeois et à leur dévouement.

« Nous vous prions, Monsieur le Maréchal, d'agréer l'expression réitérée de nos sentiments les plus respectueux et les plus dévoués. Les Bourguemestre et Sénat de la ville libre hanséatique de Hambourg,

« J. A. Poppe, *bourguemestre président*,
« v. Graffen, *secrétaire*.

« Donné sous le sceau de notre ville le 28 janvier 1807. »

L'envoi à la maréchale du collier fut accompagné d'une lettre (1) du syndic de Hambourg, Grus, datée du 14 février, que nous croyons encore devoir reproduire :

« Madame, le Sénat me charge de vous prier de vouloir accepter un collier, que son résident à Paris, M. Abel, aura l'honneur de vous présenter, comme une légère marque de ses sentiments reconnaissants envers M. le maréchal.

« En occupant notre ville, d'après les ordres de S. M. l'empereur des Français et roi d'Italie, M. le maréchal a fait tout ce qui dépendait de lui pour adoucir les mesures dont l'exécution lui était confiée et il s'est acquis, par là, des droits éternels à la gratitude du Sénat et à celle des habitants de notre ville.

« Désirant qu'il lui soit permis de témoigner les sentiments que M. le maréchal lui a inspirés, le Sénat vous prie, Madame, d'en agréer la faible marque qu'il vous offre. En voyant ce collier, il vous rappellera que votre époux, au milieu de la guerre, conserve toujours ces sentiments doux et bienveillants qui l'ont rendu digne de votre tendresse et vous fera souvenir que, loin de vous, un grand nombre de

---

(1) A. T.

familles joignent leurs vœux à ceux que vous faites pour la conservation et pour la prospérité de votre époux.

« Ayant eu le bonheur de recevoir beaucoup de marques de confiance et de bienveillance de M. le maréchal, je me trouve heureux, Madame, d'être auprès de vous l'interprète des sentiments du Sénat et je vous prie de croire qu'aucun de ses membres n'en est plus vivement pénétré que moi. »

Avant de se mettre en route, le 2 décembre, Mortier écrit (1) au Major général :

« J'ai l'honneur de vous prévenir, Monsieur le Maréchal, que je pars dans le moment pour Schwerin, où j'établirai demain mon quartier général.

« Par ma lettre du 29, je vous ai mandé le mouvement que j'avais ordonné conformément à vos instructions.

« Le général Savary m'ayant, depuis, écrit que vous lui aviez donné l'ordre de garder à Nienburg la division hollandaise ainsi que les régiments français, je ne me trouverai dans le Mecklembourg qu'avec la division du général Michaud composée des 2e régiment d'infanterie légère, 65e, 72e de ligne. Ce dernier régiment avait laissé à Hanovre des hommes éclopés pour y tenir garnison; le général Savary en a également disposé. Je lui ai écrit de les renvoyer.

« La division du général Dupas ne se trouvera composée que du 4e régiment d'infanterie légère et d'un bataillon italien, puisqu'il a fallu que je laisse ici au moins un bataillon pour y tenir garnison.

« Il y a de plus attaché à chacune de ces divisions un régiment de cavalerie : à celle du général Dupas, le 2e de hussards hollandais; à celle du général Michaud, le 2e régiment de cavalerie hollandaise; chacun de ces régiments n'a pas 150 chevaux.

« Le colonel Clément me mande qu'on n'a pas voulu le relever dans ses postes de Brême, Lehe, Cuxhaven et Stade. Je lui réitère l'ordre de partir avec le 22e régiment d'infanterie de ligne pour venir me rejoindre dans le Mecklembourg. Le 26e de chasseurs vient d'arriver à Lünebourg et suivra le 8e corps dans le Mecklembourg. Je n'ai point encore de nouvelles du 15e d'infanterie légère et du 58e de ligne que j'attends de Wesel. »

Michaud avait rendu compte (2), le 30 novembre, à Mortier, de l'apposition des scellés sur les caisses de la ville de Schwerin et des mesures qu'il avait prises en apprenant des bourgmestres de Schwerin qu'ils avaient été invités à assurer les subsistances d'une division de 6.000 hommes et 1.000 chevaux, qui devait arriver le lendemain ou le surlendemain : « J'ai cru devoir donner au général Desenfans l'ordre de partir demain de Schwerin avec le 2e régiment d'infanterie légère,

---

(1) A. T. (R. 17). (2) A. T.

un escadron de cavalerie et deux pièces d'artillerie légère avec leurs caissons et un caisson de cartouches pour aller cantonner à moitié distance de Sternberg où il ira après demain. Les campagnes sont tellement dévastées qu'il serait impossible de trouver les subsistances nécessaires si nous marchions tous ensemble... Je compte partir d'ici le 2 avec le 65e, l'artillerie et ce qui nous restera de cavalerie pour être à Rostock le 5... »

Mortier lui avait adressé (1), le 1er décembre, les instructions suivantes :

« Ne laissez à Lübeck qu'un détachement de 150 hommes et faites rejoindre de suite le reste. La division Dupas arrivant après-demain à Schwerin, vous n'y laisserez personne et vous ferez suivre le 72e. Mon quartier général sera également établi à Schwerin le 3.

« Écrivez-moi aussitôt votre arrivée à Rostock. Faites occuper par des postes Demmin en même temps qu'Anclam et réunissez toute votre division à Rostock et environs. Tenez-moi exactement au courant sur ce que vous apprendrez sur la force des Suédois à Stralsund et dans la Poméranie.

« Recueillez, autant que vous pourrez, des détails sur l'île de Rügen, sur la largeur du canal qui sépare l'île du continent, le temps qu'il faut pour le passer et quels sont les bâtiments qui peuvent y naviguer avec sécurité. Je n'ai pas besoin de vous recommander de mettre de la discrétion pour vous procurer ces renseignements.

« La division Dupas occupera aussi Wismar. »

Cette lettre est portée par un officier qui rejoint, à Sternberg, le 2 décembre, Michaud, lequel rend compte (2) qu'il expédie les ordres concernant Lübeck et ajoute :

« Puisque la division Dupas arrive demain à Schwerin, je me sais bon gré de m'être mis en marche d'avance à cause du peu de ressources en vivres que nous avons sur notre route et de la difficulté que nous avons éprouvée pour en avoir à Schwerin.

« Je ne perdrai pas un moment, dès que je serai arrivé à Rostock, pour faire tout ce que vous m'ordonnez. Je compte m'y rendre après-demain de très bonne heure; je devancerai la division avec un détachement de cavalerie.

« Je donne l'ordre au général Grandjean de partir demain matin de Schwerin avec le bataillon du 72e pour venir nous rejoindre à Rostock et de se diriger par Wismar où il prendra, en passant, les deux compagnies qui y sont détachées. Je pense qu'il trouvera davantage de ressources en vivres sur cette route que sur celle-ci. Je l'eusse prise avec les troupes qui sont en marche, si elle eût été praticable pour l'artillerie et les équipages, mais on m'a assuré qu'il nous aurait été impossible de les y faire passer. »

---

(1) A. T. (R. 17). (2) A. T.

Le 4 décembre, Mortier, de Schwerin où il est arrivé à cette date, mande (1) à Michaud :

« Il me tarde de connaître ce que vous aurez appris de nouveau à Rostock concernant Stralsund et les Suédois ; je vous prie de me donner à cet égard, par l'aide de camp que je vous envoie, tous les renseignements que vous aurez pu recueillir ; je ne crois pas qu'ils osent rien tenter contre vous ; toutefois, je fais partir demain pour Sternberg le 4ᵉ régiment d'infanterie légère, le seul qui compose, pour le moment, la division Dupas.

« J'attends aussi avec beaucoup d'impatience les différents régiments français qui me sont annoncés ; le 22ᵉ est en marche pour me rejoindre...

« Dites-moi comment vous êtes pour les vivres à Rostock : il doit m'arriver beaucoup de troupes et le 8ᵉ corps sera très nombreux.

« Je compte, Général, sur vos soins particuliers pour l'exécution des dispositions que je vous ai prescrites par ma lettre du 24 novembre relativement à la confiscation des marchandises anglaises que vous trouverez à Rostock et à l'apposition des scellés sur les caisses de cette ville. »

Dans la nuit du 4 au 5 décembre, de nouvelles instructions parviennent à Mortier par des lettres de l'Empereur et du Major général.

L'Empereur lui avait écrit de Posen (2) le 29 novembre, à 10 heures du soir :

« Mon Cousin, le Major général vous fait connaître mes intentions. Il faut qu'avec un corps de 15.000 à 16.000 hommes et 24 à 30 pièces de canon attelées, vous soyez prêt, de la Poméranie et de l'Oder, à vous porter sur la Vistule, si cela était nécessaire. Je ne dois pas dédaigner, dans les chances de la fortune, 16.000 hommes commandés par vous.

« Mes troupes sont entrées à Varsovie hier 28.

« Procurez-vous des souliers, la saison vient où ils sont bien nécessaires. Voyez si on ne pourrait pas en faire venir de Hambourg une vingtaine de milliers de paires sur Stettin, où nous en avons le plus grand besoin.

« Composez bien vos divisions. Ayez de bons généraux de division et quatre ou cinq bons généraux de brigade. Des généraux intelligents et intrépides assurent le succès des affaires. Prenez le général Lacombe Saint-Michel pour commander votre artillerie. Dans ces guerres-ci l'artillerie est de première nécessité ; il faut que vous en ayez trente pièces. Le roi de Hollande pourra en envoyer quelques-unes de Hollande à ses troupes. Il est cependant nécessaire qu'il y ait des

---

(1) A. T. (R. 17). (2) A. T.

canonniers et des batteries à l'embouchure des rivières. Faites pour le mieux.

« Envoyez-moi en détail la composition de vos divisions, afin que je sache le degré de confiance que je dois avoir dans chacune. Sur ce, etc., etc. »

Du même lieu et du même jour, à 11ʰ 30 du soir, le Major général lui avait mandé (1) :

« L'Empereur, Monsieur le Maréchal, a reçu votre lettre du 25 novembre, par laquelle vous l'instruisez que le général Michaud va se rendre dans le Mecklembourg. L'intention de l'Empereur, Monsieur le Maréchal, est que vous vous y rendiez de votre personne et que vous ayez de ce côté vos huit régiments français, que vous laissiez à Hambourg le régiment italien avec un régiment hollandais et que les autres troupes hollandaises soient placées à Brême et à Lübeck et à l'embouchure des rivières.

« Arrangez-vous de manière à vous trouver à portée de placer votre quartier général à Schwerin et ensuite à Anclam.

« Vous prendrez la plus grande partie de votre cavalerie et, avec 16.000 ou 18.000 Français et 24 ou 30 pièces de canon, vous vous trouverez à même de marcher par Stettin pour joindre la Grande Armée en peu de jours si la lutte, qui peut avoir lieu d'un moment à l'autre avec les Russes, rendait votre présence utile.

« Vous laisserez le général Michaud qui, par son âge et son expérience, paraît propre à commander à Hambourg, comme gouverneur des trois villes hanséatiques : les généraux Dupas et Grandjean sont propres à commander vos divisions actives : quant au général Teulié, il commandera la division italienne et j'envoie l'ordre au général Lagrange de diriger à cet effet le second régiment sur Hambourg pour former sa division. Ainsi donc, Monsieur le Maréchal, les Hollandais et les Italiens tiendront garnison à Hameln, dans les trois villes hanséatiques et à l'embouchure des rivières. Le général Michaud commandera, en qualité de gouverneur, les villes hanséatiques et sera chargé de tenir la main et de faire exécuter les dispositions du décret de Sa Majesté, relatives au blocus de l'Angleterre. Il aura donc un corps particulier et correspondra avec vous et vous lui ordonnerez, en même temps, de correspondre directement avec moi, afin de me faire connaître tout ce qui se passera.

« Avec les huit régiments français formant deux divisions, 24 à 30 pièces de canon et la moitié de votre cavalerie, vous couvrirez le Mecklembourg; vous en chasserez les princes; vous nommerez un gouverneur et un inspecteur aux revues pour faire les fonctions d'intendant; vous ne perdrez pas un moment pour vous organiser de tout ce qui vous sera nécessaire, soit pour vous emparer de la Poméranie

---

(1) A. T.

suédoise, si vous en recevez l'ordre, soit pour marcher par Stettin pour appuyer les mouvements de la Grande Armée si cela était nécessaire. Vous remettrez au général Michaud toutes les instructions que l'Empereur peut vous avoir données. Sa Majesté compte qu'avant le 10 décembre vous serez à Anclam et, le 12, que vous pourriez être réuni avec votre corps d'armée à Stettin, s'il y a lieu et si les circonstances l'exigent.

« Redressez la marche du 58ᵉ de ligne et du 15ᵉ d'infanterie légère, de manière qu'ils fassent le moins de chemin possible pour vous rejoindre.

« Ayez soin que chaque homme ait une capote et deux paires de souliers dans le sac. Je vous ai déjà fait connaître que vous deviez correspondre avec le général Clarke à Berlin pour l'instruire de ce qui se passe. Vous ferez évacuer toute l'artillerie et les fusils de Mecklembourg-Schwerin sur Magdebourg. »

Le 5 décembre, Mortier répond (1) à l'Empereur :

« J'ai reçu cette nuit la lettre que Votre Majesté m'a fait l'honneur de m'écrire le 29 novembre.

« Le général Michaud, nommé par Votre Majesté gouverneur des villes hanséatiques, va se rendre à Hambourg pour y prendre le commandement des troupes hollandaises et italiennes. Je lui ai fait part de vos instructions pour tout ce qui était relatif à l'objet de ma mission.

« Le général Grandjean remplacera le général Michaud dans le commandement de sa division au 8ᵉ corps.

« Le général Savary a retenu en Hanovre le 12ᵉ régiment d'infanterie légère d'après l'ordre du Major général de l'armée. Le 22ᵉ de ligne n'ayant été relevé que très tard dans les postes de Brême, Lehe, Cuxhaven et Stade, malgré mes instances réitérées, il ne pourra être rendu à Schwerin que dans cinq ou six jours. Je ne pourrai donc réunir à Anclam que quatre régiments d'infanterie française; ils y seront rendus le 12, conformément aux ordres que m'a transmis de votre part le Major général de l'armée, ainsi que les trois régiments de cavalerie et les vingt pièces d'artillerie.

« Je ne laisserai qu'un détachement à Rostock pour assurer l'exécution de vos ordres.

« Le 26ᵉ de chasseurs arrive ici aujourd'hui; il est beau et bien tenu, malgré ses longues marches.

« Je laisserai des ordres pour qu'on dirige sur Anclam les troupes qui arriveront au 8ᵉ corps; déjà, depuis plusieurs jours, j'avais chargé le commandant de Hanovre de donner aux 15ᵉ et 58ᵉ la direction de Schwerin.

« Le désarmement des troupes du Mecklembourg s'est opéré; il

---

(1) A. T. (R. 17).

y a eu de belles pièces d'artillerie; je fais prendre l'état du tout pour vous l'envoyer.

« Il a été pris possession du pays au nom de Votre Majesté; les scellés ont été apposés sur les caisses; elles contiennent peu de chose parce qu'on avait déjà disposé de la plus grande partie de leur contenu avant mon arrivée, ainsi qu'il vous en aura sans doute été rendu compte.

« Le duc et le prince héréditaire sont partis.

« M. le sous-inspecteur aux revues Brémond a été nommé intendant du Mecklembourg par M. l'intendant général.

« Je ne connais nullement la plupart des généraux nommés au 8ᵉ corps; j'en joins ici l'état avec la situation des troupes que j'ai l'honneur de remettre à Votre Majesté.

« S. A. le Major général m'ayant donné l'ordre de nommer un gouverneur du Mecklembourg, j'y laisserai le général Laval dont la présence va devenir inutile à Hambourg. Je ferai également rejoindre le général Buget que j'avais laissé à Lübeck.

« Sire, ce sera pour le 8ᵉ corps un bien beau jour que celui où il pourra se réunir à votre Grande Armée et combattre sous vos yeux.

« P.-S. — Dans la situation que je joins ici, Votre Majesté verra que je n'aurai réuni à Anclam le 12 que 8.909 hommes. »

Il donne (1), en même temps, au Major général, une partie des renseignements qui précèdent et que nous ne reproduirons pas :

« J'ai reçu cette nuit la lettre que vous m'avez fait l'honneur de m'écrire, de Posen, le 29 novembre, pour m'annoncer que l'Empereur ordonnait que je me portasse de ma personne dans le Mecklembourg; je suis bien aise d'avoir prévu, à cet égard, ses intentions...

« J'aurai des souliers pour la troupe qui est pieds nus; mais ils n'arriveront de Hambourg que dans plusieurs jours ainsi que les capotes. J'ai donné tous mes soins à cette partie essentielle; mais ayant constamment marché depuis Mayence et la troupe n'ayant fait qu'un très court séjour à Cassel et à Hambourg, je n'ai pu me procurer ces objets. Je dois aussi ajouter à cet égard que le général Lagrange a formellement défendu à la ville de Cassel l'envoi de 3.000 capotes que j'y avais fait demander pour le 8ᵉ corps.

« Si chaque gouverneur de ville où je passerai se permet d'en faire autant, les soins que je pourrai me donner pour cet objet deviendront naturellement nuls...

« Je donnerai l'ordre pour que le bataillon du 1ᵉʳ régiment de ligne italien, qui est ici, retourne à Hambourg, mais il est, je crois, indispensable de le laisser encore à Schwerin quelques jours pour assurer l'exécution des ordres de S. M. l'Empereur...

« La compagnie de sapeurs est arrivée; on l'avait envoyée de

---

(1) A. T. (R. 17).

Mayence à la Grande Armée; on l'a renvoyée de Berlin à Hambourg et de Hambourg ici. »

En adressant à Michaud sa nomination de gouverneur des villes hanséatiques, il lui mande (1) :

« Vous ferez établir et armer des batteries sur l'Elbe et le Weser. Celles sur l'Elbe produiront peu d'effet par suite de l'extrême largeur du fleuve; mais j'avais obvié à cet inconvénient, pendant mon premier séjour en Hanovre, en me servant du bâtiment armé hanovrien qui était à Stade; par ce moyen, la navigation de l'Elbe était impraticable. Je sais que, lors de la dernière occupation du Hanovre par les Anglais, ils se sont emparés de ce bâtiment; mais vous pourriez facilement le remplacer par une chaloupe canonnière. »

Ajoutons que, dans ses *Mémoires* (2), Bourrienne note au sujet de la nomination de Michaud : « Lorsque le maréchal Mortier quitta Hambourg pour se porter dans le Mecklembourg, il fut remplacé par le général Michaud qui marcha sur les traces du maréchal que l'on regrettait, dans la crainte d'avoir un commandant moins équitable que lui. »

Mortier prescrit (1) le même jour à Teulié, qui est à Schwerin, de se rendre à Hambourg pour y prendre le commandement de la division italienne placée sous les ordres de Michaud et au général italien Bonfanti de prendre le commandement de la place de Schwerin en attendant l'arrivée de Laval.

Michaud, en se portant sur Rostock avec sa division, suivant les ordres qu'il avait reçus de Mortier, lui avait rendu compte (3), le 2 décembre, de Sternberg, qu'il comptait se rendre le surlendemain 4 à Rostock, de très bonne heure, devançant, avec un détachement de cavalerie, sa division; il avait donné l'ordre à Grandjean de partir le 3 au matin de Schwerin, avec le bataillon du 72e pour le rejoindre à Rostock en passant par Wismar, route qu'il eût prise lui-même si on ne l'eût assuré qu'elle était impraticable pour l'artillerie et les équipages.

De Rostock, le 5 décembre, il appelle l'attention (3) du maréchal sur la nécessité de payer les appointements des officiers, qui n'ont reçu aucun argent depuis l'entrée en campagne, et la solde de la troupe dont la chaussure et l'habillement ont, en raison des longues marches, besoin de réparations. Par une autre lettre (3), il lui expose les dispositions qu'il a prises dès son entrée dans la ville : poste au port de la ville, envoi d'une compagnie à l'embouchure du canal de Warnemünde pour empêcher la sortie d'aucun bâtiment; pendant l'apparition que Savary a faite à Rostock, il a d'ailleurs traité avec les propriétaires des divers bâtiments qui s'y trouvaient alors. « Pour faire place au bataillon du 72e qui nous rejoindra demain, je ferai partir d'ici, demain

---

(1) A. T. (R 17). (2) *Mémoires de M. de Bourrienne*. Tome VII, chapitre XI.
(3) A. T.

matin, un bataillon du 2ᵉ d'infanterie légère qui sera cantonné en avant de la place dans des communes où il sera très bien ; il occupera Tessin. Ce régiment a déjà fourni, ce matin, deux compagnies qui sont parties avec 50 chevaux du 2ᵉ hollandais pour occuper, comme vous me l'avez ordonné, Demmin et Anclam. Je me suis fait désigner les compagnies et le détachement de cavalerie par les colonels, afin d'avoir des officiers de choix. » Il lui donne, en même temps, les renseignements qu'il a pu se procurer sur Stralsund et sur la Poméranie suédoise ; il existe sur la Recknitz des ponts à Damgarten et à Tribbeses qui doivent être défendus par des ouvrages en terre, mais qu'il serait facile de prendre à revers si les marais qui bordent la Recknitz venaient à geler.

« Le 5 décembre », note Mortier dans son *Journal*, « la division Dupas part de Schwerin ; le 7, je couche à Rostock ; le 8, séjour ; le 9, couché à Genoien ; le 10, à Demmin (Poméranie prussienne) ; le 11, à Anclam ; le 8ᵉ corps se réunit aux environs de cette ville. »

On lit dans l'*Historique du 8ᵉ corps* : « Le 12 décembre, le 8ᵉ corps arrive à Anclam ; il prend position la droite à Uckermünde, la gauche à Demmin ; une compagnie occupe Rostock. »

Le commissaire ordonnateur en chef du 8ᵉ corps, Monnay, avait rendu compte (1) au maréchal, le 4 décembre, de la réquisition qu'il avait cru indispensable pour le bien du service de faire demander, en son nom, à la régence de la ville de Schwerin : 2.000 paires de souliers à fournir sur-le-champ pour la 2ᵉ division, dont les mauvais chemins et les marches forcées ont ruiné, en grande partie, la chaussure, les convois de souliers attendus de Hambourg et de Lunebourg ne pouvant arriver assez à temps pour satisfaire à l'urgence des besoins ; du bétail apte à suivre la marche des troupes ; 25.000 rations de pain demi-biscuité pour la subsistance de la 2ᵉ division pendant cinq jours dans le cas où les convois de Hambourg et de Lunebourg ne seraient pas arrivés avant le départ. « Votre Excellence sait d'ailleurs que l'approvisionnement en biscuit ne peut être trop fort ; il ne sera encore que de 200.000 rations environ, y compris les 25.000 rations dont il s'agit. »

Avant de quitter Schwerin, Mortier appelle l'attention (2) de la Régence, le 6 décembre, sur la situation de l'hôpital établi dans cette ville, où les malades et blessés français sont fort mal. Il lui fait connaître (2), le même jour, que les autorités locales continueront leurs fonctions jusqu'à ce que l'Empereur en ait ordonné autrement et que le général Laval arrivera incessamment comme gouverneur du Mecklembourg.

Le mouvement de la 2ᵉ division (Dupas) est précédé par celui de la 1ʳᵉ division ; Grandjean rend compte (1), le 6, au maréchal qu'il en a pris le commandement. D'après les rapports (1) qu'il lui adresse les

---

(1) A. T.   (2) A. T. (R. 17).

8 et 10, le mouvement de sa division s'effectue ainsi qu'il suit : le 7 décembre, la 1re brigade (général Desenfans) occupe Genoien et ses environs, la 2e (général Gency), Pass et ses environs, la 3e (général Balthazard Grandjean) Tessin, où le général de division Ch. Grandjean établit son quartier général; le 8, le mouvement est suspendu par une lettre du général Godinot; le 9, la 1re brigade se porte à Recknitz, Levin et Warnezin, la 2e à Methling, Brudessdorf et Darbehn, la 3e à Bobing et Genoien, tandis que le général de division se rend, de sa personne, à Demmin pour préparer les cantonnements de la journée du lendemain; le 10, la 1re brigade cantonne à Jarmen et dans ses environs, la 2e à Smarnow et dans ses environs, la 3e à Demmin et dans quelques villages en avant. « Il n'y a réellement que cinq hussards à Marienkrebs et une douzaine à Loitz, voilà tous les Suédois qui se trouvent dans cette partie de la Poméranie suédoise. »

Le 8 décembre, Mortier annonce (1) la réunion du 8e corps pour le 12 décembre, à Éblé à Magdebourg, à Thouvenot à Stettin et à Clarke à Berlin.

Le 9 décembre, de Genoien, il mande à Grandjean :

« Vous cantonnerez votre division, Monsieur le Général, dans les environs d'Anclam. Je crois que cette ville offre assez de ressources pour y loger le 65e et le 72e régiments d'infanterie. Vous ferez cantonner le 2e d'infanterie légère sur la route de Stettin de manière toutefois à pouvoir le réunir promptement. Le 2e régiment de cavalerie hollandaise cantonnera également aux environs et en avant d'Anclam.

« Gardez-vous militairement.

« La division Dupas et celle de cavalerie cantonneront en arrière d'Anclam. J'envoie M. le colonel Gouré, mon aide de camp, pour faire leur établissement et s'entendre avec vous pour éviter toute espèce de confusion. »

C'est seulement le 12 décembre, par suite d'un attentat contre le courrier qui les apportait, ainsi qu'on verra plus loin, que Mortier reçoit les deux dépêches (2) suivantes de l'Empereur, datées de Posen le 2 décembre :

1° « Mon Cousin, donnez l'ordre qu'on occupe Vogesack sur le Weser au-dessous de Brême, afin de bien compléter le blocus de cette rivière; que les troupes du roi de Hollande qui occupent l'Ost Frise aient des batteries, sur la rive gauche du Weser, qui croisent leurs feux avec les batteries de Lehe de manière à couper entièrement la navigation du Weser. Qu'il soit aussitôt construit dans l'île de Butzflethersandt, en face de Stade, une redoute et une batterie de six pièces de 18 ou de 24 et qu'aucun navire et bateau ne puisse passer sur l'Elbe sans venir raisonner à Stade. Qu'aucunes marchandises

---

(1) A. T. (R. 17). (2) A. T.

anglaises ne puissent passer ni par Altona, ni par Hambourg, ni par aucun autre point. Il faut un général de brigade à Cuxhaven et un autre à Stade; l'un surveillera le Weser, l'autre l'Elbe. Il faut établir un cordon de Hambourg à Travemünde et un autre le long de la rive gauche de l'Elbe jusque vis-à-vis Hambourg; chargez un général de brigade de commander ce cordon. Toutes marchandises qu'on tenterait de faire passer seront confisquées au profit du soldat : il ne doit passer aucunes marchandises anglaises ou coloniales. La plus grande partie de la division Dumonceau, deux régiments italiens et le tiers de la cavalerie hollandaise doivent être employés à ces opérations. Vous donnerez ordre aussi au cordon le long du Holstein de ne laisser passer aucun courrier sans être visité et d'enlever toutes lettres pour l'Angleterre écrites par des Anglais. Enfin, il est bien important de placer à Hambourg, à Brême et à Lübeck un employé des postes français pour arrêter toutes les lettres anglaises.

« Je donne l'ordre au ministre des Finances de faire partir aussitôt deux inspecteurs des Douanes et un détachement de cinq cents douaniers pour aider les troupes françaises du cordon que je veux établir sur l'Elbe et j'envoie également au général (sic) Moncey (1) l'ordre d'envoyer une compagnie de cent gendarmes qui seront distribués le long de ce cordon.

« Comme il est possible que vous ayez déjà quitté Hambourg, remettez ces ordres au général Dumonceau et faites-lui savoir que j'attache la plus grande importance à leur stricte exécution et que je l'en rends responsable. Sur ce, etc.

2° « Mon Cousin, je n'ai pu être qu'extrêmement mécontent que M. Lachevardière ait, sans votre ordre, fait connaître que, moyennant un ordre de lui, tous les ballots pourraient se rendre de Hambourg à Altona.

« J'approuve les mesures que vous avez prises pour l'arrestation des Anglais, mais il me semble qu'il y en a beaucoup plus que cela à Hambourg. Il faut tous les faire arrêter en échange des Français non militaires qu'on a arrêtés sur les mers. Tant qu'il vous sera possible, vous devez toujours conserver la haute main pour l'exécution des mesures relatives au blocus. Faites-moi connaître si l'on a établi une bonne batterie à Stade. Si vous avez chargé de tous ces objets le général Michaud, écrivez-lui qu'il prenne un soin particulier pour empêcher toute communication de Hambourg à Altona et pour qu'il fasse confisquer tous les bâtiments qui seraient sur l'Elbe, chargés de potasse, de charbon ou de toute autre marchandise venant d'Angleterre. Réitérez l'ordre qu'à la poste on retienne toutes les lettres adressées en Angleterre. Sur ce, etc. »

---

(1) Le maréchal Moncey était inspecteur général de la gendarmerie.

Le maréchal répond (1) dès le 12 :

« Le courrier porteur des dépêches que Votre Majesté m'a fait l'honneur de m'adresser de Posen le 2 décembre, a été assassiné d'un coup de feu par le guide ou postillon qui l'accompagnait, près de Sternberg en avant de Schwerin; il n'est pas mort de sa blessure. L'auteur de cet assassinat a été arrêté et j'envoie à Schwerin l'ordre de le faire juger par une commission militaire (2). Les dépêches ont été sauvées; un officier des troupes du Mecklembourg me les a apportées intactes et je viens de les recevoir. Les autorités du pays ont paru mettre du zèle pour l'arrestation du coupable.

« J'avais déjà donné au général Michaud des instructions pour la stricte exécution des ordres de Votre Majesté relativement au blocus des fleuves; je vais lui faire part des nouveaux ordres de Votre Majesté pour l'établissement du cordon de Hambourg à Lübeck. Pendant mon séjour dans cette première ville, le directeur des Postes du Holstein et du Danemark ne pouvait laisser partir les paquets qu'après avoir été visités par des personnes que j'avais commises à cet effet. Cette mesure a dû être continuée. Je recommande de nouveau au général Michaud de ne rien négliger pour assurer la volonté de Votre Majesté.

« Les deux rives du Weser étant occupées par des troupes françaises ou hollandaises, aucun bâtiment ne pourra remonter cette rivière. Pendant mon premier séjour en Hanovre, il existait à Stade un bâtiment armé pour assurer le droit de péage; je m'en étais servi pour empêcher qu'aucun navire pût remonter ou descendre l'Elbe; mais ce bâtiment ayant été enlevé, l'année dernière, par les Anglais, j'ai chargé le général Michaud d'en faire armer un autre pour le même objet. Par ce moyen et ceux que Votre Majesté m'a déjà indiqués, l'Elbe se trouvera hermétiquement fermé. Je fais part de vos intentions au général Michaud.

« Le 8e corps, tel que j'ai eu l'honneur de l'annoncer à Votre Majesté par ma lettre du 5, se trouve aujourd'hui réuni à Anclam et aux environs; toutes les troupes ont dû passer de Schwerin à Rostock, la crue des eaux ayant rendu impraticable la route de Güstrow.

« Je n'ai point de nouvelles des 15e et 58e régiments; des officiers d'état-major sont à leur recherche depuis mon départ de Hambourg. Le 22e régiment est à cinq journées de marche d'ici; le 12e est resté à Brême, malgré l'ordre de départ que je lui avais envoyé, le général Savary m'ayant mandé qu'il avait ordre du Major général de l'armée de le garder près de lui, ainsi que j'ai eu l'honneur d'en rendre compte à Votre Majesté.

« Tous les rapports s'accordent à dire que les Suédois ont, tant à

---

(1) A. T. (R. 17).
(2) Il fut condamné à mort et Laval rendit compte à Mortier de son exécution le 3 janvier 1807 (A. T.).

Straslsund que dans la Poméranie, environ 10.000 hommes. Ils ont, de plus, levé dans le pays un corps de 4.000 hommes qu'ils tiennent dans l'île de Rügen où on les fait exercer toute la journée. Les habitants des faubourgs de Stralsund ont l'ordre, sous peine de la vie, de brûler leurs maisons à notre approche. Tous les ponts tant sur la Peene que sur la Trebel sont coupés ; il existe de distance en distance des signaux pour prévenir la capitale du moment où nous avancerons dans le pays.

« Un officier suédois est venu m'apporter une lettre (1) de M. le baron d'Essen, gouverneur de Stralsund et de la Poméranie, pour me prier de faire passer l'incluse à S. A. le prince héréditaire de Bade ; elle vient de Mme la duchesse de Brunswick, sa sœur.

« M. Lachevardière, que j'avais fait venir chez moi pour connaître les motifs qui avaient pu l'engager à faire insérer dans la *Gazette de Hambourg* que les denrées coloniales pourraient en sortir moyennant un laissez-passer de sa part, m'a protesté que cet avis ne venait pas de lui. J'avais, au reste, ordonné au commandant de la place de ne laisser sortir aucunes marchandises de la ville, fussent-elles même accompagnées d'un certificat de ce consul.

« P.-S. — Vogesack a été occupé aussitôt mon entrée en Hanovre ; il y avait à Hambourg plusieurs Anglais qui sont partis à notre approche : les déclarations de marchandises anglaises montaient au delà de 20 millions quand j'ai quitté Hambourg. »

Il fait porter à l'Empereur, par un de ses aides de camp, en même temps que la lettre qui précède, la suivante (2) :

« S. M. le roi de Hollande ayant désigné pour sa Garde la 1re compagnie d'artillerie légère qui se trouve détachée au 8e corps, je viens de recevoir du général Dumonceau l'invitation (1) de la faire partir de suite pour La Haye ainsi que 155 hommes des 2e régiment de hussards et 2e de cavalerie hollandaise.

« En renvoyant cette compagnie légère, je n'aurai plus au 8e corps que huit bouches à feu, et les deux régiments de cavalerie hollandaise sont tellement faibles qu'il ne me restera que les cadres.

« Votre Majesté m'a donné des ordres que je dois exécuter et, d'un autre côté, je désirerais remplir les intentions du roi de Hollande ; je vous prie de vouloir bien me tracer la marche que j'ai à suivre. Jusqu'à ce que j'aie reçu les ordres de Votre Majesté, je suspendrai le départ de cette compagnie d'artillerie légère et du détachement de cavalerie. »

Il allait expédier ces dépêches lorsqu'il en reçoit une nouvelle (1) de l'Empereur datée de Posen le 6 décembre :

« Mon Cousin, comme je ne sais qui commande dans le Hanovre, je vous prie d'y réitérer bien mon ordre d'évacuer l'artillerie de Nien-

---

(1) A. T.   (2) A. T. (R. 17).

burg sur Wesel et d'en démolir les fortifications. Je ne veux garder que celles de Hameln; retirez-en les troupes hollandaises et n'y laissez que la garnison de cette place. Je vous ai fait connaître en détail mes instructions sur la distribution de vos forces. Faites évacuer sur Magdebourg, Hameln et Wesel toute l'artillerie que vous trouverez dans le Mecklembourg. Nous sommes maîtres de Varsovie et du faubourg de Praga. Nous avons passé la Vistule et obligé les Russes à repasser le Bug. Glogau s'est rendue et Breslau est attaquée de manière à faire espérer qu'elle ne tardera pas à se rendre. Sur ce, je prie Dieu, etc. »

Rappelons que Mortier avait laissé Schramm comme gouverneur à Hanovre. Le 1er décembre, le Major général lui avait mandé (1) à ce sujet : « L'intention de l'Empereur, Monsieur le Maréchal, est que vous employiez le général de brigade Schramm dans une division active et qu'il soit mis à même de se battre, car c'est un homme qui a l'habitude de la guerre. » Le 4 décembre, il l'avait prévenu (1) qu'il venait de donner l'ordre au général de brigade Lasalcette, employé dans la 7e division militaire, de se rendre sur-le-champ à Hanovre pour prendre le gouvernement de ce pays et il l'avait invité à donner des ordres pour qu'il soit reconnu en qualité de gouverneur. C'est à la date du 12 décembre, à laquelle nous sommes arrivés, que Mortier, avise (2) de cette nomination Schramm et la Commission exécutive du Hanovre et écrit (2) à Lasalcette :

« Vous allez, Monsieur le Général, gouverner le pays de Hanovre et je viens d'écrire aux autorités du pays, d'après l'ordre de l'Empereur, de vous reconnaître en cette qualité. Vous trouverez dans les habitants du pays des hommes probes et loyaux; le long séjour que j'ai fait parmi eux m'a appris à les connaître et à les estimer.

« La Commission exécutive que j'ai créée est composée des hommes les plus marquants dans le pays. Son président, M. de Patje, est un homme plein d'honneur qui a su se faire aimer par tous les Français qui ont habité l'Électorat. »

Mortier, en recevant le 12 décembre la lettre de l'Empereur du 6, joint à ses deux premières dépêches la suivante (2) :

« Au moment où j'allais faire partir mes dépêches, je reçois la lettre que Votre Majesté m'a fait l'honneur de m'écrire le 6 décembre.

« Le général Savary était resté en Hanovre lors de mon départ de Hambourg et le général Schramm commandait la capitale. J'écris au dernier, au cas que le général Savary soit parti, pour faire démolir les fortifications de Nienburg et pour que l'artillerie de cette forteresse soit évacuée sur Wesel.

« S. A. le Major général m'ayant prévenu que le général Lasalcette devait se rendre à Hanovre pour prendre le gouvernement de ce pays, j'ai donné des ordres pour qu'il soit reçu et reconnu en cette qualité.

---

(1) A. T. (2) A. T. (R. 17).

« Hambourg pourra facilement fournir les 20.000 paires de souliers que Votre Majesté désire... »

« Le Major général de l'armée m'ayant prévenu que, réuni à Anclam, je recevrais des ordres, soit pour m'emparer de la Poméranie suédoise, soit pour marcher sur Stettin pour appuyer le mouvement de la Grande Armée, j'attends avec impatience l'ordre pour exécuter l'un ou l'autre de ces mouvements. »

Les forces dont dispose alors le maréchal sont indiquées dans le *P.-S.* d'une lettre (1) qu'il écrit le même jour au Major général, auquel il répète les renseignements donnés à l'Empereur : « La situation que je vous ai annoncée a dû vous être envoyée par le chef de l'État-major; elle porte les 2e et 4e d'infanterie légère, 65e et 72e de ligne, 26e de chasseurs, 2e de hussards et 2e de cavalerie hollandaise, 2 compagnies d'artillerie légère hollandaise, 1 compagnie de sapeurs, 8 bouches à feu au parc de réserve. Total : 20 pièces de canon. »

« L'aide de camp de Mortier arrive le 15 décembre à Posen et le Major général le renvoie, le même jour, à Anclam avec la lettre (2) de l'Empereur qui suit :

« Mon Cousin, je reçois votre lettre du 12. J'espère que le 22e vous aura rejoint. Les 15e et 58e ne doivent pas être loin. Reposez vos troupes. Correspondez avec Stettin et avec le Major général. Organisez-vous. Reconnaissez les débouchés de la Poméranie suédoise. Bloquez bien Rostock; arrêtez-y tout le commerce des Anglais; faites-y exécuter le décret. Levez des chevaux dans le Mecklembourg. Soyez prêt à vous porter au premier ordre sur Stettin ou sur Stralsund. Ayez du biscuit pour dix jours et des souliers. Envoyez-moi des officiers. Je pars ce soir pour Varsovie. Je me déciderai dans trois jours à vous envoyer des ordres. Sur ce, etc. »

Le Major général confirme (2), en même temps, ces instructions, et répond (2) au maréchal au sujet des troupes hollandaises :

« L'intention de l'Empereur, Monsieur le Maréchal, est que vous répondiez à S. M. le roi de Hollande que vous avez les ordres les plus précis de sa part de ne renvoyer aucun homme sans y être autorisé par Sa Majesté. Vous ajouterez au roi de Hollande qu'il doit comprendre qu'il est tel contre-mouvement qui peut beaucoup nuire aux opérations de la Grande Armée; je donne des ordres aux généraux Michaud et Dumonceau de ne faire aucun mouvement vers la Hollande sans votre ordre. »

En accusant réception à Mortier, le 10 décembre, de sa lettre du 5 et en l'invitant à donner l'ordre au 12e d'infanterie légère de le rejoindre, s'il ne l'a déjà fait, le Major général lui avait mandé (2) :

« Sa Majesté pense que la division hollandaise doit suffire pour

---

(1) A. T. (R. 17). (2) A. T.

garder l'embouchure des rivières de l'Elbe, du Weser et de la Trave, ainsi que pour la garde des trois villes hanséatiques. Alors la division italienne deviendrait disponible et je donne des ordres pour qu'elle soit toute réunie à Magdebourg. Je donne l'ordre au second régiment, qui est à Cassel, de se rendre dans cette place ; le 3e régiment italien, qui arrive à Mayence, reçoit le même ordre. Le général Michaud reçoit aussi des ordres pour le 1er régiment italien qui doit être à Hambourg (1).

« Reposez vos troupes, Monsieur le Maréchal ; lisez avec la plus grande attention vos états de situation ; vous y verrez que les corps ont des détachements qui ne rejoignent pas ; comment est-il possible que le 14e régiment d'infanterie légère ne soit qu'à 1.400 hommes ?

« L'intention de Sa Majesté est qu'il soit levé des chevaux pour monter le 26e régiment de chasseurs et la cavalerie hollandaise. Sa Majesté ordonne également qu'il en soit de même pour votre artillerie.

« Vous trouverez ci-joint l'organisation prescrite par Sa Majesté et l'ordre que je donne à cet effet au général Songis.

« Prenez les mesures nécessaires pour que vos hommes aient toujours des capotes et des souliers, c'est-à-dire une paire de souliers aux pieds et deux dans le sac, ce qui sera facile parce que le Mecklembourg fournit beaucoup de cuir. Comme je vous l'ai déjà dit, reposez vos troupes, afin que lorsque vous recevrez l'ordre d'agir, vous soyez nombreux et bien organisés.

« Prenez des informations sur la Poméranie suédoise, car il est possible que, d'un moment à l'autre, vous receviez des ordres de l'Empereur pour vous emparer de cette province et pour bloquer Stralsund.

« L'Empereur vous défend expressément de faire aucune réquisition sur la Prusse, afin de ne point entraver l'organisation de ce pays ; faites toutes vos réquisitions dans le pays de Mecklembourg.

« Malgré toutes les dispositions dont je viens de vous parler, Monsieur le Maréchal, vous conservez toujours le commandement supérieur et la haute main sur les villes hanséatiques. Il est donc nécessaire que le général Michaud continue à vous informer de tout ce qui se passe et vous devez veiller à ce que la division hollandaise soit répartie dans les proportions nécessaires tant à Hambourg qu'à Lübeck et à Brême et à l'embouchure de l'Elbe, du Weser et de la Trave.

« Faites connaître au général Savary que l'intention de l'Empereur est qu'il parte de suite pour rejoindre Sa Majesté au grand quartier général. »

Le même jour, le Major général lui avait envoyé (2) une amplia-

---

(1) Le 29 décembre, Michaud rend compte à Mortier que le général Teulié et les troupes italiennes, qui se trouvaient à Hambourg et qui y ont été retenues par des vents contraires, ont effectué, la veille au matin, leur passage à Harbourg, se dirigeant sur Madgebourg (A. T.).
(2) A. T.

tion (1) d'un décret impérial du 8 décembre qui ordonne la formation de magasins de souliers et de capotes à Magdebourg et à Küstrin pour qu'il en soit fourni, à leur passage dans ces places, aux détachements ou militaires isolés venant de France, qui accorde une gratification de deux paires de souliers à tous les soldats de l'armée, et qui prescrit enfin à tous les conseils d'administration des dépôts des régiments de la Grande Armée de faire confectionner deux paires de souliers pour chaque soldat du corps.

Il lui avait adressé (1), le 14 décembre, une copie (1) d'un décret impérial en date du 12 décembre, ordonnant une levée de chevaux par voie de réquisition dans les pays conquis par la Grande Armée. Le Mecklembourg doit en fournir 1.500 dont 900 de cavalerie et 600 d'artillerie; parmi ceux de cavalerie, 400 sont destinés au 8ᵉ corps et 500 seront dirigés sur Potsdam; les 600 chevaux d'artillerie seront à la disposition du général Lacombe Saint-Michel.

Songis avait écrit (1), le 11 décembre, à ce dernier :

« Je vous préviens que Sa Majesté a décidé que l'artillerie du 8ᵉ corps, non compris celle des troupes hollandaises, serait composée de trente bouches à feu réparties en deux divisions de douze bouches à feu chaque, servies par l'artillerie à pied et une division de six bouches à feu servie par l'artillerie à cheval et d'un parc composé d'un demi-approvisionnement de munitions à canon. Je vous envoie ci-joint l'état de cette composition. Les quatre pièces de 8 et les deux obusiers de 6 pouces devront être attachés à la cavalerie à cause de la supériorité de nos constructions sur celles prussiennes.

« Le personnel sera composé de quatre compagnies d'artillerie, dont une pour le parc et d'une compagnie d'artillerie à cheval.

« Le train sera composé d'un bataillon.

« Vous avez maintenant une compagnie d'artillerie à pied; deux venant de Wesel ont ordre de se rendre au 8ᵉ corps, ainsi que je vous en ai prévenu ; je donne ordre à une troisième, qui vient également de Wesel, de se rendre aussi au 8ᵉ corps, ce qui complétera les quatre d'artillerie à pied.

« La 1ʳᵉ compagnie du 6ᵉ régiment d'artillerie à cheval, qui vient de France, aura ordre de se rendre aussi à votre corps; en attendant son arrivée, l'intention de Sa Majesté est qu'une compagnie d'artillerie hollandaise la supplée. Sa Majesté pense que vous en avez plus qu'il n'est nécessaire pour le service des pièces hollandaises.

« Je donne ordre au 11ᵉ bataillon *bis* du train, qui a dû partir de Mayence le 10, de se rendre au 8ᵉ corps, se dirigeant par le Mecklembourg. L'intention de Sa Majesté est qu'il y soit remonté et s'y procure les harnais dont il aura besoin. M. le maréchal Mortier et l'intendant général sont prévenus de ces dispositions et sont autorisés à

---

(1) A. T.

faire faire cette remonte. Je vous prie de prendre des mesures pour qu'elle ait lieu le plus tôt possible et pour que les harnais nécessaires au bataillon soient promptement confectionnés.

« A l'égard du matériel, l'intention de l'Empereur est que les objets qui vous manquent soient pris à Hameln, à Lübeck ou même à Schwerin. Dans le cas où il ne serait pas possible de le trouver en entier dans ces trois places, vous prendriez à Magdebourg ce qu'il faudrait pour le compléter.

« Croyez, Monsieur le Général, que j'ai toujours infiniment regretté de ne pouvoir vous faire donner ce que vous m'avez demandé, tant en personnel qu'en matériel. L'Empereur ne m'a jamais autorisé de rien fournir de ce qui était à l'armée et, dans ce moment même, il m'a défendu de faire rétrograder pour le 8e corps aucune pièce d'artillerie ni aucune troupe ; il pense qu'il suffit de vous envoyer les compagnies d'artillerie et le bataillon du train et que vous pouvez vous-même organiser le matériel et l'attelage. Veuillez bien vous en occuper sans délai. »

Mortier reçoit le 17 décembre la lettre du Major général qui précède et répond (1) le même jour :

« Je viens de recevoir la lettre que vous m'avez fait l'honneur de m'écrire le 10 décembre. L'ordre que vous me donnez de tirer toutes mes subsistances du Mecklembourg éprouvera des obstacles par la difficulté des communications, la crue des eaux ayant rendu les chemins presque impraticables et la navigation de la Peene, que bordent les troupes suédoises, ne paraissant pas sûre. Votre Altesse n'ignore pas, au reste, que le pays de Mecklembourg a beaucoup souffert par le passage de deux armées et le retour des troupes qui ont fait mettre bas les armes au corps de Blücher à Lübeck. Toutefois, je ferai tout mon possible pour tirer de ce pays toutes les ressources qu'il pourra m'offrir.

« Nous commençons à éprouver ici de la pénurie pour les vivres : les soldats, entassés dans les cantonnements, mangent une nourriture peu saine ; l'eau-de-vie et le vinaigre manquent entièrement et les autorités locales ne paraissent pas mettre beaucoup de bonne volonté à subvenir à nos besoins.

« Vous me recommandez, Monsieur le Maréchal, de *lire avec la plus grande attention les états de situation* et que *j'y verrai que les corps ont des détachements qui ne rejoignent pas. Comment est-il possible,* ajoutez-vous, *que le 14e régiment d'infanterie légère ne soit qu'à 1.400 hommes ?*

« J'ai l'honneur de vous observer que depuis l'an VII que le 14e régiment d'infanterie légère était sous mes ordres en Suisse, je n'en

---

(1) A. T. (R. 17).

ai pas entendu parler et que je ne sais même pas où il est maintenant. Aucun des corps sous mes ordres n'a eu d'autres détachements que ceux jugés indispensablement nécessaires.

« J'ai appris à la vérité et très indirectement que le 12ᵉ d'infanterie légère a été très fortement disséminé; mais vous voudrez bien vous rappeler, Monsieur le Maréchal, que ce régiment n'est plus sous mes ordres depuis le 6 novembre que j'ai quitté Cassel et que, malgré l'ordre réitéré que je lui avais donné dans le Hanovre pour rejoindre le 8ᵉ corps, il m'a été répondu qu'il faisait partie des troupes aux ordres du général Savary, *d'après vos instructions particulières*. J'ai vu au reste avec plaisir l'ordre que vous lui avez donné de me rejoindre et je lui écris de nouveau pour presser son retour.

« Le 26ᵉ régiment de chasseurs est très beau et très bien tenu. Il a, au dépôt, 100 hommes habillés, montés et équipés qui n'attendent qu'un ordre de votre part pour rejoindre les escadrons de guerre. Je vous prie, Monsieur le Maréchal, de vouloir bien le leur envoyer le plus tôt possible; lorsque ce détachement sera arrivé, il aura plus de 600 hommes à cheval et les intentions de Sa Majesté seront remplies.

« Quoiqu'on ait enlevé du Mecklembourg une quantité prodigieuse de chevaux, ce pays peut cependant en fournir encore et j'aurai soin de faire monter tous les hommes à pied de la cavalerie sous mes ordres. Je dois vous observer que, pour le moment, il y a dans la cavalerie hollandaise plus de chevaux que d'hommes.

« Les Prussiens sont venus prendre un détachement d'une vingtaine d'hommes des troupes badoises qui étaient à Swienemünde, île d'Usedom; ces Prussiens étaient venus de Cammin et de l'île de Wollin. J'ai fait passer dans l'île d'Usedom un détachement de 200 hommes du 2ᵉ régiment d'infanterie légère, et les Prussiens, qu'on m'assure être au nombre de 400 à 500, se sont retirés à leur approche.

« L'ordre de Votre Altesse étant de me réunir pour marcher, au premier ordre, dans la Poméranie, je n'ai pas cru devoir me disséminer; mais il serait convenable, je pense, d'établir à Cammin, distant de 36 lieues d'ici, un détachement de 1.000 à 1.200 hommes et quelques pièces d'artillerie pour couvrir Stettin et Stargard où nous avons des magasins.

« Le général Thouvenot m'annonçant que les Prussiens sont venus enlever une caisse à 4 lieues de chez lui, je vais détacher un parti pour se porter sur les points de Cammin et de Greiffenberg...

« Les rapports sur la Poméranie suédoise sont à peu près les mêmes que ceux que je vous ai fait passer. Les postes suédois, établis sur la ligne vis-à-vis les miens, ont l'ordre de se retirer à notre approche pour se concentrer sur Stralsund.

« Il est trois points infiniment importants que je ne puis me dispenser de faire garder : c'est Rostock, Warnemünde et Wismar. Je n'ai laissé que de faibles détachements dans ces endroits.

« Le 22ᵉ de ligne est arrivé aujourd'hui dans ses cantonnements; le 58ᵉ arrivera le 20 et le 15ᵉ d'infanterie légère le 19. »

Ces régiments, d'après l'*Historique du 8ᵉ corps*, arrivèrent, en effet, au dates indiquées; les deux derniers firent partie de la 2ᵉ division.

Les partis prussiens qui avaient enlevé dans l'île d'Usedom un poste badois étaient détachés par la garnison de la place forte de Colberg.

Clarke, gouverneur de Berlin, avait rendu compte (1) à l'Empereur, le 13 décembre, que cette garnison envoyait des partis jusque dans la Nouvelle Marche pour fourrager.

Thouvenot, gouverneur de Stettin, avait écrit (2), le 16, à Mortier :

« Les patrouilles de Colberg viennent d'enlever une caisse à 4 lieues d'ici. Comme je ne puis tenir la campagne, faute de monde et surtout de cavalerie, ces patrouilles nous enlèvent toutes nos ressources et parviendront à couper la communication directe avec Posen.

« Tout le pays est pour eux et contre nous; ils sont, par conséquent, instruits de tout et leurs opérations sont toujours sûres.

« L'Administration a fait amasser beaucoup de vivres et de fourrages à Stargard, qu'il est important de conserver, et je ne puis y tenir assez de monde pour les assurer, sans compromettre les places de Damm et de Stettin; en y en mettant peu, il me sera enlevé.

« Je suis donc forcé de réclamer du secours de Votre Excellence; je crois qu'en portant un corps de 700 à 800 hommes à Wollin, l'apparition seule de ce corps ferait rentrer les patrouilles de Colberg, qui craindraient d'être coupées, et que 200 hommes de bonne cavalerie qui tiendraient la campagne assureraient la communication avec Posen et les magasins de Stargard, que l'on ferait évacuer si on ne pouvait se garder sur ce point.

« La ville de Stettin a une population nombreuse et mal disposée; à l'exception d'environ 1.000 Badois, je n'ai presque point d'autres troupes en état de faire le service dans la ville et pour ses fortifications très étendues.

« J'ai 500 hommes à Damm et environ 400 au fort de Prusse : partout les soldats ont à peine une nuit de repos.

« Je suis chargé de surveiller l'Oder depuis ses embouchures jusqu'à Oderberg; je ne puis avoir que des petits postes sur cette longue ligne.

« Telle est, Monsieur le Maréchal, ma position que je m'empresse de faire connaître à Votre Excellence, afin qu'elle ordonne ce qu'elle jugera le plus convenable au service de Sa Majesté. »

En apprenant (2), le même jour, au maréchal, l'enlèvement du poste de Swienemünde, il exprimait l'opinion que cette opération n'avait pu se faire que par des intelligences avec les habitants du pays,

---

(1) A. G. (2) A. T.

« qui mériteraient, je pense, une correction exemplaire », mais qu'il n'avait aucun moyen pour la leur infliger. Il ajoutait : « Les troupes de Baden n'ont aucune idée de la guerre et je suis certain que les soldats du détachement de Swienemünde ont été pris dans leurs lits. »

Mortier n'osait disséminer ses troupes, car, ainsi qu'il l'écrivait (1) le 20 à Bourrienne, il « attendait avec beaucoup d'impatience l'ordre de faire *par le flanc droit ou par le flanc gauche* ».

Néanmoins, il prend successivement des dispositions pour mettre à l'abri des courses de l'ennemi les îles d'Usedom et de Wollin. D'après les rapports (2) envoyés par l'adjoint Paets et le chef de bataillon Armand, du 2e d'infanterie légère, le poste badois enlevé était arrivé à Swienemünde dans la journée du 14 ; des partisans prussiens appartenant à toutes les armes, postés à Cammin et à Wollin, instruits de la présence de ce détachement par les intelligences qu'ils avaient dans l'île d'Usedom, le surprirent pendant la nuit. Mortier, instruit de cet événement et avant d'avoir reçu la lettre de Thouvenot, fait passer dans l'île, la nuit suivante, un détachement du 2e d'infanterie légère, sous les ordres du chef de bataillon Armand, qui prend et désarme une centaine d'invalides qui faisaient le service à Swienemünde et s'empare tant sur ce point qu'à Usedom, de magasins d'habillement et de sellerie.

Il écrit le 17 à Thouvenot : « Je reçois presque en même temps vos lettres des 15 et 16 de ce mois ; par celle que je vous écrivis hier, vous avez dû voir que j'ai purgé l'île des détachements ennemis qui y avaient paru. »

Il mande (1), le 23, à Grandjean : « Vous ferez occuper Uckermünde par deux compagnies du 2e régiment d'infanterie légère ; ces compagnies se garderont militairement et porteront des reconnaissances en avant de cette place aussi loin que possible sur la route de Pölitz. Le commandant de ces deux compagnies prendra les renseignements les plus détaillés sur la force de l'ennemi à Wollin et Cammin.

« Je désirerais que le détachement que j'ai fait passer dans l'île d'Usedom pût se porter de Swienemünde sur Wollin ; ce mouvement pourrait s'opérer après-demain et coïnciderait avec celui que j'ai ordonné sur la rive droite de l'Oder. Vous ordonnerez toutefois au commandant de ce détachement de ne pas se compromettre et de ne point engager d'affaire, à moins qu'elle n'offre des résultats certains, son opération se bornant purement à une reconnaissance. »

Thouvenot rend compte (2), le 25, à Mortier que les cinquante hommes de cavalerie envoyés par celui-ci à Stettin pour pousser une reconnaissance sur la rive droite du bas Oder viennent d'arriver et qu'il va les faire partir pour Damm, où ils resteront jusqu'à un nouvel ordre

---

(1) A. T. (R. 17).   (2) A. T.

du maréchal, parce qu'ils ne pourraient, sans se compromettre, se porter sur Cammin et Wollin. « Le mal s'étend et je ne puis l'arrêter... Les habitants, les bateliers, tout le monde sert l'ennemi, le conduit par la main; il peut ainsi aisément surprendre nos postes et envelopper nos reconnaissances qui courent encore le risque d'être, à dessein, mal informées et trompées par de faux renseignements. »

Mortier lui répond (1) le 26 :

« Je reçois à l'instant votre lettre du 25 qui a croisé celle que je vous écrivis la veille. J'ai, depuis, donné l'ordre au détachement du 2e régiment d'infanterie légère qui devait se porter sur Wollin et Cammin, de se porter, de ce dernier endroit, jusqu'à Greiffenberg, de se retirer ensuite sur Gollnow et de rentrer au 8e corps par Pölitz, où il aura des bateaux.

« Si, comme on me l'assure, l'officier de hussards hollandais qui commande le détachement de 50 chevaux que vous avez fait rester à Damm, est aussi intelligent qu'on me l'a dépeint, vous pourriez lui laisser pousser sa reconnaissance sur Gollnow et Greiffenberg, où il opérerait sa jonction avec le détachement d'infanterie dont je viens de vous parler et se retirerait avec lui; vous pourriez donc lui en donner l'ordre.

« J'ai lieu de croire qu'on vous a exagéré la force de l'ennemi et, si je ne m'attendais, à chaque instant, à recevoir une tout autre direction que celle de Colberg, je prendrais le parti de vous mettre entièrement à l'abri des incursions que fait de votre côté la garnison de cette place. »

Il écrit (1), le même jour, à l'Empereur :

« A l'exception du 12e régiment d'infanterie légère qui n'arrivera ici que le 3 janvier, toutes les autres troupes du 8e corps sont réunies entre Anclam et Demmin.

« J'ai passé hier la revue du 15e d'infanterie légère, des 22e et 58e de ligne. Le premier est superbe et ne laisse rien à désirer pour la tenue; l'état de l'habillement des deux autres est défectueux.

« J'ai l'honneur d'envoyer à Votre Majesté l'état des troupes qui se trouvent dans la Poméranie suédoise; notre séjour ici les inquiète beaucoup. Dernièrement, sur de faux avis, il y eut à Stralsund une alerte générale, et les habitants des faubourgs reçurent l'ordre de mettre le feu à leurs maisons.

« Sire, les troupes du 8e corps attendent avec beaucoup d'impatience que Votre Majesté veuille bien les utiliser; elles brûlent de lui prouver leur dévouement sur le champ de bataille.

« Quelques détachements prussiens s'étaient logés dans l'île d'Usedom et l'île de Wollin; une partie du 2e régiment d'infanterie légère les en a chassés; il paraîtrait que la garnison de Colberg pousse ses

---

(1) A. T. (R. 17).

patrouilles jusqu'au delà de Gollnow; j'ai envoyé une forte reconnaissance sur ce point; elle a même l'ordre de pousser jusqu'à Greiffenberg, sans toutefois se compromettre.

« On m'assure que la garnison de Colberg n'est composée que de deux bataillons des mousquetaires de Borck et d'Ostin, une compagnie d'invalides, 500 artilleurs et un ramassis de prisonniers échappés. Le lieutenant général de Pirck, qui y commande, est d'un âge fort avancé.

« J'avais fait signifier au duc de Mecklembourg, revenu dans le pays depuis mon départ, qu'il eût à se retirer. Il vient de m'envoyer le prince Gustave, le second de ses fils, pour me prier de faire passer à Votre Majesté la lettre ci-jointe. Il implore la clémence de Votre Majesté et proteste de ne jamais se mêler en aucune manière des affaires du Mecklembourg, aussi longtemps que Votre Majesté y commandera. Je sais, d'un autre côté, que ce prince est sans argent et n'a même pas de quoi payer son voyage, mais je ne puis me relâcher des ordres que j'ai donnés, à moins que Votre Majesté n'en décide autrement. Je la prie de vouloir bien me faire connaître ses intentions.

« Les pluies continuelles qui tombent ici ajoutent encore à l'humidité naturelle du pays; le nombre des hommes aux hôpitaux augmente d'une manière sensible.

« Je fais activer la levée des chevaux que doit fournir le Mecklembourg au 8e corps. »

Le duc de Mecklembourg-Schwerin avait, de Ludwigslust, écrit (1) à Mortier, le 23 décembre :

« M. le gouverneur général Laval m'a fait part des ordres de S. M. I. R. l'Empereur et roi d'Italie que Votre Excellence lui a fait passer. Son cœur sensible sentira la profonde douleur que le mien a éprouvée en apprenant que moi et ma famille devrons quitter notre patrie. Vous portant une sincère confiance, Monsieur le Maréchal, je dépêche vers Votre Excellence mon fils le prince Gustave et mon ancien chambellan le baron de Mecklenburg. Je La prie de leur accorder une parfaite créance en tout ce qu'ils sont chargés d'exprimer de vive voix à Votre Excellence.

« Je mets mes espérances les plus chères dans la protection que je Vous prie, Monsieur le Maréchal, d'accorder aux vœux qu'ils vous porteront de ma part.

« Ma reconnaissance ne sera égalée que par la considération très distinguée avec laquelle je ne cesserai d'être, Monsieur, de Votre Excellence, le très humble et très obéissant serviteur.

« Frédéric-François, duc de MECKLENBURG SCHWERIN. »

---

(1) A. T.

Le prince Gustave, arrivé à Anclam, demande (1), le 26 décembre, une audience :

« J'ai l'honneur de présenter mes hommages à Votre Excellence et de Lui annoncer mon arrivée ici et celle du chambellan baron de Mecklenburg. Nous sommes munis d'une lettre du duc mon père ainsi que d'une autre de M. le gouverneur général Laval pour Votre Excellence et nous La supplions de vouloir (sic) nous accorder une audience et nous indiquer l'heure où nous pourrons avoir l'honneur de Lui remettre ces lettres et Lui faire quelques très humbles représentations dont nous sommes chargés.

« Agréez, Monsieur le Maréchal, l'assurance de mes sentiments très respectueux.

« Gustave, prince de Mecklenburg Schwerin. »

Mortier fit aux envoyés du duc de Mecklembourg un très bienveillant accueil, ainsi qu'on en pourra juger par la lettre suivante (1) que celui-ci lui adresse de Ludwigslust le 29 décembre :

« Votre Excellence a reçu mon fils et M. de Mecklenburg, que j'avais députés vers Elle, avec tant de bonté que je ne puis m'empêcher de Lui en témoigner ma parfaite et bien sincère reconnaissance. Quelle consolation pour moi que de trouver, dans mon malheur, un homme tel que Vous, sensible et généreux, qui prend part à ma triste situation et qui est disposé à me procurer les soulagements qui sont dans son pouvoir.

« La permission d'oser m'adresser à Votre Excellence m'est d'un prix inestimable et déjà je me trouve dans la nécessité d'en faire usage. Le général Laval ne se croit autorisé d'étendre le délai de mon départ que Votre Excellence m'a accordé jusqu'à dimanche 4 de janvier, et il est impossible qu'alors la résolution de S. M. l'Empereur et Roi puisse être connue ici, ce qui est pourtant le but de ce délai. Je supplie donc Votre Excellence d'instruire le gouverneur général Laval d'attendre la réponse de S. M. l'Empereur et Roi.

« Si malheureusement les ordres de Sa Majesté Impériale et Royale pouvaient être peu favorables pour moi, je partirai trois jours après en avoir eu connaissance, comptant toujours que Votre Excellence se souviendra que je suis entièrement dépourvu d'argent et donnera l'ordre qu'on me fournisse autant qu'il m'en faudra pour le voyage.

« J'espère aussi qu'on ne me demandera pas l'impossible et qu'on ne voudra pas me faire partir sans avoir préalablement assuré à moi et aux personnes de ma famille la subsistance nécessaire dans l'étranger, que j'ai demandée avec tant d'instance, et avant d'avoir décidé sur le sort des serviteurs que je laisserai en arrière.

---

(1) A. T.

« Le porteur de cette lettre attendra la réponse de Votre Excellence, qui ne peut m'arriver assez tôt pour calmer nos inquiétudes.

« Je suis avec la considération la plus parfaite, Monsieur le Maréchal, de Votre Excellence le très humble et très obéissant serviteur.

« Frédéric-François, duc de MECKLENBURG SCHWERIN. »

On trouvera plus loin une lettre (1), en date du 17 janvier 1807, dans laquelle Mortier rend compte à l'Empereur que la famille ducale de Mecklembourg-Schwerin est partie pour Altona depuis le 8 de ce mois.

On se rappellera que, déjà en 1803, au moment où Mortier occupait pour la première fois le Hanovre, la conduite du duc de Mecklembourg-Schwerin avait été équivoque : l'ancienne régence de Hanovre, bien accueillie dans le Mecklembourg et qui y avait fait passer les étalons des haras royaux et plusieurs millions, avait continué ses intrigues à Schwerin où Mortier avait dû envoyer en mission le colonel de Caulaincourt et l'inspecteur aux revues Catus pour présenter au duc des observations à ce sujet (2).

Mortier, ainsi qu'il a été dit précédemment, avait profité de la concentration de ses troupes pour en passer successivement la revue : le 16 décembre, il avait prévenu (3) Lorge qu'il verrait, le lendemain 17, la division de cavalerie, qui devrait être réunie au centre de ses cantonnements, et, le 18, il fait paraître l'ordre (4) suivant :

« Le maréchal Mortier a vu hier avec plaisir, en passant la revue de la division de cavalerie, la bonne tenue des régiments qui la composent. Il saisit cette occasion pour témoigner aux deux régiments hollandais sa satisfaction pour la manière dont ils ont servi depuis leur réunion au 8e corps. Il a été à même de juger du bon esprit qui les anime.

« Le 26e de chasseurs à cheval, qui s'est montré d'une manière si distinguée à la campagne dernière, fait voir qu'il sait allier l'esprit d'ordre et de discipline au courage dans les combats. Le régiment, après une marche aussi longue que fatigante (5) n'a presque pas de chevaux éclopés; c'est un effet de l'attention et des soins que portent à cet objet important le colonel et les officiers.

« Le maréchal Mortier n'a pas vu avec moins de satisfaction les 65e et 72e régiments d'infanterie à la revue qu'il en a passée aujourd'hui. Il a été content de leur tenue et de la manière dont ils ont exécuté les différents mouvements qu'il a ordonnés. »

Le 19, après avoir vu l'artillerie et les sapeurs, il met à l'ordre (4) :

« Le maréchal Mortier a passé aujourd'hui la revue de l'artillerie

---

(1) A. T. (2) Voir tome II, pages 428 à 430.
(3) A. T. (R. 17). (4) A. T. (R. 17. Supplément des ordres généraux).
(5) On a vu que le 26e de chasseurs était parti de Saumur et avait rejoint le 8e corps à Anclam.

du 8ᵉ corps. Il est également satisfait de la bonne tenue des 1ʳᵉ et 2ᵉ compagnies d'artillerie légère hollandaise, attachées aux divisions d'infanterie, de celle de la compagnie d'artillerie à pied attachée au parc de réserve et de la compagnie de sapeurs.

« Il y a encore quelque chose à désirer pour compléter le bon état de cette artillerie; la difficulté des routes parcourues par le 8ᵉ corps a occasionné au matériel de cette arme des dommages qui sont déjà en partie réparés, et le maréchal se plait, à cet égard, à rendre justice au zèle et à l'activité qu'a montrés le général Lacombe Saint-Michel...

« Le repos dont nous jouissons depuis quelques jours doit avoir mis à même de rétablir les chevaux d'attelage éclopés que le maréchal a souvent vu avec peine traîner à la queue des colonnes; il espère qu'ils pourront être utilisés dès que le 8ᵉ corps se mettra en mouvement. »

Mortier prend d'ailleurs toutes les mesures nécessaires afin de mettre son corps d'armée dans le meilleur état pour exécuter le mouvement qui lui sera prescrit. Il envoie (1), le 21 décembre, au général Drouas, une lettre destinée à être remise par lui au Sénat de Hambourg.

« J'avais chargé M. le général Drouas de vous demander quelques objets nécessaires à l'approvisionnement de l'artillerie du corps d'armée sous mes ordres.

« Je viens d'apprendre que, malgré ses instances, il n'avait rien pu obtenir sous le prétexte que vous ne deviez déférer à aucune réquisition particulière.

« Comme la demande du général Drouas n'a d'autre but que d'exécuter les ordres qui lui ont été donnés, vous voudrez bien faire tout ce qui dépendra de vous pour lui procurer les objets nécessaires à l'organisation du service dont il est chargé. »

Il invite (1), en même temps, Michaud à aider Drouas de tous ses moyens.

Il charge, le 22 décembre, Bourrienne, de remettre au Sénat de Hambourg la lettre (1) qui suit :

« Je suis extrêmement étonné, Messieurs, de n'avoir encore reçu jusqu'à présent aucune paire de souliers ou capote pour les troupes du 8ᵉ corps, qui en ont le plus pressant besoin et dont je vous ai fait la demande d'après l'ordre formel de l'Empereur.

« Cette négligence à remplir les engagements que vous avez contractés me met dans la nécessité d'en rendre compte à Sa Majesté par un courrier extraordinaire.

« Je compte aussi sur le drap fin qui vous a été demandé par l'ordonnateur pour les officiers du 8ᵉ corps à qui j'ai promis le même habillement que celui accordé par Sa Majesté à tous les officiers de la Grande Armée.

---

(1) A. T. (R. 17).

« Je vous prie, Messieurs, de m'accuser réception de cette lettre par le retour de l'estafette que je vous envoie. »

Il demande (1), en même temps, à Bourrienne, des renseignements qui lui permettent de fixer son opinion sur le rapport qu'il fera à l'Empereur. « Je ne puis », ajoute-t-il, « voir de sang-froid, dans la saison où nous sommes, de malheureux soldats pieds nus et dont l'habillement est dans le plus grand état de délabrement. »

Bourrienne lui répond (2) le 26 : « ...Vous avez raison d'avoir de l'humeur. Vos soldats sont vos enfants et vous souffrez de les voir souffrir. Cependant, il y a moins de coupables que vous ne pensez. » Il indique qu'on a dû d'abord pourvoir, avant son départ, la division italienne, que le drap fin pour les officiers a été expédié depuis quinze jours, que deux convois de capotes et de souliers sont partis depuis longtemps et que le manque de transports a retardé l'expédition du reste.

Le syndic de Hambourg, Grus, le 27, défend le Sénat contre le reproche de négligence. Les voituriers hanovriens avec lesquels on avait traité pour Schwerin, ne veulent plus à aucun prix aller jusqu'à Anclam, « craignant d'être obligés d'aller jusqu'en Pologne.

« Si le Sénat craint plus que tout au monde d'encourir la disgrâce de S. M. l'Empereur des Français, il n'est pas moins sensible au soupçon d'être ingrat envers Votre Excellence, à laquelle il a de si grandes obligations. »

Ajoutons que, le 27 décembre, Mortier écrivit (1) encore à Michaud : « L'Empereur pense que la ville de Hambourg a procuré de grandes ressources au 8ᵉ corps alors qu'il n'a encore absolument rien reçu. »

Ainsi qu'on le verra plus loin, ce n'est que le 1ᵉʳ janvier que le 8ᵉ corps reçut ses premiers souliers et ses premières capotes.

La réquisition des chevaux dans le Mecklembourg s'opère aussi avec lenteur ; le maréchal avait prescrit (1), le 19 décembre, à Laval, gouverneur à Schwerin, de s'entendre avec M. Brémond, intendant provisoire du Mecklembourg, pour que ces animaux fussent fournis le plus tôt possible. Il l'avise (1), le 29 décembre, que M. de Saint-Hilaire, aide de camp de Lacombe Saint-Michel, est parti depuis cinq jours pour recevoir les chevaux d'artillerie et qu'il fait mettre en route, le lendemain, un officier de cavalerie pour prendre possession de ceux destinés à cette arme.

Il lui mande (1), le 5 janvier 1807 : « Le 8ᵉ corps a le plus pressant besoin des chevaux d'artillerie qui doivent être fournis par le Mecklembourg. On m'assure que les autorités du Mecklembourg délibèrent si on doit les acheter ou si le pays doit les fournir. Ce ne sont pas des

---

(1) A. T. (R. 17). (2) A. T.

délibérations qu'on leur demande mais des chevaux et je vous prie, Monsieur le Général, de vouloir bien faire exécuter, le plus promptement possible, les ordres de Sa Majesté. »

Le 14 janvier, tout n'était pas encore achevé et le maréchal écrit (1) à M. Brémond : « Je ne puis assez vous réitérer l'ordre de presser, par tous les moyens qui dépendront de vous, la livraison des 600 chevaux d'artillerie et des 400 de cavalerie destinés au 8e corps; il est extrêmement important que cette opération soit terminée dans le plus bref délai possible. »

Les fonds faisaient défaut au 8e corps : le 26 décembre, en adressant au Major général les procès-verbaux d'apposition des scellés sur les caisses des différents bailliages du Mecklembourg, Mortier lui demandait (1) de lui faire connaître si le produit de ces caisses doit être versé dans celle du payeur du 8e corps qui n'a aucun fonds à sa disposition, « ayant fait donner des acomptes de solde aux corps sous mes ordres des fonds que j'avais pris à Cassel et dont je vous ai rendu compte ». Le Major général accorde, le 4 janvier, cette autorisation, que Mortier reçoit le 11. Il en accuse réception (1) à cette date en ajoutant : « J'attends l'ordonnance de 45.000 francs que vous m'avez promis pour couvrir le payeur du 8e corps de l'avance qu'il a faite de pareille somme pour dépenses secrètes et extraordinaires, frais de poste d'officiers envoyés en mission au quartier général impérial, etc., depuis mon départ de Mayence; mais je désire que vous vouliez bien mettre, dès à présent, des fonds à ma disposition chez le payeur et dont je vous tiendrai compte. »

Au point de vue des subsistances, le 8e corps se trouvait dans une situation difficile par suite du resserrement des cantonnements, de l'ordre donné de tirer les vivres du Mecklembourg et de la pénurie des moyens de transport.

Le maréchal en rend compte (1) le 31 décembre au Major général :

« L'habitant est si pauvre qu'il ne peut pourvoir à la subsistance du soldat et que l'on est obligé d'avoir recours aux distributions qui sont toujours mal assurées à cause de la mauvaise volonté qu'y mettent les autorités du pays, qui semblent y être autorisées par les intendants des provinces, sous le prétexte que nous devons tirer nos subsistances du Mecklembourg.

« Je joins ici la lettre que M. Laigle, intendant de la Poméranie, écrit à l'ordonnateur du 8e corps et de la réponse que je lui fais et vous jugerez que, si on me laisse longtemps dans cette position, il me sera impossible de faire subsister les troupes du 8e corps, tandis que, les gelées arrivant, les arrivages du Mecklembourg seraient beaucoup

---

(1) A. T. (R. 17).

plus faciles et que je pourrais plus tard rendre les secours qui nous seraient accordés. »

A cette même date du 31 décembre, le Major général écrit (1) à Mortier :

« L'Empereur a lu, Monsieur le Maréchal, votre lettre d'Anclam en date du 17. Sa Majesté est fâchée que vos troupes soient mal cantonnées ; vous pouvez étendre vos cantonnements jusqu'à 18 ou 20 lieues. Il suffit que vous puissiez être rassemblé dans trois ou quatre jours.

« L'Empereur ne compte rien entreprendre sur la Poméranie que quand les gelées seront bien établies. Au surplus, Sa Majesté approuve vos dispositions. »

Le maréchal accuse réception (1) de cette lettre le 11 janvier 1807 : « Je vais, conformément aux intentions de Sa Majesté, établir mes troupes de manière à leur donner plus de facilités pour vivre et je ferai occuper par la cavalerie une partie du Mecklembourg-Strelitz. »

On a vu que Mortier avait annoncé à Thouvenot la reconnaissance qu'il comptait faire effectuer par deux compagnies d'infanterie légère dans l'île de Wollin, à Cammin et, s'il était possible sans se compromettre, jusqu'à Greiffenberg ; il avait fait ramasser tous les bateaux qui se trouvaient dans le canal séparant l'île de Wollin de celle d'Usedom et du continent (2). Le 21 décembre, Thouvenot lui rend compte (1) que 60 dragons iront à la rencontre des troupes dirigées sur Wollin et Cammin. « Il serait bien avantageux », ajoute-t-il, « d'affranchir la Poméranie ultérieure des patrouilles de Colberg. Dans quatre ou cinq jours, je n'aurai plus que des Badois pour faire le service : heureusement, j'ai des murailles et des portes. »

Le 23, il l'avertit (1) que les Prusissens ont enlevé un bâtiment, venant de Hambourg, qui se rendait à Stettin et l'ont conduit à Colberg. Si les Prussiens prennent ce qui arrive par mer, tous les approvisionnements de Stettin seront bientôt consommés, et l'armée, au lieu d'y avoir des magasins de réserve et d'appui, en cas de retraite, ne trouvera rien ; les besoins du 8e corps enlèvent une partie des ressources de la Poméranie citérieure et les courses de la garnison de Colberg privent de celles de la Poméranie ultérieure.

Ajoutons ici l'impression caractéristique faite par ce pays sur Lannes qui, le 11 novembre, avait écrit (3), de Schneidemühl, à l'Empereur : « Le pays, de Stettin ici, ressemble absolument à celui que nous avons traversé pour aller d'Égypte en Syrie, excepté que les routes d'ici sont plus difficiles à cause des sables. Impossible de trouver du pain pour un jour pour mon corps d'armée. »

Bien que Mortier, dans l'attente où il se trouvait encore des ordres

---

(1) A. T. (2) A. T. (R. 17). (3) A. G.

qui lui avaient été annoncés, ne voulut pas disséminer ses troupes, il était nécessaire de reconnaître la force et les emplacements de l'ennemi dans la direction de Colberg. Le détachement du 2ᵉ d'infanterie légère, qu'il chargea de cette mission, était commandé par le chef de bataillon Armand, de ce régiment ; le capitaine Meynier, aide de camp de Grandjean, et l'adjoint Paets l'accompagnaient. Ce détachement passa d'abord de l'île d'Usedom dans celle de Wollin ; puis, d'après un rapport (1) du chef de bataillon Armand, il partit de Wollin le 27 au matin pour se rendre à Cammin, où il arriva à midi et demi ; il y recueillit des renseignements sur le capitaine Schill, chef des partisans qui se tenaient habituellement à Greiffenberg, et se remit en marche à 2ʰ 30, pour se rendre à Nemitz (à 4 lieues de Cammin et 3 de Greiffenberg) où il parvint à 6ʰ 30 ; la troupe, qui avait fait 10 lieues, s'y établit militairement et on distribua des vivres. Armand comptait se porter le lendemain sur Greiffenberg ; mais, d'après les informations qui lui furent données par un émissaire, l'ennemi occupait en forces cette ville entourée d'un mur et dont l'accès était difficile. N'ayant reçu aucune nouvelle de la cavalerie qui aurait dû le rejoindre dès Cammin et en présence des instructions qui lui prescrivaient de ne pas se compromettre, il prit le parti de continuer sa route en évitant la ville, mais en s'en approchant le plus près possible. A cet effet, il se porta, le 28 au matin, en passant par Gülzow et Bocke, à Besentin, où il passa la nuit ; le 29 au matin, il se met en route pour Rörschen en passant par Gollnow où il arrive à 10ʰ 30 du matin et où il désarme une compagnie d'invalides ; la cavalerie, qui devait le rejoindre, y avait passé la nuit du 28 au 29 et s'était retirée sur Damm. Le 30 décembre, le détachement rentra à Stettin, sans avoir eu d'engagement avec l'ennemi.

Au cours de cette reconnaissance, et sur la demande (1) de Thouvenot, le maréchal avait pris la décision d'envoyer un détachement permanent à Wollin. « J'envoie à Wollin », lui répond-il (2) le 29 décembre, « un détachement de 500 hommes, pour y rester à poste fixe et pousser des partis sur Greiffenberg et même Treptow, afin d'assurer la rentrée des ressources que doit fournir à Stettin cette partie de la Poméranie et vous débarrasser des excursions que ne cesse de faire la garnison de Colberg. »

1807

Le 2 janvier 1807, Mortier écrit (2) à l'Empereur :
« Dans ma dernière lettre du 26 décembre, j'ai eu l'honneur de rendre compte à Votre Majesté de l'état des forces qui paraissent se trou-

---

(1) A. T.   (2) A. T. (R. 17).

ver dans la Poméranie suédoise et l'île de Rügen et de celles qui composent la garnison de Colberg.

« Cette garnison s'accroît sensiblement par nombre de prisonniers déserteurs; il paraîtrait même qu'on y lèverait une légion. Le parti prussien, établi à Greiffenberg, continue, d'après ce que me mande le général Thouvenot, à faire des excursions au delà de Gollnow; il a même pris un petit bâtiment à l'embouchure de l'Oder. Toutes ces circonstances m'ont déterminé à faire occuper Wollin par 800 hommes du 2e d'infanterie légère commandés par un chef de bataillon intelligent. Je fais également garder Swienemünde et l'embouchure de la Swiene, devant laquelle croisent deux frégates que l'on assure être anglaises.

« En suivant les instructions que je lui ai données, le commandant de Wollin arrêtera nécessairement les courses de la garnison de Colberg.

« Des émissaires qui me sont arrivés ici de Stralsund rapportent que le nombre des troupes qui se trouvent dans la Poméranie suédoise n'est point augmenté depuis le rapport que j'ai eu l'honnneur d'en faire à Votre Majesté. Le roi de Suède est attendu à Stralsund.

« Les postes que les Suédois ont sur la Peene et dans l'intérieur de la Poméranie feront, je crois, peu de résistance si l'invasion de cette province a lieu; mais Stralsund est bien armé et dans un état de défense respectable.

« Les troupes du 8e corps sont trop resserrées et l'habitant trop pauvre pour pouvoir les nourrir; il m'a fallu avoir recours aux distributions qui sont généralement mal assurées. J'ai fait demander au Mecklembourg, d'après l'ordre du Major général de l'armée, les vivres nécessaires au 8e corps, mais l'extrême difficulté des chemins, le défaut de moyens de transport nécessaires et le peu de sûreté de la navigation de la Peene rendent cette mesure fort difficile.

« La ville de Hambourg s'occupe de faire confectionner les souliers que Votre Majesté m'a fait l'honneur de me demander par sa lettre du 29 novembre; nous n'avons reçu qu'hier les premiers souliers et les premières capotes que cette ville doit fournir au 8e corps.

« J'attends toujours avec bien de l'impatience l'ordre du mouvement que Votre Majesté m'a fait l'honneur de m'annoncer. Les troupes du 8e corps sont généralement belles et brûlent du désir de pouvoir donner à Votre Majesté des preuves de leur dévouement. »

En donnant (1), le même jour, ces renseignements au Major général, il ajoute que, pour être maître des deux rives de l'embouchure de l'Oder, il a fait prendre poste à West-Dievenow.

« Le 3 janvier », met Mortier dans son *Journal*, « le 8e corps est entièrement réuni. »

---

(1) A. T. (R. 17).

Il écrivait (1) la veille à Clarke, gouverneur de Berlin : « Le 8ᵉ corps sera entièrement réuni le 3 entre Anclam et Demmin; il est composé de huit régiments français superbes et aguerris, deux régiments de cavalerie hollandaise, un régiment de chasseurs à cheval français bon, nombreux et bien tenu... Mes troupes sont on ne peut mieux disposées ; le meilleur esprit les anime. »

Le 8ᵉ corps n'allait pas rester longtemps ainsi constitué. A cette date même du 3 janvier, le Major général envoie (2) l'ordre suivant : « L'Empereur ordonne, Monsieur le Maréchal, que vous fassiez partir, le 10 de ce mois, les 2ᵉ et 15ᵉ régiments d'infanterie légère, qui sont sous vos ordres, pour se rendre, suivant l'itinéraire ci-joint, à Posen où ils arriveront le 22 et où ils attendront de nouveaux ordres. Vous les ferez marcher ensemble sous les ordres d'un général que vous nommerez à cet effet, et vous aurez soin qu'ils aient, en partant, 50 cartouches par homme, afin qu'en cas d'événement ils puissent se trouver en mesure d'agir... »

Disons, de suite, que Mortier ne reçoit cette lettre que le 11 janvier et répond (1) aussitôt :

« Je n'ai reçu qu'aujourd'hui la lettre que vous m'avez fait l'honneur de m'écrire le 3 janvier, qui me prescrit de faire partir le 10 pour Posen les 2ᵉ et 15ᵉ régiments d'infanterie légère. J'ai, à l'instant, donné des ordres en conséquence, mais ces régiments ne pourront être rendus à leur destination que le 25, le mouvement ne pouvant commencer que demain 12 au lieu du 10; ils seront réunis le 16 à Stettin, conformément à l'itinéraire ci-joint, et ils marcheront ensemble sous le commandement du général Boivin... Je leur ai fait délivrer, avant de partir, des souliers et des capotes.

« Je fais remplacer par le 1ᵉʳ bataillon du 12ᵉ d'infanterie légère celui du 2ᵉ qui était à Wollin; cette mesure est indispensable pour empêcher les Prussiens de s'emparer de nouveau des îles de Wollin et d'Usedom et pour les empêcher même d'intercepter tout ce qui arrive et tout ce qui sort de Stettin par eau. »

Avant son départ, le 2ᵉ d'infanterie légère repousse glorieusement, le 6 janvier, une attaque des Prussiens sur Wollin; Mortier en rend compte (1), le 7 janvier, à l'Empereur dans les termes suivants :

« Par ma lettre du 2, j'ai eu l'honneur de rendre compte à Votre Majesté des motifs qui m'engageaient à faire occuper Wollin. Le débordement des eaux ayant rendu presque impraticables les chemins par Usedom et Swienemünde, la troupe n'a pu arriver à sa destination qu'hier soir. Toutefois, un détachement de 250 hommes du 2ᵉ régiment d'infanterie légère avait déjà pris poste depuis quelques jours à Wollin. Il y fut attaqué, hier matin, par les Prussiens au nombre d'un millier

---

(1) A. T. (R. 17). (2) A. T.

d'hommes, ayant avec eux 4 pièces de canon et 150 chevaux. Une partie de l'infanterie débarqua par le Grosse Haff et le canal de Dievenow pour cerner la ville au moment où la cavalerie ennemie y entrait au galop après avoir forcé les premiers postes. Il y eut d'abord de la confusion; à peine faisait-il jour. Le détachement français cependant se réunit en peu d'instants, marche sur l'ennemi, le culbute dans les rues, se porte au pas de charge sur deux pièces de canon braquées sur le pont de la Dievenow, les prend de vive force et s'en sert aussitôt contre l'ennemi. Il se porte ensuite sur la rive gauche du canal, y poursuit ses succès, prend ou met en déroute tout ce qui y a débarqué et fait couler deux grandes barques remplies de fuyards. Cette expédition de l'ennemi, hardie sans doute, lui a coûté cher. Les rues de Wollin étaient jonchées de ses cadavres; il eut plusieurs officiers tués, a laissé beaucoup de blessés; on lui a fait 150 prisonniers parmi lesquels se trouvent 4 officiers.

« Deux heures après l'affaire, le bataillon du 2ᵉ régiment d'infanterie légère, dont j'ai eu l'honneur de vous parler au commencement de ma lettre, arriva à Wollin; sa présence rendra ce poste respectable. Je n'avais pu y envoyer de l'artillerie à cause de la crue des eaux, mais les pièces prises aux Prussiens m'y seront fort utiles; je fais partir 6 canonniers pour les servir. Nous n'avons eu que 3 hommes tués, un officier et une vingtaine de blessés.

« M. Meynier, aide de camp de M. le général de division Grandjean, et le chef de bataillon Armand, du 2ᵉ d'infanterie légère, qui se trouvaient à Wollin au moment de l'affaire, ont fait preuve de sang-froid, de courage et d'intelligence par les bonnes dispositions qu'ils surent prendre.

« J'attends toujours avec la plus vive impatience les ordres que Votre Majesté a bien voulu m'annoncer sur mon prochain mouvement. Le 8ᵉ corps est fort beau; il commence à recevoir les souliers et les capotes que doit lui fournir la ville de Hambourg.

« Je n'ai rien appris de particulier du côté de Stralsund; on prétend toujours que le roi de Suède y est attendu.

« Je n'ai point eu l'honneur de recevoir de lettres de Votre Majesté depuis le 15 décembre.

« Le général Lagrange m'ayant manifesté des inquiétudes sur quelques mouvements insurrectionnels survenus dans la Hesse, j'ai écrit au général Michaud de mettre à sa disposition 400 à 500 hommes et 100 chevaux, si toutefois il en avait besoin. Les autorités du Hanovre m'ont écrit pour m'assurer que la plus grande tranquillité continuera à régner dans ce pays; les baillifs ont l'ordre de faire arrêter le premier brouillon qui voudrait la troubler. »

Il félicite (1), le même jour, le commandant Armand de la belle

---

(1) A. T. (R. 17).

défense qu'il a faite la veille et, en annonçant à Thouvenot le combat de Wollin, lui dit (1) : « J'allais vous écrire pour vous demander d'envoyer à Wollin deux petites pièces de 3, mais les Prussiens y ont pourvu. »

On lit dans l'*Historique du 8ᵉ corps* (2), à la date du 6 janvier :

« A la pointe du jour, les Prussiens, au nombre de 100 cavaliers et 300 fantassins, avec 4 pièces de canon, viennent attaquer Wollin; la cavalerie surprend le poste du pont et charge au travers de la ville; mais elle est presque entièrement détruite par le feu que les chasseurs (3) font des fenêtres; le chef de bataillon Armand, du 2ᵉ d'infanterie légère, arrivé la nuit avec M. Meynier, aide de camp du général de division Grandjean, conjointement avec cet aide de camp, réunissent la troupe et courent occuper le pont où deux pièces de canon arrivaient; ils s'en emparent; l'aide de camp Meynier les retourne, aidé par quelques chasseurs, les pointe lui-même sur l'infanterie ennemie qui s'avançait et l'arrête par le feu de ces pièces. Le chef de bataillon Armand fait de suite charger la moitié de son infanterie et fait prisonnière une partie de cette troupe.

« L'ennemi a perdu dans cette affaire 98 prisonniers, dont 4 officiers, 36 hommes tués, dont le major commandant la cavalerie, 60 noyés et un grand nombre de blessés qui se sont sauvés dans les bateaux; les deux pièces d'artillerie sont restées en notre pouvoir.

« Notre perte est un soldat tué, trois officiers et seize soldats blessés.

« Le chef de bataillon Armand est la cause principale de ce succès; il se loue beaucoup de MM. Raffy et Dumont, lieutenants, Bugny et Mahon, sous-lieutenants, du sergent Salomon et du caporal Delisle; il fait le plus grand éloge de l'aide de camp Meynier qui s'est couvert de gloire.

« Le jeune sous-lieutenant Mahon, sortant de l'École de Fontainebleau, n'a jamais voulu se rendre, a tué trois hommes à coups de sabre et lui-même est resté étendu sur le champ de bataille. Sa Majesté lui a accordé l'aigle de la Légion d'honneur. »

Nous compléterons ce qui précède en extrayant de notes mises par le général Grandjean, en marge d'un rapport (4) adressé par le commandant Armand, les passages suivants qui mettent le détachement du 2ᵉ d'infanterie légère à l'abri du reproche de s'être mal gardé : « Il a été impossible à l'infanterie de pousser des reconnaissances, lors de l'ouverture du pont-levis, à cause de la crue des eaux. Le parti de cavalerie qui a chargé la ville et y est entré, était caché dans un chantier, dans l'eau jusqu'au ventre des chevaux. Les partis de l'in-

---

(1) A. T. (R. 17).   (2) A. G.
(3) Dénomination des soldats des compagnies non d'élite dans l'infanterie légère.
(4) Ce rapport, retrouvé dans les papiers de l'aide de camp Meynier, a été publié, ainsi que l'ordre du jour de Mortier, dans le *Carnet de la Sabretache* (Année 1910, pages 116 à 119).

fanterie en bateaux débarquèrent à la droite et à la gauche de la ville. Les renseignements pris dans le pays n'ont rien pu faire connaître du mouvement de l'ennemi favorisé par les habitants. Il n'y avait que 225 hommes; le reste du bataillon ne pouvait arriver que ce soir à cause des mauvais chemins et de l'éloignement. J'avais ordonné à M. Armand de devancer son bataillon pour se rendre à Wollin où il était arrivé dans la nuit du 5 au 6 avec mon aide de camp. »

Cette glorieuse affaire fut l'objet (1) :

1° De la part de Mortier, d'un ordre du jour du 8e corps, daté du 7 au 8 janvier 1807;

2° Du premier paragraphe du 52e bulletin de la Grande Armée, daté de Varsovie le 19 janvier 1807.

Un ordre du jour (2) de la Grande Armée, daté du quartier général impérial à Varsovie, le 5 janvier 1807, annonçait les nouvelles dispositions suivantes :

« D'après les ordres de l'Empereur, il vient d'être formé un 9e et un 10e corps d'armée.

« S. A. I. le prince Jérôme est nommé commandant en chef du 9e corps d'armée; son quartier général est devant Breslau.

« Le général de division Victor est nommé commandant en chef du 10e corps d'armée; son quartier général est à Stettin. »

A cette date du 5 janvier, le Major général écrivait (3) au prince Jérôme que les troupes de Bavière et de Wurtemberg employées sous ses ordres et qui formaient l'*armée des Alliés* constitueraient le 9e corps. Les articles préliminaires de la capitulation de Breslau, ville où le maréchal Mortier devait commander quelque temps après, avaient d'ailleurs été signés le 3 janvier entre le lieutenant général de Thile, gouverneur de Breslau, et le chef d'état-major du général Vandamme (3). Le 8 janvier, la garnison défilait et était conduite prisonnière à Glogau (3).

A cette même date du 5 janvier, le Major général faisait connaître (3) à Thouvenot que les troupes du grand-duc de Bade qui se trouvaient à Stettin devaient faire partie du 10e corps sous les ordres de Victor.

Rappelons que ce dernier, en venant prendre son commandement à Stettin, est fait prisonnier, le 12 janvier, à Arenswalde (au sud-est de Stettin) et conduit à Colberg. Thouvenot écrit (2), le 14, à ce sujet à Mortier : « Par le compte que vient de me rendre le major Grouvelle, qui commande à Stargard, il résulte que, dans la journée du 12, deux officiers français, voyageant en poste avec un domestique pour se rendre à Stettin, ont été faits prisonniers par des soldats prussiens à Arenswalde pendant qu'on a changé les chevaux de leur voiture; on

---

(1) Voir note 4, page précédente. (2) A. T. (3) A. G.

croit que ces officiers sont le général Victor et son aide de camp avec un domestique; ils ont été conduits à Colberg... J'envoie un officier en poste au ministre pour lui faire part de ce que j'écris à Votre Excellence. »

Il lui annonce (1), le 18, qu'il a reçu des lettres de Victor par un parlementaire de Colberg et que M. de Turenne lui rendra compte de leur contenu; il va employer les troupes du 10ᵉ corps, à mesure qu'elles arriveront, à resserrer Colberg; cette disposition, d'après ce que lui apprend M. de Turenne, est conforme aux intentions de l'Empereur.

Le Major général écrit (1), le 23, à Mortier :

« Je vous préviens, Monsieur le Maréchal, que l'Empereur vient de nommer M. le maréchal Lefebvre commandant du 10ᵉ corps d'armée en remplacement du général Victor.

« Son corps d'armée se compose de la division de troupes polonaises commandée par le général Dabrowski (2), de la 1ʳᵉ légion du Nord, du corps de troupes de Bade, d'une brigade de cavalerie légère et d'une brigade d'infanterie légère française.

« Il a l'ordre de faire porter une partie de ces troupes de Stettin sur Colberg pour cerner cette place et de marcher, avec le reste, sur Dantzig. Il se rend de sa personne à Bromberg.

« Ayez soin, Monsieur le Maréchal, de correspondre fréquemment avec M. le maréchal Lefebvre. »

Le 10 janvier, Mortier, en adressant au Major général les copies de quelques papiers trouvés sur l'un des officiers faits prisonniers à Wollin, lui dit (1) :

« Il est constant que les Prussiens qui sont à Colberg et à Dantzig recrutent impunément les soldats de leur nation qui ont été faits prisonniers et qui ont trouvé moyen de s'échapper. Il est également constant que plusieurs officiers prussiens prisonniers sur parole se trouvent tant à Dantzig qu'à Colberg. On fait monter à 18.000 hommes les forces qui se trouvent dans cette première ville et à 4.000 à 5.000 hommes celles qui se trouvent dans la seconde. Ces forces se sont successivement accrues depuis deux mois, car, d'après tous les rapports, les Prussiens n'avaient pas 3.000 hommes à Dantzig quand les Français ont marché pour la première fois sur la Vistule.

« J'ai découvert, dans les différents cantonnements occupés par le 8ᵉ corps, beaucoup d'armes cachées ainsi que de la poudre et des cartouches. Les paysans en ont aussi apporté d'eux-mêmes sur l'intimation qui leur a été faite que quiconque en recèlerait à l'avenir serait fusillé.

« J'attends toujours avec beaucoup d'impatience l'ordre de mouvement que vous m'avez annoncé. »

---

(1) A. T. (2) Plus connu sous le nom de Dombrowski, il signe Dabrowski (A. T.).

Le 14 janvier, il lui écrit (1) : « J'ai l'honneur de vous informer qu'ayant étendu mes cantonnements, conformément à l'ordre que vous m'avez donné par votre lettre du 31 décembre, je vais établir demain mon quartier général à Friedland (2), 5 lieues en arrière d'Anclam, pour me mettre au centre de mes troupes. »

Le 17 janvier, il reçoit à Friedland la lettre (2) suivante que l'Empereur lui avait adressée de Varsovie, le 4 :

« Mon Cousin, je désire que vous ménagiez les États de Mecklembourg-Strelitz. Il y a là une grand'mère de la princesse Eugène. C'est une vieille femme; voyez si elle a besoin de quelque chose et faites-lui connaître que vous avez ordre d'avoir des égards particuliers pour elle. Cette lettre n'étant pas à autre fin, je prie Dieu, etc. »

Il répond (1) le même jour :

« Je ne reçois qu'aujourd'hui la lettre que Votre Majesté m'a fait l'honneur de m'écrire le 4 janvier. Je fais partir à l'instant un de mes aides de camp pour Strelitz; il aura l'honneur de faire part de vos intentions à la princesse de Hesse-Darmstadt, grand'mère de la princesse Eugène.

« J'ai étendu mes cantonnements d'après l'ordre du Major général de l'armée; je puis toutefois réunir le 8ᵉ corps en quarante-huit heures. Les trois régiments de cavalerie occupent la frontière du Mecklembourg-Strelitz par la difficulté de pouvoir les nourrir plus longtemps en Poméranie. La droite du 8ᵉ corps est à Uckermünde, un bataillon détaché à Wollin, la gauche à Demmin. Les régiments les plus éloignés ne sont qu'à 9 lieues de la Peene. J'ai établi mon quartier général à Friedland pour me trouver au centre de mes cantonnements.

« Les États du Mecklembourg-Strelitz seront ménagés ainsi que l'ordonne Votre Majesté. Le duc m'a envoyé un des principaux officiers de sa maison pour me témoigner tout son respect et son attachement pour votre personne.

« La famille ducale de Mecklembourg-Schwerin est partie depuis le 8 pour Altona.

« Le roi de Suède est toujours attendu à Stralsund, la garnison de Greifswalde a été doublée ainsi que les postes sur la Peene.

« Je n'ai du reste rien appris de nouveau depuis mon dernier rapport à S. A. le Major général de l'armée. »

Le duc de Mecklembourg-Strelitz, par la lettre (3) suivante, datée de Strelitz le 19 janvier, remercie Mortier de ses procédés :

« Monsieur le Maréchal, je me souvenais déjà avec trop de recon-

---

(1) A. T. (R. 17).
(2) Ce Friedland ne doit pas être confondu avec celui illustré par la bataille du 18 juin suivant et qui se trouve dans la Prusse Orientale.
(3) A. T.

naissance des excellents procédés de Votre Excellence envers ma principauté de Ratzeburg, lors de l'occupation de l'Électorat de Hanovre, pour ne pas avoir en Elle la plus grande confiance et l'assurance qu'Elle vient de me faire donner par son aide de camp M. de La Pointe concernant la parfaite tranquillité de mon pays écarte de mon esprit jusqu'à l'ombre de crainte à cet égard.

« Votre Excellence pouvant se convaincre par ses propres yeux de tout ce que nous avons déjà souffert, Elle trouvera naturel si j'avoue que j'étais sur le point de Lui écrire pour Lui recommander encore une fois l'intérêt de ces malheureuses contrées; mais cette même raison Lui rend d'autant plus facile de juger des sentiments avec lesquels je change mes instances en remerciements dont la vivacité ne sera point équivoque à Votre Excellence quand même je n'entreprends pas de les exprimer comme je le voudrais.

« Il m'est bien précieux sans doute de savoir S. M. l'Empereur et Roi dans des dispositions favorables à mon égard, ainsi que j'osais toujours m'en flatter en considération de la conduite que je m'étais prescrite et que je n'ai jamais démentie; mais j'ose supplier Votre Excellence de croire qu'il m'est également flatteur de m'apercevoir qu'en agissant conformément à ces dispositions, Elle trouve Elle-même ce plaisir que les âmes généreuses puisent dans les actions nobles.

« Des procédés pareils, au lieu de simplement rassurer, ne peuvent manquer de lui gagner tous les cœurs, et Votre Excellence, en continuant de se montrer ainsi, me rendra précieuse toute occasion où je serai à même de lui réitérer les sentiments de reconnaissance et de haute estime et considération avec lesquels je me fais gloire d'être, Monsieur le Maréchal, de Votre Excellence, le très humble et obéissant serviteur.

« CHARLES, duc de Mecklenbourg. »

Le 8e corps s'était complété. D'après son *Historique* (1), le 12e d'infanterie légère, venant de Cassel, avait été placé, le 4 janvier, à son arrivée, dans la 1re division; il avait relevé, le 11, dans ses cantonnements de Wollin et d'Uckermünde, le 2e de même arme partant pour Posen. Avaient encore rejoint: le 9, la 1re compagnie du 11e bataillon *bis* du train d'artillerie, dont le restant devait arriver le 26 janvier; le 12, la 7e compagnie du 6e d'artillerie à pied; le 13, la 1re compagnie du 6e d'artillerie à cheval.

Le maréchal, aux termes d'une lettre (2) du Major général du 9 janvier, devait d'abord fournir des chevaux à cette dernière unité, qui lui arrivait toute montée, par les soins du général Bourcier, ainsi que le maréchal en rendait compte (3), le 21, au Major général.

Il lui avait soumis (3), le 18, le désir que lui avaient fait trans-

---

(1) A. G.   (2) A. T.   (3) A. T. (R. 17).

mettre (1) par le général Michaud les deux lieutenants de Blücher, fils du lieutenant général, d'être échangés contre deux officiers de cavalerie du même grade faits prisonniers par leur père et renvoyés sur parole.

Aucune nouvelle attaque ne s'était produite contre Wollin, malgré les menaces *colbergevites*, écrivait (1) le 12 Grandjean. La garnison de Colberg, que Thouvenot annonçait (1), le 7, être commandée par le colonel Lucadou et non par le général Pirch, vieillard qui s'était retiré à Stargard et n'avait jamais habité son gouvernement, continuait toutefois ses incursions : « D'après les rapports qui me parviennent », écrit (1), le 12, Thouvenot à Mortier, « Schill serait, ainsi que le Bon Dieu, partout à la fois »; il pense que beaucoup de paysans ont des habits prussiens chez eux et que Schill leur a donné l'ordre d'arrêter les isolés.

Telle était la situation lorsque, dans la matinée du 20 janvier, Mortier est prévenu que l'Empereur le laissait maître d'envahir la Poméranie suédoise.

---

(1) A. T.

CHAPITRE IV

Conquête de la Poméranie suédoise : passage de la Peene et prise de Greifswalde (28 janvier); combat de Teschenhagen (29 janvier). — Blocus de Stralsund. — Efforts répétés et infructueux pour réunir les pièces nécessaires au siège malgré l'ordre de l'Empereur de les tirer de Stettin. — Construction d'ouvrages. — Sorties de la garnison. — Mortier reçoit l'ordre de se tenir prêt à rejeter sur la Vistule un corps ennemi qui pourrait se porter sur Stettin (16 février). — Dispositions pour l'invasion de l'île de Rugen. — Surprise par les Suédois d'une sauvegarde à Barth (25 février). — L'Empereur assiégeant Dantzig ne peut plus que bloquer Stralsund. — Prélèvement de troupes sur le 8e corps qui ne reçoit en échange que deux faibles régiments hollandais. — Une attaque vigoureuse sur la redoute de gauche de la division Dupas est repoussée (14 mars). — Réception de nouvelles instructions du Major général qui autorisent Mortier à conclure une sorte de trêve avec les Suédois (20 mars). — Il reçoit l'ordre de l'Empereur de se rendre devant Colberg pour en faire le siège (27 mars 1807).

Dans la matinée du 20 janvier, Mortier reçoit à Friedland la lettre (1) de l'Empereur qui suit, datée de Varsovie le 7 janvier :

« Mon Cousin, je vous ai envoyé l'ordre de faire partir les 2e et 15e d'infanterie légère pour Posen. Je suppose qu'à l'heure qu'il est, ils sont en route. Le 12e d'infanterie légère doit vous avoir rejoint.

« Je vous laisse le maître d'attaquer la Poméranie suédoise quand vous en jugerez l'occasion favorable. Prenez l'île de Rügen si vous le jugez convenable et bloquez ou assiégez Stralsund. Mais n'employez pour cela que le nombre de troupes nécessaire. Tenez le reste de vos troupes en repos et en santé; cantonnez-les. Faites faire des magasins de biscuit; organisez vos transports avec des charrois du Mecklembourg et tenez-vous en mesure de vous transporter partout où il sera nécessaire. Sur ce, etc. »

En même temps lui parvient une lettre (1) du Major général :

« L'Empereur, Monsieur le Maréchal, vous laisse le maître d'attaquer la Poméranie suédoise quand vous le voudrez. Vous bloquerez Stralsund et vous vous emparerez de l'île de Rügen; mais Sa Majesté pense que vous ne devez faire cette opération qu'au moment des fortes gelées, alors que les chemins seront bons et vos troupes ne seront pas dans le cas de gagner des maladies, comme dans les temps humides. Une fois maître de la Poméranie suédoise, si vous ne l'êtes pas de Stralsund, vous laisserez devant cette place un corps, ainsi que vous le jugerez nécessaire. Vous ferez reposer le reste de vos troupes dans leurs cantonnements, afin qu'elles soient prêtes à se porter partout où cela serait nécessaire. Si vous pensez que Stralsund puisse se rendre par une canonnade et quelques bombes, vous êtes autorisé à tirer de

---

(1) A. T.

l'artillerie de Settin; mais il est inutile de faire cette dépense si vous jugez que la place ne veuille se rendre qu'après les dispositions et les attaques d'un siège en règle. Cependant l'Empereur considérerait comme d'un grand intérêt pour ses armes que Stralsund pût être en sa possession le 1er mars. Alors, avec peu de monde, il aurait l'avantage de conserver la conquête de la Poméranie.

« Ayez l'œil, Monsieur le Maréchal, et portez une grande attention sur Hambourg, Stettin et Berlin, de manière à y faire marcher quelques corps si des circonstances qu'on ne peut prévoir arrivaient.

« Faites faire dans le Mecklembourg et à Rostock 300.000 à 400.000 rations de biscuit, que vous emporteriez avec vous si les circonstances exigeaient que votre corps d'armée entrât en Pologne.

« Je désirerais, Monsieur le Maréchal, que vous correspondissiez plus fréquemment avec moi, ce qui est facile par la poste ordinaire et par Stettin. »

Mortier répond (1) à l'Empereur le 21 janvier :

« Je n'ai reçu qu'hier matin la lettre que Votre Majesté m'a fait l'honneur de m'écrire le 7 janvier. Les 2e et 15e d'infanterie légère sont partis d'Anclam pour Posen le 12 de ce mois; j'espère que Votre Majesté sera satisfaite de la tenue de ces deux corps. Le 12e d'infanterie légère est arrivé depuis le 3 de ce mois.

« D'après ce que Votre Majesté m'a fait l'honneur de m'écrire, je compte entrer en Poméranie le 28; il est donc probable qu'à la fin de ce mois Stralsund sera bloqué du côté de la terre.

« Dix-sept chaloupes canonnières défendent le passage de l'île de Rügen; j'espère être bientôt maître de cette île.

« Je joins ici le rapport d'un de mes émissaires qui a pénétré dans Stralsund; je crois qu'on peut y ajouter foi.

« J'ai fait demander du gros calibre à Stettin. »

Il entre dans plus de détails dans la réponse (1) qu'il adresse, en même temps, au Major général :

« Je n'ai reçu qu'hier matin la lettre que vous m'avez fait l'honneur de m'écrire le 7 de ce mois pour me prévenir que l'Empereur me laissait le maître d'attaquer la Poméranie suédoise quand je le jugerais convenable, mais que Sa Majesté pense que je ne dois faire cette opération qu'au moment des fortes gelées.

« Je ne pense pas que Stralsund se rende sur de simples menaces et l'occupation de cette place serait pour nous d'un si grand avantage qu'il n'y a pas, je crois, à hésiter sur les moyens à prendre pour s'en rendre maître.

« Votre Altesse sentira mieux que je ne pourrais le lui expliquer que si de nouveaux ordres ou des circonstances imprévues me forçaient de quitter la Poméranie pour me porter sur tel ou tel point,

---

(1) A. T. (R. 17).

le petit corps d'observation que je laisserais devant Stralsund ne serait point en mesure pour empêcher les Suédois de s'emparer de nos magasins à Anclam, Demmin et sur la Peene; que rien ne les empêcherait, pour peu qu'ils fussent entreprenants, de former un détachement qui ne laisserait pas que de devenir inquiétant pour les derrières de l'armée.

« Je pense donc qu'il est important de ne pas employer de demi-moyens pour se rendre maître de Stralsund. Au reste, ce sont de simples observations que je soumets à Votre Altesse et l'Empereur sait assurément mieux que personne ce qui doit être fait en pareille circonstance.

« Le temps s'est remis un peu à la gelée depuis hier matin : dans tout état de choses, je compte entrer en Poméranie et passer la Peene le 28; j'espère qu'avant la fin du mois, Stralsund sera strictement bloqué du côté de terre. Le canal qui sépare l'île de Rügen du continent est défendu par 17 chaloupes canonnières; j'espère toutefois m'emparer de cette île dont la position est importante pour l'ensemble de mes opérations.

« Je fais demander au général Thouvenot à Stettin 24 mortiers de 8 à 9 pouces et 12 pièces de 24, toutes approvisionnées à 1.000 coups l'une.

« Conformément à vos ordres, je vais faire confectionner 300.000 à 400.000 rations de biscuit à Rostock et dans le Mecklembourg.

« Je n'ai qu'un officier du génie. »

Il avait mandé (1), dès la veille, à Thouvenot :

« Par une dépêche que j'ai reçue cette nuit du Major général de l'armée, il me prévient que Sa Majesté m'autorise à tirer de Stettin des pièces de siège si je le juge nécessaire.

« Je désirerais connaître, par le retour de l'estafette que je vous envoie, sur combien de mortiers, de pièces de gros calibre et approvisionnements je puis compter. Vous pourriez me les envoyer par eau jusqu'à Anclamfahre, en mettant sur les bateaux une forte garde.

« Je vous confie, sous le secret, que je crois entrer incessamment en Poméranie suédoise.

« Le bataillon du 12e d'infanterie légère détaché à Wollin m'étant nécessaire, je vais lui donner l'ordre de rentrer. Je vous prie de le faire relever en partie, ce qui vous sera facile d'après les dispositions que vous prenez pour resserrer Colberg. Ce bataillon partira de Wollin le 23 pour rejoindre son régiment. Vous sentez combien il est important que vous fassiez occuper Wollin jusqu'à ce que vous l'ayez débordé en vous rapprochant de Colberg. »

Thouvenot répond (2), le 21, au maréchal que l'augmentation de troupes qui lui est arrivée n'est pas assez considérable pour lui permettre d'occuper à la fois Wollin, Massow et Gollnow. Les opérations

---

(1) A. T. (R. 17). (2) A. T.

qu'il projette sur Colberg ne peuvent s'exécuter qu'à mesure de l'arrivée des troupes du 10e corps d'armée; or, à l'exception des troupes de Bade, qui sont à Stettin, et de la Légion du Nord, qui est il ne sait où, il ne connaît point les troupes qui doivent composer le 10e corps ni le moment de leur arrivée à Stettin. « Mes premières dispositions sur la rive droite étaient combinées sur les 1.200 hommes que Votre Excellence a envoyés à Wollin : ces 1.200 Français étaient à eux seuls capables d'en imposer à l'ennemi; les troupes auxiliaires ne lui en imposent d'aucune manière; celles de Bade sont de nouvelles levées; elles iraient à merveille avec les Français; sans cet ensemble, elles ont le sentiment de leur inexpérience et ne valent pas même ce qu'elles pourraient valoir sans ce manque de confiance. » Le détachement de Wollin ayant reçu l'ordre de se retirer, il y enverra 800 hommes le lendemain 22, mais, dans ces conditions, il ne pourra occuper que Gollnow. Si le maréchal jugeait à propos de faire occuper de nouveau Wollin, il enverrait à Massow les troupes qu'il y détache. Il fait connaître, en outre, qu'il pourrait lui fournir 20 pièces de siège en bronze et quelques mortiers et obusiers en fer de divers calibres; « mais, Monsieur le Maréchal, j'aurais besoin d'un ordre du ministre pour affaiblir de cette manière la défense des places qui me sont confiées; Votre Excellence est trop pénétrée des devoirs d'un militaire pour désapprouver mon observation ».

Mortier fait partir (1), le 22 janvier, pour Stettin, le colonel Baltus, chef d'état-major de l'artillerie du 8e corps, afin d'y rassembler l'équipage de siège qui lui était nécessaire pour agir contre Stralsund. Il rend compte (2), le 25, au Major général du désir exprimé par Thouvenot d'être autorisé par lui ainsi que du manque de poudre à Stettin. « Je ne puis que répéter à Votre Altesse ce que j'ai eu l'honneur de lui écrire par ma lettre du 21, relativement à Stralsund dont la possession nous est si nécessaire par la position qu'a prise notre armée et je crois qu'il est pour nous de la plus haute importance de nous en rendre maîtres. Je prie, de nouveau, Votre Altesse de m'en donner les moyens. »

Lacombe Saint-Michel soumet (1) au maréchal, le 27 janvier, les obstacles que rencontre Baltus dans l'accomplissement de sa mission : insuffisance de la quantité de poudre qui se trouve à Stettin et qui oblige à s'adresser à Clarke ainsi qu'aux gouverneurs de Küstrin, Magdebourg et Spandau; Thouvenot, « quoique très disposé à complaire à Votre Excellence, lui a dit qu'il ne pouvait ordonner ni requérir la délivrance des objets d'artillerie nécessaires que lorsque vous, Monsieur le Maréchal, lui en aurez donné l'ordre précis en conséquence de ceux de S. M. l'Empereur, de sorte que le colonel Baltus se trouve à Stettin sans poudre, sans moyens de procéder aux réparations indispensables qui doivent marcher de front avec la formation de l'équipage. L'arsenal ne possède qu'environ 1.500 francs en caisse. Vous ne pouvez

---

(1) A. T. (2) A. T. (R. 17).

prendre à Stettin de mortiers, tant gros que petits, que le nombre de 9 ; vous pouvez prendre 14 pièces de 24, 4 de 20, 3 de 12 et 2 de 6 long. Des 9 mortiers, 3 ne peuvent être approvisionnés qu'à 500 coups chacun, à moins de tirer des autres places ce qui est nécessaire ».

Mortier, qui sentait la nécessité de hâter l'arrivée de l'équipage de siège, en annonçant, le 31 janvier, à Thouvenot qu'il vient de bloquer Stralsund, lui mande (1) : « Quant au petit équipage de siège que je vous ai demandé, je ne puis que vous répéter à cet égard ce que je vous ai déjà dit. Le Major général de l'armée, par sa lettre du 7 janvier, m'ayant dit positivement *vous êtes autorisé à tirer de l'artillerie de Stettin*, je vous prie de m'envoyer le plus tôt possible celle que je vous ai demandée. »

Il lui adresse (1), le lendemain 1er février, un ordre catégorique à ce sujet : « M. de Turenne, qui retourne auprès de Sa Majesté, vous dira, Monsieur le Général, l'extrême embarras où je me trouve faute de l'artillerie que je vous ai demandée. Je vous prie donc, et vous donne l'ordre au besoin, de m'envoyer les pièces de gros calibre dont je vous ai fait remettre la note et qui sont indispensables pour ne pas rendre nul et dérisoire l'investissement de Stralsund. »

Le 25 janvier, Mortier donne, pour l'invasion de la Poméranie suédoise, les ordres (1) qui suivent :

1° A Grandjean. « Je vous confie sous le secret, Monsieur le Général, que le 8e corps passera la Peene le 28 de ce mois pour s'emparer de la Poméranie suédoise et bloquer Stralsund. Réunissez votre division (sous prétexte de revue) avec armes et bagages de manière à pouvoir vous mettre en marche d'Anclam sur Greifswalde le 28 à la pointe du jour.

« Il serait à propos qu'un détachement de 200 à 300 hommes partît de Stolpe, en même temps que vous, pour se porter sur Schlatkow et couper les postes qui se trouvent entre cet endroit et la Peene.

« Vous vous dirigerez le lendemain sur Brandshagen où vous prendrez position, liant votre gauche avec la droite du général Dupas. Sa division passera par Loïtz, Grimmen et arrivera le 29 à Elmenhorst. Votre jonction opérée, vous recevrez de nouveaux ordres.

« Faites cantonner vos troupes et gardez-vous très militairement. Recommandez qu'on observe la plus exacte discipline, c'est le seul moyen de retirer du pays que nous allons occuper des ressources dont nous avons grand besoin. Ordonnez qu'on fasse de fréquents appels dans les compagnies et qu'on tienne note des absents.

« Les vivres seront distribués le 27 à Anclam pour les 28 et 29. Je mettrai, le 28, un régiment de cavalerie à votre disposition. »

2° A Dupas : « J'ai l'honneur de vous prévenir, Monsieur le Général,

---

(1) A. T. (R. 17).

que le 8ᵉ corps est destiné à faire l'invasion de la Poméranie suédoise et à bloquer Stralsund. Vous réunirez la division sous vos ordres de manière à pouvoir passer la Peene à Loitz, le 28 à la pointe du jour, pour vous porter sur Grimmen. Vous marcherez le 29 sur Elmenhorst où vous prendrez position, ayant soin de lier votre droite avec la gauche du général Grandjean, qui doit arriver le même jour à Brandshagen, passant par Greifswalde. Vous recevrez de nouveaux ordres à Elmenhorst. Détachez un parti de Grimmen sur Richtenberg afin de couper, s'il est possible, les postes de Tribbeses. Faites cantonner, etc. (*comme à Grandjean*). Je donne l'ordre qu'on mette demain à votre disposition un détachement de 25 chasseurs à cheval, commandé par un officier. »

Le 26, il mande (1) à Lorge : « Vous réunirez demain, Monsieur le Général, toute la division de cavalerie dans les cantonnements de Wosseren, Gellendin, Pilsen et Luskow et vous donnerez des ordres pour qu'elle soit rendue le 28 à la pointe du jour sur les hauteurs d'Anclam. Faites prendre des vivres en pain et en viande, pour chacun de vos hommes, pour la journée de demain ; ils pourront facilement se les procurer chez leurs hôtes. Faites-leur prendre également des fourrages pour un jour ; cette distribution pourra se faire à Friedland.

« Je vous confie que le 8ᵉ corps est destiné à faire l'invasion de la Poméranie suédoise et à bloquer Stralsund (ceci entre nous). Je vous ferai passer demain de nouveaux ordres pour le mouvement du 28. Les vivres seront distribués pour les 28 et 29 ; recommandez aux troupes, lors du passage de la Peene, d'observer la plus exacte discipline ; nous aurons le plus grand besoin des ressources du pays ; ne souffrez aucun gaspillage. Insinuez que vous vous réunissez près d'Anclam pour manœuvrer après-demain ; j'ai fait évacuer les villages que vous allez occuper ; vous y serez resserré mais ce ne sera que pour une nuit. »

Le 27, il prévient (1) Lacombe Saint-Michel que le passage de la Peene s'effectuera le 28 à la pointe du jour et lui donne les instructions ci-après : « Chacune des compagnies de l'artillerie légère hollandaise marchera avec sa division.

« Le parc de réserve marche après la division de cavalerie ; celle-ci suit le mouvement de la division Grandjean qui débouchera en suivant la grande route de Schlatkow, Kiesow et Greifswalde

« Il est important que vous fassiez armer le plus promptement possible la 1ʳᵉ compagnie du 6ᵉ régiment d'artillerie légère ; elle devient inutile si vous ne lui procurez bientôt les moyens de l'utiliser.

« Pressez et pressez vivement l'arrivée des 36 bouches à feu, avec leur approvisionnement, que nous avons demandées à Stettin d'après l'autorisation du Major général de l'armée.

---

(1) A. T. (R. 17).

« J'établis ce soir mon quartier général à Anclam; je marcherai demain avec la 1re division.

« Ne souffrez dans la colonne d'artillerie aucunes voitures étrangères à celles du service. »

Le maréchal avait reçu, le 25, un officier envoyé par le Major général et porteur de la lettre (1) qui suit, datée de Varsovie le 19 janvier à 7 heures du matin : « L'Empereur, Monsieur le Maréchal, me charge de vous faire connaître que son intention est que les îles de Swienemünde et Wollin soient sous vos ordres et que la ville de Cammin ainsi que le territoire environnant jusqu'au fort d'Alt-Damm soient également sous votre commandement; nommez des commandants d'armes à Swienemünde, à Wollin, à Cammin; faites construire une petite tête de pont en avant de Wollin afin d'avoir toujours le passage assuré; faites mettre quelques canons à ce passage vis-à-vis l'embouchure de l'Oder; vous pouvez tirer ces pièces d'artillerie de Stettin.

« Colberg, dans ce moment, doit être cerné par le général Victor; il ne vous faut donc que peu de troupes pour surveiller Wollin; mais il faut y porter une grande attention, dans le cas où les Anglais voudraient y effectuer un débarquement; vous recommanderez au commandant de Wollin d'instruire exactement de ce qui se passerait.

« L'Empereur suppose que, dans ce moment, vous êtes devant Stralsund. »

Mortier avait répondu (2), de Friedland, le 26, au Major général :

« L'officier que vous m'avez dépêché, Monsieur le Maréchal, est arrivé hier et je profite de son retour pour vous faire passer les différentes dépêches qui étaient prêtes à partir pour vous et pour répondre à celles que vous m'avez adressées.

« J'avais prié le général Thouvenot de faire occuper Wollin pour me faciliter les moyens de faire rentrer au 8e corps le 1er bataillon du 12e régiment d'infanterie légère que j'avais détaché dans les îles d'Usedom et de Wollin... D'après ce que vous m'avez fait l'honneur de m'écrire le 19 pour me prévenir que l'Empereur mettait sous mes ordres les îles de Swienemünde et de Wollin, je vais, de nouveau, envoyer un détachement pour les occuper.

« Wollin n'est pas un poste tenable, mais il y a, en arrière, une assez bonne position à Klein-Mocratz. On y arrive par un défilé étroit et c'est là qu'est désigné le rendez-vous en cas d'alerte. Lorsque les Prussiens vinrent attaquer, le 6, Wollin, ils avaient fait passer des détachements par la Dievenow et le Grosse Haff et avaient cherché à se rendre maîtres de cette position de Klein-Mocratz avant que nos troupes y fussent rendues. C'est à Klein-Mocratz que j'avais fait établir les deux pièces d'artillerie légère prises, le 6, sur les Prussiens. Il existe à Wollin

---

(1) A. T. (2) A. T. (R. 17).

un pont-levis sur la Dievenow qui se lève pendant la nuit. Je vais faire construire, en avant de Wollin, la petite tête de pont que vous m'ordonnez d'y faire faire ; je n'ai, comme Votre Altesse le sait, qu'un seul officier du génie, qui me sera bien nécessaire devant Stralsund.

« J'ignore si Colberg est cerné comme vous paraissez le croire, mais l'événement fâcheux arrivé au général Victor me porte à croire que les approches de cette place par nos troupes n'ont point encore eu lieu. Dans cette dernière hypothèse, un faible détachement à Wollin et à Cammin serait sans doute compromis. Je ne puis donc envoyer moins de 500 hommes pour occuper ces différents points. L'île de Rügen me demandera naturellement beaucoup plus de monde ; je me trouverai, par conséquent, devant Stralsund avec moins de 10 bataillons et les développements des ouvrages de cette place nécessiteront beaucoup de monde pour la cerner et pour rendre nulles toutes sorties de la place que pourrait faire l'ennemi.

« Le 8e corps sera entièrement réuni demain ; après-demain, à la pointe du jour, il passera la Peene à Anclam et Loitz. La division Dupas se dirigera par Grimmen sur Elmenhorst ; celle du général Grandjean sur Greifswalde et Brandshagen. Le 29, le corps d'armée sera réuni en avant de ces deux derniers endroits.

« Suivant les intentions de l'Empereur, je cantonnerai les troupes en partie aussitôt que j'aurai reconnu par moi-même le terrain. Le général Dupas a l'ordre de jeter un parti à Richtenberg aussitôt son arrivée à Grimmen, afin de couper les postes qui se trouvent à Tribbeses et sur la Trebel.

« Si la garnison de Wolgast, que je crois peu nombreuse, ne se retire pas assez vite, elle sera indubitablement prise, mais les précautions des Suédois sont telles qu'en moins d'une demi-heure, on connaîtra dans tout le pays et à Stralsund l invasion de la Poméranie suédoise.

« Je vous prie instamment de faire mettre le plus promptement possible à ma disposition les 36 bouches à feu et les munitions nécessaires à leur approvisionnement que j'ai demandées au général Thouvenot. J'ai eu l'honneur de vous mander hier que ce général attendait préalablement vos ordres pour me les délivrer ; vous sentez, Monsieur le Maréchal, que le temps presse. »

« Le 27 janvier », note Mortier dans son *Journal*, « les troupes se réunissent autour d'Anclam ; le même soir, j'établis mon quartier général dans cette ville ; le 28, à la pointe du jour, le 8e corps passe la Peene à Demmin et à Anclam, prise de Greifswalde ; le même soir, j'établis mon quartier général dans cette ville ; le 29, combat de Teschenhagen, l'ennemi est forcé de rentrer dans la place ; le même soir, je couche à Nuderhof ; le 30, Stralsund est bloqué ; j'établis, le même jour, mon quartier général à Miltzow. »

De Miltzow, le 30 janvier, il rend compte (1) de ses opérations à l'Empereur dans les termes suivants :

« Le 8e corps a passé la Peene avant-hier 28 : la division Grandjean ainsi que celle de cavalerie à Anclam, ainsi que j'ai eu l'honneur d'en prévenir Votre Majesté par ma lettre du 21, et celle du général Dupas à Demmin. Cette dernière n'a pu effectuer son passage à Loitz parce que les pilotis du pont ayant été précédemment arrachés par les Suédois, il n'y avait plus de moyens de le rétablir assez promptement.

« A l'approche de notre avant-garde, les ennemis se retirèrent assez précipitamment, mais ils ne purent empêcher quelques-uns de leurs hussards de tomber entre nos mains.

« A 5 lieues d'Anclam, entre Gross-Kiesow et Klein-Kiesow, un piquet de 25 chasseurs du 26e, qui marchait en avant de la 1re division, eut occasion de charger une cinquantaine de hussards ennemis et le fit avec succès ; il leur prit sept hussards, en sabra plusieurs, mais, emporté trop loin par son ardeur, il se trouva bientôt avoir affaire à près de trois escadrons. Le régiment de cavalerie hollandaise, que j'envoyai au secours des chasseurs, arrêta promptement l'ennemi ; nous perdîmes deux chasseurs dont les chevaux s'abattirent malheureusement sous eux et qui furent faits prisonniers. Cette cavalerie ennemie se retira ensuite en toute hâte à Greifswalde.

« L'officier suédois qui commandait dans cette ville eut la prétention de nous en défendre l'entrée. Cette place a des remparts, des fossés, un pont-levis. Le pont était levé et des soldats, disposés le long des remparts, tiraient sur notre avant-garde. Les chasseurs du 12e régiment d'infanterie légère ne donnèrent pas à notre artillerie le temps d'établir ses batteries. En un moment, ils franchissent les fossés sur la glace, escaladent les remparts et pénètrent de tous côtés dans la ville où la 1re division entre tout entière à 3 heures de l'après-midi. L'ennemi avait des chariots attelés tout prêts sur lesquels son infanterie se déroba à notre poursuite. J'envoyai à l'instant une forte reconnaissance de cavalerie qui poussa jusqu'à Kirchdorf et fit quelques prisonniers.

« La 2e division alla le même soir coucher à Grimmen ; elle fit quelques prisonniers.

« Hier 29, les deux divisions se mirent en marche, l'une de Greifswalde, l'autre de Grimmen. L'ennemi avait pris position, avec une compagnie d'artillerie légère, sur les hauteurs de Teschenhagen ; il fut attaqué par la division du général Grandjean et promptement délogé malgré le feu de son artillerie. Le 26e régiment de chasseurs à cheval exécuta de belles charges dans l'une desquelles le colonel Dijon fut blessé d'un coup de mitraille ; sa blessure n'est pas dangereuse et il sera bientôt rétabli.

---

(1) A. T. (R. 17).

« Pendant les mouvements de la 1re division, la 2e, arrivant par Elmenhorst et se dirigeant sur Voigdehagen, avait culbuté tout ce qui s'était trouvé sur son passage et opérait sa réunion avec la 1re. Dans un des petits combats que son avant-garde eut à soutenir, M. Laméthrie, lieutenant au 26e chasseurs, officier plein de mérite, fut tué d'un coup de feu. Sans un brouillard extrêmement épais, tout ce que l'ennemi avait entre Andershof et Stralsund eût été pris par l'avant-garde du général Dupas qui lui aurait coupé la retraite.

« Le résultat de ces différents combats est la prise d'une cinquantaine d'hommes, dont la plupart sont des hussards suédois de Moernek; une quarantaine ont été tués et beaucoup blessés à coups de sabre et de fusil. Toutes les troupes du 8e corps ont montré la meilleure volonté; je suis particulièrement satisfait de l'activité des généraux Dupas et Grandjean.

« La forteresse de Stralsund est maintenant cernée depuis les bords du canal au midi de cette place jusqu'à la route de Barth. Demain, elle le sera également dans la partie qui regarde au nord. Mes avant-postes sont sous le canon de la place.

« La réserve de la 1re division est à Brandshagen; celle de la 2e, dont un régiment occupe Pütte, à Elmenhorst; celle de cavalerie en arrière de ce dernier endroit.

« Le canal qui sépare la Poméranie de l'île de Rügen n'est gelé que sur les bords, ce qui ne permet de le passer ni sur la glace ni au moyen de bateaux. La gelée et le dégel se succèdent sans cesse et régulièrement, presque d'un jour à l'autre; il y a, dans cette île, un régiment d'infanterie suédoise.

« Les environs de Stralsund n'offrent que très peu de moyens pour les cantonnements; ce ne sont que des hameaux petits et pauvres. Je donne et donnerai tous mes soins pour que le soldat ne manque de rien de ce qui lui est nécessaire; toutes les ressources de la Poméranie seront employées à cet usage.

« Le roi de Suède n'est pas aimé des Poméraniens; ils le craignent et le détestent à la fois; ils disent assez hautement qu'ils doivent à son entêtement la visite que nous leur faisons et qu'il est vendu à l'Angleterre.

« J'ai demandé 12 pièces de 24 et 24 mortiers à Stettin; si ce petit équipage de siège m'arrivait, j'en ferais de suite usage : peut-être un bombardement déciderait-il les habitants à prendre un parti, quoiqu'on annonce la garnison comme très décidée à n'entendre aucune proposition.

« Nous avons pris, à Wieck, une chaloupe canonnière armée de 14 pièces de canon de petit et de 2 pièces de gros calibre. L'équipage se sauva; il n'y eut que le capitaine qui la commandait qui resta et qui fut fait prisonnier. »

Mortier mande (1), le même jour 30, à Dupas :

« Le général Godinot vous a chargé, d'après mes ordres, de faire occuper Lützow, Langendorf et Pütte. Vous placerez dans ce dernier endroit le 4ᵉ régiment d'infanterie légère et vous lui donnerez l'ordre de pousser des postes jusque sur le canal qui sépare Stralsund de l'île de Rügen de manière à ce que Stralsund soit cerné dans cette partie. Les postes se rapprocheront autant que possible de la ville; ils n'y laisseront entrer personne et vous conduiront exactement ceux qui en sortiraient.

« Vous lierez votre droite avec la gauche du général Grandjean; vous désignerez des rendez-vous où se retireraient tous les postes en cas de besoin et si quelque événement nous forçait à repousser une sortie en force que pourrait faire l'ennemi; alors, le 4ᵉ régiment se retirerait sur Voigdehagen et la jonction avec les troupes du général Grandjean vous mettrait au-dessus de toute entreprise de la part de l'ennemi. »

Il complète les instructions relatives à l'investissement en prescrivant (1), le 1ᵉʳ février, à Lorge que, à partir du surlendemain 3 février, il y aura constamment attaché aux avant-postes de chacune des divisions d'infanterie un escadron de service qui sera relevé tous les cinq jours.

L'équipage de siège dont il avait absolument besoin pour agir contre la place lui faisant toujours défaut, il écrit (1) le 31 janvier à Clarke :

« Je ne puis me dispenser de tirer de Stettin les pièces de gros calibre dont j'ai le plus pressant besoin parce que le Major général de l'armée m'a désigné Stettin pour m'y pourvoir de l'artillerie nécessaire à mes opérations devant Stralsund. Les ordres que S. M. l'Empereur m'a donnés sont précis et je ne pourrai m'empêcher de lui rendre compte des entraves que l'on met à leur exécution.

« Mes avant-postes cernent Stralsund à portée de canon : ce n'est que par des moyens prompts et vigoureux qu'on peut obtenir des résultats favorables devant une forteresse dont les ouvrages ont de la réputation et qui est bien armée. Chaque jour de retard pour l'arrivée de l'artillerie que j'ai demandée entraînera des inconvénients graves et procurera à l'ennemi les moyens de tirer des renforts de la Suède. »

« Le 1ᵉʳ février », note Mortier dans son *Journal*, « l'ennemi fait une sortie insignifiante; ses chaloupes canonnières tirent sans succès sur nos avant-postes à Andershof; le 2, visite de toute la ligne; le 3, reconnaissance sur les bords de la mer vis-à-vis de l'île de Rügen; du 5 février au 13 mars, l'ennemi fit quelques sorties sans succès. »

D'après l'*Historique du 8ᵉ corps de la Grande Armée* (2), le 1ᵉʳ fé-

---

(1) A. T. (R. 17). (2) A. G.

vrier, les Suédois, au nombre de 3.000, font une sortie, soutenus par des chaloupes canonnières qui tirent à boulets et à mitraille sur la position d'Andershof mais sans effet; ces troupes rentrent dans la place sans avoir rien entrepris. Instruits que la place recevait l'eau par un conduit partant en avant d'Andershof, on travaille à le détourner, ce qui est effectué le 4. Pendant les quatre journées du 2 au 5, l'ennemi s'occupe à raser et brûler les faubourgs; les chaloupes viennent chaque jour tirer sur nos troupes; on y répond et l'une d'elles est coulée. Une redoute est construite sur le plateau voisin de la route de Stralsund à Damgarten; on fait une coupure en avant; une autre redoute est commencée sur la route de Barth. Les 6, 7 et 8, l'ennemi fait des reconnaissances pendant lesquelles on échange quelques coups de pistolet. Le 9, après quelques coups de fusil, on s'empare du poste ennemi dit de la Maison Rouge.

A cette date du 1er février, Mortier remet à M. de Turenne, qui retourne auprès de l'Empereur, la lettre (1) ci-après :

« Par ma dépêche du 30 janvier, j'ai eu l'honneur de rendre compte à Votre Majesté du passage de la Peene par les troupes du 8e corps, de la prise de Greifswalde, du combat de Teschenhagen et du blocus de Stralsund.

« Aujourd'hui, deux chaloupes canonnières sont venues tirer sur l'avant-garde de la 1re division postée à Andershof, tandis qu'une partie de la garnison avec une demi-batterie d'artillerie légère faisait une sortie sur la route de Voigdehagen. La bonne contenance de nos troupes la fit bientôt rentrer.

« Je n'ai pu me procurer encore d'artillerie de gros calibre; on entrave de mille et une manières la demande que j'ai faite à Stettin et Votre Majesté sait mieux que personne de quelle conséquence doit être pour elle la prise de Stralsund. Il ne faut pas penser s'en rendre maître avec des pièces de 6 et quelques obusiers. Toutes les troupes du 8e corps brûlent du désir de planter l'aigle impériale sur les remparts de Stralsund et je supplie Votre Majesté de m'en procurer les moyens.

« Tous les pouvoirs administratifs sont dans les mains du baron d'Essen, gouverneur général de Stralsund et de la Poméranie. Je suis donc forcé de composer une commission d'approvisionnement pour éviter les abus et les gaspillages. Je choisirai cette commission parmi les personnes les plus notables de la province : c'est le seul moyen de ménager à nos troupes des ressources que le système des réquisitions partielles aurait bientôt épuisées.

« Je ne dois pas laisser ignorer à Votre Majesté que j'ai été également très satisfait de la conduite du général Lorge et des autres généraux. »

---

(1) A. T. (R. 17).

Le 2 février, Mortier reçoit (1) une lettre (2) que Brune lui avait adressée le 23 janvier de Hambourg, pour l'informer qu'il était arrivé dans cette ville pour y prendre le gouvernement général des villes hanséatiques. A cette même date du 23 janvier, Michaud lui avait rendu compte (2) qu'il avait remis le commandement au maréchal Brune, nommé gouverneur des villes hanséatiques par un décret impérial du 15 décembre dont il n'avait pas eu connaissance et qui était arrivé l'avant-veille. La division hollandaise Dumonceau, stationnée dans l'étendue du commandement confié à Brune, passait, par suite, sous les ordres de ce dernier.

Le 3 février, Mortier prescrit (1) à Grandjean de faire occuper Wieck par un poste permanent et à Lorge de faire faire de fréquentes patrouilles de cavalerie, de jour et de nuit, sur les bords de la mer, depuis Stahlbrode jusqu'à Wieck pour empêcher que personne ne s'embarque.

Le 2 février, à la suite de la « visite de toute la ligne » mentionnée dans son *Journal*, il avait mis à l'ordre général (1) :

« M. le maréchal commandant le 8e corps a été satisfait de la manière dont le service se fait aux avant-postes; il recommande la plus grande surveillance sur la ligne, surtout pendant la nuit.

« Les subsistances étant assurées et les distributions se faisant avec régularité, il est temps enfin de mettre ordre aux brigandages qu'exercent journellement quelques mauvais sujets.

« Des maisons sont pillées, des bestiaux sont enlevés de vive force dans des fermes qu'occupent les troupes ou qui les avoisinent ; on a également volé beaucoup de chevaux dans différents endroits.

« M. le maréchal ordonne aux généraux de division de rendre les généraux de brigade et chefs de corps responsables à l'avenir de pareils excès, qui ne sont commis que pour le plaisir de faire le mal, et de faire traduire à une commission militaire tout individu qui contreviendrait au présent ordre. »

L'Empereur avait écrit au maréchal, le 28 janvier à minuit, la lettre (2) suivante qui, enlevée par les Prussiens et reprise sur eux, ainsi qu'on le verra plus loin, ne parvint à son destinataire que le 16 février :

« Mon Cousin, le 1er février je prends l'offensive pour jeter l'ennemi derrière le Niémen. Il serait possible qu'une colonne de 15.000 à 20.000 hommes fût coupée et jetée du côté de Dantzig et Stettin; elle serait poursuivie par le maréchal Lefebvre. Ce cas arrivant, vous ne laisseriez devant Stralsund que les troupes nécessaires et, avec le reste de votre corps, vous vous porteriez sur Stettin. Vous prendriez sous votre commandement la division italienne et le régiment de fusiliers de ma Garde qui s'y trouvent et vous marcheriez à l'ennemi pour le jeter sur la Vistule. Cette supposition est trop hypothétique, l'ennemi, trop

---

(1) A. T. (R. 17).   (2) A. T.

instruit par les circonstances passées, montrera trop de circonspection pour cela. Toutefois, il est nécessaire que vous ayez l'œil sur tout ce qui pourra se passer sur le bas de la Vistule dans les premiers jours de février afin que vous puissiez prendre conseil des circonstances et concourir à attaquer l'ennemi ou à défendre l'Oder. Sur ce, etc. »

Clarke lui avait mandé (1), de Berlin, le 1er février :

« Je vous écris la présente par ordre de S. M. l'Empereur. Elle est purement confidentielle et secrète.

« L'ennemi paraît manœuvrer pour se maintenir vers Elbing et pour conserver sa communication avec Dantzig. Dans cette situation, il est vraisemblable que l'Empereur, qui a quitté Varsovie, se verra contraint de lever ses cantonnements et de faire un mouvement de guerre. Il se pourrait que ce mouvement coupât un corps de 10.000 à 15.000 ennemis et le jetât d'abord sur Dantzig et, de là, sur Stettin. Deux régiments italiens ont été envoyés à Stettin; ils en formeront la garnison concurremment avec le régiment de Würtzbourg et quelques dépôts. L'Empereur en estime le nombre à 6.000 hommes, mais il s'en faudra de quelque chose que ces troupes forment ce nombre. Les troupes de Bade, deux régiments français dont j'ignore les numéros et la 1re légion du Nord (2) sont ou se rendent à Stettin pour aller de là devant Colberg, où l'Empereur les croit déjà, sous les ordres du général Menard. J'ai ordre de vous prévenir de tout ceci, Monsieur le Maréchal, et il n'y a dans ce qui précède aucune conjecture qui vienne de moi, mais elles sont fondées sur la lettre de Sa Majesté que j'ai sous les yeux.

« Il m'est commandé d'ajouter que si un corps de l'armée ennemie était en effet rejeté sur Stettin, la volonté de Sa Majesté est que vous ne laissiez à Stralsund que le nombre de troupes convenable et que vous vous renforciez des troupes qui seront à Stettin et de celles que je pourrais envoyer de Berlin, si j'en ai alors de disponibles (car ma garnison actuelle est composée de trois bataillons de Nassau et de deux bataillons des conscrits du 2e régiment provisoire de la réserve), et que vous missiez la colonne ennemie entre l'Oder et le corps d'armée que l'Empereur enverrait à sa poursuite.

« La 1re compagnie des gendarmes d'ordonnance de S. M. l'Empereur part demain pour Stettin et j'y ai envoyé aujourd'hui le régiment des fusiliers de sa Garde; deux bataillons du 1er régiment provisoire de la réserve sont à Küstrin et j'ai envoyé à Stettin les 23e et 19e de chasseurs à cheval qui y seront dans un jour ou deux.

« Les partisans de Colberg ont fait une pointe jusque sur la route

---

(1) A. T.
(2) Cette légion polonaise avait été créée le 20 septembre 1806 à Juliers (*Histoire des troupes étrangères au service de la France*, par FIEFFÉ). Elle devint 5e régiment du grand-duché de Varsovie en 1808, d'après Martinien.

entre Posen et Francfort-sur-l'Oder et ont enlevé plusieurs malles. J'ai envoyé, par Küstrin, sur la droite de l'Oder, 200 hommes du 23e qui balaieront un peu le pays et marcheront sur cette rive jusqu'à Stettin en se faisant appuyer jusqu'à Stargard par un bataillon léger italien qui était à Küstrin. »

Une lettre (1) adressée à Mortier, le 28 janvier, par le général Rapp, qui venait d'être grièvement blessé, montre quel était à ce moment l'état d'âme de la Grande Armée :

« Je viens de recevoir, mon cher Maréchal, votre lettre par M. Tascher; je vous remercie bien de l'intérêt que vous prenez à ma blessure, j'étais bien persuadé de la part que vous y prendriez. Je puis vous annoncer aujourd'hui que je suis absolument hors de danger de perdre le bras qui a été cassé et fracturé fortement ; j'espère encore m'en servir pour Sa Majesté.

« Nous avons été bien malheureux d'avoir du dégel lorsque nous attaquâmes les Russes; ils doivent une belle chandelle à leur saint Nicolas pour ce contre-temps, car, sans cela, aucun d'eux ne repassait le Niémen; nous avons, malgré cela, tué et pris beaucoup de monde et toute leur artillerie est aujourd'hui à Varsovie. On s'est battu avec acharnement ; les Russes se battent bien, mais nous pouvons nous flatter, sans blesser notre modestie, que nous nous battons mieux qu'eux.

« Nous espérons et nous désirons tous que vous fassiez une belle campagne; il ne vous arrivera jamais autant de bonheur qu'en mon particulier je vous en souhaite. »

Le 8 février, jour où se livrait la sanglante bataille d'Eylau, Mortier écrit (2) à l'Empereur :

« Stralsund est entièrement bloqué du côté de terre; cette ville a des développements immenses ; elle est dans le plus bel état de défense. Mes vedettes sont à 400 toises (3) de la place. J'ai eu l'honneur de rendre compte à Votre Majesté des obstacles que l'on me faisait éprouver pour la grosse artillerie que le Major général m'avait autorisé à tirer de Stettin.

« Je n'ai qu'un seul officier du génie, M. le chef de bataillon Monfort. Je ne puis assez me louer de son zèle et de son activité. Je n'ai également qu'une seule compagnie de 68 sapeurs.

« Lorsque je fis mon dernier mouvement par la gauche pour resserrer la place du côté de la mer, l'ennemi mit le feu au beau faubourg de Knipper, le seul qui lui restait; c'était un spectacle vraiment affreux; plusieurs vieillards ont été brûlés et 2.000 malheureux, sans toit et sans asile, sont rentrés dans Stralsund d'où on les aura probablement fait passer à l'île de Rügen.

---

(1) A. T.   (2) A. T. (R. 18).
(3) La toise valant 1m 95, 400 toises répondent à 780 mètres.

« Depuis trois mois, les Suédois avaient fait enlever toutes les barques qui se trouvaient de ce côté-ci. J'ai pris note de celles dont je puis disposer, tant dans la Peene qu'aux environs. Je les réunirai dans l'anse de Neuhof, près d'ici, aussitôt qu'elles seront dégagées des glaces. Le temps est toujours le même; il gèle et dégèle alternativement, le détroit n'est pris que sur les côtés.

« Les chaloupes canonnières de l'ennemi ont fait jusqu'à présent beaucoup plus de bruit que de mal. Deux batteries que j'ai fait établir l'une à la droite d'Andershof, l'autre à Neuhof éloignent un peu leur feu; elles portent chacune deux pièces de 24.

« J'ai formé un détachement de 1.200 hommes, pris sur les six régiments qui forment le 8e corps, pour passer dans l'île de Rügen aussitôt que les glaces le permettront. L'occupation de cette île est indispensable pour donner suite à mes opérations sur Stralsund; malheureusement, le temps m'a été constamment contraire depuis l'invasion de la Poméranie.

« Les hussards suédois désertent quand ils en trouvent l'occasion; il m'en est déjà arrivé une vingtaine.

« J'aurais grand besoin d'un détachement de gendarmerie; je n'ai pas un seul homme de cette arme.

« J'ai l'honneur d'envoyer à Votre Majesté le plan de Stralsund, telle qu'était cette place en 1803. Depuis, les Suédois ont fait faire beaucoup d'ouvrages avec les subsides de l'Angleterre. »

Il insiste (1), le même jour, auprès du Major général sur le très grand besoin qu'il a de gendarmerie pour réprimer les maraudeurs qui se répandent dans les campagnes.

Le 10 février, il lui rend compte (1) :

« Il ne s'est rien passé de nouveau sur la ligne depuis la dernière lettre que j'ai eu l'honneur de vous écrire le 8 de ce mois, à l'exception de quelques coups de canon tirés tous les matins tant par la place que par les chaloupes canonnières. Tout du reste est assez tranquille. L'ennemi n'a pas tenté de sortie depuis celle qu'il fit infructueusement le 29 janvier et dont j'ai rendu compte à S. M. l'Empereur...

« Malgré mes instances réitérées, je n'ai pu obtenir jusqu'à présent aucune pièce de gros calibre à Stettin, et le colonel Baltus, que j'avais envoyé pour presser ce qui m'était indispensablement nécessaire, annonce au général Lacombe Saint-Michel qu'on a retenu pour le 10e corps tous les objets qu'il avait fait disposer pour nous.

« Je vous prie, Monsieur le Maréchal, de voir ma position tout entière devant Stralsund. J'ai déjà cru devoir vous dire tous les inconvénients qu'entraînerait la levée du blocus de cette place et combien il était important pour les armes de Sa Majesté de s'en rendre maître.

---

(1) A. T. (R. 18).

Je vous prie donc instamment d'ordonner qu'il m'en soit fourni les moyens.

« Par votre lettre du 7 janvier, vous me dites de tirer de Stettin des pièces de gros calibre; je l'ai écrit jusqu'à satiété au général Thouvenot, mais jusqu'à présent on n'a tenu aucun compte des demandes réitérées que j'ai faites à cet égard. Le temps que nous perdons ici est précieux. Il ne faut pas vous dissimuler que l'ennemi jettera dans la place tous les renforts dont il pourra disposer et il en sera toujours le maître puisque l'occupation même de l'île de Rügen ne pourra point intercepter les communications par mer. Aussitôt que le roi de Suède apprit l'invasion de la Poméranie, il eut une très longue conférence avec M. Pierrepoint, ministre d'Angleterre à Stockholm ou plutôt à Malmoë, à la suite de laquelle M. Pierrepoint partit pour l'Angleterre.

« Il fait un temps affreux; le dégel s'est manifesté hier par une grosse pluie; peut-être d'ici à demain le temps changera-t-il encore. Le détroit n'est pris que sur les bords et je n'ai pu jusqu'à présent réunir les bateaux qui doivent me faciliter l'invasion de l'île de Rügen parce qu'ils sont encore pris dans la glace tant dans la Peene qu'à Anclamer Fahr, les Suédois ayant retiré depuis trois mois tout ce qu'il y avait de bateaux de ce côté-ci.

« Il est vraiment fâcheux que la saison ait été aussi douce; on ne se rappelle pas d'un hiver semblable. Si le détroit avait pris, comme il arrive tous les ans, l'invasion de l'île de Rügen aurait offert peu de difficultés.

« J'apprends, à l'instant, que des hommes revêtus d'habits de paysans ont arrêté, entre Stettin et Anclam, une estafette porteur de lettres du général Lacombe Saint-Michel à destination de la première de ces villes; ils se sont dits chasseurs prussiens.

« Depuis longtemps, j'ai écrit à M. le gouverneur Thouvenot que s'il ne prenait pas des mesures pour faire fusiller sur-le-champ tout soldat au service de la Prusse déguisé en paysan, nous verrions chaque jour renaître les scènes qui ont eu lieu du côté de l'Oder. »

Le 11 février, d'Eylau, Berthier lui envoie le billet (1) qui suit : « Je vous renvoie, mon cher Mortier, M. Tascher qui nous a suivis depuis une quinzaine de jours : il pourra vous dire tout ce qui s'est passé. En résultat, nous avons eu une bataille sanglante le 8. Nous l'avons chassé (sic) de ses positions et il a été obligé de se retirer derrière Königsberg. L'ennemi a perdu trois fois plus que nous et nous voilà maîtres de toute la Prusse. »

Ajoutons dès à présent que, le 25 février, Clarke fit part (1) à Mortier d'une nouvelle qui devait l'attrister : « J'ai appris ce matin que le pauvre d'Hautpoul est mort des blessures qu'il a reçues à la bataille d'Eylau. » Rappelons les relations si affectueuses qui unis-

---

(1) A. T.

saient le maréchal au général d'Hautpoul depuis qu'ils servaient ensemble à l'armée de Sambre-et-Meuse et que Mortier avait ensuite commandé, dans la division d'Hautpoul, en 1798, le 23e de cavalerie (1).

A la date précitée du 11 février, Lacombe Saint-Michel expose (2) au maréchal dans les termes suivants les obstacles qu'il rencontre :

« Je viens de recevoir une nouvelle lettre de M. Baltus en date du 9 février; il me mande que M. le général Thouvenot ne veut laisser sortir que treize bouches à feu; il me dit qu'il serait plus facile de les prendre sur l'ennemi que sur M. le géneral Thouvenot; je lui donne l'ordre de toujours prendre ce qu'il veut lui donner, espérant qu'à la fin il arrivera un ordre de Sa Majesté Impériale auquel personne ne résistera.

« Votre Excellence m'ayant dit qu'Anclam n'étant pas hors d'insulte, il était préférable de mettre nos dépôts à Friedland, je donne des ordres en conséquence; j'y réunirai mes approvisionnements de campagne et ceux de siège...

« Je sens, Monsieur le Maréchal, qu'il doit être bien pénible pour vous de vous trouver aussi dénué de moyens; quant à moi, j'ai l'honneur de vous assurer que, malgré mon âge, j'aimerais mieux servir comme simple officier subalterne que de servir comme je le fais, en chef dans mon arme, avec autant d'obstacles à vaincre et dans l'état de dénuement où on laisse cette partie de votre service : avant de venir au 8e corps, je me suis trouvé dans des moments difficiles, mais si j'avais des difficultés à vaincre, j'avais aussi des ressources pour les surmonter, ressources qu'il ne fallait que combiner et rassembler. Ici, au contraire, vous me donnez un ordre, je l'exécute; le premier inspecteur de l'artillerie m'ordonne de faire faire tout par réquisition et je trouve des gouverneurs, des intendants qui, créés pour aider le service de Sa Majesté, l'entravent à tout instant par des formes comme si l'Administration pouvait, au milieu des événements de la guerre, marcher avec la même régularité comme elle le ferait en temps de paix où tout a été prévu. Il résulte, Monsieur le Maréchal, de tous ces combats, une perte de temps irréparable qui m'affecte vivement par mon zèle pour le service de Sa Majesté; car, quant à moi, je ne contracte aucune responsabilité parce qu'on ne peut me demander compte que des moyens mis à ma disposition... »

Le 14 février, Mortier rend compte (3) au Major général de sa situation :

« Depuis ma dernière lettre du 10 de ce mois, l'ennemi a fait, à deux reprises différentes, deux sorties assez insignifiantes sous la protection des batteries de la place, l'une par la porte de Damgarten, l'autre par la porte de Greifswalde; elles n'ont eu d'autre résultat

---

(1) Voir titre V (tome II). (2) A. T. (3) A. T. (R. 18).

pour lui que la perte d'une cinquantaine de tués ou de blessés; dans les deux occasions, nous avons eu 2 hommes tués et 4 blessés.

« Les chaloupes canonnières, que je ne croyais pas monter au delà de 17, se sont montrées hier au nombre de 20; elles portent du gros calibre, comme j'ai déjà eu l'honneur de vous le dire, et viennent journellement inquiéter les troupes postées à Andershof et au delà.

« Il ne m'est point encore arrivé de pièces de gros calibre, mais le colonel Baltus, que j'avais envoyé à Stettin depuis le 20 janvier pour m'organiser la grosse artillerie que vous m'aviez autorisé à tirer de cette place, annonce, au contraire, au général Lacombe Saint-Michel que différents objets qu'il avait fait préparer pour le 8e corps avaient été envoyés au 10e. On me fait cependant espérer de la grosse artillerie de Stettin, mais, Monsieur le Maréchal, voilà seize jours d'un temps bien précieux que nous perdons sous les remparts de la place et j'ai de fortes raisons pour croire que le roi de Suède y jettera de nouvelles forces dès qu'il le pourra.

« J'ai déjà eu l'honneur de vous faire connaître que je n'avais qu'un seul officier du génie, M. le chef de bataillon Monfort, dont je ne puis, au reste, trop louer le zèle et l'activité. »

On verra combien les prévisions de Mortier se réalisèrent en ce qui concerne les secours envoyés par la Suède à Stralsund ainsi que les dangers et les pertes qui en résultèrent pour l'armée française alors qu'il eût pu enlever la place lorsqu'il se présenta sous ses remparts s'il eût disposé de la grosse artillerie nécessaire : « Voici le dix-neuvième jour », mande-t-il (1), le 16 février, au général Thouvenot, « que nous sommes devant la place; c'est un temps bien précieux passé en pure perte. Il ne faut pas se dissimuler qu'à la première occasion l'ennemi ne manquera pas de jeter des renforts dans la place. Il entre dans les choses possibles que j'en serais maître aujourd'hui, si on m'en avait donné les moyens en passant la Peene. »

D'après l'*Historique du 8e corps* (2), le 10 février, l'ennemi fait une sortie de 2.000 hommes, infanterie et cavalerie, reste près de la porte du Centre et rentre sans rien entreprendre. Le 12, une compagnie de voltigeurs du 12e d'infanterie légère, ayant occupé une butte avancée à la droite des vedettes de la 1re division, l'ennemi vient l'attaquer avec deux bataillons, deux escadrons de hussards et deux pièces d'artillerie légère. Ces troupes sont soutenues par huit chaloupes canonnières qui prennent nos positions en flanc; le poste est repris deux fois et n'est abandonné que parce qu'il n'était pas encore important de le conserver. La 2e compagnie de carabiniers du 12e s'était portée avec tant d'impétuosité sur le revers de la butte que l'ennemi avait fui en abandonnant ses fusils. Le 13, huit chaloupes canonnières viennent tirer sur la position d'Andershof. Nos pièces en position sur le

---

(1) A. T. (R. 18). (2) A. G.

canal ripostent avec beaucoup de justesse et deux chaloupes sont remorquées. L'ennemi, protégé par dix pièces d'artillerie légère, vient rétablir un pont que les voltigeurs du 4e d'infanterie légère avaient détruit sur la gauche de Grunnenhof. On commence une redoute en avant de Voigdehagen. Le 14, on entreprend la construction de deux redoutes en avant d'Andershof ainsi que des chemins couverts le long de la mer; ces travaux sont terminés le 15.

Tandis que ces événements se passaient sous Stralsund, Thouvenot avait prévenu (1) Mortier, le 4 février, que le général Menard venait d'arriver à Stettin, porteur d'ordres qui changeaient tous les mouvements qu'il devait exécuter; il avait à se porter sur Neu-Stettin avec toutes les troupes appartenant au 10e corps « sans s'occuper d'aucune manière de Colberg dont le siège et le blocus seront confiés à d'autres troupes ». Menard retirait, par suite, le détachement badois et les trois pièces de campagne qui se trouvaient à Wollin avec le détachement du 8e corps, placé sous les ordres du commandant Aubry, du 12e d'infanterie légère. Cet officier supérieur avait, en raison de la faiblesse du détachement qui lui restait, été invité par Thouvenot à se replier sur Anclam; mais il avait cru devoir en référer (1), le 5, à Mortier qui avait écrit (2), le 7, à Thouvenot : « Wollin est aujourd'hui un point très important dont l'occupation est indispensable puisque le blocus de Colberg est différé de nouveau. » Thouvenot avait, par suite, annoncé (1) à Mortier, le 8, qu'il faisait partir de suite deux pièces d'artillerie des troupes de Würtzbourg avec 150 hommes de ces troupes pour être, à Wollin, sous les ordres du commandant Aubry; un bataillon italien, qui eut au retour un engagement avec l'ennemi, leur avait servi d'escorte (1).

Clarke avait annoncé (1), le 13, à Mortier, qu'il venait de recevoir du Major général l'ordre de faire bloquer Colberg par la division italienne commandée par le général Teulié et qu'il tirait toutes les troupes qu'il envoyait devant cette place, de la garnison de Stettin qui allait se trouver très affaiblie. Il ajoutait en post-scriptum que son aide de camp, envoyé à la poursuite des partisans, les avait mis en déroute le 11, et avait repris sur eux des lettres de l'Empereur parmi lesquelles il s'en trouvait une pour le maréchal qu'il lui envoyait.

C'était la lettre de l'Empereur du 28 janvier reproduite précédemment. En la recevant, le 16 février, Mortier répond (2) à l'Empereur :

« Je reçois à l'instant même la lettre que Votre Majesté m'a fait l'honneur de m'écrire le 28 janvier. Le général Clarke, qui me l'envoie, m'annonce qu'elle a été reprise sur les Prussiens par un détachement de ses troupes.

---

(1) A. T.   (2) A. T. (R. 18).

« Les nouveaux succès de Votre Majesté, que j'apprends également à l'instant et dont je la supplie d'agréer mes bien vives félicitations, auront ôté à un corps de 15.000 à 20.000 hommes les moyens de se jeter sur Dantzig et Stettin ; au moins les lettres que je viens de recevoir de Berlin ne m'en parlent pas. Toutefois, en cas d'événement, j'aurai le plus grand soin d'exécuter les ordres de Votre Majesté.

« Depuis la dernière sortie, dont j'ai rendu compte à S. A. le Major général de l'armée, l'ennemi n'a fait aucun mouvement au dehors de la place ; elle est resserrée de très près. J'attends la réunion des barques que j'ai fait ramasser dans la Peene et à Anclamer-Fahr pour jeter 1.200 hommes dans l'île de Rügen, mais les glaces ne m'ont pas encore permis d'effectuer ce mouvement. J'espère pourtant qu'il sera terminé sous deux ou trois jours si le dégel continue.

« De Andershof à Stralsund, le chemin est presque partout balayé par les chaloupes canonnières ; nous y avons perdu quelques hommes malgré le soin que j'ai pris de faire élever des traverses dans plusieurs endroits.

« Je suis toujours sans artillerie de siège ; on m'en a annoncé à la vérité onze pièces de Stettin, mais avec vingt-deux milliers de poudre seulement, ce qui suffira tout au plus pour tirer quarante-huit heures. Votre Majesté sait mieux que moi de quelle importance doit être Stralsund pour ses opérations et combien il est urgent de s'emparer de la place avant que l'ennemi puisse y jeter des renforts.

« L'arrivée du roi de Suède est dénuée de fondement. Aussitôt qu'il eut connaissance de l'invasion de la Poméranie et du blocus de Stralsund, il eut un long entretien avec le ministre anglais, à la suite duquel ce dernier partit pour Londres. »

Il lui écrit (1) de nouveau le 24 février :

« J'ai eu l'honneur d'expédier des officiers à Votre Majesté les 21 janvier, 1er et 8 février ; je n'ai encore reçu de nouvelles d'aucun d'eux ni de réponse aux différentes lettres que j'ai eu l'honneur de lui écrire les 21, 30 janvier, 1er, 8 et 16 février. Je crains qu'il soit arrivé à quelques-uns de ces officiers quelque événement fâcheux. Je crois donc devoir adresser à Votre Majesté copie des différentes lettres que j'ai eu l'honneur de lui écrire depuis le passage de la Peene.

« Je suis toujours privé de grosse artillerie, par conséquent de toute espèce de moyens d'agir sur Stralsund. On vient de réunir à la vérité treize pièces à Friedland ; elles arriveront à Greifswalde le 28 ; mais ces moyens sont bien faibles pour agir contre une telle forteresse. Je n'ai pu cerner la gauche que par des petits postes d'observation ; les développements de la place sont tels qu'il faudrait au moins 20.000 hommes pour en faire le siège en règle.

« Des chaloupes canonnières croisent à l'embouchure de la Peene.

---

(1) A. T. (R. 18).

Je fais élever une batterie à Peenemünde vers l'emplacement de l'ancien fort qui est détruit et j'y tiendrai une petite garnison. Je fais également observer les embouchures de la Swiene et de la Dievenow. Wollin est toujours occupé d'après vos ordres; j'ai dû également tenir quelques hommes à Wieck; tous ces détachements, quelque petits qu'ils soient, ne laissent pas que d'affaiblir les troupes devant Stralsund.

« Les distributions d'eau-de-vie, celles du pain et de la viande se font avec beaucoup d'exactitude; cependant la mauvaise qualité des eaux nous donne quelques malades.

« Je réunis à Wolgast tous les bateaux que j'ai pu ramasser et quoique l'expédition de l'île de Rügen paraisse offrir des difficultés, je ne la tenterai pas moins au premier instant favorable.

« Il est fâcheux que nous ayons été aussi vivement contrariés par le temps. Si les gelées avaient été aussi fortes que les années précédentes, nous aurions pu vaincre de grands obstacles.

« J'ai l'honneur de joindre ici un aperçu de Stralsund et de ses ouvrages et je prie de nouveau Votre Majesté de donner des ordres pour que je sois promptement à même d'agir avec vigueur contre cette place importante où on a préparé le logement pour 6.000 hommes qu'on dit devoir y arriver incessamment de la Suède; on parle toujours de la prochaine arrivée du Roi.

« Depuis ma dernière lettre du 16, l'ennemi a encore fait deux sorties sur la division Dupas; il a été vigoureusement repoussé avec perte de plusieurs tués et blessés.

« *P.-S.* — La désertion s'étant manifestée d'une manière sensible parmi les hussards suédois, on en a fait passer une partie dans l'île de Rügen. »

A cette date du 24 février il envoie (1) les mêmes renseignements au Major général ainsi que le procès-verbal d'installation, à Greifswalde, d'une commission exécutive et administrative provisoire de la Poméranie suédoise; il avait, ainsi qu'il en avait rendu compte à l'Empereur le 1ᵉʳ février, cru devoir la créer en l'absence totale de toute espèce de gouvernement dans cette province depuis le blocus de Stralsund. Les députés et représentants avaient été convoqués le 10; à la suite de leur délibération (2) approuvée le 11 par le maréchal, la Commission, composée de neuf membres représentant la noblesse, le « corps des villes » et le « corps des domaines royaux » avait été installée le 14, sous la présidence de l'un d'eux, le baron de Thun (2).

Inquiet du sort qu'avaient pu éprouver ses précédents messagers, Mortier fait porter ces dépêches au quartier général de l'Empereur par l'aide de camp Chatillon auquel il prie (1) Thouvenot d'indiquer la route la plus sûre pour y parvenir.

---

(1) A. T. (R. 18). (2) A. T.

En attendant l'arrivée de l'artillerie de gros calibre, Lacombe Saint-Michel avait demandé (1), dès le 9 février, à Mortier, de commencer les travaux préliminaires afin que dès qu'on disposerait de l'équipage de siège, on ne soit pas en retard pour agir : construction de 6.000 saucissons, 2.000 gabions, 100.000 piquets; réquisition de 1.000 pelles, 1.000 pioches, 200 haches, 500 serpes, 30 grandes scies et 30.000 sacs à terre.

On lit dans l'*Historique du 8ᵉ corps* (2) que, le 19, l'ennemi fait une sortie de 200 hommes par la gauche de la ligne, se jette sur un poste avancé qu'il ne peut entamer et finit par être forcé à la retraite. On commence un retranchement en avant d'une écluse sur la route de Barth et on y place un poste. L'ennemi, ayant établi pendant la nuit une batterie de cinq pièces de canon dans l'île de Rügen vis-à-vis Neuhof, fait feu pendant trois heures sans aucun résultat. Le 20, l'ennemi fait une sortie sur le poste de la redoute à gauche de la ligne; nos patrouilles suffisent pour le repousser jusqu'à ses premiers retranchements d'où son artillerie soutient sa retraite. Le 21, l'ennemi fait une nouvelle sortie avec 2.000 hommes, infanterie et cavalerie, et deux pièces d'artillerie légère et se jette avec impétuosité sur la redoute de gauche, défendue par 30 hommes du 4ᵉ d'infanterie légère, commandés par le sergent Lassie, qui ordonne une décharge si à propos que 10 Suédois sont tués, 15 à 20 sont blessés. Le colonel d'artillerie suédois de Norvien est tué. On commence un retranchement en avant de celui de Dornberg; ces deux retranchements sont joints par une tranchée. Le 23, 1.500 à 1.800 Suédois paraissent vouloir s'avancer sur la gauche, mais rentrent sans tirer un coup de fusil. Le 25, l'ennemi, instruit que Mortier, sur la demande du magistrat de la ville de Barth, lui avait accordé une sauvegarde de dix hommes et un officier, débarque près de cette ville, au nombre de 400 à 500 hommes, et s'empare des Français après avoir tué un soldat; parmi les prisonniers se trouve un officier du 22ᵉ de ligne qui avait été chargé d'y réunir des barques et deux officiers du 4ᵉ d'infanterie légère qui y étaient allés sans permission.

Mortier rend compte (3), le 27 février, au Major général de cet événement :

« La ville de Barth m'avait envoyé une députation pour me demander une sauvegarde; je la lui avais accordée. Avant-hier soir, l'ennemi, au nombre de 600 hommes montés sur quatre chaloupes canonnières et quarante-cinq bâteaux pêcheurs, est venu débarquer à Farren Kamp près Barth, s'est emparé de cette ville et m'a enlevé cinq hommes et deux officiers; six soldats se sont échappés, un a été tué.

« J'ai la conviction que cet enlèvement n'a eu lieu que par suite

---

(1) A. T.   (2) A. G.   (3) A. T. (R. 18).

des intelligences qu'ont eues plusieurs habitants de cette ville avec l'ennemi; ils ont même désarmé et maltraité deux de nos soldats rentrés dans Barth après le départ des Suédois. Cette conduite inouïe m'a déterminé à des mesures de rigueur détaillées dans la lettre écrite au magistrat de Barth et dont j'ai l'honneur de joindre ici une copie.

« Il fait ici un temps affreux. Les grosses pluies et la neige se succèdent alternativement; les chevaux ont de la boue jusqu'au ventre, à peine peut-on aller au pas.

« Je n'ai reçu aucune réponse aux différentes lettres que j'ai eu l'honneur de vous écrire relativement aux demandes réitérées que je vous ai faites de pièces de gros calibre; je n'ai pu jusqu'à présent en avoir que treize qui ont dû arriver hier à Greifswalde; avec de si faibles moyens je ne puis encore rien entreprendre contre une place telle que Stralsund.

« J'aurais le plus grand besoin de matelots et de quelques officiers de marine. J'en ai demandé à M. le maréchal Brune et je vous prie de lui dire de m'en envoyer. J'ai journellement à faire aux chaloupes canonnières; elles sont au nombre de vingt, portent du gros calibre et ne sont, par conséquent, pas à dédaigner. »

La lettre (1) au magistrat de Barth, imprimée dans les deux langues française et allemande au nombre de 1.200 exemplaires (2) pour être affichée par les soins de la commission exécutive dans les villes, bourgs et villages dépendant de la Poméranie suédoise, est la suivante :

« Vous m'avez envoyé une députation pour me supplier de vous donner une sauvegarde. Je l'ai fait dans la vue d'épargner à votre ville toute espèce de molestation. Mais, par un raffinement de perfidie, étranger peut-être aux nations les plus sauvages, vous avez facilité à l'ennemi les moyens d'enlever ces mêmes hommes qui faisaient respecter vos personnes et vos propriétés. L'un d'eux a été inhumainement massacré.

« Je donne l'ordre de faire arrêter les dix principaux d'entre vous et si, dans les quarante-huit heures qui suivront la réception de la présente lettre, vous n'avez pas versé dans les mains du payeur principal, à Greifswalde, une somme de *cinquante mille francs*, à laquelle j'impose votre ville, ces otages me répondront de vos refus et du sang français qu'une trahison aussi odieuse a fait couler dans vos murs. »

Il donne le même jour connaissance (1) de ces dispositions à Dupas et lui prescrit d'envoyer à Barth, pour assurer l'exécution des mesures qu'il a prescrites, un détachement comprenant 200 hommes d'infanterie, 50 chevaux et les deux petites pièces d'artillerie prises à Wollin.

Le payeur principal du 8e corps rend compte (2) au maréchal, le 1er mars, du paiement, à Greifswalde, de la contribution de 50.000 francs. Dès le 28, Mortier avait ordonné (1) à Dupas de ne garder que

---

(1) A. T. (R. 18). (2) A. T.

deux des dix otages arrêtés et de renvoyer ces deux derniers chez eux dès que le versement de la contribution aurait été opéré.

D'après l'*Historique du 8ᵉ corps*, le 27 février, on commence une grande redoute, au delà des marais, à gauche de la ligne. Le 1ᵉʳ mars l'ennemi fait, par la porte du Centre, une sortie de 2.000 hommes, infanterie et cavalerie, avec quatre pièces d'artillerie légère ; il attaque avec opiniâtreté nos ouvrages avancés et il est contraint à la retraite, laissant 15 morts sur la place ; un déserteur, arrivé le soir, dit qu'il y a eu 70 blessés.

A cette date du 1ᵉʳ, Mortier écrit (1) au Major général :

« Je vous prie en grâce de faire cesser les vives inquiétudes que me cause votre silence. Je n'ai reçu aucune de vos nouvelles, aucune de celles de l'Empereur relativement aux opérations devant Stralsund. Toutes mes lettres, toutes sans exception, sont restées sans réponse depuis le 27 janvier, jour de mon départ de Friedland.

« Par sa lettre du 7 janvier, Sa Majesté me dit positivement *bloquer et assiéger Stralsund*. Je n'ai pu jusqu'à ce jour, malgré mes instances réitérées, malgré toutes mes démarches, réunir que treize pièces de gros calibre. Je ne dois plus en attendre aucune de Stettin, d'après le paragraphe ci-joint de la lettre écrite au général Thouvenot par le commandant de Küstrin :

« M. le colonel Doguereau est arrivé ce soir avec ordre de prendre,
« ici et à Stettin, toute l'artillerie et les munitions nécessaires pour le
« siège de Dantzig et de les faire arriver dans le plus court délai pos-
« sible. »

« D'après ce paragraphe, M. le gouverneur de Stettin croit ne devoir plus fournir une seule pièce de plus pour Stralsund.

« Je vous réitère donc, Monsieur le Maréchal, mes instantes prières de prendre les ordres de l'Empereur pour ce qui me regarde. Jaloux d'aller au-devant de ses désirs et d'exécuter ses ordres avec toute l'exactitude que me dicte mon dévouement pour lui, vous devez juger de ce que je dois souffrir dans la position embarrassante où je me trouve.

« Par sa lettre du 26 février, le général Clarke m'a écrit qu'il me fournirait de l'artillerie de Magdebourg ; je vais lui envoyer un officier, mais vous concevez aisément les retards immenses que cela va m'occasionner.

« Je joins ici le plan de Stralsund et la position des coalisés en 1715 (2). Leurs forces montaient à 48.000 hommes ; ils en jetèrent 12.000 dans l'île de Rügen et ils avaient, de plus, une flotte pour intercepter toute communication par mer.

---

(1) A. T. (R. 18).
(2) Il s'agit du siège soutenu par le roi de Suède Charles XII contre une armée combinée de Danois, de Saxons, de Prussiens et de Russes ; la place ne pouvant plus tenir, ce souverain réussit à s'échapper.

« *P.-S.* — Les Suédois ont fait, ce matin, une forte sortie avec quatre pièces d'artillerie par la porte de Tribbeses. Leur intention était d'enlever un poste; le général Dupas les a fait rentrer à Stralsund en désordre; ils ont eu plusieurs hommes tués et blessés; nous avons perdu un homme, sept autres ont été blessés. »

Nous croyons devoir reproduire ici une lettre anonyme (1), adressée à Mortier le 10 mars, qui donne de curieux renseignements sur la place de Stralsund ainsi que sur le caractère du roi de Suède et le genre de guerre que feraient les Suédois en rase campagne :

« Permettez-moi d'offrir à Votre Excellence quelques observations relativement au siège de Stralsund. Si le peu de valeur de ces observations et l'anonyme que conserve leur auteur vous inspiraient une espèce de mécontentement, veuillez réfléchir qu'elles vous sont offertes par un homme sans prétention, absolument étranger à votre art; et alors l'honnêteté de votre caractère, qui m'est connue depuis longtemps, vous portera au moins à me savoir gré de la bonne intention qui m'a fait agir.

« Je connais la ville de Stralsund dans son intérieur et j'en ai deux ou trois fois entrevu les dehors. Il m'a semblé qu'en avant des portes, l'accès est pour ainsi dire impraticable ou du moins exigerait une trop grande perte d'hommes; mais les intervalles qui séparent ces mêmes portes ont toujours été négligés à cause de la confiance que l'on a eue, de tout temps, dans la largeur des fossés qui entourent la ville. Les remparts sont mal construits, étroits et ne sont, par conséquent, susceptibles ni d'être occupés ni d'être défendus par des corps nombreux. Les bastions sont aussi très vicieusement construits, encombrés de matériaux ou de magasins et tellement élevés que les boulets doivent seulement plonger sur un point quelconque sans pouvoir faire de rafles préjudiciables sur les assiégeants. De plus, la ligne des remparts et des bastions n'est extérieurement accompagnée d'aucun ouvrage et je crois même que cette ligne, qui forme un contour assez considérable, n'est pas en totalité couverte par le feu des postes. J'imagine donc que le moyen le plus expéditif et le plus propre à déjouer tous ceux que l'on voudrait opposer serait, Monsieur le Maréchal, de combiner avec vos ingénieurs la forme et le nombre de radeaux ou de bateaux plats qui vous seraient nécessaires pour arriver au pied des remparts. Ces remparts ne sont couverts d'aucunes palissades et leur talus, recouvert de gazon, se prolonge jusqu'à l'eau; ainsi l'escalade n'en serait pas difficile. Le seul obstacle se réduirait à une rangée de pieux qui se trouvent à environ cent pas du rempart et dont les têtes se présentent à fleur d'eau; il faudrait, sans doute, qu'un certain nombre de sapeurs déterminés se présentât sur les premières barques

---

(1) A. T.

et parvint, vers deux ou trois endroits différents, à étêter une demi-douzaine de ces pieux avec des scies bien préparées. Du reste, Monsieur le Maréchal, les mesures que je croirais encore nécessaires pour l'accomplissement de ce moyen, seraient : 1° que les barques ou radeaux devraient être construits dans un champ fermé et d'où la connaissance de cette préparation ne pourrait parvenir aux assiégés; 2° que, si l'on donnait la préférence aux radeaux, il faudrait éviter de les faire trop grands afin d'être moins en prise au dommage des boulets et aussi afin de pouvoir les manier avec plus d'agilité; 3° cette espèce d'assaut devrait se donner avant la naissance du jour; 4° il serait essentiel, au moment même de l'assaut, de faire soit vers les portes, soit vers d'autres points, plusieurs fausses attaques afin de dérouter et de partager la résistance des assiégés. Ce moyen, accompagné des mesures dont je parle, devrait d'autant mieux réussir qu'indépendamment de la disposition propice qu'offrent les lieux pour cette sorte d'entreprise, les deux régiments allemands, qui forment une grande partie de la garnison, ont peu d'attachement pour le service suédois, sont très mécontents de leur sort et qu'en général l'inconvenance, la fausseté des opinions du roi de Suède sur presque toutes les affaires ont bien affaibli les sentiments que ses propres sujets lui avaient d'abord voués.

« Cette remarque, Monsieur le Maréchal, me conduit à vous en faire encore une autre relativement à ce monarque (1). Si vous étiez dans le cas d'entamer avec lui une négociation quelconque, renoncez à l'espoir de rien gagner par la voie des procédés; vous les épuiseriez tous successivement sans avoir encore fait le moindre progrès dans sa reconnaissance et dans son cœur et sans avoir produit encore d'autre résultat que celui de fournir un aliment à sa vanité. Le roi de Suède a un jugement faux, un caractère taquin et il n'est occupé que de petites haines et de petites jalousies. Avant la guerre actuelle, il était dominé par trois objets principaux : le premier était de figurer d'une manière quelconque et c'est parce que sa pauvreté ainsi que le défaut de pouvoir dans ses États ne lui permettaient pas de satisfaire ce genre de prétention qu'il s'est inconsidérément lié aux chances de l'Angleterre; le second était un chagrin rongeur de voir que la Prusse, par sa bonne intelligence avec la France, s'était maintenue et même fortifiée dans ses moyens; le troisième était le chagrin, encore plus insupportable pour lui, de voir sur le souverain des Français la réunion de tant de grandeurs. Maintenant que le roi de Suède jouit dans son cœur de voir la Prusse livrée à des humiliations qu'il mériterait bien mieux d'éprouver lui-même; maintenant que le trop honnête, le trop infortuné roi de Prusse, aigri, entraîné par des sarcasmes et des conseils qu'il aurait dû mépriser, s'est précipité dans un abîme de

---

(1) Le roi Gustave IV, né en 1778, succéda à son père en 1792; il s'aliéna l'esprit des Suédois et fut contraint d'abdiquer en 1809.

maux, le roi de Suède n'est plus occupé que du premier et du dernier des trois intérêts dont je viens de parler. De ces remarques, Monsieur le Maréchal, il résulte que, si Votre Excellence et le gouvernement français ont des moyens de sévir contre le roi de Suède, il faut le faire sans ménagement, car il ne mérite pas autre chose; mais, si l'on était embarrassé sur les moyens de se délivrer de ses chicanes, et que par ce motif on voulût négocier avec lui, il faudrait alors flatter ce monarque dans le sens des deux intérêts dont il est dominé, c'est-à-dire lui fournir des moyens de figurer sur le théâtre actuel des événements et l'associer d'une manière active à ces mêmes grandeurs qui excitent si fortement sa jalousie. Cette négociation serait d'autant plus susceptible de réussir que le roi de Suède est très irrité contre la Russie qui n'a voulu prendre aucune part aux dangers dont il a été menacé par la Prusse avant sa rupture avec la France.

« Je dois avant de terminer, Monsieur le Maréchal, avoir l'honneur de vous prévenir encore que, si vous étiez dans le cas de faire la guerre en pleine campagne contre les Suédois, vous parviendriez difficilement à avoir des batailles rangées; ils s'attacheront à vous faire de petites guerres de malice et de surprise qui pourraient vous faire perdre, en détail, beaucoup de monde. Ils emploieront une grande quantité de troupes légères pour voltiger sans cesse autour ou en avant de votre armée, pour dépasser vos avant-gardes et même vos flancs, pour enlever lorsqu'ils le pourront la tête d'une colonne, pour culbuter et maltraiter l'extrémité d'une aile, pour exterminer ou prendre les corps séparés, pour détruire et enlever les communications, les transports, les magasins. Le moyen de les déjouer dans ces manières serait peut-être, Monsieur le Maréchal, de faire choix, parmi vos soldats, de tout ce que vous pourriez avoir de plus agile et de plus déterminé, tant dans votre infanterie que dans votre cavalerie, et d'en former certains corps qui se porteraient avec une extrême rapidité pour reconnaître, déloger ou enlever à une certaine distance toutes les troupes que les Suédois chercheraient à employer comme je viens de le dire; et enfin il n'est point indifférent d'observer que cette nation faisant usage de baïonnettes d'une longueur extraordinaire, il serait peut-être indispensable, si la guerre continuait, soit d'en fournir de plus longues aux soldats français, soit d'armer de demi-piques un nombre quelconque de bataillons que l'on emploierait dans les chocs qui se font corps à corps.

« J'ose répéter encore, Monsieur le Maréchal, que vous ne devez point me savoir mauvais gré de mes observations. Je suppose moi-même qu'elles ont peu ou point de valeur; mais la bonne intention d'être utile à la France et à vos exploits mérite bien au moins votre indulgence. Je remplis d'ailleurs un autre objet qui m'est personnellement flatteur, celui de rendre hommage aux qualités rares et précieuses qui vous caractérisent. J'ai été à même, déjà depuis longtemps, d'en apercevoir tout le prix et je fais souvent des vœux pour que le sort me réserve un jour l'avantage d'en ressentir encore plus réellement les effets.

« Je suis avec autant de respect que d'attachement, Monsieur le Maréchal, de Votre Excellence, le très humble et très obéissant serviteur. »   Signé : DE .....

Au moment où l'Empereur se décide à faire le siège de Dantzig, ce qui eut pour conséquence de faire ajourner celui de Stralsund et de priver le 8e corps de quelques-uns de ses beaux régiments français, on ne lira pas sans intérêt, croyons-nous, la lettre intime (1) suivante que, de Bromberg le 23 février, le général Drouet, chef d'état-major du maréchal Lefebvre, adresse à Mortier, son camarade de l'armée de Sambre-et-Meuse.

« Je profite, mon cher Mortier, du retour du courrier que tu as envoyé à M. le maréchal Lefebvre pour t'apprendre que je suis maintenant son chef d'état-major. Nous avons de toutes les nations et, malgré toutes nos forces, nous avons de la peine à obtenir quelque chose de bien.

« Les opérations du 10e corps ont cependant commencé le 7 février avec deux régiments d'infanterie légère français; nous devions faire reprendre le blocus de Graudenz avec les Hessois et nous diriger sur Elbing. Graudenz a été investi le 10; le 11, nous avons complètement battu le général Rouquette à Marienwerder et pris plusieurs officiers supérieurs et trois cents chevaux.

« Notre marche a ensuite été dirigée sur Marienburg où nous avons été arrêtés pour nous porter sur Osterode. Pendant notre mouvement sur la rive droite, le général Dombrowski en faisait un sur la rive gauche jusqu'à Mewe et Dirschau; d'un autre côté, le général Menard arrivait avec les Badois, la 1re légion (2) et une brigade de cavalerie légère sur Dantzig, ce qui commençait une ligne d'opérations bien concertée. Mais notre mouvement sur Osterode nous a fait perdre beaucoup de temps; il était cependant nécessaire pour empêcher les cosaques de faire des incursions sur les derrières de l'armée et entretenir les communications avec la ville de Thorn.

« Dans cette position, mon cher, le maréchal reçut l'ordre de laisser à Osterode les deux régiments français et son régiment de cuirassiers et de repasser sur la rive gauche pour cerner Dantzig avec une division polonaise, la division Menard et les Saxons (ces derniers ne sont point encore arrivés).

« Il y a eu différentes affaires très chaudes. Celle du 8 à Eylau surtout a été meurtrière : quinze ou dix-sept officiers généraux ont été blessés ainsi que quantité de colonels et officiers de tous grades.

---

(1) A. T.   (2) La 1re légion du Nord dont il a été parlé précédemment.

« L'Empereur n'a pas jugé à propos de s'emparer de Königsberg, quoiqu'il soit resté maître du champ de bataille.

« L'armée prendra ses quartiers d'hiver sur la Passarge, si toutefois ces Messieurs veulent bien nous y laisser tranquilles. L'armée a beaucoup souffert par le feu et la misère ; c'est t'en dire assez.

« A revoir, mon cher ami, je t'embrasse d'amitié. »

Berthier, de Landsberg (1), le 18 février à 3 heures du matin, avait mandé (2) à Mortier : « Donnez l'ordre, Monsieur le Maréchal, au 65e de ligne de se rendre à Thorn. Il sera remplacé à votre corps d'armée par le 31e d'infanterie légère. »

L'Empereur, de Liebstadt (3), lui avait écrit (2) le 20 :

« Mon Cousin, j'ai eu une bataille très sanglante le 8 à Eylau où l'ennemi a été battu. Le 5e corps, soutenu du général Oudinot, a eu le 16 une affaire à Ostrolenka où l'ennemi a été défait avec perte de 1.200 prisonniers, deux drapeaux et huit pièces de canon. Je vous ai donné l'ordre d'envoyer à Thorn le 65e. Je vous laisse le maître de m'envoyer aussi le 12e ou tout autre régiment. Je m'en rapporte à votre zèle pour mon service.

« Si vous pouvez rester devant Stralsund seulement avec trois régiments, restez-y et expédiez-m'en trois ici. Les 3.000 Hollandais qui se trouvaient à Cassel ayant été renvoyés à Hambourg, le maréchal Brune pourrait vous faire passer un millier d'hommes. D'ailleurs, ces trois régiments pourront vous être remplacés à la belle saison. Ce seraient le 15e de ligne parti en poste de Paris et le 31e léger qui doit être arrivé à Mayence. Ainsi donc vous avez reçu l'ordre de m'envoyer le 65e ; si vous pouvez, envoyez-m'en un ou deux autres, car il est possible que de nouveaux événements aient lieu avant un mois ou quarante jours et que l'arrivée de ces trois régiments fût d'un grand secours.

« Vu que j'assiège Dantzig, je ne puis assiéger Stralsund : je n'ai pas assez d'artillerie ni de munitions de guerre, à moins que vous n'en ayez trouvé à Schwerin. Il faut donc se contenter de bloquer la ville et, si vous étiez forcé à lever le blocus, choisir une bonne position intermédiaire pour couvrir Berlin et Stettin.

« J'ai mis mon armée en quartiers d'hiver. Mon quartier général sera établi à Osterode. Il faut correspondre par Thorn. Sur ce, etc. »

Le Major général lui avait précisé (2), le 25, d'Osterode, les corps qu'il devait envoyer :

« L'Empereur ordonne, Monsieur le Maréchal, que vous fassiez mettre de suite en marche et diriger sur Thorn le 22e et le 65e régiments d'infanterie de ligne qui font partie de votre corps d'armée ainsi que le 26e régiment de chasseurs à cheval. Les événements qui

---

(1) Au sud-ouest d'Eylau.   (2) A. T.   (3) Au nord d'Osterode.

se passent ici font que Sa Majesté a besoin de ces troupes pour concourir à l'exécution de ses desseins. Si vous pouvez même rester quelque temps avec trois régiments, l'intention de Sa Majesté est que vous lui envoyiez aussi à Thorn le 2ᵉ régiment d'infanterie légère, mais je vous préviens que l'Empereur vous laisse le maître à l'égard de ce dernier régiment. Ces troupes vous seront remplacées à la belle saison par des régiments venant de France; si, en attendant, vous n'avez pas assez de troupes, vous pourrez être renforcé par 3.000 Hollandais que M. le maréchal Brune vous enverrait; je lui écris à cet égard, ainsi vous vous concerterez avec lui sur cet objet.

« Occupez-vous sans délai, Monsieur le Maréchal, de l'exécution de ces dispositions que la bataille du 8, les mouvements de l'ennemi et les projets ultérieurs de Sa Majesté rendent nécessaires. Faites mettre de suite en marche ces troupes; désignez au moins un général de brigade pour les conduire et instruisez-moi le plus promptement possible de l'époque de leur départ et de l'itinéraire que vous leur aurez tracé afin que Sa Majesté puisse connaître leur marche jour par jour. Ayez soin que ces régiments ne laissent aucun détachement en arrière. »

Le 5 mars, Mortier, auquel ces dépêches parviennent presque en même temps, répond (1) à l'Empereur :

« Je n'ai reçu que la nuit dernière la lettre que Votre Majesté m'a fait l'honneur de m'écrire le 20 février. Déjà le général Clarke m'avait prévenu des avantages que les armes victorieuses de Votre Majesté avaient remportés sur les Russes tant à Eylau qu'à Ostrolenka; je la supplie d'en recevoir mes vives félicitations.

« Le 65ᵉ régiment s'est mis en marche ce matin pour Thorn et y arrivera le 19 mars.

« Un officier du Major général de l'armée arrive dans le moment avec l'ordre de Son Altesse de faire partir de suite pour Thorn les 22ᵉ régiment de ligne et 26ᵉ de chasseurs à cheval; ces deux régiments se mettront en marche demain; ils arriveront le 20 à leur destination. Je donne au général Buget, jusqu'à Thorn, le commandement de ces trois corps.

« Votre Majesté connaît maintenant le peu de forces qui me restent devant une place telle que Stralsund; mais il n'est pas un seul soldat du 8ᵉ corps qui ne soit animé du meilleur esprit et qui ne brûle du désir de prouver à Votre Majesté son plus entier dévouement.

« Hier, les Suédois ont voulu faire un débarquement à Wieck pour tenter un coup de main sur Greifswalde; ils ont été repoussés de suite. Au nombre des pertes qu'ils ont éprouvées dans leurs différentes sorties, on compte déjà un colonel d'artillerie, deux officiers et un capitaine de la flottille tués ou morts de leurs blessures.

---

(1) A. T. (R. 17).

« Je viens d'écrire à M. le maréchal Brune de m'envoyer de l'infanterie hollandaise; je ne dois pas taire à Votre Majesté qu'elle m'est indispensable.

« Je n'ai trouvé aucunes munitions de guerre à Schwerin. »

Le siège de Stralsund était donc ajourné; mais pour en maintenir le blocus, Mortier avait un urgent besoin de renforts. Aussi avait-il demandé (1) des troupes hollandaises à Brune, dès la veille et avant que l'ordre d'envoyer à Thorn les 22e d'infanterie et 26e de chasseurs lui fût parvenu :

« Je vous prie de les faire partir le plus tôt possible. Il ne me reste que cinq régiments d'infanterie pour faire le blocus d'une ville qui offre des développements immenses et dont la garnison, supérieure en nombre, peut encore s'augmenter chaque jour par les renforts qu'elle reçoit de la Suède.

« D'un autre côté, ma ligne d'opérations s'étendant depuis les embouchures de l'Oder, de la Swiene, de la Peene jusqu'aux bords de la Baltique au nord de Stralsund, j'ai dû nécessairement affaiblir les troupes formant le blocus pour fournir des détachements nombreux, mais indispensables. »

Il prescrit (1) à Dupas et à Lorge de tenir secret et de dérober autant que possible à l'ennemi le départ des troupes qui se dirigent sur Thorn; il mande au premier de ne plus « observer » sa gauche jusqu'à la mer que par des piquets et des patrouilles en faisant toutefois garder la route de Barth; à la suite de la tentative de l'ennemi sur Greifswalde, il en fait renforcer la garnison par Dupas et y envoie le capitaine Bichot dont le commandement s'étendra jusqu'à Wieck, Wolgast et sur les côtes qui avoisinent Greifswalde. »

Le 6 mars, il écrit (1) à Clarke : « Je reste devant Stralsund avec quatre régiments français, deux régiments de cavalerie hollandaise qui ne forment pas ensemble trois escadrons. »

Le 7 mars, Brune répond (2) à Mortier qu'il expédie un officier au général Dumonceau, qui est à Brême pour lui donner l'ordre de mettre en marche les 3.000 hommes de troupes hollandaises; le 10, il lui fait connaître (2) que les 2e et 7e régiments de ligne hollandais, forts de 3.000 hommes, partiront le 11, sous les ordres du général Gratien, pour se rendre à Güstrow où ils arriveront les 18 et 19 et il prie le maréchal de leur transmettre ses ordres à Güstrow ou à Schwerin. A la même date, Gratien envoie (2) à Mortier l'état sommaire de ces deux corps qui comptent le 2e de ligne, 1.398 hommes présents et seize chevaux, et le 7e, 1.446 hommes présents et 22 chevaux, ainsi que leur itinéraire. « Veuillez agréer l'assurance du plaisir que j'ai de servir de nouveau avec vous. »

---

(1) A. T. (R. 18).   (2) A. T.

Brune rend compte (1), le 11, à l'Empereur que la rentrée du détachement envoyé à Cassel l'a mis à même de faire ce mouvement sans perte de temps. Il ne lui reste que 4.000 Hollandais et il a écrit au roi de Hollande pour le prier de lui remplacer les 3.000 hommes qu'il perd.

On verra plus loin que l'effectif envoyé fut loin d'être celui qui avait été annoncé.

Le 13 mars, Mortier rend compte à l'Empereur (2) qu'il attend, du 23 au 24, les 2e et 7e régiments de ligne hollandais auxquels il a envoyé des ordres.

« L'ennemi, ajoute-t-il, a fait deux sorties assez insignifiantes depuis le 7; il paraît mettre beaucoup d'irrésolution dans ses mouvements. Deux bricks et une douzaine de chaloupes canonnières manœuvrent tantôt vis-à-vis Gristow, tantôt vis-à-vis Greifswalde; quelques-unes ont même été détachées pour canonner sans succès la redoute que j'ai fait établir à Peenemünde. Les bateaux que j'ai réunis à Wolgast paraissent les inquiéter vivement.

« Tout semble prouver qu'une mésintelligence bien prononcée règne entre M. le baron d'Essen et M. de Harmsfeld; le même rapport annonce toutefois que tous deux sont résolus à se défendre jusqu'à la dernière extrémité. Si Votre Majesté attache de l'importance à Stralsund, j'ose lui avancer que la place ne tiendra pas contre des moyens transcendants, mais je crois inutile d'employer des demi-mesures. Je pense qu'avec un petit équipage de siège de 24 mortiers, 12 pièces de 24 et 2 régiments français de plus, l'invasion de l'île de Rügen et, par suite, la reddition de la place auront lieu.

« Les pièces de gros calibre, au nombre de treize, venues de Stettin sont parquées à Grimmen, à l'exception de quatre que j'ai fait mettre en batterie aux retranchements de Wieck et de Peenemünde. »

« Le 14 mars, note Mortier dans son *Journal*, l'ennemi attaqua la redoute de gauche devant Stralsund; après une affaire très chaude qui dura trois heures, il fut culbuté, forcé de rentrer dans la place et perdit près de 300 hommes dont 4 officiers. »

Il adresse (2), le 15, un rapport à ce sujet à l'Empereur, en priant Clarke de le faire parvenir après en avoir pris connaissance, il lui dit : « Les Suédois ont été proprement frottés. »

Le rapport à l'Empereur est ainsi conçu :

« L'ennemi, instruit du départ des 22e et 65e régiments d'infanterie et du 26e de chasseurs à cheval, ne tarda pas à former des projets offensifs dont le but, à ce que j'appris par différents rapports, était de nous chasser entièrement de la Poméranie. Le 11, il devait faire une attaque générale et, ce jour-là, il sortit avec la plus grande partie de ses forces, à la pointe du jour. J'avais été informé de ses intentions; mes mesures

---

(1) A. G. (2) A. T. (R. 18).

étaient prises, et la bonne contenance des troupes sous mes ordres le fit rentrer promptement dans la place sans avoir tiré un coup de fusil. Ce n'était que partie remise.

« Hier, à 3 heures après midi, il profita d'un temps brumeux, qui dérobait ses mouvements à nos regards, pour exécuter ses projets. Il déboucha avec 2.000 hommes d'infanterie, 2 escadrons de cavalerie et 6 pièces d'artillerie par la porte dite de Knieper et, laissant seulement en réserve le tiers de ces forces, il se porta avec la plus grande rapidité sur une redoute nouvellement construite vers la gauche de la division Dupas; pendant ce temps, pour donner le change, il faisait une sortie simulée vis-à-vis la division Grandjean et canonnait, de la place, nos ouvrages les plus avancés.

« Cette redoute, qui n'était pas encore fraisée ni palissadée, non armée de canons, était occupée par la compagnie de voltigeurs du 2e bataillon du 58e régiment. Cette brave compagnie ne s'étonna ni de l'immense supériorité de l'ennemi ni de la rapidité de son attaque. Malgré une grêle de boulets, de mitraille et de mousqueterie qui pleuvait autour d'elle, par sa résistance ferme et courageuse, elle donna à une compagnie de voltigeurs du 4e d'infanterie légère, conduite par le capitaine Barral, aide de camp du général Dupas, le temps d'arriver à son secours. Dans ce moment, la cavalerie suédoise avait débordé notre gauche et son infanterie avait totalement entouré la redoute; un grand nombre s'était précipité dans les fossés et, s'aidant les uns les autres, plusieurs étaient parvenus sur le parapet. Ces deux compagnies réunies firent un feu terrible; douze ou quinze chasseurs suédois furent tués sur la banquette où ils étaient montés avec beaucoup d'audace; un bon nombre avait déjà éprouvé le même sort en dehors de la redoute. Cette résistance inattendue jointe à la vue de plusieurs détachements français qui, arrivant de différents points, menacèrent de les couper, les détermina à la retraite. Ce fut une déroute complète; ils furent poursuivis l'épée dans les reins par les deux compagnies qui saisirent cet instant pour sortir de la redoute au pas de charge et les menèrent, tambour battant, jusque sur les glacis malgré le feu de la place qui tirait à mitraille.

« Pas un coup de canon ne fut tiré de notre côté; les fusils et les baïonnettes firent seuls raison des Suédois.

« Soixante-dix cadavres enterrés au pied de la redoute attestent la valeur des braves qui la défendaient. La perte des Suédois, de leur propre aveu, a été de plus de 150 hommes tués ou blessés et de 30 prisonniers. Trois officiers décorés des ordres du roi de Suède ont été trouvés parmi les morts et deux ont été pris. M. Schwarzenkoff, capitaine commandant un bataillon de chasseurs, grièvement blessé, est du nombre de ces derniers. Nous avons à regretter six hommes dont trois du 58e et trois du 4e d'infanterie légère; 27 hommes ont été blessés, 11 du 58e et 16 du 4e.

« Presque tous les schakos de la compagnie de voltigeurs du 58e ont été percés de balles ou de mitraille.

« Ceux qui se sont le plus distingués dans cette compagnie sont : M. Drivet, capitaine, qui montra beaucoup de présence d'esprit et de sang-froid en faisant encombrer, au moment où il se vit attaqué, l'entrée de la redoute, qui n'avait pas même de barrière, par des fascines et des palissades et, par cette disposition, ôta à l'ennemi la facilité d'y entrer; Chenet, lieutenant; Berthelot, sous-lieutenant; Huré, sergent-major; Ballan et Girard, sergents; Duray, Sudrotte, caporaux, et Larmy, voltigeur; ces trois derniers sont du nombre des blessés.

« Dans la compagnie du 4e d'infanterie légère, Guigues, sergent; Drouet, caporal; Magnien, Olanger, chasseurs (blessés), Durousset, Mathon, Rollet, Servières, chasseurs, et Offroy, tambour.

« Le capitaine Barral, aide de camp du général Dupas, s'est conduit d'une manière distinguée. Il saisit fort à propos l'instant où l'ennemi s'ébranlait pour faire, de la redoute, une sortie qui, coïncidant avec le mouvement qu'avait prescrit le général Dupas pour prendre l'ennemi en flanc, compléta sa déroute.

« J'ai été très satisfait de l'activité déployée par les troupes et MM. les officiers généraux; au premier coup de canon, tous étaient à leurs postes.

« *P.-S.* — Je reçois à l'instant l'avis que deux vaisseaux de guerre et plusieurs bâtiments de transport ont débarqué hier des troupes à l'île de Rügen. Je vais tâcher de m'assurer du degré de confiance que mérite ce rapport. »

Il met à l'ordre du jour (1) du 16 au 17 mars :

« Le maréchal Mortier est bien aise de témoigner aux troupes qui ont combattu le 14, combien il est satisfait de leur bonne conduite; la compagnie de voltigeurs du 2e bataillon du 58e régiment, qui gardait la redoute, a soutenu avec une grande valeur les efforts d'un ennemi six fois plus nombreux. Il cite avec plaisir le capitaine de cette compagnie, M. Drivet, pour la fermeté et la vigueur de ses dispositions; les autres officiers et tous les soldats sous ses ordres ont également bien fait leur devoir. Le maréchal saisit cette circonstance pour rendre justice au bon esprit qui anime le 58e régiment; la bravoure de ses voltigeurs est un gage de celle que déploiera le régiment entier lorsque l'occasion lui en sera offerte.

« La compagnie du 4e d'infanterie légère, qui est venue seconder celle du 58e, s'est montrée digne de la gloire dont s'est tant de fois couvert le brave régiment auquel elle appartient.

(Suivent *les noms des militaires cités à l'Empereur.*)

« Le fait d'armes du 14 prouve ce qu'on peut avec de la tête et du cœur contre un ennemi même infiniment supérieur en force. (*Indication des pertes de l'ennemi.*)

« Le Maréchal a déjà écrit à l'Empereur pour lui rendre compte de cette affaire et lui faire connaître les noms de ceux qui se sont le plus particulièrement distingués. »

Ajoutons que l'ordre du jour (1) de la Grande Armée, daté du quartier général impérial d'Osterode le 24 mars, fit connaître ce qui suit :

« L'Empereur charge Monsieur le Maréchal Mortier de témoigner sa satisfaction aux compagnies de voltigeurs du 58e et du 4e d'infanterie légère qui ont défendu la redoute devant Stralsund, à la sortie du 14 mars.

« Sa Majesté nomme membre de la Légion d'honneur, le capitaine Drivet, commandant la compagnie de voltigeurs du 58e, et accorde trois décorations de la Légion d'honneur aux compagnies de voltigeurs des 58e de ligne et 4e d'infanterie légère pour être données aux officiers et sous-officiers qui, de l'opinion de leurs camarades, se sont le plus distingués dans cette journée. »

Le Major général avait envoyé à Mortier, le 5 mars, les instructions suivantes, lesquelles ainsi qu'on le verra plus loin, furent enlevées par l'ennemi à l'aide de camp Chatillon, qui en était porteur; c'est seulement le 20 mars, et par le duplicata (1) adressé le 11 par le Major général, que le maréchal eut connaissance de ces très importantes instructions qui précisent le rôle de corps d'observation que l'Empereur avait l'intention d'attribuer au 8e corps :

« Je viens de recevoir les dépêches que vous m'avez adressées par votre officier d'état-major et qui contenaient les duplicata de plusieurs lettres que vous m'avez adressées. L'Empereur a aussi reçu celles qui lui étaient destinées. Sa Majesté me charge de vous faire connaître qu'après avoir examiné les reconnaissances de vos officiers du génie sur Stralsund, elle juge que, pour prendre cette ville, il faut un équipage de siège en règle, ce que l'on ne peut vous procurer parce que cela n'existe point. Il paraît que vous-même, Monsieur le Maréchal, n'avez pas cru devoir cerner entièrement la ville, vos forces ne vous paraissant point assez considérables, nouveau motif pour ne pas vous engager dans une opération qui pourrait échouer et qui fatiguerait inutilement votre corps d'armée.

« L'entreprise sur l'île de Rügen, bonne s'il avait gelé, serait aujourd'hui inutile, et Sa Majesté trouve que ce serait exposer 1.200 hommes à essuyer un échec.

« L'intention de l'Empereur, Monsieur le Maréchal, est que vous preniez une position telle que vous puissiez surveiller la garnison de

---

(1) A. T.

Stralsund, vivre en Poméranie, défendre les bouches de l'Oder et, ce qui est très important, reposer vos troupes. Sa Majesté, en se privant du secours de votre corps d'armée, n'a point eu pour but d'envahir la Poméranie ni de prendre Stralsund ; mais bien la précaution et la nécessité de laisser un corps d'observation qui observe Berlin, Hambourg, Stettin et l'Oder ; ce sont les véritables motifs pour lesquels l'Empereur vous a autorisé à entrer en Poméranie.

« Vous vous conformerez donc, Monsieur le Maréchal, au sens de votre mission, c'est-à-dire avoir des correspondances avec le gouverneur de Stettin, lui fournir les secours dont il pourrait avoir besoin s'il était inquiété, défendre les bouches de l'Oder si elles étaient menacées d'un débarquement, car la saison va arriver où il sera possible d'en effectuer sur les côtes de la Baltique. Il faut donc, Monsieur le Maréchal, que vous soyez en mesure de vous opposer à tout débarquement.

« Vous avez deux régiments hollandais ; écrivez au ministre du roi de Hollande pour qu'on leur envoie des recrues ; de votre côté, procurez-leur des chevaux ; écrivez en France aux dépôts des régiments pour qu'on vous envoie des recrues.

« Vous êtes autorisé, Monsieur le Maréchal, à conclure, si vous le voulez, une espèce de trêve avec le commandant de Stralsund. Dites-lui que vous n'avez pas d'intérêt à brûler la ville ni à faire tort au roi de Suède en lui prenant une place pour en démolir les ouvrages, vu que, malgré la situation des affaires, nous ne sommes pas naturellement ennemis de la Suède et que, si nous avions détruit Stralsund, nous en aurions sûrement un jour des regrets.

« Dans cet état de choses, vous jugerez que vous ne devez pas vous faire tuer un homme par la garnison de Stralsund ; reposez bien vos troupes, protégez le blocus de Colberg ; l'Empereur, considérant que cette place est très près des bouches de l'Oder, donne l'ordre que la division du général Teulié, qui est devant cette place, soit sous vos ordres et fasse partie de votre corps d'armée. Donnez l'ordre au général Grandjean de se rendre devant Colberg pour en commander le siège.

« Si, après la reconnaissance qui sera faite de la place de Colberg, on juge pouvoir s'en emparer, cela sera plus utile que de prendre Stralsund.

« Si le gouverneur de Stralsund est un homme en crédit, vous pourrez lui parler dans ce sens que nous nous voyons avec peine en guerre avec la nation suédoise que nous estimons ; que, si on voulait conclure une trêve, vous êtes persuadé que vous obtiendriez l'autorisation d'évacuer le pays ; parlez dans ce sens aux États de Poméranie, cela peut avoir de l'influence sur le Roi, quoiqu'on n'ait pas lieu de le penser, mais au moins les habitants de la Poméranie et les Suédois verront que c'est lui qui prolonge les maux de la guerre que nous faisons à regret contre les Suédois, nation que nous aimons.

« L'Empereur vous recommande de bien étudier le territoire afin de juger les événements qui pourraient arriver.

« Pour me résumer, Monsieur le Maréchal, le véritable but de votre corps est de vous opposer aux débarquements que les Anglais pourraient faire dans le Nord, car ils peuvent en opérer à Dantzig, à Colberg, Rostock, Stralsund et à l'embouchure de l'Elbe. Vous êtes destiné à vous opposer à chacun de ces débarquements, c'est-à-dire à coopérer avec les troupes qui s'y opposeraient sur les différents points.

« S'il eût été possible de prendre la ville de Stralsund, cela aurait été un point de sûreté, mais il n'y faut plus penser, car le plus grand malheur qui puisse vous arriver actuellement, ce serait que votre corps épuisé par les pertes et les fatigues d'un service de tranchée, eût ensuite à lutter contre des troupes fraîches qui débarqueraient.

« Sa Majesté approuve les mesures que vous avez prises pour organiser la Poméranie suédoise.

« Recommandez au général Grandjean, qui commandera le siège de Colberg, de me rendre compte tous les jours indépendamment du compte qu'il vous rendra.

« A la place du 26e régiment de chasseurs, que l'Empereur vous ôte, vous recevrez le 3e de même arme qui vient d'Italie et qui vous arrivera avant que vous ne soyez dans le cas de l'occuper sérieusement.

« Vous pourrez dire, relativement au siège de Stralsund, qu'on n'a eu le projet de le prendre que par les grandes glaces, ce que l'hiver n'a pas permis ; mais vous n'aviez pas l'intention de détruire la forteresse, vu que cela ne serait point de notre intérêt envers un prince avec lequel nous sommes momentanément alliés.

« Nous voyons, dans votre dépêche, que vous avez des magasins à Anclam, à Demmin et sur la Peene ; l'Empereur pense que le bon moyen est de n'avoir pas de magasins à Anclam, à Demmin ni sur la Peene, mais de les avoir à Stettin. »

On remarquera les changements si complets qu'apportent tardivement ces instructions à celles qui avaient été données à Mortier avant qu'il ne franchît la Peene et qui lui prescrivaient de *bloquer et assiéger* Stralsund et indiquaient le *grand intérêt* que l'Empereur attacherait à ce qu'on fût maître de la place avant le 1er mars.

Nous ferons aussi observer que, si l'Empereur s'était *privé du secours* du 8e corps d'armée, il avait successivement appelé à lui la majeure partie des éléments qui le composaient : les 2e et 15e d'infanterie légère, les 22e et 65e de ligne ainsi que le 26e de chasseurs à cheval lui avaient été déjà enlevés. En même temps que le duplicata qui précède, le Maréchal reçoit, le 20 mars, une lettre (1) du Major général datée du 12, lui transmettant l'ordre de faire partir pour Marienwer-

---

(1) A. T.

der le 12ᵉ d'infanterie légère : « L'Empereur, Monsieur le Maréchal, vous ordonne de faire partir, douze heures après la réception du présent ordre, le 12ᵉ d'infanterie légère pour se rendre à Marienwerder, où il est indispensable que ce régiment arrive dans le moindre délai. Tout ceci, Monsieur le Maréchal, doit vous faire comprendre que l'Empereur fait un grand mouvement de sa gauche sur sa droite pour porter un coup inattendu. »

Dès le 20, Mortier écrit (1) au baron d'Essen : « M. le colonel Gouré, mon premier aide de camp, aura l'honneur de vous remettre cette lettre et de vous faire des ouvertures sur un sujet avantageux à la Poméranie suédoise. Votre Excellence jugera, par ma démarche, du désir que nous éprouvons d'épargner à la ville de Stralsund les horreurs d'un bombardement et de ménager les États du Roi votre maître. »

En donnant à Grandjean des ordres relatifs aux modifications qu'entraîne sur la ligne le départ du 12ᵉ d'infanterie légère et la prochaine arrivée des deux régiments hollandais qu'il annonce (1) à Gratien devoir faire partie de la division Dupas, il lui mande : « Recommandez de ne point tirer sur l'ennemi aux avant-postes à moins que celui-ci ne commence. » Il fait la même recommandation (1) à Dupas.

Le 21, il répond (1) au Major général :

« Conformément à l'ordre que vous m'avez adressé le 12 mars, je fais partir, demain à 4 heures du matin, le 12ᵉ régiment d'infanterie légère pour se rendre à Marienwerder où il arrivera le 6 avril en suivant l'itinéraire ci-joint.

« Les 2ᵉ et 7ᵉ régiments de ligne hollandais arrivent demain; mais, au lieu d'être forts de 3.000 hommes comme on me l'avait annoncé, ils n'en ont pas 2.000, et les grenadiers sont restés à Hambourg d'après un ordre supérieur.

« Il est heureux que Votre Altesse m'ait envoyé un duplicata de sa dépêche du 5 mars dont l'original a été pris par les brigands près de Reetz, à huit lieues de Stargard. L'aide de camp Chatillon, qui en était porteur, a échappé par miracle à une mort certaine; son compagnon infortuné M. Schonars, aide de camp de M. le général Rapp, a été fusillé. Chatillon, saisissant un fusil des brigands au moment où il allait éprouver le même sort, s'est sauvé dans les bois où il a erré toute la nuit dans le plus grand état de nudité, les brigands l'ayant entièrement dépouillé pour découvrir ses dépêches, qu'ils trouvèrent effectivement cachées dans ses culottes.

« Par sa lettre du 17 mars, le général Clarke m'écrit : « L'Empe-
« reur vous a dit d'envoyer le général Grandjean pour commander le
« blocus de Colberg (cet ordre de l'Empereur ne m'est pas parvenu),
« mais seulement jusqu'à l'arrivée du général Loison. Ce général étant

---

(1) A. T. (R. 18).

« parti aujourd'hui pour prendre ce commandement, le départ du
« général Grandjean devient inutile. »

« J'ai écrit à M. d'Essen, gouverneur général de la Poméranie, la
lettre dont je joins ici copie. M. Gouré, mon premier aide de camp, la
lui a portée et lui a fait des ouvertures dans le sens de vos instructions
du 5 en se renfermant strictement dans son contenu.

« Le baron d'Essen a goûté ces propositions, mais, craignant de
rien conclure sans l'ordre formel du Roi, il lui a dépêché, sur-le-
champ, un packet-boat à Malmoë, quoique les vents ne fussent pas
favorables.

« Le baron d'Essen est un homme d'honneur généralement estimé
et, quoique mettant la plus grande circonspection dans ses discours,
il n'en a pas moins dit à mon aide de camp que c'était à regret que
les Suédois nous faisaient la guerre et qu'habitués depuis tant de
temps à aimer et chérir les Français, ils désireraient tous redevenir
leurs amis.

« Je ne crois pas, Monsieur le Maréchal, pouvoir occuper une autre
position dans la Poméranie suédoise que celle que j'ai devant Stralsund. Les troupes y sont fatiguées de service à la vérité, mais je suis
maître de tous les mouvements de l'ennemi; une position en arrière
ne m'offrirait pas les mêmes avantages et, avec une poignée de monde,
je ne pourrais pas empêcher les Suédois de déborder mon aile gauche et
de tenter peut-être un coup de main sur Rostock.

« J'ai donné l'ordre qu'on renvoie, de suite, à Stettin les sept mortiers et les six pièces de 24 que j'avais réunis à Grimmen et Greifswalde après six semaines de peines et de démarches, pour me conformer à ce que vous m'aviez fait l'honneur de m'écrire le 7 janvier.

« Quant aux magasins sur la Peene dont je vous ai parlé dans ma
lettre du 21 janvier, ils consistaient en capotes, souliers et grains qui,
depuis, ont été distribués et consommés. »

La lettre (1) de Clarke, dont Mortier donne un extrait au Major
général est datée de « Berlin le 17 mars vers 5 heures après midi » et
porte en tête la mention « Pour Votre Excellence seule »; elle est ainsi
conçue :

« Un officier d'état-major passa ce matin ici (il s'appelle M. Puthon). Il portait au maréchal Brune l'ordre de faire partir 3.000 hommes
pour le corps d'armée que commande Votre Excellence. Peu après, je
reçus une lettre de S. M. l'Empereur, datée du camp d'Osterode le
12 mars, qui m'enjoignait d'écrire au maréchal Brune pour qu'il fasse
partir 3.000 hommes pour Stralsund pour remplacer les 3.000 hommes
que l'Empereur a extraits du 8ᵉ corps d'armée pour renforcer l'armée;
dans la crainte que M. Puthon n'arrive pas, j'ai eu ordre de répéter
celui qu'il porte au maréchal Brune. Je vais m'acquitter de cette com-

---

(1) A. T.

mission. Je vais écrire pareillement au commandant d'Hameln que Sa Majesté a donné l'ordre que ce commandant ne gardât que 300 hommes pour garder la ville et les forts et qu'il dirigeât le reste de ses troupes sur Stralsund. J'ai ordre de l'Empereur, Monsieur le Maréchal, de vous faire part de ces dispositions et je ne perds pas un instant pour cet objet, sachant que cela vous sera agréable.

« S. M. l'Empereur m'ordonne également de faire connaître à Votre Excellence qu'il vous a fait donner l'ordre de lui envoyer le 12e régiment par Marienwerder. La nécessité de l'exécution de tout ce mouvement vient de ce que Sa Majesté en fait un de la gauche à la droite et, le coup une fois frappé, ce mouvement retournera de la droite à la gauche. L'Empereur attache un prix extrême à ce que ses dispositions, c'est-à-dire le mouvement qu'il veut faire en ce moment, non seulement ne soient pas connues, mais encore à ce qu'elles n'éprouvent aucun retard. Je n'ai moi-même ici que le régiment de Nassau en partie, car j'ai plus d'un bataillon du régiment en détachement. Je dois envoyer tout ce qui m'arrivera sur Marienwerder sans délai. J'en excepte le contingent de Weimar que je vais diriger sur Stettin.

« Ci-joint une copie du 65e bulletin que je transmets confidentiellement à Votre Excellence la priant instamment de ne pas le faire imprimer avant qu'il ne soit revenu de Paris.

« Le général Loison part aujourd'hui pour prendre le commandement du blocus de Colberg qu'on augmente du 2e régiment d'infanterie légère italienne.

« Enfin dans d'autres dépêches, Monsieur le Maréchal, l'Empereur me mande qu'il a chargé Votre Excellence de la défense de toutes les côtes depuis Rostock jusque et y compris le blocus de Colberg et que vous devez prendre vos précautions en conséquence. Il vous a dit d'envoyer le général Grandjean pour commander le blocus de Colberg, mais seulement jusqu'à l'arrivée du général Loison (ainsi cela devient inutile). J'ai ordre de vous le mander.

« Je n'ai que le temps, Monsieur le Maréchal, de vous parler de mon attachement et de mon respect. »

A la suite de l'ordre que lui transmit Clarke, le général de division Dorsner, gouverneur de Hameln, écrivit (1) à Mortier, le 20 mars :

« J'ai l'honneur de vous prévenir que, conformément aux ordres de S. A. S. le Prince major général, j'ai fait partir, ce jour à 2 heures après midi, pour se rendre devant Stralsund et y être sous vos ordres, un détachement du 8e régiment d'infanterie hollandaise composé de quatre cent quarante-sept hommes commandés par un lieutenant-colonel, lequel détachement suivra la route tracée par l'itinéraire ci-joint et arrivera à Baerenhagen le 3 avril. »

L'itinéraire (2) donne les indications suivantes : « Parti d'Hameln

---

(1) A. T. (2) A. T. (R. 18).

le 20 mars à 2 heures après midi ; le 20 à Springe ; le 21 à Hanovre ; le 22 à Schildenschlagen ; le 23 à Schafstall ; le 24 à Ebsdorf ; le 25 à Lünebourg ; le 26 à Lauenburg ; le 27 à Ratzeburg où il aura séjour le 28 ; le 29 à Gadebusch ; le 30 à Wismar ; le 31 à Alsearim ; le 1ᵉʳ avril à Rostock ; le 2 à Ribnitz ; le 3 à Baerenhagen. »

On remarquera la rapidité de ce mouvement dans lequel il n'y a qu'un séjour pour quatorze étapes, généralement longues, rapidité que nécessitaient d'ailleurs les circonstances et les ordres donnés en conséquence.

Le 23 mars, Mortier fait porter à Loison par son aide de camp, le chef d'escadron Delapointe, une lettre (1) par laquelle il l'informe des instructions envoyées, le 5 mars par le Major général, instructions qui placent sous ses ordres la division Teulié employée au siège de Colberg. Il lui demande de lui faire parvenir de ses nouvelles par le retour de son aide de camp, de lui adresser la situation des troupes sous ses ordres, dont il ignore la composition et de le mettre, jour par jour, au courant de ses opérations ; il lui annonce qu'il a donné des ordres pour qu'on transporte en toute hâte à Stettin les pièces de siège qu'il avait rassemblées et que Thouvenot lui fera passer de suite.

Le 25 mars, il rend compte (1) au Major général « qu'il s'organise véritablement une espèce de Vendée sur les derrières de l'armée ». Le domestique d'un capitaine du génie hollandais a été assassiné à côté de son maître dans l'île d'Usedom. Il a prescrit au conseiller des îles d'Usedom et de Wollin de prélever une contribution de cent louis sur les habitants de ces îles en faveur de la veuve de la victime, mère de cinq enfants.

Le 27, Mortier reçoit de l'Empereur la lettre (2) qui suit, datée d'Osterode le 19 :

« Mon Cousin, j'ai mis le siège de Colberg sous vos ordres. Il y a là trois régiments italiens qui sont bons. Vous avez devant Stralsund trois régiments d'infanterie française. Trois mille Hollandais doivent être, à l'heure qu'il est, arrivés en Poméranie. Je pense que vous devez envoyer un régiment français devant Colberg et la moitié de votre cavalerie.

« Portez-vous-y de votre personne et assiégez cette place. Laissez le commandement du corps d'observation à un de vos généraux de division. Destinez les quinze pièces de canon que vous avez fait venir pour le siège de Stralsund, au siège de Colberg ; la place est faible et la garnison mal organisée. La prise de cette place vous permettra de renforcer votre corps d'observation des trois régiments italiens qui deviendront alors disponibles. Il faudrait tâcher de prendre Colberg

---

(1) A. T. (R. 18).   (2) A. T.

dans tout le mois d'avril et alors, à la fin d'avril ou au mois de mai, temps auquel les débarquements peuvent se réaliser, vous vous trouveriez renforcé et vous auriez un souci de moins. Le général Teulié a douze pièces de campagne françaises. Faites réunir à ces douze pièces d'artillerie les pièces de 12 et les obusiers que vous avez à votre corps d'armée.

« Quand vos officiers d'artillerie et du génie et vous-même aurez reconnu la place, vous ferez connaître si vous pouvez espérer l'avoir promptement. D'ailleurs cette place étant moins éloignée que toute autre de Stettin, cette ville pourra plus facilement vous offrir des munitions et des moyens pour pousser vigoureusement l'attaque. Visitez vous-même les bouches de l'Oder et tout le pays conquis depuis Anclam et Wolgast jusqu'à la mer. Sur ce, etc. »

De son quartier général de Miltzow, qu'il occupe depuis le 30 janvier, Mortier répond (1), le même jour, 27 mars, à l'Empereur :

« Je viens de recevoir la lettre que Votre Majesté m'a fait l'honneur de m'écrire le 19 mars. Déjà j'avais fait partir pour Colberg les treize pièces de siège tirées de Stettin ainsi que les deux pièces de 6 allongées; demain, les quatre pièces de 12 et les quatre obusiers de la réserve du 8ᵉ corps partiront pour la même destination.

« Le 72ᵉ régiment de ligne et le 2ᵉ de cavalerie hollandaise se rendront directement sous Colberg en passant par Wolgast, Swinemünde et Wollin.

« Je laisse le général de division Grandjean pour commander le corps d'observation devant Stralsund. Ce corps sera composé des 58ᵉ régiment d'infanterie, 2ᵉ et 7ᵉ de ligne hollandais, 4ᵉ légère français, 2ᵉ de hussards hollandais, deux compagnies d'artillerie légère hollandaise, quatre pièces de 8 en réserve.

« Le général Grandjean est un officier actif, intelligent et brave. Je n'ai pas été moins content du général Dupas; il me suivra à Colberg ainsi que le général Lorge.

« Je ne négligerai rien pour que Colberg soit bientôt au pouvoir de Votre Majesté et je ferai tous mes efforts pour justifier sa confiance.

« Je n'ai point encore reçu de réponse aux ouvertures que j'ai faites à M. le baron d'Essen, gouverneur général de la Poméranie, d'après l'instruction de S. A. le Major général de l'armée et dont je lui ai rendu compte par ma lettre du 21 mars. On m'assure que le roi de Suède est malade et qu'il a quitté Malmoë pour se rendre à Stockholm. Les habitants de la Poméranie font des vœux pour que cette province ne retourne plus à la Suède. »

A la même date, il prescrit (1) à Lorge de partir, le lendemain à 4 heures du matin, avec le 2ᵉ régiment de cavalerie hollandaise pour se rendre à Wollin où il recevra de nouveaux ordres; il couchera le

---

(1) A. T. (R. 18).

lendemain 28 à Greifswalde, le 29 à Wolgast, le 30 à Swienemünde, et le 31 à Wollin; il fera rentrer tous ses détachements, sauf ceux qui sont aux avant-postes et qui le suivront le lendemain de son départ sous les ordres d'un capitaine. Le général de brigade de cavalerie hollandais Macheck restera devant Stralsund avec le 2e hussards.

Il fait connaître à Dupas qu'il devra se rendre de sa personne à Colberg pour y prendre le commandement qu'il lui destine et qu'il devra remettre, le lendemain au soir, le commandement de ses troupes à Grandjean.

Il envoie (1) à Grandjean les instructions suivantes :

« Vous donnerez au commandant du 72e régiment l'ordre de se mettre en marche après-demain à 2 heures du matin pour se rendre à Wollin où il recevra de nouveaux ordres; vous le dirigerez par Wolgast et Swienemünde de manière à être rendu à Wollin le 1er avril. Je vous laisse un officier du génie hollandais.

« Vous laisserez à Wieck trente hommes du 72e, pareil nombre à Wolgast ainsi qu'à Peenemünde, plus trente hommes à Greifswalde. Vous ordonnerez à tous les autres détachements quelconques de ce régiment de le rejoindre le plus tôt possible.

« Je conserve mon logement de Miltzow; vous y laisserez une sauvegarde capable de le faire respecter.

« Il est convenable que vous vous établissiez à Ludershagen pour être plus à portée de vos troupes.

« Si l'ennemi devenait plus entreprenant, ne lui disputez pas trop la gauche, mais réunissez vos moyens entre Lützow et Ludershagen, de manière à lier les opérations de la 2e division avec celles de la 1re et, si quelque circonstance imprévue vous forçait à vous retirer, vous prendriez position en avant de Greifswalde de manière à conserver cette ville autant que possible. Correspondez journellement avec moi par les îles d'Usedom et de Wollin. Les troupes sous Colberg font partie du 8e corps; j'espère donc vous revoir après la prise de cette place.

« Les ouvertures que j'ai faites à M. le baron d'Essen sont absolument dans le sens de la note que je joins ici et que m'a adressée le Major général de l'armée. Je vous prie de me faire connaître de suite la réponse que me fera le gouverneur, en le prévenant que je me suis absenté pour quelques jours et que vous m'avez envoyé sa lettre.

« Le général Gency suivra sa brigade. »

Le 28 mars, il le prévient (1) que, d'après toutes les probabilités, la flottille réunie à Wolgast n'étant pas dans le cas de lui servir, il a autorisé le capitaine d'artillerie Bailly, qui la commande, à laisser retourner dans la Peene tous les bâtiments qui appartiennent à des habitants d'Anclam ou de Demmin. « Je ne crois plus avoir rien à ajouter aux instructions que je vous ai données hier. Cependant si

---

(1) A. T. (R. 18).

l'ennemi faisait de trop fortes démonstrations sur vos flancs et qu'il jette sur vos derrières des forces supérieures aux vôtres, il faudrait alors prendre position en arrière de la Peene et agir selon les circonstances. »

Il fait connaître (1) à Lacombe Saint-Michel qu'il partira, le lendemain à 4 heures du matin, pour Colberg et l'invite à s'établir de sa personne, jusqu'à son retour, à Anclam, en laissant le colonel Bardenet, directeur du parc, soit à Greifswalde, soit à son quartier général de Mittelhagen. Le colonel Baltus accompagne le maréchal sous Colberg.

A cette date du 28 mars, l'ennemi fort de six cents hommes et six chaloupes canonnières, d'après l'*Historique du 8ᵉ corps* (2), attaque et enlève le poste de Peenemünde composé d'un officier et trente hommes du 72ᵉ de ligne.

Mortier, avant de quitter Miltzow, écrit (1), le 29, à ce sujet, à Grandjean :

« Je reçois à l'instant les rapports ci-joints de Peenemünde, d'après lesquels il paraît que l'ennemi a enlevé la presque totalité du petit poste qui y était et qu'il a détruit les redoutes.

« Peenemünde étant un point trop important à garder, je me décide à laisser à Wolgast 150 hommes du 72ᵉ ainsi qu'un piquet de 6 hommes et un brigadier du 2ᵉ régiment de cuirassiers hollandais. Ces 150 hommes détacheront journellement un petit poste à Peenemünde pour observer l'ennemi.

« Je vais me rendre moi-même à Peenemünde et donner des ordres pour le rétablissement des redoutes. Je vous laisse le maître de disposer des 150 hommes que je vous laisserai de la manière la plus convenable pour vous assurer de l'embouchure de la Peene et empêcher que l'ennemi ne vous fasse encore quelque nouvelle sottise de ce côté. »

Les prévisions dont Mortier avait, à différentes reprises, fait part à l'Empereur et au Major général devaient se réaliser presque immédiatement ; la garnison de Stralsund, accrue de renforts envoyés de Suède, allait prononcer contre le faible corps d'observation, laissé sous les ordres de Grandjean, une vigoureuse attaque ; elle donna lieu de regretter que des moyens suffisants n'aient pas, conformément aux demandes réitérées du maréchal, été mis à sa disposition pour lui permettre de se rendre maître de la place de Stralsund.

---

(1) A. T. (R. 18).   (2) A. G.

PIÈCES ANNEXES

PIÈCE ANNEXE N° 18 [1]

COLLÈGES ÉLECTORAUX
DE DÉPARTEMENT

AU NOM DU PEUPLE FRANÇAIS

Bonaparte, Premier Consul de la République Française,

D'après la connaissance que nous avons de la capacité du citoyen Mortier (Édouard), lieutenant général, de ses bonnes mœurs, de son attachement aux lois de la République et de ses services dans l'état militaire,

Nous l'avons nommé, par ces présentes, scellées du petit sceau de l'État, pour présider le Collège électoral du département du Nord, pendant la session qui commencera le vingt-cinquième jour de ventôse de l'an douze et qui finira le trentième jour du mois de ventôse de la même année.

A la charge par lui de remplir les fonctions de sa présidence aux termes du Sénatus-Consulte du 16 thermidor an X et du règlement du 19 fructidor suivant et de prêter, avant d'entrer en exercice, devant le citoyen faisant les fonctions de Président du tribunal de première instance, que nous commettons à cet effet, et qui en dressera procès-verbal, le serment de maintenir le Gouvernement institué par la Constitution de la République; d'observer les lois et règlements; de se conformer aux instructions qui lui seront données pour leur exécution; de maintenir l'ordre dans le Collège qu'il présidera; de ne pas permettre qu'il s'occupe d'aucun autre objet que de ceux prescrits par la lettre de convocation; de ne tolérer aucune coalition tendant à capter ou à gêner les suffrages des citoyens, et de ne rien faire par haine ou par faveur; de clore la session du Collège le trentième jour du mois de ventôse, époque indiquée par l'arrêté de convocation; enfin d'exercer ses fonctions avec zèle, exactitude, fermeté et impartialité.

Donné à Paris, sous le petit sceau de l'État, le vingtième jour du mois de pluviôse, l'an XII de la République Française (2).

BONAPARTE.

Le Ministre de l'Intérieur,
CHAPTAL.

Par le Premier Consul :
Le Secrétaire d'État,
Hugues MARET.

---

(1) A. T.   (2) 10 février 1804.

PIÈCE ANNEXE N° 19 [1]

COLLÈGES ÉLECTORAUX
DE DÉPARTEMENT

Napoléon, par la grâce de Dieu et les Constitutions de l'Empire, Empereur des Français,

D'après la connaissance que nous avons de la capacité du sieur Mortier, maréchal d'Empire, de ses bonnes mœurs, de son attachement à l'État et à notre Personne et de ses services dans nos armées,

Nous l'avons nommé, par ces présentes, pour présider le Collège électoral du département du Nord pendant la session qui commencera le dixième jour du mois de floréal de l'an XIII et qui finira le vingtième jour du mois de floréal de la même année.

A la charge par lui de remplir les fonctions de sa présidence aux termes de l'acte des Constitutions de l'Empire des 16 thermidor an X et 28 floréal an XII et des règlements décrétés par nous pour leur exécution et de prêter, avant d'entrer en exercice, devant le Grand Électeur, ou en cas d'empêchement, par écrit, le serment d'obéir aux Constitutions de l'Empire et d'être fidèle à notre Personne; de se conformer aux instructions qui lui seront données; de maintenir l'ordre dans le Collège qu'il présidera; de ne pas permettre qu'il s'occupe d'aucun autre objet que de ceux prescrits par le décret de convocation; de ne tolérer aucune coalition tendant à capter ou gêner les suffrages et de ne rien faire par haine ou par faveur; de clore la session du Collège le vingtième jour du mois de floréal, époque indiquée par le décret de convocation; enfin d'exercer ses fonctions avec zèle, exactitude, fermeté et impartialité.

Donné à Paris, le vingt-huitième jour du mois de ventôse l'an XIII (2).

NAPOLÉON.

Vu par nous Grand Électeur,
J. BONAPARTE.

Par l'Empereur :
Le Secrétaire d'État,
Hugues B. MARET.

Le Ministre de l'Intérieur,
CHAMPAGNY.

---

(1) A. T.   (2) 19 mars 1805.

PIÈCE ANNEXE N° 20 [1]

GARDE IMPÉRIALE

CONSIGNE POUR L'OFFICIER DE PIQUET
POUR LE SERVICE DE S. M. L'EMPEREUR ET ROI

Art. 1
En montant le piquet, l'officier qui le commande remettra son nom par écrit au maréchal de l'Empire, colonel général de la Garde de service.

Art. 2
Il tiendra toujours son piquet à proximité du quartier général impérial, les chevaux sellés et prêts à brider de manière à être réunis en moins de cinq minutes toutes les fois que S. M. montera à cheval.

Art. 3
Il remettra à l'aide de camp de service de S. M. le nom d'un officier ou sous-officier du piquet parlant allemand.

Art. 4
Il désignera également à l'aide de camp de service un chasseur pour porter le portefeuille; ce chasseur viendra le prendre lorsque S. M. sortira.

Art. 5
Un brigadier de planton se tiendra toujours auprès de l'appartement de service du colonel général de la Garde pour pouvoir porter ses ordres, à toute heure du jour et de la nuit, à l'officier de piquet.

Art. 6
L'officier de piquet répondra des guides qui lui seront remis d'après les ordres du Grand Écuyer.

Art. 7
La présente consigne sera transmise journellement par l'officier descendant le piquet à celui qui le relèvera.

---

[1] A. T. Cette minute est de la main du maréchal.

PIÈCE ANNEXE N° 21 [1]

ARMISTICE

CONCLU ENTRE LL. MM. IMPÉRIALES DE FRANCE ET D'AUTRICHE

S. M. l'Empereur des Français et S. M. l'Empereur d'Allemagne, voulant arriver à des négociations définitives pour mettre fin à la guerre qui désole les deux États sont convenus, au préalable, de commencer par un armistice lequel aura lieu jusqu'à la conclusion de la paix définitive ou à la rupture des négociations et, dans ce cas, l'armistice ne devra cesser que quinze jours après cette rupture; et la cessation sera notifiée aux plénipotentiaires des deux puissances et au quartier général des deux armées.
    Les conditions de l'armistice sont :

Art. I

La ligne des deux armées sera, en Moravie, le cercle d'Iglau, le cercle de Znaïm, le cercle du Brünn, la partie du cercle d'Olmütz sur la rive droite de la petite rivière de Trezeboska en avant de Prosnitz jusqu'à l'endroit où elle se jette dans la March et la rive droite de la March jusqu'à l'embouchure de cette rivière dans le Danube, y compris cependant Presbourg.
    Il ne sera mis néanmoins aucune troupe française ni autrichienne dans un rayon de 5 à 6 lieues autour de Hollitsch, à la rive droite de la March.
    La ligne des deux armées comprendra en outre dans le territoire à occuper par l'armée française toute la Basse et Haute-Autriche, le Tyrol, l'État de Venise, la Carinthie, la Styrie, la Carniole, le comté de Goritz et l'Istrie; enfin dans la Bohême le cercle de Montabor, et tout ce qui est à l'est de la route de Tabor a Lintz.

Art. II

L'armée russe évacuera les États d'Autriche ainsi que la Pologne autrichienne, savoir la Moravie et la Hongrie, dans l'espace de quinze jours et la Galicie dans l'espace d'un mois.
    L'ordre de route de l'armée russe sera tracé afin qu'on sache toujours où elle se trouve, ainsi que pour éviter tout malentendu.

---

1) A. T. Voir carte n° 6.

Art. III

Il ne sera fait en Hongrie aucune espèce de levée en masse ni d'insurrection, et en Bohême aucune espèce de levée extraordinaire; aucune armée étrangère ne pourra entrer sur le territoire de la Maison d'Autriche.

Des négociateurs se réuniront de part et d'autre à Nicolsburg pour procéder directement à l'ouverture des négociations afin de parvenir à rétablir promptement la paix et la bonne harmonie entre les deux Empereurs.

Fait double entre nous soussignés le maréchal Berthier, ministre de la Guerre, major général de la Grande Armée, chargé des pleins pouvoirs de S. M. l'Empereur des Français, roi d'Italie, et le prince Jean de Lichtenstein, lieutenant général chargé des pleins pouvoirs de S. M. l'Empereur d'Autriche, roi de Hongrie.

A-Austerlitz, le 15 frimaire an XIV (6 décembre 1805).

Signé : le maréchal Berthier
et Jean, prince de Lichtenstein, lieutenant général.

Pour ampliation :
Le Ministre de la Guerre, Major général,
Signé : Maréchal Berthier.

Pour copie conforme :
Le Général aide-major général, Maréchal des logis,
Mathieu Dumas.

TABLE DES CORPS DE TROUPES AU SERVICE DE LA FRANCE
CITÉS DANS LE TOME TROISIÈME (¹)

Régiments d'Infanterie de ligne

1er — 44.
3e — 51.
5e — 46.
8e — 124.
9e — 176-177.
10e — 44.
12e — 223-297.
13e — 176-177.
15e — 165-399.
17e — 219.
18e — 36.
22e — 223-295-296-298-299-300-303-306-309-313-314-318-323-327-329-332-334-336-342-345-350-352-392-399-400-401-402-407.
29e — 231.
30e — 153-154.
32e — 80-100-105-113-114-116-123-141-144.
34e — 26-178-206-209-218-228-229-231-233.
40e — 166-178-185-191-206-218-231.
52e — 44.
53e — 44.
54e — 124.

58e — 189-200-210-211-218-221-223-241-243-248-257-260-296-297-304-305-313-321-325-328-332-336-338-342-345-350-352-403-404-405-412.
62e — 44.
64e — 178-209-218-229-231-232.
65e — 295-296-309-313-332-333-340-345-355-399-400-402-407.
72e — 295-296-309-313-324-332-333-338-340-345-355-412-413-414.
81e — 176-177.
82e — 281.
88e — 166-206-218-231-232.
96e — 80-113-136-141-144.
100e — 80-81-84-95-97-99-100-103-104-105-107-110-111-116-141-144-148-155-185-187-200-218-228-229-233.
103e — 80-81-95-97-99-103-104-105-106-107-116-141-142-144-148-187-200-218-228-229-233.
106e — 44.
1er provisoire de la Réserve, 383.
2e   —   383.

Régiments d'Infanterie légère

2e — 185-241-242-246-247-250-252-253-257-259-260-262-265-272-282-285-286-289-295-302-304-313-323-332-339-340-345-349-351-352-361-362-363-364-368-370-371-400-407.

4e — 36-80-81-84-86-88-95-97-99-103-105-107-112-116-141-143-144-153-154-155-241-242-246-247-250-252-253-257-259-260-265-282-285-286-289-290-296-302-303-304-313-329-332-334-345-380-389-392-403-404-405-412.

---

(1) Cette table, établie dans le but de faciliter ou de permettre de compléter la rédaction des historiques régimentaires, se trouve pour le tome I à la page 439 et pour le tome II à la page 465.

9e — 80-100-101-105-113-114-116-121-123-124-126-128-132-141-144.
12e — 241 242 247-250-252-253-257-260-265-280-282-284-296-304-305-313-321-322-327-329-336-342-345-349-352-362-368-370-371-372-376-378-388-389-399-408-410.
14e — 346-348.
15e — 297-304 305 312-321-325-328-332-336-342-345-350-352-362-370-371-407.
17e — 185-191-209-214-218-233.
21e — 223.
22e — 44.
23e — 44.
25e — 63-64.
31e — 399.

Régiments de Cuirassiers

3e — 36.
4e — 44.
6e — 44.
7e — 44.
8e — 44.
11e — 36.

Régiments de Dragons

1er — 82-93.
2e — 82-93.
4e — 82-83-88-89-93-95-101-102-103-104-106-116-122-141-146-148-241-243-244-250.
5e — 222.
6e — 266.
11e — 231.
13e — 266.
14e — 82-93-266.
15e — 80.
20e — 78-79-81-82-83-87-93-94-266.
22e — 266.
24e — 44.
26e — 82-93-266.
29e — 44.

Régiments de Chasseurs

1er — 44-165-266-314-316.
2e — 266-314-316.
3e — 44-407.
4e — 44.
8e — 126-154.
10e — 266-314-316.
12e — 266.
13e — 161-162-210-218-220.
15e — 44.
19e — 46-383.
21e — 161-162-210-215 218 220-235.
22e — 266.
23e — 26-383-384.
26e — 241-243-244-250-255-257-260-280-291-313-320-328-332-336-345-346-349-355-378-379-399-400-401-407.

Régiments de Hussards

1er — 80-83-93-113-114-129-133-135-141-146-150-151-152-156-266.
2e — 266.
3e — 266.
4e — 266.
9e — 161-169 178 181-185-210-215-218-251-316.
10e — 161-169-185-186-210-213-215-218-220-251.

TABLE DES CORPS DE TROUPES AU SERVICE DE LA FRANCE

Régiments d'Artillerie a pied

1er — 80-253. || 6e — 106-368.

Régiments d'Artillerie a cheval

2e — 80-82. || 6e — 80-227-347-368-375.

Pontonniers
143.

Sapeurs
23-218-337-345-356-384.

Bataillons du Train d'Artillerie

2e principal — 82. || 5e *bis* — 226-227.
3e *bis* — 80. || 8e *bis* — 227.
5e principal — 80. || 11e *bis* — 347-368.

Garde des Consuls et Garde Impériale

Grenadiers à pied — 3-14-18-21-23-33-36-48-49-51-65-139-241.
Chasseurs à pied — 4-14-18-21-23-33-36-48-49-51-65.
Vélites — 5-18-21-33-48.
Fusiliers — 382-383.
Bataillon italien — 14-21-33.
Bataillon de matelots — 18-19-21-35-49-61.
Grenadiers à cheval — 4-14-18-21-23-33-49-51-52.
Chasseurs à cheval — 4-14-18-21-23-33-49-51-52.
Escadron de mamelouks — 4-18-21-33.
Corps d'artillerie — 4-5-14-18-21-23-33-49-52-56-57.
Train — 33-52-54.
Légion d'élite de gendarmerie — 18-21-33-49-65-140-383.
Compagnie de Vétérans — 4-18.

Guides du Maréchal Mortier
314-315-316-317.

Troupes Bataves

1er d'infanterie de ligne — 81.
2e d'infanterie de ligne — 81-401-402-408-412.
6e d'infanterie de ligne — 81.
7e d'infanterie de ligne — 295-318-327-329-401-402-408-412.
8e d'infanterie de ligne — 410.
1er d'infanterie légère — 81.
2e d'infanterie légère — 81 295-327.
3e d'infanterie légère — 295.
2e de cavalerie — 299-302-303-313-321-329-332-339-340-343-345-355-378-412-414.
1er dragons — 81.
2e dragons — 81.
2e hussards — 295-298-303-321-329-332-343-345-352-355-412-413.
3e hussards — 295-309-321.
Artillerie à pied — 81-321-322.
Artillerie à cheval — 298-309-321-343-345-356-412.

Troupes Italiennes

1er d'infanterie de ligne — 242-257-260-264-265-281-282-284-285-286-302-304-327-337-346.
2e d'infanterie de ligne — 44-335-346.
3e d'infanterie de ligne — 44-346.

4e d'infanterie de ligne — 44.
1er d'infanterie légère — 242-257-260-264-265-274-279-291-305.
2e d'infanterie légère — 327-410.
Napoléon Dragons — 44.
1er Chasseurs — 44.
1er Hussards — 44.

Troupes Polonaises

1re Légion du Nord — 366-373-383-398.

TABLE DES PLANCHES

Pages

La maréchale Mortier, duchesse de Trévise, d'après un pastel appartenant au colonel Frignet Despréaux. . . . . FRONTISPICE

Combat de Diernstein (11 novembre 1805), d'après le tableau de Beaume (musée de Versailles) 111

Compagnie des guides du maréchal Mortier, d'après une aquarelle de Napoléon, troisième duc de Trévise. 315

TABLE DES CARTES

Carte n° 10. — Itinéraire en 1806, 1807, 1808, 1812, 1813.
Carte n° 13. — Séjour au camp de Boulogne en 1804, 1805.

TABLE DES MATIÈRES

TITRE IX
MORTIER COLONEL GÉNÉRAL DE LA GARDE ET MARÉCHAL DE L'EMPIRE
3 février 1804 au 6 novembre 1805

CHAPITRE I

Pages

Mortier prend le commandement de l'artillerie de la Garde des Consuls; composition et recrutement de cette Garde depuis le 1er octobre 1802. — Il préside le Collège électoral du département du Nord (16 au 19 mars). — Adresse de ce Collège au Premier Consul. — Sénatus-consulte proclamant l'Empire (18 mai). — Mortier, maréchal de l'Empire (19 mai), Grand officier de la Légion d'honneur (16 juin) et chef de la seconde Cohorte de cette Légion (13 juillet). — Cérémonie d'inauguration de la Légion d'honneur aux Invalides (15 juillet). — Mortier accompagne l'Empereur au camp de Boulogne (18 juillet). — Réorganisation de la Garde impériale (29 juillet). — Mortier, colonel général de l'artillerie et des marins: ses allocations et son costume. — Flottille de Boulogne et armée des côtes de l'Océan. — Distribution de la Légion d'honneur à Boulogne (16 août). — L'Empereur, accompagné par Mortier, quitte Boulogne (27 août) et visite Aix-la-Chapelle, les bords du Rhin de Cologne à Mayence, etc. — Naissance du fils aîné du Maréchal (7 août). — Sacre (2 décembre) et distribution des aigles (5 décembre). 3

CHAPITRE II

Réceptions, fêtes et chasses au commencement de 1805. — Envoi de détachements de la Garde en Italie. — Mortier reçoit le grand cordon de la Légion d'honneur à la création de cette dignité (1er février). — Napoléon, roi d'Italie (17 mars), part pour Milan (31 mars). — Mortier préside (21 au 25 avril) le Collège électoral du département du Nord qui nomme son père candidat au Sénat conservateur et vote une adresse à l'Empereur. — Il reprend son service auprès de Sa Majesté, à Milan (19 mai), assiste à son couronnement (26 mai) et l'accompagne dans son voyage en Italie (10 juin au 8 juillet). — Il reçoit la grande croix de l'Ordre du Christ de Portugal. — Il continue ses fonctions à Fontainebleau et Saint-Cloud et part (2 août) avec l'Empereur pour le camp de Boulogne où il commande les détachements de toutes armes de la Garde impériale: revues passées par l'Empereur et dispositions prises pour l'embarquement. — Cantonnements de la Garde. 32

CHAPITRE III

L'Empereur se décide à entrer en campagne contre les Autrichiens avant qu'ils aient été rejoints par les Russes (23 août). — Ordre de compléter le train de la Garde. — L'armée des Côtes prend le nom de Grande Armée (30 août). — Ordres de mouvement du 26 modifiés le 30 août. — Composition de l'artillerie de la Garde. — Départ de la Garde de Boulogne (1er septembre); ses étapes jusqu'à Strasbourg (28 septembre); envoi d'un détachement de marins de la Garde dans cette ville. — L'Empereur quitte Boulogne (2 septembre), avec Mortier, pour rentrer à Saint-Cloud. — Voyage du maréchal au Cateau. — Il prend pour chef d'état-major le général Godinot. — Effectifs de la Garde. — Départ de l'Empereur pour Strasbourg (24 septembre). — Mortier l'accompagne pendant toute cette première partie de la campagne: il passe le Rhin à Kehl (1er octobre), le Danube à Donauwerth (7 octobre). — Capitulation d'Ulm (20 octobre). — Entrée à Munich (24 octobre). — Arrivée à Lintz (4 novembre). — Mortier y reçoit le commandement d'un corps qui doit suivre la rive gauche du Danube (6 novembre) 53

TITRE X

MORTIER COMMANDANT UN CORPS D'ARMÉE QUI SUIT LA RIVE GAUCHE DU DANUBE, PUIS LE 5e CORPS DE LA GRANDE ARMÉE

6 novembre 1805 au 11 septembre 1806

CHAPITRE I

Mortier reçoit, à Lintz, l'ordre de prendre le commandement d'un corps d'armée, sans numéro, composé des divisions Gazan, Dupont et Dumonceau, qui doit descendre le Danube, en suivant la rive gauche (6 novembre). — Mission confiée à l'adjudant commandant Lecamus. — La division de dragons Klein, qui passe sur la même rive, n'est explicitement mise sous ses ordres que par lettre du 10 novembre. — Marche du corps d'armée. — Prise du contact avec les avant-postes russes en avant de Stein (10 novembre). — Combat mémorable de Diernstein (11 novembre). — Félicitations de l'Empereur. 77

CHAPITRE II

Inquiétudes de l'Empereur au sujet de l'issue du combat de Diernstein. — Mortier fait passer sur la rive droite la majeure partie de ses troupes (12 novembre); elle retourne le lendemain sur la rive gauche tandis que le 9e léger occupe Stein et Krems. — L'Empereur prescrit au corps de Bernadotte de passer sur la rive gauche et de poursuivre les Russes: celui de Mortier doit lui servir de réserve. — En attendant que Bernadotte soit en ligne, Mortier suit les Russes et prend position sur la Kamp (15 novembre). — Il se porte ensuite sur les hauteurs de Sonnberg, puis reçoit l'ordre de se rendre, avec les divisions Gazan et Dupont, à Vienne où il arrive le 19. Après le départ de Davout pour la Moravie (30 novembre), il est chargé de la défense de cette capitale; il y est rejoint par la division Dumonceau. — Mesures de précaution avant la bataille d'Austerlitz (2 décembre). — Passage des prisonniers russes par Vienne. — Armistice (6 décembre). — Mortier reçoit l'ordre de prendre le commandement du 5ᵉ corps, à Brunn (11 décembre)... 118

CHAPITRE III

Mortier prend le commandement du 5ᵉ corps et du territoire de la Moravie occupé par l'armée française (15 décembre). — Instructions données précédemment à Lannes qu'il remplace. — Hôpitaux de Brunn. — Pénurie de subsistances. — Contribution de 12 millions imposée par l'Empereur à la Moravie et réclamations des États de cette province. — Mortier visite les avant-postes sur la Trezebowska (20 et 21 décembre). — Il reçoit indirectement (27 décembre 1805), puis officiellement (1ᵉʳ janvier) 1806) avis de la signature de la paix. — Mesures prescrites pour l'évacuation. — Départ pour Freystadt, en passant par la Bohême, de la cavalerie (4 janvier) et de Mortier avec la division Suchet (12 janvier). — Le maréchal établit son quartier général à Freystadt (22 janvier), puis, après le départ du corps de Bernadotte, à Anhof, près Lintz (27 janvier). — Ordre de départ du 5ᵉ corps pour Ingolstadt et communication confidentielle du Major général au sujet d'une reprise possible des hostilités (5 février)... 160

CHAPITRE IV

Mouvement du 5ᵉ corps pour aller occuper des cantonnements en Franconie. Rapports de l'Empereur avec la Prusse: celle-ci, qui s'était rapprochée de la Russie avant Austerlitz, a signé, après cette victoire, le traité de Schönbrünn. — Mortier, après son arrivée à Ingolstadt (18 février), passe sous les ordres de Bernadotte, chargé d'occuper le territoire d'Anspach au nom du roi de Bavière. — Emplacements des troupes du 5ᵉ corps dont le quartier général s'établit successivement à Eichstadt (24 février) et à Feuchtwang (2 mars). — Difficultés que crée le resserrement des cantonnements. — Correspondance courtoise du prince de Hohenlohe avec Mortier au sujet de l'occupation de quelques points de sa principauté. — Effectifs du 5ᵉ corps. — Le 3ᵉ corps (Davout) vient se placer derrière le 5ᵉ; réclamations de Davout. — Affectueux rapports de Bernadotte et de Mortier... 190

CHAPITRE V

Mortier transfère son quartier général à Dünkelsbühl (23), puis à Dürenhof (26 mai). — Les cheveux de l'infanterie coupés courts. — Pénurie des subsistances. — Instruction et revues des troupes. — Maintien d'une sévère discipline qui « fait plaisir à l'Empereur ». — Retard dans le paiement de la solde pour jeter le moins d'argent possible sur la rive droite du Rhin. — Occupation du duché de Württzbourg par la division Gazan (16 juillet). — Dispositions pour mettre le 5ᵉ corps en état de rentrer en campagne : artillerie et munitions ; augmentation des effectifs de l'infanterie par l'arrivée des bataillons provenant de la dissolution du corps du maréchal Lefebvre et par celle des détachements envoyés des dépôts. — Mesures spéciales concernant les compagnies d'élite. — Libelles répandus en Allemagne. — Droit accordé par l'Empereur à Mortier de porter la même clef que son grand chambellan. — Bruits de guerre et rassemblement de troupes prussiennes. — Mortier reçoit l'ordre de se rendre à Paris, pour prendre son service de colonel général auprès de l'Empereur et de remettre le commandement du 5ᵉ corps au maréchal Lefebvre (10 septembre)... 209

TITRE XI

MORTIER COMMANDANT LE 8ᵉ CORPS DE LA GRANDE ARMÉE

1ᵉʳ octobre 1806 au 19 juillet 1807

CHAPITRE I

Pages

Départ de l'Empereur (25 septembre) avec Mortier qui, à Mayence, reçoit l'ordre de former le 8ᵉ corps dont il aura le commandement (1ᵉʳ octobre). — Instructions de l'Empereur. — Dès qu'il a les 2ᵉ, 4ᵉ et 12ᵉ d'infanterie légère, le maréchal établit son quartier général à Francfort (13 octobre); il n'a que six pièces et pas un homme de cavalerie. — Difficulté de sa situation jusqu'après la bataille d'Iéna; sa correspondance à ce sujet avec le roi Louis de Hollande. — Ses rapports avec les princes confédérés; mobilisation de leurs contingents. — Occupation de la principauté de Fulda (27 octobre) et desarmement des troupes du prince d'Orange Fulda. — Il reçoit l'ordre de l'Empereur de s'emparer de la Hesse-Cassel; combinaison de son mouvement avec celui de l'armée du Nord 241

CHAPITRE II

Marche sur Cassel. — Note de l'Empereur à l'Électeur. — Prise de possession de Cassel (1ᵉʳ novembre); occupation des forteresses de Hanau et de Ziegenhayn. — Le 8ᵉ corps passe sous les ordres du roi de Hollande (5 novembre); il contribue à l'investissement de Hameln (9 et 10 novembre). — Mortier reçoit l'ordre de se porter sur Hambourg; prise de possession du Hanovre (12 novembre), où les habitants « qui abhorrent les Prussiens », le voient revenir avec joie. — Le roi de Hollande, rentrant dans son royaume, lui remet le commandement de l'avant-garde de l'armée du Nord (divisions Michaud et Dumonceau). — Prise de possession de Hambourg (19 novembre). — Lettres de l'impératrice Joséphine. — Application du décret du 21 novembre sur le blocus de l'Angleterre. — Mortier surseoit à l'exécution d'ordres concernant la banque de Hambourg et appelle l'attention de l'Empereur sur leurs inconvénients. — Les troupes placées sous les ordres du maréchal forment quatre divisions : deux françaises, une hollandaise et une italienne. — Compagnie de guides du maréchal Mortier. — Prise de possession de Brême et de Lübeck. — Le général Savary fait capituler Hameln et Nienburg. — La division Michaud prend possession du Mecklembourg (28 novembre) 272

CHAPITRE III

Mortier reçoit l'ordre de porter le gros de ses forces entre Anclam et Demmin pour couvrir Berlin et de se tenir prêt à marcher, soit dans la direction de Stettin, soit dans celle de Stralsund. — Témoignages de reconnaissance de la ville de Hambourg à son départ (2 décembre). — Il établit son quartier général à Schwerin (4 décembre), puis à Anclam, où se réunissent les deux divisions françaises du 8ᵉ corps (12 décembre). — Réquisitions à Hambourg et dans le Mecklembourg. — Occupation successive des îles d'Usedom et de Wollin. — Incursions de la garnison prussienne de Colberg que le général Thouvenot, gouverneur de Stettin, est impuissant à réprimer. — Démarches faites auprès de Mortier par le duc de Mecklembourg-Schwerin contraint de quitter ses États. — L'ennemi tente de s'emparer de Wollin et est repoussé (6 janvier 1807). — Création des 9ᵉ et 10ᵉ corps. — Le maréchal, ayant l'autorisation d'étendre ses cantonnements, transfère son quartier général à Friedland (15 janvier). — Remerciements adressés à Mortier par le duc de Mecklembourg-Strelitz. — Réception de l'autorisation d'envahir la Poméranie suédoise (20 janvier) 325

CHAPITRE IV

Conquête de la Poméranie suédoise : passage de la Peene et prise de Greifswalde (28 janvier); combat de Teschenhagen (29 janvier). — Blocus de Stralsund. — Efforts répétés et infructueux pour réunir les pièces nécessaires au siège, malgré l'ordre de l'Empereur de les tirer de Stettin. — Construction d'ouvrages. — Sorties de la garnison. — Mortier reçoit l'ordre de se tenir prêt à rejeter sur la Vistule un corps ennemi qui pourrait se porter sur Stettin (16 février). — Dispositions pour l'invasion de l'île de Rugen. — Surprise par les Suédois d'une sauvegarde à Barth (25 février). — L'Empereur assiégeant Dantzig ne peut plus que bloquer Stralsund. — Prélèvement de troupes sur le 8ᵉ corps qui ne reçoit en échange que deux faibles régiments hollandais. — Une attaque vigoureuse sur la redoute de gauche de la division Dupas est repoussée (14 mars). — Réception de nouvelles instructions du Major général qui autorisent Mortier à conclure une sorte de trêve avec les Suédois (20 mars). — Il reçoit l'ordre de l'Empereur de se rendre devant Colberg pour en faire le siège (27 mars 1807) 370

Pièces annexes 417

Table des corps de troupe au service de la France 423

Table des planches et cartes 427

IMPRIMERIE BERGER-LEVRAULT, NANCY-PARIS-STRASBOURG

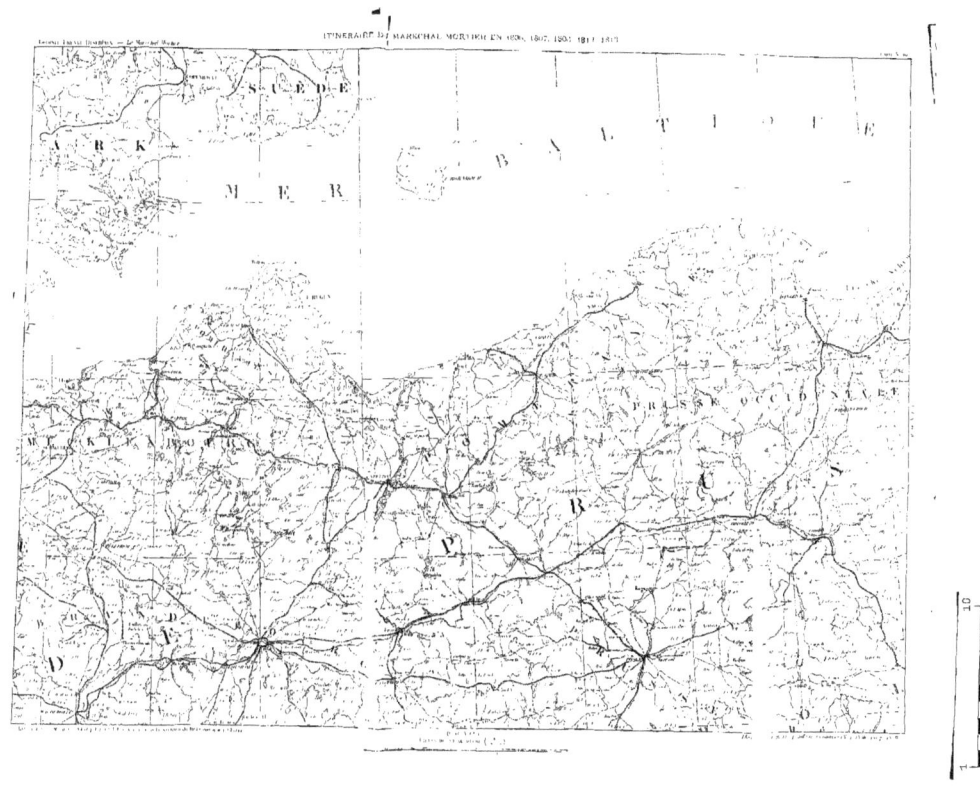

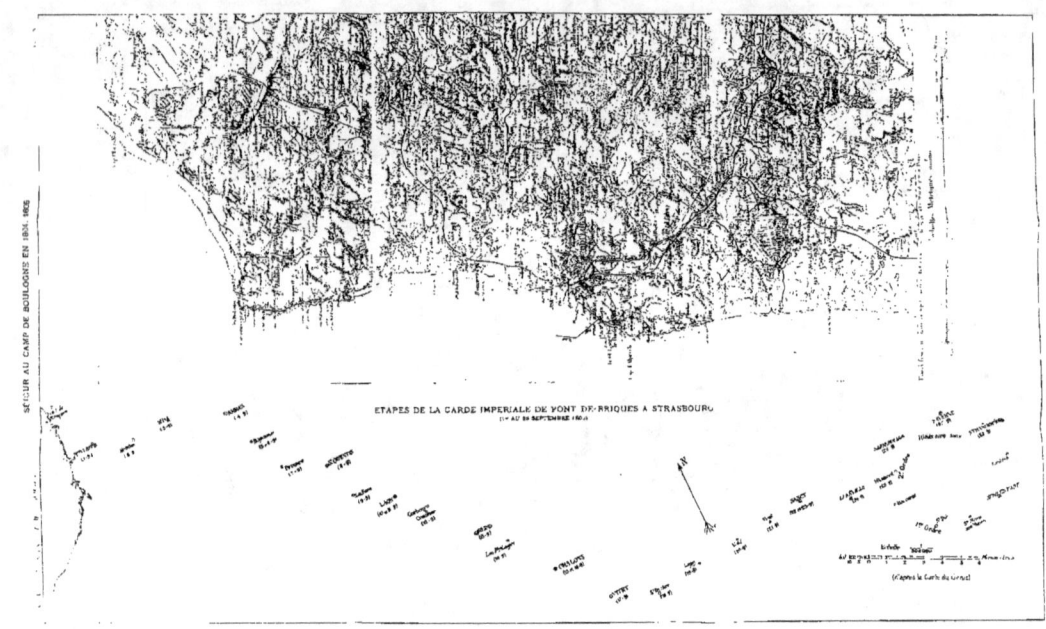

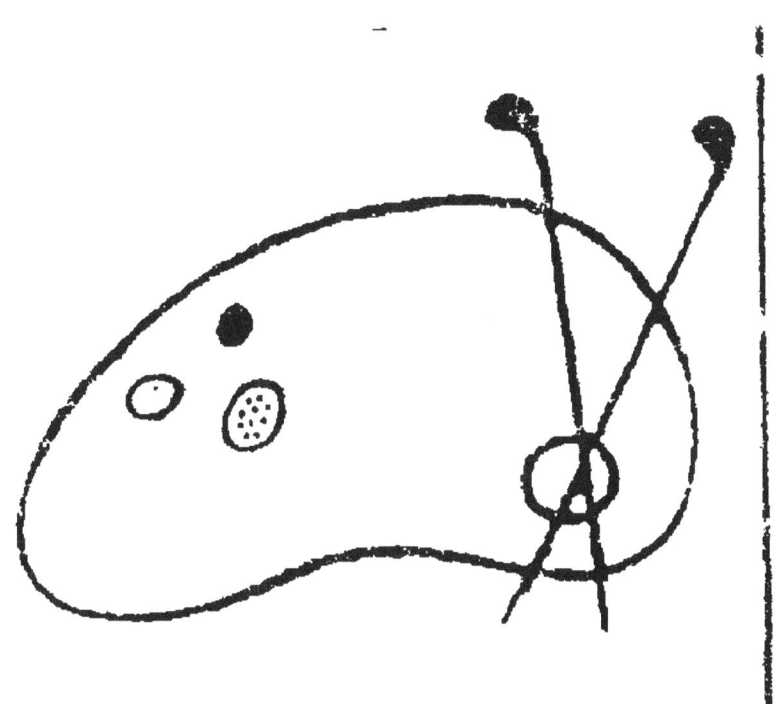

Fin d'une série de documents en couleur

www.ingramcontent.com/pod-product-compliance
Lightning Source LLC
Chambersburg PA
CBHW071108230426
43666CB00009B/1877